7.75

D1390968

Les rebelles

Du même auteur

La Contre-Révolution en Afrique
Payot, 1963, épuisé

Sociologie de la nouvelle Afrique
Gallimard, coll. « Idées », 1964, épuisé

Sociologie et Contestation
essai sur la société mythique
Gallimard, coll. « Idées », 1969

Les Vivants et la Mort
essai de sociologie
Seuil, coll. « Esprit », 1975 ; coll. « Points », 1980

Une Suisse au-dessus de tout soupçon
(en collaboration avec Délia Castelnuovo-Frigessi,
Heinz Hollenstein, Rudolph H. Strahm)
Seuil, coll. « Combats », 1976 ;
coll. « Points Actuels », nouv. éd., 1979

Main basse sur l'Afrique
Seuil, coll. « Combats », 1978 ;
coll. « Points Actuels », nouv. éd. revue et augmentée, 1980

Le Pouvoir africain
Seuil, coll. « Esprit », 1973 ; coll. « Points », 1979

Retournez les fusils !
Manuel de sociologie d'opposition
Seuil, coll. « L'histoire immédiate », 1980 ;
coll. « Points Politique », 1981

COLLABORATION
A DES OUVRAGES COLLECTIFS

La Société émergente
in Vocabulaire de la sociologie contemporaine
Gonthier, 1971

Anthologie des sociologues de langue française
PUF, 1972

**La Mort dans la littérature sociologique
française contemporaine**
in La Sociologie française contemporaine
PUF, 1976

**Le Nomadisme de l'au-delà :
les morts-revenants d'Itaparica**
in Nomades et Vagabonds
UGE, coll. « 10/18 », 1975

Jean Ziegler

Contre l'ordre du monde
Les rebelles
Mouvements armés
de libération nationale
du tiers monde

Éditions du Seuil

La première édition de cet ouvrage a paru, en 1983, aux éditions du Seuil dans la collection « L'histoire immédiate ». Le texte original a été entièrement revu et corrigé pour la présente édition.

EN COUVERTURE : photo Henri Bureau. Sygma

ISBN 2-02-008614-X
(ISBN 2-02-006413-8, 1ʳᵉ publication)

Ce livre est dédié

à Alexei Jaccard, citoyen chilien et suisse, mon étudiant à la faculté de Sciences économiques et sociales de Genève, enlevé par les forces armées argentines devant l'hôtel Bristol à Buenos Aires le 17 mai 1977 et « disparu » depuis lors ;

à Ruth First, citoyenne sud-africaine et anglaise, Aquino de Bragança, citoyen mozambicain, Brigett O'Laughlin, citoyen américain, Pallo Jordan, citoyen sud-africain, professeurs au Centre d'études africaines de l'université Eduardo-Mondlane de Maputo, victimes le 17 août 1982 de l'explosion d'une lettre piégée, probablement expédiée par les services secrets sud-africains. Ruth First a été tuée sur le coup. Bragança, O'Laughlin et Jordan ont été grièvement blessés ;

à François Simon, comédien, et Roy Preiswerk, ancien directeur de l'IUED, mes amis, morts en 1982.

Et je dis : Hier, le sang !
Venez voir le sang de la guerre !
Mais ici, c'était autre chose.
Les coups de feu ne claquaient pas,
Je n'écoutais pas dans la nuit
Passer
Un fleuve de soldats
Débouchant
Vers la mort.
C'était autre chose ici, dans les cordillères :
Un gris qui tuait,
Fumée, poussière de mines ou de ciment,
Toute une armée obscure
S'avançait
Dans un jour sans drapeau
Et je vis où vivait
L'homme entassé
Environné de bois brisé,
De terre pourrie, de fer-blanc rouillé,
Et je dis : « moi j'en ai assez »,
Je dis : « je ne fais plus un pas dans cette solitude ».

Pablo Neruda, *Canto general*
(traduction Claude Couffon)

Avant-propos

« *Pour notre et votre liberté*[1] »

Sur la terre, aucune liberté ne s'obtient sans souffrance et sang versé. Là réside une des lois les plus secrètes, les plus constantes de l'histoire humaine. Mais aucune liberté ne se gagne sans amour agissant, sans une solidarité profonde entre les peuples. Tomas Borge, commandant de la Révolution[2] et ministre de l'Intérieur du Nicaragua, poète, aime citer ce poème de Vallejo :

> *Muerto el combatiente miró*
> *Hacia el hombre*
> *Y le dijo :*
> *Te amo tanto...*
> *Pero el cadáver seguía muriendo...*

Le combattant se meurt. Il fixe l'homme de son regard et lui dit : « Je t'aime tant... » Mais il continue de mourir. L'homme appelle alors vingt, cent, dix mille, un million, des millions d'autres hommes. De partout et de toujours, les hommes viennent, entourent le mort, le regardent, lui parlent. Finalement, tous les hommes de la terre entourent le mort. Alors, le cadavre se lève lentement, embrasse le premier homme et se met à marcher.

Tomas Borge commente : « *Solo la solidaridad de los pueblos del mundo puede levantar nuestros muertos. Cuando*

1. Appel des insurgés polonais contre l'autocratie tsariste en 1831, à l'adresse du peuple russe.
2. Les neuf membres de la direction nationale du Front sandiniste de libération nationale du Nicaragua portent chacun le titre de « commandant de la Révolution ».

los muertos se levantan, hay revolución » (Seule la solidarité
des peuples du monde peut faire se lever nos morts. Lorsque
les morts se lèvent, il y a révolution)[3].

Pour la compréhension des guerres révolutionnaires de
libération nationale du tiers monde, la théorie qui reste
universellement valable, jusqu'à être démentie par l'histoire,
est celle de la lutte des classes : les hommes opprimés se
révoltent, partout et toujours. A quelque classe, région,
religion, ethnie, époque historique qu'il appartienne, jamais
l'homme n'accepte durablement ses chaînes. Or, dans certaines conjonctures historiques précises, des avant-gardes se
constituent qui produisent des analyses contingentes, objectivement justes. Ces analyses théoriques et les contradictions
sociales qui les fondent font naître l'embryon d'une
conscience collective anticoloniale, anti-impérialiste. Cette
conscience nouvelle, inédite, alternative, permet à un nombre
rapidement croissant de dominés de saisir ce fait capital : leur
situation individuelle d'humiliation, de souffrance, d'exploitation, qu'ils partagent avec une multitude d'autres hommes,
est commandée par des mécanismes sociaux analysables, qu'il
est possible de combattre, et de détruire. A partir de cette
évidence, les opprimés vont donc se réunir, s'organiser,
s'armer pour le combat autour de leur avant-garde. C'est ainsi
que naissent les mouvements armés de libération nationale.

J'écris en Europe, pour des Européens et pour ceux d'entre
les habitants du tiers monde qui ont accès aux livres. Il est
donc peu probable que les guérilleros des forêts du Guatemala, les combattants des montagnes d'Érythrée, les guerriers nomades sahraouis ou les paysans insurgés de Namibie
lisent mon livre. Tout ce que je peux espérer, c'est expliquer
aux lecteurs des centres impérialistes la lutte menée par les
mouvements armés de libération, aider à faire comprendre
cette lutte et susciter, chez le lecteur, une inquiétude et peut-
être une volonté de solidarité et de combat. Ce livre tente de
retracer l'histoire et de montrer les lois qui gouvernent les
pratiques et les théories des mouvements armés de libération

3. Tomas Borge, dans le journal *Barricada* du 30.1.1981,
Managua.

nationale du tiers monde. En d'autres termes, il essaie de déterminer, dans la succession apparemment chaotique d'événements souvent sanglants, les invariants, les récurrences — bref : les lois — qui marquent la genèse, l'épanouissement, le dépérissement de ces mouvements. Mais, avant d'être en mesure d'énoncer ces lois, avant d'inventorier, de définir, d'analyser les invariants du devenir de ces mouvements, il nous faut répondre empiriquement à une foule de questions comme celles-ci : Quelle est la genèse sociale, l'histoire vécue des mouvements armés de libération nationale ? Quelles sont leurs composantes sociales ? Les matrices culturelles qui nourrissent leurs idéologies, leurs visions du monde ? Quelle est l'histoire des peuples qui enfantent ces mouvements ? Quelles formes d'organisation politique, économique, nouvelles naissent de leurs combats ? Qui est leur ennemi ? Comment définir leurs stratégies politiques, leurs tactiques militaires ? Quelles alliances avec quelles puissances étrangères ces mouvements sont-ils forcés de conclure ? Quelle est la nature des États qui naissent de leur victoire ?

Ce livre comporte cinq parties d'inégales dimensions. La première partie examine — à l'aide d'exemples empruntés aux luttes de libération des peuples d'Amérique centrale et caraïbe — les rapports entre les deux phénomènes qui occupent, face à l'impérialisme, le paysage politique planétaire en ce dernier tiers de notre siècle : le nationalisme et la révolution socialiste. La deuxième étudie le passage de la seconde guerre anticoloniale à la guerre de libération nationale et à la révolution socialiste. Cette deuxième partie s'appuie surtout sur des analyses de certaines guerres de libération nationale d'Afrique occidentale et australe. La troisième partie du livre analyse, à l'aide de l'exemple de l'Angola, le conflit jamais totalement résolu entre les avant-gardes du mouvement armé de libération nationale, leur vision du monde, leur volonté de puissance, d'une part, et les masses paysannes, fournissant l'immense majorité des combattants, d'autre part. La quatrième partie du livre tente de répondre à trois questions différentes qui sont sous-jacentes à la lutte de tous les mouvements armés de libération nationale du tiers monde : quelles alliances et avec quelles

puissances étrangères les mouvements armés de libération
d'Afrique, d'Amérique latine et d'Asie sont-ils forcés de
conclure pour vaincre l'occupant de leur pays ? Quels sont le
rôle historique, la fonction de la violence dans le processus de
construction nationale ? Quel rôle jouent les cultures autochtones dans la guerre de libération nationale et dans le
processus de construction de l'État ? La cinquième partie,
celle des conclusions, tente d'indiquer les « constantes » que
je décèle dans toutes les guerres révolutionnaires anticoloniales, anti-impérialistes et de définir les lois historiques qui
gouvernent la genèse, l'épanouissement et le dépérissement
des mouvements armés de libération nationale du tiers
monde.

Voici les principaux mouvements, dont les victoires, les
réalisations et les conflits serviront de références empiriques
aux analyses de ce livre :

– Le Front sandiniste de libération nationale du Nicaragua
(FSLN).

– Le Parti africain de l'indépendance de la Guinée-Bissau
et des îles du Cap-Vert (PAIGC).

– Le Front populaire de libération de l'Érythrée (FPLE).

– Le Front de libération du Mozambique (Frelimo).

– Le Mouvement du 26 Juillet de Cuba.

– Le Front populaire de libération de la Seguiet El-Hamra
et du Rio de Oro (Polisario).

– Le Front Farabundo Marti de libération nationale du
Salvador (FMLN)

– Le Mouvement populaire de libération de l'Angola
(MPLA).

*

Je limite mon champ d'investigation à des mouvements
armés de libération nationale d'Amérique latine et d'Afrique.
J'examine principalement la période 1960-1982. Pour des
raisons méthodologiques et pratiques, je ne considère les
mouvements armés de libération nationale de l'Extrême et du
Proche-Orient qu'à titre de références récurrentes. Ces
références concernent notamment les luttes armées de libéra-

tion nationale des peuples chinois (1924-1949), vietnamien (1945-1975) et palestinien (1948-1983). Toutes ces luttes constituent une source d'inspiration morale et d'enseignement militaire et politique pour de nombreux nationalistes révolutionnaires d'Amérique latine et d'Afrique. Mais je le répète : ce serait accroître démesurément mon champ d'investigation que d'y inclure la Chine, le Vietnam, la Palestine, par exemple. Ce faisant, je courrais le risque de rendre ce livre illisible. Ma connaissance des mouvements armés de libération nationale de l'Extrême et du Proche-Orient me persuade cependant que les conclusions des analyses empiriques concernant l'Amérique latine et l'Afrique et les invariants qui s'en dégagent ne seraient pas contredits par l'étude de ces mouvements [4].

L'ambition analytique de ce livre est limitée par un obstacle de taille : il aurait fallu, pour produire un affinement de la théorie de la lutte des classes, dans la phase historique actuelle des luttes armées de libération nationale, prendre en compte non seulement les guerres de libération réussies ou en passe de réussir, comme je l'ai fait, mais également toutes celles qui ont avorté ou échoué. Les insurrections écrasées, les révoltes anticoloniales, anti-impérialistes étouffées dans le sang sont innombrables. Elles laissent peu de témoignages et d'un type tout à fait différent de ceux des mouvements

---

4. Une exception cependant : l'OLP. Ce mouvement possède une histoire ne ressemblant à celle d'aucun autre mouvement armé de libération nationale du tiers monde. En 1948, les dirigeants d'une fraction du peuple juif — qui au cours des siècles et notamment durant la période 1933-1945 avait lui-même vécu d'horribles souffrances — proclament en Palestine un État juif. Cet État provoque la résistance, puis l'exode de centaines de milliers de Palestiniens. Un peuple qui avait lui-même été martyr pendant des siècles transforme en martyrs des centaines de milliers d'autres hommes. En mai 1964, le Ier Congrès national palestinien se réunit à Jérusalem et fonde l'OLP. 1967 : nouvelle guerre « préventive » d'Israël. L'État juif occupe cette fois-ci toute la Palestine. Dès ce moment-là, le combat de l'OLP se mène essentiellement à partir des pays limitrophes de la Palestine. Enfermé dans la logique inévitable du colonisateur, subissant la nécessité de la recherche de frontières « sûres », l'État juif étend périodiquement son glacis militaire, provoque de nouveaux massacres et fabrique de nouveaux réfugiés.

victorieux : plus difficilement accessibles, souvent oraux, souvent contradictoires du fait des désaccords nés de l'interprétation des échecs par les vaincus ; souvent mythiques, du fait de l'exaltation nostalgique du projet initial. La plupart du temps, même, ces témoignages se réduisent aux discours mensongers des vainqueurs.

*

Une question préalable se pose : celle de la généralisation des résistances nationalistes que fait naître, un peu partout dans le monde et non seulement à la périphérie du monde industriel, l'unification progressive de notre planète par la rationalité marchande. Je ne fais ici qu'évoquer un débat complexe et passionnant[5]. Qui est « responsable » de la réduction progressive des consciences particulières et des cultures régionales ? Où est le véritable sujet de cette progression triomphante, apparemment irrésistible, à travers la terre, de la rationalité marchande ? Qui est l'auteur caché de ce massacre des civilisations ? Claude Lévi-Strauss[6] attribue une égale responsabilité aux conquêtes coloniales des bourgeoisies capitalistes européennes du XIXe siècle et aux stratégies de domination des formations communistes du XXe siècle. *Lévi-Strauss* : « Le marxisme est une ruse de l'histoire pour occidentaliser le tiers monde. » Les sociologues de l'École de Francfort, par contre, *Theodor Adorno, Max Horkheimer*[7], mais aussi des économistes socialistes tel, notamment, *Jacques Attali*[8], suggèrent une explication différente : pour ces auteurs, la réification progressive des consciences n'est pas liée en premier lieu à une stratégie déterminée de classe. L'instrumentalité industrielle occiden-

5. Nous reviendrons à plusieurs reprises sur ce débat ; notamment p. 235 *sq.*
6. Claude Lévi-Strauss, « Race et histoire », *Le Racisme devant la science,* UNESCO/Gallimard, 1960.
7. Dans l'œuvre de l'École de Francfort, cf. en particulier Max Horkheimer, Theodor W. Adorno, *La Dialectique de la raison, Fragments philosophiques,* trad. Éliane Kaufholz, Gallimard, 1974.
8. Sur la « naturalisation » de la rationalité marchande, cf. Jacques Attali, *La Parole et l'Outil,* PUF, 1975, notamment p. 89 *sq.*

tale joue, dans l'analyse de ces auteurs, le rôle d'un sujet
historique quasi autonome. En d'autres termes, l'instrumentalité occidentale et les valeurs qui la légitiment ayant prouvé,
à tous les niveaux de leur action, leur écrasante supériorité
technique sur toutes les autres instrumentalités connues se
seraient imposées comme par nécessité à l'ensemble des
formations sociales de la planète.

On se souvient des pages prophétiques de Marx sur
l'extension progressive de la rationalité marchande et de la
réification des consciences :

> Par suite du perfectionnement rapide des instruments de
> production et grâce à l'amélioration incessante des
> communications, la bourgeoisie précipite dans la civilisa-
> tion jusqu'aux nations les plus barbares. Le bas prix de
> ses marchandises est la grosse artillerie avec laquelle elle
> démolit toutes les murailles de Chine et obtient la
> capitulation des barbares les plus opiniâtrement xéno-
> phobes. Elle contraint toutes les nations, sous peine de
> courir à leur perte, d'adopter le mode de production
> bourgeois ; elle les contraint d'importer chez elles ce qui
> s'appelle la civilisation, autrement dit : elle en fait des
> nations de bourgeois. En un mot : elle crée un monde à
> son image [9].

Quelle que soit l'hypothèse explicative qu'on adopte —
celle de Lévi-Strauss, de Horkheimer/Adorno, ou celle
d'Attali —, une évidence s'impose : la rationalité marchande
est en voie d'unifier le monde. La réification est aujourd'hui
presque achevée : les habitudes de vie alimentaires, sexuelles, affectives, vestimentaires, le langage, les mentalités, les
désirs et les rêves sont investis, traversés, unifiés par la
rationalité marchande. De Dakar à Manille, de Singapour à
Séoul, de Buenos Aires à Tokyo, de Kinshasa à Sydney, les
hommes mangent, boivent, s'habillent (quand ils en ont les
moyens) de la même façon. Ils pensent et désirent les mêmes
objets, adhèrent aux mêmes valeurs, quelle que soit leur

9. Karl Marx, *Manifeste communiste*, in *Œuvres complètes*, éditées
par Maximilien Rubel, Gallimard, coll. « Pléiade », vol. I, 1963,
p. 165-166. Ces pages, écrites en 1847, restent prophétiques, même si
leur ethnocentrisme, pour ne pas dire leur racisme, choque.

culture d'origine, utilisent les mêmes produits et perçoivent le
monde à travers les mêmes schèmes épistémiques. Nous
vivons désormais dans un monde unifié par la marchandise,
mais aussi par la rareté et la frustration.

Cependant, au fur et à mesure que progressent la monopolisation et la multinationalisation du capital, au fur et à
mesure que s'étend l'empire de l'oligarchie impérialiste du
centre vers la périphérie du système, les hommes tentent de
résister en se repliant sur leurs communautés d'origine. Dans
ce contexte, la communauté la plus résistante semble bien
être la communauté linguistique, ethnique, culturelle des
origines. Partout, et jusqu'au cœur de l'Europe la plus
industrialisée, les revendications culturelles, linguistiques,
économiques, politiques de caractère nationaliste surgissent.
De la Bretagne au Québec ou à l'Irlande, de la Corse à la
Croatie, les hommes, brusquement, se souviennent de leurs
ancestrales racines et revendiquent leur identité culturelle
singulière, agressée par le surmoi unificateur de l'État.

Nous ne nous occupons pas dans ce livre des mouvements
de renaissance culturelle, des mouvements nationalitaires tels
qu'ils surgissent dans les grands États industriels du Centre,
en Occitanie, en Corse, au Québec, au Jura, en Bretagne, en
Irlande, au Pays Basque, par exemple. Les militants de ces
mouvements témoignent souvent d'un grand courage personnel, d'un vif esprit de création et d'une volonté d'indépendance intellectuelle et d'autonomie politique évidente. Mais
ces mouvements sont avant tout des mouvements de renaissance culturelle. Ils visent surtout à obtenir la reconnaissance
de l'identité et de l'histoire d'un peuple, même si, au sein des
grands États industriels centralisés, ils luttent pour obtenir
l'établissement de relations économiques et politiques plus
équitables entre ethnies différentes. Leurs revendications ne
mettent que faiblement en cause le mode de production
capitaliste, sauvage ou d'État et rarement les structures
mondiales de l'échange inégal ou la division internationale du
travail [10]. Nous n'en parlerons donc pas dans ce livre.

10. Des exceptions : l'ETA basque (aile militaire) et surtout
certains secteurs du Parti québécois développent des revendications,

*

Deux urgences président à l'élaboration de mon ouvrage. La première : les mouvements armés de libération nationale du tiers monde sont des formations sociales radicalement nouvelles, jamais rencontrées auparavant et qui surgissent sur la scène internationale — en majeure partie — après la Seconde Guerre mondiale. Aucun concept existant de la sociologie politique actuelle ne permet de les cerner totalement : ces mouvements ne sont pas des partis politiques. Pourtant, ils privilégient l'organisation et la formation politique de leurs membres. Ces mouvements formulent, mettent en œuvre des revendications sociales fondamentales, proposent des changements de la structure de propriété, imposent dans les zones qu'ils contrôlent des systèmes de production, de distribution nouveaux, mais ils ne sont pas assimilables à des syndicats ouvriers ou à des ligues paysannes. Les mouvements armés de libération accordent une attention intense aux questions d'organisation militaire, à la logistique, à l'armement, à la conduite des combats : cependant, on ne saurait les comparer à des formations militaires classiques. Dans la phase avancée de leur développement, ils mettent en mouvement d'immenses masses de personnes, généralement d'origine paysanne. Pourtant, un mouvement armé de libération n'est pas une jacquerie et les concepts de Marx, d'Engels,

---

des analyses mettant en question l'organisation actuelle du marché capitaliste mondial. Pour l'intéressante littérature théorique produite sur ce sujet par certains secteurs du nationalisme du Québec, voir notamment :
– Comité des Cent, *Manifeste du mouvement pour un Québec socialiste, démocratique et indépendant,* Montréal, 1981.
– Pierre Vadeboncœur, *Un génocide en douce,* Ottawa, Éd. Parti pris, 1976.
– Lintneau, Durocher, Robert, *Histoire du Québec contemporain,* Québec, Éd. Boréal-Express, 1979.
– Réjean, Pelletier *et al., Partis politiques au Québec,* Éd. Cahiers du Québec, 1976.
– Cloutier, Boily *et al., Québec, un pays incertain,* Québec, Éd. Québec-Amérique, 1980.
– René Levesque, *La Solution,* Montréal, Éd. du Jour, 1970, notamment « La préparation de l'avenir », p. 65 *sq.*

de Bloch, élaborés pour comprendre les mouvements paysans de l'Europe du XVIe siècle, ne nous seront d'aucun secours. Une seule constatation pour l'instant : les mouvements armés de libération nationale tels qu'ils surgissent surtout depuis la fin de la Seconde Guerre mondiale un peu partout en Asie, en Afrique et en Amérique méridionale, centrale et caraïbe sont des formations sociales spécifiques, radicalement inexplorées par les sciences humaines occidentales et dont la théorie reste à faire.

Ces mouvements, leurs combats, leurs victoires, leurs sacrifices modifient profondément le paysage social planétaire. Ils altèrent les rapports entre classes dans de nombreux pays, affectent l'équilibre entre les deux superpuissances sur plusieurs continents. Et surtout ils apportent la chance d'une vie enfin humaine, plus libre, plus heureuse, plus juste à des millions d'êtres humains.

En Europe occidentale, en Amérique du Nord, l'esprit révolutionnaire recule, meurt. Les classes ouvrières de nos pays industrialisés sont pratiquement intégrées dans le projet impérialiste de leurs dominateurs. Elles épousent — avec conviction ou par simple inertie mentale — l'idéologie légitimatrice d'une organisation meurtrière du monde dont elles reçoivent les miettes. Les dominateurs accréditent le caractère « immuable », « naturel », « objectif » de l'ordre impérialiste, capitaliste, de la planète. La condition infra-humaine de plus d'un milliard d'hommes est renvoyée au domaine de la fatalité. La rupture radicale avec les mécanismes inégalitaires et meurtriers du marché mondial, avec la rationalité qui « justifie » leur fonctionnement, paraît de plus en plus lointaine, de moins en moins réalisable pour les travailleurs occidentaux[11]. L'espérance révolutionnaire de l'humanité se concrétise aujourd'hui dans les mouvements armés de libération nationale du tiers monde.

Voici la seconde de ces urgences : les mouvements armés de libération du tiers monde sont constamment décriés,

---

11. Je ne me prononce pas sur les travailleurs de l'Est qui, en Pologne en 1980-1982 notamment, nous donnent un magnifique exemple de révolution.

calomniés par une partie des grands systèmes de communication (télévision, presse, radio, discours politiques) des sociétés capitalistes marchandes d'Europe, d'Amérique et, sous réserve, d'Union soviétique. Au début de la guerre de libération, leurs combattants sont généralement perçus comme des brigands, des terroristes. Les premières unités de la guérilla reçoivent l'appellation consacrée de « bandes de bandits », de « hors-la-loi ». La stratégie des dominateurs locaux est également habile : ils foulent aux pieds les droits constitutionnels, les libertés publiques, pour ensuite déclarer hors la loi ceux qui prennent les armes pour défendre ces libertés. A l'arrivée, c'est-à-dire au moment de la victoire, lorsque le cortège des survivants entre dans la capitale enfin libérée, les mêmes mass media s'interrogent gravement : « Dans quel camp, sous quelle nouvelle tutelle vont maintenant tomber le peuple libéré et ses libérateurs ? » Pourquoi cet acharnement ? Pourquoi ce refus obstiné de reconnaître la particulière identité, l'irréductible singularité de ces mouvements ? L'explication me paraît évidente : les mouvements armés de libération nationale du tiers monde sont les seules organisations populaires qui rompent d'une façon définitive avec les structures, la rationalité, le langage du marché capitaliste mondial. Or, les lois de ce marché — acceptées, reproduites tant par les États et sociétés civiles de l'Occident capitaliste que par les États et partis de l'Est communiste — doivent continuer d'apparaître aux dominés comme des lois « naturelles » et « universelles », sous peine d'être rejetées par eux. Quiconque conteste les structures du marché capitaliste mondial met en question l'ordre actuel du monde et les fantastiques privilèges que celui-ci confère à une minorité de dominateurs. Un authentique mouvement armé de libération ne se laisse pas non plus intégrer dans la stratégie de l'une ou l'autre des deux superpuissances. En bref : cette formation sociale nouvelle est définitivement inassimilable aux rationalités symboliques, aux stratégies économiques, aux politiques dominantes de l'Ouest comme de l'Est. Elle inquiète donc. Les dominateurs ne peuvent la traiter autrement qu'en la niant ou en la discréditant.

Je le répète : l'idéologie dominante du système impérialiste, ses intellectuels organiques, une grande partie de ses organes de presse tentent d'occulter, de calomnier la radicale nouveauté du projet social, la revendication du bonheur collectif, immédiate, mise en œuvre par le mouvement armé de libération. Opération impérieuse : pour que le système impérialiste puisse se maintenir, durer, régner, il faut qu'il annule l'effet d'exemplarité que produisent, dans l'esprit de tous les peuples soumis, l'héroïsme victorieux, le courage triomphant d'un seul. Il faut que l'imprévisible insurrection d'un peuple soit ravalée au niveau d'une lamentable conjuration dirigée du dehors. L'action exemplaire de toute guerre de libération doit être étouffée. Les dominateurs se résignent parfois à accepter la « perte » d'un pays rural, dépourvu d'intérêt stratégique, de matières premières. Exemple : le Nicaragua, la Guinée-Bissau. Par contre, ils n'acceptent jamais que l'exemple du courage populaire puisse rayonner à travers la région, réveiller l'espérance d'autres peuples, fortifier la détermination d'autres hommes. Dans l'esprit des maîtres, toute libération doit être « accidentelle ». Il ne faut pas que les hommes dominés comprennent qu'ils peuvent eux-mêmes devenir les acteurs et les créateurs de leur propre histoire. Le devoir de diffamation, de calomnie, de destruction morale du mouvement armé de libération nationale devient ainsi pour les dominateurs une tâche objective contraignante[12]. Notre livre essaie de démanteler ces straté-

---

12. Ce pouvoir de rayonnement d'un mouvement de libération victorieux sur tous les autres peuples en lutte est puissant. Je me souviens d'un jour de mars 1972. Je me trouvais à Santiago du Chili. C'était l'époque de l'offensive des révolutionnaires vietnamiens sur le 17ᵉ parallèle. Descendant dans le hall de l'hôtel un matin, je tombe sur une immense affiche que les travailleurs du Crillon avaient confectionnée pendant la nuit. Ils y avaient peint en grandes lettres rouges cette interrogation : « Quelle plus belle preuve de la puissance de l'esprit humain que cette offensive ? » Massacrés, napalmisés, bombardés, leurs villes incendiées, leurs hôpitaux détruits, leurs enfants mutilés, leur pays agressé par l'armée la plus puissante de la terre, les combattants vietnamiens avaient trouvé le courage de passer à l'offensive. Les ondes de choc de leur action avaient traversé les mers. Elles agitaient maintenant les consciences de dizaines de milliers de travailleurs sur la rive orientale du Pacifique. Elles

gies de calomnie, de désigner clairement leurs enjeux, d'inverser la violence symbolique, de la tourner contre ceux qui la manient.

*

Tout mouvement armé de libération connaît son *moment de grâce,* et cette grâce est une force plus puissante qu'une bombe nucléaire.

Au centre le plus intime de tout combat collectif pour la libération des pauvres, il existe quelque chose qu'aucun essai de sociologie ne pourra jamais formuler : une émotion profonde qui bouleverse — au sens littéral du terme — tous les sentiments ordinaires de ceux qui luttent ensemble. Ce n'est pas seulement l'espérance partagée d'une vie meilleure qui unit les combattants. Un autre sentiment plus neuf encore et plus fort les réunit : c'est la décision de chacun d'accepter lucidement le martyre, la volonté de mettre en jeu librement, sans contrainte autre que celle que lui impose sa conviction, sa propre vie pour le peuple. Dans les pays du tiers monde, les luttes de libération n'obéissent à aucune des règles habituelles de la guerre, à aucun protocole de la Croix-Rouge. La guerre y est d'une indicible sauvagerie : quiconque tombe entre les mains de la soldatesque ennemie, des mercenaires, des services policiers, est quasi certain de subir, au Guatemala, en Namibie, aux Philippines, en Uruguay, les tortures les plus effroyables. Seuls un homme et une femme qui ont renoncé, intérieurement, à toute exigence de survie personnelle et qui, d'un libre choix, ont mis leur vie entre les mains de la communauté combattante peuvent vaincre — nerveusement, quotidiennement — la peur paralysante, le vertige que provoque la certitude d'une agonie sous la torture. J'ai connu au Nicaragua une jeune femme, Norma Cuadra, qui, durant les années 1976-1977-1978, grâce à une Ford à double fond, convoyait, de la frontière du Costa Rica

---

nourrissaient leur espoir et transformaient en force le découragement passager, né de la première campagne de sabotage des patrons-camionneurs chiliens (1972).

jusqu'aux collines d'Esteli, des pistolets-mitrailleurs, des cartouches, des grenades. Chaque fois qu'elle approchait d'un barrage de gardes somozistes, elle avait l'impression — au sens littéral du terme — de mourir. Lorsque les gardes faisaient mine de fouiller sa voiture, cette jeune femme élégante, issue de l'oligarchie, jouait l'indignation... Le barrage franchi, elle avait la sensation de revivre.

Mort et résurrection : cette double expérience marque l'existence du combattant. Elle la transforme. Elle fait du résistant l'homme d'une essence nouvelle et qui annonce l'humanité libérée à venir. Tout mouvement collectif de revendication sociale — comme toute vie individuelle, d'ailleurs — connaît des moments de grâce, une période, des instants où son être profond se donne à voir. Le mouvement armé de libération nationale impose à l'opinion internationale la claire conscience de la détermination de ceux qu'il réunit. Il exprime l'identité, le désir profond, la liberté exigée, l'être singulier du peuple qu'il représente. Ce faisant, il met en échec, conteste, détruit la légitimité des dominateurs. Il montre la possibilité concrète d'une existence différente, libérée, heureuse. Il détruit un monde et annonce l'avènement d'une humanité nouvelle [13].

*

Ce livre suscitera des objections. Je veux répondre à la principale d'entre elles dès maintenant.

Les mouvements armés de libération du tiers monde, victorieux de leurs adversaires, ne créent-ils pas, dès leur

---

13. Il existe aujourd'hui dans le tiers monde — et notamment en Amérique latine —, à côté du nationalisme qui anime les mouvements armés de libération nationale et qui vise à la construction d'États fraternels, libres, égalitaires, souverains, une idéologie tonitruante que nous appellerons *nationalisme de droite*. Cette idéologie, qui s'enracine dans l'histoire particulière des oligarchies créoles et des bourgeoisies compradores de l'Amérique latine du XIXᵉ et du XXᵉ siècle, revendique une souveraineté purement formelle : celle-ci masque un ordre social interne injuste, inégalitaire, où les classes dominantes autochtones livrent au capital étranger les richesses et la main-d'œuvre du pays.

arrivée au pouvoir, des gouvernements tout aussi autoritaires, tout aussi contraignants que ceux qu'ils viennent de chasser ? L'État qui naît de leur victoire ne succombe-t-il pas, dans de nombreux pays du moins, à la tentation totalitaire, autocratique ?

Une mise en garde s'impose. Il n'est pas possible de saisir le problème de la construction nationale dans le tiers monde à l'ère du marché capitaliste universalisé en le référant simplement aux édifications nationales antérieures, par exemple à celles de l'Europe. Les nations européennes naissantes, du Moyen Age au XIXe siècle, ont affronté l'ordre féodal et répondu aux exigences d'une organisation économique, politique et sociale conforme aux intérêts de la bourgeoisie et de ceux d'entre les princes qui surent s'appuyer sur elle pour conserver leurs prérogatives.

La nouveauté radicale à laquelle sont confrontés les nationalistes révolutionnaires d'Amérique latine, d'Afrique et d'Asie, au sortir de la guerre populaire de libération, réside dans les impératifs mêmes qui ont commandé le déclenchement de la lutte menée par les classes les plus défavorisées de la société. Cette lutte ne peut que postuler l'abolition des classes, donc une construction civile nationale et égalitaire.

La construction nationale se confond alors nécessairement avec une construction socialiste. Les nouveaux États du tiers monde nés de la lutte armée de libération nationale se trouvent en butte à la double tâche suivante :

1. Les nouveaux États du tiers monde doivent obtenir la reconnaissance de leur souveraineté de la part des autres États, consolider et défendre leurs frontières, organiser un espace juridique cohérent, créer les institutions du pouvoir, garantir la paix civile, organiser une économie.

2. Le second impératif urgent est d'unifier la société civile dans une nation fraternelle, égalitaire et libre, de donner une existence nationale aux multiples classes et groupes peuplant le territoire, naguère exclus de la vie civile et politique. Cette seconde tâche rencontre un obstacle apparemment insurmontable puisque l'ordre du monde, auquel se soumettent de gré ou de force la plupart des États de la planète, impose des

modèles de développement qui font peu de cas des hommes.

La victoire politique, militaire, sur l'occupant n'abolit pas la soumission du pays libéré aux lois du marché capitaliste universalisé, ni son insertion dans la division internationale du travail, ni encore son assujettissement aux termes d'échanges inégaux. La construction de cette nouvelle nation fraternelle, égalitaire — qui réalise dans la paix les promesses faites aux plus pauvres durant la guerre —, rencontre ainsi de nombreuses et gigantesques difficultés. Citons-en les principales : il y a d'abord la difficulté de création d'une conscience nationale. S'orientant aux paramètres de leurs désirs révolutionnaires, les révolutionnaires doivent créer une nation, un État, sur des territoires où il n'y a eu avant eux que des comptoirs marchands étrangers, des troncs de sociétés ancestrales délabrées, des bidonvilles, des plantations coloniales, des enclaves minières gardées par des chiens. Ils doivent créer une conscience nationale, indépendante, nourrie du savoir né des pratiques autochtones, là où l'occupant étranger n'a laissé que divisions tribales, catholicisme colonial, idéologie d'assimilation.

En même temps, il faut vaincre la misère, les injustices, le chômage, les maladies endémiques, la famine, éradiquer l'exploitation des uns par les autres jusqu'à la soumission que celle-ci suppose dans la tête des exploités. Le temps, c'est de la vie humaine : il faut abattre les taudis, détruire l'analphabétisme, créer des logements, des hôpitaux, des écoles. Des systèmes nouveaux de production autocentrée, répondant aux besoins sociaux les plus urgents de la population, doivent remplacer les plantations coloniales et les circuits économiques orientés vers la satisfaction des besoins de l'étranger. Or, qu'il s'agisse de défense nationale ou d'édification économique et sociale, la difficulté est multiple. L'héritage historique laissé par les colonisateurs en Afrique ou par les oligarchies compradores en Amérique latine est particulièrement misérable : très peu de cadres, analphabétisme, insuffisance d'infrastructures. A l'aliénation des individus et à l'inadaptation culturelle aux conduites qu'impose l'instrumentalité du développement économique, s'ajoutent les ravages de la guerre. La construction nationale ne s'opère pas dans la liberté, mais elle est entourée d'ennemis extérieurs et menacée par le sabotage intérieur[14].

Au xve siècle européen, Louis XI, roi de France, a tracé les frontières du royaume, conquis un territoire d'État, créé les premières institutions du pouvoir central, ce qui lui vaut d'être considéré comme un grand monarque. Il a jeté les bases indispensables à la construction de la nation française à venir. Comme Louis XI au xve siècle, les nationalistes révolutionnaires du tiers monde doivent aujourd'hui, en priorité, tracer et défendre des frontières, conquérir un territoire, organiser une économie, créer un ordre juridique cohérent, mettre au monde les institutions d'un pouvoir central. Pratiquement tous les nouveaux États nés de la guerre révolutionnaire de libération nationale analysée dans ce livre (Angola, Mozambique, Nicaragua, Guinée-Bissau, etc.) connaissent aujourd'hui des attaques militaires contre leurs frontières ou des contestations diplomatiques de leurs frontières terrestres ou maritimes. N'oublions pas non plus de quel lointain Moyen Age viennent les nouveaux États nés de la victoire des mouvements armés de libération nationale des Amériques et de l'Afrique.

Avant 1979, le *Nicaragua* n'était de fait ni un État ni une nation. C'était le domaine privé d'une famille oligarchique qui possédait 40 % des terres de plantations du pays, plus de la moitié de son secteur industriel et bancaire et qui se comportait vis-à-vis de son peuple comme un maître latifundiaire de l'empire romain finissant face à la masse anonyme de ses esclaves[15] : Quelques sociétés multinationales minières

14. Il peut s'agir du sabotage des anciens alliés bourgeois du mouvement armé de libération nationale ou de saboteurs infiltrés par l'ennemi extérieur. Exemple : la révolution sandiniste du Nicaragua est aujourd'hui menacée à la fois par la guerre d'usure, les attaques incessantes que lui font subir les anciens gardes somozistes, les mercenaires sud-coréens, sud-vietnamiens et argentins financés, encadrés par la CIA et stationnés au Honduras, et par le sabotage économique interne, organisé par les entrepreneurs privés. Ces entrepreneurs réunis dans la CODEC et conduits par Alfonso Robelo étaient, de 1978 à 1979, les alliés des sandinistes dans la guerre contre Somoza.

15. L'analogie entre le Nicaragua d'avant 1979 et le Maghreb du iiie siècle est frappante : au Bas-Empire, au iiie siècle de notre ère, le

et bananières nord-américaines gouvernaient en parfaite
autonomie leurs enclaves en terre misquito le long de la côte
de l'Atlantique. Au *Salvador,* quatorze familles adminis-
traient, exploitaient, de 1821 à 1975, les terres et les hommes.
En *Haïti,* la famille Duvalier, assistée de quelques sociétés de
charte d'origines nord-américaine, japonaise et européenne,
possède aujourd'hui la majeure partie de la force de travail,
des plantations de canne et de café et des quelques rares
industries (mines, hôtels, textiles) du pays. Pour d'autres
raisons, essentiellement la faible pénétration du colonialisme
portugais et son caractère de mercantilisme archaïque, la
domination étrangère avait laissé des pays comme l'*Angola* et
le *Mozambique,* immenses territoires habités par de nombreux peuples, sans structures étatiques intégrées jusqu'en
1974. Au Mozambique, il y avait, avant 1974, 250 000 Blancs.
Ils habitaient le sud et la poche de Beira. Mais au-delà du
Zambèze, en pays makondé ou à Tete, aucune administration
digne de ce nom n'existait. Du fleuve jusqu'à la frontière de
Tanzanie s'étendait la *terra incognita*[16]. Aucun pouvoir d'État
n'y déployait son action. Le Mozambique, sous la colonie,
existait à peine : c'étaient des comptoirs marchands sur
l'océan Indien (Beira, Lourenço Marques, Pemba), des ports
et des réseaux ferroviaires pour l'exportation vers l'Europe
des produits miniers du Swaizland, d'Afrique du Sud, de
Rhodésie. Le peuple ? Une mosaïque de tribus souvent
hostiles entre elles et dont les antagonismes étaient soigneusement entretenus par les maîtres blancs. L'*Angola* a connu un
destin analogue : Cabinda était une enclave pétrolière entre

---

territoire de l'actuelle République tunisienne appartenait à six
propriétaires, membres de la classe sénatoriale romaine. Cf. François
Decret et Mohammed Fantar, *L'Afrique du Nord dans l'Antiquité,
des origines au ve siècle,* Payot, 1981.
  16. Utilisant le vocabulaire de Bismarck lors de la Conférence de
Berlin en 1885 pour désigner les territoires du nord du Mozambique,
de l'est de l'Angola et de l'intérieur de la Guinée-Bissau, je parle de
terra incognita. Ces contrées en fait n'étaient inconnues que du
colonisateur. Sur leur sol, dans leurs villages, régnaient des rois et des
chefs traditionnels. Leurs principautés, leurs duchés étaient morce-
lés, fractionnés. Leur hostilité farouche à tout pouvoir central était
légendaire.

les mains des sociétés américaines ; Luanda, un port atlantique. Les enclaves diamantifères du Centre étaient gérées en
parfaite autonomie par la société sud-africaine De Beers. Le
chemin de fer de la vallée de Benguela, appartenant au
capital anglais, évacuait de l'intérieur du Shaba (ex-belge) et
de la Zambie (ex-anglaise) le cuivre, l'uranium, le manganèse
vers la mer. Sur les hauts plateaux méridionaux, enfin,
l'agriculture coloniale, orientée vers les cultures d'exportation, avait chassé de leurs terres des milliers de paysans
africains. Les immenses contrées de l'Est, les régions du
Cunene, le massif et les forêts de Demba ? Ces contrées-là,
plus étendues que trois fois le Portugal, ne faisaient guère
partie du territoire « national ». De même en *Guinée*, au
Cap-Vert. En Guinée-Bissau, les paysans de Boé, du Fouta et
de la haute vallée du Cacheu n'avaient jamais bénéficié d'une
administration sanitaire, sociale avant 1969, date à laquelle,
dans les premières zones libérées, s'installaient des médecins
hollandais et suédois, engagés par le PAIGC. Des douze îles
de l'archipel du Cap-Vert, seules les trois îles de Santiago,
São Vicente et Sal étaient réellement administrées par le
pouvoir colonial.

Lorsqu'il est question de l'unification du territoire, les
analogies de situation entre la France du xve siècle et le
Mozambique et l'Angola de la fin du xxe siècle sont nombreuses et frappantes. La comparaison entre la tâche qu'af-
frontait, au xve siècle, Louis XI, roi de France, et celle
qu'affrontent aujourd'hui les mouvements armés de libération nationale du tiers monde n'est pas gratuite. Une fois les
Anglais vaincus sur son territoire, Louis XI devait affronter
des ennemis puissants au sein de sa propre famille : Charles le
Téméraire, duc de Bourgogne, son cousin, avec qui il avait
conclu une alliance en 1468 à Péronne et conquis Lille, minait
son royaume de l'intérieur et menaçait le pouvoir central
naissant. Charles fut finalement vaincu et tué à Nancy en
1477.

Le Frelimo arrivé au pouvoir à Maputo, anciennement
Lourenço Marques, doit aujourd'hui réduire de nombreux et
puissants potentats locaux, combattre de nombreuses forces
centrifuges. La tâche est loin d'être terminée. Le MPLA, au

pouvoir à Luanda, connaît des problèmes identiques : tout le sud et le centre du pays, toute sa zone nourricière, agricole, est aujourd'hui encore entre les mains d'un pouvoir tribal, celui des Ovimbundu, représenté par le chef Jonas Savimbi, et qui refuse obstinément la soumission au pouvoir central.

Dans ce même contexte, une autre question se pose : dans la plupart des pays du tiers monde, les hommes et les femmes qui ont dirigé la guerre nationale de libération sont, à quelques rares exceptions près, les mêmes qui après la victoire gouvernent l'État. Leurs réflexes psychologiques, le type de rapports humains qu'ils privilégient, leur vision du monde restent les mêmes. Autrement dit : ils gèrent l'État comme ils ont géré la lutte. Or, il n'y a pas trente-six façons de faire la guerre. Les mots d'ordre qui gouvernent la conduite de la guerre sont : discipline, contrainte, hiérarchie, plan. Ces modes d'action ne risquent-ils pas de passer au pouvoir d'État ? Répétons-le : les personnes dirigeant hier le mouvement sont les mêmes qui administrent aujourd'hui le pouvoir d'État. Ni leurs réflexes psychologiques ni leur habitude du commandement ne changent comme par miracle en l'espace de quelques mois. D'autant plus que ces réflexes, ces modes d'action ont été la condition de leur survie durant des années, parfois des décennies de guerre, où le moindre manquement aux consignes était sanctionné de défaite, de mort.

*

Un dernier problème est à signaler : tous les mouvements armés de libération du tiers monde sont, par la force des choses, des *mouvements ultra-jacobins* [17]. Quatre-vingt-un combattants voyageaient à bord du *Granma* en décembre 1956. Dix-huit ont survécu aux premiers combats et rejoint la

17. Je ne parle ici que du front de libération proprement dit, de ses dirigeants, ses cadres, ses militants. Il va sans dire que le front, au fur et à mesure que progresse la lutte, gagne l'adhésion progressive d'un grand nombre d'autres personnes, crée des organisations de masse, est capable d'organiser des grèves et, dans la phase ultime, de lancer des centaines de milliers d'hommes dans l'insurrection ouverte.

Sierra Maestra. Moins de sept cents guérilleros sont entrés à La Havane le 6 janvier 1959. Au moment de la prise de Managua, le 19 juillet 1979, le Front sandiniste de libération nationale comptait à peine plus de quatre cent cinquante dirigeants et cadres disposant d'une réelle formation militaire et politique. Ils forment aujourd'hui l'armature du nouvel État. En août 1974, trente-trois commandants du PAIGC — pas un de plus ! — ont débarqué sur l'île de Sal. Ils ont pris le pouvoir dans l'archipel des îles du Cap-Vert et édifié la nouvelle République. En 1975, au moment du départ de l'occupant portugais, le MPLA n'était composé que d'environ trois mille hommes et femmes — rescapés des massacres, des prisons et des maquis — ayant une formation militaire et politique sérieuse. La situation était la même au Mozambique après que le Frelimo eut brisé l'offensive du général Kaulza de Arriaga, traversé le Zambèze et mis en échec les troupes d'occupation coloniale. En 1974, le Frelimo ne comptait guère plus de quatre mille cadres formés : ceux-ci occupent aujourd'hui toutes les positions clés de l'État. A Bissau, même situation : mille cinq cents hommes et femmes sont sortis de la forêt ou sont rentrés de Conakry et de Ziguinchor en septembre 1974. Ajoutez à cela les campagnes de sabotage, l'ostracisme dont ces hommes et ces femmes sont l'objet de la part des anciennes puissances coloniales et des États-Unis, et vous comprendrez mieux la mentalité de ghetto, le traumatisme de l'encerclement qui habitent si souvent les dirigeants des nouveaux États. La nature ultra-jacobine de leur mouvement et leur traumatisme d'assiégés influencent tout naturellement leur conduite à la tête du gouvernement. Pour nous, Européens, qui jugeons avec tant d'arrogance, de facile conviction, la conduite de ces hommes et de ces femmes miraculés des génocides et des massacres, une conclusion s'impose : il nous faut être intransigeants sur les principes, mais indulgents à l'égard des hommes. Cette attitude facilitera l'amélioration du jugement que nous portons sur les États nouveaux du tiers monde.

La réussite d'une construction nationale doublée d'une révolution socialiste indépendante représente un précédent menaçant pour l'ensemble de l'ordre impérialiste. Or, les jeunes États ont besoin d'argent, de technologie et se trouvent de ce fait dans une situation de vulnérabilité extrême. Leur marge de manœuvre pour échapper à la mise sous tutelle par l'une ou l'autre des superpuissances est très réduite. Il en résulte de surcroît des débats internes, conflictuels et souvent dangereux, comportant des risques de dissension non maîtrisables, qui mettent en question l'unité du groupe dirigeant, donc de l'État et de la nation. La question du développement économique, absolument indispensable pour juguler la misère et la faim, se pose dans un contexte sans précédent dans l'histoire : les ressources des États libérés ne sont pas en marge du monde industriel développé mais continuent à faire l'objet des convoitises des puissances industrielles. Les États du tiers monde se trouvent en fait dans une situation contradictoire qui est presque insurmontable : s'ils refusent l'abandon à l'étranger de l'exploitation de leurs ressources naturelles, ils doivent mettre en œuvre les moyens de l'assurer eux-mêmes. Pour cela, il leur faut acquérir à l'étranger les capitaux, les cadres, la technologie nécessaires.

L'un des exemples les plus saisissants de cette situation est offert par l'Angola. En 1982, cet État, né d'une lutte de libération nationale héroïque, doit défendre ses provinces méridionales contre la guerre d'agression et de génocide sud-africaine et lutter contre le sabotage interne de l'UNITA qui dévaste les régions agricoles les plus riches et mine la coalition nationale en favorisant la sécession de l'ethnie la plus importante du pays[18]. Dans ce contexte, l'Angola doit

---

18. L'UNITA, Union nationale pour l'indépendance totale de l'Angola, avait été créée par Jonas Savimbi et les chefs traditionnels ovimbundu durant la guerre anticoloniale contre le Portugal. Refusant de reconnaître l'actuel gouvernement national au pouvoir à Luanda, l'UNITA fit cause commune, dès 1975, avec l'Afrique du Sud pour combattre la République populaire d'Angola (cf. p. 383 *sq*).

Les Ovimbundu, sur lesquels s'appuie l'UNITA et dont est issu son chef Jonas Savimbi, représentent 30 % de la population angolaise. A part Mme Waikenu, M. Mutaka et quelques rares autres, aucun Ovimbundu ne fait partie de la direction nationale du MPLA.

Mais il y a pire : une minorité seulement des dirigeants du MPLA parle la langue du peuple de Luanda : le kimbundu. Ce sont

entretenir une armée nationale de quarante-cinq mille hommes et, en plus, assurer les frais de stationnement des dix-huit mille soldats cubains alliés, acheter de l'armement au prix du marché mondial et importer les deux tiers de l'alimentation de sa population. Il ne peut procéder à ces achats qu'au moyen de devises étrangères. C'est le pétrole brut de Cabinda, extrait et commercialisé par la compagnie américaine Gulf Oil, qui les lui fournit à 81 %[19]. L'Angola était, avant 1975, exportateur de biens agricoles. Le pays gagnait en plus des devises avec le chemin de fer de Benguela, qui évacuait sur l'Atlantique le cuivre du Zaïre et de la Zambie. Or, du fait du sabotage de l'UNITA, l'agriculture est ravagée et le chemin de fer de Benguela ne fonctionne qu'à 10 % de sa capacité. Pour le seul chemin de fer, le manque à gagner annuel (taxes, etc.) de l'Angola était en 1982 d'environ trente millions de dollars.

Rien ne sert de rêver. On ne peut raisonner contre l'histoire : *les principes de liberté, de justice, incarnés par la lutte de libération nationale des peuples du tiers monde, appartiennent à tous les peuples. Mais les problèmes qu'affrontent les États nés de cette lutte n'appartiennent qu'à eux.*

L'exercice du pouvoir d'État, du pouvoir de parti n'est ni basé sur le suffrage universel ni pluraliste à Maputo, Managua, La Havane, Praia, Luanda ou Bissau. C'est un fait. On peut le regretter. Mais on ne peut raisonner contre l'histoire. Par contre, le Mozambique, le Nicaragua, Cuba, l'Angola, la Guinée-Bissau, le Cap-Vert ont réalisé autre chose et mieux (dans l'actuelle phase du développement de leurs forces productives) qu'une démocratie parlementaire : ils ont créé des États, conquis une souveraineté, donné à manger à leur peuple et mis au monde une liberté qui ne mourra qu'avec le dernier des combattants.

Jaime Wheelock, vingt-sept ans en 1981, commandant de la Révolution, ministre de la Réforme agraire du Nicaragua,

---

principalement ces hommes et femmes acculturés, passés par l'école portugaise, qui ont conçu et organisé la lutte armée de libération nationale et la construction nationale.

19. Sept millions de tonnes en 1981 (*Le Monde* du 16.4.1982).

défend avec force les faiblesses des nouvelles administrations :

> Le cerveau d'un homme qui a l'estomac affamé ne fonctionne pas avec beaucoup de subtilité. Et cela est encore plus vrai lorsqu'un revolver nord-américain est pointé sur ce cerveau. Nous avons l'estomac vide et on nous vise à la tête. Dans ces circonstances, il me paraît difficile d'accepter qu'on nous demande, ici, à nous, de créer quelque chose que l'humanité entière n'a pas réussi à créer en six mille ans de civilisation, c'est-à-dire une démocratie aseptisée, comme elle n'existe nulle part au monde [20].

On ne peut reprocher aux sandinistes d'avoir maintenu l'état d'urgence, alors que le Nicaragua est quotidiennement menacé d'invasion par les mercenaires nicaraguayens, argentins, sud-coréens, financés, encadrés, par la CIA et stationnés au Honduras. Revendiquer aujourd'hui en priorité la liberté de presse dans un pays comme l'Angola, où l'analphabétisme dépasse les 60 %, est une absurdité. Comment s'insurger contre l'instauration du parti unique au Mozambique, alors que ce pays est déchiré par des rivalités tribales et que l'instauration du pluralisme ne servirait qu'à aiguiser la haine entre ethnies hostiles ? En bref : on ne saurait appliquer à l'action gouvernementale des nationalistes révolutionnaires du tiers monde les mêmes paramètres qu'on est en droit d'utiliser lorsqu'il est question de juger l'action du gouvernement socialiste de France, par exemple.

Les socialistes français seront jugés sur leur capacité de rompre avec le mode de production et la rationalité capitalistes, d'instaurer l'autogestion progressive des moyens de production par les producteurs, de distribuer dans un État progressivement décentralisé le pouvoir public aux communautés régionales renaissantes, d'augmenter le bien-être, l'espérance, la sécurité des hommes, de réaliser enfin —

---

20. Jaime Wheelock répondant à A. Sanchez et R. Saez sur la construction nationale au Nicaragua ; cf. le journal *El País* du 24.11.1981, Madrid.

contre tous les impérialismes — cette alliance de l'Europe socialiste avec les États-nations du tiers monde, qui seule assurera à l'humanité une chance de liberté, de dignité et de survie.

J'insiste : aux dirigeants des nouveaux États nationaux d'Amérique latine, d'Asie, d'Afrique, l'histoire demande aujourd'hui, en priorité, de détruire la misère, de nourrir leur peuple, de développer les forces de production, de distribuer les terres et de créer un pouvoir central puissant, capable d'empêcher à tout jamais le retour arrogant, sous quelque masque que ce soit, des anciens maîtres. Dans ces conditions, les paramètres de la démocratie occidentale sont malaisément applicables. Nous, Européens, vivons à des années-lumière des combattants angolais, cubains, sahraouis, salvadoriens, guatémaltèques ou mozambicains. « La tâche de l'intellectuel n'est pas de distribuer l'aménité, mais d'essayer d'énoncer ce qui est ; son propos n'est pas de séduire, mais d'armer [21] » (Régis Debray). S'il est vrai que nous ne devons jamais renoncer à notre sens critique, il n'en reste pas moins que les mouvements armés de libération nationale du tiers monde et les États nouveaux qui naissent de leur combat défendent, dans des conditions difficiles et contre des ennemis communs, les principes de liberté, de justice, de souveraineté nationale qui sont les nôtres. Ces mouvements, ces États ne requièrent pas, ou du moins pas en premier lieu, notre jugement critique, distant, abstrait et neutre, mais notre solidarité.

*

L'alliance qu'ébauchent aujourd'hui, avec les mouvements armés de libération nationale du tiers monde et les États souverains nés du combat anti-impérialiste, anticolonial, certaines forces socialistes démocratiques d'Occident est un fait radicalement nouveau, d'une importance historique capitale.

Trois raisons fondent cette alliance.

21. Régis Debray, *Modeste Contribution aux discours et cérémonies officielles du dixième anniversaire*, Maspero, 1978.

La première est d'ordre moral : les mouvements armés de libération nationale du tiers monde incarnent des principes identiques à ceux qui sont au fondement de plusieurs nations européennes et notamment de la nation française. François Mitterrand, lors de son voyage au Mexique en octobre 1981, s'adressant aux révolutionnaires latino-américains, dit :

> Vos héros ont façonné votre histoire. Ils n'appartiennent qu'à vous. Mais les principes qu'ils incarnent appartiennent à tous. Ce sont aussi les nôtres. C'est pourquoi je me sens ici en terre familière. Les grands souvenirs des peuples font de grandes espérances... Nos héritages spirituels, plus vivants que jamais, nous font obligation d'agir dans le monde avec un esprit de responsabilité... Chaque nation, en un sens, est son propre monde. Il n'y a pas de grands ni de petits pays, mais des pays également souverains, et chacun mérite un égal respect.

Et plus loin :

> Le message est simple, mais apparemment il n'est pas encore entendu partout : il n'y a et il ne peut y avoir de stabilité politique sans justice sociale. Et quand les inégalités, les injustices ou les retards d'une société dépassent la mesure, il n'y a pas d'ordre établi, pour répressif qu'il soit, qui puisse résister au soulèvement de la vie.

Enfin :

> Le respect des principes dérange le plus souvent les routines diplomatiques. Mais l'histoire qui passe donnera raison au droit qui reste [22].

Cette politique d'alliance de la France socialiste profite avant tout à l'Amérique latine. Pour les raisons que nous

---

22. François Mitterrand, *Discours devant le monument aux morts de la révolution mexicaine, Mexico, 20.10.1981,* Éd. du ministère des Relations extérieures, Direction des services d'information, Paris, 1981.

verrons p. 468 *sq.*, elle ne bénéficie malheureusement ni à la plupart des États et mouvements de libération d'Afrique noire, ni aux Sahraouis du Sahara occidental, ni aux Palestiniens.

La deuxième raison est d'ordre économique.

A une minorité d'hommes privilégiés, le marché capitaliste mondial accorde aujourd'hui des richesses et un pouvoir exorbitants. Il condamne à une vie de malnutrition, d'angoisse, de maladie, de chômage la majorité des habitants de notre planète. En 1984, 16 % de la population mondiale consommaient plus de 65 % de toutes les richesses produites sur la terre.

Cinquante millions de personnes vont mourir de faim en 1983. Les dictatures policières les plus abjectes sévissent au Chili, en Turquie, en Pologne, en Indonésie et dans des dizaines d'autres pays du globe. Aujourd'hui, la torture est devenue un moyen ordinaire de gouvernement pour quatre-vingt-quatre États, membres des Nations unies[23].

Les termes d'échange entre les deux moitiés du monde se détériorent : 100 kg d'arachides valaient 75 kg de riz il y a vingt ans ; ils n'en valent plus que 37 aujourd'hui. Les producteurs de cacao, qui en 1966 touchaient 50 % du prix auquel leurs produits étaient vendus sur le marché de Londres, n'en touchaient plus que 16 % en 1977. Les producteurs de bananes, eux, ne recevaient plus en 1982 que 11,5 % du prix final de leur produit.

Parallèlement aux termes de l'échange qui se détériorent, la santé des hommes, victimes de cette détérioration, se défait. Un seul indicateur : dans le Nord-Est brésilien, les travailleurs salariés ont aujourd'hui une constitution, une capacité physique, plus faible que celle des esclaves d'avant 1888. Un esclave portait des sacs de sucre de 80 kg. Le poids fut ramené à 60 kg en 1970. Étant donné la faiblesse des

23. Rapport d'Amnesty International, 1981. On peut se procurer ce rapport chez Amnesty International, section française, 18, rue Théodore-Deck, 75015, Paris. Cf. aussi : *Les « Disparus »*, *Rapport sur une nouvelle technique de répression*, dossier présenté par Amnesty International, Éd. du Seuil, coll. « Points Politique », 1982.

hommes aujourd'hui, le poids standard du sac était de 50 kg en 1981[24].

La victoire militaire, politique remportée par le mouvement armé de libération sur l'occupant étranger ou sur la tyrannie autochtone ne détruit pas par elle-même la violence devenue universelle du marché capitaliste mondial. Elle n'abolit pas pour le pays libéré les taux d'échange inégaux. Elle ne supprime pas la division internationale du travail. Seule l'alliance avec une ou plusieurs grandes nations industrielles du centre permettra au nouvel État d'échapper à la satellisation par une des deux superpuissances et de s'engager dans un développement accéléré, autocentré, de ses richesses nationales.

La troisième raison : l'alliance des forces socialistes démocratiques européennes avec les mouvements armés de libération du tiers monde et les États souverains nés de leur combat est la seule garantie à moyen et long terme du maintien de l'indépendance et de la souveraineté de l'Europe face aux deux superpuissances. Est-ce que, comme le dit le Parti communiste italien, « le coup d'État militaire en Pologne met fin à soixante-quatre ans d'espérance » ? Le Parti communiste italien écrit : « La participation de la classe ouvrière est la seule légitimité d'un pouvoir communiste. Ce n'est plus le cas aujourd'hui en Pologne ni dans d'autres pays du pacte de Varsovie. » Et plus durement encore : « La capacité de renouveau est épuisée à l'Est.[25] » La page de la révolution d'Octobre est-elle définitivement tournée ? Si l'analyse des

24. René Dumont, Marie-France Mottin, *Le Mal-développement en Amérique latine,* Éd. du Seuil, coll. « L'histoire immédiate », 1981.

25. *Riflessione sui drammatici fatti di Pologna, aprire una nuova fase della lotta per il socialismo,* résolution adoptée par la direction du PCI le 29.12.1981, *L'Unità* du 30.12.1981.

Je signale deux autres documents diffusés en français par la fédération suisse du PCI (case postale 269, 1000 Lausanne 17, Suisse) :
– *Le Rapport fait par le secrétaire général Berlinguer au Comité central du PCI* et publié par *l'Unità* le 12.1.1982.
– *Nos positions découlent des faits,* réponse de *l'Unità* aux attaques de la *Pravda,* le 26.1.1982.

communistes italiens est correcte, si donc le coup d'État du
général Jaruzelski et la création d'un Conseil militaire polonais comme organe suprême du pays ne sont que la répétition
du scénario que les services de sécurité et l'appareil militaire
soviétiques projettent de mettre en œuvre à Moscou dans un
avenir plus ou moins proche, la nature du pouvoir soviétique
est appelée à changer. L'Europe occidentale et l'Europe
orientale seraient alors confrontées à un pouvoir militaire qui
fonctionnerait selon sa propre logique militaire et dont les
paramètres d'action, les catégories d'analyse seraient fondamentalement différents de ceux qui gouvernent, aujourd'hui
encore, la théorie et la pratique de la bureaucratie de parti au
pouvoir à Moscou. Devant la menace d'une militarisation du
régime soviétique, trois voies s'offrent à l'Europe : l'acceptation de la protection et donc de la tutelle de l'empire
américain ; l'attente indolente d'une satellisation de plus en
plus évidente par l'Union soviétique ; ou l'alliance organique,
institutionnelle, dans les domaines politique, économique,
diplomatique, militaire, avec les États souverains et les
mouvements armés de libération du tiers monde. Les événements de Pologne ont, dans la conscience collective européenne, déclenché un processus intéressant. Un processus du
« Sichbesinnen », pour paraphraser le philosophe allemand
Heidegger. Dans le « Sichbesinnen » heideggerien, il y a
« Sinn » (sens) et « besinnen » (prendre conscience). L'Europe aujourd'hui est en train de prendre conscience du sens
de sa mission historique. Sur une planète couverte de
barbelés, de prisons, d'asiles, de camps, d'échafauds, les
démocraties européennes sont des îlots fragiles de liberté et
de paix. Pour la majorité des hommes sur terre, l'existence
quotidienne est un interminable cauchemar de peur, de
violence, de souffrance. L'Europe occidentale assure à ses
citoyens, au plus grand nombre d'entre eux du moins, une vie
économiquement décente, l'exercice des libertés et une
protection minimale de leurs droits fondamentaux. Liberté
fragile, identité mal assurée et qui toutes deux ont besoin,
pour survivre et s'épanouir, de la protection que seule une
alliance planétaire peut leur procurer. Qu'on regarde une
carte du globe ! L'Europe occidentale, ses industries, ses

agricultures, ses réseaux commerciaux et de service dépendent presque totalement du monde transocéanique. Face aux deux empires mondiaux qui témoignent d'un cynisme variable dans leurs rapports avec les peuples, d'une égale volonté de puissance et d'objectifs diversement fondés et justifiés de partage de la planète, seule l'alliance avec les peuples insurgés du tiers monde peut assurer à l'Europe la permanence de son identité et l'épanouissement de sa liberté.

Une dernière remarque : la future alliance d'une Europe socialiste et démocratique avec les États souverains et les mouvements de libération d'Afrique, d'Asie, d'Amérique latine s'ancrera dans des principes dont les origines historiques divergent, mais dont le contenu est le même. Au-delà des buts conjoncturels qu'elle visera (organisation d'un front de résistance commun contre les deux superpuissances ; développement de relations économiques nouvelles entre le Nord et le Sud), cette alliance témoignera d'une conviction partagée : celle de l'existence d'une *conscience de l'identité entre tous les hommes.*

Carlos Lamarca, héros de la résistance brésilienne, blessé au combat, puis assassiné par la police de la dictature le 28 août 1971 à Buriti Cristalino (État de Bahia), laisse ce testament : « *Você é cada um de nós, nós todos somos você* [26]. » Je suis l'Autre et l'Autre est moi. Il n'y aura jamais de dignité, ni de liberté, ni de paix dans aucune société, sur aucun continent, avant que tous les hommes vivent dans la justice, soient libres, mangent à leur faim. Tout homme ne se construit qu'à l'aide d'autres hommes. Le bonheur de chacun présuppose le bonheur de tous. La venue au monde de cette conscience de l'identité conditionne la survie de notre espèce sur terre. Claude Lévi-Strauss, qui n'est ni socialiste ni révolutionnaire, résume mon propos :

> L'unique espoir, pour chacun de nous, de n'être pas traité en bête par ses semblables est que tous ses semblables, lui le premier, s'éprouvent immédiatement

26. « Toi, tu es chacun de nous. Et nous tous sommes toi. » Cf. Emiliano José Oldack Miranda, *Lamarca, o capitão da guerrilha,* São Paulo, Global-Editora, 1980.

comme êtres souffrants, et cultivent en leur for intérieur cette aptitude à la pitié, qui, dans l'état de nature, tient lieu de loi, de mœurs et de vertu, et sans l'exercice de laquelle nous commençons à comprendre que, dans l'état de société, il ne peut y avoir ni loi, ni mœurs, ni vertu.

Loin de s'offrir à l'homme comme un refuge nostalgique, l'identification à toutes les formes de la vie, en commençant par les plus humbles, propose donc à l'humanité d'aujourd'hui le principe de toute sagesse et de toute action collectives ; le seul qui, dans un monde dont l'encombrement rend plus difficiles, mais combien plus nécessaires, les *égards* réciproques, puisse permettre aux hommes de vivre ensemble et de construire un avenir harmonieux[27].

*

La grande majorité des nouveaux États, la quasi-totalité des mouvements armés de libération ne possèdent pas — comme c'est le cas pour les États industriels d'Europe, par exemple — des centres de recherche, des bibliothèques, des archives qui renseignent sur leur genèse, leur devenir, les multiples problèmes qui déterminent leur lutte. le contact personnel avec les hommes, les femmes, qui sont (étaient) les dirigeants, les acteurs de la guerre nationale, révolutionnaire, les longs entretiens avec eux, la visite des régions où cette guerre s'est déroulée (se déroule encore) ont été pour moi d'une importance décisive. De même les voyages : on ne voyage pas aujourd'hui dans la campagne du Nicaragua ou du nord du Mozambique, en Libye ou dans les zones libérées du Sahara occidental comme on se déplace en Provence ou en Algarve. Aucun de ces séjours, pourtant indispensables pour l'élaboration d'un livre comme celui-ci, n'était possible sans l'autorisation, la logistique, l'hospitalité des gouvernements ou commandants militaires compétents.

Ce livre n'aurait donc pas pu être écrit sans l'aide amicale,

27. Claude Lévi-Strauss, « J.-J. Rousseau, fondateur des sciences de l'homme », in *Rousseau*, ouvrage collectif. Neuchâtel. Éd. de la Baconnière, 1962, p. 247.

constante, généreuse, la disponibilité, l'hospitalité de nombre
de gouvernements du tiers monde et de dirigeants actuels ou
anciens de mouvements armés de libération nationale. Je dois
notamment à nombre de dirigeants du Nicaragua, de Cuba,
du Mozambique, de Libye, de Guinée-Bissau, du Cap-Vert,
de la République arabe sahraouie, d'Algérie, d'Angola, ainsi
qu'à ceux du FPLE érythréen, du Front Farabundo Marti du
Salvador, de l'ORPA guatémaltèque, une reconnaissance
profonde. Si, par exception, je cite littéralement une de leurs
interprétations portant sur des événements que je décris, je le
fais avec leur autorisation. Leur hospitalité, leurs archives, les
réponses qu'ils ont bien voulu donner à mes multiples
questions ont été la condition indispensable à la naissance de
ce livre.

Cyrilla Bwakira, mon assistante à l'université de Genève, a
conduit avec moi le séminaire pour étudiants avancés consacré aux mouvements armés de libération nationale du tiers
monde en 1981-1982. Originaire du Burundi, Cyrilla Bwakira
a vécu en Éthiopie au moment du renversement de l'empereur Hailé Sélassié, puis en Angola de 1976 à 1978. Elle a, en
particulier, relu, critiqué et corrigé la troisième partie consacrée à l'Angola.

Juan Gasparini, militant révolutionnaire argentin, membre
du Mouvement péroniste, rescapé des camps de la mort de la
dictature, a connu la lutte et la torture. Mon assistant à
l'université de Genève, il a examiné la première partie de ce
livre consacrée aux luttes de libération nationale et luttes de
classes en Amérique centrale et caraïbe. Il m'a fait également
d'utiles remarques sur les autres parties de l'ouvrage.

Carlos Lopes, de Guinée-Bissau, actuellement chercheur à
l'Institut universitaire d'études du développement, à ce titre
auteur d'une remarquable étude sur « Ethnie, État et rapports de pouvoir en Guinée-Bissau », a relu la deuxième
partie du livre, consacrée à la lutte anticoloniale, à la lutte de
libération nationale et à la révolution socialiste en Afrique.

Orlando Blanco et *Frieda Luscher* sont chacun, mais à des
titres différents, intimement familiers de la réalité cubaine. Ils
ont eu l'amitié de relire et de critiquer mon chapitre sur « Les
Africains dans la révolution cubaine ».

Au cours de plusieurs discussions, *Régis Debray* et *Mário de Andrade* ont contesté certaines de mes thèses sur la construction des nouveaux États et la guerre nationale révolutionnaire. Leurs objections, nourries de réflexion philosophique et d'expérience politique, m'ont éclairé sur de nombreux problèmes et ont affiné mon analyse.

Tout au long de mes recherches j'ai également bénéficié des observations judicieuses et des conseils d'*Erica Deuber-Pauli* et de *Jean-Claude Guillebaud.*

Pour la mise à jour de la présente édition de poche, le concours amical d'*Olivier Bétourné* a été irremplaçable. *Micheline Bonnet,* assistée pour certains chapitres par *Solange Arpin, Suzanne Déjoux* et *Arlette Sallin,* a assuré la mise au net du manuscrit. *Nicole Lefèvre, Paul Chemla* et *Pierre Morel* ont bien voulu procéder à une ultime relecture du manuscrit.

Sans leur collaboration, leurs critiques, leurs conseils et leur aide, ce livre n'aurait pas vu le jour. Je leur dis à tous ma fidèle et profonde gratitude.

Jean Ziegler
Genève, septembre 1984

1

Guerre de libération nationale
et guerre de classes
en Amérique centrale et Caraïbe

Lève-toi,
Et regarde la montagne,
D'où vient le vent, le soleil et l'eau,
Toi qui modifies le cours des fleuves

...
Lève-toi
Regarde tes mains
Pour progresser, prends celle de ton frère
Ensemble nous irons unis dans le sang.
Aujourd'hui est venu le temps d'un lendemain.
Délivre-nous de celui qui nous domine dans la misère,
Apporte-nous ton règne de justice et d'égalité.
Souffle comme le vent
Sur la fleur du ravin,
Nettoie comme le feu le canon de mon fusil.
Enfin, que ta volonté soit faite ici, sur terre.
Donne-nous ta force et ton courage pour le combat.
Souffle comme le vent sur la fleur du ravin,
Nettoie comme le feu le canon de mon fusil.

...
Lève-toi,
Et regarde tes mains,
Pour progresser, prends celle de ton frère,
Ensemble nous irons, unis dans le sang
Maintenant et à l'heure de notre mort.

Victor Jara, *Plegaria a un labrador*
(traduction Régine Mellac)

1

Introduction

> Ces pas le cherchent, lui ?
> Cette voiture s'arrête à sa porte ?
> Ces hommes guettent dans la rue ?
> Il y a des bruits dans la nuit
> Sur ces bruits le jour se lève,
> Personne n'arrête le soleil,
> Personne n'arrête le coq chanteur,
> Personne n'arrête le jour.
> Il y aura des nuits et des jours qu'il
> [ne verra pas.
> Personne n'arrête la révolution
> Rien n'arrête la révolution,
> Il y a des bruits dans la nuit.
>
> Juan Gelman [1], *Cantate du coq*
> (traduction Régine Mellac)

La première partie de notre livre est consacrée à l'examen des rapports entre deux phénomènes qui — en ce dernier tiers du xxᵉ siècle — dominent le paysage politique planétaire : la *révolution socialiste* et l'*insurrection nationaliste*. Guerre de libération nationale et guerre de classes entretiennent entre elles des rapports différents en Europe et dans le tiers monde. Voyons la France : les combattants des différentes formations de la résistance française à l'occupation nazie — Forces françaises de l'intérieur (FFI), Francs-tireurs et partisans (FTP), etc. — menaient une guerre courageuse de libération nationale. Mais, contrairement à ce qu'espérait l'immense

1. Juan Gelman, argentin, est l'un des plus importants poètes latino-américains d'aujourd'hui. Il a lui-même souffert des persécutions de la dictature. Son fils de vingt ans, Marcelo Ariel, et sa belle-fille, Maria Garcia Iruretagoyena, dix-neuf ans, furent arrêtés le 24 août 1976 à Buenos Aires. Ils figurent sur la liste des « disparus » d'Amnesty International. Une autre fille avait été détenue mais fut libérée grâce à la pression de l'opinion publique.

majorité des résistants, la révolution n'eut pas lieu en France en août, septembre, octobre 1944. Pourtant, la guerre de libération avait été un plein succès : Paris, Marseille, Toulouse, Lyon avaient été libérées par les FTP, par les FFI, aidés par l'insurrection armée d'une partie de la population. Les premiers préfets de 1944 n'avaient été ni américains, ni anglais, ni canadiens, bien que les armées de ces pays, de la Normandie au Rhin, eussent livré l'essentiel des batailles contre l'occupant nazi. Les premiers préfets de la France libérée furent des Français. En Europe, un mouvement de libération nationale peut vaincre l'occupant, restaurer l'indépendance de l'Etat, garantir la liberté, la dignité de la nation sans qu'une révolution socialiste s'ensuive. Cela ne signifie pas que la France n'ait pas été soumise depuis la Libération aux stratégies aliénantes des sociétés multinationales à dominante américaine comme n'importe quel État africain « décolonisé », mais qu'elle était capable d'offrir une plus grande résistance à cette nouvelle forme de domination. Résistance possible parce que la France possède une solidité institutionnelle nourrie d'une longue et puissante tradition républicaine et démocratique.

En Afrique, en Amérique latine, en Asie, la situation est différente : sans une révolution socialiste, il n'y a pas de libération nationale durable. Les structures sociales de l'État colonial, de la société civile qui en est issue, doivent être détruites pour que l'exploitation et la présence étrangères cessent et que puissent naître — sur les ruines de l'ancienne société coloniale et néo-coloniale — une nation souveraine, indépendante, libre.

Avant d'aborder l'examen des rapports qu'entretiennent les mouvements armés de libération nationale d'Amérique centrale et caraïbe avec les forces de la révolution socialiste, il nous faut examiner les guerres, les insurrections et les conflits qui nourrissent l'imaginaire, la détermination de la nouvelle génération des révolutionnaires centraméricains et caraïbes des années 1960 à 1980[2].

2. Plusieurs livres particulièrement intéressants ont paru en français sur les racines historiques et les motivations actuelles des mouvements armés de libération nationale d'Amérique centrale.

1. Premier événement à considérer : la *révolution cubaine*[3]. Pour la nouvelle génération des révolutionnaires latino-américains (mais aussi africains, asiatiques) née à la conscience politique au cours des années 1960 à 1980, la *victoire de la révolution cubaine* eut l'importance d'un tremblement de terre. Elle anéantit d'un seul coup la conviction paralysante que jamais l'arrogante domination des États-Unis sur l'Amérique latine ne pourrait être vaincue. La guerre de libération cubaine, la révolution socialiste organisée par ses

---

Sur le Nicaragua :
– Jean-Michel Caroit et Véronique Soulé, *Le Nicaragua, le Modèle sandiniste*, Éd. du Sycomore, 1981 ;
– André Jacques *et al.*, *Nicaragua, la Victoire d'un peuple*, L'Harmattan, 1979 ;
– Francis Pisani, *Muchachos, Nicaragua, journal d'un témoin de la révolution sandiniste*, Encre, 1980 ;
– Henri Weber, *Nicaragua, la Révolution sandiniste*, Maspero, 1981.
Sur le Guatemala :
– Christian Rudel, *Guatemala, Terrorisme d'État*, Khartala, 1981 ;
– Jean-Claude Buhrer et C. Levenson, *Le Guatemala et ses Populations*, Bruxelles, Éd. Complexes, 1980 ;
– *Amérique centrale, la terre tremble : Guatemala*, Paris, Éd. du Comité Guatemala, 1980.
Sur le Salvador :
– Ana Guadalupe Martinez, *El Salvador : une femme du Front de libération parle*, Éd. des femmes, 1981 ;
– *El Salvador : le peuple vaincra*, Paris, Comité de soutien au peuple salvadorien, 1981 ;
– Placidio Erdozain et Maurice Barth, *Salvador*, Khartala, 1982.
Revues :
– *Amérique centrale en lutte*, éditée depuis décembre 1980 par les Comités Nicaragua, El Salvador et Guatemala de France ;
– Le Service suisse d'information tiers monde (secrétariat romand à Lausanne) publie depuis mai 1981 un *bulletin d'informations* qui contient des articles intéressants sur l'Amérique centrale.
– *Compañero : revista internacional del Ejercito guerrillero de los pobres* (Guatemala) avec des articles en espagnol et en français.
Dans ce chapitre d'introduction, je ne fais des trois révolutions qui alimentent l'imaginaire des nationalistes révolutionnaires des années 1960 à 1980 qu'une rapide évocation : nous reviendrons sur plusieurs des processus évoqués ici tout au long de ce livre.
3. La plus complète histoire de la révolution cubaine à ce jour est celle de Hugh Thomas, *Cuba or the Pursuit of Freedom*, Londres, Eyre and Spottiswoode, 1971.

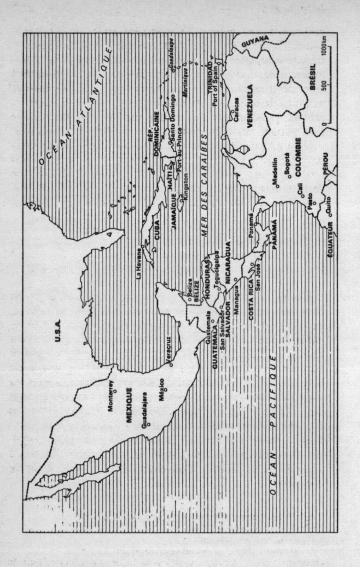

vainqueurs sont, pour la nouvelle génération des révolutionnaires du tiers monde, comme un livre d'enseignement,
constamment cité, inlassablement consulté. Les jeunes Guatémaltèques, Salvadoriens, Nicaraguayens qui se lancent à
leur tour dans la lutte armée apprennent de Cuba la stratégie
militaire et politique qui assure la victoire, mais aussi les
erreurs qu'il convient de corriger, les pièges d'une alliance
trop étroite avec l'Union soviétique qu'il s'agit de déjouer.

C'est à l'aube du 26 juillet 1953 à Santiago, capitale de la
province de l'Oriente et deuxième ville du pays, que Fidel
Castro, jeune étudiant de vingt-huit ans, s'adresse une
dernière fois aux cent trente-cinq conjurés réunis clandestinement dans la ferme de Siboney, à 20 km de la ville :

> *Podrán vencer dentro de unas horas,*
> *O ser vencidos.*
> *Oiganlo bien, compañeros !*
> *Este movimiento triunfara[4] !*

L'action échoua. Des cent trente-cinq jeunes gens et jeunes
filles qui, en trois colonnes distinctes de voitures privées,
partirent à l'attaque de la Moncada, la principale forteresse
militaire du pays, au cœur de Santiago, vingt et un seulement
survivront. Trois tomberont au combat. Toutes les autres
victimes seront arrêtées sur place, dans l'hôpital voisin, ou
plus tard dans la ville. Toutes, l'une après l'autre, auront les
yeux arrachés, les bras coupés, les poumons perforés à coups
de baïonnette. Puis on mitraillera leurs cadavres et on les
déposera le long de la route de Siboney. Cela pour faire croire
à leur « mort au combat ». La route est aujourd'hui constellée de monuments, comme à Rome la via Appia où, en l'an 70
avant J.-C., se dressèrent les croix des esclaves insurgés de
Spartacus.

---

4. « Vous pouvez vaincre en quelques heures,
   Ou être vaincus.
   Écoutez bien camarades !
   De toute façon, le mouvement triomphera ! »
(texte de l'affiche murale du musée de la Granja Siboney, près de
Santiago ; trad. J. Z.).

Encerclé avec cinq de ses compagnons dans les broussailles de la Gran Piedra, Fidel Castro survécut miraculeusement au massacre. Il passa en jugement. Sa plaidoirie, qui dresse un tableau précis de la misère des paysans cubains, se termine par ces mots :

> ... seule la mort peut délivrer d'une telle détresse, et l'État aide très efficacement à mourir : quatre-vingt-dix pour cent des enfants des campagnes sont rongés par les parasites qu'ils attrapent en marchant pieds nus. La société s'émeut lorsqu'un bébé est kidnappé ou assassiné, mais elle reste indifférente à l'assassinat collectif commis contre des milliers et des milliers d'enfants qui meurent chaque année par manque de ressources, agonisant dans les plus grandes souffrances. Leurs yeux innocents, où l'on voit briller la mort, semblent scruter l'infini comme s'ils demandaient pardon pour l'égoïsme humain, comme s'ils demandaient à Dieu de ne pas maudire les hommes. Quand le père de famille ne travaille que quatre mois par an, avec quoi peut-il acheter les vêtements, les médicaments dont ses enfants ont besoin ? Ceux-ci deviennent rachitiques et à trente ans n'ont plus une dent saine dans la bouche, mais ils ont entendu dix millions de discours pour mourir finalement de misère et de désillusion. Les hôpitaux regorgent de malades ; pourtant, ils n'acceptent ceux-ci que s'ils sont recommandés par quelque puissant politicien qui exigera de ces infortunés et de leurs familles de voter pour lui, de telle sorte que cet état de fait épouvantable se perpétue indéfiniment... [5].

On connaît la suite : sous la pression de l'opinion publique, Fulgencio Batista et ses tuteurs nord-américains doivent céder. L'amnistie est décrétée en 1955. Fidel et Raul Castro, Jesus Montané, Melba Hernandez, Haydée Santamaria, les autres survivants partent en exil au Mexique. Le *Granma,* bateau de plaisance acheté à un millionnaire américain, les ramène, quatre-vingt-un combattants en tout, sur les côtes de

5. Fidel Castro Ruiz, *L'histoire m'absoudra*, La Havane, Éd. des Sciences sociales, 1975 (en français).

l'Oriente, le 12 décembre 1956. Parallèlement, l'insurrection de Santiago, organisée par Frank Pais, jeune étudiant en théologie, a été déclenchée le 30 novembre. Les révoltés urbains devaient faire leur jonction avec les guérilleros arrivés par mer. Déporté par les vents et les courants, le *Granma* accoste, avec plusieurs jours de retard, loin au sud. Les camions postés au Cap, amenés par Celia Sanchez, fille d'un médecin du voisinage, repartent à vide : les guérilleros ne sont pas au rendez-vous. Repérés trois jours plus tard dans les marais d'Aguya, les combattants sont décimés par l'armée de Batista. Dix-huit hommes et femmes seulement, sur les quatre-vingt-un qui ont débarqué du *Granma,* parviennent, sous la conduite de Fidel, à se réfugier dans la montagne — la Sierra Maestra. La guerre de libération commence. Les hommes et les femmes de la ferme Siboney traversent, par la suite, nombre d'épreuves difficiles. Leur guerre de libération d'abord, leur construction d'une société plus égalitaire, plus juste, forcent l'admiration : graduellement, leur lecture de la réalité, leur raison analytique changent, évoluent. De patriotes humanistes, républicains, anticléricaux ou chrétiens, ils deviendront — pour la majorité d'entre eux — des communistes convaincus. L'académie des Sciences de La Havane et le Centre d'études (avec ses trois sections : Europe, Amérique latine, Afrique) auprès du Comité central du Parti communiste cubain constituent aujourd'hui deux des foyers les plus originaux, les plus féconds de la pensée marxiste contemporaine.

En 1958, la guérilla de la Sierra Maestra dans l'Oriente compte trois fronts : le premier, qui porte le nom du père de l'indépendance cubaine, José Marti, est commandé par Fidel. Il comprend l'essentiel de la Sierra Maestra, le quartier général se trouvant au centre, dans le village de La Plata. Le second front, appelé « Frente Frank Pais », du nom du révolutionnaire assassiné dans les rues de Santiago le 30 juillet 1957[6], est commandé par Raul Castro, frère cadet de

6. Frank Pais survécut à l'écrasement de l'insurrection de décembre 1956 et devint le chef des réseaux urbains du Mouvement du 26 juillet jusqu'à son assassinat par la police de Batista.

Fidel, et s'étend sur la Sierra de Cristal, au nord. Le troisième, enfin, « Santiago », est commandé par Juan Almeida Bogué, combattant noir d'un grand prestige parmi les paysans, et s'étend jusqu'aux abords de la ville de Santiago, au sud.

La guérilla franchit un pas décisif vers le milieu de l'année 1958 : cinq colonnes sont alors formées, groupant chacune en souvenir du *Granma* quatre-vingt-un hommes et femmes. Deux de ces colonnes sont particulièrement importantes : la colonne « Antonio Maceo », du nom du héros de la guerre d'indépendance cubaine contre l'Espagne[7], qui est comman-dée par Camilo Cienfuegos, un employé de banque de vingt-six ans. Elle part de la Sierra Maestra à l'extrême orient de l'île pour atteindre la province de Pinar del Rio, à l'extrême ouest ; elle parviendra jusqu'à Aynay. La colonne « Ciro Redondo » que commande Che Guevara tient son nom d'un combattant de la Moncada et du *Granma,* mort au combat en 1958 dans le village d'Agua Rebeson. Le Che et ses compa-gnons prennent la ville de Santa Clara, coupant l'île en deux, le 30 décembre 1958. La tyrannie vacille, Batista s'enfuit. La grève générale éclate à l'appel de Fidel. Le 3 janvier 1959, les colonnes de Camilo et du Che entrent à La Havane. Le 6, c'est Fidel, à la tête d'environ sept cents maquisards, qui fait son entrée dans la capitale[8].

Au cours de l'été 1958 se produit un événement qui, sur la formation de la conscience nationale du peuple cubain, aura une influence déterminante : les États-Unis prennent fait et cause pour la tyrannie de Batista. Leurs bombardiers, leurs chasseurs, stationnés sur la base de Guantanamo, dans l'est du pays, à moins de 100 km des bases de la guérilla, s'engagent aux côtés des troupes de Batista, incendient les villages « suspects », bombardent, mitraillent la Sierra.

En juin 1958, l'armée de Batista, composée de quatre-vingt

7. La guerre d'indépendance de Cuba contre le colonisateur espagnol va de 1868 à 1898.
8. Cf. le récit de la campagne de 1958 fait par Fidel Castro dans « " Primero de Enero " 23ᵉ aniversario del triunfo de la revolución cubana », in supplément spécial de *Granma* du 3.1.1982, nº XVII, 1, La Havane.

mille hommes, lance une offensive d'envergure, appuyée par
l'aviation, les blindés et la marine, contre les positions de la
guérilla. L'offensive dure trois mois. Elle vise à encercler les
principaux massifs des chaînes montagneuses de l'Oriente et à
écraser définitivement les quelque mille deux cents guérilleros qui s'y sont retranchés. L'offensive est rapidement
bloquée. C'est alors que, de la base militaire américaine
située en territoire cubain, près de la ville de Guantanamo,
partent des vagues de bombardiers. Les pilotes américains,
sur ordre de Washington, pilonnent systématiquement les
villages paysans suspectés de donner asile et nourriture aux
révolutionnaires. Des centaines d'enfants, de femmes, de
vieillards sont déchiquetés. Aux yeux de tout le peuple, la
république de Batista, et de tous les gouvernements qui l'ont
précédé depuis l'indépendance formelle de Cuba en 1898, se
révèle pour ce qu'elle est : la *República mediatizata,* la
république médiatisée — selon le terme qu'utilisent les
manuels des écoliers cubains —, une fiction au service du
grand capital sucrier et bancaire nord-américain. Du coup, le
petit groupe des révolutionnaires de lac Sierra devient, aux
yeux de toutes les couches de la population, l'avant-garde du
combat populaire pour la libération du pays de l'étranger et la
dignité de la nation.

Le 5 juin 1958, Fidel adresse, de son écriture serrée,
nerveuse, curieusement inclinée, cette lettre à *Celia Sanchez,*
organisatrice du réseau de soutien à Santiago :

> *Celia,*
> *Al ver los cohetes que tiraron en casa de Mario me he*
> *jurado que los Americanos van a pagar bien caro lo que*
> *han hecho. Cuando esta guerra se acabe, empezará para*
> *mí una guerra nueva, más larga y grande : la guerra que*
> *voy a echar contra ellos. Me doy cuenta que ese va a ser*
> *mi destino verdadero.*
>
> *Fidel*[9].

---

9. « Celia. A la vue des roquettes qu'ils ont tirées sur la maison de
Mario, je me suis juré que *les Américains devront payer très cher* ce
qu'ils viennent de faire. Lorsque cette guerre-ci sera terminée

Les guérilleros entrent à La Havane le 6 janvier 1959.

Le 16 avril 1961, des mercenaires, soutenus par la flotte et l'aviation des États-Unis, débarquent sur la côte méridionale, dans la baie des Cochons. Invasion repoussée, mais qui provoque un traumatisme profond chez les révolutionnaires. Ils cherchent désormais l'alliance privilégiée avec l'URSS. En 1965, la création d'un parti marxiste-léniniste, parti unique, parti d'État, est décidée.

2. Deuxième événement à considérer : l'*insurrection populaire du Salvador en 1932*. Dans ce petit pays de 22 000 km², qui compte aujourd'hui six millions d'habitants contre trois millions et demi en 1932, la misère des paysans est aussi inhumaine qu'au Guatemala ou au Honduras. A la fin du XIXᵉ siècle, le produit principal — l'indigo, utilisé pour colorer les étoffes — avait subi une crise. L'invention des fibres et colorants synthétiques avait plongé l'économie du pays dans une crise profonde. L'oligarchie avait alors remplacé l'indigo par le café : or, la culture caféière demande, pour être rentable, de vastes terres, de grands domaines, une main-d'œuvre abondante et bon marché. Des centaines de milliers de petits propriétaires et leurs familles avaient donc été chassés de leurs terres par l'armée et les pistoleros de l'oligarchie. 1929 : crise du système capitaliste, krach à Wall Street. Le café ne se vend plus. En 1930 et 1931, l'oligarchie décide de ne pas faire effectuer la cueillette de café et donc de ne pas verser de salaires à la masse immense, anonyme, misérable des journaliers et travailleurs migrants. Au début de janvier 1932, les travailleurs agricoles, leurs enfants morts dans les bras, affamés, à bout de force, envahissent les villes. Des combats ont lieu contre la garde nationale qui défend les magasins d'alimentation, les stocks de vivres entassés par les commerçants. Les paysans ont des machettes, la garde des

---

commencera pour moi une nouvelle guerre, plus ample et plus grande : la guerre que je vais déclencher contre eux. *Je me rends compte que ce sera là mon véritable destin.* Fidel » (texte de l'affiche murale du musée de la Révolution, La Havane, apposée au-dessous du panneau photographique montrant les dévastations, les cadavres, résultats des bombardements américains dans l'Oriente ; trad. J. Z.).

mitrailleuses. Le massacre est affreux. Les trottoirs des villes sont jonchés de cadavres. Les murs sont partout éclaboussés de sang. Le général Martinez, président de la République [10], déclare que les paysans, leurs femmes, leurs enfants sont des « bêtes ». L'armée massacre trente-quatre mille personnes en trois mois. Les quelques rares cadres du mouvement populaire tombent sous les balles des commandos d'exécution. Pratiquement tous les militants du petit Parti communiste et du syndicat paysan sont anéantis.

Aujourd'hui, la majorité du peuple du Salvador est de nouveau en lutte. L'ennemi est le même qu'il y a un demi-siècle : l'oligarchie créole, la garde nationale, les grandes sociétés multinationales financières, industrielles, commerciales nord-américaines. Les revendications sont identiques à celles de 1932 : les Salvadoriens exigent de la terre, du pain, la liberté. Mais, depuis janvier 1978, la guérilla dans les montagnes, les grèves insurrectionnelles dans les villes, les campagnes diplomatiques à l'extérieur sont conduites, organisées, dirigées par une avant-garde structurée : le *Front Farabundo Marti de libération nationale* [11]. Le Front regroupe cinq organisations politico-militaires d'inspirations très diverses (et une multitude d'organisations de masse, syndicats, partis politiques) :

— Le *Front populaire de libération* (FPL) est né en 1970 d'une dissidence du Parti communiste salvadorien ; l'ancien secrétaire à l'organisation du parti, Salvador Cayetano Car-

10. Le régime constitutionnel du Salvador est original : il garde une façade parfaitement démocratique. Les présidents sont élus. Un parlement fonctionne. Depuis la fin de la dictature Martinez — 1945 — jusqu'au coup d'État militaire du 15 août 1979 et à l'instauration de la junte, ce fut le corps des officiers qui désigna son propre candidat à la présidence. Ce candidat sortit toujours victorieux des élections frauduleuses. En avril et mai 1984 eurent lieu les dernières en date des élections présidentielles. Les partis de gauche boycottèrent la farce électorale. La minorité de la population qui se rendit aux urnes choisit Napoleon Duarte : le nouveau président est, comme tous ses prédécesseurs, totalement dépendant des États-Unis, de l'armée et des multiples appareils de répression paramilitaires.

11. Le commandement général du Front est composé des cinq commandants en chef des cinq organisations de guérilla qui le constituent.

pio, fut jusqu'à sa mort en 1984 le chef du FPL et le coordinateur du commandement général du Front Farabundo Marti. Le FPL est la plus puissante et la plus ancienne des organisations de la guérilla. Cayetano Carpio fut le seul d'entre tous les commandants à avoir vu de ses yeux Farabundo Marti et à avoir participé, adolescent, à la grande grève de 1932. Il a derrière lui une longue vie de lutte, d'emprisonnement, de torture. Sa fille Guadalupe fut assassinée en 1980 par l'armée. Le nom de guerre de Cayetano était « Comandante Marcial »[12].

— L'*Armée révolutionnaire du peuple* (Ejercito revolucionario del pueblo, ERP), fondée en 1973, où se retrouvent surtout des chrétiens, des marxistes autonomes, des fils et des filles de la petite bourgeoisie urbaine. L'ERP est dirigée par Joaquin Villalobos, trente et un ans en 1984. L'ERP est la deuxième organisation militaire la plus importante du Front.

— Les *Forces armées de la résistance nationale* (Fuerzas armadas de la resistencia nacional, FARN). Il s'agit d'une dissidence de l'ERP. Les FARN combattent depuis 1980. Leur commandant en chef est Eduardo Sanchez Castaneda, né au Costa Rica, ancien président des étudiants salvadoriens, trente-six ans en 1984. Son nom de guerre est « Firman Cienfuegos ».

— Le *Parti révolutionnaire des travailleurs centraméricains* (PRTC), petite organisation implantée dans les cinq pays d'Amérique centrale et qui vise à l'extension de la lutte à l'ensemble de ces États. Son commandant depuis 1975 est un ancien étudiant, Roberto Roca, trente-cinq ans en 1984.

— Le *Parti communiste du Salvador,* dirigé par son secrétaire général Shafiek Jorge Handal, cinquante-deux ans en 1984. Handal, fils d'immigrants palestiniens, est juriste. Il dirige le parti depuis 1972. Longtemps, il s'opposait à la lutte armée et traitait d' « aventuriers » ceux d'entre ses camarades

12. Une tragédie affligea le FPL : le 6 avril 1983, dans une maison de Managua, fut égorgée Melida Anaya Montes, compagne de Cayetano Carpio et commandant en second du FPL. L'enquête révéla que l'auteur de l'assassinat était l'adjoint direct de la victime. Cayetano Carpio, revenant de Prague et apprenant les résultats de l'enquête, se suicida à Managua le 12 avril.

qui rejoignaient les maquis. Toutefois, en 1979, son parti formait les *Forces armées de libération*. En 1981, le Parti communiste et ses forces armées rejoignaient le Front Farabundo Marti.

Au moment où j'achève la mise au point de cette nouvelle édition (septembre 1984), un gouvernement de droite, né des élections de 1984, fournit une façade constitutionnelle au régime oligarchique. Les membres de l'oligarchie elle-même résident en majorité à New York ou Miami. L'armée, la garde nationale et les organisations paramilitaires, commandées par des officiers formés dans les écoles antiguérilla nord-américaines de la zone de Panama, appuyées par des hélicoptères de combat nord-américains, tiennent encore les principales villes du Salvador [13]. Au cours de la seule année 1981, trente-cinq mille personnes (chiffre d'Amnesty International), essentiellement des paysans et leurs familles, ont été assassinés par l'armée et l'organisation paramilitaire et clandestine du régime, *Orden* [14].

Le Salvador des années trente disposait d'un théoricien politique, d'un organisateur syndical, d'un chef militaire d'un exceptionnel rayonnement humain qui, sur les jeunes révolutionnaires centraméricains des années 1960-1980, exercera une influence déterminante : *Augustin Farabundo Marti*. Il était né en 1893 à Teotepequez, département de La Libertad, au cœur des montagnes de la côte d'El Balsamo, baignée par le Pacifique. Il était le fils de Socorro Rodriguez de Marti et de Pedro Marti, un paysan aisé, propriétaire de bétail, qui cultivait la banane. Farabundo Marti passa son enfance au plus profond de la montagne. Ses premiers amis furent les enfants des employés de son père. Don Pedro, remarquant

13. Pour l'actuelle politique de l'administration Reagan dans la région, cf. p. 231 *sq.*
14. *Orden,* qui fonctionne aujourd'hui comme un gigantesque escadron de la mort, a une histoire : la haute hiérarchie catholique, fermement alliée à l'oligarchie jusque vers la fin des années soixante, avait créé *les Chevaliers du Christ-Roi* ; cette organisation, composée de paysans catholiques et de réservistes de l'armée, dont les patrouilles avaient droit de vie et de mort sur les villageois, se transformait en 1967 en Orden et passait sous le commandement de la garde nationale.

l'intelligence de son fils, décida de lui faire suivre des études et l'envoya à Santa Tecla, la ville voisine. En 1913, Farabundo Marti passe son baccalauréat dans un collège religieux dirigé par des prêtres salésiens. Il entre ensuite à l'Université où il suit des cours de droit et de sciences sociales.

1914 : Farabundo Marti est maintenant un jeune homme, grand de taille, à la fine moustache noire, au regard vif, aux cheveux noirs abondants encadrant un visage où l'on remarque surtout le nez puissant et le front haut. Farabundo Marti rejoint la lutte populaire contre le régime répressif des familles Melendez-Quiñones. Son action lui vaut d'être incarcéré. Lorsqu'on lui offre, à lui seul, la liberté, il refuse, se considérant aussi impliqué que ses camarades dans les critiques sévères formulées à l'encontre du gouvernement de Carlos Melendez. Il finit par être expulsé par la force au Guatemala, avec son camarade d'études José Luis Barrientes, en 1920 [15].

Pendant les sept ans qui suivent, Farabundo prend une part active au mouvement révolutionnaire du Guatemala. Il travaille tout d'abord comme salarié à la campagne. Il connaît les rigueurs de l'exploitation à laquelle sont soumis les travailleurs agricoles.

En 1926, c'est la fondation au Guatemala du Parti communiste d'Amérique centrale par les ouvriers guatémaltèques Antonio Cumes, Alberto del Pinar, Ernesto Suarez, Luis Villagran, Antonio Ovando Sanchez ; les Honduriens Manuel Carlos Herrera et Juan Rait ; le Nicaraguayen Alarcon ; et les Salvadoriens Miguel Angel Vazquez, Moises Castro Morales, Max Cuenca et Augustin Farabundo Marti.

Augustin Farabundo Marti rentre au Salvador en 1928. Très préoccupée par la guerre que les Nicaraguayens livrent contre l'armée d'occupation nord-américaine, la *Fédération régionale des travailleurs du Salvador* élit par l'intermédiaire de l'université populaire une brigade de cinq hommes qui

---

15. A l'époque, les très rares révolutionnaires issus de l'oligarchie rurale ou de la bourgeoisie urbaine jouissaient encore de la part de la dictature d'un traitement de faveur. Leurs camarades paysans ou ouvriers étaient abattus ; les fils de l'oligarchie et de la bourgeoisie étaient plus généralement expulsés du pays.

iront combattre aux côtés d'Augusto Cesar Sandino. A la tête
de ce groupe dont fait notamment partie Antonio Aspura,
ouvrier, se trouve Farabundo Marti. De nombreux Salvadoriens rejoignent par la suite Sandino dans la lutte [16].

Auprès d'*Augusto Cesar Sandino,* Farabundo Marti joue
un rôle tout à fait particulier : il est l'intellectuel au sein d'un
état-major formé presque exclusivement de paysans, d'ouvriers, de mineurs, de marins, de bûcherons autodidactes.
Son titre officiel : secrétaire particulier du commandant en
chef. Une profonde amitié le lie à Sandino. Farabundo lutte,
l'arme à la main. Mais sa tâche principale est l'écriture. Il
organise la correspondance entre les nombreux comités de
soutien des États-Unis, d'Europe. Il rédige des analyses de
situation, combattant la propagande internationale diffusée
par le département d'État à Washington. Il écrit au pape, aux
gouvernements du monde entier. Il est en liaison avec la
Ligue contre l'impérialisme, avec Maxime Gorki, Henri
Barbusse, Romain Rolland, le Pandit Nehru, Messali Hadj.

En juin 1930, Marti rentre au Salvador. Il tente d'organiser
avec ses camarades des syndicats de défense des ouvriers et
des paysans pauvres. La manifestation de douze mille travailleurs agricoles qui se déroule en septembre 1930 dans la ville
de Santa Tecla se solde par de nombreuses arrestations. Le
secrétaire général du Parti communiste, Luis Diaz, est arrêté.
Ces arrestations déclenchent de vives protestations à San
Salvador et dans de nombreuses autres localités, attisant la
répression.

Fin décembre 1930 : Farabundo Marti est expulsé du pays.
C'est ici que se place un curieux épisode, encore jamais
éclairci. Il est embarqué sur le *Venezuela,* bateau à vapeur qui
lui tient lieu de prison, aucun gouvernement ne l'autorisant à
débarquer. Alors qu'il se trouve dans un port des États-Unis,
le Parti communiste nord-américain lui suggère de se rendre
en Union soviétique et lui propose de l'y aider. Farabundo
Marti refuse. Le *Venezuela* va ensuite mouiller à Puerto
Corinto, au Nicaragua. Farabundo Marti trompe la surveillance des gardes et se jette à l'eau. Après de nombreuses

16. Cf. p. 110 *sq.*

péripéties, il revient à nouveau au Salvador le 1er février 1931. Farabundo Marti était-il un agent du Komintern ? Ou était-il révolutionnaire nationaliste dont le marxisme — appris grâce à ses lectures personnelles — façonnait sa conviction individuelle, mais ne le conduisit pas à une quelconque soumission à l'Internationale communiste ? Connaissant la plupart des grands textes de Farabundo Marti, je penche pour la seconde version. Version qui semble d'ailleurs confirmée par son refus de se rendre en Union soviétique.

Travaillant dans la clandestinité à la reconstitution des ligues et syndicats paysans, décimés par les massacres de l'an 1930, à Asuchillo et à Zaragoza, Marti est de nouveau arrêté. Le 17 mai 1931, à Sonsonate, la manifestation massive qui réclamait sa libération est noyée dans le sang. Mais Marti est libéré et de nouveau expulsé vers le Guatemala dans des conditions ignominieuses : pieds nus et les yeux bandés. Il revient presque tout de suite au Salvador. La nuit de son retour, il va, sous une pluie torrentielle, rendre visite à sa mère à Teotepequez. La police secrète l'y attend : il est à nouveau repris. Une grève générale, qui paralyse la capitale, obtient sa libération.

Janvier 1932 : l'insurrection de la faim (voir p. 54 *sq.*) éclate à Ahauchapan. Elle s'étend en quelques jours à l'ensemble du territoire. Farabundo Marti et ses camarades des syndicats paysans tentent d'organiser, de canaliser le mouvement populaire. Ils créent les premières unités armées d'autodéfense des villages paysans. Dans la nuit du 19 janvier, Farabundo Marti est découvert et arrêté en même temps qu'Alfonso Luna et Mario Zapata. Le conseil de guerre les condamne à la peine capitale. Le 1er février 1932, Farabundo Marti et ses camarades sont fusillés.

Dans la foule silencieuse qui assiste à l'*ajustamiento,* à l'exécution publique, devant les généraux et les grands propriétaires assemblés, de Farabundo Marti, un jeune apprenti boulanger de treize ans, Salvador Cayetano Carpio [17], aux traits indiens, à la peau mate, pleure de rage et

---

17. Salvador Cayetano Carpio est né le 6 août 1919 à San Salvador (capitale).

d'impuissance. Salvador Cayetano Carpio, le Comandante, Marcial, est aujourd'hui, en 1983, le coordinateur du commandement — en fait : le commandant en chef — des forces armées du *Front Farabundo Marti de libération nationale*.

3. Troisième événement à considérer : le *renversement du gouvernement réformiste, démocratiquement élu, du Guatemala*. L'action est organisée par la United Fruit Company, par son conseiller juridique John Foster Dulles, ancien secrétaire d'État du président Eisenhower, et par le frère de John, le chef de la CIA Allen Dulles.

26 juin 1954 : le président *Jacobo Arbenz* donne sa démission et quitte le pays. Les troupes mercenaires, commandées par *Castillo-Armas* et encadrées, financées par la CIA, se lancent à la chasse aux syndicalistes, aux démocrates, aux prêtres progressistes, aux étudiants. Un règne de terreur s'instaure dont sont victimes au cours des ans des dizaines de milliers de personnes. Ce règne continue aujourd'hui. Jusqu'en mars 1982 sévit la tyrannie des frères Romeo Lucas Garcia et Benedicto Lucas Garcia. L'un est président de la République ; l'autre chef d'état-major, chef des services secrets et des polices parallèles du régime [18]. Mars 1982 : l'oligarchie militaire se divise, éclate en fractions rivales. Au cours d'élections truquées, comme d'habitude, le ministre de la Défense du président Romeo Lucas Garcia, le général Anibal Guevara, est « élu » président. Son entrée en fonction est prévue pour le 1er juillet 1982. Or, le 23 mars, un autre général, Efrain Rios Montt, mobilise ses troupes, encercle le palais présidentiel, en chasse Lucas Garcia et Anibal Guevara et prend le pouvoir au nom d'une junte qu'il préside. Comme d'habitude également, le général Efrain Rios Montt promet au peuple guatémaltèque des « élections totalement libres » dans un délai « raisonnable » [19].

18. Benedicto Lucas Garcia est un pur produit des écoles militaires françaises des années cinquante. Diplômé de Saint-Cyr, officier en Algérie, il a appris au Maghreb les méthodes de la guerre « antisubversive ».

19. Efrain Rios Montt est un tyran particulièrement pittoresque. Prédicateur d'une secte protestante américaine, il mène depuis avril

Arbenz, militaire de carrière, fils d'immigrants pauvres de Zurich (Andelfingen), résumait en sa personne dix ans mouvementés d'histoire du Guatemala. Arbenz avait été en 1944 le chef le plus courageux, le plus intelligent, de la conjuration des jeunes officiers qui avaient mis fin à plus de cent ans de règne de l'oligarchie latifundiaire. Le Guatemala est un pays où, en 1954 encore, les Indiens formaient 53 % de la population. La majorité des 47 % restants étaient des *ladinos,* des métis, pour la plupart sous-alimentés, sous-employés, sans droits politiques, vivant dans un état de semi-esclavage à la lisière des grandes propriétés ou dans les bidonvilles, aux alentours des agglomérations urbaines [20].

Tout le pouvoir économique, politique, militaire avait été entre les mains d'un petit nombre de familles, grands propriétaires de café, liées intimement au capital transnational nord-américain. Les transports et la production de la banane, deuxième produit du pays, étaient propriété de la United Fruit Company. Jusqu'au début de la Seconde Guerre mondiale, plus précisément jusqu'au moment de l'entrée en guerre des États-Unis, de puissants intérêts agricoles et commerciaux allemands avaient été présents au Guatemala. A cette époque, un dictateur particulièrement pittoresque et sanguinaire, adepte des tables tournantes et des monuments funéraires dédiés à sa propre personne, dont il parsemait le pays, siégeait au palais présidentiel : le général Ubico. Ubico ressemble comme un frère à son prédécesseur Manuel Estrada Cabrera (1898-1920), qui fut immortalisé par Miguel Angel Asturias sous les traits du *Señor Presidente,* titre du roman couronné par le prix Nobel [21].

1982 contre les communautés indiennes du Peten, de Chimaltenango, El Quiché, Huehuetenango, Alta, Baja Verapaz, les syndicats paysans et la guérilla une guerre d'extermination qu'il ne justifie plus par la traditionnelle idéologie « anticommuniste », mais par des versets de l'Ancien Testament qui déferlent quotidiennement de la radio.

20. Jean-Loup Hebert et Guzman Blocker, *Guatemala, una interpretación historico-social,* Mexico, Ed. Siglo xxi, 1970.

21. Miguel Angel Asturias, *El Señor Presidente.* La plus grande partie de l'œuvre d'Asturias est traduite chez Albin Michel (*Monsieur le Président* ; *le Pape vert* ; etc.).

Ubico dut exproprier les biens allemands, les céder aux sociétés nord-américaines. Il dut également concéder au gouvernement de Washington d'importantes bases militaires, navales et aériennes. 1944 : la défaite du fascisme allemand, japonais, approche. Partout dans le monde, les forces démocratiques populaires reprennent espoir. Une espérance immense naît au Guatemala : la présence des bases américaines, abritant, en permanence ou en transit, des milliers de jeunes Américains — dont le mode de vie, le comportement personnel étaient à mille lieues de la conduite méprisante des membres de l'oligarchie —, créait dans la moyenne et la petite bourgeoisie urbaine, et notamment parmi les étudiants, un courant de sympathie pour les idées qu'incarnaient les jeunes GI's. Les idées de démocratie, de liberté d'expression, de droits de l'homme, nourries par le contact entre les citoyens-soldats des États-Unis et les élites naissantes des villes, se répandaient au Guatemala. Juin 1944 : la grève éclata. Les nouvelles couches moyennes de la société guatémaltèque exigeaient la démission du dictateur, le démantèlement de l'oligarchie, la réforme agraire, une nouvelle Constitution et surtout des élections enfin libres. Ubico tomba. Mais les généraux de la junte qui lui succéda préparaient une farce électorale bien connue. C'est alors, le 20 octobre 1944, que de jeunes officiers, sous la direction d'Arbenz, firent un coup d'État, chassant du pays les oligarques, généraux et grands propriétaires. Les élections libres eurent lieu : un professeur de philosophie, longtemps exilé en Argentine, le professeur *Arevalo* — mi-réformateur bourgeois, mi-social-démocrate modéré —, exerça jusqu'en 1950 une présidence troublée par de nombreux complots.

En 1950, Jacobo Arbenz fut élu président : une réforme agraire sérieuse, la première dans l'histoire de l'Amérique centrale, fut décrétée. Elle provoqua le réveil massif des travailleurs migrants, journaliers agricoles, petits paysans et employés surexploités de la United Fruit Company. Partout, des syndicats agricoles (mais aussi urbains) naissaient ; ils prirent une importance rapidement croissante parmi les classes travailleuses. L'Église catholique, la haute hiérarchie cléricale, la United Fruit, les secteurs réactionnaires de l'armée opposaient au programme d'Arbenz une résistance farouche. Mais des réformes sociales profondes se réalisaient : une sécurité sociale minimale, des assurances sociales, des droits démocratiques, des libertés fondamentales furent introduits[22]. On connaît la suite : la décision du président Eisenhower de mettre fin à l'expérience démocratique, l'invasion du Guatemala par le corps expéditionnaire venu du Honduras, la chute du gouvernement élu, l'installation de la dictature militaire, le massacre des syndicalistes, des démocrates. De l'Amérique latine tout entière, les jeunes démocrates humanistes, marxistes, catholiques, progressistes avaient afflué au Guatemala de Jacobo Arbenz. Ils assistaient, la rage au cœur, à l'écrasement de la première expérience réformatrice d'Amérique centrale tentée contre une oligarchie latifundiaire[23]. Parmi les jeunes combattants entraînés dans la défaite de 1954 : Edelberto Torres, Alfonso Bauer-Paz, Nico Lopez et un jeune médecin argentin de vingt-six ans, Ernesto Che Guevara[24].

La guérilla du Guatemala est la plus ancienne de toute l'Amérique centrale : elle débuta en 1954. Quatre organisations principales la composent aujourd'hui :

— EGP : *Ejercito guerillero de los pobres,* armée de la guérilla des pauvres ; l'EGP combat sur les fronts « Ho Chi

_____

22. Pour une analyse détaillée de la signification de la présidence Arbenz, voir Régis Debray, *La Critique des armes,* vol. II, *les Épreuves du feu,* Éd. du Seuil, coll. « Combats », 1974, p. 281 *sq.*
23. Je mets à part le cas de la république du Costa Rica. Ce pays est depuis des générations un modèle, solitaire dans la région, d'une démocratie bourgeoise, parlementaire, ayant très sagement renoncé à entretenir une armée.
24. Nico Lopez était un jeune Cubain rescapé de l'attaque de la Moncada, exilé à Ciudad Guatemala. C'est dans la petite pension crasseuse de Lopez que vint habiter le Che, lors de son arrivée à Ciudad Guatemala. Après l'écrasement de la résistance armée dans la capitale, le Che parvint à se réfugier à l'ambassade d'Argentine. Il y resta deux mois, puis réussit à gagner clandestinement le Mexique en compagnie d'un ami guatémaltèque, « El Patojo » (de l'homme, nous ne connaissons que le sobriquet). Il devint photographe ambulant sur les places publiques pour gagner sa vie. Par hasard, il y retrouva Nico Lopez, réfugié au Mexique comme lui. Nico le présenta à un autre exilé : *Fidel Castro.*

Minh », « Che Guevara », « Augusto Cesar Sandino », situés dans les départements de Huehuetenango, El Quiché, Chimaltenango.

— ORPA : *Organización revolucionaria del pueblo en armas;* elle lutte dans la zone caféière (départements de Solola, Santa Rosa, San Marco, etc.), là où la zone des plantations de la côte pacifique rejoint le Haut-Plateau.

— FAR : *Fuerzas armadas rebeldes;* les FAR comptent comme l'ORPA beaucoup de commandants indiens, issus des communautés précolombiennes; les FAR luttent dans le Peten et à Chimaltenango.

— PGT, *nucleo de direccion : Partido guatemalteco del trabajo;* le PGT est le parti communiste, fondé en 1926, par — entre autres — Augustin Farabundo Marti. Le PGT lutte dans le sud, à Santa Rosa.

Toutes ces organisations sont présentes dans la capitale. Le Guatemala est le pays clé de l'Amérique centrale : il compte sept millions d'habitants (dont quatre millions d'Indiens) ; il est riche en pétrole, en minerais, en biens agricoles. Et, surtout, il contrôle le territoire stratégique où doit passer le pipe-line qui amènera — dès 1986 — le pétrole américain, transporté par bateau de l'Alaska jusque sur la côte pacifique du Guatemala. Ce pipe-line transportera le pétrole sur la côte atlantique d'où il sera acheminé par bateau vers les centres industriels de la côte Est. Le territoire du Guatemala est donc de la plus haute importance pour les États-Unis. Ils doivent y maintenir — presque à n'importe quel prix — un régime qui leur est acquis.

La misère au Guatemala est terrifiante. En 1981, l'espérance de vie y est de quarante-cinq ans. 81 % des enfants en dessous de treize ans sont sous-alimentés. Dans les provinces rurales, il existe un médecin pour 25 000 personnes, un hôpital pour 17 000 personnes. 10 % de tous les enfants meurent avant l'âge d'un an. 75 % des adultes sont analphabètes[25].

25. *Rapport de l'Organisation mondiale de la santé au Conseil économique et social des Nations unies,* août 1982, service de documentation ONU, Palais des Nations, Genève.

Les Rebelles.   3.

Au Guatemala, l'armée met ses soldats au service de la répression antisalariale qu'exercent les grands propriétaires terriens contre tout mouvement syndical ou simplement revendicatif des paysans pauvres et des travailleurs journaliers. Le Guatemala est le seul pays d'Amérique centrale où pratiquement toute la haute hiérarchie militaire fait partie des grands propriétaires terriens. L'oligarchie latifundiaire traditionnelle et l'oligarchie latifundiaire militaire travaillant la main dans la main — contre leurs ennemis communs : le petit paysan, le paysan sans terre et le journalier agricole. Le régime a fait plus de vingt mille victimes de 1966 à 1974. Entre janvier et juin 1981, deux mille cinq cents civils ont été assassinés. En 1978 se produit la tuerie de Panzós : les hommes n'osaient plus manifester par crainte de se faire tuer ; alors, quatre mille femmes et enfants décidèrent de descendre sur la ville de San Pablo de Baldio pour réclamer la terre ; l'armée avait été prévenue de cet événement insolite ; les soldats se postèrent sur les toits ; au signal de leurs officiers, ils tirèrent : cent dix-neuf femmes et enfants furent tués ; le lendemain, des cadavres mutilés furent retrouvés dans le fleuve [26].

Le 31 janvier 1980, quarante paysans et étudiants, accompagnés d'une religieuse, occupèrent pacifiquement l'ambassade d'Espagne. Donaldo Alvarez, ministre de l'Intérieur, demanda alors l'intervention d'un commando d'élite composé de trois cents hommes. Mis au courant, Adolfo Suarez, Premier ministre d'Espagne, téléphona à Donaldo Alvarez. Il voulut empêcher celui-ci d'intervenir. Alvarez répondit à sa secrétaire : « *Que no me moleste para nada* » (qu'on ne me dérange pas pour rien). La suite est connue : trois cents hommes interviennent au lance-flammes, massacrant quarante personnes, incinérées vivantes. Quelques secondes plus tard, la police entre dans les ruines de l'ambassade, mitraillette au poing. Ce n'est plus la peine de tirer, quarante corps calcinés forment un véritable brasier. Seuls Maximo Cajal et

26. Sur le fonctionnement et l'histoire du terrorisme d'État au Guatemala, cf. Christian Rudel, *Guatemala, Terrorisme d'État*, *op. cit.*

Gregorio Yuja, un paysan, furent épargnés. Les paysans qui avaient occupé pacifiquement l'ambassade voulaient obtenir une augmentation de trois dollars par semaine de leur misérable salaire[27]. La répression économique et physique s'exerce avec une égale violence contre les ouvriers et employés récalcitrants des villes : en septembre 1978, des travailleurs des deux entreprises *Duralita* occupèrent l'ambassade de Suisse à Ciudad Guatemala. Duralita est un trust de la construction appartenant au groupe Schmidheiny (Suisse) et qui contrôle près de 80 % du marché de la construction au Guatemala. Duralita possède plusieurs usines fabriquant de l'Éternit. Depuis 1975, plusieurs dizaines de travailleurs sont morts du cancer qui, selon toutes les évidences médicales disponibles, est dû au manque de protection contre les effets de l'amiante. Les travailleurs de Duralita, dont les salaires sont insuffisants, souffrent de conditions de travail intolérables. Or, la grève fut un échec. Le gouvernement suisse ne répondit pas à la pétition des travailleurs et Schmidheiny refusa toute négociation. La police militaire guatémaltèque fit évacuer l'ambassade. Tous les travailleurs grévistes furent suspendus et restèrent privés de salaire pendant cinq mois. Le trust Duralita accepta finalement de réembaucher, plus tard, quelques travailleurs aux anciennes conditions de travail et de salaire.

La monotone litanie de l'horreur ne s'arrête pas. Je prends une semaine au hasard : entre le 19 et le 25 avril 1982, la United Press International indique — en se référant aux porte-parole officiels de l'armée guatémaltèque — la mort de cinquante-sept paysans et d'un nombre indéterminé de femmes et d'enfants. Un « incident » a notamment eu lieu dans la province de Chimaltenango, au nord de la capitale, où treize paysans ont été décapités dans le village de Varitug par des « inconnus » vêtus de treillis vert olive. Les femmes et les enfants qui se trouvaient au village ont également péri. Des maisons ont été incendiées[28].

27. Récit détaillé de José Ortega, dans la revue *Pour,* janvier 1982, Bruxelles. Cf. aussi le récit de Maximo Cajal, au journal *El País* du 31.1.1982 (Madrid) à l'occasion de la publication du numéro spécial pour le deuxième anniversaire du massacre.
28. UPI reproduit par *Le Monde* du 30.4.1982.

A côté de la répression brutale, collective, sauvage qu'exercent contre les paysans et leurs familles les grands propriétaires terriens militaires ou civils, il existe au Guatemala une répression plus subtile, plus sélective, plus sophistiquée. Elle est le fait d'un appareil policier ultra-moderne, équipé, entraîné par Israël. Nous venons de voir la position stratégique du Guatemala dans l'acheminement du pétrole de l'Alaska vers les côtes orientales des États-Unis. Les États-Unis mettent à la disposition de la tyrannie locale — quelles que soient les variations des rapports diplomatiques conflictuels entre les généraux indigènes et le gouvernement de Washington [29] — les moyens les plus sophistiqués pour briser le mouvement armé de libération nationale du Guatemala. Quelques exemples : en juin-juillet 1981, vingt-deux *casas de seguridad* (maisons de ville, camouflées en habitations ordinaires, où se réunissent les guérilleros) ont été découvertes, encerclées et prises d'assaut par les commandos de la dictature. Pourquoi ? Parce que l'administration Reagan venait — en mai — de livrer à la dictature, plus particulièrement au chef de l'état-major, au frère du président, à Benedicto Lucas Garcia, un ordinateur géant permettant de « lire » à chaque instant du jour et de la nuit la consommation exacte, minute par minute, d'électricité de chaque maison ou appartement de l'immense capitale. Pour chaque logement, l'ordinateur indique aussi le nombre d'habitants officiellement enregistrés [30].

29. Le général Romeo Lucas Garcia, président jusqu'en mars 1982, refusait ouvertement de donner suite aux demandes répétées du président Carter de rétablir une protection minimale des droits de l'homme au Guatemala. Il acceptait de renoncer à l'aide militaire et économique américaine. La collaboration avec le Southern Command nord-américain dans la lutte contre le mouvement armé de libération nationale — collaboration policière et militaire — continuait toutefois normalement.

30. La surconsommation d'électricité dans les *casas de seguridad* ne vient pas en premier lieu du fait qu'un certain nombre de résidents non déclarés y habitent. La raison est autre : dans les caves de ces maisons fonctionnent les ateliers d'armement. La fabrication artisanale des mines Kleymore, notamment, consomme beaucoup d'électricité.

Autre exemple : dans les forêts vierges denses du Nord, l'un après l'autre, des camps de base de la guérilla furent attaqués par les unités de rangers, entraînés dans la zone américaine de Panama. Ces camps, pourtant, étaient parfaitement camouflés, invisibles d'avion, protégés par un réseau élaboré de guetteurs. Or la NASA (North American Space Agency) avait développé, pour les vols interstellaires de ses satellites, des caméras capables de faire des photographies « en profondeur » des couches géologiques de la lune, des planètes. Ces caméras servent aujourd'hui au Guatemala : elles détectent les dépôts d'armes (donc de métal) enterrés dans des casemates profondes, à plusieurs mètres sous le sol.

L'assistance technique — nord-américaine et israélienne — à la dictature guatémaltèque se révèle particulièrement efficace dans un autre domaine : celui des interrogatoires policiers. L'appareil policier guatémaltèque est passé maître dans la destruction psychique et physique et dans la « recomposition » ultérieure de personnes faites prisonnières. Des exemples : le 28 avril 1982, le supérieur provincial de la Compagnie de Jésus en France, le père *Henri Madelin,* dénonce *le Figaro-Magazine* qui avait, dans son numéro du 24 avril, publié les « confessions » du père jésuite guatémaltèque Luis Eduardo Pellecer-Faena. Ces « confessions » étaient la transcription d'une vidéocassette envoyée par les services secrets guatémaltèques à nombre de publications d'extrême droite partout dans le monde. La vidéocassette était accompagnée d'une lettre du père Pellecer authentifiant son contenu. La cassette avait été fabriquée le 30 septembre 1981 lors de l'apparition du père Pellecer à la télévision guatémaltèque. Au cours de cette apparition, le prisonnier « repenti » — gestes figés, traits immobiles, voix monocorde — récitait, tel un automate, une invraisemblable « confession » : il s'accusait d'être un des cofondateurs de l'*Ejercito guerrillero de los pobres* (Armée de la guérilla des pauvres). Il désignait également la Compagnie de Jésus comme étant une organisation qui « collabore directement avec les mouvements subversifs au Nicaragua, au Guatemala, au Salvador ». Le père Pellecer avait été enlevé le 8 juin 1981 par des inconnus alors qu'il circulait en Volkswagen dans la rue de la capitale. De nombreux témoins avaient vu la voiture des ravisseurs bloquer la Wolkswagen ; les inconnus avaient battu le jésuite, l'avaient jeté dans la voiture et avaient disparu. Malgré de nombreuses demandes, aucun des pères jésuites de la province d'Amérique centrale ne put rencontrer le prisonnier. La Compagnie de Jésus fit analyser par des psychiatres, des phonéticiens la vidéocassette. Leur verdict : il s'est opéré chez le père Pellecer une conversion idéologique « due à la contrainte psycho-physiologique. Il doit être considéré comme profondément perturbé ». En clair : la personnalité du père Pellecer a été détruite par des traitements chimiques (drogues aliénantes), son corps et notamment son visage ont subi des tortures. Le père a ensuite bénéficié d'une recomposition de son visage et des parties abîmées de son corps au moyen de la chirurgie plastique[31].

Autre exemple : en octobre 1981, le plus prestigieux dirigeant de la résistance syndicale paysanne, *Emeterio Toj-Medrano,* apparut sur les écrans de la télévision de la capitale pour confesser sa « complicité » avec la guérilla. Emeterio Toj-Medrano était l'un des fondateurs du CUC (*Comité de unidad campesina,* Comité pour l'unité des paysans), le syndicat principal d'autodéfense des petits propriétaires, des métayers et des travailleurs migrants. Lors de son apparition télévisée, il avait le visage figé de ceux qui ont subi une intervention de chirurgie plastique. Un mois plus tard, un groupe de guérilleros attaqua la prison où Emeterio était incarcéré et le libéra. Réfugié au Mexique, Emeterio put raconter son histoire : la police secrète de Lucas Garcia l'avait arrêté à Quetzaltenargo, lui présentant une confession préfabriquée. Torturé, Emeterio refuse de signer. La police retourne à la ferme, arrête sa femme et ses huit enfants mineurs, les amène à la prison. Lorsque devant lui, après d'horribles tortures, le troisième de ses enfants expire,

31. Cf. l'interview du père Henri Madelin dans *La Croix* du 28.4.1982 ; cf. aussi A. Wilson sur la campagne de diffamation menée contre les jésuites en Amérique centrale, dans *Le Monde* du 30.4.1982. Cf. aussi l'enquête menée par Luis Gonzales-Mata au Guatemala, publiée par le mensuel *Actuel,* numéro spécial de mai 1982.

Emeterio signe la confession et accepte le simulacre des
« aveux » télévisés.

Dernier exemple : le soir de Noël 1981, Lydia Maria Fontes
Arain, ancienne étudiante de sociologie à Paris, rentrée au
Guatemala en 1981, est retrouvée morte sur le trottoir,
devant le domicile de ses parents. L'escadron de la mort avait
signé son crime : les dix doigts de Lydia Maria avaient été
taillés au taille-crayon, ses yeux étaient percés d'aiguilles. Le
cadavre devait servir d' « exemple » à sa famille, à ses
camarades [32].

A partir de 1982, la terreur d'État guatémaltèque change
encore une fois de nature : le général Efrain Rios Montt,
arrivé au pouvoir par le coup d'État du 23 mars, ne ressemble
pas — bien que lui aussi ait été formé dans les écoles de
guerre des États-Unis et de la zone de Panama — aux froids
et efficaces techniciens de la mort que sont les frères Lucas
Garcia ou Anibal Guevara. Rios Montt appartient à une
variété particulière, pittoresque, des tyrans prétoriens, à celle
des illuminés, illustrée par Hernandez Martinez, dictateur du
Salvador de 1931 à 1944. Théosophe convaincu, Martinez
prétendait qu'il était plus criminel de tuer une fourmi que
d'assassiner un homme, car seul ce dernier pouvait se
réincarner [33] ; Martinez fit massacrer plus de trente mille
paysans, femmes et enfants, durant la révolte de la faim de
1932. Efrain Rios Montt est prédicateur d'une secte nord-
américaine appelée Iglesia del Verbo (Église du Verbe). Il
détient la parole de Dieu et ceux qui lui résistent s'opposent à
Dieu. En avril 1982, il proclama une amnistie, invitant les
guérilleros à déposer les armes et à « se soumettre à la
volonté de Dieu ». Un même appel était adressé aux pay-

32. Deux alliés traditionnels des États-Unis, la Suisse et Israël,
jouent dans l'appui international aux généraux guatémaltèques et à
leur politique de massacre un rôle relativement important : en 1981,
Israël a livré douze avions « Arava » et un ordinateur pour la police.
La Suisse fournit aux généraux guatémaltèques les avions « Pilatus
Trainer PC-7 », utiles pour le bombardement des villages de paysans
en zone forestière. Cf. *Institute for Policy Studies* (1901 Que Street,
Washington, DC 20009), bulletins de mars, avril et mai 1982.

33. Alain Rouquié, *L'État militaire en Amérique latine,* Éd. du
Seuil, 1982, p. 195.

sans : ils devaient dénoncer les combattants de leurs villages. L'appel n'eut aucun écho. Le général-prédicateur procéda alors à une campagne de châtiment collectif[34]. Au cours des mois d'avril à septembre 1982, des centaines de paysans, de femmes et d'enfants guatémaltèques ont été massacrés par les troupes gouvernementales. A la mi-juillet, durant deux jours et deux nuits, des unités de l'armée procédèrent au meurtre et au viol collectifs de centaines d'habitants des villages de la région de Nentón (nord-ouest du Guatemala). A Petanac, à la même époque, quatre-vingt-neuf personnes furent assassinées. Le scénario était toujours le même : les hommes au-dessus de douze ans étaient enfermés dans une maison, poings liés derrière le dos. Ils étaient « interrogés » un à un puis abattus, leurs corps recouverts de bois et de chiffons, aspergés d'essence et brûlés. Dans une autre maison, les femmes subissaient le même sort. Avec une différence, cependant : elles étaient violées, mutilées avant de mourir et les bébés qu'elles portaient sur le dos étaient jetés vivants dans les flammes. Les enfants plus grands étaient attachés ensemble à une corde. Les soldats les traînaient jusqu'aux brasiers et les y précipitaient vivants.

Des journalistes nord-américains ayant interviewé plus de cent témoins survivants des massacres, réfugiés au Mexique, et des missionnaires ayant recueilli, dans d'autres régions du Guatemala, des parents des suppliciés indiquent que le gouvernement d'Efrain Rios Montt procède au dépeuplement systématique (les sources américaines parlent de *scorch-earth policy*, les Guatémaltèques de *Politica de Terra Arrasada* — politique de la terre brûlée) des régions du pays où est signalée la présence de la guérilla.

Quels sont l'univers intellectuel et affectif, l'héritage culturel qui façonnent la conviction de la génération des révolu-

---

34. Les rapports des missionnaires, surtout nord-américains, et d'organisations humanitaires nord-américaines et européennes ont été réunis, vérifiés, complétés par Davis Cross, « Babies Set Alight in Guatemalan Massacre », in *The Times* du 7.10.1982, Londres.

tionnaires centraméricains des années 1960 à 1980 ? Pour répondre à cette question, nous privilégions l'analyse d'un groupe particulier : celui des jeunes révolutionnaires sandinistes du Nicaragua. Pourquoi ce choix ? Parce que la révolution nicaraguayenne, la guerre de libération que mènent ses dirigeants sont exemplaires pour tous les mouvements armés de libération nationale et toutes les révolutions socialistes qui se déroulent ou se préparent actuellement en Amérique centrale, caraïbe et méridionale. De tous les révolutionnaires centraméricains, les sandinistes du Nicaragua sont aussi les premiers à avoir remporté la victoire.

Bernard de Chartres[35] : « Nous sommes des nains juchés sur les épaules des géants. Nous voyons ainsi davantage et plus loin. Non parce que notre vue est plus aiguë ou notre taille plus haute, mais parce qu'ils nous portent en l'air et nous élèvent de toute leur hauteur gigantesque. »

Les guérilleros sandinistes sont les premiers d'une génération nouvelle de révolutionnaires : la génération qui commence son combat *après* les victoires de la révolution cubaine, de la guerre de résistance vietnamienne, des guerres de libération d'Afrique occidentale et australe. Les dirigeants et combattants sandinistes accèdent à la conscience politique au moment où triomphe la révolution à La Havane et où se développent les luttes de libération du Vietnam, d'Algérie, d'Afrique noire. Les sandinistes sont aussi les premiers parmi les jeunes révolutionnaires centraméricains à faire la redécouverte de deux héros libérateurs, dont le souvenir avait été totalement occulté par les oligarchies régnantes : Augustin Farabundo Marti et Augusto Cesar Sandino. Ils étudient avec passion l'histoire de leur pays, de leur peuple. Régis Debray : « Aujourd'hui en Amérique latine le nationalisme révolutionnaire, unique voie d'accès à une éventuelle révolution socialiste, requiert — face à une entreprise parfaitement consciente de déculturation, dont les résultats s'appellent Puerto Rico ou Venezuela — une véritable stratégie de la

---

35. Bernard de Chartres, philosophe, moine, grammairien, chancelier de l'École de Chartres, mort en 1124.

mémoire populaire. Une nation sans orgueil ni passé est une
nation qui renonce à tout dessein historique[36]. »

Cette nouvelle génération de révolutionnaires profite de
l'expérience souvent douloureuse des révolutions cubaine,
vietnamienne et africaine. Elle connaît d'avance — et peut
par conséquent les combattre — les dangers qui guettent
toute révolution victorieuse du tiers monde : celui notamment de la surdétermination qu'exerce l'Union soviétique,
alliée indispensable durant la lutte, sur la construction de
l'État souverain après la victoire ; celui de la bureaucratisation du pouvoir, du refus de reconnaître les minorités et leurs
droits ; les dangers enfin que comporte, pour la société civile,
la création en pays américain, africain ou asiatique d'un
parti/État marxiste-léniniste, parti unique.

La nouvelle génération de révolutionnaires se distingue de
l'ancienne en ce qu'elle est sans complexe vis-à-vis de l'Union
soviétique, comme de la Chine. Les révolutionnaires du
Nicaragua, du Salvador, du Guatemala d'aujourd'hui sont
dans leur très grande majorité des marxistes-léninistes
convaincus, des communistes. Mais des communistes profondément enracinés dans leur pays, nourris de l'histoire des
luttes passées de leur peuple. Pour eux, le léninisme est
comparable à cette lumière qu'envoient, à travers l'espace et
le temps, des astres depuis longtemps éteints. La source de la
lumière est morte, mais la lumière continue d'irradier la nuit.
L'Union soviétique, devenue puissance planétaire, obéit, par
la force des choses, à la rationalité des superpuissances : elle
constitue des glacis territoriaux tout autour de ses propres
frontières nationales ; elle tente de contrôler les passages
maritimes stratégiques ; elle doit assurer à ses flottes de
guerre (dans l'Atlantique Sud, dans l'océan Indien) des ports
et des abris sûrs ; elle cherche l'accès direct à des sources
d'approvisionnement minier (minéraux stratégiques notamment) ; en bref, elle conquiert et défend jour après jour ses
bastions dans le tiers monde. Tout cela, la nouvelle génération des révolutionnaires centraméricains le sait. Mais cette

---

36. Régis Debray, « Le Nicaragua, une modération radicale », in
Le Monde diplomatique, éd. espagnole, septembre 1979.

nouvelle génération a des atouts : dans le tiers monde même, des États socialistes puissants sont nés. Cuba, l'Algérie, le Mozambique, l'Angola, le Vietnam. Ces États servent d'alliés, de points d'appui pour les guerres de libération nationale, les révolutions socialistes menées par la génération nouvelle des insurgés. La nouvelle génération, d'une part, pouvant s'appuyer sur des alliés sûrs — les États socialistes du tiers monde —, d'autre part, connaissant les dangers de toute alliance avec une superpuissance, possède désormais une chance réelle de construire des États souverains, indépendants, autonomes, capables de défendre efficacement les intérêts des peuples qu'ils abritent[37].

Essayons de suivre la naissance, l'évolution de la complexe et attachante personnalité de cette nouvelle avant-garde centraméricaine. Ces jeunes gens et jeunes filles arrivent à l'âge adulte dans une région où les inégalités sociales, la misère des immenses masses rurales, la richesse arrogante de l'oligarchie sont criantes. Nourris des enseignements des révolutions cubaine, vietnamienne, angolaise, ils savent que le changement est possible, que la tyrannie peut être vaincue, que la libération est affaire d'organisation, d'audace, d'obstination, de sacrifice. Ils tiennent le même langage que les révolutionnaires français de 1830.

Dans *les Misérables,* Hugo écrit :

Tant qu'il existera, par le fait des lois et des mœurs, une damnation sociale créant artificiellement, en pleine civilisation, des enfers, et compliquant d'une fatalité humaine la destinée qui est divine ; tant que les trois problèmes du siècle, la dégradation de l'homme par le prolétariat, la déchéance de la femme par la faim, l'atrophie de l'enfant par la nuit, ne seront pas résolus ; tant que, dans certaines régions, l'asphyxie sociale sera possible ; en d'autres termes, et à un point de vue plus étendu encore, tant qu'il y aura sur la terre ignorance et

---

37. Aux alliances avec les États socialistes du tiers monde il faut, depuis le 10 mai 1981, ajouter l'alliance avec la France socialiste. Pour cette dernière alliance, d'une importance déterminante, voir p. 468 *sq.*

misère, des combats de la nature de celui-ci pourront ne pas être inutiles [38].

L'avant-garde nouvelle naît dans un milieu politique, social, intellectuel tout à fait particulier. Les jeunes gens et jeunes filles qui la composent arrivent à la vie politique consciente dans des lieux où foisonnent les groupuscules politiques de gauche et d'extrême gauche, où s'affrontent les dogmes, où une multitude d'esprits vifs et intelligents confrontent constamment, en des débats et des joutes oratoires sans fin, leurs interprétations contradictoires du monde. Il n'existe pas de milieu plus vivifiant, en ces débuts des années soixante, que l'université nationale du Mexique et l'université et les maisons d'étudiants de San José de Costa Rica. De véritables batailles au mégaphone se livrent quotidiennement dans les corridors, les cours, les salles de classe de ces universités. Les différents groupes s'affrontent au moyen de peintures et d'écrits très colorés sur les murs. Par les poings aussi, parfois... Des années-lumière séparaient l'espérance révolutionnaire de ces jeunes gens et jeunes filles de la grise réalité bureaucratique de l'Union soviétique. Les jeunes révolutionnaires du Nicaragua, du Salvador, du Guatemala, de Costa Rica, du Mexique des années soixante connaissaient, pour les avoir lues, discutées, méditées, les horreurs du stalinisme. Ils étaient sans illusion aucune sur la vraie nature du gouvernement de Moscou. Mais ils connaissaient aussi Mahattma Roy, Lamine Senghor, Ho Chi Minh, Thiémoko Garan Kouyaté [39] et bien d'autres combattants communistes du tiers monde, qui avaient su allier leur engagement pour la révolution mondiale au combat pour la libération de leur peuple. Carlos Fonseca, Tomas Borge, Victor Tirado et la génération plus jeune des sandinistes — Daniel et Humberto Ortega, Jaime Wheelock, Moïses Hassan — étaient dès leur jeune âge des nationalistes exigeants,

38. Victor Hugo, *Les Misérables*, Gallimard, coll. « Folio », 1973, vol. I, prologue.
39. Kouyaté connaît une fin tragique : la Résistance lui ordonne de collaborer avec l'occupant nazi à Paris. La Gestapo le démasque. Il est sauvagement torturé, puis fusillé.

refusant — à quelques rares exceptions — leur intégration dans un camp (soviétique) ou un autre (chinois, par exemple). Toute référence à une quelconque géopolitique du bloc des États communistes provoquait en eux une indéracinable méfiance : leur passion allait à la construction d'une nation dans leur pays, puis à l'édification graduelle d'un État, d'une société socialistes. Les stratégies planétaires, à long terme, ne les intéressaient point encore.

Un Européen vivant en Europe est probablement à jamais incapable de comprendre vraiment le choc sismique que provoqua, dans les consciences des jeunes Latino-Américains de l'époque, l'entrée à La Havane, le 6 janvier 1959, des guérilleros de la Sierra Maestra. La victoire des révolutionnaires cubains — « *el triunfo* », comme disent simplement les Centraméricains — agit comme une révélation. Tout devenait à nouveau possible. L'ardeur au combat, la foi en la victoire se ranimèrent.

Le Salvador était écrasé depuis 1932 par la dictature des généraux. Le régime guatémaltèque disposait d'une armée apparemment toute puissante. Au Nicaragua, la tyrannie des Somoza pouvait compter — pour écraser toute velléité de révolte — sur la meilleure troupe de l'isthme : la garde nationale de douze mille hommes formés par des experts américains et armés par les États-Unis. Dans tous ces pays, la victoire de la révolution cubaine agit comme le vent sur la braise. Des cendres jaillit la flamme, puis l'incendie. « *Baja la tierra, duerme el dolor* », écrit Rubén Dario [40]. Le tremblement de terre de Cuba libéra la douleur enfouie sous les montagnes. La position extraordinaire qu'occupe dans l'imaginaire des classes dominées centraméricaines la révolution cubaine n'indique pas une perte d'indépendance d'action, de jugement, chez les révolutionnaires du Nicaragua, du Guatemala et du Salvador. Quelques-uns des plus grands révolutionnaires centraméricains, tels Tomas Borge, Carlos Fon-

40. *Rubén Dario* est le poète national du Nicaragua ; *Sous la terre dort la douleur* est le titre d'un de ses recueils les plus beaux.

seca, Daniel Ortega, eurent la vie sauve grâce à l'intervention en leur faveur du gouvernement de La Havane. Leur admiration pour l'action des dirigeants cubains était et reste totale. Mais, en même temps, ils gardent avec eux les rapports de franche et fraternelle réciprocité, de critique mutuelle, d'entraide conditionnelle et non point de soumission, de satellisation ou de béate discipline.

Je relis les récits, journaux, monographies ou notes de conversation que j'ai prises à Managua ou ailleurs dans le monde et qui relatent, de leur propre bouche ou de celle de témoins, le devenir intellectuel des combattants sandinistes. J'y retrouve l'univers si particulier, passionnant et passionné décrit par Victor Hugo dans le deuxième volume des *Misérables*. Ce qui s'est passé au début des années soixante de notre siècle dans l'enceinte de l'université nationale de Mexico, les tavernes de San José de Costa Rica et les *fincas* des banlieues isolées de León, de Granada, paraît être une photographie exacte des réunions tenues par les clubs des Justes, de l'ABC, durant la monarchie de Juillet, dans les cafés et salles de cours du quartier Latin à Paris. Chacun des principaux personnages de l'univers révolutionnaire parisien des années 1830, décrit par Hugo, possède son « double » parmi les jeunes révolutionnaires du Nicaragua. Leurs débats se ressemblent. Leurs conflits, souvent, sont les mêmes, malgré la distance qui les sépare dans l'espace et le temps. Carlos Fonseca est Enjolras, Sylvio Mayorga est Bossuet. Tomas Borge ressemble comme un frère à Combeferre. Victor Tirado est Bahorel ou Grand-Air. L'intelligence des rapports d'opposition, de complémentarité qui lient Fonseca à Borge (rapports comparables à ceux qui unissent Fidel Castro et Guevara) est essentielle pour comprendre la « nature », la stratégie du Front sandiniste. Ce que dit Hugo de la tension subtile entre Enjolras et Combeferre s'applique aux rapports entre Fonseca et Borge.

Écoutons Hugo :

> A côté d'Enjolras qui représentait la logique de la révolution, Combeferre en représentait la philosophie. Entre la logique de la révolution et sa philosophie, il y a cette différence que sa logique peut conduire à la guerre,

tandis que sa philosophie ne peut aboutir qu'à la paix. Combeferre complétait et rectifiait Enjolras. Il était moins haut et plus large. Il voulait qu'on versât aux esprits les principes étendus d'idées générales. Il disait : Révolution, mais civilisation. Et, autour de la montagne à pic, il ouvrait le vaste horizon bleu. De là, dans toutes les vues de Combeferre, quelque chose d'accessible et de praticable. La révolution avec Combeferre était plus respirable qu'avec Enjolras. Enjolras en exprimait le droit divin, Combeferre le droit naturel. Le premier se rattachait à Robespierre, le second confinant à Condorcet. Combeferre vivait plus qu'Enjolras de la vie de tout le monde. S'il eût été donné à ces deux jeunes hommes d'arriver jusqu'à l'histoire, l'un eût été le juste, l'autre eût été le sage [41].

Les royalistes voltairiens, les républicains, les libéraux, les bonapartistes, les démocrates décrits par Hugo annonçaient déjà l'insurrection et les barricades de 1848. Les jeunes sandinistes de 1960 planifiaient les réseaux urbains, la création des organisations de masse, l'ouverture du premier front de guérilla à Segovia. Je reviens un instant sur la situation politique, sociale en Amérique centrale au début de ces années soixante. La situation était difficile partout. Mais elle était probablement la plus noire, la plus désespérante au Nicaragua. « Le scepticisme, cette carie sèche de l'intelligence », dit Victor Hugo. Tout aurait dû conduire les jeunes révolutionnaires du Nicaragua au scepticisme. Leur peuple ne disposait point de syndicats, d'associations professionnelles, de ligues paysannes comme le peuple du Salvador. Au Guatemala, la guérilla organisée s'était rapidement développée dès le 13 novembre 1960. De jeunes officiers, fidèles d'Arbenz, avaient soulevé la garnison de Zacapa. Battus, ils constituèrent dans la montagne le premier front de guérilla. Au Nicaragua, par contre, la mort de Sandino, le 21 février 1934, avait sonné le glas de la résistance armée. Au Costa Rica, il existait à l'époque des libertés démocratiques permettant l'élaboration d'une stratégie institutionnelle de prise de

---

41. Victor Hugo, *Les Misérables*, *op. cit.*, vol. II.

pouvoir. Aucun espace de liberté démocratique n'existait pendant ce temps au Nicaragua. Au Honduras, des ligues paysannes puissantes, des communautés chrétiennes de base, animées par des prêtres progressistes, formaient des embryons d'un mouvement révolutionnaire à venir. Dans les campagnes de Segovia, d'Esteli, de Granada, au contraire, les sous-prolétaires agricoles des plantations de coton, de café, étaient livrés sans défense aux contremaîtres armés des grands propriétaires. D'autres milliers étaient recrutés pour la garde nationale par les agents du fils aîné de Somoza, *El Chiguïn*, commandant de la garde. Ces soldats devinrent souvent, contre leurs propres frères, les défenseurs appliqués des privilèges des oppresseurs. Quelle situation plus désespérante donc que celle des jeunes révolutionnaires nicaraguayens dans leur exil mexicain ou costaricain ? Et pourtant : aucun scepticisme ne se fait jour. La révolution, pour eux, est une sorte d'absolu auquel chacun et chacune est prêt à sacrifier sa vie. « *Patria libre o morir* » devient leur cri. Comme les conspirateurs de Hugo sous la médiocre monarchie de Juillet, les jeunes exilés nicaraguayens sont emportés comme par l'effet d'un rêve vers les barricades, la poudre, le combat. Hugo : « Le vrai dans l'indignation — il n'y a pas de plus souveraine éloquence. » Encore Hugo : « L'absolu par sa rigidité même pousse les esprits vers l'azur et les fait flotter dans l'illimité. Rien n'est tel que le dogme pour enfanter la vie [42]. »

La résurrection du mouvement sandiniste n'est d'abord qu'un rêve fou. Il réussit à prendre corps grâce à une planification minutieuse des premières démarches diplomatiques, de collecte de fonds, de constitution d'arsenaux, du commandement guérillero. Ces communistes nationalistes, rêveurs, passionnément patriotes, véritables amoureux de leur peuple, de ses traditions, de son espérance, étaient souvent des poètes. A cette époque déjà, un poème de Tomas Borge, une musique de Luis Mejia Godoy disent souvent mieux, avec plus de force et de précision qu'un rapport de comité, la réalité de la vie, les attentes et les rêves des

---

42. *Ibid.*, p. 227 *sq.* (livre quatrième : « Les amis de l'ABC »).

paysans, des dockers, des ménagères, des adolescents du Nicaragua [43].

Curieux mélange ! Ces femmes, ces hommes font aujour-d'hui les analyses géopolitiques les plus réalistes que je connaisse. Ils concluent des alliances conjoncturelles avec la Libye, les Sahraouis de l'autre bout du monde et refusent de risquer leurs acquis dans une aide trop active à leurs frères d'armes du Salvador. En 1984, leur direction nationale fonctionne comme le bureau central de la Troisième Interna-tionale, par rapports de faits, exposés de synthèse, discus-sions, votes, puis exécution disciplinée de la décision. Ils se réfèrent constamment à l'histoire déjà vécue du mouvement révolutionnaire mondial. Ils se savent l'avant-garde dans la région centraméricaine du mouvement de libération. Et pourtant : j'ai rarement vu des êtres humains aussi profondé-ment enracinés dans un terroir, aussi intensément amoureux de leur peuple, de leur pays, de leurs paysages, de leurs volcans. Ces hommes, ces femmes vivent d'affection plus que de croyance. L'affection est leur conviction, « la plus solide qui soit [44] ».

---

43. L'univers si particulier de la guérilla nicaraguayenne est décrit par le commandant Omar Cabezas : *La Montaña verde*, Managua, Ed. Nueva Nicaragua, 1981 (à paraître en français à Paris, aux Éd. la Brèche).

44. Victor Hugo, *Les Misérables*, *op. cit.*, vol. II, p. 240.

2

La conquête de l'Amérique centrale par les États-Unis

Très bien, je vais poser la question
Pour moi, pour toi, pour lui,
Pour toi, qui es resté seul
Et lui, qui est mort sans savoir.
Sans savoir pourquoi
On le transperçait de balles
Alors qu'il luttait pour le droit
A une terre pour vivre.

Victor Jara, *Questions pour Puerto Mont*
(traduction Régine Mellac)

Les cinq pays d'Amérique centrale sont habités par de multiples peuples possédant chacun un passé historique riche et complexe. Chacun de ces pays abrite des sociétés politiques compliquées, hétérogènes, conflictuelles. Quelques-unes des plus grandes civilisations du monde se déploient sur l'isthme centraméricain. Mais, malgré l'hétérogénéité de leurs héritages culturels autochtones, de leurs composantes démographiques et de leurs constitutions géographique et économique, ces cinq pays sont profondément marqués par une histoire commune : celle que leur imposent les rois d'Espagne dès le début du XVIe siècle, celle ensuite que leur inflige, à partir du milieu du XIXe siècle, leur conquête économique, sociale, idéologique et, dans certains cas, militaire par les États-Unis [1].

Les *conquistadores ibériques* arrivent dans le *golfe de Fonseca* au printemps 1522. Ils se fixent une première fois à la

---

1. Sur la formation du protocapitalisme périphérique aux XVIe, XVIIe et XVIIIe siècles en Amérique espagnole, cf. Fernand Braudel, *Civilisation matérielle. Économie et Capitalisme du XVe au XVIIIe siècle*, vol. III, *le Temps du monde*, Armand Colin, 1979, notamment p. 333 *sq*.

fin de la même année sur le bord occidental du lac Nicaragua. La terre nouvellement conquise est incorporée dans la *vice-royauté du Mexique*, plus tard du Guatemala. Les Indiens autochtones sont soumis, souvent massacrés. Les fonctionnaires, prêtres et officiers de garnison ibériques gouvernent la vice-royauté pendant plus de trois siècles. L'immigration européenne, notamment ibérique, est relativement importante. Une oligarchie créole et un prolétariat ladino naissent. Vient l'année 1810 : le 16 septembre, le prêtre mexicain *Miguel Hidalgo* sonne les cloches de l'église de Dolorès pour appeler à l'insurrection contre l'occupant espagnol. L'insurrection anticoloniale se répand comme feu dans la forêt. L'immense Mexique se libère. Les oligarchies créoles du sud de l'isthme font cause commune avec les oligarchies et les bourgeoisies urbaines autochtones de Guanajuato, Mexico, Laredo. Le *Guatemala*, le *Nicaragua*, *El Salvador*, le *Honduras*, le *Costa Rica* se constituent en républiques indépendantes en 1821.

Cependant, l'histoire moderne des États de l'Amérique centrale commence loin des frontières de ceux-ci, en Californie : le 24 janvier 1848, James Marshall, qui prospecte les sols, tombe dans la vallée reculée de Sacramento sur un filon d'or. On connaît la suite : une migration fébrile, énorme, se déverse tel un torrent sur la côte pacifique et la mince bande de terre de Californie. A l'époque, la misère, la faim, la répression autocratique sévissent dans plusieurs régions d'Europe. Les sous-prolétaires des quartiers ouvriers, les affamés des campagnes, les persécutés politiques affluent des principautés allemandes, d'Irlande, de Russie, de Pologne, vers l'Amérique. Entre 1850 et 1860, la population de la lointaine Californie passe de moins de cent mille personnes à près d'un demi-million. Mais l'Ouest n'est pas encore réellement conquis par la toute jeune république des États-Unis : les peuples indiens tiennent de vastes territoires et le voyage depuis l'Atlantique ou la vallée du Mississippi jusqu'en Californie est souvent meurtrier. Restent les bateaux : la plupart d'entre eux — pour atteindre la baie de San Francisco — font un immense voyage. De New York, ils descendent jusqu'en Argentine, en Terre de Feu, contournent le cap

Horn et remontent le long des côtes du Chili, du Pérou, de l'Équateur jusqu'en Californie. Autre solution : Panama. L'isthme, dans cette ancienne province colombienne, est étroit. Mais, pour le traverser, il faut affronter d'effroyables marais. La fièvre tue des milliers de travailleurs migrants. Surgit alors l'idée de *Cornelius Vanderbilt,* un des grands pirates du capitalisme new-yorkais. Il fonde l'Accessory Transit Company. Celle-ci achète au gouvernement du Nicaragua des droits de passage sur les fleuves et les lacs du pays, une concession pour le percement d'un canal interocéanique et le droit de lever des taxes de douanes sur tout le parcours.

Avant d'aller plus loin, il nous faut dire quelques mots sur la terre, les paysages, les hommes du Nicaragua, *où se joueront désormais les épisodes clés* de la pénétration nord-américaine en Amérique centrale. Le Nicaragua est un des pays les plus attachants du monde : 130 000 km^2 de lacs, de fleuves, de forêts denses, de collines et surtout de volcans qui poussent leurs cimes fumantes vers un ciel limpide. Deux grands lacs baignent les socles noirs des volcans, le lac de Managua au nord, le lac Nicaragua au sud. Ensemble, ils couvrent une surface de 11 000 km^2. Plusieurs grandes civilisations se déploient sur les terres du Nicaragua : les Nahutatl — descendants des Aztèques — habitent les hautes plaines froides et les montagnes du centre. Leurs voisins, les Sumos et les Ramos, vivent dans des structures familiales et communautaires comme il y a des centaines d'années. Une autre grande civilisation indienne vit sur la côte nord-est : ce sont les Misquitos. Des descendants d'esclaves noirs déportés habitent, eux aussi, la côte atlantique : vivant sur les caps et dans les baies qui longtemps avaient abrité les petites républiques de pirates — véritables maîtres des Caraïbes aux xvie, xviie et xviiie siècles —, ils parlent un créole marqué par l'héritage linguistique africain. Le Nicaragua « historique » — celui où habitent aujourd'hui la plus grande partie de ses 2,7 millions de citoyens — se situe sur la côte pacifique. Ici se dressent quelques-unes des plus belles villes bâties par les rois de Castille sur le continent américain. Il y a d'abord *León,* la

cité rendue célèbre dans toute l'Amérique par les vers de
Rubén Dario. Elle est entourée d'immenses et riches plantations de coton, de sucre. Le soleil tropical l'inonde trois cent
soixante-cinq jours par an : une brise fraîche descend de la
chaîne montagneuse toute proche de Morabios et joue avec
les feuilles des palmiers royaux sur la grande place centrale.
Sa cathédrale, la plus belle du Centramérique après celle de
Santo Domingo, est aujourd'hui à moitié détruite par la
guerre. Plus au sud, il y a la somptueuse ville de *Granada*. Les
vieilles demeures coloniales, les anciennes maisons d'esclaves, les dépôts où s'entassent les grains de café s'étendent
le long des avenues rectilignes jusqu'aux quais du port, sur le
lac. Managua, l'actuelle capitale, est une ville beaucoup plus
récente. Elle est née de l'émigration de quelques familles
vivant à l'est et à l'ouest du grand lac.

L'histoire du territoire aujourd'hui connu sous le nom de
Nicaragua — autrefois identifié simplement comme la région
sud de la vice-royauté du Guatemala, plus anciennement
encore du Mexique — est, pendant de longs siècles, déterminée par l'histoire conflictuelle des deux cités. Entre León et
Granada, souvent, la guerre fait rage. La vie politique,
artistique, religieuse dans ces deux villes ressemble à celle des
cités lombardes, vénitiennes ou toscanes durant la Renaissance européenne : de puissantes familles de marchands, de
grands propriétaires absentéistes, des dynasties d'éleveurs
tentent de se surpasser dans la beauté, le luxe, la richesse et le
raffinement de leurs demeures. L'Europe est l'exemple en
tout : Madrid, Paris fixent les canons de la mode vestimen-
taire, des goûts musicaux, des rapports galants, du vocabulaire politique. L'aristocratie ibérique vit sous les tropiques
une existence de raffinement extrême. Aux frustes conquistadores avaient succédé dès le XVIIe siècle les évêques en
dentelles, les hidalgos, éleveurs d'immenses troupeaux, les
barons du sucre. L'oligarchie créole hérite, en 1821, d'une
Espagne saignée par les guerres napoléoniennes, des palais
sous les tropiques. Elle imite le style de vie de ses prédécesseurs. Bientôt, de nouvelles cultures d'exportation s'étendent
dans les riches plaines, entre le lac Nicaragua et les montagnes de Segovia : le coton puis le café sont à l'origine des

nouvelles spoliations de paysans, de nouvelles et immenses fortunes accumulées par les grandes familles de latifundiaires. Les manufactures de tabac naissent : les fameux « puros » du Nicaragua sont fabriqués par des hommes, des enfants, des femmes sous-alimentés, sous-payés, enfermés — autour de longues tables de bois — dans la pénombre des hangars insalubres. Le « puro » de León, d'Esteli, crée, pour quelques détenteurs de capitaux, des profits marchands énormes.

Comme les cités italiennes du XIVe-XVe siècle, Granada et León résonnent presque en permanence du fracas des armes. Les clans créoles se déchirent entre eux. L'enjeu — nous l'avons vu —, ce sont les immenses plantations de sucre, les champs de coton, les manufactures de cigares, les forêts de buissons caféières ; et aussi la propriété des mines d'or, d'étain, dont le Nicaragua est riche. Enfin, les clans se battent pour le contrôle du commerce du bois précieux. Car dans les plaines de l'Est — où n'habitent que quelques familles de chasseurs misquito — s'étendent d'interminables et denses forêts où poussent de nombreuses essences nécessaires à la construction des chemins de fer du Mexique, des grandes œuvres d'infrastructure du canal de Panama. Le rio San Juan, seule voie d'eau navigable (avant le percement du canal) reliant l'Atlantique au grand lac et — par une piste de porteurs — au Pacifique, est, lui aussi, au centre de constantes et vives disputes. Plusieurs guerres de clans sont livrées au XIXe siècle pour le contrôle du trafic des vapeurs et les taxes de passage levées sur les hommes et les marchandises empruntant le rio San Juan.

L'évocation de la culture urbaine ne serait pas complète sans une rapide mention des petites et moyennes cités rurales, si importantes pour le développement de la petite bourgeoisie créole née après la débâcle espagnole.

Ici, point d'héritage aristocratique. Ces cités rurales sont l'œuvre d'aventuriers créoles. Les noms de ces villes rappellent d'ailleurs presque toujours des lieux-dits indiens. Elles s'appellent Jinotega, Matagalpa, Boaco, Jinotepe, Ocotal, Juigalpa. Ces cités se créent généralement autour d'un marché agricole. Augusto Cesar Sandino, Carlos Fonseca, Tomas Borge et tant d'autres dirigeants du mouvement armé

de libération sont nés ici. Un unique clan de grands propriétaires — qui possède l'essentiel des terres, des sources, des
animaux et des villages alentour — domine généralement la
cité. Autour de ce clan vient se réfugier une petite bourgeoisie d'artisans, de commerçants, de fonctionnaires. Une église,
une caserne, des clubs, quelques rues que longent de belles
demeures en pierre taillée, des commerces aux vastes
arcades, une grande place où des palmiers royaux balancent
au-dessus d'une fontaine de marbre leurs cimes majestueuses
forment le cœur de la ville. Là où s'arrêtent les rues pavées
commencent les *barrios,* quartiers de cabanes faites de terre
sèche et de tôle où vivent les travailleurs agricoles, les
journaliers et les familles des migrants. Entre les demeures
des riches et les cabanes des pauvres, les rapports ne sont pas
que d'exploitation et de mépris : des passions se nouent, elles
lient le monde du jour au monde de la nuit. Dans les grandes
fêtes religieuses populaires, les propriétaires, souvent, remar-
quent une Indienne, une métisse, une Noire, se lient à elle,
pour quelques mois, pour quelques heures. Des enfants
naissent de ces unions et durant toute leur vie vivront à cheval
entre les deux mondes. Augusto Cesar Sandino et Carlos
Fonseca sont issus de l'union passagère d'un latifundiaire
créole et d'une Indienne. Dans la politique et l'économie du
Nicaragua, ces petites et moyennes cités rurales jouent un
grand rôle : entre l'oligarchie créole des côtes du Pacifique et
la masse anonyme des paysans pauvres, perdus dans les
montagnes, elles constituent un monde à part. Un monde
presque humain.

Une dernière remarque concernant les villes de la côte
caraïbe [2]. Jusqu'à ce jour, aucune route ne relie le Pacifique à
l'Atlantique. La première liaison téléphonique entre les deux
mers a été réalisée en 1980 seulement. Les villes de l'Atlantique — Puerto Cabezas, Bluefields notamment — sont des

---

2. L'histoire des villes de la côte caraïbe de l'Amérique centrale ne
peut se comprendre sans la référence au conflit permanent aux XVIᵉ,
XVIIᵉ, XVIIIᵉ siècles et durant la première moitié du XIXᵉ siècle entre les
empires (et les flottes) britannique et espagnol ; cf. Michel Beaud,
Histoire du capitalisme de 1500 à nos jours, Éd. du Seuil, coll.
« Points Économie », 1984, P. 18 *sq.*

villes portuaires nées du trafic d'esclaves. Dès le début du
xviie siècle, des républiques de pirates s'installent dans leurs
murs. Les républiques pirates du Belize, du Honduras, de la
côte atlantique du Nicaragua étaient de petits États puissants,
riches, improductifs, remplis de pierres précieuses, d'étoffes
coûteuses, de tavernes bruyantes, de forteresses et d'or. Ces
républiques de pirates échelonnées sur la côte atlantique —
celle-ci mesure, sur le territoire nicaraguayen, plus de 550 km
de long — menacent alors gravement l'économie impériale
ibérique : l'armada de bateaux-cargos qui partent de Cartagena de las Indias, à l'embouchure du Madalena, et qui
transportent deux fois par an les cargaisons d'argent, d'or, de
sucre de la vice-royauté de la Nueva Granada, dont la capitale
est Santa Fé de Bogotá, vers Cadix, est constamment
attaquée. De nombreux convois tombent entre les mains des
pirates. Les convois espagnols sont vulnérables. L'Espagne
tente de maîtriser le problème du transport transatlantique :
pour se prémunir contre les abordages des pirates européens
ou de la flotte royale britannique, les Espagnols concentrent
leur marine de guerre, deux fois par an, dans l'immense baie
de La Havane. Tous les convois de minerai précieux, de
sucre, de bois des vice-royautés du continent américain
arrivent d'abord à La Havane. Là, ils sont regroupés, placés
sous la protection des navires de guerre. Encadrés par les
canonnières et les caravelles royales espagnoles, ces convois
traversent ensuite l'Atlantique. Dans les Caraïbes, cependant
— première étape du voyage vers l'Europe —, les convois
sont sans protection notable : les pirates, en plus, trouvent, le
long d'une côte pratiquement vierge de toute implantation
militaire européenne, très accidentée, ciselée de baies, de
caps, de refuges naturels, une protection rapide et efficace
contre toute poursuite éventuelle par les navires de guerre.
Les flottes espagnole puis anglaise bombardent les cités-
refuges, les citadelles. Au cours du xviiie siècle, elles changent
constamment de main. Plus tard, encore, ces villes portuaires,
situées dans des baies splendides, abritées par des caps
couverts de forêts vierges, deviennent de classiques ports
d'exportation de bananes. La United Fruit Company exploite
— contre une redevance minime versée au lointain gouverne-

ment de Managua — d'interminables plantations de bananes, de pamplemousses, de palmistes. Sur la côte orientale — où n'habitent en 1979 que 8 % de la population totale du pays —, les Noirs, descendants d'esclaves, forment la grande majorité des habitants. Dans les forêts, des communautés d'Indiens vivent de cueillette, d'agriculture de brûlis et de chasse. Les *costeños* métis ou blancs ne parlent pas l'espagnol, mais l'anglais.

Revenons à 1850 et à Cornelius Vanderbilt : avec lui, tout se joue déjà. Les bras puissants du pirate du capitalisme du Nord étreignent la jeune et fragile république du Nicaragua, son économie, son gouvernement, sa police, son armée, toutes ses richesses et son peuple. Ils l'enserrent dans la camisole de force des accords douaniers, des traités de commerce et d' « amitié ». Les navires de Vanderbilt transportent des dizaines de milliers d'émigrants de New York à l'embouchure du rio San Juan (sur l'Atlantique). De là, des bateaux fluviaux à fond plat les amènent vers l'ouest jusqu'au grand lac. 20 km de route de terre, seulement, séparent les rives occidentales du lac Nicaragua du port de San Juan del Sur, sur le Pacifique. Un service de porteurs, de diligences, les couvre. De San Juan del Sur, des navires Vanderbilt amènent les passagers à San Francisco. Les hommes passent d'est en ouest. L'or revient par la même route, mais en sens inverse. Il finit dans les coffres de Vanderbilt et des banques de New York. Prix Vanderbilt pour la traversée : trente-cinq dollars (prix 1853)[3]. Le prix le plus avantageux de la concurrence (route du cap Horn) est de cent vingt-cinq dollars. Vanderbilt gagne — grâce à ses entreprises au Nicaragua — une fortune colossale. En 1853, il commet une erreur : il part en vacances. Au sein de l'empire, la guerre des gangs éclate : ses deux principaux directeurs — Garrison et Morgan — concluent des alliances nouvelles avec des familles de l'oligarchie créole hostiles à Vanderbilt, au Nicaragua. Ils

---

3. Chiffres de Jean-Michel Caroit et Véronique Soulé, in *Le Nicaragua, le Modèle sandiniste*, op. cit.

réussissent à mettre la main sur la route de l'isthme. Le gouvernement du Nicaragua leur accorde des concessions nouvelles. Vanderbilt contre-attaque : par de nouveaux millions versés à d'autres fractions de l'oligarchie de León, de Granada ; par des bandes de mercenaires qui ravagent les installations de Morgan-Garrison à Puerto San Juan. En bref : la guerre des gangs à l'intérieur de l'empire Vanderbilt apporte la guerre civile au Nicaragua. Celle-ci coûte la vie à des milliers de paysans qui ne connaissent de Garrison, de Morgan, de Vanderbilt ni le nom ni l'existence.

Sur l'épisode Vanderbilt se greffe un autre événement plus compliqué à retracer : dès 1821, date de l'indépendance du pays, différentes oligarchies se font face dans cette ancienne province reculée du sud de l'ancienne vice-royauté espagnole du Mexique. Le pays n'a pas de capitale « naturelle » ni de centre administratif, gouvernemental ou économique. A León règnent les Castello, les Sacasa ; à Granada, les Chamorro. Granada est le centre d'une région de vastes et belles plantations de canne à sucre, plus tard de café. León est une ville de grands marchands, d'artisans plus que de propriétaires terriens. Entre les deux oligarchies, la lutte est vive. Son enjeu : le contrôle des plantations de sucre, des champs de tabac, de coton, les profits énormes que rendent, année après année, les bois précieux et le cuivre, l'argent et l'or exportés vers les États-Unis et l'Europe. Les oligarchies des vieilles cités coloniales — nous l'avons vu — vivent au rythme de l'Europe. Or, l'Europe — en cette première moitié du XIXᵉ siècle — produit un certain nombre d'appellations politiques garanties. A Paris, les conservateurs affrontent les libéraux. Les seigneurs créoles du Pacifique reprennent ces appellations qui, sous les tropiques, ne correspondent évidemment à aucune réalité de classes antagonistes.

Ceux de Granada s'intitulent « conservateurs », ceux de León « libéraux ». Les deux oligarchies ont en commun leur fondamental mépris du peuple. Leurs recruteurs respectifs parcourent les campagnes, lèvent des troupes. Les travailleurs agricoles, les petits paysans sous-alimentés reçoivent — au hasard des passages des rabatteurs de l'un ou l'autre camp — quelques centavos, un vieux fusil et une marque distinctive : ceux d'entre eux qui vouent leur vie et celle de leur famille, de leur village (car la répression, elle, est toujours collective), aux « libéraux » accrochent à leur chapeau de paille un ruban rouge. Ceux, par contre, qui adoptent la « cause » des « conservateurs » portent un ruban blanc. Frutos Chamorro, seigneur de guerre de Granada, conservateur, se proclame président du Nicaragua et « dictateur suprême ». Il veut en finir avec l'oligarchie libérale. Ceux de León prennent peur. Leur chef s'appelle Francisco Castellon. Hasard de l'histoire : un agent commercial de New Orleans, de passage sur un bateau Vanderbilt, nommé Byron Cole, comprend la situation, va voir Castellon et propose de lui vendre les services de trois cents mercenaires nord-américains. Castellon accepte. Cole a un ami d'enfance au Tennessee, à Nashville. Il s'appelle William Walker. Il va le trouver. Et c'est là que l'histoire du Nicaragua bascule de nouveau.

Walker n'est pas un simple et cynique pirate, un puissant organisateur ou un marchand ravageur du type Vanderbilt, Garrison ou Morgan. C'est un visionnaire à l'intelligence et à la culture peu communes. Il porte en lui un projet fou : sauver la société esclavagiste du sud des États-Unis de la menace égalitaire, abolitionniste, industrielle, barbare que font peser sur elle les ambitions des hommes politiques, des militaires, des financiers du Nord. Walker est médecin et juriste, formé à Paris, à Londres. Savant convenable et écrivain de talent, Walker semble sorti d'un roman de Faulkner : passionnément attaché aux valeurs produites par la société esclavagiste et coloniale du sud des États-Unis, il croit à la mission universelle, salvatrice, de la race blanche. Sorte de Gabriele D'Annunzio avant la lettre, il s'est déjà rendu célèbre par une expédition avortée en Basse-Californie : en 1853, il voulut établir la supériorité de la race blanche en pays apache. A la tête d'une troupe de mercenaires, il livra une guerre d'extermination aux Indiens apaches. Sur le territoire du peuple vaincu, il érigea sa République. Son nom : la république de Sonora. Les seigneurs pâles y étaient servis par les esclaves indiens. Le général mexicain Santa Anna mit fin — à la tête d'une armée de peones — au rêve grandiose de cette république platonicienne inversée. Walker survécut au massacre, s'enfuit avec le reste de ses troupes et regagna son cabinet d'études au Tennessee[4].

Nous ne comprendrions rien à la psychologie, aux réactions affectives, aux analyses politiques, au caractère ni d'Augusto Cesar Sandino ni des révolutionnaires nicaraguayens contemporains, si nous ne réussissions à cerner auparavant la figure antinomique de William Walker.

Figure fascinante et étrange, puissante et inventive telle qu'elles surgissent en des périodes de crise de civilisation, Walker ressemble à Henry Morton Stanley, « découvreur » du Congo, son compatriote et compagnon d'âge. J'insiste : ni aventurier farfelu, ni simple brigand, ni encore médiocre et rapace spéculateur, Walker est un personnage hors pair[5]. Il est le contraire, physiquement, d'un Theodore Roosevelt, héros de la guerre contre l'Espagne à Cuba, organisateur du percement du canal de Panama, président des États-Unis. Walker est de taille fine, ses manières sont gracieuses, il aime la littérature, déteste la chasse et parle un langage où transparaît sa passion de la philosophie. Théoricien d'une société qu'il sent menacée, d'une civilisation qu'il voit courir à sa perte, il analyse en des textes clairs les contradictions sociales des États-Unis. Il voit venir la guerre entre le Nord et le Sud, entre le capital industriel, financier — ravageur, niveleur, destructeur de civilisation —, et la société coloniale, inégalitaire, dépositaire et gardienne des valeurs et des rêves ancestraux de l'homme blanc. Seulement voilà : là où Lincoln, Grant, Lee ne voient qu'un problème national américain, Walker décèle un affrontement planétaire. La raison de l'homme (blanc) contre la marchandise. L'individu responsa-

---

4. Pour un portrait de Walker, voir Jorge Nunez, *Walker — les États-Unis contre l'Amérique centrale,* édité par l'université centrale de l'Équateur et l'Association des historiens latino-américains et caraïbes, Quito, 1982. Je cite ici la traduction française — parue sous forme de volume polycopié — de l'ouvrage publié en espagnol.

5. J'utilise à plusieurs reprises dans cette partie de mon livre les rééditions d'anciens ouvrages réalisées par une maison proche du FSLN et utilisées par lui pour mettre au jour le passé du Nicaragua : la maison Educa, de San José, Costa Rica (éditions appartenant à l'université d'Amérique centrale) ; cf. ici notamment William Walker, *La Guerra de Nicaragua,* 1972.

ble de ses actes, créateur de son existence contre la froide et impersonnelle logique du capital.

Pour se préparer à ce dernier affrontement de l'humanité, il convient d'étendre l'empire de la société coloniale, esclavagiste, paternaliste, fondée sur des valeurs de responsabilité, de grandeur individuelle, de créativité. Or, cette société est, pour l'instant encore, confinée dans les limites relativement étroites des États du sud des États-Unis d'Amérique. Pour se préparer à l'ultime affrontement de l'histoire — dont Walker sent l'inéluctable avènement —, il convient d'étendre son empire, vers le sud. Pour ce Gabriele D'Annunzio du Tennessee, Fiume ne sera pas une misérable petite ville portuaire mais un pays entier. Garrison — ennemi de Vanderbilt — met des millions de dollars à la disposition de Walker. Les délinquants des prisons de New Orleans, les sous-prolétaires de San Francisco, les nouveaux immigrants européens de New York se transforment en soldats de la *Phalange américaine*. Walker, comme tout écrivain devenu condottiere qui se respecte, prend le titre de colonel. Parti le 4 mai 1855, sur un unique bateau, de San Francisco, l'avant-garde de la civilisation blanche entre le 7 novembre à León. Mais la monomanie du visionnaire n'exclut pas les contradictions : Walker et sa Phalange — dont les moyens de transports (barques fluviales, chevaux, navires côtiers), la subsistance et les armes sont assurés par les banques new-yorkaises opposées à Vanderbilt — tentent d'abord de contrôler le rio San Juan, dans l'extrême sud du pays. Il s'agit de détruire définitivement l'Accessory Transit Company de Cornelius Vanderbilt. Remarquable stratège, Walker débarque avec ses troupes une nuit de novembre 1855 à 5 km de Granada, sur les bords boisés du lac Nicaragua. La capitale des conservateurs est prise. Walker tient le pays. Il remet les droits de passage à Garrison. Sur le drapeau des Phalanges américaines est écrite cette simple phrase : « *Five or None* ». Walker veut l'Amérique centrale tout entière. Pour l'instant, il organise méthodiquement le blanchissement de l'isthme : il organise une aventure sioniste avant la lettre qui s'oriente exclusivement à la couleur de la peau des immigrants. Chaque nouvel arrivant, à condition qu'il soit blanc, reçoit deux cent cinquante acres de terres fertiles. L'anglais est décrété au Nicaragua langue officielle.

Le 27 février 1856, le président du Costa Rica, Juan Rafael Mora, appelle sa propre oligarchie créole et les oligarchies du Salvador, du Honduras à la « guerre nationale » contre l'envahisseur. Au Nicaragua même, les libéraux et les conservateurs interrompent leurs combats fratricides et se joignent à Mora. Entre les Latins créoles et les Anglo-Saxons, la guerre commence. Son enjeu : les immenses richesses minières et agricoles de l'Amérique centrale, mais, au-delà, une terre stratégique où passe la seule voie réellement praticable entre les deux océans.

William Walker passe à l'offensive : les nouveaux arrivants, les immigrants, marchands, soldats nord-américains ou européens blancs sont déclarés par lui « Nicaraguayens naturalisés ». Franklin Pierce est, à l'époque, président des États-Unis. Il reconnaît le nouveau gouvernement du Nicaragua. Les premières décisions du président Walker sont éloquentes : tous ceux qui s'opposent aux Phalanges sont déclarés ennemis publics ; leurs biens sont confisqués et remis aux Nicaraguayens naturalisés. L'esclavage avait été aboli en Amérique centrale au moment de l'indépendance des États nés de la lutte contre le colonisateur espagnol. Walker le rétablit.

Walker, disciple de Joseph Arthur de Gobineau, développe d'une façon parfaitement conséquente ses visions racistes de l'univers. Voici les thèses fondatrices de la théorie de Walker : les Blancs sont les maîtres en vertu de leurs qualités raciales supérieures. Ils doivent le rester. A l'intérieur de la race blanche, il y a également une hiérarchie : les Anglo-Saxons sont des maîtres plus sûrs, des gardiens plus dignes que les Latins, et particulièrement les Espagnols, des valeurs de la civilisation blanche. Walker reproche en particulier aux Ibériques leur laxisme sexuel : le métissage est pour lui la pire des tares humaines. Le métis réunit en lui deux sangs également impurs et porteurs de troubles : le sang latin, méditerranéen, et le sang nègre. En Amérique latine, les métis sont responsables de tous les méfaits possibles et imaginables. Les Indiens et les Noirs bénéficient curieusement d'une attention presque affectueuse de la part du nouveau président du Nicaragua : le Nègre doit se réjouir de son esclavage, car ce n'est qu'associé au maître blanc, guidé par lui, qu'il peut accéder à une existence digne. L'Indien, lui aussi, a beaucoup de chance : en voie d'extinction sous la colonie espagnole, constamment persécuté par les métis au pouvoir dans les États post-coloniaux, il sera sauvé par Walker. Comment ? Il sera promu au statut d'esclave. Il acquerra ainsi une valeur marchande et sera, de ce fait, protégé, choyé par les maîtres blancs. Extraordinaire théorie ! Délire ? Non. Walker a laissé des écrits[6]. Ils sont d'une cohérence contraignante et d'un subtil sophisme. Écoutons : « L'homme blanc a un compagnon, le Nègre esclave. Avec lui, grâce à lui, il parviendra à s'enraciner ici (sur l'isthme centraméricain). L'esclave nègre permet de séparer les races. Il permet aussi de détruire le métis, responsable du désordre qui ravage ces pays depuis l'indépendance. » Et l'Indien ? « Il ressemble au Nègre. Il peut donc être intégré — grâce à l'esclavage — à la caste des Nègres. » Car l'esclavage est la grande institution salvatrice des races inférieures. Il n'existe que pour leur bien. « Sans l'esclavage, les races inférieures ne peuvent rivaliser avec le travail des Blancs. »

Et encore : « Sans l'esclavage, les races de couleur succomberaient inévitablement, par un processus lent et cruel. » Donc, Nègres et Indiens seront sauvés grâce aux maîtres blancs. Il n'y a qu'une seule race pour qui n'existe aucune rédemption : ce sont les métis. Ils ne peuvent pas être esclaves puisqu'ils ont, dans leurs veines, du sang blanc. Ils ne peuvent pas non plus rejoindre la race des maîtres parce que la part de sang noir qui coule en eux les condamne définitivement à l'infériorité. Mais c'est une infériorité qui n'admet aucune rédemption institutionnelle, la malédiction de la race métisse est définitive. Cette race doit disparaître. Walker, par des exécutions en masse, des camps de regroupements, s'y emploiera activement.

6. William Walker, *La Guerra de Nicaragua, op. cit.*

L'originalité de la pensée de Walker réside dans le fait que — contrairement aux autres théories racistes — elle fait totalement abstraction de toute solidarité, de toute analyse de classe : le latifundiaire métis, l'éleveur milliardaire métis, le banquier métis sont persécutés, enfermés dans des camps, parfois fusillés au même titre que le journalier agricole ou le travailleur migrateur métis. On aurait tort de sourire : la *Confédération esclavagiste* — ce sont les termes mêmes de son initiateur — entre les États blancs du sud des États-Unis et les États blanchis de l'Amérique tropicale, inspirée, projetée par Walker, est sur le point d'aboutir.

Dans la première partie de ce chapitre, nous avons vu comment l'histoire du Nicaragua est surdéterminée par les conflits internes du capitalisme nord-américain. C'est sur la terre d'Amérique centrale et à travers les factions des oligarchies créoles locales que les différents clans des financiers, spéculateurs, aventuriers et stratèges de New York vident leurs querelles et assouvissent leurs ambitions. Cependant, dans la dernière phase de l'étrange destin de William Walker, les fronts s'élargissent au système impérialiste tout entier.

Un nouveau glissement a lieu dans le paysage social d'Amérique centrale, de nouvelles contradictions apparaissent : devant l'expansion rapide du pouvoir des Phalanges américaines, les oligarchies créoles du Costa Rica, du Nicaragua, du Salvador, du Honduras, de Guatemala font appel à l'empire britannique. La Grande-Bretagne mène déjà le combat contre la flotte espagnole, contre les pirates dans les Caraïbes. La Royal Navy tient des places fortes de la côte atlantique du Honduras, du Nicaragua. Les ennemis centraméricains de Walker progressent en direction de Granada. Une armée vient du sud, du Costa Rica, une autre du nord, du Salvador. Ces armées sont financées, équipées, soutenues diplomatiquement par la Grande-Bretagne. L'empire britannique est en pleine expansion : il convoite maintenant la route fluviale entre les deux océans. En plus, la Grande-Bretagne possède, sur la côte atlantique de l'isthme, deux colonies, le *Honduras britannique* et *Misquitia*. Aux côtés de la Grande-Bretagne, il y a Vanderbilt qui veut — par années centraméricaines interposées — se venger sur ses anciens associés Garrison et Morgan de l'humiliation subie en 1855. William Walker et ses Phalanges sont encerclés dans Granada. Walker et un millier d'hommes réussissent à briser l'étau et à se réfugier à Rivas. Avant de quitter sa capitale, le président du Nicaragua l'incendie. Dans les décombres fumants, le philanthrope plante une pancarte : *Here was Granada!* L'épidémie de choléra sévit dans tout le pays.

Le 1er mai 1857, un navire de guerre américain accoste sur la côte pacifique du Nicaragua, non loin de Rivas. Le président de la République se fait conduire par un petit chalutier jusqu'au navire, y monte. L'équipage du navire de guerre des États-Unis est au garde-à-vous. Le drapeau des Phalanges est hissé. La musique joue l'hymne américain, puis l'hymne du Nicaragua. Walker se rend au capitaine. Il est conduit à San Francisco avec les survivants de son armée. De là, il va à New York. Oublié, l'organisateur de la *Confédération des États esclavagistes du Sud* ! Oublié, l'ennemi mortel des abolitionnistes du Nord ! La capitale économique des États-Unis — berceau des libertés individuelles et des droits de l'homme — fait au théoricien du racisme et de l'esclavage un triomphe mémorable. Assemblées publiques, banquets, défilés et discours se suivent en une litanie colorée. Le maire de New York annonce trois jours de fêtes publiques et fait pavoiser la cité. La mémoire collective d'une nation est un dépôt d'images de longue durée. Moins de cent ans séparent la guerre d'indépendance des États-Unis contre la couronne anglaise du retour de William Walker : l'homme devient brusquement le héros américain qui défie l'empire britannique.

Cependant, Walker n'est point un aventurier ordinaire. Aucun honneur officiel, aucune décoration, aucun triomphe public ne l'apaise, n'assouvit son rêve. Comme Lawrence d'Arabie, comme Henry Morton Stanley, il veut — quoi qu'il en coûte — imposer sa volonté à l'histoire. En 1860, accompagné d'une nouvelle troupe de fidèles fervents, de disciples, d'aventuriers, de spéculateurs et de mercenaires, il s'embarque pour l'Amérique centrale. Il débarque sur l'île Oratan, située en face des côtes atlantiques du Honduras. Il y établit une base. Puis il franchit le détroit et attaque la ville de Trujillo. Bataille victorieuse. Mais l'empire britannique veille : la reine Victoria donne ordre à sa marine de couper les routes d'approvisionnement de Walker. Le vainqueur de Trujillo est affamé, capturé. L'amiral anglais le remet, enchaîné, avec ses officiers et soldats, aux autorités du Honduras. Un tribunal d'exception est constitué. Le procureur est anglais : Walker est condamné à mort. Il est fusillé contre le mur de la cathédrale, sur la grande place de Trujillo, le 12 septembre 1860. Trois mois plus tard, la guerre de Sécession éclate aux États-Unis. La société esclavagiste — dont Walker voulait assurer l'éternité par son expansion vers l'Amérique tropicale — sera définitivement détruite.

3

Augusto Cesar Sandino, général des hommes libres

> Bienheureux l'homme
> qui ne suit pas les consignes du
> [Parti,
> qui n'assiste pas à ses meetings,
> qui ne s'attable pas avec les gangs-
> [ters
> ni avec les généraux dans le Conseil
> [de guerre.
> Bienheureux l'homme
> qui n'espionne pas son frère,
> qui ne dénonce pas son compagnon
> [de collège.
> Bienheureux l'homme
> qui ne lit pas les annonces commer-
> [ciales
> qui n'écoute pas leurs radios
> qui ne croit pas leurs slogans.
> Il sera comme un·arbre planté tout
> [près d'une source.
>
> Ernesto Cardenal, *Psaumes*
> (traduction Caroit/Soulé)

1. Les origines de Sandino

En 1928, les troupes victorieuses du Kuomintang entrent à Pékin. Elles portent devant elles l'immense portrait d'un jeune homme à la taille fine, au visage émacié, où brûlent deux yeux noirs d'Indien. L'homme s'appelle *Augusto Cesar Sandino*. En janvier 1929, le président mexicain Emilio Portes Gil embrasse devant près d'un million de personnes massées sur la place centrale de Ciudad Mexico le guérillero au large chapeau et lui décerne le titre de « *libérateur des*

Amériques ». Des dizaines de comités de soutien à la lutte de
Sandino existent dans toutes les grandes villes des États-Unis.
Dans les rues, des manifestations ont lieu. Les syndicats
notamment prennent fait et cause pour Sandino. En 1929
également, le *Congrès anti-impérialiste international* qui siège
à Francfort-sur-le-Main orne sa tribune officielle d'un drapeau des États-Unis pris par les sandinistes aux marines
d'Ocotal. En 1927, le Congrès de la *Ligue contre l'impérialisme* se réunit à Bruxelles. Au bureau de cette ligue siègent
Albert Einstein, Messali Hadj, Maxime Gorki, le Pandit
Nehru. C'est Henri Barbusse qui préside. Son discours
d'ouverture est une célébration de la guerre civile révolutionnaire du Nicaragua, conduite par Augusto Cesar Sandino.
Barbusse donne au petit homme le surnom qui traversera les
âges : « *Augusto Cesar Sandino, général des hommes libres* ».

Qui est cet homme ? De quelle histoire procède-t-il ?
Sandino naît le 18 mai 1895 dans une petite cité rurale du
Nicaragua central : Niquinohomo. Sa mère, *Margueritta
Calderon,* est une Indienne, journalière agricole qui travaille
dans les plantations de café de Don Gregorio Sandino. Mais
Don Gregorio, qui fait des enfants à beaucoup d'Indiennes,
refuse de reconnaître son fils. Augusto Cesar partage la
misère, la quotidienne humiliation de sa mère. La malnutrition, les coups, les guenilles marquent son enfance. Comme
pratiquement tous les enfants issus du sous-prolétariat agricole, il connaît, dès l'âge de six ans, les journées de travail de
quatorze heures. Dans les champs, il ramasse, derrière les
adultes, les grains de café. A neuf ans, l'enfant est enfermé
avec sa mère à la prison de Niquinohomo. Incapable d'acquit-
ter une dette, la mère connaît le cachot. Margueritta et son
fils en sortent quelques mois plus tard, mais la mère ne veut
plus rester dans la ville. Elle quitte Niquinohomo. Son fils a
maintenant onze ans. Il est capable de travailler dans les
dépôts de son père. Don Gregorio le recueille. Le fils légitime
de Don Gregorio, Socrate, donne quelques vieux habits au
petit Augusto. Celui-ci peut aller à l'école primaire du lieu.
Dans sa bonté, Don Gregorio lui permet de s'y inscrire sous le
nom de Sandino Augusto. Il dort dans un hangar et mange
avec les peones, par terre. A vingt ans, il quitte la ville et

s'engage comme aide-mécanicien sur un bateau de la côte pacifique. Il connaît une passion ravageuse pour sa cousine Mercedes. A cause d'elle, il revient à Niquinohomo. Amour malheureux. Il quitte Niquinohomo, repart au Honduras, puis au Guatemala, enfin au Mexique. Mécanicien, employé à la United Fruit, magasinier, manutentionnaire dans des compagnies pétrolières nord-américaines, il mène la même vie précaire que des dizaines de milliers d'autres travailleurs latino-américains, une vie itinérante. Le Mexique des années vingt est une poudrière extraordinaire : communistes et théosophes, catholiques, francs-maçons et anarchistes se combattent par la parole et parfois le pistolet. Les cendres de la révolution ne sont pas encore complètement éteintes. Des braises, parfois, se rallument. Elles jettent vers le ciel des lueurs étranges. Sandino se rapproche — par le hasard des rencontres — des francs-maçons d'abord, des théosophes ensuite. Et partout brille le souvenir d'Emiliano Zapata.

En 1926, Augusto Cesar Sandino retourne au Nicaragua, décidé à se battre pour la libération définitive de son pays. Quelle situation y trouvera-t-il ? Pour comprendre celle-ci, il faut revenir quelques décennies en arrière. Depuis la défaite et l'exécution de Walker, l'infrastructure économique du Nicaragua a changé : de vastes plantations de café sont exploitées dans le Sud. Le café a généré une bourgeoisie nouvelle qui s'oppose maintenant aux anciennes familles créoles, latifundiaires, d'éleveurs de bétail, de planteurs de tabac, de coton et de sucre. José Santos Zelaya la représente. Ce général, bourgeois moderniste, instaure en 1893 une dictature militaire éclairée, décrète la séparation de l'État et de l'Église, instaure le mariage civil et établit l'enseignement primaire laïc généralisé. Zelaya récupère, de la couronne britannique, la colonie de Misquitia sur la côte atlantique et la réintègre au Nicaragua. Mais Zelaya commet une erreur fatale : il s'attaque au capital nord-américain. Il tente notamment de nationaliser les mines d'or et d'étain de la puissante Rosario and Light Mines Company. En 1909, une armée rebelle composée de soldats de l'oligarchie sucrière créole et de mercenaires américains se lève contre Zelaya. La Rosario and Light Mines Company la finance. Deux mercenaires

américains sont capturés, fusillés. A Washington, le secrétaire d'État s'appelle Me Philander Knox. Il est en même
temps — heureux hasard — l'avocat de la Rosario and Light
Mines. Knox saisit son gouvernement et obtient l'envoi sur les
côtes pacifiques du Nicaragua de la marine de guerre des
États-Unis. Zelaya et les siens sont écrasés. Un nouveau
président prête serment à Managua. Son nom : Adolfo Diaz.
Son métier : comptable en chef de la Rosario and Light
Mines.

1898 : les États-Unis s'engagent avec enthousiasme et
succès aux côtés des Cubains nationalistes dans la guerre
contre la couronne d'Espagne aux Caraïbes. Ils passent, sur le
continent également, à une politique plus offensive, plus
ouvertement impérialiste encore que par le passé. 1914 :
traité Bryan-Chamorro. Pour trois millions de dollars, l'État
nord-américain achète les droits de souveraineté sur la zone
du sud du Nicaragua où pourrait être construit un canal
transocéanique. Le canal est alors construit à Panama. Mais,
grâce au traité Bryan-Chamorro, aucune autre puissance, et
surtout pas l'empire britannique, ne pourra percer un canal
concurrent au Nicaragua. En 1912, les marines nord-américains débarquent, occupant pratiquement tout le Nicaragua
« utile ». Sur la côte atlantique, au-delà de la cordillère
centrale et des forêts tropicales, la résistance s'organise. José
Maria Moncada, jeune militaire issu de l'oligarchie créole
traditionnelle, mais lié d'amitié et de sympathie avec les
révolutionnaires mexicains (qui, d'ailleurs, l'alimentent en
armes, en fonds), constitue un gouvernement indépendant.
Moncada arme les paysans. Sandino — nous l'avons vu —
retourne au Nicaragua en 1926. Il veut rejoindre les insurgés
de la côte orientale.

Sandino est indien. Il se veut tel. Il se sent totalement
solidaire de sa mère, des souffrances qu'elle a endurées, des
humiliations qu'elle a subies. L'oligarchie créole qui
commande les troupes « libérales », anti-Diaz, sur la côte
atlantique provoque sa méfiance viscérale. Débarquant sur la
côte pacifique, le jeune Sandino — il a maintenant trente et
un ans — se fixe sur les chaînes montagneuses de la province
de Segovia, dans le nord du pays, tout proche de la frontière

avec le Honduras. Il prend un emploi civil. Il sera comptable
dans une mine d'or nord-américaine. Avec ses économies, il
achète quelques vieux fusils aux contrebandiers, les distribue
à ses compagnons ouvriers. Sur le sommet du Chipote, il
installe un rudimentaire quartier général : quelques cases en
terre sèche, recouvertes de feuilles de palmier où s'abritent
les maquisards, leurs familles, où sont cachés quelques
aliments, des munitions, des animaux. Plusieurs des actions
de la petite troupe de guérilla sont des échecs. Mais l'écho,
dans les campagnes, est formidable : de partout, les serfs et
sous-prolétaires, les journaliers misérables et demi-esclaves
— Indiens, Noirs, métis — affluent vers Sandino. Moncada,
installé à Puerto Cabezas, nomme Sandino — qu'il n'a jamais
vu — « général » de l'armée « libérale ». Peu après, Sandino,
conduit par des Indiens misquito, traverse la cordillère,
descend en pirogue le rio Coco et arrive à Puerto Cabezas. Il
y trouve Moncada et les chefs « libéraux ». Rencontre
décisive. Voici l'arrière-fond politique qui détermine cette
rencontre : Stimson, nouveau secrétaire d'État du nouveau
président américain Coolidge, vient de passer au Nicaragua
(mai 1927). Le marché proposé par Stimson aux forces
« libérales » : Moncada accepte l'armistice avec Diaz, la
présence des marines au Nicaragua et s'engage à respecter les
intérêts, les biens et les personnes américains dans le pays, en
échange de quoi Moncada sera le candidat de Washington aux
prochaines élections présidentielles à Managua.

Moncada est un jeune homme bien élevé. Il est entouré de
généraux du même âge que lui, issus, eux aussi, des meilleures familles de León, Masaya, Managua. Ils sont tous
imprégnés de pensées libérales européennes, avides lecteurs
de Zola, de Hugo. Moncada informe l'Indien qu'il accepte les
propositions de Stimson pour assurer l' « honneur », la
« paix » au Nicaragua. Moncada cherche l'approbation de
Sandino. Sandino se tait. *« Este silencio también es un grito »*
(ce silence est aussi un cri), chante Mejia Godoy. Moncada
tend à Sandino, à travers la table, le document d'armistice et
une plume. Tous les généraux libéraux ont déjà signé.
Sandino continue à se taire. Il ne signera pas. Il retourne au
campement des Indiens misquito, toujours muet, puis, avec

une faible garde, regagne la montagne Chipote. Dans son Journal, il note : « *Es justo que la mayor parte del pueblo no quiera continuar déjándose explotar ? Que casi todos están armados para defenderse ? Seguro. El nacional tiene que defenderse del ladron extraño. Que el nacional de muerte al invasor del modo que pueda* [1] *!* » Lignes prophétiques. Sandino sait que, en refusant l'armistice, en soulevant contre un ennemi infiniment puissant un peuple déterminé, mais misérable, il appelle sur des milliers de familles des défaites, des souffrances innombrables. L'image de Spartacus vient immanquablement à la mémoire du lecteur. Washington, c'est la nouvelle Rome. Depuis la Première Guerre mondiale, son empire ne cesse de croître. En Amérique centrale et dans les Caraïbes, en particulier, sa puissance semble maintenant irrésistible, permanente, invincible. Sandino sait qu'il n'existe que peu de chances de victoires pour lui et les milliers d'hommes et de femmes qu'il s'apprête à entraîner dans la guerre. Il pressent qu'il va à la défaite, à la mort. Mais il sait, en même temps, que ni lui ni ses compagnons ne pourront tolérer plus longtemps l'humiliation et les chaînes.

Comment comprendre la complexe personnalité de Sandino, les sources intellectuelles qui nourrissent son esprit, les influences affectives qui s'exercent sur lui ? Sandino lit beaucoup. Il a acquis au Mexique une culture d'autodidacte : le général des hommes libres est un lecteur boulimique. Ses auteurs préférés — qu'il cite en abondance — sont Bolivar mais aussi Émile Zola et bien sûr Victor Hugo dont il connaît par cœur la plupart des grands poèmes épiques. « *Patria es humanidad* », écrit José Marti. Sandino est parfaitement conscient de l'espérance continentale qu'il incarne. Son anti-impérialisme virulent est nourri par l'étude de l'histoire des

---

1. « Est-ce juste et normal que la majorité de notre peuple ne veuille plus se laisser exploiter par l'étranger ? Que presque tous sont armés pour se défendre ? Évidemment ! Le citoyen doit se défendre contre le brigand étranger. Que le citoyen donne la mort à l'envahisseur de toutes les façons qu'il pourra ! » (Augusto Cesar Sandino, « Notas », la revue *Patria libre*, éditée dès juillet 1979 à intervalles irréguliers à Managua ; en français aux Éd. la Brèche, Paris, 1984, avec des préfaces de Sergio Ramirez et Jean Ziegler. Je cite d'après l'édition originale.)

guerres d'indépendance latino-américaines et par l'analyse —
faite en commun avec les combattants, le soir, autour des feux
de camp — des mécanismes variés de la domination américaine sur les peuples du continent. Sandino écrit beaucoup :
des manifestes, des lettres, des notes personnelles, des ordres
du jour militaires, des directives administratives. Durant la
seconde guerre de libération, le commandement national du
Front sandiniste fit éditer à Costa Rica un recueil des
principaux textes de Sandino. Il s'intitule *el Pensamiento vivo
de Sandino*[2]. Un autre livre important qui nous renseigne sur
la personnalité, les motivations profondes, les passions et les
haines de Sandino est celui écrit par son successeur le plus
direct, Carlos Fonseca, commandant en chef de 1961 à 1976.
Fonseca y analyse les sources intellectuelles de la théorie et de
la pratique de Sandino. Cet ouvrage, devenu le bréviaire des
révolutionnaires de la génération actuelle, s'intitule *Ideario
político de Augusto Cesar Sandino*[3].

Pour les actuels dirigeants du Nicaragua libre comme pour
Sandino lui-même, la lutte de libération du peuple nicaraguayen ne commence pas par le refus de l'armistice de 1926,
mais par le débarquement sur les côtes pacifiques des
premiers marines nord-américains en 1912. « *Cuartel General
El Chipoton, Nicaragua, C.A. — Año decimoséptimo de lucha
anti-imperialista en Nicaragua — Patria y Libertad.* » Ainsi est
libellé l'ordre du jour du 6 mars 1929[4].

Comme beaucoup de ses compagnons de lutte centraméricains des années vingt — comme son secrétaire *Farabundo
Marti*, par exemple —, Sandino se situe au carrefour d'in-

---

2. *El Pensamiento vivo de Sandino*, San José de Costa Rica,
Ed. Educa, 1974.
3. Carlos Fonseca, l'un des trois fondateurs en 1961 du Front
sandiniste de libération nationale, est commandant en chef de
l'armée de libération sandiniste et le restera jusqu'à sa mort au
combat. L'étude dont nous parlons a été éditée après sa mort par le
secrétaire national de propagande et d'éducation politique du FSLN,
Managua, 1980.
4. Cité par Humberto Ortega in *Cincuenta años de lucha sandinista*, Managua, 1980, p. 61 : « Quartier général El Chipoton,
Nicaragua, Amérique centrale — Dix-septième année de la lutte anti-
impérialiste au Nicaragua — Patrie et Liberté. »

fluences nombreuses et parfois contradictoires : l'humanisme
franc-maçon l'inspire, mais aussi l'enseignement théosophi-
que. Chez lui, l'attachement viscéral à la terre, le patriotisme
paysan élémentaire coexistent avec des analyses précises de la
domination exercée sur son pays par le capital monopolistique multinational nord-américain. Dénonçant le problème de
l'écrasante dette extérieure du Nicaragua, Sandino écrit en
1929 : « Le Nicaragua ne doit pas un centime aux États-Unis.
Mais, eux, ils nous doivent la paix perdue depuis 1909 ! Cette
année-là, les banquiers de Wall Street introduisirent chez
nous la tyrannie du dollar. »

Plus loin : « Ces mêmes banquiers payèrent huit cent mille
dollars à Adolfo Diaz pour écraser la rébellion populaire. Et
on nous demande, entre autres, de les leur rendre aujour-
d'hui ! » Style cinglant, incisif. Sandino attaque toujours sur
des problèmes concrets que le peuple comprend, puisqu'il les
vit : « Il ne faut jamais emprunter de l'argent aux États-Unis.
Cet argent ne constitue pas une aide, mais une menace grave.
Par contre, il faut chasser de notre sol — immédiatement et
définitivement — tous les citoyens américains et tout le
capital américain. Ils sont pour nous un danger mortel[5]. »
Sandino est habité par les visions d'unité continentale de
Bolivar. Il est traumatisé par le démembrement du Mexique,
par l'amputation des territoires du Nord (Californie septentrionale, Arizona, Texas) au profit des États-Unis. Le souvenir permanent de William Walker l'habite. Sandino est
passionnément attaché au projet de la construction du canal
interocéanique au Nicaragua. Ce canal ouvrirait le pays au
monde, lui assurerait l'indépendance, lui permettrait de jouer
un rôle de moyenne puissance, de desserrer l'étreinte de fer
des États-Unis, d'accumuler le capital nécessaire pour développer l'agriculture et l'industrie, d'alléger enfin la souffrance
des paysans. Sandino dénonce le traité Bryan-Chamorro.
Accord de pirates, arraché à un peuple exsangue. Chamorro
est un mercenaire, il ne représente pas le peuple. Bryan n'est
autre que l'agent des banquiers de Wall Street tant haïs.
Sandino : « La civilisation exige que s'ouvre le canal du

---

5. *El Pensamiento...*, *op. cit.*, p. 161 *sq.*

Nicaragua. Mais ce canal doit être construit au moyen d'un financement venu du monde entier et non seulement d'Amérique du Nord. La moitié de ce capital, au moins, doit venir d'Amérique latine et l'autre moitié de tous les pays du monde qui désirent nous acheter des actions dans cette entreprise [6]. »

Nous ne dirons jamais assez l'importance que revêt — pour la formation de la pensée de Sandino — l'enseignement, la dignité vécue, le témoignage quotidien de Margueritta Calderon, sa mère. Sandino est profondément marqué — nous l'avons vu — par l'héritage spirituel, affectif de sa mère indienne. Il ne se sent vraiment à l'aise que parmi les villageois misquito. D'ailleurs, lorsqu'il quittera le combat, déposant les armes, il se retirera sur les bords du rio Coco et deviendra un simple paysan dans une coopérative misquito. Sandino se veut indien. Profondément, orgueilleusement. Il est si passionnément attaché aux valeurs, aux coutumes, aux relations affectives, aux manières de vivre, de mourir, de manger, de chanter, de rêver de l'Indien qu'il glisse souvent — face à son ennemi — en un racisme inversé. Puisque les Nord-Américains, les seigneurs blancs, crachent sur la peau mate, dénigrent la pudeur, la discrétion de l'Indien, violent le corps de sa femme, glorifient la blancheur de leur propre peau, la rousseur de leurs propres cheveux, eh bien, inversons les armes. Attaquons-les sur leur propre terrain. Sandino, alors, chante la beauté de l'Indien et du métis, la netteté de son regard, la franchise de son cœur, son courage, la beauté de son chant. Des marines nord-américains, il parlera désormais comme des « *géants blonds* », sorte d'éléphants énormes, lourdauds, barbares, au cerveau minuscule et qui dévastent comme des pachydermes son pays. Cette haine, visiblement, aveugle Sandino. Il donne des marines une image erronée : la plupart des marines envoyés au Nicaragua par l'administration Hoover sont de pauvres hères. Ce ne sont point des Germains blonds, des Blancs anglo-saxons ou de roux Écossais. Ceux-là appartiennent à des communautés ethniques qui se débrouillent très bien dans les banques, sociétés immobilières, entreprises de construction ou sociétés

6. *El Pensamiento...*, *op. cit.*, p. 161 *sq.*

commerciales de Baltimore, Philadelphie et New York. Non.
Les marines se recrutent avant tout parmi les immigrants
misérables d'Europe du Sud, des Balkans, d'Ukraine, de
Pologne, de Russie qui échouent sur les quais de New York.
Les recruteurs du corps des marines sévissent dans les asiles
de nuit, dans les orphelinats, dans les dépôts pour adolescents
abandonnés, dans les cantines populaires où échouent les
chômeurs. Les marines ont, pour la plupart, le teint mat, les
yeux noirs. Beaucoup d'entre eux ont le corps marqué par la
sous-alimentation endurée pendant leur enfance. Comme les
soldats de la *Légion étrangère française* ou du *Tercio espagnol*, les troupiers des marines trouvent dans leur caserne —
et malgré le mépris dont ils souffrent de la part de leurs
officiers — une identité, un moyen d'existence, une sécurité
affective qu'ils n'ont jamais connus auparavant.

En transformant en une arrogante race de seigneurs ces
minables mercenaires qui ravagent les campagnes du Nicaragua, Sandino commet une erreur de perception. Le premier
manifeste que Sandino publie après son retour au pays est, à
cet égard, révélateur :

> L'homme qui n'exige de sa patrie même pas un peu de
> terre pour sa sépulture mérite d'être entendu, et pas
> seulement entendu, mais aussi cru. Je suis nicaraguayen
> et fier que dans mes veines coule, plus que tout autre, le
> sang indien des Amériques — Les grands diront que je
> suis bien petit pour l'œuvre que j'entreprends. Mais
> avant que ne meure le dernier de mes soldats, un
> bataillon des vôtres, *blonds envahisseurs*, aura mordu la
> poussière de mes agrestes montagnes. Je ne suis pas un
> mercenaire, mais un patriote qui refuse que la souverai-
> neté de son pays soit outragée[7].

2. La guerre civile révolutionnaire

Skanderbeg, général ottoman d'origine albanaise qui, le
4 novembre 1443, devant Nish, déserta les armées du sultan

---

7. « Manifeste du 1er juillet 1927 », in *El Pensamiento...*, *op. cit.*

pour retourner dans son pays et soulever son peuple, dit aux paysans des montagnes de Kruja : « *La liberté, ce n'est pas moi qui vous l'ai apportée. Je l'ai trouvée parmi vous. Je vous ai trouvés armés* [8]. »

Plus de quatre cent quatre-vingts ans plus tard, et à l'autre bout du monde, Sandino se trouve dans une situation analogue à celle vécue par Skanderbeg. Dès qu'il lève l'étendard — créé par lui-même — aux couleurs rouge et noire [9], les travailleurs des plantations de bananes, les mineurs de l'or et du cuivre, les bûcherons de la forêt, les journaliers des villes, les marins-pêcheurs des lacs, les bateliers des fleuves affluent dans les campements des guérilleros. Chacun — homme, femme, enfant — prête le même serment : « *Patria libre o morir* [10]. »

L'armée créée par Sandino porte le titre d'*Armée de la défense de la souveraineté nationale du Nicaragua*. Elle comporte un état-major permanent. C'est une armée de guérilla. De nombreuses unités la composent, leur nombre varie avec les différentes phases de la guerre. Chaque unité réunit de cinquante à cent combattants, extrêmement mobiles. Chacune est équipée de pistolets, de fusils, de mitrailleuses, parfois de mortiers mais surtout de machettes. L'armée compte sur une vaste réserve de « *rebeldes de medio tiempo* », des combattants à mi-temps. Ce sont des hommes, des femmes qui travaillent dans les champs durant certaines périodes de l'année ou à certaines heures de la journée et qui, à l'appel de Sandino, déterrent leurs armes cachées dans leur hutte, dans leur abri. Des colonnes de volontaires non armés — pouvant atteindre chacune jusqu'à huit cents personnes — assurent la logistique : elles portent les munitions, conduisent les pirogues, assurent l'approvisionnement en nourriture des guérilleros. L'armée compte également une unité de cavalerie : sept cents cavaliers entraînés aux attaques surprises.

Dans *Red Star over China*, Edgar Snow décrit l'extraordi-

---

8. Ismaël Kadare, *Les Tambours de la pluie*, coll. « Folio », 1972, p. 331.

9. « Rouge parce que c'est la couleur de la vie. Noir parce que l'esprit de l'homme est sombre », écrit Sandino.

10. « Libérer la patrie ou mourir. »

naire espérance soulevée par la Longue Marche de l'armée
rouge conduite par Mao Zedong qui, d'octobre 1934 à
octobre 1935, du Jiangxi au Shenxi, couvrant 12 000 km en
douze mois, traversa pratiquement toute la Chine, du Sud au
nord. Partout où passaient ces colonnes, les paysans abandon-
naient les domaines de leurs maîtres et, avec leurs familles,
les quelques animaux domestiques et les maigres provisions
qu'ils possédaient, rejoignaient les combattants. Extraordinaire cortège de la révolte. Les grands propriétaires, prêtres,
notables locaux, fonctionnaires du gouvernement se réfugiaient dans les villes. Les serfs et leurs familles s'intégraient
au fleuve humain des insurgés. Partout où l'armée rouge
passait, le monde féodal tremblait, s'effondrait. Et le fleuve,
partout où frappaient ses vagues, détruisait les fondements de
l'ancien monde féodal. Le lit profond de la liberté fut ainsi
creusé en Chine [11].

L'armée de libération sandiniste connaissait, sur un point
précis, les mêmes problèmes que l'armée rouge : trop
d'hommes et de femmes, trop rapidement, trop ardemment,
réclamaient leur incorporation à la guérilla. Dans les attaques
menées contre les casernes et les camps retranchés des
marines, il n'était pas rare de voir s'avancer une petite avant-
garde de quelques dizaines d'hommes, armés de fusils, de
pistolets, suivis d'une foule de paysans aux pieds nus, la
machette à la main et qui, en vagues successives, se lançaient
sur les tranchées des ennemis.

Le sceau officiel du quartier général montre d'ailleurs un
paysan décapitant un marine à la machette.

A partir du printemps 1927, Sandino met en œuvre — selon
ses propres termes — une *guerre civile révolutionnaire*. Il faut
nous arrêter à l'analyse de cette guerre. Nous ne comprendrions rien à l'histoire contemporaine du Nicaragua, ni à la
genèse, au développement, aux contradictions et à la victoire

---

11. Edgar Snow, *Red Star over China*, New York, 1944 (en
français : *Étoile rouge sur la Chine*, trad. Jacques Reclus, Stock,
1965). Cf. aussi Jacques Guillermaz, *Histoire du Parti communiste
chinois, 1921-1949*, Payot, 1968, p. 247 *sq.*

du deuxième mouvement armé de libération, si nous ne saisissions — dans toute leur complexité — la théorie, la pratique mises en œuvre par Sandino durant la période 1927-1933. La stratégie de Sandino, ses écrits de guerre nourrissent en effet la théorie et la pratique des dirigeants de la deuxième guerre de libération de 1961 à 1979. La réflexion politique de Sandino inspire également la politique de reconstruction nationale menée depuis 1979 et jusqu'à ce jour par la direction nationale du FSLN et la junte du gouvernement. La stratégie de Sandino témoigne constamment d'un esprit d'invention, d'une souplesse d'adaptation et d'une puissance créatrice remarquables. Quelle est cette stratégie [12] ?

L'armée de libération agit dans un pays presque totalement occupé par l'armée nord-américaine et la garde nationale ; cette dernière est une troupe autochtone, commandée par des officiers nord-américains et équipée par les États-Unis. Contre ces forces, Sandino développe un ensemble de tactiques diverses : il existe d'abord une *zona de guerrilla,* sorte de base arrière autour du mont Chipote où sont implantés les campements où vivent les familles des soldats de l'armée de guérilla, où s'étendent les habitations, les champs de maïs et d'orge, les étables de bétail, les vergers, les jardins potagers. Dans des clairières de la forêt, accessibles seulement par des sentiers connus des seuls guérilleros, les villages s'éparpillent. Des grottes abritent les munitions. Des guetteurs surveillent les plaines alentour. Dans la *zona guerrillera,* les familles vivent en coopératives. Très impressionné par l'accueil reçu en terre indienne — chez les Misquitos notamment —, Sandino se passionne pour l'organisation communautaire de

---

12. Cette stratégie est bien connue. Sandino l'explique lui-même, presque au jour le jour, dans son *Boletín de noticias del ejercito defensor.* Ce bulletin quotidien — sorte de journal de guerre qui servait à la fois à l'exposé des faits et à l'alphabétisation des combattants — est aujourd'hui réédité. Nous disposons en outre d'études intéressantes écrites sur la stratégie de l'époque (1927-1933), rédigées par certains d'entre les principaux dirigeants de la deuxième guerre de libération. Je cite — et j'utilise ici — notamment le livre de Humberto Ortega, *Cincuenta años de lucha sandinista, op. cit.,* et les numéros 1 à 7 de la revue *Patria libre,* éditée d'abord par le ministère de l'Intérieur, puis par les forces armées du Nicaragua libre.

ce vieux peuple et tente de la généraliser dans les régions qu'il contrôle. La *zona guerrillera* est défendue par un système élaboré de tranchées, de pièges : un réseau multiple de sentiers permet le déplacement, l'évacuation rapide des villages en cas d'attaque par les forces ennemies supérieures. Contre les bombardements, les habitants se réfugient dans des grottes préparées pour cette éventualité. Hôpitaux et écoles sont également disposés dans les cavernes de la cordillère de Segovia. Dans plusieurs régions de la zone guérillera ou dans d'autres portions du territoire, contrôlées partiellement ou totalement par les patriotes, il existe des mines d'or exploitées par des compagnies nord-américaines. Sandino fait confisquer les installations et les dépôts : il fait frapper la monnaie. Le commerce des marchandises se règle désormais dans certaines zones par des écus en or massif. Plusieurs zones sont équipées d'un réseau téléphonique, grâce à du matériel pris aux occupants nord-américains. Il est difficile de cerner exactement l'étendue de la zone guérillera et des autres zones partiellement ou totalement contrôlées, épisodiquement ou constamment, par les sandinistes. En 1931, lors d'une des phases certainement des plus intenses de la guerre civile révolutionnaire, ces zones ne couvrent pas moins de huit départements. Les ports et les villes de ces départements sont soit investis, soit encerclés et coupés du pays. Les colonnes d'insurgés opèrent librement dans les départements suivants : Esteli, Quilali, Matagalpa, Jinotega, Ocotal, Costa Atlantica, Jicarno, León, Chinandega. Le quartier général est installé au centre stratégique de ces huit départements [13].

La guerre civile révolutionnaire du Nicaragua que mène Sandino de 1927 à 1933, et dont la stratégie sera reprise par le Front sandiniste de libération nationale dès 1961, par le Front Farabundo Marti dès 1970 et par la guérilla guatémaltèque dès 1968, se distingue des guerres menées par les mouvements armés de libération nationale d'Afrique sur deux points importants : la *zone guérillera* créée par les mouvements

---

13. Humberto Ortega, *Cincuenta años de lucha sandinista*, *op. cit.*, p. 43.

d'Amérique centrale n'est pas de même nature, n'a pas la même fonction historique que la *zone libérée* d'Afrique. En deuxième lieu, il n'existe pas dans le Nicaragua des années 1927-1933 de mouvements de libération concurrents au mouvement sandiniste. Or, dans pratiquement toutes les guerres de libération anticoloniale d'Afrique — à l'exception de la guerre de libération du Sahara occidental —, des mouvements concurrents existent, s'entre-tuent, se contestent mutuellement leur légitimité respective.

1. Voyons la première différence, celle qui oppose *zone guérillera* et *zone libérée*[14] : la zone guérillera n'est pour le mouvement armé de libération nationale d'Amérique centrale qu'un front parmi d'autres. Un front, certes, qu'il contrôle mieux que d'autres ; mais la zone guérillera n'est jamais un territoire totalement libéré. Dans le Morazan

14. Un seul des grands mouvements armés de libération nationale du tiers monde ne possède, pour des raisons propres à son histoire, ni zone libérée ni zone de guérilla : l'Organisation pour la libération de la Palestine. La majorité de son peuple ayant été chassée par l'occupant hors de sa patrie, l'OLP mène l'essentiel de sa lutte à partir de pays limitrophes. En août 1982, l'OLP était engagée dans une résistance acharnée contre la guerre que conduisaient contre elle et les populations civiles palestiniennes et libanaises l'armée, l'aviation et la marine israéliennes. L'agresseur utilisait, contre les quartiers résidentiels de Beyrouth-Ouest encerclé, des bombes au phosphore, des bombes à fragmentation. Depuis le 4 juin 1982, plus de trente mille enfants, hommes et femmes ont ainsi été soit tués, soit blessés. Le courage, l'abnégation, l'héroïsme solitaire des combattants palestiniens et de la population civile forcent l'admiration de tous les hommes libres du monde. Cependant, nous ne pouvons ici analyser la longue résistance des Palestiniens. Je dois me contenter d'indiquer certains ouvrages particulièrement intéressants retraçant l'histoire des Palestiniens et de leur combat :
– Groupe d'études et de recherches, *La Palestine en question*, 2 vol., Alger, SNED, 1969.
– Maxime Rodinson, in la revue *Les Temps modernes*, dossier *Le Conflit israélo-arabe*, n° 253 *bis*, 1967.
– Rachid Boudjedra, *Journal palestinien*, Hachette, 1972.
– Noureddine Aba, *Lettre aux intellectuels algériens*, Paris, Éd. Présence de la Palestine, 1972.
– Gilbert Denoyan, *El Fath parle*, Albin Michel, 1970.
– Xavier Baron, *Les Palestiniens, un peuple*, Éd. du Sycomore, 1979.

d'aujourd'hui, région du sud-ouest du Salvador, où le Front
Farabundo Marti est fortement implanté, l'armée du régime
intervient constamment, massacre, brûle les villages, déporte
les paysans survivants et leurs familles. De même dans le
Nicaragua des années 1927-1933 : l'occupant nord-américain
n'avait jamais définitivement renoncé à contrôler toute l'étendue du Nicaragua. Son aviation bombardait où elle voulait.
En de longues marches forcées, les colonnes de marines et de
la garde nationale parcouraient le pays. Elles pénétraient
régulièrement dans les contrées les plus reculées de la
Segovia, au nord, dans la région du grand lac, au sud, dans les
montagnes d'Esteli, ou dans les bananeraies de la côte
atlantique. Différence également entre les conceptions analytiques qui fondent la pratique des combattants centraméricains et africains : le Nicaragua, le Salvador, le Guatemala
existent comme États souverains, comme nations constituées
depuis 1821. Ils sont passagèrement occupés par un ennemi
étranger, le capital nord-américain, en complicité avec un
ennemi local, l'oligarchie compradore. En ce sens, Sandino,
Tomas Borge, Cayetano Carpio mènent une lutte de libération qui n'est pas très différente de la lutte menée par la
résistance française contre l'occupant nazi de 1941 à 1944. En
Afrique, par contre, la situation est totalement différente : la
zone libérée est une zone définitivement reprise à l'ennemi.
Elle est l'embryon de la société civile et de l'État souverain à
venir. Nous le verrons dans la troisième partie du livre, au
chapitre III, où nous analyserons la naissance de la république populaire du Mozambique : lors de la Conférence de
Lusaka, en 1974, Samora Machel, chef de la délégation du
Frelimo, refusa — à l'étonnement profond de Mário Soares et
d'Otelo de Carvalho — toute idée de transfert de souveraineté. Pour Samora, le Mozambique naissait par extension
progressive des zones libérées. Avant la guerre de libération,
avant la victoire du Frelimo, il n'y avait — dans la vision de
Samora — sur des terres entre la Tanzanie et la baie de
Lourenço Marques qu'une province d'outre-mer du Portugal.
Pour les révolutionnaires africains, la nation, l'État naissent
de la guerre de libération nationale contre l'actuel occupant
du territoire.

2. Passons à l'examen de la seconde différence : en Afrique — à l'exception toujours du Sahara occidental —, il existe sur chaque territoire des mouvements armés de libération concurrents. L'UNITA et le FNLA combattent le MPLA en Angola. Le MNR conteste le Frelimo au Mozambique. Le PAC combat l'ANC dans la clandestinité en Afrique du Sud. Le FLE érythréen refuse de faire front commun contre l'Éthiopie avec le FPLE. Cet éclatement des forces de la résistance anticoloniale s'explique la plupart du temps par les contradictions ethniques, cosmogoniques, économiques qui opposent entre eux les différents peuples qui habitent le territoire colonial.

Dans le Nicaragua des années 1927-1933 (au Salvador, au Guatemala aujourd'hui), ces contradictions ethniques n'existent pas, ou alors d'une façon réduite. Durant la guerre civile révolutionnaire que conduit Sandino, la population n'est pas divisée face à l'occupant et à l'oligarchie : il n'y a pas d'un côté les paysans, journaliers, marins-pêcheurs, Indiens misquito ou Noirs descendants d'esclaves qui ont rejoint Sandino et qui possèdent maintenant une conscience nationaliste, anti-impérialiste et de l'autre une fraction de la population qui s'organise en un mouvement concurrent ou qui prend carrément fait et cause pour l'occupant. Tout le peuple, sans exception notable, est du côté de Sandino, se reconnaît en lui. Comme Simon Bolivar, José Marti, José de San Martin ou Emiliano Zapata, Augusto Cesar Sandino est, de son vivant, un mythe porteur d'un immense espoir. De tous les pays d'Amérique et même d'Europe — nous le verrons —, des jeunes gens viennent le rejoindre pour combattre sous son drapeau. Comme Garibaldi, Sandino appartient à cette lignée de libérateurs dont le combat enflamme l'imagination et recueille l'enthousiasme de la jeunesse de toute une époque. A partir de 1927, l'image de Sandino est familière à des millions d'hommes et de femmes, à Paris, Pékin, New York, Moscou, Rome et Buenos Aires. Des milliers d'affiches montrant le petit métis du Nicaragua, avec son regard triste, ses éternelles et archaïques molletières, son large sombrero, sont apposées sur les murs des capitales d'Europe, des

Amériques, parfois d'Asie par des milliers de militants des comités de soutien aux combattants sandinistes.

Dans le Nicaragua des années 1927-1933, pendant toute la durée de la guerre civile révolutionnaire, Sandino incarnait la résistance d'un petit peuple héroïque, mal armé, contre le géant nord-américain dont l'opinion publique mondiale découvrait, pour la première fois et généralement avec stupeur, l'agressive brutalité militaire, la cynique volonté de domination économique et l'extraordinaire bonne conscience idéologique. Image d'Épinal ? Non. Les fronts étaient d'une extraordinaire netteté : face au peuple dominé, exploité, saignant de ses blessures, courbé sous un joug séculaire, il n'y avait que les troupes d'occupation nord-américaines, les seigneurs du bétail et les directeurs, avocats, ingénieurs des sociétés minières et bananières new-yorkaises, les latifundiaires et barons du sucre de l'oligarchie créole. Sandino donnait des ordres aux habitants de toutes les villes, de tous les villages, de toutes les ancestrales communautés indiennes. Et ses ordres, étaient respectés jusque dans les casernes des troupes d'occupation où, du garçon de cuisine métis jusqu'aux prostituées des maisons réservées aux marines, pratiquement tout le monde était sandiniste.

En 1927, par exemple, Sandino — devant une situation économique difficile, où menaçait la famine — ordonna la dispersion générale et le retour aux champs de tous les combattants, rebelles à mi-temps et volontaires. Tout le monde obéit, la guerre s'arrêta et la récolte fut assurée. La guerre reprit avec violence — et sur la base d'une mobilisation sandiniste parfaitement ordonnée — dès les premiers mois de 1928. Sandino levait la dîme partout. Dans *el Pensamiento...*, nous retrouvons un nombre important de textes économiques de Sandino. Comme, par exemple, celui-ci, qui règle le problème de l'impôt forestier : « *El Señor Coronel Abraham Rivera servirá controlar todos los campamentos madereros, establecidos desde Santa Cruz de Jinotega hasta el Cabo Gracias a Dios, exigiendo los correspondientes derechos forestales* [15]. » Or, Jinotega se situe au Nicaragua

15. « Monsieur le colonel Abraham Rivera sera chargé du contrôle des campements de bûcherons, établis depuis Santa Cruz de Jinotega

central et Cabo Gracias a Dios est le cap extrême sur
l'Atlantique. Le territoire sur lequel s'étend la compétence
effective du collecteur d'impôt, le colonel Abraham Rivera,
est donc immense et dépasse de très loin les frontières de la
zone guérillera. L'ordre sandiniste est ainsi un ordre de la
nuit, un tissu de compétences et de pouvoirs, un réseau
nerveux qui pénètre le corps de la nation asservie et qui — la
nuit venue — le fait vivre d'une seconde vie, plus intense, plus
vraie que la diurne.

La zone guérillera — et les autres portions de territoire de
moindre étendue tenues en permanence par les guérilleros —
obéissent à une stratégie de « *defensa activa* ». Ici, l'armée
sandiniste livre une guerre de positions. Sandino a beaucoup
écrit sur la guerre de positions. Ces écrits serviront à
l'instruction d'Eden Pastora, le « Comandante Cero », qui,
en janvier-février 1979, conduira la guerre de positions sur le
front sud, adossé à la frontière du Costa Rica. Pastora brisera
les troupes d'élite du fils de Somoza et ouvrira la voie à la
marche triomphale des guérilleros sur Granada, Masaya et
Managua.

L'esprit créateur des commandants guérilleros s'exerce
constamment et de façons multiples : une de leurs inventions
les plus impressionnantes est la méthode de dispersion. Ils
sont capables de concentrer en quelques heures — grâce
notamment aux « rebelles à mi-temps » et à un extraordinaire
réseau de messagers — un nombre élevé de combattants dans
le voisinage immédiat d'une position ennemie (camp retranché, garnison rurale, ville occupée). Ils lancent l'attaque
surprise qui souvent ne dure pas plus de quinze ou vingt
minutes. Puis ils dispersent tous les combattants, les porteurs,
les guetteurs. La contre-attaque des marines ne trouve plus
que des paysans isolés dans leurs champs, quelques enfants,
des vieillards. Elle avance dans le vide. Les avions bombardiers ne trouvent pas de cibles et larguent leurs bombes sur
des villages vidés de leurs habitants. Dans les ordres du jour
de l'état-major sandiniste — reproduits en nombre dans le

---

jusqu'au cap de Gracias a Dios. Il y assurera la perception des droits
et taxes forestiers » (*El Pensamiento…*, *op. cit.*, p. 203).

Bulletin déjà cité — les directives pour une « dispersion ordonnée » (« *diluan ordonamente* ») reviennent sans cesse dans des variations toujours nouvelles. Enfin, dans toutes les unités de l'armée de libération, la discipline est de fer : le viol, le vol, la fuite devant l'ennemi sont punis de mort.

Toutes les colonnes de guérilla, toutes les unités des « rebelles à mi-temps » font largement usage, à l'instar de Sandino lui-même, de l'instrumentalité et du savoir-faire indiens. Un exemple : le 8 octobre 1927, les sandinistes abattent leur premier avion américain. Les deux pilotes sont faits prisonniers et exécutés. Le haut commandement des marines décide de localiser, d'attaquer, d'anéantir le quartier général — inconnu jusqu'ici — des guérilleros. Après deux mois de reconnaissances aériennes, d'activités de patrouille, d'interrogatoires forcés de paysans, les officiers américains le localisent enfin. Le sommet du Chipote est relié au Honduras tout proche par un réseau de sentiers par lesquels passent les courriers de Sandino, qui portent au Honduras les communiqués, appels, lettres destinés aux comités de soutien dans le monde. Plusieurs de ces courriers sont interceptés. Les bombardements commencent : les familles s'abritent dans les grottes. Les récoltes sont anéanties, le bétail périt. Mais les guérilleros, dispersés dans la forêt, rendent l'avance des marines pratiquement impossible. Cependant, Sandino sait bien que sans vivres, sans bétail, il ne pourrait tenir longtemps. Après trois semaines de combat, il décide l'évacuation. Les longs cortèges de combattants, de leurs femmes et enfants, de vieillards s'ébranlent et se dispersent en de multiples files indiennes sur les sentiers de la cordillère pour gagner la chaîne voisine. Quelques francs-tireurs « suicides », postés dans les arbres ou derrière les rochers, assurent l'arrière-garde. Avant de partir, les Indiens avaient confectionné plusieurs centaines de ces poupées rituelles, grandeur humaine, qu'ils utilisent couramment lors de leurs fêtes de la lune ou des récoltes. L'homme de paille, habillé de blanc, comme le paysan, porte un masque de bronze ou de cuivre. Ses yeux sont de petites pierres noires. Quelques mèches de cheveux noirs percent sous le sombrero. Ces poupées furent placées à intervalles réguliers dans les tranchées. Les éclaireurs américains, parvenus dans le voisinage immédiat des tranchées, rapportèrent au quartier général, dressé au pied de la montagne, la présence d'une forte concentration de guérilleros. Le commandement américain, ne voulant pas exposer ses hommes, ordonna un bombardement continu de quarante-huit heures. Ce délai suffit à Sandino pour évacuer complètement ses campements du Chipote. La magie et l'art des Indiens avaient sauvé la vie à l'état-major, au général et à des centaines d'êtres humains. Dans son Journal, Sandino rapporte — sans que le lecteur sache si c'est son opinion ou une opinion d'autrui — l'épisode en ces termes : « Les Dieux misquito ne meurent pas. Tous nos compagnons silencieux (*id est* : les poupées) ont survécu aux bombardements. Ils sont restés debout sous le feu. »

Quelle est la structure de commandement de l'armée de libération ? Sandino et ses amis sont très fortement marqués par les traditions de la guerre anti-espagnole telles qu'elles ont été établies par Simon Bolivar, O'Higgins, San Martin. Ici, point de démocratie excessive : les armées libératrices du début du xixᵉ siècle en Amérique latine étaient copiées — en ce qui concerne les structures de commandement — sur l'armée royale espagnole. Ce seront les « muchachos », les jeunes combattants de la deuxième guerre de libération (1961-1979), qui introduiront la libre élection, l'autocritique et la critique constante des chefs d'unité. Sandino, lui, adhère au modèle ancien. Le « *général des hommes libres* », commandant en chef de l'*Armée de la défense de la souveraineté nationale*, nomme pour le seconder des généraux, des colonels, des capitaines et des lieutenants.

3. Le « chœur des anges » et les femmes

Deux groupes de combattants exigent de notre part une attention particulière : les femmes et les enfants.

1. Examinons d'abord le rôle des *femmes*. Dans une société latino-américaine où les relations entre les sexes sont profondément mutilées par l'action du catholicisme colonial ibérique, la révolution sandiniste combat avec une constante vigueur l'arrogance des hommes, l'humiliation des femmes. Dans les rangs de la guérilla, tout viol de femme, quelle qu'elle soit, amie ou ennemie, est immédiatement puni de mort. Le coupable est fusillé devant les villageois rassemblés. Dans l'armée de libération, les femmes, parfois, commandent. Elles jouent partout un rôle important. Sandino, fils d'une Indienne prise de force et aussitôt abandonnée par un latifundiaire créole, savait de quoi il parlait : il avait partagé jusqu'à l'âge de onze ans, dans une étable sombre, la couche de sa mère. Alors que, à vingt mètres de là, dans la maison de maître, son père dormait — avec sa femme ibérique et légitime — dans un lit colonial à baldaquin et aux draps blancs. Les fils et filles légitimes, blancs, de Don Gregorio croisaient dans la rue l'enfant et sa mère. Sans les saluer. Situation absolument banale, commune à des centaines de milliers de jeunes enfants, de femmes indiennes ou noires du Nicaragua, avant 1979. Dans le Salvador, le Guatemala, le Honduras d'aujourd'hui, l'Indienne, la Noire sont encore le gibier des maîtres latifundiaires. Le sinistre Don Gregorio, père du « général des hommes libres », par sa conduite de salaud, a fait plus pour la libération de la femme au Nicaragua que des siècles de patiente résistance féminine à l'arrogance masculine.

Il faut souligner le rôle particulièrement important joué par les *prostituées :* il existait, avant 1979, des milliers et des milliers de prostituées au Nicaragua. Souvent, le travail au bordel était la seule solution qu'avait une jeune fille, une adolescente des campagnes, pour survivre. Des milliers de jeunes filles, d'adolescentes ou de mères de famille se prostituaient pour assurer l'existence physique de leurs parents, frères, sœurs, enfants. Les bordels de Managua, León, Puerto Cabezas, Granada étaient les lieux de rencontre préférés des seigneurs des oligarchies créoles. L'armée américaine, dès le début de son occupation du pays, en 1912, installa ses propres bordels dans chaque garnison. Les « *cam-*

pamentos mineros », enfin, ces immenses complexes de mine, d'habitations, de dépôts, de gares de chemin de fer, où se concentraient des centaines, parfois des milliers d'hommes sans femmes, avaient, eux aussi, chacun leur bordel. Les ports, enfin, ceux de l'Atlantique comme ceux du Pacifique, possédaient leur quartier réservé, fréquenté avec assiduité par les marins et passagers qui remontaient du cap Horn vers San Francisco ou qui, de la côte ouest des États-Unis, étaient en route pour Panama. Cette immense armée anonyme de femmes prostituées donnait à la cause révolutionnaire des *combattantes extraordinaires*.

Des exemples : le 2 novembre 1926, Sandino et ses compagnons passent pour la première fois à l'attaque. Rappel : Sandino, exilé au Mexique, décide en 1926 de rejoindre le Nicaragua. Il s'engage comme magasinier à la mine d'or de San Albino, dans le nord du pays. La mine appartient évidemment à une compagnie américaine. Il discute avec les mineurs, les manutentionnaires, les employés. Vingt-neuf mineurs s'engagent à ses côtés. Toutes les nuits, Sandino leur fait des cours d'analyse politique. Il est en rapport avec les contrebandiers honduriens. Avec ses économies du Mexique, il leur achète des munitions et quelques vieux fusils. Sandino et les mineurs s'approchent du village d'El Jaciro. Deux cents soldats ennemis — marines nord-américains et mercenaires nicaraguayens — y sont retranchés. Les guérilleros tirent, parviennent jusqu'aux premières tranchées mais sont repoussés. Ils perdent leurs munitions et presque tous leurs fusils dans leur fuite. Sandino décide, dans les jours qui suivent, de plonger dans la clandestinité, de rejoindre les « chefs libéraux » sur la côte atlantique, en révolte contre Adolfo Diaz et les Américains.

Nous l'avons vu plus haut : en cette année 1926, les chefs libéraux, fils de l'oligarchie de León, ont déjà trahi. La veille du jour où Sandino arrive à Puerto Cabezas, la troupe libérale qui y est stationnée avait été désarmée par les marines. Les soldats, obéissant aux ordres de leurs chefs, avaient laissé faire. Les marines avaient jeté leurs fusils, cartouchières, pistolets, grenades dans les eaux du port. La nuit même de son arrivée — après une entrevue orageuse avec les chefs

« libéraux » —, Sandino va au port, guidé par les prostituées. Les prostituées travaillent toute la nuit, risquant leur vie à chaque instant. Quelques-unes font le guet sur les quais, les autres, dans de petites barques, munies de longues perches, de cordes, de filets, repêchent les caisses de munition, de fusils, dans les eaux noires de la baie. A l'aube, toujours aidé par les femmes, Sandino regagne la montagne. Il charge les caisses sur des chariots. Dans la forêt, les mineurs survivants auxquels s'étaient joints des journaliers misquito l'attendent. *Dans une clairière, sur une falaise bordant la mer, au soleil levant du matin, la première unité de la guérilla reçoit ses armes des mains des prostituées de Puerto Cabezas.*

Les marines avaient pour habitude de pratiquer sur les prisonniers le *corto de chaleco,* littéralement : le *coup du gilet.* Les tortionnaires coupaient d'abord un bras, puis l'autre, au supplicié, puis une jambe, l'autre et finalement la tête. Le coup du gilet se faisait généralement en présence de la famille du prisonnier, devant la porte de sa maison. Après chaque exécution, le nombre des femmes engagées dans la guérilla augmentait. L'armée de libération était suivie par un cortège de lavandières, de cuisinières. Au milieu des combats, les infirmières, en première ligne, évacuaient les blessés. Beaucoup d'entre elles mouraient.

Autre exemple : les réseaux d'espionnage, de renseignement de l'armée de défense de la souveraineté nationale devaient beaucoup aux femmes, notamment aux prostituées. Une tenancière de bordel était particulièrement célèbre : *Juana Cruz de Jinotega.* Son établissement était situé en face d'une des plus grandes casernes des marines du nord-est du pays. L'alcool — pour les marines — était strictement rationné. Or, les soldats étrangers souffraient atrocement du climat, de la solitude, de la peur permanente de mourir dans une embuscade. Soldats, sous-officiers, officiers cherchaient l'oubli dans l'alcool. Doña Juana avait organisé un réseau d'approvisionnement parallèle et clandestin et livrait du whisky dans les dortoirs. Elle se faisait payer en munitions, en fusils qui partaient la nuit chez les guérilleros des montagnes environnantes. Elle avait recruté pour l'aider des jeunes femmes et filles particulièrement attirantes qu'elle envoyait aux officiers américains de la caserne de Jinotega. Leur beauté, leur intelligence, leur charme étaient légendaires dans tout le corps expéditionnaire et même jusqu'à San Francisco. Or, la plupart d'entre elles étaient des patriotes, formées par Doña Juana aux techniques du renseignement. Les informations qu'elles recueillaient — sur la logistique, les plans de bataille, les expéditions punitives, le moral, les angoisses des soldats — partaient directement par messagers au quartier général sandiniste des montagnes du Chipote.

La compagne de plus de six ans de Sandino s'appelait *Blanca Arauz*. Elle était télégraphiste de métier, à San Rafael del Norte. C'était une femme de grande beauté et de vive intelligence. Je ne sais que peu de chose d'elle : elle surgit dans les notes personnelles, dans le Journal de Sandino au détour d'une page. Elle était une amie, une conseillère précieuse. Sandino l'épousa dans l'église de San Rafael del Norte le 18 mai 1927. Sandoni et Blanca combattaient côte à côte dans les tranchées du Chipote. En 1933, Blanca, enceinte, quitta le camp guérillero pour descendre dans sa ville : le 2 juin, elle mourut en donnant naissance à sa fille Blanca Segovia.

Je ne peux citer ici tous les actes d'héroïsme et de courage accomplis par les femmes durant la première guerre de libération. Évoquons le souvenir des sœurs *Villatoro*, de *Maria Altamirana*, dirigeantes des réseaux clandestins de sabotage et dont les missions, la plupart du temps, ressemblaient à des missions suicides. Une figure presque légendaire est celle de la très belle *Concepción Alday* qui fut de son vivant la compagne du général sandiniste Francisco Sequeira. Blessée au combat, tombée à ses côtés, elle fut achevée par les marines [16].

---

16. Ce n'est point un hasard si le livre, souvent cité dans ce chapitre, *Cincuenta años de lucha sandinista*, consacré par Humberto Ortega à la première guerre de libération, est dédié à une femme. Voici la dédicace : « La direction nationale du Front sandiniste de libération nationale reconnaît le travail précieux qu'a accompli, pour la rédaction du présent livre, notre inoubliable sœur et camarade, l'héroïque combattante et militante sandiniste *Angela Morales Aviles*, " *Mercedes* ", tombée au combat le 14 mai de l'an 1977. »

2. Le deuxième groupe de personnes qui — parlant de la première armée de libération — exige une mention particulière est le groupe des *enfants*. Sandino connaît mieux que la plupart des chefs révolutionnaires les immenses potentialités, le courage, l'inventivité des enfants. Il sait leur disponibilité pour la lutte, leur volonté de venger l'humiliation subie par leurs parents. Dans ses écrits, il insiste, de façon presque obsessionnelle, sur les souffrances, les joies, la détermination, la révolte vécues durant sa propre enfance et plus particulièrement entre ses neuf et quinze ans. Couché à même le sol, dans le hangar, à côté de sa mère, le ventre creux, pendant que, de la maison coloniale toute proche, leur parvenaient la musique, les rires, le bruit des fêtes organisées par son père et ses amis blancs, le petit Augusto conçut une solide haine à l'égard de son géniteur et de la classe qu'il incarnait. Don Gregorio n'a probablement jamais su le rôle qu'il a joué dans le déclenchement de la révolution du Nicaragua : c'est lui qui le premier fit germer la révolte chez son fils. Mao Zedong détestait son père, propriétaire foncier, et sa cruauté, son mépris pour les paysans, sa méchanceté envers sa mère. Comme Mao Zedong, Sandino étendit la haine du père à la classe latifundiaire tout entière. Le petit Augusto Cesar déployait des trésors de ruse, de courage, d'inventivité pour résister à cette classe. Pour protéger sa mère, pour lui rendre sa condition moins cruelle, son humiliation moins violente. Il cherchait à établir le contact avec son demi-frère Socrate, fils légitime de Don Gregorio. Il obtenait de lui de la nourriture, des vêtements usagés et parfois quelques friandises. Dès l'âge de six ans, comme tous les enfants des journaliers des plantations, il accompagna sa mère aux champs, travaillant à ses côtés, écoutant les Indiens, observant les ruses dont ils usaient pour prévenir les mauvaises humeurs du contremaître, pour éviter les punitions, pour résister à la faim. La mère de Sandino était une belle femme. Son fils devait sans cesse la défendre.

Dès les premiers jours de la guerre civile révolutionnaire, le général des hommes libres fit appel aux enfants. Ils étaient les messagers, les guetteurs, les éclaireurs, les espions de l'armée de guérilla. L'état-major et les commandants leur confiaient les messages les plus importants, les missions les plus délicates. Ils ouvraient les routes, passaient les barrages, signalaient l'importance et la nature du dispositif ennemi. Les enfants empoisonnaient les fontaines et les puits de la caserne, des campements des marines. Lors de chaque embuscade importante que tendaient les guérilleros aux colonnes de camions de marines, les enfants jouaient un rôle décisif. Comme tous les enfants des campagnes du monde entier, les jeunes guetteurs connaissaient le cri des différents oiseaux et savaient les imiter. Les enfants en guenilles se postaient au tournant d'une route. Les marines passaient, ne les remarquant même pas. Les petits guetteurs poussaient des cris d'oiseaux, signe de code convenu, et les guérilleros ouvraient le feu. Il y avait le cri code pour l'ouverture du feu, celui pour indiquer la force de la troupe ennemie qui approche ou celui, enfin, qui donne le signal du repli, en cas de renfort ennemi. Les enfants savaient imiter tous les bruits de la forêt. Dans les embuscades, les enfants assument une autre fonction encore : dès que le feu est ouvert, les ribambelles de gosses, cachées dans les fourrés, se mettent à hurler à la mort, font un bruit de tous les diables, bref, font croire à l'ennemi affolé que la troupe guérillera est dix fois plus nombreuse qu'elle ne l'est en réalité.

Leur petite taille et le préjugé favorable dont ils bénéficient, leur mine inoffensive, leur voix haut perchée, l'émotion et l'attendrissement qu'ils provoquent généralement chez les adultes assurent aux enfants une position avantageuse : surgissant des dédales des rues étroites des villes coloniales, dévalant les sentiers des montagnes, se cachant dans les fossés ou se promenant avec nonchalance sur les trottoirs qui longent les boîtes des prostituées — que fréquentent les soldats d'occupation — ils tuent par surprise, au pistolet, à la grenade ou au poignard.

Une unité formée exclusivement d'enfants en dessous de quinze ans acquit une célébrité particulière dans toute l'Amérique latine : c'était le *chœur des anges,* composé de cent cinquante garçons, orphelins de guerre, recueillis par les sandinistes. On ne sait pas très bien d'où vient ce nom « *Coro*

de los Angeles ». Était-ce une ironique imitation du langage
clérical qui a pour habitude d'intituler « chœur des anges » la
chorale des petits chérubins qui chantent pendant la messe ?
Ou est-ce plus simplement et plus probablement parce que
l'unité des orphelins dépendait du commandement du jeune
Miguel Angel Ortez ? Angel Ortez, long adolescent d'une
grande beauté, lui-même orphelin de guerre, était un
commandant d'un formidable courage physique et d'une
grande habileté. C'était le *Camille Desmoulins* de la première
révolution du Nicaragua. Il avait été nommé général à dix-
sept ans. Deux pelotons de ce « chœur des anges » étaient
particulièrement redoutés des marines : c'étaient les « Palma-
zones » et le « Cuadro Negro », composés de tout jeunes
garçons qui attaquèrent, avec une témérité et une agilité
extraordinaires, les ennemis au cours des embuscades. Ils se
perchaient dans les arbres, protégés par un camouflage
parfait. Lorsqu'une colonne de camions passait sous les
branchages, ils sautaient sur les soldats, poignards en main.
Ils égorgeaient les marines.

4. La victoire du peuple en armes

Sandino : « *Jamás se os perdonaría. Nicaraguenses, que
presenters la otra mejilla al invasor ! Vuestras manos, Nicaraguenses, deben ser ciclón sobre los descendientes de William
Walker* [17]. »

Cet ordre du jour du 11 novembre 1927 est prophétique :
tel un cyclone, les machettes, les balles, les poings des
paysans, marins, dockers, bûcherons, bateliers du Nicaragua
vont s'abattre sur les envahisseurs. Il n'y aura pas de
prisonniers. Ni d'un côté ni de l'autre. Edgar Snow dit qu'il
n'existe pas au monde de guerre plus terrible que la guerre
civile entre classes hostiles [18].

17. « Jamais, Nicaraguayens, il ne vous serait pardonné de tendre
l'autre joue à l'envahisseur. Vos mains, Nicaraguayens, doivent être
des cyclones s'abattant sur les descendants de William Walker », in
El Pensamiento..., *op. cit.* (trad. J. Z.).
18. Edgar Snow, *Red Star over China*, *op. cit.*

La guerre du Kuomintang et des grands bourgeois chinois, appuyés par les puissances occidentales, menée contre les bases rouges du Yunnan, offre une comparaison avec ce qui se passe au Nicaragua à la même époque, à partir de la fin 1927. Au cours des derniers mois de cette année-là, et des cinq premiers mois de l'année suivante, au Nicaragua, les pertes américaines sont élevées. Dans les villages, sur les routes, dans les quartiers étriqués des villes coloniales et parfois même sur les quais d'arrivée des ports du Pacifique, les jeunes marines, leurs officiers sont abattus par les francs-tireurs, égorgés par des civils apparemment inoffensifs, tués par des mines commandées à distance. Aux États-Unis, le débat public fait rage : le Congrès est divisé quant à l'utilité de la poursuite de la guerre d'intervention aux côtés d'une oligarchie créole corrompue et inefficace. Le Pentagone et le département d'État annoncent périodiquement la destruction définitive des « bandes communistes de Sandino ». Mais des comités de soutien se forment dans les universités, les écoles américaines. Les grandes centrales syndicales organisent des manifestations à Chicago, New York, Baltimore, contre la poursuite de la guerre. Un sénateur conservateur du Sud, outré par l'inefficacité des marines, fait une proposition intéressante : « Puisque le Pentagone prétend qu'au Nicaragua il n'existe que des bandits et que les marines sont si efficaces dans le combat contre le banditisme, qu'on les envoie donc à Chicago, où la police locale a toutes les peines du monde à venir à bout des bandits d'Al Capone ! »

Les fronts, aux États-Unis même, étaient en cette année 1927 totalement irréconciliables. Ce débat, d'une importance historique capitale, dépassait de loin le cadre étroit du conflit centraméricain : les États-Unis étaient sortis victorieux de la Première Guerre mondiale. Leur puissance s'affirmait de plus en plus chaque jour. L'identité de la République s'en trouvait changée, remise en question. Des millions d'Américains, notamment les descendants d'immigrants récents, restaient viscéralement attachés à l'image d'une République anticoloniale, anti-impérialiste, gardienne des libertés individuelles, havre d'accueil pour tous les persécutés du monde. Ces milieux se heurtaient durement aux tenants de la doctrine de

Monroe, de la théorie de Theodore Roosevelt, de Coolidge et
de Hoover qui prônaient le « droit naturel » du capitalisme
américain à une expansion sans limite et par tous les moyens.
Ce capitalisme était vu non pas seulement comme un mode de
production économique, mais aussi et surtout comme un
modèle de civilisation qui revendiquait — du fait même des
valeurs qu'il véhiculait — l'universalité et la continuelle
extension de son existence. En bref : les progressistes, les
syndicalistes, les démocrates de gauche combattaient la
guerre, refusaient les crédits, mobilisaient l'opinion publique,
exigeaient le respect des droits à l'autodétermination des
peuples latino-américains. Le président des États-Unis, le
Parti républicain, les banquiers bourgeois et les militaires, par
contre, étaient les ardents partisans de l'extension de la
guerre [19].

J'insiste sur ce point : les détenteurs des moyens de
production, les banquiers de Wall Street, les barons de l'acier
de Pittsburgh, les seigneurs des chemins de fer du Midwest,
les maîtres des mines du Colorado avaient un projet précis : il
s'agissait pour eux d'affirmer sans complexe la nouvelle
puissance navale, militaire, diplomatique américaine dans le
monde. De l'étendre aussi loin que possible et de revendiquer
en particulier les trois Amériques restantes — la caraïbe, la
centrale, la méridionale — comme des terres naturellement
dévolues aux États-Unis. Vanderbilt, Walker étaient présents
dans toutes les mémoires. Dans les cercles du Parti républicain, leur souvenir était célébré. L'Angleterre, exsangue à la
suite de la guerre européenne, était en train de lâcher pied au
Chili (cuivre, phosphate), en Argentine (textile, viande,
chemin de fer), au Brésil (sucre, café) et en Colombie (café,
or, diamants). Il fallait à tout prix utiliser la conjoncture et
jeter les bases d'un empire financier, industriel, dont l'établis-

---

19. Ce débat est loin d'être terminé : en 1984, la gauche démocrate
du Congrès, des syndicats, des milliers de comités de soutien au Front
Farabundo Marti se mobilisent aux États-Unis pour empêcher
l'intensification du soutien militaire, financier, diplomatique accordé
par l'administration Reagan aux régimes du Salvador et du Guatemala. L'idéologie qui inspire la politique de Ronald Reagan dans la
région est celle des Vanderbilt, Walker, Coolidge et Hoover.

sement ne pouvait qu'être infiniment profitable au capital nord-américain. Or, Sandino venait de commettre un péché mortel : en 1927, il avait attaqué les mines d'or de Los Angeles et de la Luz. Non content d'avoir vidé les dépôts, saisi les stocks et anéanti les installations minières, il avait donné à son acte une *publicité continentale*. Aux compagnies propriétaires, il avait envoyé le décompte de leurs pertes. Les journaux mexicains et la presse nord-américaine progressiste publièrent ces documents comptables et donc les profits énormes réalisés par ces deux sociétés minières nord-américaines.

Entre la guerre américaine au Vietnam (1963-1974) et la guerre américaine contre le peuple du Nicaragua, il existe de frappantes similitudes. Dans la phase 1927-1928, les marines et les autres unités du corps expéditionnaire — notamment les forces navales — utilisent la technique de la terre brûlée : l'armée d'occupation vide les campagnes, regroupe les populations de force dans des hameaux fortifiés, sous contrôle américain. La torture comme moyen d'interrogation des prisonniers militaires, des civils suspects, se généralise rapidement. Certaines zones sont déclarées zones de guerre (ancêtres des *free fire zones* du Vietnam) : des avions de reconnaissance jettent sur une population généralement illettrée des pamphlets annonçant l'ordre d'évacuation et fixant une date limite. Après cette date, la zone est systématiquement bombardée, les villages sont brûlés, les hommes et les bêtes restant massacrés par le bombardement de l'aviation, des canons de la flotte et de l'artillerie. A partir de 1972, le président *Richard Nixon* décide de « vietnamiser » la guerre d'Orient. En 1928, *Herbert Hoover* prend une décision analogue : devant la montée des pertes américaines et la révolte que provoque le nombre élevé des cercueils plombés déchargés chaque semaine sur les quais de New York et de San Francisco, le président républicain décide de confier désormais l'essentiel des combats à la *garde nationale autochtone*, récemment formée. Les officiers, sous-officiers et soldats américains ne sont désormais plus que des « conseillers techniques » guidant, accompagnant, orientant les gardes nationaux lors de leurs opérations. Comme les Soviétiques aujourd'hui en Éthiopie, les Américains installèrent au Nicaragua des états-majors de campagne — exclusivement composés d'étrangers — au niveau de chaque bataillon de soldats autochtones.

Sandino est le chef d'une guerre civile révolutionnaire qui enthousiasme les nations, de la Chine à l'Europe, des États-Unis jusqu'à l'Argentine. Mais le président Hoover est à la tête de la première puissance impérialiste militaire, financière, économique, politique du monde. Sandino vit dans l'imaginaire des peuples, mais il est asphyxié sur son propre terrain. La marine de guerre nord-américaine contrôle les eaux territoriales du Nicaragua, le long de la côte pacifique comme de celle de l'Atlantique. Au nord, elle occupe le golfe de Fonseca. Les frontières terrestres du Nicaragua sont également fermées : au sud règne l'oligarchie créole pro-impérialiste de San José de Costa Rica. Au nord, c'est le Honduras, le Salvador, deux États satellites des États-Unis. En 1929, Sandino se rend au Mexique : il a un dramatique besoin d'armes, de munitions, de médicaments, d'argent. Le président Emilio Portes Gil, devant une foule en délire, lui donne l'accolade et le proclame « Héros des Amériques ». Mais, dans les coulisses, les financiers de Wall Street sont actifs : la classe dirigeante mexicaine refusera son soutien à Sandino.

Aucune grande puissance étrangère ne s'intéresse à Sandino. Le *Komintern*, la *Troisième Internationale ouvrière communiste* se détourne du Nicaragua : elle ne comprend pas la signification historique de cette guerre civile révolutionnaire. Nous sommes en 1928 : le VIe Congrès du Komintern vient de se terminer. La défaite de l'opposition de gauche est consommée. Trotski est exclu du bureau. La logique stalinienne de l'Union soviétique — comme unique bastion et mère patrie de la révolution mondiale — commence à émerger. Toute lutte de libération nationale, anticoloniale, anticapitaliste, où qu'elle se déroule dans le monde, devient secondaire par rapport au combat historique premier : celui qui vise à sauvegarder, à fortifier, à étendre la puissance de l'Union soviétique. Pour le Komintern, les sandinistes ne sont que des petits-bourgeois nationalistes, peu conformes au modèle de l'avant-garde prolétarienne que l'organisation communiste mondiale tente de fédérer.

Augusto Cesar Sandino tire de son isolement diplomatique, militaire les conséquences qui s'imposent : il fait éclater son armée en plusieurs colonnes autonomes qui désormais seront en constant mouvement. Il réduit le nombre de ses troupes d'attaque afin d'économiser les munitions. Les huit colonnes autonomes sont commandées chacune par un de ses plus anciens compagnons : Pedro Altamiro opère du côté de Matagalpa, la colonne Carlos Salgado sur la côte atlantique, la colonne Pedro Antonio Irias au nord de Jinotega, Juan Gregorio Colindes agit dans les montagnes de Segovia, José Dias à Esteli, Abraham Rivera le long de la frontière nord-est avec le Honduras, Ismael Peralta du côté de León et Juan Pablo Umanzor dans la région de Chinandega. Les Indiens misquito, piroguiers d'une extraordinaire habileté, créent, grâce au réseau fluvial, un système logistique entre les différentes bases de repli des différentes colonnes.

Il n'y aura pas, dans la guerre civile révolutionnaire du Nicaragua, de bataille finale, de Dien Bien Phu centraméricain. Mais, dans la nuit de la Saint-Sylvestre 1930, le jeune général Miguel Angel Ortez et son chœur des anges surprennent une unité de marines au repos. Les *muchachos* (les gamins) massacrent tous les Américains, sauf deux, qui parviennent à fuir. La nouvelle secoue les États-Unis. Le secrétaire d'État Henry Stimson doit promettre à l'opinion publique et au Sénat de Washington le retrait prochain des marines du Nicaragua. Novembre 1932 : les États-Unis font élire un nouveau président à Managua, le vieux chef « libéral » Juan Bautista Sacasa. Deux mois plus tard, le corps expéditionnaire embarque pour les États-Unis. Mais le gouvernement de Washington laisse sur place une garde nationale considérablement renforcée. Son commandement est confiée à *Anastasio Somoza Garcia*.

5. *L'assassinat du général des hommes libres*

Au matin du 2 février 1933, Augusto Cesar Sandino, « général des hommes libres », entre dans la capitale. Ses compagnons les plus anciens l'accompagnent : Carlos Salgado, Gregorio Colindes, Pedro Irias, Juan Umanzor. Des montagnes de Segovia, des bords du rio San Juan, de León et de Granada, des plantations de l'Ouest et des forêts orientales, les bûcherons, les paysans, les bateliers, les chasseurs, les ouvriers, les artisans, les employés, les hommes, les femmes et leurs enfants, les vieux, rassemblés, attendent le passage de Sandino. Ils étaient venus la veille, déjà, pour accueillir le libérateur. Derrière le volcan Santiago, le soleil, lentement, monte dans le ciel.

Le général des hommes libres entre dans la ville par le barrio oriental, le plus pauvre des quartiers ouvriers de Managua. Des drapeaux noir et rouge, des draps peints aux couleurs de la révolution couvrent les façades des palais coloniaux ainsi que les murs des masures les plus pauvres. Les enfants aux pieds nus, au ventre ballonné, les tuberculeux, les mutilés et les bien-portants, les Indiens, les métis et les Noirs, tous comme entraînés par une force invisible, s'engouffrent derrière Sandino et ses compagnons. La progression est lente. Les Nicaraguayens sont une nation de poètes : sur chaque place, à chaque coin de rue, devant chaque fontaine, le cortège est arrêté par des chanteurs, des poètes qui déclament et manifestent leur joie en de longs récits épiques qui retracent la marche de la guérilla. Sandino et les siens écoutent en silence. Des femmes, parfois, pleurent. Le général porte son éternel sombrero et ses bandes molletières soigneusement enroulées par-dessus ses souliers de marche. Il porte sa cartouchière et toujours son même revolver. Son regard triste dans un visage fin n'a pas changé. Il est menu et marche lentement. L'enthousiasme bruyant est contraire à sa nature : il avance d'un pas mesuré, rarement il sourit à un compagnon qu'il reconnaît dans la foule. Le chant de centaines de milliers de voix, accompagné dans toutes les rues, sur toutes les places, par des dizaines d'orchestres, des centaines de guitares et de trompettes isolées, rythme l'avance du cortège. Le peuple entier marche maintenant derrière Sandino. Un torrent tumultueux se répand dans les ruelles latérales de l'avenue centrale, pousse Sandino, ses hommes et les femmes vers les marches du palais présidentiel.

Le soleil des tropiques est maintenant au zénith. La musique et le bruit, les fleurs, les drapeaux, le scintillement des machettes, les odeurs de sueur, celles des beignets au sucre, les feux d'artifice tirés en plein midi remplissent l'atmosphère. La foule immense pousse Sandino vers le portail du palais. Il y entre. Seul. Dans le fond d'un salon, Sacasa l'attend. Presque grabataire, à moitié aveugle, le vieux président nommé par l'occupant est emmitouflé dans une couverture, incapable de se lever. Il tend à Sandino un document et une plume. Le général des hommes libres se penche, prend la plume et signe. Il paraphe le document qui instaure l'armistice entre l'Armée de la défense de la souveraineté nationale et le président Sacasa, la garde nationale. Sandino retire sa cartouchière, son revolver et les pose sur la table. Toujours en silence, il quitte le salon. Il se dirige vers la foule et, tourné vers des centaines de milliers de visages, brusquement attentifs, il dit d'une voix forte : « *Hemos cumplido !* » — nous avons accompli la promesse. L'un après l'autre, les guérilleros avancent et déposent leurs armes devant le portail, au seuil du palais. Les rebelles à mi-temps font de même.

En 1926, le général des hommes libres avait promis de lutter jusqu'au départ du dernier étranger. Les Américains sont maintenant partis. Sandino et les siens tiennent parole. La victoire acquise, ils déposent les armes et rentrent dans leurs villages. Le soir même, pendant que la fête bat son plein, Sandino s'en va dormir dans la cabane d'une famille amie, dans les bidonvilles du barrio occidental.

Commence alors la dernière période de sa vie : celle de la trahison, de la déception. Dans son accord avec Sacasa, Sandino s'est réservé une garde armée de cent hommes. Mais, bientôt, il renvoie sa garde, quitte Managua, laissant là sa vie de héros en retraite. Il rejoint le pays des Misquitos, le pays de sa mère. Il y travaille — aux côtés de ses frères indiens — dans une coopérative. A travers tout le pays, cependant, la chasse aux sandinistes est ouverte. Somoza et sa garde nationale abattent partout les anciens guérilleros, les torturent, les humilient. Leurs demeures sont brûlées. Leurs familles disparaissent. A la mi-février 1934, Sandino remonte le rio Coco, conduit par les piroguiers misquito. Le 21, il est à Managua, sans armes, pour rappeler au président Sacasa les promesses de l'accord et exiger la sécurité et le respect pour ses compagnons. Sacasa signe une nouvelle charte. Sandino sort du palais, à la nuit tombante. Accompagné de son frère et de deux amis, il descend la colline pour rejoindre le quartier populaire du bord du lac. Les tueurs de la garde sont embusqués dans l'ombre, au carrefour de la cathédrale. Atteint d'une dizaine de balles, le « général des hommes libres » s'écroule sans un mot [20].

Le lendemain, les unités de garde dévastent les coopératives du rio Coco, massacrant plus de trois cents femmes, hommes et enfants. A Pâques, de cette année, Somoza avoue avoir exécuté Sandino sur l'ordre exprès de l'ambassadeur des États-Unis.

---

20. Le cadavre de Sandino fut jeté dans une fosse creusée dans la cour de la prison dite de l'Aviación. Avec lui furent enterrés le corps de son frère, ceux des généraux Umansor et Estrata et celui d'un jeune passant, mort lors de l'attaque. Aucun des morts n'eut de cercueil. En 1948, des soldats de la garde nationale, sur ordre de Somoza Garcia, déterrèrent les ossements et les emportèrent vers une destination inconnue.
Le plus sûr témoignage sur l'assassinat et l'enterrement de Sandino et de ses compagnons dont je dispose est celui fourni par l'un des assassins lui-même. Le 1er août 1979 se présenta devant Tomas Borge le vieillard Carlos Eddie Monterrey, vétéran de la garde nationale de Somoza Garcia. Il avait participé à l'embuscade tendue à Sandino et à ses compagnons. Il avait tiré sur Sandino. Il l'avait vu tomber. Monterrey avait également participé à l'enterrement des hommes assassinés. Cf. le témoignage de Monterrey reproduit dans le numéro spécial consacré au Nicaragua par la revue mensuelle *America latina y Africa, hoy*, mars 1982, Madrid, p. 19 *sq.*

4

Le général de la mort

Après la disparition de Sandino, le vrai maître du Nicaragua deviendra son assassin, le commandant de la garde, Anastasio Somoza Garcia. Le peuple le nommera : le *général de la mort*. Son règne durera exactement vingt ans. Qui est Anastasio Somoza Garcia ? D'où vient-il ? Quels sont ses passions, ses obsessions, ses maîtres ? Quelle est la dynastie qu'il fonde ? le régime dont il rêve ? quelles sont les méthodes qu'il utilise ? les haines qui l'animent ? Anastasio Somoza Garcia est le petit-fils de Barnabé Somoza, légendaire bandit qui, au début du siècle, ravagea avec sa bande de pistoleros les villages, fincas et petites cités de la rive septentrionale du lac Nicaragua. Arrêté par la police, Barnabé fut jugé, condamné à mort et pendu. Son petit-fils Anastasio, apparemment rangé, fit un apprentissage commercial puis se rendit aux États-Unis. A l'école de commerce de Philadelphie, il acquit un diplôme de comptable. Mais sa carrière de comptable s'interrompit brusquement : avec un complice, dans une arrière-boutique de Philadelphie, il fabriqua de faux billets de dollars américains. La police fit une descente, et Anastasio fut expulsé des États-Unis. De retour au pays, il acquit une petite exploitation de café dans la ville de San Carlos (sud du Nicaragua). C'était un joueur de poker célèbre et un tireur hors pair. Grand, fort, vulgaire, doué d'une vitalité extraordinaire et d'un caractère excessif, il réussit à entrer dans une des plus puissantes familles de l'oligarchie de León : il épousa Salvadora Debayle Sacasa. Son exploitation fit néanmoins faillite. Il devint plombier, puis électricien. Il revient enfin à sa première passion : la falsification de la monnaie. En 1921, il est condamné pour fabrication et écoulement de fausses pièces d'or. Ce pistolero haut en couleur est le type même de l'homme de main. Tout comme les animaux de la forêt tropicale, il possède l'instinct de la proie. Il sait, à l'odeur, quand il convient de fuir et quand, dans une même jungle, l'autre est assez faible pour être dévoré. Pervers et rusé, il sait se vendre au plus offrant.

Dangereux comme un serpent, Anastasio Somoza Garcia flatte les puissants et attaque les petits. A l'encontre de ses maîtres nord-américains, il pratique le chantage avec un art consommé. Car il connaît d'instinct leurs phantasmes, leur cynisme, leur volonté ravageuse de conquête. Mais il comprend aussi la veulerie, la servilité, la vénalité des dominés. *Victor Hugo,* dans *les Misérables,* dresse du type d'homme qu'est Somoza un portrait saisissant : *Thénardier, c'est Somoza.*

Les Seigneurs nicaraguayens des plantations de sucre, des fincas de café, des usines de cigares, des haciendas de bétail méprisent leurs nouveaux alliés nord-américains. L'oligarchie créole est imbue de culture européenne : elle regarde avec condescendance ces frustes militaires du corps expéditionnaire qui courent les Indiennes et se saoulent à l'alcool de canne. Elle n'éprouve que méfiance à l'égard des financiers de la United Fruit. L'arrogance des envoyés du département d'État la blesse. Les maîtres ancestraux de l'isthme centraméricain ne subissent qu'à contrecœur l'extension constante, apparemment irréversible — au sud du Mexique —, de l'empire financier et politique nord-américain. Tout leur style de vie raffiné, leur conception des rapports aristocratiques entre dominateurs, le subtil réseau des alliances familiales, les stratégies infiniment compliquées qui fondent et qui partagent le pouvoir des clans sont perturbés par les nouveaux arrivants. *Somoza n'a pas de ces pudeurs.* Petit-fils de bandit, faux-monnayeur malheureux, il ne doit rien à cette société créole. Il hait ses raffinements, le mépris dont elle le couvre, malgré son mariage avec une Sacasa. D'instinct, il sait où loge le pouvoir. Il comprend parfaitement les stratégies nouvelles, les ambitions, les phantasmes des envahisseurs nord-américains. Il connaît la sauvagerie des méthodes du capitalisme yankee, son impitoyable volonté d'exploitation, de profit, de domination. A Philadelphie, il avait vécu dans les égouts du système. A Managua, il choisit résolument de se nicher là où se retrouvent les fauves : à l'ambassade des États-Unis à Managua. Il devient l'interprète attitré de l'ambassadeur et l'amant de sa femme.

Les services de contre-espionnage du corps des marines cherchaient-ils au Nicaragua des agents indigènes ? Somoza correspondait admirablement au portrait type du chien chasseur de patriotes. Sanguinaire, cruel, courageux, violent, intelligent, sans scrupule, possédant dans l'oligarchie de nombreux obligés, Somoza faisait l'affaire. Sa carrière fut dès lors fulgurante. Somoza parlait — suprême habileté — l'espagnol avec un accent de Philadelphie ! Henry Stimson, secrétaire d'État, l'utilisa lui aussi comme son interprète lors de ses négociations avec les politiciens locaux. Somoza était, en plus, un homme de société, habile danseur, excellent causeur, amusant. Sa liaison avec la jeune épouse de Mathews Hanna, ambassadeur des États-Unis à Managua, lui ouvrit les portes du haut commandement du corps expéditionnaire et des milieux d'affaires nord-américains. Après les massacres des marines en 1932 et la révolte de l'opinion publique nord-américaine, le gouvernement de Washington prépara le retrait du corps expéditionnaire. Avec les marines, les officiers nord-américains qui encadraient depuis 1926 les sept mille cinq cents soldats autochtones de la garde nationale quittèrent le Nicaragua.

Le 2 janvier 1933, Anastasio Somoza Garcia, promu général, prit le commandement de la garde. Le 21 février 1934, il fit assassiner Sandino. En 1936, il fit son coup d'État et accéda à la présidence de la République[1].

Le général de la mort érigea en vingt-deux ans de règne un immense empire d'haciendas de bétail, de plantations de café

---

1. Entre les Etats-Unis et Somoza Ier, les relations resteront toujours excellentes. L'humour new-yorkais de Franklin D. Roosevelt résume la situation : « *He may be a bastard, but he is our bastard* » (Somoza est peut-être un salaud, mais c'est *notre* salaud) ; rappelé par *Newsweek* du 14.9.1981

et de sucre, de sociétés bancaires, d'assurances et de transport, de compagnies de construction et de génie civil.

Le dictateur mourra comme il avait vécu : dans et par la
violence. Voici l'événement qui ouvrit sa succession. Le
21 septembre 1956, Anastasio Somoza Garcia fêta sa réélec-
tion comme président constitutionnel du Nicaragua. Puis il
partit pour une de ces beuveries qu'il affectionnait. Il choisit
la cité de León, fief de l'oligarchie libérale. Il s'intalla au Club
social de la ville, superbe bâtisse coloniale aux longs toits de
tuiles rouges, avec, au milieu, à ciel ouvert, un vaste patio
rectangulaire cerné de galerie où étaient disposés de beaux
meubles en paille tressée. Il était accompagné de ses généraux, de ses ministres, de ses juges, de ses gardes du corps, de
ses lieutenants, des grands propriétaires alliés et des financiers étrangers. Des courtisans, danseuses, musiciens, fils
légitimes, illégitimes, soldats, cuisiniers, cracheurs de feu,
acrobates remplissaient le patio. Le quartier était bouclé par
l'armée et les agents de l'Office de sécurité nationale. Il y
avait des tireurs d'élite de la police sur tous les toits et balcons
autour du club. Or, le vieil Anastasio aimait les jeunes
femmes. L'ogre en éprouvait un besoin presque obsessionnel.
Nicolasa Sevilla, une ancienne prostituée, dirigeait pour lui et
ses généraux un véritable réseau de recrutement de jeunes
femmes. Ses agents recruteurs parcouraient l'Europe, l'Amérique et les campagnes d'Amérique centrale. *Rigoberto
Lopez Perez*, ouvrier typographe de vingt-quatre ans, poète,
était lié à une très belle jeune militante. Leur profond amour
se nourrissait d'une commune conviction politique. Ils plani-
fièrent ensemble l'attentat. La jeune femme se présenta à
l'entrée du club. Elle était d'une beauté stupéfiante. Elle
déclara en rougissant qu'elle aimerait voir le président. Les
gardes l'amenèrent immédiatement à Anastasio. Le vieil
homme l'invita à sa table, dansa avec elle. Quelques heures
plus tard, un vacarme assourdissant se fit entendre à la porte
d'entrée : Rigoberto, jeune « fiancé » outragé, tremblant de
jalousie, hurlait qu'il savait que sa « fiancée » était dans la
maison et qu'il voulait absolument la voir. Dans une société
aussi machiste que celle du Nicaragua d'alors, de telles scènes
étaient monnaie courante. Le vieux général de la mort

ordonna à ses gardes de laisser entrer le cocu. Rigoberto se précipita vers la table du dictateur. Sa « fiancée » était assise à côté de celui-ci. Elle plongea sa main dans son corsage et en retira un revolver. Rigoberto le saisit et tira quatre coups à bout portant, visant le visage et la poitrine de Somoza. Le général de la mort s'écroula. Il fut transporté d'urgence par hélicoptère dans un hôpital militaire de la zone américaine de Panama. Deux spécialistes dépêchés spécialement à son chevet par le président Eisenhower l'opérèrent. En vain. Le général de la mort mourut cinq jours plus tard. Rigoberto, déchiqueté sur place, laissa au Nicaragua un souvenir inoubliable.

Son portrait — visage rond aux yeux noirs rêveurs, cheveux noirs crépus, teint mat — orne aujourd'hui le club. La maison est maintenant le siège du Comité de défense sandiniste. En février 1981, j'y assistai à une autre cérémonie : sous les porches des galeries étaient alignés sept cercueils où reposaient des adolescents, des hommes mûrs, miliciens de León. Ils avaient été abattus dans le département de Segovia, au nord du pays, par d'anciens gardes somozistes venus du Honduras. Leurs mères, leurs sœurs, leurs femmes les veillaient en silence, sous le portrait décoloré de Rigoberto. La foule immense, digne, du peuple de León emplissait le patio, passant devant les cercueils en un interminable défilé de douleur et de détermination. Le portrait de Rigoberto balançait doucement dans la brise.

Un mot encore sur les origines familiales, les convictions, le caractère du justicier de Somoza. Rigoberto Lopez Perez était un solitaire. Il ne laissa derrière lui aucune organisation, aucun parti, tout juste une légende. Le typographe était le type même du justicier isolé, du tyrannicide. Il ressemblait comme un frère à Maurice Bavaud[2] : sombre et lumineux à la fois, déterminé, solitaire, plein d'amour pour les hommes mais désespérant de l'efficacité de l'action politique. Il ne croyait plus qu'à la valeur de l'exemple, du sacrifice, du

2. Maurice Bavaud, étudiant neuchâtelois de vingt-deux ans, tenta d'assassiner Adolf Hitler en 1938. Il fut arrêté par la Gestapo, condamné à mort et exécuté le 14 mai 1941. Cf. Nicolas Meienberg, *Maurice Bavaud*, trad. Weibel, Genève, Éd. Zoë, 1982.

martyre individuel. Rigoberto était exilé au Salvador. C'est là qu'il prit la résolution de tuer le général de la mort. Le 3 septembre 1956, il écrivit une dernière lettre à sa mère : « Bien que vous ne l'ayez jamais su, j'ai toujours pris part aux attaques contre ce régime funeste. Voyant que tous les efforts ont été vains pour que le Nicaragua redevienne ou soit pour la première fois une patrie libre, j'ai décidé d'être celui qui commence le début de la fin de cette tyrannie. Ce que j'ai fait est un devoir que chaque Nicaraguayen qui aime sa patrie devrait avoir accompli depuis longtemps [3]. »

L'exécution du général de la mort ne mit pas fin à l'empire. Le fils aîné du dictateur, Anastasio Somoza Debayle, prit la succession. Le peuple l'appelait : *gouverneur des cimetières*. Somoza Debayle régna jusqu'au 19 juillet 1979, date à laquelle il fut renversé par le Mouvement armé de libération nationale. Le « gouverneur des cimetières », réfugié au Paraguay, fut exécuté par un commando internationaliste dans une rue d'Asunción, en 1980. Dans la région frontalière entre le Honduras et le Nicaragua sont établis en 1984 les camps de base des ex-gardes somozistes et des mercenaires sud-vietnamiens, sud-coréens et ex-cubains. Ces camps sont financés par la CIA nord-américaine. Les ex-gardes somozistes et les mercenaires sont encadrés par des bérets verts nord-américains et des officiers argentins. Ils mènent une guerre de sabotage et d'assassinat contre les populations du Nicaragua. Quant au fils aîné du « gouverneur des cimetières », qui est appelé par le peuple du Nicaragua *El Chiguïn* (le monstre) [4], il coule des jours heureux à Miami.

---

3. Texte complet de la lettre à Doña Soledad Lopez, in *Rigoberto Lopez Perez, el principio del fin de la tirania*, numéro spécial de la revue *Patria libre*, n° 7, septembre 1980, Managua.

4. *El Chiguïn* est un monstre familier des contes de fées de toute l'Amérique centrale.

5

La résurrection de l'espérance

Le chœur	:	... où en sommes-nous, ma pauvre Électre, où en sommes-nous ?
Électre	:	Où nous en sommes ?
La femme Narsès	:	Oui, explique ! Je ne saisis jamais bien vite. Je sens évidemment qu'il se passe quelque chose, mais je me rends mal compte. Comment cela s'appelle-t-il, quand le jour se lève, comme aujourd'hui, et que tout est gâché, que tout est saccagé et que l'air pourtant se respire, et qu'on a tout perdu, que la ville brûle, que les innocents s'entre-tuent, mais que les coupables agonisent dans un coin du jour qui se lève ?
Électre	:	Demande au mendiant. Il le sait.
Le mendiant	:	Cela a un très beau nom, femme Narsès. Cela s'appelle l'aurore.

Jean Giraudoux, *Électre* [1]

1. Les fondateurs

La femme Narsès et le mendiant résument, mieux que ne sauraient le faire de longues dissertations sociologiques, l'émotion qui saisit toute une génération de jeunes Centraméricains lorsque, en août 1961, se répandit la rumeur de la constitution, dans les montagnes du nord du Nicaragua, des

1. Neuchâtel, Éd. Ides et Calendes, 1946.

premiers maquis du *Front sandiniste de libération nationale*[2].

Dans l'introduction à cette première partie, nous avons analysé l'univers affectif, intellectuel et politique qui a donné naissance à la génération des révolutionnaires centraméricains des années 1960 à 1980. Nous avons, à cette occasion, fait une large place aux révolutionnaires nicaraguayens. Le présent chapitre sur les fondateurs du FSLN de 1961 ne figure donc que comme un complément aux analyses faites dans l'introduction. Des trois fondateurs de 1961 — *Carlos Fonseca*, *Sylvio Mayorga*, *Tomas Borge* —, seul le dernier est encore en vie aujourd'hui. La figure dominante des trois est sans aucun doute Carlos Fonseca. Il porte le titre et exerce les fonctions de *commandant en chef* de la révolution. Sa personnalité, sa vie — renvoyées à la légende après la victoire de 1979 — sont riches d'enseignements pour l'explication de la première phase de la deuxième guerre de libération. Nous avons, dans l'introduction, évoqué les caractères respectifs de Tomas Borge et de Carlos Fonseca[3]. Je ne fais ici qu'ajouter à ces deux portraits quelques traits de plus. La biographie de Fonseca montre une ressemblance étonnante avec celle de Sandino. Fonseca était, lui aussi, né de la rencontre fugitive, probablement violente, d'une Indienne et d'un grand propriétaire somoziste. Carlos passa son enfance auprès de sa mère. Une enfance de souffrance, de révolte sourde, de faim, illuminée néanmoins par la présence de cette femme affectueuse et de grande dignité. A l'opposé de tant d'autres bâtards de la société semi-féodale du Nicaragua, Carlos ne tenta jamais de rejoindre son père. Sa mère, servante dans les maisons de l'oligarchie, lui légua son nom (Fonseca) et aussi — selon la coutume espagnole — celui de son père (Amador). Mais Carlos ne signa jamais de son nom complet les textes qui sortaient de sa plume : le nom d'Amador disparut de sa mémoire consciente[4]. Carlos était un enfant de la rue, il vivait

2. La réunion fondatrice du Front sandiniste de libération nationale eut lieu le 23 juillet 1961 dans une petite maison de travailleurs dans la banlieue de Tegucigalpa (Honduras).

3. Cf. p. 76 *sq*.

4. Le nom d'Amador ne fut remis en honneur qu'après la libération. D'imbéciles propagandistes trahirent la volonté de Fon-

de petits commerces — vente de journaux, de friandises —, de fruits chipés dans les plantations et les vergers des propriétaires. Il était habité par une extraordinaire obstination : acquérir les armes de la science, comprendre le monde. Il était grand, fort, il avait les cheveux noirs crépus, le regard vif, intelligent. Il réussit à entrer au collège, puis à la faculté de Droit de l'université de León. A León, il fonda en 1956 — avec la collaboration de ses condisciples Mayorga et Borge — la *première cellule universitaire d'études marxistes*. La même année, il entra au *Parti socialiste du Nicaragua* (PSN), le minuscule parti communiste prosoviétique.

Ce parti, fondé en juillet 1944, regroupait alors quelques centaines de militants seulement. Lorsqu'en 1948 eut lieu le coup d'État communiste à Prague, provoquant la rupture entre l'URSS et les États-Unis, le Parti socialiste du Nicaragua subit une violente répression. Des dizaines de ses militants moururent sous la torture ou devant les pelotons d'exécution. D'autres disparurent. Les survivants se regroupèrent dans la clandestinité.

C'était cette organisation clandestine, implantée presque exclusivement dans les villes, que rejoignit Carlos Fonseca. Il y compléta sa formation marxiste-léniniste. En automne 1956, Carlos fut arrêté pour la première fois par les agents du terrible *Office de sécurité nationale* (OSN) de la garde nationale de Somoza. Relâché quelques mois plus tard, il quitta clandestinement le pays. En 1957, délégué au VIe Festival mondial de la jeunesse et des étudiants pour la paix et l'amitié, il se rendit à Moscou. Profondément impressionné par l'univers de solidarité internationale, l'enthousiasme et la détermination des jeunes militants anti-impérialistes qu'il y rencontra, Carlos rédigea son premier texte théorique : *Un Nicaraguayen à Moscou*. Retour clandestin au pays, nouvelle arrestation. Nouvelle libération, faute de preuves. Fonseca s'enfuit du pays et se rendit au Costa Rica. La stratégie

---

seca... pour une simple question de rime. Au printemps 1981 s'étalait sur les murs de Managua, León, Granada, Estelli, Massaya le slogan : « *En cada trabajador — Carlos Fonseca Amador* » (Dans chaque travailleur — Carlos Fonsea Amador).

attentiste de son parti le révoltait de plus en plus[5]. En 1959, il rejoignit le maquis paysan d'El Chapparal.

Examinons de plus près ce maquis d'El Chapparal : les survivants de l'Armée de défense de la souveraineté nationale de Sandino livraient à El Chapparal un combat désespéré contre la garde nationale. Carlos y découvrit l'originalité, l'actualité de la pensée de Sandino. Avec l'assassinat du général des hommes libres et la prise de pouvoir de Somoza, cette pensée avait pratiquement disparu de la conscience des jeunes Nicaraguayens. La mention du seul nom de Sandino était alors punie comme un crime. Nulle part les œuvres de Sandino n'étaient disponibles. Mais de vieux paysans ayant lutté à ses côtés maintenaient en vie l'enseignement du général des hommes libres. Sortes de missionnaires en guenilles, pareils aux moines irlandais qui parcouraient l'Europe au IXe siècle, prêchant la dignité de l'homme, annonçant la résurrection de l'espoir, ils hantaient la campagne et parlaient de Sandino. Notamment deux anciens généraux de Sandino faisaient fonction de témoins. Il s'agit de Pedro Altamirano et de Ramon Raudales. Le premier fut assassiné à Garnacha en 1939 ; mais le second survécut, se battit — à la fin des années cinquante — dans un maquis paysan de Jalapa. La guérilla d'El Chapparal était née d'une jacquerie locale. Elle abritait quelques disciples de ces deux hommes. Grâce à eux, Carlos apprenait la légende, le souvenir, l'enseignement de Sandino. Il recevait comme une révélation la pensée vivante du général des hommes libres.

1960 : blessé au combat, Carlos dut être évacué. Il quitta une nouvelle fois le pays, alla au Venezuela, au Honduras et finalement à Cuba. A La Havane, il se lia d'amitié avec Che Guevara qui exerça sur lui une grande influence. Les enseignements du Che joints à ceux de Sandino transformèrent sa vision du processus révolutionnaire : Moscou et ses partis satellites en Amérique latine ne voulaient pas comprendre la

---

5. Le PSN ne rejoindra jamais le Front. En 1979, après la libération, son principal dirigeant, Eli Altamirano, continuera à attaquer durement la direction nationale du FSLN, l'accusant de compromission avec la bourgeoisie nationale, de déviationnisme petit-bourgeois.

nécessité de la lutte armée de libération nationale contre une oligarchie compradore avec qui aucune collaboration n'était possible ; Carlos s'éloignait de plus en plus de ses camarades communistes orthodoxes pour se rapprocher des nationalistes révolutionnaires.

La lecture du livre de Régis Debray, *Révolution dans la révolution*[6], le conforta dans ce choix. Carlos écrit : « L'émancipation nationale du Nicaragua s'obtiendra à travers la lutte armée, soutenue par les masses populaires et inspirée par les principes révolutionnaires les plus avancés. » Et encore : « Renverser la camarilla criminelle et traître qui, depuis de longues années, usurpe le pouvoir. Empêcher que la force yankee ne profite de la situation créée par la lutte guérillera pour s'emparer du pouvoir. » La ligne tracée était claire : l'avant-garde de la lutte, son noyau intime, son moteur seront les combattants marxistes inspirés par l'exemple de Sandino et nourris de l'enseignement de la première guerre révolutionnaire contre l'occupant. Le but de leur lutte était double : d'abord la libération du pays d'une oligarchie satrape et mercenaire du grand capital impérialiste nord-américain, ensuite l'instauration d'une société et d'un État égalitaires, fraternels, socialistes. Lutte de libération nationale et révolution socialiste : l'une conditionne l'autre et vice versa. Carlos Fonseca : « La revendication socialiste et l'émancipation nationale se conjuguent dans la révolution populaire sandiniste. » L'autonomie du marxisme nicaraguayen fut affirmée avec force : « Nous nous identifions au socialisme tout en gardant un point de vue critique face aux expériences socialistes[7]. »

A Cuba, Fonseca subissait l'influence d'une autre forte personnalité, celle de Carlos Rafael Rodriguez. Carlos Rafael était un dirigeant du Parti socialiste cubain (parti communiste prosoviétique) qui avait rompu avec la ligne dominante de sa formation et avait rejoint les guérilleros de la Sierra Maestra. Avant la révolution de 1959, Carlos Rafael était avec Raul

6. Régis Debray, *Révolution dans la révolution*, Maspero, 1963.
7. Carlos Fonseca ne rompit pas ouvertement avec l'URSS. Mais il n'écouta plus jamais les conseils ni des dirigeants du PSN ni d'aucun des émissaires d'aucun des partis communistes prosoviétiques de la région.

Roa l'un des deux seuls professeurs marxistes de l'université de La Havane. Son enseignement avait marqué toute une génération — celle des frères Castro, justement — de jeunes étudiants révolutionnaires. Carlos Rafael est aujourd'hui un des principaux théoriciens du marxisme-léninisme d'expression latino-américaine. Son attention privilégiée va au problème des alliances que le mouvement révolutionnaire latino-américain doit conclure, avec les bourgeoisies nationales, avec les milieux chrétiens, avec les strates intermédiaires de la société, afin de créer le vaste front de libération nécessaire pour briser l'emprise impérialiste sur les différents pays du continent[8]. Ses travaux sur le sujet font autorité. Carlos Fonseca s'en inspire : « Dans la lutte pour un changement révolutionnaire, nous ne devons pas exclure ceux qui ne pensent pas comme nous. Nous sommes disposés à avancer aux côtés des personnes aux idées les plus diverses qui souhaitent le renversement de la dictature et la libération de notre pays. » Le Front sandiniste de libération nationale naît de l'apport de toutes ces expériences contradictoires, de toutes ces théories, de toutes ces influences.

Autant que les débats théoriques et les lectures, l'affection, l'amitié jouent un rôle décisif dans la naissance de toute pensée révolutionnaire. A l'Université d'abord, puis dans plusieurs exils, dans la clandestinité à partir de 1961 enfin, Carlos Fonseca partage sa vie quotidienne avec Tomas Borge. Borge est un être plein de joie, d'humour, d'intuition. « Le vrai pouvoir ne se trouve que là où gît aussi la faiblesse », dit le poète Yves Bonnefois. Borge est fort et faible à la fois. Tendre et déterminé. Capable de colère et de pardon[9]. Je

---

8. De Carlos Rafael Rodriguez, voir notamment *Lénin y la cuestión colonial*, dernière édition 1978 (éditée par le département d'Orientation du Comité central du PCC, La Havane). Simple conseiller du pouvoir en 1959, lorsque Carlos Fonseca réside à La Havane, Carlos Rafael joue aujourd'hui un rôle clé au sein de l'État et du parti cubains. Il est Premier vice-président du Conseil d'État et membre du Bureau politique du PCC.

9. Le portrait de Tomas Borge le plus complet que je connaisse est celui esquissé par l'écrivain uruguayen Eduardo Galeano, « La boca y las voces », dans le numéro spécial de la revue mensuelle *América latina y Africa, hoy*, mars 1982, Madrid, p. 22 *sq.*

n'en donnerai qu'un exemple : le 21 juillet 1979, au matin, deux jours après la prise du bunker de Somoza, le chef de l'Office de sécurité nationale de la garde à Managua est surpris par les révolutionnaires dans un sous-sol de l'hôtel Intercontinental. C'est un de ces monstres abjects, sortis des entrailles les plus reculées de la nuit, fait de haine, d'arrogance, de pulsions sadiques, dont se servent toutes les dictatures du monde pour mutiler ceux qui les contestent. Cet homme avait personnellement dirigé les sbires qui durant des nuits et des jours s'étaient acharnés sur Tomas Borge, tombé entre leurs mains. Les guérilleros amenèrent le policier devant le commandant. Tout le monde — et le monstre en premier — pensa que sa dernière heure était venue. Borge le regarda longuement, puis lui dit : « La peine de mort a été abolie ce matin. Tu iras en prison. Il ne te sera fait aucun mal. Tu apprendras à être un homme. Notre vengeance est le pardon. »

Borge et Fonseca sont deux hommes de complexion physique, de caractère, de dons, d'origine familiale diamétralement opposés. Tomas Borge est petit, trapu, un paquet d'énergie contenue. Il n'impose point — au premier abord du moins — par la beauté de son visage, l'assurance de sa démarche. Il faut qu'il parle pour que les hommes comprennent qui il est : son langage est précis, coloré, plein d'images. Borge est avant tout un poète. Il possède une solide culture politique, mais ce n'est point par le concept qu'elle se manifeste. C'est son extrême sensibilité, sa capacité de s'identifier au paysan pauvre, à l'enfant, à la femme humiliés, qui lui donnent sa force. Il est habité — j'hésite à écrire le mot tant il jure avec la vision schématique du révolutionnaire — par la charité.

Il naît dans une famille très unie de Matagalpa le 13 août 1930. Chez lui, tout le monde, et surtout sa mère, est catholique. Sa mère voudrait qu'il soit curé. Lui choisit la faculté de Droit, mais surtout l'écriture, la poésie. L'événement qui provoque sa prise de conscience politique n'est ni un conflit personnel douloureux vécu dans son enfance, ni la rencontre avec le marxisme-léninisme prosoviétique, ni

encore un voyage à Moscou. C'est la découverte, à l'horizon
centraméricain, des rougeoiements de la révolution cubaine.
Borge : « Le triomphe de cette révolution a réveillé l'enthousiasme du peuple du Nicaragua et stimulé sa lutte contre la
tyrannie. Pour nous, Fidel Castro fut la résurrection de
Sandino, la réponse à nos doutes, et la justification de nos
rêves [10]. »

Je me souviens d'une nuit de janvier 1981, au quartier de
Miramare, à La Havane. J'étais l'hôte de Don Ernesto
Guevara, le père du Che. Une affection profonde, faite d'un
commun engagement politique (Don Ernesto étant militant
de la gauche péroniste en Argentine), de complicité intellectuelle et d'une confiance réciproque inébranlable avait uni le
Che à son père. Don Ernesto, quatre-vingt-deux ans, possède
une vitalité, une lucidité impressionnantes. Nous étions
penchés sur la table de la cuisine où s'étalaient, comme les
feuilles jaunes de l'automne, des dizaines et des dizaines de
vieilles photos de famille. Don Ernesto me raconta l'amitié
qui avait lié son fils à Fidel. Brusquement, il arrêta son récit,
me regarda droit dans les yeux et dit : « Les Américains
devaient tuer mon fils. *El Che junto a Fidel... — esto es algo
serio* [11]. » Il voulait dire par là : Fidel et le Che ensemble,
complémentaires et identiques, référence intellectuelle et
affective l'un pour l'autre, constituaient une force historique
d'une grande puissance. La complémentarité entre Tomas
Borge et Carlos Fonseca ne s'exerçait pas, de l'un envers
l'autre, de la même façon que celle qui unissait Fidel au Che.
Mais l'étonnant triomphe de la révolution du Nicaragua est
incompréhensible pour quiconque n'a pas saisi la nature de la
confrontation quotidienne, de l'amitié critique, de l'affection,
du respect mutuel qui liaient Carlos Fonseca à Tomas Borge.
Dans sa prison, mutilé par la torture, Tomas Borge écrit, à
propos de Carlos Fonseca, mort, l'un des plus beaux textes de
toute la littérature latino-américaine. Le livre, intitulé

10. *Granma*, édition hebdomadaire en français pour l'étranger, a
publié en 1980 (numéros d'août, septembre) certains des principaux
textes de Borge.
11. Textuellement : « Le Che ensemble avec Fidel... cela est
quelque chose de sérieux ! »

« *Carlos, el amanecer ya no es una tentación* » (Carlos, l'aube n'est déjà plus une tentation) a été publié après la libération [12].

2. La phase dite d'accumulation des forces [13]

Muchachos dont les photos sortaient
[chaque jour dans *la Prensa* couchés
les yeux mi-clos, les lèvres entrou-
[vertes
comme s'ils riaient, comme s'ils se
[réjouissaient.
Les jeunes de la liste horrible.
Ou bien sérieux sur les petites pho-
[tos d'identité,
parfois profondément sérieux.
Muchachos qui allongeaient chaque
[jour la liste de l'horreur.
L'un était allé se promener dans le
[quartier
on retrouva son corps, abandonné
[sur la colline.

12. Carlos Fonseca était un pédagogue passionné : il mettait constamment ses camarades en garde contre la tentation de la spontanéité, des engagements impulsifs, du faux engagement individuel qui fait de si terribles ravages dans tant de maquis d'Amérique latine.

Le titre du texte de Borge est l'inversion de celui d'un manifeste de Fonseca (« L'aube est une tentation »). Dans ce manifeste, Fonseca analyse, dénonce la tentation qui s'empare du gérillero de tout jeter dans la balance, de chercher le martyre, de se sacrifier d'un seul coup, d'oublier que la victoire ne peut être le fruit que d'une longue patience, d'une organisation minutieuse, de l'obstination de tous les jours.

13. Les chapitres qui suivent obéissent à un découpage thématique et chronologique à la fois. Thématique : nous allons d'abord analyser la naissance, les premiers combats, l'implantation du FSLN de 1961 jusqu'au début de la période des insurrections populaires (1978) : ensuite nous analyserons les contradictions de classe à l'intérieur du FSLN, les scissions (1975-1979) ; enfin, nous verrons le développement des oppositions bourgeoises nationales, les refus de la base chrétienne (1974-1979). La rigueur du découpage thématique nous oblige à accepter de considérer des périodes chronologiques qui se recoupent.

L'autre était parti travailler
il ne revint jamais à sa maison du
                        [barrio San Judas.
Il était sorti acheter un Coca au
                        [coin.
Il avait rendez-vous avec sa fiancée.
                [Ils ne sont jamais revenus.

...
Ou enlevé chez lui
     et emmené dans une Jeep mili-
            [taire qui disparut dans la nuit
et plus tard retrouvé à la morgue,
ou dans un fossé de la route de la
                        [Cuesta del Plomo
ou sur une décharge.
     Les bras cassés,
les yeux arrachés, la langue coupée,
                        [le sexe mutilé.
     Ou simplement on ne les revit
                        [jamais.
Ceux que raflait la patrouille du
« Macho Negro » ou de « Cara'e
                        [León ».
Les cadavres entassés sur les bords
     [du lac, derrière le théâtre Dario.

Ernesto Cardenal, *Muchachos de*
            [*« La Prensa »*
(traduction Caroit/Soulé)

La longue période qui va de la fondation du FSLN en juillet
1961 au début des insurrections populaires en 1978 est une
période difficile à cerner : ce n'est pas encore la guerre de
libération, mais ce n'est plus simplement la période prépara-
toire de cette guerre. Durant toute cette période, l'organisation des syndicats à la campagne, l'implantation des bases de
la guérilla, la constitution des organisations urbaines de
masse, la « récupération » — attaques de banques, de fermes
somozistes pour y enlever l'argent et constituer un trésor de
guerre — forment une grande partie des activités du FSLN et
des mouvements qui lui sont proches. Dans les villes, la petite
bourgeoisie est atteinte par la crise. Somoza et l'oligarchie
prélèvent la dîme sur la majeure partie des produits importés.
Les prix, au début des années soixante, grimpent vertigineu-

sement. La corruption est partout. Les familles des chômeurs, des marginalisés des bidonvilles, souffrent de malnutrition, de tuberculose, de faim. Les abus de la police, des gardes, du fonctionnariat touchent aussi la petite bourgeoisie. Elle s'appauvrit et se prolétarise. Une organisation se crée pour recueillir sa révolte : la *Mobilisation républicaine*. Des comités de quartier — clandestins ou semi-clandestins — diffusent les analyses des jeunes révolutionnaires et combattants des maquis. Ces comités tentent d'organiser l'autodéfense économique, sociale, des quartiers. Ils se substituent peu à peu aux tribunaux officiels. Ils s'occupent aussi de l'eau, des rues, créent des dispensaires. Beaucoup de leurs membres sont arrêtés pour subversion. Le rôle des jeunes chrétiens, au sein de ces comités, est considérable. Ils suivent l'enseignement d'Ernesto et de Fernando Cardenal. Le premier est un trappiste, poète puissant, le second, son frère, un jésuite. Les comités n'apportent pas une formation politique marxiste proprement dite. Ils ne sont pas non plus des organes directs du Front. Ce sont plutôt des forums de discussion, des cercles d'études nourris de multiples apports d'une nouvelle culture patriotique en voie de gestation [14].

Dans l'histoire officielle du Front, cette étape est appelée : *phase de l'accumulation des forces.* Or, elle est bien plus que cela. D'abord en ce qui concerne la guérilla : dans la région de Zinica, puis sur les rives des fleuves Bocay et Coco — en territoire misquito —, enfin à Pancasan et Zelaya, les paysans, sous la direction des guérilleros, organisent la lutte contre les usuriers locaux, les commerçants somozistes, les grands propriétaires. Les juges de paix des campagnes, rouages essentiels de la machine somoziste, sont systématiquement chassés des villages, parfois exécutés. Le tyran mobilise sa garde : les unités spéciales de la garde nationale suivent un entraînement intensif antiguérilla dans la zone de Panama, contrôlée par les États-Unis. Elles attaquent les

14. Dans la formation, la définition, de cette nouvelle culture patriotique, véritable matrice de la guerre populaire à venir, les communautés de base des chrétiens jouent un rôle déterminant. Cf. p. 186 *sq.*

villages paysans du Nord et de l'Est au moyen de bombes à fragmentation. Des centaines de familles d'ouvriers agricoles, de petits paysans brûlent dans les nappes de napalm. Dans les régions du Coco, du Bocay, les avions somozistes répandent le phosphore sur tout ce qui bouge : hommes, bêtes périssent dans les flammes. Les expéditions punitives partent vers la montagne : tout homme entre douze et soixante ans est tenu pour suspect. Les exécutions préventives se multiplient. Quiconque n'a donné ne serait-ce qu'un verre d'eau à un guérillero de passage est torturé ou fusillé. Dans certaines zones, les guérilleros survivants parviennent à se retirer, à se disperser dans la montagne, laissant les civils à la vindicte des gardes. Dans d'autres régions, comme à Zelaya, à Pancasan, ils creusent des tranchées, résistent, refusent d'abandonner les villages. C'est alors le massacre.

En ce temps-là, beaucoup de combattants, parmi les meilleurs, meurent : à Pancasan, le troisième fondateur du Front, *Sylvio Mayorga*, meurt. A ses côtés tombe un autre commandant historique, *Rigoberto Cruz*. Le commandant en chef *Carlos Fonseca* est tué à Zelaya en novembre 1976. Il meurt comme le Che était mort neuf ans plus tôt : luttant jusqu'à la dernière cartouche. Il est blessé, puis assassiné par l'ennemi.

Tomas Borge est à cette époque-là en captivité. Il note dans son carnet [15].

Le commandant de la prison de Tipitapa arrive, jubilant, dans notre cellule.
— Carlos Fonseca est mort, nous annonce-t-il.
Après un moment de silence, nous lui répondons :
— Vous vous trompez, colonel, Carlos Fonseca est un de ces morts qui ne meurent jamais.

Le même soir, Tomas Borge note cette phrase : « Carlos est mort aujourd'hui, le fusil à la main, le cœur débordant d'amour pour les hommes. »

15. Carnets publiés par *Barricada* en supplément de fin de semaine au cours de 1980.

La période dite d'accumulation des forces était une période sombre, d'une extrême dureté. Nous avons déjà fait connaissance avec les différents maquis de Pancasan, du rio Coco et du département de Zelaya, tous écrasés par l'aviation et les troupes spéciales de la garde, formées à la contre-guérilla dans la zone américaine de Panama. Dans d'autres maquis — à Naidame notamment —, d'autres membres de la direction nationale du Front tombèrent au combat ou furent assassinés : les commandants Oscar Morales Aviles, Juan José Quezada, Jonathan Gonzalès, Oscar Turcios. Certains d'entre eux étaient issus du Front révolutionnaire des étudiants. D'autres, comme Jonathan Gonzalès, vingt et un ans, venaient du prolétariat (Jonathan était cordonnier). Ces pertes étaient particulièrement cruelles : plusieurs d'entre les martyrs de Naidame faisaient partie du petit lot de guérilleros qui possédaient une formation militaire complète, acquise au Liban du Sud, dans les camps d'entraînement du Front populaire de libération de la Palestine de Georges Habache.

Pour ses troupes antiguérilla, la dictature recrutait dans le monde entier des mercenaires spécialisés dans le combat contre des forces populaires : les anciens soldats et officiers des bérets verts nord-américains, anciens du Vietnam ; des Sud-Vietnamiens, des Cubains exilés, des Sud-Coréens. Dans la lutte contre les maquis campagnards, ces mercenaires étaient généralement d'une meurtrière efficacité. Certains des pires tortionnaires de la tyrannie — comme, par exemple, Gonzalo Lacayo, exécuté en 1966 en pleine rue de Managua — tombèrent sous les coups des justiciers sandinistes. Mais l'appareil de répression urbaine, la police secrète, les méthodes d'interrogation violente se renforçaient année après année et devenaient de plus en plus efficaces. L'aide d'*Israël* à Somoza — qui ne se démentit pas jusqu'à l'ultime jour de la dictature — était ici décisive : Israël armait la garde nationale de mitraillettes Uzi et de fusils d'assaut Galil. Israël envoyait auprès de l'Office de sécurité nationale du tyran ses meilleurs experts en interrogatoires forcés : les Israéliens enseignaient la torture efficace, médicalement contrôlée, qu'utilisait la dictature pour interroger les guérilleros sandinistes, les étudiants oppositionnels, les paysans suspects[16].

La politique d'Israël dans la région centraméricaine m'a toujours rempli d'*étonnement profond*[17]. Pour appuyer, à l'autre bout du monde, des régimes aussi abjects que ceux de Somoza au Nicaragua, d'Aubuisson au Salvador, de Rios Montt au Guatemala ? Reconnaissance pour le constant appui diplomatique fourni par ces régimes à Israël devant les instances internationales ? Sauvegarde et développement d'un marché d'exportation, de vente d'armes de guerre de fabrication israélienne ? Ou conviction profonde de la part d'Israël de l'existence d'un front révolutionnaire mondial qui unit les Palestiniens aux Sahraouis, aux Érythréens, aux Sud-Africains noirs, aux guérilleros d'Amérique centrale ? Conviction qu'il faut donc aider les régimes répressifs — ceux du roi du Maroc, du gouvernement de Pretoria, des tyrans de l'isthme — qui massacrent ces révolutionnaires ?

Un incident me vient en mémoire : en avril 1981 siégeait à Amsterdam la Parties Leaders Conference de l'*Internationale socialiste*. Les délégués de chaque parti membre de l'Internationale étaient — comme de coutume — placés autour d'une immense table en forme de fer à cheval, selon l'ordre alphabétique des dénominations de leurs pays d'origine respectifs. Le hasard de cet agencement voulut que Carlos Gallardo Flores, dernier dirigeant national survivant du *Parti socialiste démocratique* du Guatemala, soit placé immédiatement à côté d'Abba Eban, chef de la délégation du parti

16. Ce ne sont pas *seulement* les sandinistes mais également les hommes de l'opposition de droite au Nicaragua qui critiquent l'appui fourni par Israël à la tyrannie des Somoza. Alfonso Robelo conseille de ne pas rembourser à Israël les six millions de dollars que Somoza, avant sa chute, devait à Israël pour les livraisons d'armes de 1979. Cf. Alfonso Robelo, in « Nicaragua se hace camino al andar », numéro spécial de *Cuadernos de Marcha*, janvier-février 1980, Mexico, p. 82.

17. Depuis les années soixante-dix, les différents gouvernements de Tel-Aviv accordent un soutien efficace et constant non seulement aux tyrannies d'Amérique centrale, mais également au gouvernement raciste d'Afrique du Sud et à plusieurs dictatures asiatiques. Cette politique provoque régulièrement de vives critiques à la Knesseth, de la part du parti Mapam, notamment. Pour une analyse détaillée de cette politique, cf. *The Guardian* du 27.8.1982, Londres.

Mapaï. A l'ordre du jour : la situation en Amérique centrale. Bayardo Arce, Julio Lopez du Nicaragua, Ungo de El Salvador sont présents. Le député allemand Wischnievsky fait son rapport de mission. Puis vient le tour de Gallardo : Fuentes Mohr vient d'être assassiné. Gallardo a pris sa place. C'est un de ces intellectuels latino-américains de la génération née dans les années vingt, animée d'une foi obstinée dans la destinée de l'homme, débordant d'amour pour leur peuple, cultivé, pondéré, intelligent. De sa voix douce, précise, Gallardo énumère la litanie de l'horreur, la longue liste des camarades tombés, morts sous la torture, « disparus ». Il dit la situation dans les prisons, les camps de concentration du Guatemala. Il décrit — par le détail, avec des noms, des dates — l'activité des « experts » israéliens aux côtés des policiers guatémaltèques. Un silence glacé s'installe dans la salle. Lorsque Gallardo a terminé, le président Willy Brandt se tourne vers la délégation israélienne, lui donne la parole pour répondre. Abba Eban croise les bras sur son gilet, arbore un sourire gêné et dit : « *No comment, Mister President.* » Et on passe à l'ordre du jour... [18].

Durant cette période sombre (1961-1978), jalonnée d'échecs pour le mouvement armé de libération, la première grande grève de l'histoire du Nicaragua moderne a lieu : 1972 est l'année du tremblement de terre qui anéantit les quartiers centraux de Managua et qui fait vingt mille morts. Du monde entier, les dons affluent. La famille Somoza, ses alliés dans la garde nationale, dans l'État, ses associés dans l'industrie privée, la banque font disparaître la plus grande partie des millions de l'aide internationale en les répartissant sur des comptes privés en Suisse et aux États-Unis [19].

18. Malgré l'obstruction des délégués travaillistes israéliens, le débat n'est pas clos : dans le numéro 2, 1982, de la revue officielle de l'Internationale, *Socialist Affairs*, qui est publiée à Londres, le secrétariat général redonne la parole à Gallardo Flores qui apporte de nombreuses preuves précises de l'intervention d'Israël aux côtés de la dictature guatémaltèque dans la guerre de répression contre les forces populaires et syndicales.

19. Somoza Debayle a un gendre suisse : M. Rapold de Zurich. Ce Rapold dirige — à partir de New York — le holding de Somoza en Europe, la Vision SA. C'est ce holding — aidé par les banquiers

La coupe est pleine. La peur brusquement s'évanouit : environ cent mille survivants de la catastrophe envahissent les rues de la capitale, réclament du pain, des médicaments, la démission du dictateur, des élections libres. Cette époque est décrite par ce poème de Gioconda Belli :

> *Je veux une grève que nous ferons tous.*
> *Une grève de bras, de jambes, de cheveux*
> *une grève naissant dans chaque corps.*
> *Je veux une grève*
> *d'ouvriers*
> *de chauffeurs*
> *de techniciens*
> *de médecins.*
> *Je veux une grève immense*
> *qui atteigne même l'amour.*
> *Une grève où tout s'arrête,*
> *la montre*
> *l'atelier*
> *le bus*
> *la route*
>
> *...*
>
> *une grève d'yeux, de mains et de baisers.*
> *Une grève où respirer ne soit pas permis.*
> *Une grève où naisse le silence*
> *des colombes*
> *des fleurs*
> *des enfants*
> *des femmes*
> *des usines*
> *des collèges*
> *des hôpitaux*
> *des ports,*

---

suisses — qui évacue dans des banques de Zurich et de Genève des dizaines de millions de dollars pris sur les sommes énormes que les particuliers du monde entier, les Nations unies, les organisations humanitaires ont versées au gouvernement de Managua après le tremblement de terre de 1972. Depuis 1980, le gouvernement de Managua s'efforce en vain d'obtenir la restitution de ce butin par les banques suisses.

...
*pour entendre les pas
du tyran qui s'en va*[20].

La grève est un échec. Le tyran ne part pas. Il réussit même
— durant les années 1975-1976 — à faire reculer, à désorgani-
ser, le mouvement de protestation urbain. Dans les campagnes du nord du Nicaragua, une répression qui ressemble
au génocide s'abat sur les paysans et leurs familles, tous tenus
collectivement responsables de l'implantation de la guérilla
dans leur région. La presse internationale et autochtone
garde un silence glacé[21]. Sur les pressants conseils du
nouveau président américain Jimmy Carter, Somoza peut
même se permettre de rétablir les libertés constitutionnelles,
en septembre 1977.

Dans cette phase dite d'accumulation des forces, un des
principaux problèmes du mouvement armé de libération
nationale était celui de sa représentativité aux yeux de
l'opinion nationale et surtout internationale. Malgré le travail
d'organisation intense conduit dans les campagnes et — dans
une moindre mesure — les villes, malgré les foyers de guérilla
qui résistaient aux assauts de la garde, le Front sandiniste
était pratiquement inconnu d'une majorité des populations
urbaines et de l'opinion publique internationale. Somoza et
ses alliés américains contrôlaient toutes les voies d'information, tous les réseaux de communication. L'activité guérillera
était diffamée : elle figurait sous la rubrique, riche en

20. Gioconda Belli, « Grève », in *Nicaragua*, l'excellente revue
publiée par le ministère de la Culture sous la direction d'Ernesto
Cardenal, qui fait l'inventaire systématique de la poésie née durant
les années de lutte.
21. Ce silence s'explique aussi par l'isolement presque total des
régions dévastées par la garde. Entre le Nicaragua des villes et celui
des campagnes lointaines, il n'y a pratiquement pas de communications régulières. 80 % des 2,7 millions d'habitants vivent dans les
villes et les plaines de la côte pacifique. Or, le pays compte
130 000 km² de territoire national.
Comme dans presque tous les pays du tiers monde, il s'y ajoute la
distance psychologique : les jeunes (ou vieux) bourgeois des villes
connaissant souvent mieux Paris, Londres, Miami, Madrid que les
villages des départements d'Esteli ou de Matagalpa.

événements en Amérique centrale, de « banditisme rural ».
La situation, pour le Front, était en effet compliquée :
Somoza possédait un solide masque institutionnel. Il était le
chef du *Parti libéral.* Il organisait des élections parlementaires. Il se faisait élire président et prêtait serment sur une
constitution. L'opposition connue, célébrée par les démocrates européens et nord-américains était celle de la bourgeoisie nationale et de la fraction de l'oligarchie antisomoziste.
Cette opposition était regroupée dans l'antique *Parti conservateur.* C'était elle qui mobilisait alors l'attention, les sympathies de l'étranger et d'une grande partie de la population.
Et puis, dans cette période d'accumulation de forces du FSLN
dont nous parlons, un vague mais tenace espoir habitait les
bourgeois nationaux : celui d'une victoire sur la tyrannie sans
recours à la violence. A la fin de l'année 1974, le mouvement
armé de libération nationale parvint une première fois à
rompre le cercle de fer du silence imposé. José Maria Castillo,
puissant banquier de Managua, ami intime du dictateur,
donna dans sa résidence une fête somptueuse en l'honneur de
l'ambassadeur des États-Unis, Turner Shelton. Quelques-uns
des meilleurs combattants du Front, sélectionnés et entraînés
personnellement par Tomas Borge, descendirent de la montagne, s'infiltrèrent dans la capitale. Le 27 décembre au soir,
ils firent irruption dans la maison de Castillo, neutralisant les
gardes du corps et se barricadant avec les otages. Les
négociations durèrent toute la nuit. A l'aube, Somoza et les
États-Unis durent céder : le commando reçut une rançon
d'un million de dollars. Un long communiqué du Front fut lu
à la radio officielle et remis à la presse internationale. Les
prisonniers sandinistes survivants furent libérés et conduits à
Panama.

Les contradictions à l'intérieur du mouvement armé de libération nationale

1. Les classes sociales au Nicaragua

> Je ne sais pas pourquoi tu penses,
> Soldat, que je te hais,
> Nous sommes la même chose,
> Moi,
> Toi.
> Toi tu es pauvre, moi je le suis,
> Je suis d'en bas, tu l'es aussi.
> D'où tires-tu, soldat,
> Que je te hais?
> Cela me peine que, quelquefois, tu
> Oublies qui je suis
> Quand même! puisque je suis toi
> Comme toi tu es moi.
> Je devrais te mal aimer, toi?
> Nous sommes la même chose.
>
> Nicolas Guillén,
> *No se porque piensas tu.*
> (traduction Régine Mellac)

La structure de classes est, au Nicaragua, d'une extrême complexité. Avant 1979, la contradiction première y est, bien sûr, la contradiction impérialiste : l'État, la société nicaraguayenne sont tout entiers dominés, exploités, mis au service de et par le capital monopolistique multinational nord-américain, japonais, européen. La contradiction impérialiste surdétermine la seconde contradiction, qui est celle qui oppose la tyrannie de Somoza, et les secteurs de l'oligarchie créole qui lui sont associés, aux autres classes, aux classes possédantes comme aux classes prolétaires.

Jaime Wheelock explique cette situation :

> Après le tremblement de terre de 1972, se développait une bourgeoisie capable et désireuse de prendre la direction de pratiquement tous les secteurs de l'économie. Cette bourgeoisie tentait de se transformer en véritable oligarchie financière. En 1974, ces grands groupes économiques, de nature oligarchique, demandaient à partager le pouvoir avec les Somoza. Mais les Somoza refusaient. Dans cette situation, nous, sandinistes, nous pouvions lever le drapeau de la libération nationale et en même temps unifier tout le peuple. Il ne s'agissait pas alors de dire : « Bon ! Ceci est une lutte des classes ! » Non ! Nous disions : « Ceci est une lutte de libération nationale, pour la démocratie et contre la dictature somoziste ! » De cette façon, nous nous attaquions aux structures implantées par l'impérialisme pour battre l'impérialisme lui-même. Mais nous disions que nous luttions contre Somoza, pour la démocratie, alors qu'en réalité nous luttions contre l'impérialisme [1].

Examinons d'abord la contradiction impérialiste :

Terre de violence et de sang, le Nicaragua est avant tout une terre de cultures latifundiaires où le capital étranger est puissant. L'agriculture occupe en 1975 67 % de la population active. Cette population produit — nous l'avons dit — du coton, du tabac, de la canne à sucre, du café. L'élevage lui aussi est source de revenus importants. Sur la côte est, la société multinationale nord-américaine United Fruit (aujourd'hui Standard Fruit) s'est taillé un royaume dont les frontières sont gardées par une milice privée qui surveille une armée anonyme et famélique de travailleurs vivant dans les baraquements appartenant à la compagnie. Ils achètent leur nourriture, leurs ustensiles de ménage, leurs vêtements dans

---

1. Jaime Wheelock, in *Nicaragua : revolución, relatos de comba-tientes del Frente sandinista*, recueillis par Pilar Arias, Mexico, Ed. Siglo XXI, 1980, p. 108 (traduction du passage cité par Juan Gasparini).

des magasins de la compagnie. Écrasés de dettes, ils ne peuvent pratiquement plus jamais quitter la plantation où ils travaillent de père en fils. La moitié environ des terres fertiles sont en friche. Un même « gaspillage » préside à l'extraction des minerais précieux. Seule une petite partie de l'or, du cuivre, de l'argent recensés au Nicaragua est exploitée avant 1979. 50 % des terres cultivées appartenaient en 1975 encore à 1,4 % seulement des propriétaires. Mais vingt-six mille petits et moyens exploitants devaient se partager 6 % des terres de culture[2] :

La dépendance face aux États-Unis était, avant 1979, presque totale : politique et militaire d'abord, économique ensuite. En 1979, plus de 90 % des exportations de matières premières du Nicaragua partaient vers le marché nord-américain. 75 % environ des biens importés — parmi lesquels pratiquement tous les biens d'équipement, le textile, des aliments, les moyens de transport — venaient des États-Unis. Plus de 70 % de la population est métissée : ce sont des hommes et des femmes, souvent assez petits de taille, aux yeux généralement noirs, au teint mat et aux traits d'une grande et attachante finesse. 10 % de la population est noire et vit, pour l'essentiel, selon le mode ancestral des civilisations africaines transporté outre-Atlantique par le colonisateur. L'analphabétisme était, avant 1979, de plus de 65 % (population adulte). Plus de 50 % de la population n'avait qu'un revenu de quatre-vingt-dix dollars par an. La malnutrition, la tuberculose, les maladies infectieuses tuaient en 1979 13 % de tous les enfants en dessous de cinq ans. La misère était particulièrement révoltante dans les campagnes où les travailleurs journaliers vivaient généralement sur le domaine du latifundiaire, dans des cases de terre battue ou dans des bidonvilles, à la lisière des cités rurales. Pour 100 000 habitants, il n'existait, en moyenne nationale, que 6,8 médecins et

2. Les chiffres cités sur l'état de la société et l'économie du Nicaragua avant la chute de Somoza proviennent du dossier établi en 1980 par le département des Relations extérieures (Julio Lopez) du FSLN à l'intention du bureau de l'Internationale socialiste. Cf. aussi Mayo Antonio Sanchez, *Nicaragua, año cera*, Ciudad Mexico, Editora Diana.

18,2 lits d'hôpitaux. L'espérance moyenne de vie pour un homme ou une femme vivant au Nicaragua était, en 1979, de quarante-neuf ans seulement. L'eau potable n'existait que dans 2 % des habitations. Les paysans — petits propriétaires — des montagnes, les journaliers agricoles, les travailleurs migrants qui ne trouvent du travail que quatre mois par an, au temps des récoltes, forment avec leurs familles la majorité du peuple du Nicaragua. Depuis la conquête espagnole, au début du xvie siècle, et jusqu'en 1979, ils étaient livrés — pratiquement sans droits ni protection — à l'arbitraire des latifundiaires, de leurs soldats et de leurs contremaîtres.

S'il fallait trouver — pour une démonstration au tableau noir — le cas type d'un pays du tiers monde réunissant toutes les caractéristiques d'un pays dépendant et dont l'histoire, les projets, l'existence sont déterminés par une puissance étrangère, le Nicaragua serait ce pays-là.

Pendant plus d'un siècle, de 1850 à 1979, sa vie sociale, son économie, sa politique étrangère et intérieure ont obéi aux paramètres fixés par Washington. Les contradictions du capitalisme nord-américain — dans les diverses phases de son devenir — surdéterminent, étape par étape, l'évolution de la société et de l'État du Nicaragua. L'intelligence de cette surdétermination d'une histoire nationale par des paramètres, des conflits, des logiques étrangers me paraît indispensable pour comprendre la naissance, la stratégie du mouvement armé de libération nationale.

La contradiction secondaire est la suivante : dans la société semi-féodale, semi-coloniale du Nicaragua, dominée par le capital étranger, un système du capitalisme périphérique, aux modes de consommation imitative typiques, s'est développé à partir des années cinquante. Une bourgeoisie nationale est née. Elle s'est tôt alliée à une fraction de l'oligarchie latifundiaire, hostile au clan des Somoza. Cette bourgeoisie nationale entre en conflit avec la tyrannie pour des raisons multiples : d'une part, elle souffre, bien sûr, de la spoliation de l'économie nationale au profit du capital étranger, spoliation mise en œuvre, favorisée et activement soutenue par l'État somoziste, la famille du dictateur et les couches bourgeoises compradores (avocats d'affaires, managers

autochtones, importateurs disposant d'une licence de monopole, commissionnaires en tout genre) nées de l'implantation
dans le pays de sociétés multinationales américaines, japonaises, suisses, françaises, allemandes. Mais en même temps,
cette bourgeoisie nationale est outrée, choquée par la corruption généralisée, par la conduite scandaleuse, arrogante des
officiers, courtisans, juges, ministres, hauts fonctionnaires,
agents commerciaux de Somoza, par les exactions quotidiennes de la garde. Les orgies de Somoza, de ses courtisans
scandalisent leur sentiment moral nourri de catholicisme
ibérique. Un des éléments les plus importants ici est l'aliénation culturelle provoquée, favorisée par la dictature : depuis
le début du XIXe siècle, mais surtout depuis la présidence de
William Walker, le débarquement des marines en 1912, un
authentique nationalisme, un chatouilleux et fier patriotisme,
s'est développé au Nicaragua. La bourgeoisie nationale ne
pardonne pas à Somoza Debayle de parler à dessein —
comme le font d'ailleurs maints autres dirigeants des classes
dominantes d'Amérique latine — l'espagnol avec un fort
accent du Texas. En 1981, j'étais l'hôte à dîner dans une
somptueuse maison, grouillante de servantes, cuisiniers,
femmes de chambre, chauffeurs, jardiniers, à Managua, d'un
professeur de l'Université nationale qui est en même temps
avocat d'affaires et propriétaire d'une hacienda. L'homme,
avide lecteur de Sartre, était le représentant type de cette
bourgeoisie nationale, catholique, profondément cultivée,
patriote, élégante, riche, ignorante des réalités vécues par le
peuple[3].

Résistant convaincu, courageux contre la dictature, dès la
grande grève de 1972, il avait connu les descentes de police

---

3. L'homme, en plus, avait vécu une tragédie personnelle : il était
violemment hostile au Front sandiniste qu'il taxait (en 1981 encore,
en ma présence et bien que me sachant invité par le gouvernement du
Nicaragua libre) de « communiste », de « satellite de Moscou »,
« infiltré par les Cubains ». Or, comme dans de nombreuses familles
de la bourgeoisie nationale, plusieurs de ses enfants avaient choisi
l'affiliation au Front. Deux de ses quatre enfants, un fils et une fille,
avaient, dès 1976, rejoint les maquis. Les deux, à quelques mois
d'intervalle, étaient tombés entre les mains de la garde. Depuis lors,
personne ne les avait plus revus.

dans sa maison, les vexations de la garde, enfin la prison. Il me dit les multiples raisons de sa résistance à Somoza Debayle. Puis, brusquement, il s'arrêta. Comme pour les résumer toutes, il me dit d'une voix qui ne souffrit pas la réplique : « Et puis, Somoza, vous savez, c'était un gringo ! » Résistance culturelle, résistance économique, enfin résistance politique. De cette seconde contradiction qui habite la société du Nicaragua et qui oppose la bourgeoisie nationale (alliée à une fraction antisomoziste de l'oligarchie) au capital étranger d'une part, à la tyrannie et à l'oligarchie prosomoziste d'autre part, naissent dès 1972 un nombre d'organisations de résistance civile dont nous parlerons dans le prochain chapitre.

2. *Les conflits de classes au sein du Front sandiniste*

Dans le présent chapitre, nous examinons les contradictions qui habitent le Front sandiniste de libération nationale, plus précisément, celles qui opposent entre elles les différentes classes qui trouvent — à partir de 1972[4] — leur expression politique dans le Front. J'insiste sur ce point : dans la mesure où, à partir de 1972, le Front sandiniste de libération nationale émerge graduellement comme un front pluriclassiste qui réunit en son sein les classes dépendantes des campagnes (petits propriétaires, fermiers, journaliers agricoles, travailleurs migrants), la petite bourgeoisie semi-urbaine (artisans des cités rurales, petits fonctionnaires, petits comerçants), les classes asservies des villes (prolétariat industriel, chômeurs permanents, ménagères, travailleurs du tertiaire, petits fonctionnaires, employés de commerce, petits commerçants, certains intellectuels), toutes ces contradictions de troisième ordre éclatent en son sein.

Paradoxe : *Le mouvement armé de libération nationale est*

4. Rappel : 1972 est la date du tremblement de terre et de la destruction partielle de Managua (vingt mille morts), date aussi de la première grève générale (pour protester contre le pillage de l'aide internationale pratiqué par Somoza). De cette grève naissent les premiers mouvements de masse, affiliés plus tard au Front sandiniste.

moins uni à mesure que progresse sa lutte. La dialectique de classes qui se développe en son sein devient plus violente au fur et à mesure qu'approche la victoire. L'éclatement menace à chaque instant. Et avec lui la défaite militaire, politique, diplomatique. Dans une situation sociale difficile comme celle-ci, la capacité analytique, l'esprit de création, de théorie de l'avant-garde sont d'une extrême importance. Des hommes et des femmes médiocres sont tentés soit de camoufler le conflit de classes né à l'intérieur du mouvement, soit de l'exploiter à leur profit immédiat en éliminant des organes de direction tous les représentants des classes autres que la leur. Les jeunes marxistes qui dirigent depuis sa fondation les instances politiques, militaires du Front sont majoritairement de jeunes intellectuels (professeurs, étudiants, avocats, journalistes, prêtres ou ex-prêtres) issus de la moyenne ou de la petite bourgeoisie des villes. Ils ne succombent ni à l'une ni à l'autre de ces deux tentations. Ils se veulent subjectivement au service exclusif de deux classes : les ouvriers et les paysans. Le but de leur lutte, de tant de sacrifices personnels, est l'instauration au Nicaragua d'une société socialiste, autogestionnaire. Mais un fait est certain : au sein de la direction nationale du FSLN, à l'intérieur de la plupart des maquis, au sein des organisations urbaines clandestines, les contradictions sont nombreuses et souvent violentes. Les questions portent sur plusieurs points :

quelle doit être la base de classe du Front ?

quels liens convient-il de nouer avec l'opposition bourgeoise à Somoza ?

quels alliés faut-il chercher à l'étranger ?

quelle stratégie militaire, diplomatique, choisir ?

insurrection des villes ou guerre populaire prolongée dans les campagnes ?

De violents affrontements théoriques, verbaux — jamais physiques —, ont lieu en permanence durant plusieurs années au sein de la direction du Front sandiniste de libération nationale.

Ouvrons une parenthèse : au sein de pratiquement chaque mouvement armé de libération du tiers monde, la gestation de la conscience collective de l'avant-garde est un processus lent, difficile, douloureux. Au Salvador, le Front Farabundo Marti de libération nationale, organisation faîtière de toutes les organisations de masse, de tous les mouvements de résistance militaires, ne naît qu'en 1980, après trois ans de débats intenses entre les différents courants du nationalisme révolutionnaire salvadorien. Au Guatemala, les quatre principales organisations de la résistance militaire — dont nous avons parlé p. 64 — ne réussissent à créer un commandement unifié qu'en 1981 alors que leur lutte dure — pour trois d'entre elles du moins — depuis plus de dix ans déjà. Un délai extraordinairement long sépare la fondation du Front sandiniste, ses premiers actes militaires, de la publication de sa plate-forme programmatique. Le FSLN est créé en 1961, le programme n'est publié qu'en 1969. Ce délai indique l'intensité des discussions, la difficulté et la lenteur extrêmes de la progressive formation de la conscience collective de l'avant-garde.

La direction nationale du Front est, dès sa constitution, rigoureusement collective. Elle l'est restée jusqu'à aujourd'hui. Ici, le mouvement de libération nationale du Nicaragua se distingue de plusieurs autres mouvements de libération du tiers monde.

Exemple : le mouvement révolutionnaire de Cuba souffre gravement des morts prématurées de Che Guevara, Camilo Cienfuegos, Celia Sanchez, Abel Santamaria. L'extraordinaire personnalité de Fidel Castro n'est aujourd'hui contrebalancée par aucune influence contraire ou complémentaire. Comme me le dit le poète Roberto Fernandez Retamar, directeur des éditions Casa de las Americas : « Les cimes sont glacées. » La solitude des sommets est dangereuse. Certaines décisions essentielles se prennent à Cuba par un seul homme. L'intelligence extrême de cet homme, la sûreté de son intuition politique, son dévouement total à la cause de la révolution socialiste n'éliminent pas complètement les dangers d'erreur que comporte nécessairement, partout et toujours, le fait de décider seul.

Ainsi, la mort devant Nouakchott en 1976 de Béchir El Ouali est un coup très dur pour le front Polisario. L'assassinat d'Amilcar Cabral le 21 janvier 1973 est une catastrophe pour la construction nationale en Guinée-Bissau. Rien de tel au Nicaragua : la majorité des principaux commandants, membres de la direction originelle, sont morts successivement au combat, sous la torture ou de maladie. Mais la direction du Front n'a jamais vacillé. Sa capacité analytique, sa force créatrice n'ont pas fléchi.

Je suis frappé par les nombreuses ressemblances existant entre l'histoire de la direction nationale du Front sandiniste et celle de la direction collective du Parti communiste chinois. Les plus extraordinaires virages de la ligne politique sont négociés collectivement, discutés collectivement et imposés d'un commun accord. Mao Zedong, Zhou Enlai, Deng Xiaoping opèrent plusieurs changements de ligne sans jamais trahir d'un pouce leur propre projet révolutionnaire : du 1er juillet 1921 (date de la fondation dans une école de quartier de Shangai du PCC) jusqu'au 1er août 1927 (date de l'insurrection militaire de Nanchang), les révolutionnaires chinois collaborent avec le Kuomintang, mouvement républicain, nationaliste, dominé par les forces bourgeoises nationales et les grands propriétaires terriens du Sud. Ensemble, ils livrent bataille aux seigneurs de la guerre du Nord, aux classes dominantes compradores des villes du Sud et du Centre. A partir d'août 1927 et jusqu'en octobre 1935, le Parti communiste chinois mène, contre ce même Kuomintang, alors décidé à le massacrer, une guerre civile révolutionnaire, une guerre de classe d'une extrême violence. Octobre 1935 : nouveau et dramatique changement de ligne. Mao Zedong et ses amis appellent à la constitution d'un front uni antijaponais. Enfin, dernier changement de ligne avant la libération : les occupants japonais défaits, Mao Zedong tente de négocier avec le Kuomintang, puis il déclenche les grandes opérations militaires dites « de la troisième guerre civile » (avril 1947-décembre 1949). Les batailles décisives de Mandchourie ont lieu en octobre 1948. Le 23 janvier 1949, l'armée rouge entre à Pékin. A la fin de la même année, la Chine entière est libérée[5]. La construction nationale communiste, appuyée par

---

5. Jacques Guillermaz, *Histoire du Parti communiste chinois*, *op. cit.*

l'aide, les conseils, l'assistance en matériel, en experts de l'Union soviétique, peut commencer. 1956 : nouveau changement de ligne. C'est la rupture radicale avec l'Union soviétique. Enfin, la ligne antiaméricaine, anti-impérialiste, prioritaire depuis 1921, est mise en question lors du XIe Congrès du PCC (1977), de la Ve Assemblée populaire nationale (1978) et de la Ve Conférence consultative politique du peuple (1978). Le plan décennal de développement (1975-1985), postulant les « quatre modernisations » (de l'agriculture, de la science, de l'industrie, de la défense), ouvre la Chine au capital occidental. Mao Zedong est mort le 9 septembre 1976, Zhou Enlai le 8 janvier 1976. Cependant, il est évident que cet ultime changement de ligne est voulu, organisé, mis en œuvre par ces deux dirigeants. Ce sont eux qui accueillent Richard Nixon à Pékin et qui, le 22 février 1972, signent avec lui, en plein bombardement américain de Hanoï, le communiqué de la réconciliation, à Shanghai[6].

La direction nationale du Front sandiniste opère des renversements de ligne comparable. Je ne donne ici qu'un seul exemple : au Nicaragua, l'avant-garde incarne avant tout les intérêts de classes des journaliers agricoles, des travailleurs migrants, des Indiens spoliés, des prolétaires des villes, des petits paysans qui, depuis des siècles, souffrent de l'exploitation, des humiliations, des dénis de justice de l'oligarchie créole. Or, lorsqu'en janvier 1978 (assassinat de Pedro Joaquin Chamorro par Somoza), et pour des raisons que nous verrons, la majeure partie de la bourgeoisie nationale et une fraction de l'oligarchie rompent définitivement avec Somoza Debayle, le Front impose aux paysans, aux ouvriers, l'alliance avec les dominateurs créoles. Et cela dans une situation où aucune réforme de structure n'est encore intervenue dans les campagnes, où l'arrogance des grands propriétaires à l'endroit des paysans reste la même, où la violence des patrons dans les usines continue à s'exercer de

6. Pour ce dernier changement, cf. le rapport introductif — très circonstancié — présenté par le Comité central au XIe Congrès et publié par les Éditions en langues étrangères de Pékin en volume séparé, en 1978. Cf. également Charles Bettelheim, *Questions sur la Chine après la mort de Mao*, Maspero, 1978.

façon inchangée. L'intelligence tactique, la souplesse idéologique, la puissance de la raison analytique de la direction du
mouvement armé de libération nationale nicaraguayen forcent l'admiration.

3. *Les scissions de 1975*

Au sein de la direction nationale du Front sandiniste une
crise éclate en 1975 : elle traduit les contradictions sociales,
économiques, idéologiques que nous avons évoquées p. 165
sq., ainsi que les choix stratégiques de lutte divergents que
formulent les différentes tendances. Deux scissions importantes ont lieu, l'une après l'autre [7]. La première scission est
celle qu'opère un groupe de dirigeants, de cadres et de
militants qui prennent le nom de *tendance prolétarienne.* Leur
analyse de l'évolution des classes au Nicaragua les amène à la
conclusion que le moment est maintenant venu de constituer
un parti révolutionnaire marxiste-léniniste. Selon eux,
l'extension au cours des vingt années passées (1955-1975) des
cultures d'exportation cotonnières notamment, la création du
Marché commun centraméricain et les mutations que celui-ci
entraîne dans la structure de production du pays ont provoqué une totale modification de la stratification. Il existe
maintenant une vaste classe de travailleurs salariés, campagnards, urbains, qui subit directement et d'une façon violente
la contradiction impérialiste. Elle doit fournir la base du
nouveau parti. C'est elle qu'il faut conscientiser, mobiliser en
priorité. Un long travail d'organisation syndicale, politique
est nécessaire. La tendance prolétarienne refuse catégoriquement toute alliance avec l'oligarchie créole antisomoziste, les
secteurs désenchantés de la bourgeoisie compradore ou
encore la bourgeoisie nationale. Elle adopte une ligne de
guerre de classes. Elle est numériquement faible. Mais elle

---

7. **Chose importante** : malgré la crise, la guerre contre l'impérialisme et contre la tyrannie locale ne s'arrête à aucun moment.
Aucune guerre civile n'éclate à l'intérieur du mouvement.

cherche l'alliance organique avec les autres mouvements marxistes-léninistes du continent. Sa visée est l'extension de la guerre de classes à l'ensemble des États centraméricains d'abord, à l'ensemble des États latino-américains ensuite. Ses militants se recrutent avant tout parmi les étudiants et les travailleurs industriels des villes. La tendance prolétarienne cherche et obtient le contact avec certains États communistes d'Europe orientale.

Une deuxième scission a lieu : *la tendance insurrectionnelle* se constitue[8]. Ses militants présentent une image très mélangée, hétérogène et souvent contradictoire : il y a parmi eux des marxistes-léninistes qui refusent d'intégrer la tendance prolétarienne, des anarchistes, des sociaux-démocrates, des humanistes et, surtout, beaucoup de chrétiens. L'exemple des Tupamaros d'Uruguay influence de larges secteurs de la tendance insurrectionnelle. Elle croit aux fonctions thérapeutiques et cognitives de la violence : organisée en commandos d'assaut, elle pratique avant tout la guérilla urbaine. Elle privilégie la dynamique de la guerre offensive contre le lent effort d'organisation syndicale, politique, sociale des masses. Elle ne croit guère aux vertus d'une pédagogie « lente ». Le fusil intègre et sépare en même temps. Celui qui pratique la violence révolutionnaire rejoint l'organisation, celui qui la refuse s'en écarte. Somoza et le capital nord-américain sont le péché. La rédemption naît de l'acte pur de résistance. Cet acte pur est le fait d'hommes et de femmes qui acceptent de devenir des martyrs, de témoigner par le sacrifice de leur vie de la justesse immémoriale de leur cause. L'abjection de l'impérialisme, de ses mercenaires sur place, des misères qu'ils infligent aux pauvres est telle que l'insurrection ne peut souffrir de délais. Le temps est de la vie humaine. La tendance insurrectionnelle refuse toute projection stratégique à long terme. Il faut d'abord et immédiatement abattre la tyrannie, mettre fin au monde injuste. Le mystère de la

---

8. Cette tendance est aussi appelée « *terceriste* » puisque, chronologiquement, elle se constitue après la tendance prolétarienne et après la tendance « guerre populaire prolongée ». Pour des raisons pédagogiques, je présente la tendance « guerre populaire prolongée » (née avant la tendance insurrectionnelle) en troisième position.

liberté humaine, l'acte qui sauve sont au centre de ses réflexions. Ses alliés extérieurs sont, eux aussi, hétéroclites : la tendance insurrectionnelle est fortement appuyée par la social-démocratie européenne, notamment allemande, et par des secteurs progressistes des Églises américaines, européennes. Sa formation idéologique est déficiente. Son implantation organisationnelle dans les masses rurales ou même urbaines est faible. Elle est avant tout une organisation militaire.

Au bureau de l'Internationale socialiste, pendant les dernières années de la décennie 1970, je n'entendis parler que d'elle[9]. Ses délégations — conduites notamment par l'écrivain Sergio Ramirez, par le poète Ernesto Cardenal — parcourent la France, la Suisse, la République fédérale allemande, l'Autriche, la Suède, l'Italie, l'Espagne. La tendance insurrectionnelle garde des liens étroits avec un secteur progressiste de la bourgeoisie nicaraguayenne. Elle est alliée notamment au *Groupe des Douze,* dont nous parlerons plus tard. Mais là n'est pas la moindre de ses contradictions : bien que financée, conseillée diplomatiquement et appuyée par des partis sociaux-démocrates d'Europe, la tendance insurrectionnelle noue avec les principales guérillas de l'Amérique centrale des rapports étroits.

Au milieu des années 1970, il se dégage, au sein du Front, une autre tendance encore : c'est la *tendance « guerre populaire prolongée »*[10]. Cette tendance est en fait une organisation politico-militaire rigide, fortement hiérarchisée, implantée essentiellement à la campagne. Elle s'installe dans une perspective de lutte à long terme. Elle est persuadée que la guerre populaire contre la domination impérialiste de l'Amé-

9. L'Internationale socialiste dans son ensemble n'a pris position sur les alliances qu'il convenait de nouer au Nicaragua qu'à son Congrès ordinaire à Madrid (novembre 1980), lors de la constitution de son Comité de défense de la révolution nicaraguayenne.
10. Cette tendance en fait regroupe le noyau fondateur du Front, les survivants des combats des années 1961-1975, autour de Tomas Borge.

rique latine en général, de l'Amérique centrale en particulier, exige une organisation en profondeur des populations paysannes. La tendance « guerre populaire prolongée » n'est point implantée en ville. Suivant en cela l'exemple cubain, elle préfère l'alliance organique avec des organisations clandestines urbaines déjà existantes à la construction de ses propres réseaux urbains de soutien. Elle refuse l'idée de la guérilla urbaine. Elle considère comme irresponsable, suicidaire et dangereux tout acte qui tente d'entraîner dans une insurrection généralisée la population civile mal armée, mal préparée à l'affrontement avec un ennemi suréquipé, prêt à tous les massacres. L'organisation avec laquelle la tendance « guerre populaire prolongée » cherche l'alliance en ville est le *Mouvement Peuple uni* (Movimiento Pueblo Unido). La guerre des guérillas ne peut être victorieuse que dans les campagnes. Fidel Castro : « Les villes sont les cimetières des révolutionnaires. » Il faut donc alphabétiser, conscientiser les paysans, les travailleurs migrants, les journaliers agricoles des petites cités rurales, les fermiers, les petits propriétaires et toute cette population misérable et marginale qui gravite autour des latifundia et qui croupit dans les cabanes accrochées à la lisière des domaines. Des coopératives sont créées. Ces coopératives sont défendues par des colonnes de maquisards en constant déplacement. La montagne du Nord est le territoire de la tendance « guerre populaire prolongée ». Des zones libérées s'y étendent. Elles sont défendues, les armes à la main, avec des succès variables. Les incursions de la garde sont meurtrières. Des villages entiers — avec leurs familles, leur bétail, leurs provisions — disparaissent dans une mer de flammes. Les bombes au napalm, au phosphore brûlent, anéantissent des milliers de paysans, leurs femmes, leurs enfants. Mais les zones libérées restent, malgré tout, un refuge. Elles sont le berceau de la société socialiste à venir. Les dirigeants, cadres et militants de la tendance « guerre populaire prolongée » sont des hommes et des femmes doués de patience. Leurs analyses théoriques s'inspirent d'une relecture de l'expérience cubaine et notamment guevariste. Les contacts avec les révolutionnaires cubains sont étroits. Ils reçoivent d'eux conseil, argent et armes. Cependant, il serait totalement erroné de voir dans la tendance « guerre populaire prolongée » une organisation satellite de La Havane. Les hommes et les femmes qui la dirigent sont des révolutionnaires dotés d'une conscience autonome, critique, et d'une farouche volonté d'indépendance.

Sur un point important, celui de l'alliance avec l'Union soviétique, la tendance « guerre populaire prolongée » s'écarte de l'analyse cubaine. Cuba vit une situation particulière : en avril 1961, les États-Unis (leurs services secrets) et les mercenaires lancent une attaque directe contre le gouvernement révolutionnaire par le débarquement de Playa Girón. En 1965 naît le Parti communiste cubain, parti marxiste-léniniste, parti unique, parti d'État. Le blocus américain tente en permanence d'étouffer l'économie cubaine, ou du moins d'en empêcher le développement harmonieux. Depuis l'élection du président Reagan (novembre 1980), les menaces militaires qui pèsent sur la République sont redevenues réelles, immédiates, sérieuses. Les actuels dirigeants cubains voient dans l'Union soviétique la principale puissance anti-impérialiste du monde. L'alliance avec l'Union soviétique de tout mouvement armé de libération nationale du tiers monde leur paraît devoir être naturelle, normale, nécessaire. La tendance « guerre populaire prolongée » fait une autre analyse, plus subtile, plus nuancée. Ses dirigeants gardent, face à la politique extérieure de l'Union soviétique, une saine méfiance. Pour eux, l'Union soviétique est d'abord la patrie de Lénine, héritière d'une vision libératrice, solidaire de l'histoire des peuples ; mais l'Union soviétique est aussi une des deux superpuissances, régie par une raison d'État, engagée dans le jeu compliqué de la constitution de glacis territoriaux, de la conquête de zones d'influence. Les dirigeants de la tendance « guerre populaire prolongée » soupçonnent la raison d'État soviétique d'obéir surtout — dans les décisions qu'elle inspire — à des paramètres d'efficacité, de puissance, de conquête. L'entente toujours possible entre les deux superpuissances et qui se conclut généralement au détriment des peuples du tiers monde les remplit d'une méfiance profonde.

4. *L'unité dans la dissidence*

Entre les tendances, les conflits sont violents. Exemple : en octobre 1977, les commandos d'assaut de la tendance insurrectionnelle attaquent les casernes de la garde nationale à Masaya, à San Carlos, à Ocotal. Ce sont de véritables forteresses, protégées par l'artillerie, surveillées par l'aviation. Elles sont situées dans les villes ou — comme c'est le cas pour celle de Masaya — sur des promontoires dominant des quartiers d'habitations. Les trois attaques échouent : aucune caserne ne tombe, les révolutionnaires sont repoussés partout. Les guérilleros survivants se retirent d'une façon ordonnée. Mais la répression contre les civils est terrible. Les bombardiers s'acharnent sur les barrios les plus pauvres. La population est pratiquement sans défense. La population civile, surtout celle qui habite dans le voisinage immédiat des casernes, est livrée au massacre. Ses pertes sont énormes : dans les maisons incendiées par le napalm, les hommes, les femmes, les enfants brûlent, subissent une agonie atroce. Une fois les raids de représailles terminés, arrivent les agents de l'Office de sécurité nationale. Dans les barrios où ont eu lieu les combats, tout le monde est suspect. Les agents emmènent généralement tous les hommes survivants entre douze et soixante ans. Beaucoup sont fusillés sur place, pour l'exemple. D'autres sont torturés devant leur famille, mutilés. L'Office de sécurité nationale pratique une torture particulière : les tortionnaires émasculent leurs prisonniers. Pendant les jours qui suivent l'attaque, les cadavres défigurés sont jetés des Jeeps de la garde aux carrefours des villes.

Avec ces attaques contre les casernes de Masaya, Ocotal, San Carlos, la tendance insurrectionnelle considère avoir atteint un double but : avoir démontré que, malgré les scissions intervenues au sein du FSLN, la résistance armée n'est pas morte et prouvé que l'opposition contre la tyrannie soutenue par le gouvernement de Washington n'est pas le monopole de l'oligarchie et de la bourgeoisie antisomozistes. Or, les réactions des deux autres tendances sont violentes. La tendance prolétarienne porte ce jugement : « Il s'agit d'aventures militaires qui ne jouissent pas du soutien organisé des masses travailleuses. Ces actions s'inscrivent dans la plus pure tradition putschiste petite bourgeoise. Seuls, les ouvriers, les paysans, tous les travailleurs peuvent renverser la dictature[11]. » La tendance « guerre populaire prolongée » condamne encore plus nettement ces initiatives : « On ne peut concevoir la prise de pouvoir par une tactique putschiste. Ces groupes de putschistes emploient le sigle du FSLN. Cela constitue une tromperie envers notre peuple et un manque de respect pour la mémoire de nos martyrs[12]. »

Je le répète : l'unité du Front n'est pas mise en question fondamentalement par la crise des années 1975-1977. Affirmation paradoxale ? Non. Il y a eu dissidence, certes. La direction nationale n'a plus siégé dans les zones libérées. Ou plutôt, c'est la tendance « guerre populaire prolongée » qui — réunissant pratiquement tous les anciens commandants survivants de 1961, tous les lieutenants de Fonseca autour du programme de 1969 — continuait à incarner la légitimité historique. Mais les deux autres tendances, faites de dissidents du Front ou de combattants venus d'organisations non affiliées au FSLN, restaient en contact permanent avec les dirigeants de la tendance « guerre populaire prolongée ». Un système de messagers reliait tous les groupes. Même si, dans chaque tendance, la stratégie, la tactique, les différentes actions ponctuelles étaient décidées d'une façon autonome. Je le dis avec force : malgré les énormes et dangereuses contradictions entre les classes qui composent le FSLN avant et depuis 1975, malgré les conflits entre les courants d'opinion qui les expriment, le mouvement armé de libération nationale du Nicaragua n'a jamais connu la guerre fratricide ni les déchirements qui ont mis en péril ou carrément anéanti tant d'autres mouvements armés de libération du tiers monde.

Pourquoi le Front sandiniste de libération nationale échappait-il aux luttes fratricides ? Il existe à mon avis au moins

---

11. Orlando Nunez, in Julio Lopez, Fernando Chamorro, Barrios, Pascual Serres, *La Caída del somozismo y la Lucha sandinista*, San José de Costa Rica, Ed. Educa, 1979.
    12. *Ibid.*

deux raisons. La première : les trois tendances du Front ne travaillaient pas dans les mêmes secteurs sociaux et géographiques. La tendance « guerre populaire prolongée » organisait surtout les journaliers agricoles, les petits paysans des campagnes du Nord. Les terceristes agissaient avant tout dans les villes. La tendance prolétarienne, voulant instituer un parti marxiste-léniniste, s'adressait au prolétariat ouvrier de l'industrie alors que les terceristes recrutaient parmi les intellectuels, les employés, ou les marginaux des bidonvilles. La deuxième raison : la dictature des Somoza durait depuis près de quarante ans. Le pays tout entier, toutes classes confondues, aspirait profondément à la démocratie, à la tolérance, au dialogue, à l'ouverture de la société. Ces aspirations étaient intériorisées par chacune des tendances du Front. Une politique sectaire impliquant une attitude dogmatique, intolérante, dictatoriale envers d'autres groupes révolutionnaires était tout simplement impensable. Elle aurait été immédiatement condamnée à l'échec[13].

Cette « unité dans la dissidence », le maintien de liens personnels et de communications entre tendances hostiles d'un même mouvement armé de libération constituent — dans le tiers monde d'aujourd'hui — une exception très rare. L'intelligence politique, l'habileté diplomatique, la profonde volonté de tolérance et de respect du « dissident » dont témoignent les révolutionnaires nicaraguayens les uns envers les autres est un fait remarquable. Il est en contradiction ouverte avec ce qui se passe — hélas — dans nombre d'autres mouvements. Je donne ici quelques exemples antithétiques.

En 1982, les deux organisations de la résistance

---

13. Cette volonté obstinée de tolérance, ce refus des exclusions définitives, cette hantise du sectarisme impriment leur marque à la politique sandiniste d'aujourd'hui. En 1983, les conflits de classes — notamment entre la bourgeoisie nationale et les travailleurs de l'industrie, des transports, des campagnes, organisés par les sandinistes — sont aigus, vifs. Pourtant, la junte de reconstruction nationale et la direction du Front refusent catégoriquement de jeter l'anathème sur qui que ce soit. Toutes les organisations professionnelles et sociales du pays sont représentées au Conseil d'État. Les exigences de la reconstruction nationale priment sur les exigences de la lutte des classes.

érythréenne, le Front populaire de libération (FPLE) et le Front de libération (FLE), se combattaient mutuellement. Le mouvement armé de libération de l'Érythrée est le mouvement de libération le plus ancien d'Afrique[14]. Les combattants du FPLE donnaient la chasse aux maquisards du FLE et vice versa. L'Éthiopie profitait de cette situation. Son armée, assistée jusqu'au niveau du bataillon par des officiers soviétiques, appuyée par l'artillerie et les blindés soviétiques, couverte par les avions Antonov et Mig, était en 1982 devant Nakfa, dernière ville de l'Érythrée libre. Dans le Sahel, le long de la mer Rouge, dans les camps soudanais les frères ennemis du mouvement de libération s'entre-tuaient[15].

Autre exemple : le Front de libération nationale d'Algérie (FLN) a, durant les années 1954-1959, forgé son unité au moyen de purges sanglantes. Meluza est un nom d'horreur et de sang[16]. Dans la diaspora algérienne de France, les exécutions, expéditions punitives, qu'organisaient le FLN pour éliminer les militants du Mouvement national algérien (MNA) de Messali Hadj ou qu'entreprenaient les tueurs du MNA pour liquider les militants du FLN firent, durant les sombres années 1956-1958, des centaines de morts. En Algérie, dans les réseaux clandestins des villes, dans les maquis, les purges, les combats entre clans étaient fréquents. Le Congrès de la Soumma, en Kabylie, en août 1956, ne réussit qu'à définir une plate-forme programmatique relativement vague : le Front de libération regroupera, jusqu'à la victoire de juin 1962, les tendances les plus diverses, les plus contradictoires. Sa base de classe n'a jamais été homogène. Au sein même de l'Armée de libération — notamment dans les unités stationnées dans les willayas de Kabylie et des Aurès —, des guerres civiles localisées eurent lieu. L'assassinat par ses frères d'armes d'un des commandants les plus prestigieux, les plus populaires de l'ALN, Ramdane Abane,

14. Cf. p. 463 *sq.*
15. Aujourd'hui (1984), le FLE est complètement éliminé du territoire libéré d'Érythrée.
16. Meluza était un village d'obédience messaliste dans le Constantinois, dont les habitants femmes, enfants, vieillards — furent massacrés sur ordre d'un chef local du FLN.

témoigne des déchirements vécus par le mouvement armé de libération nationale d'Algérie [17].

Autre exemple encore : le Mouvement populaire pour la libération de l'Angola (MPLA) fut déchiré par des conflits internes violents, tout au long de son histoire. A la veille de l'indépendance, en 1975 encore, Daniel Chipenda et ses combattants de l'armée de l'Est massacrèrent leurs frères d'armes de la forêt de Demba, des camps de Brazzaville, des maquis de Cabinda. Rien de tel au Nicaragua. Il n'y a pas eu, au sein du FSLN, de guerre civile interne, ni d'épurations sanglantes, ni d'exécutions de camarades pour raison de divergence politique. Il n'y a pas non plus eu de trahison massive, désertion vers l'ennemi, de fractions entières du mouvement. Personne n'a jamais même évoqué la possibilité de négocier avec l'ennemi. Personne, à aucun moment, n'a mis en doute, au sein du Front, la nécessité impérieuse de la construction, après la libération, d'un État et d'une société socialistes.

Début 1978, des discussions s'engagent pour rapprocher entre elles les trois tendances. Après de longs débats menés avec leurs bases respectives, les dirigeants des trois tendances signent un protocole d'accord. *Le 7 mars 1979, une nouvelle direction nationale conjointe est constituée.* Elle est aujourd'hui l'organe suprême du pouvoir au Nicaragua libre. Lors de la signature de l'accord, chaque tendance désigne pour siéger à la direction nationale trois combattants, qui, chacun, aujourd'hui, portent le titre de commandant de la Révolution. Pour la tendance prolétarienne, ce sont Carlos Nunez, Jaime Wheelock, Luis Carrion. Pour la tendance insurrectionnelle, ce sont les frères Humberto et Daniel Ortega (un troisième frère est mort au combat) et le Mexicain, combattant internationaliste, Victor Tirado. Ce sont Tomas Borge, Bayardo Arce et Henri Ruiz qui représentent la tendance

17. Mohammed Lebjaoui, ancien chef de la Fédération de France du FLN, appelle Ramdane le « *Jean Moulin algérien* ». Cf. Mohammed Lebjaoui, *Vérités sur la révolution algérienne*, Gallimard, 1970, p. 151 *sq.* Aussi : Mohammed Harbi, *Archives de la révolution algérienne* (collection de documents du FLN), Éd. Jeune Afrique, 1981.

« guerre populaire prolongée ». Une preuve évidente de la continuité de la ligne du Front est que, malgré les violents conflits de 1975-1977, malgré les deux scissions successives, l'esprit de fraternité entre les combattants des trois tendances n'est pas mort. L'actuelle direction nationale fonctionne collectivement, sans haine personnelle, sans conflit psychologique grave, dans l'amitié et la tolérance mutuelle[18]. Tomas Borge :

> « Dans nos réunions de la direction nationale du Front, il arrive fréquemment que des dissensions opposent des membres appartenant à une même tendance. Un autre exemple : au ministère de l'Intérieur travaillent beaucoup de gens qui appartiennent à une tendance différente de la mienne. Et je ne sais même pas à quelle tendance appartiennent mes gardes du corps ou les personnes qui travaillent dans les bureaux voisins du mien. Il ne m'est jamais venu à l'idée de le leur demander. Je crois que tout le monde a finalement oublié à quelle tendance il appartient[19]. »

18. La révolution du Nicaragua est allée aussi loin qu'il est aujourd'hui possible de le faire dans la réduction des hiérarchies autres que fonctionnelles. Les neuf commandants de la Révolution, connus à l'étranger, ne sont pas nécessairement les dirigeants les plus importants des trois tendances, les commandants militaires les plus héroïques, les organisateurs les plus sûrs.

Le souci d'éviter, autant que possible, toute personnalisation du pouvoir est constant chez tous les révolutionnaires. Régis Debray rapporte ce mot du Che Guevara : « *esa odiosa palabra de cuadro* » (ce mot odieux de cadre), in *Journal d'un petit-bourgeois entre deux feux et quatre murs*, Éd. du Seuil, 1976, p. 61.

19. Tomas Borge, dans le numéro spécial de *Cuadernos de Marcha*, *op. cit.*, p. 87.

7

L'Évangile, les révolutionnaires et les bourgeois

1. L'opposition bourgeoise

Dès 1975, une puissante opposition bourgeoise contre Somoza Debayle et ses mandataires nord-américains se développe. Elle est composée d'entrepreneurs, d'industriels, de moyens propriétaires, d'avocats, de médecins, de professeurs, de commerçants, de transporteurs, d'assureurs. Tous, ils souffrent de l'arbitraire et de la corruption de la dictature. Tous, ils tentent de résister à la continuelle extension de l'empire financier, industriel, commercial des sociétés multinationales étrangères et du clan des Somoza. Cette opposition est structurée en plusieurs organisations dont nous verrons tout à l'heure l'idéologie et la configuration sociale. Elle est conduite par des hommes et des femmes de caractère, de courage et d'intelligence. Ses principaux chefs sont l'éditeur *Pedro Joaquin Chamorro,* l'entrepreneur *Alfonso Robelo,* le financier *Arturo José Cruz.* Cette opposition est attachée à l'idée du développement d'un capitalisme national. Elle est fortement patriotique, se considérant comme l'héritière des combattants de l'indépendance de 1821. Je nomme cette opposition l'*opposition bourgeoise.* L'arrivée à la Maison-Blanche du président Carter favorise la naissance d'une alliance de l'opposition bourgeoise nicaraguayenne avec certains secteurs plus modernistes du capital américain. Sous la pression de Carter, Somoza doit rétablir la liberté de presse (1977). Or, l'opposition bourgeoise possède de nombreux organes : radios rurales, radios urbaines, stations de télévision, revues et journaux nationaux puissants, comme par exemple *la Prensa*. Grâce à la protection relative dont elle jouit, depuis l'élection du président Carter, de la part de certains secteurs du gouvernement de Washington, l'opposition bourgeoise réussit à imposer — contre la volonté de Somoza et des sociétés multinationales implantées au Nicaragua — la création de deux organisations puissantes : le *Comité pour la défense des droits de l'homme* (CDDH) et l'*Association des femmes face à la problématique nationale* (APROMAC). En outre, ses organisations politiques traditionnelles sont nombreuses.

Pour comprendre l'idéologie, la composition sociale, la stratégie politique de l'opposition bourgeoise, un rappel historique est indispensable : au moment de l'indépendance de 1821 et de la lutte anti-espagnole, deux oligarchies créoles, c'est-à-dire des ensembles de clans, propriétaires des principales richesses, des principaux moyens de production du pays, s'opposent au Nicaragua. L'oligarchie de Granada, celle de León. La première prend les couleurs, le titre, le drapeau « *conservateur* » ; la seconde le drapeau et le nom de « *libéral*». Distinction purement formelle désignant une opposition fondée sur des rivalités personnelles, familiales, financières à l'intérieur d'une même classe créole dominante. Anastasio Somoza Garcia le général de la mort, épousant une Sacasa du clan « libéral » de León, prend l'appellation de « libéral ». Le clan Somoza règne de 1934 à 1979. Il exerce le pouvoir sous des déguisements différents. A certaines époques, un Somoza se fait élire président. A d'autres moments, c'est un homme de paille qui occupe la présidence. De tout temps, les Somoza gardent le commandement de la garde nationale. Ils dirigent, sans interruption, le Parti libéral. Et, surtout, ils se constituent au cours des générations un empire financier, économique, fait de sociétés maritimes, commerciales, de compagnies d'assurances, de banques, de plantations de canne, de café, de coton, d'usines de tabac, d'haciendas de bétail, de sociétés d'exploitation minière. Cet empire porte ombrage aux intérêts financiers des autres fractions de l'oligarchie créole, de ceux aussi de la bourgeoisie compra-

dore qui naît au contact des sociétés multinationales nord-
américaines, européennes, japonaises ; de ceux, enfin, de la
bourgeoisie nationale.

Pour les raisons historiques que nous venons de voir,
l'opposition nationale à la dictature se regroupe traditionnel-
lement au sein du Parti « conservateur ». Ce parti connaît des
scissions : l'*Action conservatrice* et le *Parti conservateur
authentique* naissent. Ce sont deux organisations « musclées »
qui reprochent aux dirigeants du traditionnel Parti conservateur leur laxisme face aux syndicats et aux organisations de
masse alliés au Front sandiniste. Afin de regrouper l'ensemble de ses organisations politiques disparates, l'opposition
bourgeoise crée l'*Union démocrate de libération* (UDEL).
Après la libération, en juillet 1979, le Parti conservateur
authentique et l'Action conservatrice se regroupent dans le
Parti social-démocrate du Nicaragua[1].

L'opposition bourgeoise infiltre la garde nationale. En
1978, le lieutenant-colonel Bernardino Larios — avec l'aide
d'un groupe d'officiers — tente un coup d'État militaire. Le
coup est réprimé dans le sang. L'opposition bourgeoise
dispose également d'une organisation de lutte économique
très bien structurée, qui a ses ramifications dans tous les
secteurs de l'industrie, de l'agriculture, de la banque, des
transports, des assurances : c'est le puissant *Conseil supérieur
de l'entreprise privée* (COSEP).

Sur le plan international, l'opposition bourgeoise déploie
une activité intelligente, efficace : dans l'entourage du président Carter, elle noue des alliances utiles. Au début 1979,

---

1. A la séance du bureau de l'Internationale socialiste à Oslo
(1980), il s'en est fallu d'un cheveu que ce parti ne devienne
l'interlocuteur de l'Internationale. Seule la vigilance de Pierre
Schorri, secrétaire international du Parti socialiste suédois et de
Bernt Carlsson, secrétaire général (suédois) de l'IS, excellents
connaisseurs de la réalité centraméricaine, évita le désastre. Rappel :
lors de la Conférence générale de Madrid (novembre 1980), l'Internationale reconnaît comme unique interlocuteur le FSLN. Elle
décide la constitution d'un Comité de défense de la révolution du
Nicaragua présidé par Felipe Gonzalez, secrétaire général du PSOE
(Parti socialiste ouvrier espagnol). Le Parti socialiste français fait
partie du comité.

Carter suspend l'aide militaire, financière au Nicaragua. Il exige le respect des droits de l'homme, la fin de la torture, le rétablissement de l'*habeas corpus*. Mais Carter est un président faible : les sociétés multinationales nord-américaines de la banane, des mines, de la banque (notamment la *Chase Manhattan Bank*) opérant au Nicaragua obtiennent que le Fonds monétaire international — où les États-Unis font la loi — accorde un crédit d'urgence de 65 millions de dollars à Somoza. Un homme joue dans cette affaire un rôle clé : *Martinez de Hoz*. Martinez est membre du directoire de la Chase Manhattan Bank. Il est le confident de David Rockefeller, président de la banque, et son conseiller pour les affaires latino-américaines. Martinez de Hoz sera également, comme ministre argentin de l'Économie sous la présidence du général Jorge Rafael Videla (1976-1981), le responsable de la destruction de l'économie argentine, de l'industrie nationale et du pouvoir d'achat des travailleurs.

L'opposition bourgeoise conquiert des alliés au sein de l'*Organisation des États américains* (OEA) : le Venezuela de *Carlos Andrès Perez* (l'Acción democrática est au pouvoir à Caracas), le Mexique, le Costa Rica, le Panama la soutiennent. Mais le Pentagone — qui ne peut, grâce au veto de Carter, intervenir directement au Nicaragua — mobilise ses alliés traditionnels : l'Argentine, où règne la dictature militaire, et Israël. Ces deux États enverront des armes, des munitions, des experts à Somoza jusqu'au dernier jour de la guerre.

La stratégie de l'opposition bourgeoise est complexe : elle veut d'abord se débarrasser de Somoza et de son régime et ensuite renégocier les rapports entre le capital national et le capital multinational. Elle veut substituer à la tyrannie policière et clanique des Somoza un régime constitutionnel bourgeois basé sur des élections libres. Le régime parlementaire doit remplacer la dictature. En matière de politique étrangère, elle veut maintenir l'alliance privilégiée avec les États-Unis. Mais, en même temps, elle tente par tous les moyens d'empêcher le développement de la guerre populaire de libération. L'ennemi prioritaire de l'opposition bourgeoise est le Front sandiniste. Il convient d'éviter à tout prix la prise de pouvoir par le Front et l'instauration au Nicaragua d'une société socialiste.

La situation intérieure du Nicaragua, en cette période 1975-1978, est intéressante : la bourgeoisie nationale (et la fraction antisomoziste de l'oligarchie qui lui est alliée) se trouve — grosso modo — devant le même problème que la bourgeoisie nationale française au début de l'année 1871 : l'Empire est à l'agonie, les Prussiens menacent. La classe ouvrière, une partie de l'intelligentsia sont en révolte ouverte à Paris, notamment. La Commune risque d'apparaître comme le seul refuge de la dignité nationale, la seule et ultime force de la résistance patriotique contre l'envahisseur étranger. La bourgeoisie nationale, dans son expression « versaillaise », tente de conjurer deux dangers à la fois : l'occupation étrangère du pays risque de la priver, pour de longues années, de son rôle dirigeant au sein d'une nation et d'un État indépendants. Mais l'autre danger est plus grave encore : la montée des forces socialistes et révolutionnaires ne menace pas seulement sa prééminence en tant que classe dirigeante, elle met en question son existence tout court. Les « Versaillais » choisissent l'alliance tacite avec l'envahisseur et le massacre des Communards. Nous verrons les choix qu'effectue cent cinq ans plus tard la bourgeoisie nationale du Nicaragua face à une situation semblable.

Le 10 janvier 1978, Anatasio Somoza Debayle, le « gouverneur des cimetières », fait assassiner *Pedro Joaquin Chamorro*[2]. L'UDEL appelle à la grève générale : dans la capitale, les entreprises de Somoza sont saccagées. La colère des manifestants s'exerce en particulier contre la plus détestable d'entre elles : la société Plasmaféresis, appelée la « maison de Dracula ». Associé à des ex-Cubains de Miami, Somoza gagne ici des centaines de milliers de dollars par année : les Nicaraguayens les plus démunis (hommes, femmes, enfants) y viennent vendre leur sang, que Plasmaféresis revend ensuite à prix d'or aux sociétés pharmaceutiques de New York, de Paris, de San Francisco, de Bâle.

2. Rappel : Pedro Joaquin Chamorro est l'un des principaux dirigeants de l'opposition bourgeoise, son idéologue. Il dirige le principal journal du pays : *La Prensa*.

La grève dure quinze jours. Elle paralyse presque complètement les villes du pays. La plupart des chefs d'entreprise continuent à payer leurs salaires aux ouvriers et employés. La hiérarchie catholique appuie la grève : les principales assemblées des grévistes se tiennent dans les églises. Sous la pression du président Carter, Somoza est contraint d'accepter ce qui s'appelle alors le « dialogue national », c'est-à-dire la négociation, conduite par le truchement de l'étranger, entre le régime et l'opposition bourgeoise. Le régime accepte de faire des concessions : il décrète l'augmentation de pratiquement tous les salaires et le versement d'un treizième mois aux fonctionnaires, employés et ouvriers.

Mais le « dialogue national » échoue : les difficultés économiques dues à l'intensification de la guerre populaire de libération, menée par le Front sandiniste, exacerbent les contradictions entre le capital privé et le régime. En juillet naît le *Front élargi d'opposition* (Frente amplio de oposición — FAO). Une des composantes de ce FAO mérite une attention particulière : c'est le *Groupe des Douze,* un mouvement constitué par des professeurs d'Université, des cadres supérieurs de diverses entreprises du capital national, des religieux. Le FAO publie un programme dit « Programme démocratique », en douze points, réclame l'instauration d'un régime parlementaire, le respect de l'entreprise privée, le départ de Somoza. La rupture définitive entre le dictateur, le capital multinational d'une part et le capital national d'autre part est consommée. Printemps 1979 : l'opposition bourgeoise conclut une alliance tactique avec le Front[3].

2. *L'Église catholique contre les chrétiens*

> Parce que les pauvres ne savent
> Où tourner le regard,
> Ils le tournent vers les cieux
> Dans l'espoir infini

3. Cette alliance sera étudiée p. 210 *sq.*

De trouver ce que leur frère
Leur ôte en ce monde.

Parce que les pauvres ne savent
Où adresser leur voix,
Ils l'adressent aux cieux
Cherchant une confession
Puisque leur frère n'écoute pas
La voix de leur cœur.

De temps immémoriaux
On a inventé l'enfer
Pour faire peur aux pauvres
Avec ses châtiments éternels,
Et le pauvre, qui est innocent,
Le croit dans son innocence

Et pour continuer le mensonge
Il y a le confesseur
Qui dit que Dieu ne veut
Aucune révolution.
Le ciel tient les rênes
De la terre et du capital.

Violetta Parra,
Parce que les pauvres ne savent
(traduction Régine Mellac)

Comme partout en Amérique centrale, caraïbe et méridionale, il existe au Nicaragua une Église catholique puissante, riche, arrogante. Ses premiers dignitaires étaient arrivés avec les conquistadores ibériques. Ils avaient célébré leurs premières messes dans les ruines fumantes des villages indiens incendiés, au milieu des cadavres des familles Ramos, Misquitos, massacrées par les soldats de Cortez. L'Église ibérique des Amériques était propriétaire d'immenses terres, concédées par la couronne de Madrid, de concessions minières, de maisons de commerce, d'armées miséreuses d'esclaves innombrables. Elle fournissait à l'entreprise coloniale sa justification idéologique. Le statut politique, idéologique, économique de l'Église n'avait guère changé avec le départ des Espagnols et l'installation au pouvoir de l'oligarchie créole[4] — exception faite de la courte période de la prési-

4. Il existe sur les débats théologiques en Amérique centrale une littérature intéressante. En ce qui concerne le Nicaragua, quelques-

dence Zelaya (1893-1909) qui déclara la séparation de l'État
et de l'Église. Pendant toute la durée de la dictature des
Somoza, et jusqu'à la rupture entre le capital national et le
capital impérialiste étranger, la haute hiérarchie catholique
sert fidèlement l'oligarchie dominante. Dans la hideuse
cathédrale de Managua (à moitié détruite par le tremblement
de terre de 1972), elle psalmodie ses *Te Deum* à la gloire de la
famille Somoza. A chaque fois que le « gouverneur des
cimetières » ou l'un de ses fils, gendres, cousins ou alliés fête
son installation comme président de la République, commandant en chef de la garde ou président de la Cour suprême,
l'archevêque de Managua et primat du Nicaragua implore —
sur les entreprises du nouvel élu — la bénédiction de Dieu,
des anges et de tous les saints. La plupart des évêques (fait
notamment exception celui de León) et l'immense majorité
des prêtres maintiennent, à travers le sermon dominical, la
confession et l'école catholique, le contrôle idéologique sur
les masses rurales, les classes moyennes, les prolétaires des
villes. Comme le dit Miguez-Bonino, l'Église fabrique essentiellement « *du fatalisme et de la résignation* ». Le campesino
est convaincu qu'il doit accepter l'ordre établi parce que telle
est la volonté de Dieu ; il doit respecter l'autorité du grand
propriétaire foncier et celle du policier, subir les injustices de
l'usurier, la maladie et la pauvreté. En échange de ses
souffrances, on lui promet la joie dans le monde à venir, après
sa mort. C'est la fonction consolatrice de la religiosité
populaire, une « religiosité profondément aliénée et alié-
nante, manifestation d'une conscience esclave et, en même
temps, un moyen formidable pour prolonger et consolider

---

uns des ouvrages les plus incisifs sont écrits en italien (puisque ce sont
les prêtres italiens qui, parmi les missionnaires catholiques étrangers
au Nicaragua, sont les plus nombreux), notamment :
– S. Formiconi, *Nicaragua, la speranza nuova*, Assisi, Ed. Cittadella,
1980.
– Ouvrage collectif : *La Fede come prassi di liberazione*, Milano, Ed.
Feltrinelli, 1972. Dans ce livre, voir plus particulièrement C. Aujar,
« Dal cristianismo sociale al cristianismo rivoluzionario », p. 69 *sq.*
– J. Miguez-Bonino, « La pietà popolare in America latina », in
Concilium, n° 6, 1974.

l'oppression [5] ». La manifestation extérieure de cette religion dans les rites et les sacrements, leur maniement s'approchaient à la fois de la magie et de l'hypocrisie. C'est pourquoi le dictateur, à l'occasion des grandes fêtes, après avoir passé en revue des prisonniers politiques qui languissaient dans les souterrains du palais présidentiel de Managua et après avoir visité la salle des tortures ou examiné personnellement le déroulement des interrogatoires, allait prendre place, en toute solennité, sur le trône en marbre qu'il s'était fait construire en face de celui de l'évêque, dans la cathédrale.

L'Église possède un puissant réseau de stations de radio, de télévision, de revues et de journaux. Elle prêche contre le « communisme », c'est-à-dire contre tout mouvement qui tente de mettre en question les structures d'exploitation en place. Elle enseigne les bonnes manières aux jeunes filles de la bourgeoisie. Elle détourne vers des préoccupations d'ordre métaphysique la naturelle révolte des jeunes gens qu'elle accueille dans ses collèges et pensionnats. Elle condamne la prostitution, fruit inévitable, massif, de la misère. Elle fustige l'éclatement des familles, l'abandon des enfants par leurs parents qui, pourtant, sont des phénomènes directement issus de l'ordre inégalitaire, injuste, meurtrier qu'elle bénit. Bref, la haute hiérarchie ecclésiale fait au Nicaragua ce qu'elle a fait et fait toujours, et partout, depuis près de mille ans : elle garde, face aux méfaits des puissants, un silence respectueux et servile. Elle s'abrite dans leur ombre, défend ses privilèges, célèbre ses rites, prêche une morale désincarnée et renvoie à l'au-delà toute revendication de justice que lui oppose un peuple désespéré, humilié, martyrisé, à bout de force.

La bureaucratie cléricale prospère sur l'humus de la « religion traditionnelle ». Cette religion a une fonction sociale précise. Un beau texte incisif de Marx la résume :

> La détresse religieuse est, pour une part, l'expression de la détresse réelle et, pour une autre, la protestation

5. J. Miguez-Bonino, « La pietà popolare in America latina », art. cité, p. 189.

contre la détresse réelle. La religion est le soupir de la créature opprimée, la chaleur d'un monde sans cœur comme elle est l'esprit de conditions sociales d'où l'esprit est exclu. Elle est l'opium du peuple. Abolir la religion en tant que bonheur illusoire du peuple, c'est exiger son bonheur réel. Exiger qu'il renonce à une situation qui a besoin d'illusions. La critique de la religion est donc en germe la critique de cette vallée de larmes dont la religion est l'auréole [6].

La religion traditionnelle de l'Amérique latine est un mélange de rites, de croyances multiples, de superstitions très anciennes qui s'enracinent dans la mémoire soit des peuples ibériques, soit des peuples indiens. La magie se mêle aux actes de célébration catholique. Les figures des saints se confondent avec des figures plus anciennes, nées de l'imaginaire précolombien. En Équateur, j'ai vu une chose extraordinaire : l'immense forteresse du couvent des dominicains, qui, avec ses magnifiques bâtisses du XVIIe siècle, son église, ses jardins, ses hauts murs, occupe un vaste périmètre au centre de Quito, est pratiquement interdite aux Indiens, aux pauvres. Les moines avaient fait construire, dans une niche extérieure au grand mur d'enceinte, un espace « religieux » où, sous les ampoules multicolores, les guirlandes, perdu dans des images naïves, se dresse la statue grandeur nature d'un Christ. C'est le « *Christo del grande poder* ».

Les Indiens, les métis, les pauvres de la capitale viennent l'adorer. Séparation salutaire : l'Évangile est prêché à l'intérieur des murs ; à l'extérieur, aux ignorants et aux pauvres, on propose une statue conforme à leurs goûts. Le système mis au point par les dominicains de Quito est en effet astucieux : l'institution ecclésiale est sauvegardée dans sa « pureté ». La superstition indienne, métisse, ne franchit pas les murs de l'enceinte du couvent, de l'église. Lors des messes quotidiennes, seuls sont présents les bourgeois instruits, les moines, les baptisés agréés par le clergé. Mais les « besoins naturels » de religiosité des Indiens, des métis, existent.

6. Karl Marx, *Critique du droit politique de Hegel*, Paris, Éd. sociales, 1975, p. 198.

Comme me le disait le prieur du couvent : « Plus les gens sont pauvres, moins ils ont accès à l'instruction, plus leur besoin de croire est grand. » La bureaucratie cléricale leur aménage donc un lieu extra-muros où le besoin de croire peut être satisfait.

A chaque heure du jour et de la nuit, j'ai vu, devant le *Christo del grande poder*, des familles agenouillées, des Indiennes en pleurs, les mains tendues vers les yeux de verre de la statue, des enfants en guenilles, aux grands yeux noirs étonnés et émerveillés. Sur le rebord du socle de la statue, des dons s'accumulent, des offrandes sont déposées. La fumée de dizaines de cierges noircit chaque nuit un peu plus la niche où brillent les ampoules, où se balancent les guirlandes, ou, impassible, le Christ du grand pouvoir contemple son peuple. La stratégie des moines de Quito a le mérite de la clarté : séparation entre ceux qui commandent et ceux qui — dans leur multitude anonyme, martyrisée, ignorante — subissent depuis la Conquête espagnole l'ordre injuste du monde.

Mais l'Évangile, depuis près de deux mille ans, est une critique radicale, impitoyable, du meurtre des faibles, de l'exploitation des impuissants, de l'arrogance des riches. Dans chaque génération, quelques hommes, quelques femmes, s'inspirant de l'enseignement laissé par le Christ, témoignent des valeurs contenues dans l'Évangile. Ils s'engagent dans la lutte contre l'ordre inégalitaire, meurtrier, injuste. Le Nicaragua ne fait pas exception. Dès les années soixante, des communautés de base se créent. La plus célèbre d'entre elles : *Solentiname*. Les chrétiens y vivent du produit de leur travail, discutent, méditent et créent, par leur exemple, des foyers d'une contre-société à venir.

En 1965, le prêtre Camilo Torrès tombe les armes à la main ; il participait à la lutte armée contre l'oligarchie de Colombie. L'exemple de son sacrifice produit une impression profonde dans les communautés de base du Nicaragua. Plusieurs jeunes chrétiens s'engagent dans la lutte armée, rejoignent le Front sandiniste dans les montagnes, ses réseaux de soutien dans les villes. Comme Camilo, ils sont généralement d'origine bourgeoise. Jusqu'à la libération, ces jeunes combattants chrétiens fournissent d'innombrables exemples de courage, d'héroïsme, de sacrifice et aussi de désespoir. Ces morts ont laissé de nombreux chants, lettres, notes de journaux, poèmes. Edgar, guérillo de dix-neuf ans, écrit : « J'ai vécu vingt ans d'une vie facile et distraite pendant que des milliers d'enfants souffraient de la faim, sans médecin, dans un pays où il n'y a que sous-développement et misère[7]. » Edgar tomba dans un guet-apens de la garde nationale. Blessé, il fut assassiné. A ses côtés mourut Tatiana, autre militante d'une communauté de base. Elle avait quatorze ans et le fusil qu'elle portait était plus grand qu'elle. Avec eux tomba Arlène, jeune chanteuse, poétesse. D'elle, Ernesto Cardenal dit : « Là où elle tira sa dernière cartouche, une source a jailli[8]. »

Un des épisodes les plus burlesques de la persécution des chrétiens de base par les agents de la tyrannie, leurs conseillers sud-coréens, sud-vietnamiens, nord-américains, israéliens, argentins est celui de la répression exercée contre quiconque écoutait, chantait ou simplement fredonnait les airs de la *Misa campesina*. Cette messe avait été composée par le compositeur et chanteur Carlos Mejia sur des paroles de Cardenal et des membres de la communauté de Solentiname. En quelques jours, elle devint le chant de résistance des jeunes chrétiens combattants. Des commandos de guérillos prenaient des stations de radio, le temps de diffuser la *Misa*. Face à la garde puissamment armée, sur la place de la cathédrale, à León, des dizaines de milliers d'hommes, de femmes, les lèvres fermées, fredonnaient sa mélodie. Dans la montagne, à la veille du combat, autour du feu, les guérilleros chantaient les chants de la *Misa campesina*. Durant la grande grève de 1978, elle résonnait — répercutée par des milliers et des milliers de voix — dans les rues de Managua. Ses paroles sont belles, simples et convaincantes :

> Tu es le Dieu des pauvres,
> Le Dieu simple et humain
> Le Dieu qui chemine sur la route

7. Cité in S. Formiconi, *Nicaragua, la speranza nuova*, op. cit.
8. *Ibid.*

> Sa peau brûlée par le soleil.
> Tu es le Dieu ouvrier,
> Le Christ travailleur.

Après l'invocation, vient le Credo :

> Je crois en Toi, Christ ouvrier.
> Tu as été torturé, insulté
> Au temps de Ponce Pilate, impérialiste romain
> Exploiteur et chien des patrons,
> Qui se lava les mains pour se libérer de son erreur.

Enfin, dans le chant final, résonne l'espérance :

> Je crois en toi, Camarade Christ, humain et ouvrier,
> Tu ressuscites chaque jour dans les bras qui se lèvent
> Pour défendre le peuple contre ses oppresseurs.
> Tu es encore vivant
> Dans la case, dans la fabrique, dans l'école
> Je crois en ta Résurrection.

Le moine trappiste Ernesto Cardenal est, avec son frère jésuite Fernando, le principal théoricien de ce christianisme de base. Son influence sur toute une génération de jeunes bourgeois, issus des pensionnats et collèges de l'Église, est énorme. Cardenal : « Le véritable athéisme est celui de la Standard Oil et de la société Esso, de la Dow Chemical Company qui gagne au Vietnam, au Nicaragua, d'immenses sommes d'argent grâce aux bombes au napalm. » Il dit encore : « Ceux qui luttent et meurent pour donner à manger à celui qui a faim, pour donner un vêtement à celui qui est nu, pour enseigner aux analphabètes, ceux-là sont des chrétiens [9]. »

L'évolutio.. intellectuelle, spirituelle, d'Ernesto Cardenal est elle-même exemplaire pour le cheminement de plusieurs générations :

Ernesto naît dans une famille riche de Granada, en 1925. Il

9. Ernesto Cardenal reçut lors de la foire du livre de Francfort de 1980 le prix de la paix des libraires allemands. Ses principaux textes politiques ont été publiés à cette occasion par Extra-Buchverlag, Francfort-sur-le-Main.

fait ses études secondaires et supérieures au Mexique et à
New York. Sa thèse de doctorat en philosophie porte comme
titre : *la Poésie moderne au Nicaragua.* Il écrit lui-même de
la poésie. Ses poèmes sont d'une grande et rayonnante
beauté. Ils dénoncent la souffrance des peuples colonisés et
de l'homme humilié. Ils sont traduits en anglais, français,
allemand, italien, roumain, polonais, portugais, etc. De
retour au Nicaragua. Cardenal exerce le métier d'avocat.
Révolté par la misère des travailleurs, l'arrogance, la corruption de la dictature, il rejoint un petit groupe d'intellectuels
résistants qui impriment des tracts et font de l'alphabétisation
dans les quartiers pauvres de Granada. Il est arrêté, incarcéré
puis libéré. L'angoisse, les humiliations vécues dans les
prisons de Somoza, où il entend, de nuit, hurler les torturés,
provoquent en lui un choc profond. Un magnifique poème de
Cardenal témoigne du temps de la persécution :

Mon Dieu, mon Dieu, pourquoi m'as-tu abandonné ?
Je suis une caricature d'homme
Le mépris du peuple.

On se moque de moi dans tous les journaux
Les tanks blindés m'entourent
Les mitrailleuses sont braquées sur moi
Les barbelés m'encerclent,
    les barbelés électrifiés.

Tout le jour ils me font répondre à l'appel
Ils m'ont tatoué un numéro
Ils m'ont photographié entre les barbelés
Et on peut compter tous mes os
    comme dans une radiographie.
Ils m'ont enlevé toute identité
Ils se sont partagé mes vêtements et mes souliers.

Je crie pour demander de la morphine
Et personne ne m'écoute
Je crie avec la camisole de force
Je crie toute la nuit dans l'asile des malades mentaux [10].

10. Toute l'œuvre poétique, littéraire, philosophique d'Ernesto
Cardenal a paru aux Éditions Casa de las Americas. Plusieurs livres

1956 : Cardenal abandonne tout. Métier, famille, activités politiques clandestines. Il rejoint la trappe de Gethsémanie au Kentucky (États-Unis). Il se fait moine. Son maître des novices — et bientôt ami — est le moine-poète Thomas Merton. L'influence de Merton sur Cardenal est déterminante. Cardenal écrira plus tard : « Grâce à Merton, j'ai enfin compris que " gauche ", dictature et révolution, avant d'être des catégories politiques, sont d'abord des réalités spirituelles. » Et encore : « Les racines de la dictature sont profondes. Souvent, je les rencontre en moi-même. Les dictatures vivent en nous. La bombe H est une réalité de notre âme [11]. »

Après son noviciat de trappiste, Cardenal quitte les États-Unis pour Cuernavaca (Mexique). Il y fait ses études supérieures de théologie. Puis, il va à Medellín, en Colombie. En 1965, il revient au Nicaragua. Il y est ordonné prêtre. Il se retire sur une île isolée au milieu du Grand Lac (lac Nicaragua). Cette île tropicale, d'accès difficile, est d'une somptueuse beauté. Elle est habitée par quelques centaines de familles de pêcheurs, d'agriculteurs pauvres. Là, Cardenal fonde avec quelques amis de sa génération et quelques étudiants, ouvriers, paysans de la nouvelle génération une communauté de base du nom de *Solentiname*. La communauté crée un dispensaire pour les habitants de l'île et une école pour les enfants et les adultes. Cardenal est aussi un sculpteur de grand talent. Il sculpte, il écrit, il médite, il prie. La communauté vit des travaux artisanaux et des travaux des champs. L'influence qu'exerce Solentiname sur l'esprit est mystérieuse, souterraine. Comme un soleil caché dans les nuages, la communauté rayonne d'une lumière diffuse. Dans toute l'Amérique centrale, son influence croît d'année en année.

Durant les deux dernières années de la guerre de libération

— notamment des recueils de poèmes — sont traduits en France par les Éditions du Cerf. Le poème cité ici est tiré des Psaumes parus aux Éditions du Cerf. C'est le psaume n° 21 : « Pourquoi m'as-tu abandonné ? » (traduction Bessière/Sacchi, Éditions du Cerf, 1970, p. 29).

11. Ernesto Cardenal, *Obras,* La Havane, Éd. Casa de las Americas, 1981.

nationale, Ernesto et son frère Fernando parcourent l'Europe : ils font d'innombrables conférences ; ils gardent le contact avec le réseau des comités de soutien ; ils achètent des armes. Dès la libération, Ernesto devient ministre de la Culture, son frère chef de la campagne d'alphabétisation. La dernière fois que j'ai rencontré Ernesto Cardenal, c'était en 1981, au-dessus de la mer des Caraïbes, dans un avion qui se rendait de Managua à La Havane. Cardenal était en route pour Téhéran. Il devait y rencontrer (pour la troisième fois) l'imam Khomeiny. Khomeiny lui avait promis, lors d'une visite antérieure, la livraison d'armes américaines — prises sur les stocks immenses laissés par le shah — aux forces armées populaires et aux miliciens du Nicaragua.

Il serait difficile de surestimer la force de l'inspiration qui rayonne de ce petit homme au regard malicieux, derrière d'épaisses lunettes, un béret noir vissé en permanence sur ses longs cheveux blancs. Je me souviens d'un après-midi de printemps au Nicaragua libre. Avec Eduardo, notre chauffeur-garde du corps, et Norma Cuadra [12], nous roulions sur la grande route panaméricaine qui va de Managua vers les montagnes de l'Esteli. C'était l'époque où tout le monde, sur cette route, craignait les attentats d'anciens gardes somozistes infiltrés au Nicaragua depuis le Honduras. Chaque fois que, devant nous, un camion ou un char à bœufs stoppait, freinant notre avance, Eduardo devenait nerveux. Nous roulions dans une des six cents Mercedes-Benz laissées par Somoza dans les garages de la présidence (et utilisées aujourd'hui par le Front). La grosse voiture rouge était en effet une cible idéale pour le tir d'un éventuel assaillant. La vitesse était la seule protection possible. Norma, d'ordinaire si vive et communicative, était silencieuse depuis notre départ. Elle ne dit mot. A l'approche d'Esteli, je compris la raison de son émotion : c'était la première fois depuis 1978 qu'elle refaisait cette route. Or, de janvier à septembre 1978, elle avait convoyé — dans une Ford Taunus à double fond — des mitraillettes et des munitions de la frontière du Costa Rica au quartier général clandestin du Front dans les faubourgs d'Esteli. Elle

12. Cf. aussi p. 21 *sq.*

avait passé, à l'époque, les barrages des gardes. Le souvenir de ces contrôles lui glaçait le sang et la faisait frémir trois ans plus tard. Je lui demandai : « D'où vient qu'une jeune femme comme toi, qui, à l'époque, n'avait ni entraînement aux missions clandestines ni expérience militaire, mais qui était une jeune étudiante tout juste revenue de son université de Californie, acceptait de courir de tels risques ? Où puisais-tu le courage ? » La réponse de Norma : « C'était Ernesto qui, avant chaque voyage, me donnait le courage néces-saire. »

Entre les chrétiens des communautés rurales, urbaines de base et la bureaucratie cléricale, la rupture est totale dès 1977. *En cette année-là, Ernesto Cardenal, Gaspar Laviana, d'autres prêtres proclament publiquement leur adhésion au Front sandiniste de libération nationale.* Pour la haute hiérar-chie catholique, la bureaucratie cléricale, le Front est, à cette époque-là, le *diable* (il le restera jusqu'à la deuxième *carta pastoral* de 1978). Pour l'Église, le Front est une organisation criminelle, formée de subversifs athées, de communistes inféodés à l'étranger. Cardenal se fait l'ambassadeur itinérant du Front en Europe. Laviana prend les armes et rejoint la guérilla du front nord-ouest, dans les montagnes d'Esteli. Après la libération, plusieurs prêtres deviennent ministres ou hauts responsables du gouvernement révolutionnaire : le moine trappiste Ernesto Cardenal devient ministre de la Culture, le prêtre séculier Miguel d'Escoto prend le poste clé de ministre des Affaires étrangères, Fernando Cardenal, prêtre de la Compagnie de Jésus, est mandaté par la junte de reconstruction nationale et la direction du FSLN pour organi-ser la plus importante entreprise du Nicaragua libre : la campagne nationale d'alphabétisation.

En 1980, la haute hiérarchie catholique ordonne aux moines et aux prêtres de se retirer du gouvernement. Les moines et les prêtres refusent. Fait étonnant : malgré tous ces conflits, les moines et prêtres issus des communautés de base et engagés aux côtés des révolutionnaires qui, je le répète, sont souvent leurs anciens catéchumènes, leurs anciens élèves, continuent — à de très rares exceptions près — à exercer leur sacerdoce. En décembre 1982, c'est le pape Jean-Paul II qui exige leur démission. En vain [13].

Depuis la rupture ouverte entre les classes bourgeoises nationales et le Front sandiniste, au printemps 1980, l'affrontement entre la haute hiérarchie catholique et les prêtres, moines et religieuses de base a pris une tournure plus violente encore. La bureaucratie ecclésiale représente essentiellement les classes bourgeoises nationales. Or, depuis 1980, ces classes voient leurs privilèges diminuer de jour en jour. Un conflit ouvert les oppose au gouvernement de reconstruction nationale et à la direction nationale du FSLN : il concerne le contrôle des moyens de production, la propriété des richesses agricoles, minérales du pays, le contrôle de l'armée et de la machine d'État. Dans cette guerre larvée des classes, la haute hiérarchie catholique prend ouvertement position pour les classes bourgeoises contre le programme de reconstruction nationale, de réforme sociale du Front. Les sermons dominicaux d'Orlando Bravo, archevêque de Managua, sont autant d'attaques virulentes contre le gouvernement. *La Prensa*, l'antique journal de Chamorro qui, entre-temps, est devenue une sorte de *Mercurio* nicaraguayen [14], publie régulièrement la « *Voz del Pastor* ». Cette « voix » est celle de l'archevêque qui attaque les réformes sociales de la junte de reconstruction.

Dans les pages précédentes, nous avons examiné les contradictions qui opposent la haute hiérarchie catholique aux communautés chrétiennes de base. Il nous reste maintenant à analyser les relations qui lient la bureaucratie cléricale à l'opposition bourgeoise.

13. *New York Times* du 3.12.1982.
14. Le *Mercurio* est ce journal chilien — appartenant à la famille Edwards et financé par la CIA nord-américaine — qui, de septembre 1971 (date de l'élection du président Salvador Allende) au 11 septembre 1973 (date du renversement et de l'assassinat d'Allende par Pinochet), attaqua quotidiennement et de façon totalement mensongère et diffamatoire l'action du gouvernement démocratiquement élu.

Je rappelle la situation telle qu'elle existait vers le milieu de l'année 1977 : les communautés de base se multiplient rapidement. Elles tirent leur légitimité de l'Évangile et refusent l'autorité de la bureaucratie cléricale, représentée par la conférence des évêques. Le nombre des prêtres, moines, religieuses engagés dans la guérilla, au sein du Front sandiniste de libération nationale, augmente rapidement. La Compagnie de Jésus témoigne d'un courage particulier : les pères jésuites de la province d'Amérique centrale de la Compagnie prennent en leur grande majorité fait et cause pour la *défense armée* des paysans massacrés, des familles déportées, des ouvriers « disparus ». La province jésuite d'Amérique centrale compte — dans le Nicaragua des années 1977-1979, dans le Salvador et le Guatemala d'aujourd'hui — de nombreux martyrs[15]. Un des plus lumineux d'entre eux est le père Gaspar Garcia Laviana (déjà cité). Laviana est espagnol. Il est le premier prêtre appartenant au Front sandiniste de libération nationale à recevoir le titre et les fonctions de « commandant de la guérilla ». Il commande un secteur du Front dans les collines de Segovia. Arrêté par la garde, il est torturé puis assassiné. Plusieurs dizaines de religieuses nicaraguayennes, italiennes, nord-américaines, mexicaines, françaises — qui soignent les blessés, abritent des combattants persécutés, donnent asile à des étudiants recherchés — sont arrêtées, incarcérées, parfois disparaissent. Pour la haute hiérarchie, il n'est plus possible d'excommunier tout ce monde-là.

Le conflit qui s'ouvre au cours de l'année 1977 entre la bourgeoisie nationale, les secteurs dissidents de l'oligarchie et certains secteurs désenchantés de la bourgeoisie comprador d'une part, le dictateur et le capital étranger impérialiste d'autre part, offre aux évêques l'occasion rêvée d'un revirement. Ils amorcent prudemment le virage : en 1977, la Conférence épiscopale fait lire, dans toutes les églises du pays, une *carta pastoral* qui dénonce, en des termes distingués, les exagérations de la répression contre les paysans, les ouvriers, les étudiants et surtout les religieux, les religieuses

---

15. Voir le martyre du père Pellecer au Guatemala, décrit p. 69.

et les prêtres. Le conflit politique n'est pas mentionné.
Cependant, au cours de la même année, Anastasio Somoza
Debayle, le « gouverneur des cimetières », tombe gravement
malade : il subit son deuxième infarctus cardiaque. Dès son
rétablissement, le régime organise une « semaine de joie »
avec des célébrations publiques. Nombre d'évêques disent,
publiquement, aux côtés des pires bourreaux du régime —
généraux de la garde, ministres, chefs de police, juges — des
pières d'actions de grâces.

Janvier 1978 : la contradiction entre l'opposition bourgeoise et la dictature s'intensifie. La Conférence épiscopale
vire maintenant carrément de bord et rejoint l'opposition
bourgeoise. Elle publie une deuxième *carta pastoral* : celle-ci
se distancie du régime de Somoza. Mais la prudence règne :
en septembre de la même année, Anastasio Somoza Debayle
préside aux traditionnelles festivités de l'anniversaire de
l'indépendance du Nicaragua. La guerre de libération en est à
un stade avancé. Le « gouverneur des cimetières » préfère ne
pas quitter son bunker. La fête nationale se célébrera, cette
fois-ci, sous terre. Elle n'en sera pas moins somptueuse : le
champagne coule, les discours fleurissent. Au milieu des
uniformes, un hôte d'honneur : le nonce apostolique. Pendant ce temps, les bombardiers de la garde nationale détrui-
sent la ville de León.

Enfin, dernier virage négocié — en souplesse — par la
Conférence épiscopale : en juin 1979, nous le verrons plus
loin, l'opposition bourgeoise change à nouveau de stratégie.
Elle a jusqu'ici calomnié le Front sandiniste comme organisation communiste financée par l'étranger. Elle tente maintenant de s'en rapprocher. La guerre populaire de libération
fait de rapides progrès. La victoire militaire sur le dictateur
est proche. Les *tomas de tierras,* les occupations des terres des
grands propriétaires, se multiplient. Les grèves éclatent dans
les usines. Les loyers ne sont plus payés. Les grands magasins
contrôlés par le capital national se vident, perdent leur
clientèle. Des coopératives de quartier s'installent. La bourgeoisie prend peur. Elle tente désespérément de prendre le
Front sandiniste de vitesse, d'arriver avant lui, ou — au pire
des cas — avec lui, dans les palais où jusqu'ici logeait le

pouvoir. La haute hiérarchie catholique, toujours admirable de souplesse et de ruse, procède à son ultime ajustement. Le 10 juin 1979, la Conférence épiscopale du Nicaragua proclame le droit du peuple à l'insurrection armée.

8

La lutte finale

Tu eres la patria, pampa y pueblo,
Arena, arcilla, escuela, casa,
Resurrección,
Puño, ofensiva, orden,
Desfile, ataque, trigo,
Lucha, grandeza,
Resistencia.

Tu es la patrie, les plaines et le
[peuple,
Le sable, la glaise, l'école, la
[maison,
La résurrection.
Le poing, l'offensive, l'ordre
La manifestation, l'attaque, le blé,
La lutte, la grandeur,
La résistance.

Pablo Neruda, *Canto general*
(traduction Claude Couffon)

1. L'échec de Carter

20 juin 1978 : une équipe de la société de télévision
américaine ABC filme des scènes de combats de rue à
Managua. Un lieutenant de la garde nationale ordonne à ses
soldats d'arrêter l'équipe. Puis il fait s'agenouiller le journaliste *Bill Stewart* sur la chaussée et lui tire une balle de
revolver dans la nuque. Le cameraman continue à filmer.
Dans la mêlée, un autre journaliste réussit à s'échapper avec
la bobine. Le soir même, des dizaines de millions d'Américains voient sur leurs écrans de télévision l'assassinat de Bill
Stewart. L'opinion publique américaine se révolte. Le 21 au

matin, le président Carter convoque une conférence de presse et condamne l'acte « barbare de la garde ». Dans l'après-midi, son secrétaire d'État Cyrus Vance exige, au nom du gouvernement, la démission immédiate et le départ du pays de Somoza Debayle. Les États-Unis demandent l'instauration au Nicaragua d'un gouvernement d'union nationale. Mais voilà : ce gouvernement d'union nationale ne comprendra pas le Front sandiniste.

Le plan américain était astucieux : le « gouverneur des cimetières » et avec lui ses principaux complices partiraient pour des vacances prolongées dans leurs propriétés de Miami. Un président de transition serait nommé par Somoza lui-même. L'homme transférerait ensuite le pouvoir à une junte (bourgeoise) qui, elle, organiserait de nouvelles élections. La garde nationale, épurée de ses éléments criminels, deviendrait la nouvelle armée du Nicaragua démocratique. Le nouveau gouvernement parlementaire constitutionnel, respectant à l'intérieur les droits et libertés des citoyens, mènerait à l'extérieur une politique identique à celle de Somoza : alliance prioritaire avec les États-Unis, franchises fiscales et douanières pour les sociétés multinationales étrangères, garantie du capital privé étranger et du libre transfert vers New York, Tokyo, Genève — en devises — des profits et royalties réalisés par ce capital au Nicaragua. La propriété privée serait garantie, y compris celle acquise par le « gouverneur des cimetières » et ses associés. Les biens de l'Église recevraient la même garantie. Rien de fondamental ne changerait dans la structure des classes du Nicaragua.

La hantise des États-Unis, de la bourgeoisie nationale, c'est l'entrée à Managua de la guérilla et le remplacement de l'ordre capitaliste-colonial par une société égalitaire, socialiste, indépendante. A la fin du mois de juin, l'*Organisation des États américains* (OEA) réunit sa XVIIe Conférence ministérielle. Les États-Unis proposent l'envoi au Nicaragua d'une *force de paix interaméricaine*. En clair : des troupes d'intervention nord-américaines, brésiliennes, argentines devaient débarquer au Nicaragua, occuper le pays et garantir le déroulement d' « élections libres ». Le scénario, depuis William Walker, n'avait pas changé. Le général Omar

Torrijos, représentant du Panama à la conférence, réussit en dernière minute à empêcher la constitution du corps d'intervention interaméricain. Tomas Borge, commandant du front nord, envoya ce message à l'OEA : « *Notre peuple a déjà voté. Avec son sang.* »

Première exigence du Front : il fallait démasquer, ridiculiser, casser le mécanisme institutionnel — c'est-à-dire l'assemblée nationale somoziste, son gouvernement de façade — pour mettre à nu la tyrannie et dénoncer, face à l'opinion publique mondiale, la tacite complicité entre le président Carter, la bourgeoisie nationale d'une part, le « gouverneur des cimetières » et ses associés d'autre part.

Mardi 22 août 1978 : au palais national de Managua, immense bâtisse grise jouxtant la cathédrale, près de mille fonctionnaires, officiers, députés, ministres sont réunis[1]. Il est onze heures trente du matin : le parlement est réuni pour la séance d'ouverture de sa nouvelle session ordinaire. Aux différents étages, les cabinets des ministres, les bureaux administratifs sont bourrés de bureaucrates et de quémandeurs. Les tribunes de presse du parlement sont remplies de journalistes. Les télévisions, les radios sont là. Sur les tribunes d'honneur, la crème de la tyrannie : José Somoza Abrego, fils du « gouverneur des cimetières » ; Luis Pallais Debayle, son cousin, en smoking blanc, lunettes noires, sa large poitrine constellée de décorations. Des gardes du corps partout.

Midi trente : une injonction familière résonne au bas de l'escalier monumental du hall d'entrée : « Arrière tous ! Le chef arrive ! » « *El Jefe* » : cri redouté qui précède partout l'irruption d'Anastasio Somoza Debayle.

D'une camionnette couverte, quatre groupes de très jeunes soldats, habillés de treillis vert olive, sautent à terre, s'engouffrent dans le hall. Une autre camionnette freine brusquement devant la porte arrière. Vingt-cinq hommes en tout. Deux officiers escortent ces soldats : un homme mince, nerveux,

---

1. En 1978, le palais national n'abritait pas seulement la Chambre des députés et le Sénat, mais encore six des onze ministères du gouvernement somoziste.

teint mat, d'une quarantaine d'années. C'est le Commandante Cero, *Eden Pastora Gomez*[2]. Le second, petit, un béret noir vissé sur le front, est une femme : Dora Maria Tellez, le Comandante Segundo.

Les officiers somozistes postés devant le portail se mettent au garde-à-vous. Eden Pastora et ses hommes montent les escaliers en courant. Cero ne cesse de hurler : « *El Jefe,* en arrière tous, écartez-vous ! »

Pendant ce temps, Dora Maria Tellez et ses camarades désarment les sentinelles du hall d'entrée, verrouillent le lourd portail avec des chaînes et des cadenas. Au premier étage, au haut des escaliers, devant le salon bleu où siègent les députés, même scénario : les sentinelles se mettent au garde-à-vous, sont désarmées, menottées. D'un coup de pied, Eden ouvre la porte vitrée et, de sa mitraillette, il tire une salve en l'air. Il crie : « La garde ! Tout le monde à terre. » Ministres, hôtes d'honneur, journalistes, secrétaires, diplomates, députés, huissiers, croyant à un coup d'État de la garde nationale, se jettent à terre. Les gardes du corps des dignitaires rampent aussitôt du côté de ceux qu'ils croient être les nouveaux maîtres : ils jettent leurs revolvers aux pieds d'Eden Pastora.

C'est alors que, alerté par le bruit, les cris de la foule des quémandeurs qui remplit les corridors, le capitaine commandant de la garde du palais sort de son bureau. Il appartient aux troupes d'élite formées dans la zone américaine du canal

---

2. Trois commandants de la guérilla avaient été chargés de l'élaboration du plan :
– Eden Pastora, Comandante Cero ;
– Hugo Torres, Comandante Uno ;
– Dora Maria Tellez, Comandante Segundo.
Les guérilleros du commando ne portaient, pour des raisons de sécurité, que des numéros. Ils évitaient de s'appeler par leurs noms. Ces numéros étaient aussi destinés à tromper l'adversaire. Le commando ne comprenait que vingt-cinq garçons et filles. Mais les numéros d'appellation allaient jusqu'à soixante. Hugo Torres ne put, en dernière minute, rejoindre Managua.
Eden Pastora Gomez, le Comandante Cero, dirigera en 1979 le front sud, le front « Benjamin Zeledon ». Il entrera en dissidence en 1981 et combattra à partir de l'étranger ses anciens camarades sandinistes. Sur la dissidence d'Eden Pastora, cf. p. 241 *sq*.

de Panama, il comprend immédiatement la situation : il ouvre la bouche, veut crier, donner un ordre... Dora Tellez l'abat à bout portant. Une grenade à fragmentation lancée du haut de l'escalier par un camarade de Cero met fin à la résistance des gardes du corps.

En tout, l'opération a duré exactement trois minutes, comme prévu !

Toutes les portes de l'immense bâtiment sont maintenant cadenassées. Des tireurs sont postés aux angles. Près de mille personnes — la Chambre des députés, le Sénat, le ministère de l'Intérieur, ses fichiers, son centre de communication, le ministère des Finances, la direction générale des douanes — sont entre les mains des sandinistes. Vingt-cinq jeunes guérilleros, garçons et filles, contrôlent le centre nerveux de l'État.

Le Comandante Cero retourne au salon bleu. D'une voix calme, il dit : « Messieurs, Mesdames, vous êtes les prisonniers du commando Rigoberto Lopez Perez. »

Tout le monde, brusquement, se tait. La terreur est sur tous les visages : Rigoberto Lopez est le jeune justicier qui en 1956 exécuta à León Anastasio Somoza Garcia, le « général de la mort »[3].

Le palais est maintenant cerné par les troupes d'élite de la dictature. Des conseillers américains installent un peu plus loin les batteries d'artillerie. Un hélicoptère de combat surveille les terrasses du bâtiment. Le *gouverneur des cimetières* a appris la nouvelle de la prise du palais dans la villa de sa première courtisane et conseillère politique, l'Américaine Dinora Sampson, où il faisait sa sieste. Il décide d'écraser le bâtiment, de sacrifier l'ensemble des mille otages. Mais, pour les raisons que nous verrons, cette décision ne sera pas mise à exécution.

Les adolescents guérilleros ont maintenant noué autour de leur cou le foulard aux couleurs rouge et noire. Ils sont prêts au sacrifice. Rigoberto Lopez avait donné sa vie pour tuer Anastasio Somoza Garcia. Les vingt-cinq adolescents sont prêts à donner la leur pour abattre son fils. Le Comandante

3. Cf. p. 139 *sq.*

Segundo s'adresse aux dignitaires : « D'abord seront exécutés les députés et ministres libéraux. Ensuite les conservateurs. Puis nous mourrons tous. « Les révolutionnaires parviennent à repousser plusieurs assauts des troupes spéciales de la garde. Mais le combat est inégal. Les jeunes gens sont persuadés qu'ils vont mourir.

Or, brusquement, la situation change. A l'intérieur du palais survient un événement insolite : l'immense majorité des otages se range aux côtés des guérilleros. Les premières minutes de terreur passées, les quémandeurs qui remplissent les corridors — des chômeurs, des paysans, souvent des femmes et des enfants — acclament leurs geôliers ! Les hommes portent les munitions d'un étage à l'autre. Des adolescents se postent en guetteurs sur les terrasses, exposant leur vie. Les femmes aident à barricader les fenêtres avec le lourd ameublement des bureaux des ministres. Les petits fonctionnaires et employés des ministères se joignent à eux. On apprendra deux jours plus tard que des manifestations de joie avaient éclaté dans les quartiers est de la capitale, dès l'annonce à la radio de la prise du palais par les « bandits ». D'immenses cortèges s'étaient formés spontanément dans les barrios de la périphérie du Managua.

Le premier contact entre le bunker du « gouverneur des cimetières » et le palais a lieu à treize heures (mardi 22 août). Luis Pallais Debayle appelle son cousin : « Ou tu donnes l'ordre à tes troupes et aux hélicoptères de cesser le feu, ou les exécutions des ministres, députés, hauts fonctionnaires commenceront au rythme d'une exécution par heure. »

L'ambassadeur américain vient d'arriver au bunker. Anastasio Somoza Debayle renonce à détruire le palais. Il change ses plans, fait semblant de négocier, tente de gagner du temps. Cero désigne trois négociateurs : les archevêques de Managua, de León et de Granada. Les femmes qui le désirent, les petits enfants et les policiers blessés (dans l'échange de tir à l'intérieur du bâtiment) sont libérés. Ils portent à l'extérieur les revendications du Front sandiniste : libération de quatre-vingts prisonniers politiques, acceptation des exigences salariales des employés hospitaliers en grève depuis trois semaines, lecture à la radio d'une déclaration publique, versement de dix millions de dollars au Front sandiniste, retrait des troupes spéciales et de la garde à 300 m du palais, départ pour l'étranger du commando Rigoberto Lopez.

Les négociations dureront deux jours et deux nuits[4]. Le jeudi matin 24 août à dix heures, les guérilleros (un seul d'entre eux est blessé), les négociateurs et les quatre otages les plus importants quittent le palais pour l'aéroport. Ils voyagent en autobus. Des centaines de voitures klaxonnant, des charrettes, des vélos et la foule, à pied, attendent l'autobus au carrefour de la cathédrale, l'engouffrent, le suivent.

Sous les caméras des télévisions des États-Unis, d'Europe, du Japon, la foule en liesse envahit l'aéroport. Au même instant, soixante prisonniers sandinistes — certains d'entre eux sur des brancards, mutilés, brûlés, aveuglés par les tortionnaires — montent dans deux avions venus de Panama. Somoza doit avouer l'assassinat en prison de vingt captifs figurant sur la liste des négociateurs[5].

Pourquoi le « gouverneur des cimetières » a-t-il cédé ? Plusieurs raisons m'en ont été données par Eden Pastora : d'abord, le commando — grâce à sa connaissance minutieuse de l'énorme bâtisse — avait repoussé plusieurs assauts successifs des troupes spéciales. Ensuite, le commando avait déjoué successivement toutes les ruses du dictateur. Il avait notamment refusé, le mercredi soir, de sortir après la tombée de la nuit. L'explosion de joie populaire, la présence, dès le mercredi matin, de la presse, des radios, des télévisions internationales étaient des raisons assez puissantes pour que l'ambassade américaine s'oppose au massacre prévu par Somoza. Rappel : le président Carter appliquait (août 1978) la stratégie du « dialogue national », du transfert pacifique, « constitutionnel », du pouvoir à la bourgeoisie nationale.

La dernière raison du recul du *gouverneur des cimetières* — raison qui me paraissait la moins vraisemblable mais qui, pour Eden, semblait être l'une des plus contraignantes — concerne

4. Selon Eden Pastora, le pire ennemi des assaillants était finalement le manque de sommeil.
5. Parmi les prisonniers libérés figure Tomas Borge.

la structure et les traditions claniques du Nicaragua : cinq personnes, parentes du dictateur, se trouvaient parmi les otages. En cas de massacre par la garde, le dictateur aurait dû affronter son conseil de famille — sa mère, ses frères, ses oncles. Il n'en a pas eu le courage.

La prise du Palais d'hiver en 1917 à Saint-Pétersbourg changea l'histoire de la Russie. Soixante et un ans plus tard, celle du palais national de Managua modifia profondément le cours de la révolution du Nicaragua. Le peuple, brusquement, se rendit à des évidences : la session d'ouverture de la Chambre des députés et du Sénat réunissait, ce mardi 22 août, les députés libéraux ainsi que les députés conservateurs. Les laquais du tyran comme les députés de l'opposition bourgeoise siégeaient côte à côte, portaient les mêmes smokings blancs, arboraient les mêmes sourires de circonstance et conversaient entre eux de façon aimable et mondaine. Or, le Comandante Cero et ses camarades allaient les exécuter tous. D'un seul coup, le peuple le comprit. La dictature de Somoza et son opposition bourgeoise appartenaient au même monde d'horreur, de famine, d'exploitation et de privilèges. Leur maître était le même : les États-Unis d'Amérique, leurs sociétés multinationales, leurs conseillers militaires, leur ambassadeur. Ceux qui les tenaient maintenant en respect étaient les sandinistes. Eux, et eux seuls, incarnaient à cet instant précis l'espérance du peuple.

La stratégie de Carter s'effondre en ce matin du 22 août 1978. Désormais, le peuple du Nicaragua — les paysans, les ouvriers, les pêcheurs, les marins, les journaliers, les coupeurs de canne, les travailleurs du coton, du tabac, du café et les mineurs, les hommes, les femmes, les adolescents, les Indiens, les métis — tous ne reconnaîtront plus qu'une seule voix parlant en leur nom, celle du Front sandiniste de libération nationale.

Mais le bouleversement intervenu le 22 août révéla une dimension plus essentielle encore : la présence constante de l'ambassadeur américain et des conseillers de Washington auprès de Somoza. Le long communiqué explicatif rédigé par

le front et lu à plusieurs reprises à la radio nationale ouvrit les
yeux des Nicaraguayens les plus ignorants : leur patrie était
occupée par une puissance étrangère. Somoza n'était que le
mercenaire de l'étranger. Rien de fondamental n'avait changé
depuis la mort de Sandino. Toutes les souffrances, les
humiliations endurées par le peuple étaient bénies, rendues
possibles, mises en œuvre par une politique économique, une
logique sociale dont les auteurs siégeaient à New York, à
Washington.

La guerre pour la justice sociale, la guerre de résistance à la
dictature que menait le Front sandiniste était donc en même
temps une guerre de libération nationale, une guerre pour la
dignité et l'indépendance du Nicaragua.

Il serait naïf de prétendre que le programme politique,
économique et social du FSLN bénéficiait à l'époque de
l'appui de la majorité des Nicaraguayens. Tous les Nicaraguayens n'étaient pas, ne sont toujours pas, des socialistes.
Mais même ceux qui s'opposaient au programme du Front
avant le 22 août ralliaient son drapeau le 24. Parce que, je le
répète, d'avant-garde socialiste minoritaire qu'il était, le
Front était devenu, en l'espace de quarante-huit heures, la
principale force de résistance à l'étranger, le gardien de la
dignité nationale, l'espoir incarné, concret, de l'indépendance
future de la patrie.

Cero et Segundo comprirent d'ailleurs instantanément ce
qui s'était passé dans l'après-midi du 22 (avec le ralliement
massif des otages populaires) : le 24 août (jeudi matin), avant
de quitter le palais national, Dora Tellez descend le drapeau
du Nicaragua qui flotte sur le toit. Elle le plie et le remet au
Comandante Cero. Devant les otages assemblés, elle dit :
« Le commando Rigoberto Lopez emporte avec lui le drapeau national. Il fait la promesse de le restituer lorsqu'il y
aura au Nicaragua un gouvernement démocratique, une
armée populaire, défenseurs des intérêts du peuple, et que
seront assis sur ces bancs les représentants du peuple. Nous
remettrons ce drapeau au chef du commando en le chargeant
de le rendre lorsque la patrie sera libérée[6]. » Deux années

6. Cité in Gabriel Garcia Marquez *et al.*, *Los Sandinistas*, Bogota,
Ed. La Oveja negra, 1979.

passent. Le 4 mai 1980, le Conseil d'État du Nicaragua libre tient sa première séance. Sur les bancs des députés : des paysans, des ouvriers, des étudiants, des prêtres, des pêcheurs. Eden Pastora, accompagné de Dora Tellez, de Hugo Torres, entre dans la salle et remet le drapeau au président.

2. *Le génocide, la terre brûlée, le mépris du peuple*

D'août 1978 à juillet 1979, une tempête de violence, de sang, d'horreur déferla sur le Nicaragua. La détermination que mit Somoza à détruire son propre pays eut quelque chose de démoniaque, de pathologique. Toute tyrannie qui entre en agonie tente d'entraîner, dans sa propre mort, le plus grand nombre d'hommes possible. La prise du palais national avait cassé la stratégie du président Carter et de la bourgeoisie nationale. Elle avait aussi coupé la retraite à Somoza : aucune issue « honorable », c'est-à-dire négociée, de la guerre n'était plus concevable pour le *gouverneur des cimetières*. Désormais, c'était eux ou lui, le peuple conduit par les sandinistes ou Somoza. Son orgueilleux empire s'affirmant immortel et permanent, sa fin ne pouvait que se confondre avec celle de la nation et du pays. A partir du mois d'août 1978, Somoza entreprit contre son propre peuple une guerre d'extermination et un véritable génocide. Comme Hitler, Somoza considéra que le peuple entier devait mourir avec lui afin d'être racheté du péché d'infidélité à son endroit. La purification du Nicaragua devait avoir lieu par les bombes, le phosphore, le napalm, les incendies des villes[7]. Esteli se souleva le 20 septembre 1978. Les forces aériennes de la garde nationale bombardèrent, écrasèrent les quartiers commerçants et les habitations.

7. La plupart des faits décrits ici, je les ai recueillis auprès des acteurs — anonymes ou connus — de la guerre de libération nationale du Nicaragua. J'ai visité notamment les villes de León, Esteli, Granada, ainsi que les quartiers de la périphérie orientale de Managua où j'ai pu interroger les survivants des insurrections de 1978 et 1979.

Il nous faut ici élargir le débat : Somoza témoignait, vis-à-vis de son peuple, d'un profond et permanent racisme. Comme Hitler et les SS contre les héros du ghetto de Varsovie, Somoza mit tout en œuvre pour briser la révolte populaire. Ce qui était en jeu, ce n'était déjà plus le changement de régime ou l'issue d'une bataille militaire, c'était, plus profondément, la survie, la permanence d'une classe, de son idéologie, de ses privilèges et de sa toute-puissance politique. J'ai parlé de Hitler car, sans cette référence, le lecteur européen aurait beaucoup de peine à comprendre les raisons de l'extraordinaire sauvagerie dont faisait preuve le « gouverneur des cimetières » dans la guerre contre son propre peuple.

Cette idéologie des seigneurs, ce racisme antipopulaire, possède, en Amérique centrale, de lointaines racines. Débouchant sur les hauts plateaux du Honduras après des semaines de marche harassante, au printemps 1524, Hernan Cortez dicte à son secrétaire les paroles suivantes : « Nous arrivons dans un des pays les plus sauvages, habité par les hommes les plus sauvages que nous ayons jamais vus [8]. » Cortez était alors un notable colonial de trente-neuf ans, alcade (maire) de Santiago de Cuba et, surtout, ancien chef de l'expédition du Yucatan de février 1519. Le racisme élémentaire dont Cortez témoignait vis-à-vis des habitants des territoires conquis par lui était commun à pratiquement tous les conquistadores. Ce qui est plus étonnant, c'est l'attitude de l'intelligentsia de l'époque. Exemple : le jésuite espagnol José de Acosta, tenu en grande estime par les voyageurs du XIXe siècle et notamment par Alexandre von Humboldt, publiait en 1589 à Séville un monumental traité sur la faune, la flore, les climats, les variations géologiques, les populations des territoires récemment découverts aux Amériques. Son titre : *Histoire naturelle et morale des Indes occidentales*. Or, voici ce que l'admirable

---

8. Le secrétaire de Cortez s'appelait Francisco Lopez de Gomara. Ses papiers ont été édités en anglais par Lesley Byrd Simpson. Cf. *Cortez, the Life of the Conqueror by his Secretary*, University of California Press, 1965.

savant dit des habitants de ces régions : « Les Indiens sont idolâtres. Ils ne connaissent pas l'écriture, sont indifférents à l'argent et ne sont pas circoncis... Il nous semble que les choses des Indiens ne méritent pas d'autre considération que celle qu'on accorde à une venaison prise en forêt et rapportée pour notre service et passe-temps[9]. »

Après la victoire des insurrections anticoloniales contre la couronne d'Espagne et l'instauration des Républiques créoles en 1821, les nouvelles oligarchies accentuèrent encore l'exploitation, la corvée, le mépris du peuple. L'avènement des cultures coloniales — café, coton, bananes — exigeait l'extension des fermes des maîtres et créait, pour les travailleurs sans terre, une situation plus dramatique, plus cruelle encore que celle qu'ils avaient vécue sur les anciennes haciendas espagnoles.

Pratiquement toutes les classes dominantes d'Amérique latine ont ainsi avec leur peuple un rapport de mépris qu'on ne trouve pas de la même manière, avec la même intensité, en Europe. Pour des raisons historiques qu'il serait trop long d'expliquer, les bourgeoisies d'Europe occidentale, ayant accédé au pouvoir d'État au moment de la Révolution française, ont une perception de leur peuple qui est à l'opposé de celle produite par les classes dominantes d'Amérique latine. Je reprends ici un raisonnement évoqué dans un de mes livres antérieurs et qui nous sert à comprendre la différence de perception, de conduite entre les classes dominantes d'Amérique latine et celles d'Europe[10].

En Europe, la « volonté de vivre en commun », la « conscience de l'unité » (Voltaire) s'alimentent à une vision de l'histoire partagée par la majorité des membres de la nation. C'est la promesse de plus d'indépendance, de plus de liberté, de plus de justice, qui fait surgir, dans toutes les classes d'une population donnée, la volonté de lutter et de vivre en commun, de former une nation. Exemple : au

9. Une nouvelle édition du livre de José de Acosta, mise au point par J. Rémy-Zéphir, a été publiée chez Payot, en 1979. Les citations sont tirées du liv. VI, chap. I, de cette édition.
10. Jean Ziegler, *Main basse sur l'Afrique*, Éd. du Seuil, coll. « Points Actuels », 1980.

moment où s'accomplit en France l'acte révolutionnaire, au moment où naît — contre la féodalité et le roi — la société nationale nouvelle, cette vision réunit momentanément (mais de façon violemment conflictuelle) toutes les classes de la nation. En d'autres termes, un projet historique commun, une vision partagée de l'existence, du passé déjà vécu et de la vie à venir unifient l'ensemble des classes de la société. En ce sens, sur le projet national, la vision de l'histoire est transclassiste, transethnique, transrégionale.

Mais les luttes de classes n'en continuent pas moins. Pour confisquer le processus révolutionnaire à son profit, tout en consolidant la nation qu'elle dirige désormais, la classe bourgeoise doit opérer un amalgame entre sa propre idéologie de classe et l'idéologie nationale. En d'autres termes, elle doit imposer aux classes dominées sa propre idéologie de classe comme idéologie nationale en y incluant les valeurs qui sont, à l'origine de la nation, perçues comme valeurs par toutes les classes et qui deviennent ainsi l'ornement formel de l'exercice du pouvoir bourgeois, inscrit aux frontons des écoles.

De surcroît, dans l'Europe du XIXe siècle où ces processus de production symbolique s'opèrent, les bourgeoisies nationales se combattent. Les contenus de conscience de la nation prennent un caractère apologétique dans la mesure où il importe aux classes d'une nation de les opposer radicalement aux contenus de conscience produits par d'autres consciences nationales. La vision commune de l'histoire se transforme en vision bourgeoise imposée par la force aux classes dépendantes. Cette vision de classe servira également de justification à l'appareil d'État. Je conclus : en Europe, l'unité transclassiste de certains aspects de la vision de l'histoire nécessaire à la construction et au maintien de la nation traverse les diverses phases de développement du mode de production capitaliste.

En Amérique latine, par contre, la nation comme formation transclassiste, transethnique, n'a jamais été réalisée : la négation du peuple comme sujet possible d'une histoire nationale est propre à pratiquement toutes les classes dominantes d'Amérique latine. Ces classes s'arrogent le monopole, comme par droit divin, de l'exercice du pouvoir politique, culturel, économique. Elles revendiquent à leur profit l'exclusivité du débat public. Une curieuse contradiction se manifeste partout en Amérique latine : les classes dominantes autochtones — nées des oligarchies créoles, ayant rompu leurs liens de façon violente ou par négociation avec les colonisateurs espagnols et portugais au cours du XIXᵉ siècle —, si elles méprisent profondément les masses indiennes, noires, métisses, caboclos ou plus généralement prolétaires de leurs pays respecfifs, témoignent néanmoins, face à l'étranger extra-continental et entre elles, d'un nationalisme vigoureux et jaloux. Mais le peuple est exclu de cette « nation ». Les classes dominantes sont seules habilitées à incarner l'histoire du pays, à gérer l'État. Elles détiennent en exclusivité les indicateurs de la légitimité du pouvoir social. La nation, c'est elles. Le peuple est l'objet d'un profond mépris.

Du Brésil au Guatemala, de Colombie en Uruguay, ce mépris, cette exclusion s'appuient toujours sur les mêmes arguments : le peuple est ignorant, fainéant, sale, arriéré culturellement, incapable de se gouverner lui-même, dépourvu des qualités nécessaires pour accéder au degré supérieur de l'évolution humaine où se meuvent les maîtres. Le peuple est l'ennemi « naturel » anhistorique parce que éternel, des seigneurs[11]. Des variations existent.

Au Brésil, la caste militaro-technocratique au pouvoir depuis 1964 gouverne un peuple de 110 millions de personnes, dont environ 70 % d'êtres sous-employés, sous-alimentés, privés de pouvoir d'achat et de droits politiques comme s'il s'agissait d'autant d'enfants mineurs. En Colombie, au Pérou, en Équateur, les conduites, le vocabulaire des classes dominantes sont plus ambigus ; elles tiennent depuis longtemps un

---

11. Une différence entre le discours colonial classique, tel que l'ont manié dès le XVᵉ siècle les conquistadores en Amérique latine, ou tel qu'il est formulé dès le début du XVIᵉ siècle par les esclavagistes puis par les colonisateurs européens en Afrique, et l' « argumentation » actuelle des classes dominantes de l'Amérique méridionale, centrale ou caraïbe : dans cette « argumentation », l'élément raciste joue un certain rôle, mais il n'est plus déterminant.

discours humaniste d'origine souvent comtienne ou franc-maçonne. Le peuple y est inclus dans le genre humain, bien sûr, ce qui le met au bénéfice de la vénération abstraite que les maîtres vouent à celui-ci. Mais, en même temps, le peuple est relégué à un degré très inférieur de l'échelle de l'évolution du genre humain. Au Guatemala, l'oligarchie appelle la majorité indienne du pays (dans les conversations privées) les « animaux » et les traite comme tels. Les soldats de la garde nationale de Somoza à l'entraînement répétaient jusqu'à l'épuisement ce dialogue avec leurs instructeurs :

L'instructeur : — Qui êtes-vous ?
Les gardes : — Des tigres !
L'instructeur : — Que veut un tigre ?
Les gardes : — Du sang, du sang !
L'instructeur : — Qui te donne le sang ?
Les gardes : — Le peuple, le peuple !
L'instructeur hurle : — Abajo !
Les gardes répondent : El pueblo !
Les instructeurs : — Viva !
Les gardes : — Somoza !

Deux institutions répressives de Somoza exigent une mention spéciale : ce sont l'EEBI et l'école de torture des enfants.

1. L'*École pour l'entraînement de base de l'infanterie* (Escuela d'entrenamiento básico de infantería, EEBI) était le corps d'élite de la garde nationale formé par des gardiens qui étaient scientifiquement sélectionnés par leur pathologie personnelle, leur goût de la mort, leur désir de tuer. Les soldats étaient soumis à un entraînement extrêmement violent. Ils avaient le crâne rasé, un uniforme spécial. Ils jouissaient du droit particulier de violer, de piller, de torturer, de voler dans les villages et quartiers urbains où ils étaient envoyés. Aucun tribunal civil ou militaire n'avait autorité sur eux. Les hommes de l'EEBI étaient marqués au fer rouge, comme du bétail, à la plante des pieds. Une fois membres de l'EEBI, ils ne pouvaient jamais plus se défaire de leur identité. Ils échappaient à tout contrôle de la hiérarchie militaire ou gouvernementale. Les hommes de l'EEBI dépen-

daient exclusivement et directement d'*Anastasio Somoza Portocarrero*, fils aîné du dictateur. Anastasio III, comme il aime encore aujourd'hui se faire appeler, était en 1978-1979 un grand garçon gras, au visage inexpressif et poupin, au corps lourd, au cheveu rare. Il avait vingt-huit ans. Il avait fait ses études à l'académie militaire américaine de West Point (État de New York), aimait les femmes, les voitures rapides et les chronomètres suisses. Le peuple nomme ce grand bébé monstrueux *El Chiguïn*. Cette appellation désigne dans la littérature enfantine du Nicaragua une sorte de loup-garou qui hante les montagnes et qu'avant la guerre les mères évoquaient pour faire peur aux enfants désobéissants. Les unités d'élite de l'EEBI bénéficient d'un matériel de transport et de communication ainsi que d'un armement ultra-modernes. Leurs officiers sortent pratiquement tous des écoles américaines de la zone de Panama. L'EEBI était la terreur des paysans. Elle était aussi le cauchemar des fonctionnaires civils et des officiers, sous-officiers et soldats de la garde nationale : *l'EEBI exerçait une sorte de tyrannie dans la tyrannie*. Ses tueurs éliminaient nuitamment les serviteurs, courtisans civils ou militaires qui avaient cessé de plaire au dictateur ou qui avaient éveillé — pour une raison ou une autre — sa méfiance obsessionnelle.

2. La deuxième institution, ultra-secrète celle-là, était *l'école de torture conduite par des enfants* : lors des ratissages dans les montagnes, les hommes de l'EEBI enlevaient fréquemment les enfants mineurs, survivants des massacres. Ces enfants, entre huit et quinze ans, étaient enfermés dans des internats clandestins et soumis à un conditionnement intense. Les jeunes garçons étaient habitués à la consommation de drogues dures, pervertis psychologiquement et sexuellement et entraînés à exercer sur des prisonniers les mutilations les plus raffinées. Pour chaque œil arraché à un captif, les enfants recevaient une récompense : de la drogue ou — ce qui fut découvert après la libération — plus banalement du chocolat importé, des caramels. Deux médecins psychiatres de l'université de Heidelberg qui avaient élaboré pour le compte de Somoza le programme de conditionnement de

deux de ces internats sont aujourd'hui en prison à Managua[12]. Un troisième psychiatre allemand est en fuite. Il est recherché par mandat d'arrêt international pour crime contre l'humanité. J'ai eu, avec le responsable du programme de rééducation de ces enfants — le commandant McEwan, lui-même ancien prisonnier de Somoza —, de longues discussions. L'un des internats avait été découvert par hasard en octobre 1979 seulement. Les sentinelles sandinistes de l'aéroport national de Managua surprirent trois gamins au moment où ceux-ci versaient un liquide dans les casseroles géantes de la cantine réservée aux militaires. C'était du cyanure. Les sandinistes se firent conduire jusqu'au gîte des trois délinquants : ils trouvèrent une maison où vivaient — dans des conditions d'abandon total — plusieurs dizaines d'enfants hagards. C'était un ancien internat somoziste que les enfants — sans attaches avec le monde extérieur — ne pouvaient, ne voulaient plus quitter. McEwan me dit : « Ce sont nos enfants, les enfants de notre peuple. Nous n'avons pas su les protéger contre la folie du tyran. Nous devons maintenant les aider[13]. » Hélas, l'aide vient, pour beaucoup d'entre eux, trop tard. Leur psychisme semble à tout jamais détruit. Le gouvernement suédois finance un programme de rééducation, sous le contrôle d'une équipe pluridisciplinaire de médecins,

12. Les deux médecins psychiatres allemands incarcérés ne sont nullement d'anciens nazis, des Mengele de la psychiatrie. Ce sont deux jeunes psychiatres de trente-cinq et quarante ans, sortes de Méphistos modernes, fascinés par l'occasion que la tyrannie leur offrait de mettre en pratique leurs théories. Somoza leur laissait carte blanche, les tueurs de l'EEBI leur fournissaient les enfants. Les psychiatres s'exerçaient à conditionner les enfants afin d'obtenir les perversions souhaitées de leur psychisme. Leurs expériences portaient sur les « résistances innées du sujet » face à la douleur infligée à autrui. Les sandinistes, au moment de la libération, saisirent les protocoles dans lesquels les deux Allemands avaient noté, de façon minutieuse et scientifiquement précise, la progression de leurs expérimentations.

13. Un texte de Tomas Borge fait écho à l'affirmation de McEwan : « *Son tan dignos de amor los hijos de los héroes como los hijos de sus asesinos* » (les fils de nos héros sont dignes d'autant d'amour que les fils de leurs assassins) (dans la revue *América latina y Africa, hoy, op. cit.*, p. 25).

de psychiatres, de sociologues suédois et nicaraguayens. Cent vingt-cinq enfants doivent en bénéficier. D'après le constat d'un de ces psychiatres, une petite minorité seulement de ces enfants ont une chance d'être resocialisés.

3. *L'insurrection des villes*

8 avril 1979 : trois colonnes sandinistes attaquent la garnison d'*Esteli*. Deux mille soldats de la garde, la majorité d'entre eux appartenant à l'EEBI, résistent. La population survivante des massacres de septembre 1978 se joint dans sa presque totalité aux guérilleros. Elle dresse des barricades, transforme en forteresse la plupart des maisons encore debout, assure le transfert des munitions, les communications par messagers, soigne les blessés transportés dans des caves ou des abris. Les bataillons de Somoza arrivent par la route panaméricaine. Des tanks Sherman, des engins de déminage précèdent les camions transportant les troupes. L'aviation bombarde systématiquement les collines, incendie les villages alentour. Des bombes de cinq cents livres sont jetées sur les faubourgs de la ville où sont retranchés les sandinistes. Le centre commercial est en ruine. Des centaines de cadavres — de femmes, d'enfants — jonchent les artères de la cité. Dans les débris fumants des maisons, des combats au corps à corps opposent les troupes d'élite de la garde aux hommes et femmes guérilleros, souvent mal armés. Personne n'enterre plus les morts. Dans les ruines des faubourgs, les chiens errent. Les charognards attendent patiemment leurs proies. Les munitions des sandinistes s'épuisent. Le 14 à l'aube, le Comandante Ruben (de son vrai nom Francisco Rivas) reçoit l'ordre de repli. Les colonnes sandinistes réussissent à briser l'encerclement dans la nuit du 15. Elles laissent derrière elles une ville fantôme. Quelque trois mille habitants refusent de partir, se terrent dans les abris, veillent les blessés graves et les agonisants.

Mais la bataille d'Esteli n'est point terminée : la ville, réoccupée par la garde le 15 avril, sera attaquée de nouveau par des guérilleros le 9 juin. Esteli reste le carrefour stratégique incontournable sur la route panaméricaine qui contrôle toutes les communications de la capitale (Managua) avec le nord-ouest du pays. La colonne guérillera est commandée par Elias Noguara. Elle est formée d'hommes et de femmes armés de fusils de chasse et de revolvers. Parmi eux, il y a beaucoup de paysans, de journaliers venant des villages avoisinants, incendiés lors du siège d'avril. Ils se joignent aux guérilleros pour venger la mort de leurs femmes, de leurs parents, de leurs enfants. La colonne parvient jusqu'aux ruines des faubourgs occidentaux.

Le 13 juin, les guérilleros reçoivent du renfort : trois cents combattants, deux bazookas, un mortier de 81 mm. Ils défoncent les murs des maisons déjà à moitié détruites et progressent lentement vers le centre commercial et bancaire [14]. La garde contre-attaque le 14 à l'aube : les guérilleros ayant miné les murs et posté des francs-tireurs dans les décombres, les pertes de la garde sont sévères. Quelques soldats de la garde ôtent leur uniforme, désertent. 21 juin : du front nord (front « Fonseca Amador »), la direction sandiniste dégage une nouvelle colonne de trois cents guérilleros. Mais, le 29 juin, le colonel Vicente Zuniga, surnommé « l'Ogre », contrôle toujours les rues du centre et la cathédrale. Le régiment qu'il commande est formé, en majorité, de mercenaires sud-coréens et sud-vietnamiens. Le 30, il se retire dans la caserne centrale, fait venir l'aviation qui bombarde toute la région urbaine d'Esteli. Le régiment Zuniga est puissamment armé : mitrailleuses lourdes, mortiers de 81, blindés légers. La caserne centrale où il est

14. Il s'agit là d'une tactique mise au point par les défenseurs de Stalingrad et que les sandinistes ont reprise, perfectionnée : les mitrailleuses de la garde, les tireurs d'élite sud-coréens avaient sous leur feu les artères, les rues, les places des villes. Pour pouvoir progresser, attaquer par surprise, les sandinistes créaient — dans les villes où ils pénétraient — des réseaux de communications complexes, faits de passages ouverts dans les murs et les parois des maisons. Les gardes et les mercenaires surveillaient les portes et les fenêtres. Mais les sandinistes passaient d'une maison à l'autre, d'un étage à l'autre, par les trous creusés dans les plafonds, les parois, les murs.

retranché a de profondes casemates, de hauts murs, des tranchées et des abris bétonnés.

Le commandement guérillero réquisitionne dans la Fazenda Trinidad l'avion Cesna d'un grand latifundiaire. Le Cesna — qui en temps ordinaire sert à répandre du DDT sur les plantations de tabac — prendra à son bord des bombes fabriquées par les artificiers du Front et amenées des ateliers des montagnes de León. 16 juillet : à trois heures du matin, des feux sont allumés aux quatre coins de la caserne pour guider l'avion. Pratiquement toute la population survivante de la ville est rassemblée dans les ruines autour du bâtiment : avec des casseroles, des bidons vides, des sifflets, les gens se mettent à faire du bruit assourdissant pour couvrir le ronronnement du moteur de l'avion qui approche. Au moment où les deux pilotes larguent, à la main, leurs bombes sur les bâtiments centraux de la caserne, un tracteur dont la pelle est remplie de briques est lancé contre le mur latéral : une brèche s'ouvre, un commando suicide de douze hommes et femmes s'y engouffre. Derrière eux, enjambant les cadavres, les centaines de guérilleros se lancent. A onze heures, le colonel Zuniga et une cinquantaine de Sud-Coréens et de Sud-Vietnamiens tentent de s'échapper des casemates enfumées. Ils sont abattus à vue. A onze heures trente, un adolescent monte sur la dernière tour encore debout de la cathédrale et fait sonner les cloches. Esteli est libre.

Ce qui s'est passé à Esteli s'est produit à Masaya, Managua, León : partout, en ces mois de septembre 1978 à juillet 1979, le « gouverneur des cimetières » — rendu proprement dément par la résistance quasi unanime de tout le peuple — pratiqua la politique millénaire des tyrans aux abois : génocide, terre brûlée. La majorité de ses officiers, gardes nationaux, mercenaires étrangers se comportaient au Nicaragua en 1978-1979 comme les SS allemands en Pologne .en 1943-1944. Le peuple les appelait les « bêtes » (*bestia*). Lorsque au début de l'année 1981 je visitais *León*, des rues entières du centre étaient encore en ruine. Cette ville, à l'architecture somptueuse, où s'alignent les églises et palais du baroque colonial ibérique, s'étend dans une vaste plaine, non loin de la mer, jusqu'aux contreforts d'un massif de montagnes sombres. León avait enduré de terribles souffrances : des centaines de ses habitants avaient été assassinés, quelques heures avant la libération, dans les prisons privées de la garde, les bunkers de torture du contre-espionnage et la caserne centrale.

Ce fut une jeune femme de vingt-trois ans, Dora Maria Tellez — le Comandante Segundo de la prise du palais national de Managua —, qui commanda l'assaut final à León. Elle avait plongé dans la clandestinité en 1975. Depuis 1976, elle combattait sur le front nord. Cette petite femme brune, au visage pâle, rayonne d'une étrange beauté. Lorsque, en février 1981, sur la tribune de la place du 19 Juillet à Managua, je la vis pour la première fois, elle présidait devant une foule immense le rite funéraire de sept miliciens assassinés à Segovia. Je pensai à Électre, dont Giraudoux dit ceci :

> Oui, c'est Électre que je préfère. Parce qu'elle est plus qu'elle-même. Qu'elle soit la justification de la guerre ou le mépris de la paix, la soumission ou la révolte, qu'elle semble la froideur, c'est son affaire à elle, c'est notre affaire à tous. A cause d'Électre et de son dur visage, grâce au regard qu'Électre jette hors de la vie, j'ai compris ce que c'est que la vie [15].

Les insurgés de León ne possédaient guère l'expérience des combats de rue ni celle des combats nocturnes. Cependant, le ciel couvert, noir et mouvant de la saison des pluies empêchait pendant des jours l'aviation somoziste d'intervenir avec efficacité. Un à un, les casernes et bunkers où la garde était retranchée furent encerclés par des réseaux de tranchées de plus en plus rapprochées. Mais, sous les tropiques, le mauvais temps ne dure guère. Au bout de trois jours, il fallait passer à l'assaut final ou périr sous le napalm. Dora Tellez eut une idée de génie : elle fit venir les pompiers de la ville et leur fit remplir leurs pompes avec de l'essence. Couverts par le feu des guérilleros, les pompiers mirent leurs lances à incendie en

---

15. Jean Giraudoux, *Électre, op. cit.*

place tout autour de la caserne centrale. Puis, actionnant leurs pompes, ils arrosèrent d'essence les guérites, les tours de garde, les miradors de la caserne. Quelques balles traçantes allumèrent l'incendie. Une mer d'essence en flammes inonda la caserne, les munitions et les « bêtes », anéantissant tout sur son passage. Rares furent les « bêtes » survivantes.

A Managua, la direction nationale du FSLN lança le 4 juin 1979 l'ordre de révolte finale : « *Campesinos y proletarios, obreros, estudiantes, pueblo de Nicaragua,* l'heure de la grève révolutionnaire est arrivée. » Sur le front sud, le front « Benjamin Zeledon »[16], les combattants de l'armée de libération, enterrés dans des tranchées de terre, subissaient un déluge incessant de fer et de feu. Ils tenaient, adossés à la frontière du Costa Rica, leur flanc oriental protégé par les rives du Grand Lac, une ligne de plus de 50 km de long. Ils résistaient depuis cinq semaines déjà aux unités d'assaut de la garde et des mercenaires sud-coréens. Début juin, il fallait de toute urgence soulager la pression sur le front sud, le seul où l'armée de libération livrait une guerre classique de positions. Managua s'insurgea donc. Or, cette insurrection faillit tourner à la tragédie. La situation dans la capitale était en effet particulièrement difficile. C'était, c'est aujourd'hui encore, de loin, la plus grande ville du pays : plus de 500 000 habitants. Tout l'état-major de la dictature s'y trouvait.

En ce mois de juin 1979, la ville est sillonnée constamment par les patrouilles mobiles de la garde. Dans chaque quartier de cette très vaste cité dont les barrios sont éparpillés sur plus de 50 km², depuis le tremblement de terre de 1972, la police

16. Le *front* « *Benjamin Zeledon* », du nom d'un Indien qui en 1912 opposa une dure résistance aux marines nord-américains, était en juin 1979 le seul front stable de toute la guerre. Une guerre de positions y retint les meilleures troupes de la dictature alors qu'au centre, à l'est et au nord se développait l'insurrection populaire. Ce front sud était commandé par *Eden Pastora*.

possède des commissariats fortifiés. Le quartier interdit, là où sont concentrés les services du gouvernement, où habitent les dignitaires du régime, est lui-même protégé par des camps militaires, des fortifications. Le « gouverneur des cimetières », sa puissante maîtresse Dinora Sampson, ses frères, ses fils, ses cousins, ses principaux généraux, ses ministres, ses banquiers, grands propriétaires, policiers, hommes de main internationaux, avec lesquels il avait patiemment édifié son royaume, habitent des villas construites sur une colline fortifiée près de l'hôtel International, mais vivent en réalité dans un réseau de casemates et de bunkers aménagés à l'intérieur de la montagne. D'ailleurs Somoza, terrorisé par la peur d'être assassiné par l'un de ses lieutenants ou tué par un franc-tireur sandiniste, ne sort pratiquement plus du bunker.

L'état-major général révolutionnaire du front interne [17] est commandé par Carlos Nunez, un frêle jeune homme aux traits indiens, à la fine moustache noire. Carlos est doué d'une volonté de fer. Il est assisté par Moïses Hassan, jeune intellectuel à lunettes, discret et efficace. Hassan dirige le mouvement urbain affilié au FSLN : Pueblo Unido (Peuple Uni).

Les commandants urbains n'ont que peu d'armes de guerre : moins d'une centaine, dont trois bazookas seulement. Le 9 juin au soir, d'immenses braseros sont allumés dans les faubourgs orientaux et occidentaux. Les habitants arrachent les pavés des rues, les entassent jusqu'à une hauteur de deux mètres, creusent des tranchées. A l'aide des portes arrachées aux maisons, de planches et de troncs d'arbres, ils renforcent les barricades. Les hommes, les femmes et les adolescents, leurs bombes artisanales à portée de la main, s'installent en une longue file d'attente. Les dispensaires et postes sanitaires, cachés dans des maisons d'habitation, sont prêts à accueillir les blessés.

La nuit précédente, les combattants de l'intérieur avaient

---

17. Le front interne est celui de Managua. León, Esteli, dont nous avons vu le destin, étaient encerclés, au moment de l'insurrection populaire, par de puissants maquis. Rien de tel à Managua : les guérilleros sandinistes les plus proches étaient ceux de Masaya, au-delà du volcan Santiago.

attaqué, pris et brûlé l'un après l'autre les postes de garde, les commissariats de police dans les faubourgs. Les gardes et les agents survivants avaient fui vers le centre. Dans les faubourgs, les principaux fonctionnaires et juges du somozisme avaient été exécutés par les combattants.

Managua est une métropole étendue comprenant peu d'immeubles à trois étages mais une multitude de quartiers, de places, de marchés, d'avenues, de jardins, de parcs et surtout de bidonvilles qui s'étendent sur un territoire de plus de 50 km^2. Le 12 juin, presque tous les faubourgs sont libérés. Le 13 à l'aube, les « bêtes » attaquent. L'aviation bombarde sans relâche les positions des révolutionnaires, pulvérisant les écoles, les hôpitaux, les immeubles d'habitation. C'est Berlin en avril 1945 : l'horizon est rouge, le lac reflète les flammes, la nuit est illuminée par les bombes au phosphore. L'une après l'autre, les barricades tombent. Seul le barrio oriental résiste encore. C'est un immense territoire de bidonvilles, de jardins potagers, de maisonnettes aux toits de tôle où habitent les plus pauvres des pauvres, les paysans récemment chassés de leurs terres, les chômeurs permanents, les marginaux.

Le barrio oriental résiste pendant seize jours aux prix d'un héroïsme suicidaire. Des enfants sautent avec des draps enflammés sur les tourelles des chars, meurent dans l'explosion. D'autres, des grenades à fragmentation, des bâtons de dynamite ficelés sur le corps, se ruent sur les Jeeps et les « half-tracks » de la garde. Terrorisées, les « bêtes » reculent. Mais l'aviation, le napalm, le phosphore, les fusées air-sol sont imparables et tuent chaque jour des centaines d'habitants. Des familles entières disparaissent sous les décombres de leur cabane, les voisins recherchent les cadavres, creusent des tombes, enterrent leurs camarades. Les parcs publics et les jardins potagers du barrio oriental se transforment en autant de cimetières.

Les munitions des insurgés s'épuisent, d'autant plus que les « bêtes » enlèvent immédiatement leurs morts, privant ainsi les révolutionnaires des armes et des balles de leurs ennemis.

Le 20 juin, le commandant guérillero Carlos Nunez réussit à établir un contact avec Humberto Ortega, qui commande les maquis à l'ouest de la capitale. Un petit avion réquisitionné par les sandinistes lance le lendemain quelques caisses de munitions sur le barrio oriental.

Dans la nuit du 26 au 27 juin, les responsables civils et militaires du front interne se réunissent. C'est la fin. Il reste des munitions pour un jour de combat, au maximum. Le choix est simple, accepter le massacre — certain — de toute la population survivante, soit tenter — mais le succès est incertain — une sortie nocturne des habitants.

Le repli stratégique est décidé. Les combattants du front interne sont divisés en une avant-garde, une arrière-garde et un centre. C'est Carlos Nunez lui-même, de passage à Genève en avril 1981, qui me fit le récit de la retraite de Managua [18].

L'avant-garde quitte le barrio oriental à la tombée de la nuit du 27 juin. Elle doit ouvrir le chemin vers Masaya, une petite ville à 30 km au sud de la capitale qui est tenue par les sandinistes. L'avant-garde se faufile entre les postes de la garde sans être repérée. Vers vingt heures, le centre s'ébranle. Il est commandé par Nunez lui-même : plus de six mille femmes, enfants, vieillards le composent. L'immense cortège de la misère emporte des balluchons contenant les dernières possessions des familles. Les femmes, les adolescents portent les blessés aux pansements ensanglantés sur des brancards improvisés. L'arrière-garde quitte les ruines vers minuit. Derrière elle, elle laisse des volontaires, des francs-tireurs suicides, des barricades minées, qui, au matin, ralentiront la progression des « bêtes ». Le cortège se glisse silencieusement entre les postes de garde. Il s'étire maintenant en une interminable file indienne à travers la campagne.

Vers quatre heures du matin, le centre perd le contact avec l'avant-garde. Le cortège progresse lentement, péniblement, dans la plaine sombre qui s'étend au pied du volcan Santiago. Les lumières de Managua, le reflet des incendies sont encore

---

18. Carlos Nunez, membre de la direction nationale du *FSLN*, est aujourd'hui président du Conseil d'État, sorte de Chambre législative où sont représentées, au prorata de leurs membres, toutes les organisations de masses (professionnelles, syndicales) du pays. Nunez vint à Genève pour obtenir l'admission du Conseil d'État à l'Union interparlementaire mondiale.

visibles. Aucun des blessés graves, aucun enfant n'est abandonné en route. Seules six tombes seront creusées dans la plaine pour y enterrer les combattants morts durant le repli. Des paysans rencontrés en chemin servent de guide. Le ciel devient blanc, puis rouge. L'aube dessine les contours des milliers de silhouettes courbées sous le poids des brancards, des sacs à provisions, des balluchons. Le soleil se lève. C'est l'heure redoutée entre toutes.

L'arrière-garde, une cinquantaine de combattants fortement armés, s'est maintenant déployée en « unité mobile de protection », des deux côtés de l'interminable procession.

Brusquement, vers sept heures du matin, le bruit sec des mitrailleuses éclate sur le flanc du Santiago : la foule harassée, inondée de sueur, couverte de boue, s'affole, se met à courir dans tous les sens, tente de gagner les moindres abris dans la campagne, se disperse dans la plaine.

Nunez donne l'ordre aux combattants de l'unité mobile de viser la foule : celle-ci se calme. Tremblant de peur, elle reprend la route. Près du Santiago, l'avant-garde avait été surprise puis accrochée par une patrouille motorisée de la garde.

Au milieu de la matinée, le cortège est arrêté par la clôture d'une grande propriété : les blessés, les enfants, les brancardiers n'en peuvent plus. Ils marchent depuis plus de douze heures et titubent de fatigue. Le commandement décide un repos d'une heure. Le peuple envahit alors les escaliers, les étables, les dépôts de machines, le verger de la propriété. Tout le monde s'effondre de fatigue.

Vers midi, attaque de la garde. Les avions surgissent. Les combats sont d'une extrême violence. Vague après vague, les avions reviennent mais, en fin d'après-midi, un orage éclate. A dix-sept heures, le ciel est noir, les nuages touchent presque le sol. Les *temporales*, sous les tropiques, sont d'une grande et bénéfique violence. En quelques minutes, les routes de campagne se transforment en ruisseaux puis en torrents, les véhicules de la garde s'enlisent dans la boue. Aucun pilote n'ose plus tenter une sortie dans ce ciel noir déchiré par les éclairs. Le cortège repart. Il tente de gagner les contreforts du volcan Santiago : les rochers de basalte, les coulées de lave pétrifiées, coupantes comme des lames de rasoir, déchirent les sandales et coupent la plante des pieds. Les enfants hurlent de douleur. Cependant, sur l'autre versant du Santiago, Masaya n'est plus qu'à quelques kilomètres de marche. La pluie, la nuit redonnent courage à la foule.

A deux heures du matin, l'avant-garde atteint les premières tranchées du système de défense de Masaya. A trois heures, c'est la colonne Nunez — le centre — qui franchit le périmètre. L'arrière-garde suit à peu de distance. D'immenses brasiers sont allumés : des dizaines de bœufs, de moutons, de veaux, de porcs noirs et de chèvres sont sacrifiés et rôtis au feu. Les six mille survivants du barrio oriental de Managua, leurs blessés, leurs enfants, les combattants rescapés du front interne mobilisent leurs dernières forces pour fêter avec le peuple de Masaya leur miraculeuse rédemption.

Renforcé par les insurgés survivants de Managua, Masaya devient le bastion principal du Front sandiniste au sud de Managua. Les troupes spéciales du « gouverneur des cimetières », qui luttent contre l'armée de libération sur le front sud (front « Benjamin Zeledon »), sont maintenant prises en tenaille. Au début de juillet, Eden Pastora et ses unités passent à l'offensive. Ils infligent aux régiments de l'EEBI une défaite sanglante. Les guérilleros de l'armée du sud marchent sur Granada. Granada tombe. Ils continuent vers le nord, entrent à Masaya. De là, les colonnes sandinistes progressent vers la capitale. Ils y font la jonction avec les cortèges de camions qui transportent par la route panaméricaine les unités de maquisards venus des fronts nord (front « Fonseca »), ouest et oriental.

6 juillet 1979 : dans le luxueux bunker, au pied de la colline du centre de Managua, qui comporte, à cinq mètres sous terre, les salles de commandement de la garde et des troupes d'élite, des salons, des appartements, des cuisines, des prisons, un centre de communications, des archives, une clinique, c'est la panique. Le « gouverneur des cimetières », Dinora Sampson, *El Chiguïn* (le fils aîné du dictateur), les

conseillers américains, les généraux, juges, parlementaires, financiers, hommes de main sont réunis. Dans l'incinérateur fourni par la CIA, les documents d'État, les dossiers financiers, les papiers privés sont brûlés. Le bunker est composé de plusieurs étages, d'un dédale de corridors bétonnés, creusés dans la colline. Au dernier sous-sol, il y a les prisons où languissent les captifs « personnels » de Somoza, c'est-à-dire les hommes et les femmes, les adolescents qui sont soit des guérilleros faits prisonniers, soit des ennemis personnels, soit encore des otages pris lors de ténébreuses affaires financières et sentimentales. Le dictateur bedonnant, chauve, à double menton et aux yeux injectés de sang, marqué par la surconsommation d'alcool et de drogue et *El Chiguïn* ont coutume de les torturer personnellement puis de les jeter aux fauves enfermés dans des cages qui se dressent dans le jardin [19].

Les derniers prisonniers survivants sont assassinés. Dans le jardin, les troupes d'élite de l'EEBI sont terrées dans les casemates ; sur la colline, le long de la route du lac, les unités de la garde avaient creusé un système élaboré de tunnels, de tranchées, de nids d'artillerie et de mortiers. Mais, en ce matin du 6 juillet, le feu se rapproche. Les obus des sandinistes atteignent le centre de Managua. Les flammes des incendies illuminent le ciel gris. Le bruit sec des mitrailleuses déchire l'air. Des adolescents, le foulard rouge et noir masquant le bas de leur visage, rampent jusqu'aux premières tranchées, jettent leurs grenades et disparaissent. A cinq heures de l'après-midi, le « gouverneur des cimetières », Dinora Sampson, *El Chiguïn* et quelques complices donnent ordre à l'EEBI de préparer leur sortie. A la tombée de la nuit, la lourde porte d'acier du bunker s'ouvre : le tyran, ses complices, serrés dans un véhicule blindé, se font conduire au fond du parc où les attendent, moteurs en marche, les hélicoptères. Les machines survolent le centre — où meurent les soldats de la garde — puis les faubourgs occidentaux et

19. Pour une description du bunker et de son environnement immédiat, cf. « Nicaragua, en las horas finales de Somoza », récit de Manuel Leguineche qui entra avec les premiers libérateurs dans le bunker, dans la revue *América latina y Africa, hoy, op. cit.*, p. 7 *sq.*

arrivent à l'aéroport. Un Boeing d'une compagnie américaine transporte Somoza et sa cour à Miami[20].

Les officiers et la garde, les mercenaires sud-coréens, sud-vietnamiens, ex-cubains, les agents de l'Office d'investigation (la police politique de la garde) continuent à se battre en plusieurs lieux du territoire national, et aussi à Managua, pendant douze jours encore. Ils ne capituleront que dans la nuit du 18 au 19 juillet. Le 19 au matin, les révolutionnaires sandinistes, suivis de milliers et de milliers de jeunes gens et jeunes filles, riant et chantant, le foulard rouge et noir noué autour du cou, revêtus d'uniformes hétéroclites, fatigués mais éclatants de joie, envahissent la place qui se trouve entre le théâtre Rubén-Dario et la cathédrale. Tout le peuple de Managua et des environs, plus d'un demi-million d'hommes, de femmes, d'enfants, les accueillent. Du haut de la façade à moitié détruite de l'église, sourit le portrait peint d'Augusto Cesar Sandino.

---

20. Rappel : « le gouverneur des cimetières » sera exécuté par un commando internationaliste en 1980 à Asunción (Paraguay). *El Chiguïn* commande aujourd'hui les gardes somozistes et les mercenaires qui, à partir du Honduras, attaquent les départements septentrionaux du Nicaragua ; d'autres unités de la garde, ayant échappé à la débâcle de 1979, luttent avec l'armée du Salvador contre les patriotes du Front Farabundo Marti ; d'autres encore se constituent en unités de contre-guérilla particulièrement redoutées des villageois, des paysans, de leurs familles, au sein des troupes de répression au Guatemala.

9

L'avenir de l'Amérique centrale [1]

> Si je ne brûle pas,
> Si tu ne brûles pas,
> Si nous ne brûlons pas,
> Comment les ténèbres
> · Deviendront-elles clarté ?
>
> Nazim Hikmet, *Fondre le plomb*
> (traduction Hassan Goureh)

Devant l'Organisation des États américains, le président Ronald Reagan exposa le mercredi 24 février 1982 son *plan de développement économique et d'aide militaire de l'Amérique centrale et des Caraïbes.* Voici les principales thèses de Reagan :

L'Union soviétique pratique une sorte de colonialisme brutal et totalitaire... Comparons l'avenir positif des deux tiers des pays de la région qui ont des gouvernements démocratiques au sombre avenir de pauvreté et de répression de Cuba, au poids de plus en plus écrasant de la gauche totalitaire à Grenade et au Nicaragua, et à l'extension des violences révolutionnaires soutenues par Moscou et organisées par Cuba en Amérique centrale.

Et plus loin :

Jamais, au cours de sa sordide histoire, le communisme n'a été capable de tenir ses promesses. Partout, il a

---

1. Notre livre a pour ambition principale de mettre à jour les « invariants », les « constantes » qui gouvernent la lutte des mouvements armés de libération nationale du tiers monde. Un tel livre doit être articulé sur l'actualité. Or, cette actualité est mouvante. Le présent chapitre ne peut donner que les lignes de force de l'actuel développement des relations conflictuelles entre les États-Unis et l'Amérique centrale et caraïbe.

exploité et aggravé des difficultés économiques temporaires pour s'emparer du pouvoir, pour institutionnaliser ensuite les restrictions et supprimer les droits de l'homme. Six millions de personnes sont aujourd'hui, dans le monde, des réfugiés du communisme, dont plus d'un million de Cubains.

Encore Reagan :

Je déplore la campagne de propagande sur la véritable nature du conflit salvadorien qui égare de nombreux Européens et Américains. Si nous n'agissons pas rapidement et avec décision pour défendre la liberté, de nouveaux Cubas vont surgir des ruines des conflits d'aujourd'hui... Nous verrons de plus en plus de régimes totalitaires, militairement liés à l'Union soviétique, de régimes si incompétents et cependant si totalitaires que le seul espoir de leurs citoyens sera d'émigrer un jour vers d'autres États américains.

Et le président d'ajouter :

Nous ferons ce qu'il est prudent et nécessaire de faire pour assurer la paix et la sécurité de la région des Caraïbes, mais nous ne suivrons pas l'exemple de Cuba en essayant de résoudre des problèmes humains par la force brutale. Notre aide économique est plus de cinq fois supérieure à notre assistance militaire... Le but de cette aide est d'aider nos voisins à parvenir à la liberté, à la justice et au progrès économique [2].

Pour leur malheur, les États de Cuba, de Grenade, du Guatemala, du Honduras, de la Jamaïque, du Salvador, d'Haïti, du Costa Rica, de Panama, du Nicaragua sont situés dans une zone d'importance stratégique vitale pour les États-Unis. Prenons le Nicaragua : sa côte orientale — une côte sauvage, de baies, d'abris, de ports naturels nombreux — baigne le bassin des Caraïbes. Or, en 1982, environ 44 % du

2. Extraits du discours de Ronald Reagan, selon la traduction du *Monde* du 26.2.1982, p. 1 et 5.

commerce extérieur des États-Unis transite par la mer des Caraïbes. En temps de guerre, la moitié des fournitures américaines à l'Europe transiterait par les Caraïbes[3]. La côte occidentale du pays occupe, elle aussi, une position stratégique importante : elle borde le golfe de Fonseca, immense bassin où s'égrènent des archipels insulaires pratiquement impossibles à surveiller et qui fait frontière entre le Honduras, le Salvador, le Nicaragua. Un trafic naval — militaire, économique — intense se déploie en permanence au large des côtes pacifiques du Nicaragua : cette côte occupe la portion côtière centrale se trouvant entre Panama et la frontière sud du Mexique. Le président Reagan considère l'Amérique centrale et caraïbe comme un champ de bataille où s'affrontent — par alliés et satellites interposés — les deux superpuissances, les États-Unis et l'Union soviétique. Le président décide d'ignorer obstinément la nature véritable des mouvements armés de libération nationale qui, au Guatemala, au Salvador, tentent de renverser des dictatures militaires ou civiles inhumaines. Il prétend ignorer les injustices sociales révoltantes qui ont provoqué (en 1978-1979) l'insurrection du peuple du Nicaragua, la victoire, à Grenade, du New Jewel Party (en 1980), la lutte de Michael Manley à la Jamaïque, la résistance armée guatémaltèque et salvadorienne. Enfin, Reagan considère comme une simple création de l'impérialisme soviétique le gouvernement révolutionnaire de Cuba. Or, ce gouvernement est né d'une longue et sanglante lutte de libération nationale. Grâce aux réformes sociales entreprises et malgré la restriction des libertés publiques, il jouit aujourd'hui du soutien de la majorité de son peuple. Ignorer les structures d'exploitation, de misère, dont sont victimes les peuples, conduit à se méprendre sur les raisons de la révolte de ceux-ci. Ne voir dans l'insurrection populaire, dans la guerre nationale révolutionnaire, qu'une simple opération d'agents étrangers — soviétiques en l'occurrence — aboutit à une vision totalement déformée, dangereusement inexacte,

---

3. Fred Ikle, sous-secrétaire à la Défense chargé des affaires politiques de l'administration Reagan, in *Washington Post* du 22.2.1982.

de la vraie nature des conflits qui se développent aujourd'hui en Amérique centrale.

Revenons au Nicaragua. L'offensive contre-révolutionnaire organisée par l'administration Reagan ne porte plus aujourd'hui directement contre le Nicaragua : c'est la coalition des régimes répressifs du Honduras, du Guatemala, du Salvador qu'il s'agit, dans l'esprit de Washington, d'armer, de financer. L'échec des forces populaires au Guatemala, au Honduras, au Salvador, signifierait, à terme, l'asphyxie, la mort du pouvoir révolutionnaire au Nicaragua. Exemple : le Salvador est le pays qui, durant l'année fiscale 1981, a reçu la plus forte aide militaire, économique de tout le continent latino-américain ; pour la seule période allant du 1er mars au 1er septembre 1981, 35 millions de dollars d'aide militaire, 126 millions de dollars d'aide économique ont été versés au Salvador [4].

Le deuxième pays le plus important sur la liste des assistés latino-américains est le Guatemala. Après la mission du général Vernon Walters (1981), un plan de « défense intégrée » entre le Honduras, le Salvador et le Guatemala a été dressé par les commandements nationaux des trois pays et le commandement nord-américain de l'hémisphère sud dans la zone américaine de Panama. L'administration Reagan considère que le Nicaragua est en train de devenir un satellite de l'Union soviétique et de Cuba. Elle attaque notamment ce qu'elle appelle le « *militarisme totalitaire* » du Front sandiniste de libération nationale. Le secrétaire d'État américain Haig déclara devant le Conseil des ministres de l'OEA, le 4 décembre 1981, qu'il y a, au Nicaragua, au moins mille cinq cents conseillers militaires cubains. le lieutenant général Wallace Nutting, commandant en chef du Southern Command dans la zone américaine de Panama, de son côté, analyse ainsi la puissance des forces armées du Nicaragua :

22 à 33 000 soldats réguliers, 50 000 réservistes. Ces forces sont nettement supérieures à celles du Guatemala

4. Chiffres de la revue *Newsweek* du 14.9.1981.

(14 000), du Honduras (12 000) et du Salvador (15 000). L'armement des forces sandinistes est le suivant : cent canons Howitzer de 122 et 152 mm, plusieurs douzaines de véhicules blindés soviétiques du type BTR-60, plus d'un millier de camions militaires d'origine est-allemande et soviétique, une trentaine de blindés lourds T-54 et T-55 (le blindé standard des pays du pacte de Varsovie). Ces blindés sont livrés par Cuba et l'Algérie. La défense antiaérienne : des mitrailleuses ZPU-4 et des fusées SA-7 en constituent l'armature[5].

Cependant, l'administration Reagan rencontre des *contradictions insurmontables* dans sa propre analyse : si les armes du Nicaragua viennent avant tout de pays du tiers monde liés aux pays de l'Est par des contrats d'armement, rien ne vient d'Union soviétique, directement[6]. Plus : l'Union soviétique semble se désintéresser presque totalement d'une révolution qu'elle ne contrôle pas. Pis encore : le parti communiste prosoviétique du Nicaragua, appelé *Parti socialiste populaire,* est non seulement écarté de toute participation au pouvoir, mais les grèves sauvages qu'il organise dans les usines, les occupations de terre qu'il provoque dans les campagnes sont sévèrement sanctionnées.

Considérons maintenant les principales étapes de la construction nationale au Nicaragua depuis la chute, le 19 juillet 1979, de la tyrannie des Somoza. Sur les frontières nord du pays — plus de 800 km de montagnes, de grottes, de vallées abruptes, de forêts —, une armée de plus de sept mille soldats somozistes repliés au Honduras menace la sécurité de

5. Analyses rappelées par George Russel, « Nicaragua, Arming for trouble », in *Times* du 18.1.1982.
6. Les sandinistes, les premiers, tentent d'échapper à la dépendance face à l'Union soviétique et aux pays de l'Est. Le 6 janvier 1982, le ministre de la Défense de France, Charles Hernu, révèle que son pays vient de conclure avec Managua un contrat de livraison d'armement portant sur une somme de cent millions de francs. La France assurera la formation de marins et d'aviateurs, la fourniture de deux hélicoptères Alouette 3, de cinquante camions militaires, de deux patrouilleurs de haute mer.

la République. Cette armée somoziste est commandée par *El Chiguïn*, le fils aîné du dictateur défunt, diplômé de l'académie militaire américaine de West Point. L'armée comporte en son sein de nombreux mercenaires cubains anticastristes, sud-vietnamiens, sud-coréens[7]. L'armée somoziste sur la frontière septentrionale du Nicaragua entretient avec les ennemis intérieurs des liaisons multiples et constantes. A l'intérieur du pays, une lutte de classes de plus en plus vive se développe : les premières et profondes réformes opérées par le nouveau pouvoir frappent durement les classes privilégiées. La réforme agraire, la réforme du crédit bancaire, le quasi-monopole du commerce extérieur permettent aux sandinistes de contrôler une partie importante de l'économie et d'opérer une redistribution graduelle du revenu national. La pluralité des partis politiques et des syndicats, la liberté d'expression et d'assemblée sont respectées[8]. Les organisations de masse se développent. Les femmes, les paysans, les journaliers agricoles, les bûcherons des forêts, les étudiants, les élèves du secondaire, les marins, les pêcheurs, les ouvriers de l'industrie, les employés du tertiaire s'organisent. La riposte des anciennes classes dominantes est virulente : la similitude des situations avec le Chili d'Allende est ici particulièrement frappante.

A l'hôtel Intercontinental de Managua, le visiteur étranger reçoit, glissée sous la porte de sa chambre, chaque matin, *la Prensa*. Organe de l'opposition de droite, célébré aux États-

7. Une large partie de l'opinion publique américaine, et en particulier de la presse, est hostile à l'actuelle politique de l'administration Reagan en Amérique centrale. Tel est le cas notamment du *New York Times, de Newsweek, du Washington Post.* Pour une critique globale de cette politique, cf. entre autres « Central America : US Policy in Shambles », in *Newsweek,* 14.9.1981. *Stuart Taylor Jr.* donne la liste des bases d'entraînement et de combat de l'armée somoziste et analyse les voies utilisées par l'administration Reagan pour appuyer son action ; cf. Stuart Taylor Jr., in *New York Times,* 2.1.1982 ; cf. aussi l'enquête détaillée de la revue de l'*Institute for Policy Studies, Resource,* 1901 Que Street, Washington DC, « The US Military Aid to Central America », mars 1982.

8. Il y a des exceptions : certaines manifestations des communistes et de l'extrême droite ont été interdites à l'occasion ; *la Prensa* est parfois interdite de parution pour un ou deux jours.

Unis et en Europe comme le grand quotidien « libéral » et
« démocratique » du pays, *la Prensa* est en fait un journal qui
défend les privilèges des grands banquiers, industriels et
latifundiaires liés aux États-Unis et au capital transnational.
Elle mène son combat contre le pouvoir révolutionnaire par
tous les moyens de la désinformation. Techniquement, *la
Prensa* est bien faite.

Les institutions du nouvel État sont dans leur totalité
soumises au contrôle du pouvoir sandiniste : le vrai pouvoir
est entre les mains de la direction nationale du Front
sandiniste de libération nationale. Direction composée de
neuf membres (trois de chaque tendance du Front). Une
junte de reconstruction nationale — d'abord composée de
sept, puis de cinq, enfin (depuis 1981) de trois membres —
coiffe le gouvernement. Ce gouvernement, composé de
ministres, de vice-ministres, de secrétaires d'État, administre
les dicastères classiques : Intérieur (Thomas Borge), Culture
(Ernesto Cardenal), Défense (Humberto Ortega), Réforme
agraire (Jaime Wheelock), Santé, Instruction, etc.

Le pouvoir judiciaire, indépendant du pouvoir politique du
moins aux échelons moyen et supérieur, est composé à la base
de tribunaux de quartiers, aux échelons moyen et supérieur
de juges professionnels, nommés par le ministre de la Justice.
La tyrannie avait laissé derrière elle un pays presque totalement ruiné. Juillet 1979 : les réserves de la banque nationale
s'élèvent à deux millions de dollars, soit deux jours d'importations de produits de première nécessité. La direction nationale du FSLN remet à 1985 les élections générales au suffrage
universel secret. La reconstruction économique, l'alphabétisation, les réformes sociales fondamentales *d'abord*, les
élections *ensuite*. Un homme qui n'a ni nourriture ni instruction ne peut voter en connaissance de cause. Le pouvoir
législatif : durant cette période de reconstruction, il est
représenté par un *Conseil d'État* où siègent, discutent et
décident par vote majoritaire, non qualifié, les délégués des
organisations de masse. Les entrepreneurs du secteur privé,
l'Association des avocats, les différentes centrales syndicales,

les organisations de femmes, les coopératives de paysans, les communautés indiennes et bien d'autres associations encore y expriment leur point de vue, y discutent, votent les textes législatifs servant de base à l'action du gouvernement. L'armée enfin : elle est issue de la guérilla et des unités régulières de l'armée de libération ayant combattu sur le frond sud. Doublée d'une milice populaire d'environ cent mille hommes et femmes, elle est contrôlée par le direction du Front[9].

La révolution sandiniste du Nicaragua a subi depuis 1979 deux échecs dangereux : son incapacité apparente d'intégrer dans le processus de reconstruction nationale certaines minorités ethniques — principalement indiennes, mais aussi, et dans une moindre mesure, noire et anglophone de la côte atlantique — et la dissidence d'un de ses commandants les plus prestigieux, Eden Pastora Gomez, et de nombre de ses camarades d'armes qui lui restent affectivement attachés.

1. D'abord le conflit entre les sandinistes et certaines minorités ethniques. Nous l'avons dit : plusieurs grandes civilisations indiennes — celles des Ramos, des Sumos, des Nahutatls et surtout des Misquitos — existent sur la terre du Nicaragua. Or, la plupart de ces civilisations se déploient dans des régions très éloignées des centres principaux de peuplement. Certaines de ces civilisations sont, depuis les temps précolombiens, enracinés dans les forêts inaccessibles du nord-est du pays. D'autres avaient été à l'origine des civilisations côtières du Pacifique ou de l'Atlantique ; elles avaient été refoulées au XVIe siècle dans la cordillère ou les forêts vierges de la plaine du Sud-Est par les colonisateurs. Mais, contrairement à ce qui se passe aujourd'hui au sein de l'ORPA du Guatemala, aucun des chefs ou caciques indiens n'a jamais rejoint le Front sandiniste de libération nationale.

9. J'ai cité p. 234 les chiffres du personnel des forces armées donnés par l'administration Reagan. Ces chiffres sont contestés par la direction nationale du Front. Mais en même temps le Front — pour des raisons de sécurité évidentes — refuse d'indiquer ses propres chiffres. Seul le chiffre concernant la milice est officiel.

Les sandinistes n'ont pratiquement pénétré les immenses territoires où se déploient les sociétés précolombiennes qu'après leur victoire sur la dictature [10]. En plus, ils partagent avec leurs compatriotes d'origine européenne une ignorance quasi complète des us et coutumes des Indiens.

Dès 1980, les brigades sandinistes d'alphabétisation furent souvent mal reçues en pays indien. Les missions de santé et d'assistance agricole se heurtèrent à la méfiance ancestrale des Indiens envers tout fonctionnaire venant de Managua. Les sandinistes commirent des maladresses : comme l'arrestation, par exemple, de certains caciques refusant de collaborer aux programmes gouvernementaux de promotion sociale de la population rurale.

Au début de 1982, un conflit particulièrement dangereux s'ouvrit entre les sandinistes et des communautés misquito de la côte atlantique, dont les villages étaient situés dans la zone frontalière avec le Honduras. Dans cette zone s'étendent les campements d'anciens gardes somozistes, renforcés par des mercenaires, financés, équipés par la CIA nord-américaine. Ces forces contre-révolutionnaires recrutaient des Misquitos. Or, les sandinistes découvrirent un plan visant à détacher les territoires misquito de la région de Puerto Cabezas du territoire national nicaraguayen, d'y proclamer une « République autonome misquita » et d'en faire la base de la reconquête somoziste du Nicaragua. Les sandinistes réagirent énergiquement : une zone tampon, occupée exclusivement par des militaires, fut créée le long de la frontière. De nombreuses communautés misquito furent déportées de force vers l'intérieur du pays [11].

10. Le Front sandiniste de libération nationale, fondé en 1961, subit ici un échec grave, alors qu'Augusto Cesar Sandino réussit, durant la première guerre de libération, à mobiliser des milliers d'Indiens. Cf. p. 110 *sq.*
11. L'ethnologue Gilles Bataillon, qui avait séjourné parmi les Misquitos réfugiés au Honduras et regroupés principalement dans le camp des réfugiés à Mocoron, recueillit des récits d'exactions commises par des soldats sandinistes. Cf. Gilles Bataillon, dans la revue *Esprit* de juillet-août 1982.

2. Voyons maintenant la *dissidence d'Eden Pastora Gomez* [12]. Né en 1936, ancien élève des jésuites, le Commandante Cero est une personnalité attachante, complexe, hors du commun. Ancien pêcheur de trésors aux Caraïbes, père — de son propre aveu — de dix-sept enfants, poète, excellent conteur, Eden Pastora n'a jamais joué un rôle important dans aucun des multiples mouvements politiques, cercles de discussion, groupuscules marxistes ou communautés chrétiennes de base qui sont la matrice du Front sandiniste. Pastora est un *héros solitaire*, téméraire, sympathique, chaleureux, intelligent, habile et contradictoire. De taille moyenne, les cheveux noirs traversés de fils argentés, il a un corps agile, des mouvements nerveux et rapides qui rappellent ceux d'un chat sauvage de la cordillère. Un événement a marqué sa vie : alors qu'il a sept ans, la garde nationale somoziste arrive dans le faubourg petit-bourgeois de León où Eden habite avec son père, employé de commerce, sa mère, ses nombreux sœurs et frères. L'officier de la garde insulte la mère, humilie le père, fait rouer tout le monde de coups. La famille est poussée de force dans le petit jardin, devant la porte de la maison. Le père est battu par les soldats, puis abattu d'une rafale de mitraillette.

La vengeance d'Eden sera terrible : dès le début de la guérilla il se signale par un courage presque suicidaire, un savoir-faire militaire exceptionnel. Des dizaines de gardes somozistes, de tortionnaires de la police politique, d'agents du contre-espionnage, de mercenaires étrangers, de collaborateurs civils de la dictature sont morts de sa main. Pour le

12. La dernière fois que je vis Eden Pastora, c'était près de Mahbès, au Sahara occidental, dans une zone libérée, contrôlée par le Polisario. C'était la dernière semaine de février 1981 : le peuple sahraoui fêtait le cinquième anniversaire de la fondation de sa République. Nos tentes étaient voisines. Eden, comme tous les autres invités, se levait à l'aube. Avec ironie, humour, passion et une constante et méticuleuse précision, il nous racontait la guerre de son peuple. Muni d'une curieuse petite baguette d'instructeur militaire, faite de métal brillant, pliable en trois parties, il nous dessinait sur le sable le plan du palais national de Managua, puis les contours compliqués et les positions de l'armée de libération sur le front sud, le front « Benjamin Zeledon ».

petit peuple humilié, exploité, maltraité par les grands propriétaires du tabac et du coton de la province de León, Eden Pastora devient rapidement un héros légendaire, un justicier au prestige presque mythique. Parmi les jeunes gens et jeunes filles qui luttent à ses côtés, il suscite une admiration et une affection profondes.

Devenu après la libération vice-ministre de la Défense et commandant en chef des milices, Eden Pastora Gomez rompit avec ses camarades sandinistes en août 1981. Voici les étapes de sa dissidence [13].

Première étape : Eden Pastora disparaît de son bureau au ministère de la Défense de Managua au début du mois d'août. Il laisse une lettre, adressée au commandant Daniel Ortega, coordinateur de la junte de reconstruction nationale [14]. Dans cette lettre, Pastora dit sa volonté de continuer le combat ailleurs qu'au Nicaragua. Il démissionne de toutes ses fonctions dans l'État et l'armée (comme le fit le Che dans sa lettre à Fidel, lue par celui-ci à la Conférence tricontinentale de janvier 1966 à La Havane) et affirme sa totale loyauté envers la révolution sandiniste. Où va Pastora ? Il ne dit mot, mais indique que sa place est désormais aux côtés des paysans dont les frères sont « brûlés dans les ambassades » (allusion aux massacres de Ciudad Guatemala, décrits par nous p. 66 *sq.*) et dont les prêtres « meurent assassinés devant leur autel » (allusion à l'assassinat de l'archevêque de San Salvador, Mgr Romero).

Deuxième étape : Ni les dirigeants du Front Farabundo Marti du Salvador ni ceux de l'ORPA au Guatemala ne veulent confier un commandement à Eden Pastora. Pastora

---

13. Je reproduis ici les étapes de sa dissidence telles que j'ai pu les connaître par le récit de ses anciens camarades, notamment par le commandant Bayardo Arce, membre de la direction nationale rencontré à Helsinki les 26 et 27 mai 1982, et aussi par certains dirigeants d'autres pays, notamment par Javier Artisones, chef de la section Europe occidentale du secrétariat international du Comité central du Parti communiste cubain, rencontré également en mai 1982. Par contre, je n'ai pas réussi à recueillir, malgré plusieurs tentatives, la version personnelle de Pastora.

14. La lettre, rendue publique par le gouvernement sandiniste, fut publiée par la revue *Afrique-Asie,* n° 18, 1981.

cherche alors à titre individuel à renouer ses contacts politiques, tissés au temps de la lutte antisomoziste. Il arrive à Cuba au début de septembre 1981, en Libye à la fin du même mois. Puis il se rend au Panama et au Mexique. Pour demander quelle aide ? Pour quoi faire ? Pastora est partout éconduit.

Troisième étape : En février 1982, Eden Pastora convoque une conférence de presse à San José, capitale du Costa Rica. Il y dénonce la direction sandiniste, l'accuse d'avoir « trahi la révolution », d'avoir « livré le pays à l'Union soviétique », d' « instaurer le marxisme ». Il appelle ses compatriotes à l'insurrection. Il déclare reprendre la lutte pour la « seconde libération » du Nicaragua. Quatre mois plus tard, il constitue à Lisbonne un « gouvernement en exil ». Au sud du Nicaragua, quarante de ses anciens compagnons d'armes répondent à son appel, attaquent des postes sandinistes, tuent cinq garde-frontières et s'enfuient au Costa Rica. Le 18 juillet 1982, nouvelle volte-face : Pastora dissout son « gouvernement » mais déclare continuer sa lutte contre la junte révolutionnaire de Managua. A la revue *Panorama* de Milan, il affirme : « Je retournerai rapidement au Nicaragua, à la tête de mon peuple, pour libérer mon pays du gouvernement des assassins et des traîtres qui le dominent aujourd'hui [15]. »

Comment comprendre la conduite de Pastora ? Nous l'avons dit : c'est un homme d'un courage physique et d'une générosité personnelle extraordinaires. Il est intelligent, profondément contradictoire, chaleureux, aux idées politiques certainement confuses. Il est le type même du caudillo ibérique, rempli d'orgueil et exigeant en toute circonstance le commandement unique et absolu, mais aussi du justicier martyr, du héros dépité, intensément persuadé de sa propre mission, plein de compassion pour les plus pauvres d'entre ses concitoyens. Il ressemble par certains de ses traits à Simon Bolivar. Un aventurier panaméen, Hugo Spatafora, ancien étudiant de l'université de Bologne, est aujourd'hui son principal confident et conseiller.

15. Déclaration à la revue *Panorama* du 18.8.1982, Milan. Éd. Mondadori.

Je comprends — sans excuser ni justifier sa conduite après
août 1981 — qu'un homme comme Eden Pastora éprouve de
la difficulté à participer, à un poste relativement modeste, à la
construction d'un État ; il ne peut se plier aux exigences de la
direction collégiale, accepter d'être mis en minorité et de
devoir exécuter des décisions qu'il réprouve. Le passage de la
vie d'un prestigieux commandant guérillero — pratiquement
autonome, vivant au milieu des hommes, des femmes qui lui
sont dévoués, allant de victoire en victoire — à l'existence peu
exaltante, parce que régie par la raison d'État, d'un vice-
ministre dans un bureau à Managua, exige — de la part de
celui qui l'effectue — une capacité d'analyse politique et une
claire conscience des nécessités historiques des formes changeantes de la lutte. Visiblement, Eden Pastora ne possède ni
l'une ni l'autre de ces deux qualités.

La transformation rapide des rapports de production entre
les hommes s'accompagna d'une escalade de l'affrontement
idéologique entre les classes. Une véritable *guerre idéologique* débuta le 23 mars 1980 avec le lancement de la *campagne
d'alphabétisation*. Le taux d'analphabétisme du peuple nicaraguayen fut considérablement réduit en moins de cinq mois :
il était d'environ 70 % (population au-dessus de quinze ans)
au début de la campagne et de moins de 25 % à la fin.
Alphabétisation est un terme faible pour décrire cette formidable opération de *conscientisation politique* d'hommes et de
femmes vivant depuis des siècles hors de leur propre histoire [16]. La campagne fut conçue comme un exercice militaire : dans l'*Ejercito popular de alfabetización* (EPA)
commandé par un père jésuite, Fernando Cardenal (frère
d'Ernesto), plus de cent mille jeunes gens et jeunes filles
furent mobilisés, avant tout des étudiants et des élèves des
écoles primaires, secondaires, professionnelles, dont l'âge

16. La meilleure analyse que je connaisse de la signification pour
tout le tiers monde de la campagne d'alphabétisation du Nicaragua
est celle produite par Julio Cortazar sous le titre « La batalla de los
lápices » (la bataille des crayons), dans la revue *América latina y
Africa, hoy, op. cit.*, p. 27 *sq*.

variait entre quatorze et vingt ans. Envoyés par brigades dans toutes les provinces, même les plus reculées de l'immense pays, ces jeunes gens, généralement d'origine urbaine, moyenne ou petite-bourgeoise, découvrirent avec étonnement et passion le peuple inconnu dont, pourtant, ils faisaient partie. Aux journaliers agricoles, aux Indiens misquito, aux petits paysans métayers du Nord, ils apportèrent plus que l'alphabet : les instruments de la prise de conscience politique. L'*Aube du peuple*, le cahier de base servant au travail nocturne d'alphabétisation (le jour, les combattants de l'EPA travaillaient aux côtés de leurs « élèves » aux champs, à l'usine, sur les bateaux), regroupait trois thèmes en vingt-trois questions. Premier thème : l'histoire du Nicaragua, de la première guerre de libération de Sandino à la deuxième guerre du FSLN. Deuxième thème : les questions économiques ; la réforme agraire ; la généralisation des coopératives dans les campagnes ; la nationalisation des banques et du commerce extérieur ; les droits des femmes au ménage, les droits des travailleurs sur le lieu du travail. Troisième thème : politique étrangère et solidarité transnationale entre les peuples ; la révolution du Salvador ; la stratégie des États-Unis ; les luttes de libération africaines, asiatiques, latino-américaines et l'appui moral que leur accorde le Nicaragua. Chaque fête de l'indépendance nicaraguayenne est en effet l'occasion d'une journée de solidarité : en 1981, le peuple nicaraguayen commémorait sa fête nationale en organisant dans tout le pays (usines, écoles, bureaux, villages) des séances d'information, des manifestations de solidarité sur et pour la lutte de libération menée contre l'occupant marocain par le peuple sahraoui du Sahara occidental.

L'opposition interne, nous l'avons dit, est virulente — conduite, organisée, remarquablement planifiée par le COSEP (Consejo superior de la empresa privada, Conseil supérieur de l'entreprise privée). Les anciens dirigeants luttent pied à pied pour le maintien de leurs privilèges séculaires. Un grand nombre de familles de l'ancienne oligarchie antisomoziste ont fui vers Miami. D'autres tentent par tous les moyens de sauver leur fortune en transférant à l'étranger leurs avoirs et en décapitalisant systématiquement

leurs usines, leurs latifundia. D'autres encore sont engagés
— c'est le cas du groupe d'Alfonso Robelo — dans une
campagne ouverte de sabotage contre les réformes décrétées.

Novembre 1980 : Ronald Reagan est élu président des
États-Unis. 21 janvier 1981 : Reagan entre en fonction. L'une
de ses premières mesures est de bloquer les crédits de
reconstruction américains pourtant promis en 1979 au Nicaragua. Son premier secrétaire d'État, Alexander Haig, déclare
devant l'OEA, le 22 mars, que la première confrontation
entre l'Occident libre et l'Union soviétique a lieu en ce
moment même au Salvador et par extension au Nicaragua.
L'opposition interne à Managua, les ex-gardes somozistes, les
mercenaires, leurs conseillers de la CIA dans les montagnes
du Nord jubilent : leurs attaques redoublent contre le pouvoir
populaire. Rapidement, une stratégie à la chilienne se met en
œuvre : sabotage à l'intérieur, pression militaire sur les
frontières, campagne de désinformation systématique dans la
presse mondiale. L'arrivée au pouvoir, le 10 mai 1981, de
François Mitterrand, la position du président Portillo au
Mexique freinent l'isolement croissant des révolutionnaires
sandinistes [17].

En 1982, la situation du Nicaragua est celle d'un pays aux
forces de production peu développées, ravagé par une guerre
cruelle, héritier d'une exploitation désastreuse par le capitalisme multinational, déchiré par des conflits sociaux violents.
Ces conflits ne s'alimentent pas uniquement aux contradictions de classes entre capitalistes et travailleurs, mais aussi
aux contradictions existant entre la ville et la campagne, entre
petits propriétaires réunis en coopératives et journaliers
migrants qui veulent rejoindre ces mêmes coopératives.
Paradoxe : ce sont souvent l'ampleur, la profondeur et la
rapidité des réformes de structure opérées par le pouvoir
sandiniste qui déchaînent ces conflits nouveaux. La misère du
plus grand nombre — enfants, femmes et hommes du
Nicaragua — est encore aujourd'hui terrifiante : les enfants

17. François Mitterrand était un membre convaincu, actif, du
Comité de défense de la révolution du Nicaragua, créé à Madrid en
novembre 1980 par l'Internationale socialiste.

au ventre ballonné, aux yeux vides, aux cheveux décolorés par le Kwashiorkor se rencontrent dans beaucoup de villages. Les corridors des maisons où reçoivent les médecins sont jonchés de papiers : les patients, trop pauvres pour pouvoir acheter les médicaments prescrits, jettent l'ordonnance à la sortie du cabinet. Pour parer à cette misère, le gouvernement révolutionnaire doit acheter tous les mois des aliments et des médicaments à l'étranger.

De juillet 1979 à janvier 1982, la dette extérieure de ce pays de 2,7 millions d'habitants, ravagé par la guerre, passa de 1,3 milliard à 1,67 milliard de dollars. Conséquence : entre octobre 1981 et janvier 1982, les prix des produits de première nécessité augmentèrent de 10 à 20 %, ceux des produits pétroliers de 100 %. Au même moment, les prix des principaux produits d'exportation du Nicaragua, principalement le café, subissaient une baisse considérable sur le marché mondial [18].

Pendant tout ce temps, les circuits commerciaux restent essentiellement les mêmes que ceux qui existaient du temps de la dictature : environ 80 % du commerce extérieur du Nicaragua est contrôlé par des entreprises et sociétés transnationales nord-américaines. Janvier 1982 : le taux de chômage dépasse en milieu urbain (le seul où des statistiques sérieuses existent) 17,5 %.

Personne ne sait si la révolution sandiniste survivra. Une chose, pourtant, est certaine : les révolutionnaires sandinistes incarnent aujourd'hui et de façon évidente l'avant-garde des forces patriotiques du pays. Leur cause — celle de la révolution socialiste dans un seul pays — se confond dans l'esprit de l'immense majorité de leurs compatriotes avec la défense de la dignité, de l'indépendance du Nicaragua. *Tout le monde au Nicaragua n'est pas socialiste, loin de là. Presque tout le monde, par contre, est sandiniste.*

Dans la France de la fin du XVIIIe siècle, Robespierre et les

18. La détérioration des taux d'échange international pour des produits vitaux des États centraméricains est constante depuis 1977 : en 1977, un baril de pétrole s'échangeait contre 155 livres de sucre ou 5 livres de café. En mars 1982, ce même baril de pétrole valait 310 livres de sucre ou 25 livres de café. Cf. *Le Monde* du 26.2.1982.

Jacobins ne constituaient qu'une infime minorité. Mais, face à la réaction interne ou émigrée, ils incarnaient la dignité, la grandeur de la France. A Valmy, c'est la révolution qui, contre les armées coalisées des princes, remporta une victoire décisive. Aujourd'hui, l'Union soviétique peut, par Jaruzelski interposé, tenter de gouverner la Pologne. Mais c'est dans *Solidarité* que le peuple polonais reconnaît sa patrie. Pour écraser la Pologne, un coup d'État militaire comme celui de décembre 1981 ne suffit pas : il faudrait — pour que le peuple se taise — arrêter, interner, faire disparaître dix millions de syndicalistes. Même chose pour Cuba : le président Reagan pourrait ordonner l'asphyxie des cinq principaux ports de l'île, bombarder les installations industrielles, les villes, faire débarquer des centaines de milliers de soldats. En 1982, l'écrasement de Cuba ne pourrait se faire qu'au prix du sacrifice de tout un peuple. Mais il y a plus encore : une révolution socialiste qui devient le moteur d'une guerre nationale de libération acquiert — comme malgré elle — une dimension universelle. Cela est vrai quels que soient l'étendue territoriale, le nombre d'habitants ou la puissance économique du pays où elle se produit. Toute révolution victorieuse est exemplaire. Elle irradie comme un incendie l'imaginaire des peuples alentour. Le Nicaragua est aujourd'hui dans ce cas : l'exemple de son combat, de son sacrifice, de sa victoire rayonne tel un incendie sur toute l'Amérique latine. A sa lumière, les yeux s'ouvrent, à sa chaleur, les peuples opprimés puisent force et détermination.

En 1796, Sylvain Maréchal, compagnon de Gracchus Babeuf, rédige à Paris le *Manifeste des Égaux*. Son appel traverse les siècles. Les principes au nom desquels le peuple se lève sont toujours les mêmes : aucun homme n'accepte durablement ses chaînes. Tout homme veut vivre libre, en paix, dans la dignité et la justice. Aucun homme ne supporte de voir humiliés, affamés, ceux qu'il aime. A travers le temps, les révolutions se rejoignent. L'espoir s'ajoute à l'espoir. La *justice exigible* augmente avec chaque combat victorieux. La révolution du Nicaragua n'est certes pas la dernière de l'histoire du continent. Mais elle apporte une pierre nouvelle et solide à ce « grand hospice ouvert à tous les hommes », où s'abritent la dignité, l'espoir, la liberté de l'humanité. Sylvain Maréchal :

> Peuple de France !
> Pendant des siècles, tu as vécu esclave, et par conséquent malheureux. Depuis six années, tu respires à peine, dans l'attente de l'indépendance, du bonheur et de l'égalité.
>   L'Égalité ! premier vœu de la nature, premier besoin de l'homme, et principal nœud de toute association légitime (...).
> Eh bien ! nous prétendons désormais vivre et mourir égaux comme nous sommes nés : nous voulons l'égalité réelle ou la mort ; voilà ce qu'il nous faut (...).
> La Révolution française n'est que l'avant-courrière d'une autre révolution bien plus grande, bien plus solennelle et qui sera la dernière (...). L'instant est venu de fonder la RÉPUBLIQUE DES ÉGAUX, ce grand hospice ouvert à tous les hommes. Les jours de la restitution générale sont arrivés. Familles gémissantes, venez vous asseoir à la table commune dressée par la nature pour tous ses enfants (...).
> Dès le lendemain de cette véritable révolution, ils se diront tout étonnés : Eh quoi ! le bonheur commun tenait à si peu ? Nous n'avions qu'à le vouloir ? Ah, pourquoi ne l'avons-nous pas voulu plus tôt [19] ?

---

19. Le texte du Manifeste de 1976 a connu plusieurs versions. Je cite ici la version que donne Michel Beaud, dans *Histoire du capitalisme (de 1500 à nos jours)*, *op. cit.*, p. 116.

2

Des luttes anticoloniales à la guerre de libération nationale et à la révolution socialiste en Afrique

Donc, camarade, te seront ennemis,
De manière haute, lucide et conséquente,
Non seulement les gouverneurs sadiques et préfets tortionnaires,
Non seulement colons flagellants et banquiers goulus,
Non seulement macrotteurs politiciens lèche-chèques et magistrats
  aux ordres,
Mais pareillement et au même titre :
Journalistes fielleux, académiciens goitreux endollardés de sottises,
Ethnographes métaphysiciens et dogonneux,
Théologiens farfelus et belges,
Intellectuels jaspineux, sortis tout puants de la cuisse de Nietzsche

Tous suppôts du capitalisme,
Tous tenants déclarés ou honteux du colonialisme pillard,
Tous responsables,
Tous haïssables,
Tous négriers,
Tous redevables désormais
De l'agressivité révolutionnaire.

Aimé Césaire, *Discours sur le colonialisme*

1

Introduction

Aujourd'hui, dans l'immense tiers monde, les hommes, les femmes sont partout en lutte : des prisons d'Uruguay, d'Argentine, de Colombie aux déserts du Sahara occidental et du Tchad, des forêts du Zimbabwe, des villes détruites du Liban du Sud aux montagnes du Kivu et de l'Érythrée, des hommes et des femmes combattent, résistent et meurent, pour conquérir, pour eux et leurs enfants, une vie plus digne, plus heureuse, plus libre, plus juste. Mais, en même temps, les anciennes et actuelles classes dirigeantes capitalistes — celles qui, dès la naissance du capitalisme en Europe et de son expansion coloniale au xixe siècle, ont toujours détenu le pouvoir économique, social, politique et idéologique dans les sociétés du centre industriel et, par satrapes interposés, dans de nombreuses sociétés de la périphérie — révisent leur stratégie. Elles restructurent leur système de domination mondiale, rendent plus efficace leur stratégie d'exploitation, rationalisent et potentialisent leurs efforts d'asservissement.

Ce monde bétonné, apparemment immuable, de l'oppression que se partagent l'empire de l'Ouest et celui de l'Est — où règne une unique rationalité, celle du marché capitaliste mondial et des raisons d'État qui la servent — n'est réellement contesté qu'à sa périphérie. Je ne minimise pas la détermination, le courage, l'abnégation des militants syndicaux, politiques, dans les États industriels de l'Est ou de l'Ouest. En Union soviétique, en Roumanie, en Pologne, les hommes, les femmes opposent une conscience critique, une revendication indéracinable de liberté à l'appareil totalitaire du pouvoir d'État. En Europe occidentale, aux États-Unis, au Canada, au Japon, des hommes, des femmes exploités, discriminés, trompés et constamment abusés, luttent contre le racisme, l'aliénation, le chômage. Mais seuls les mouvements armés de libération nationale du tiers monde conquièrent — face aux oppresseurs mondiaux — un espace de liberté suffisant pour pouvoir définir une société entièrement nouvelle, plus libre, plus juste. Cela pour une raison historique précise : les peuples colonisés affrontent un ennemi particulier qui n'est pareil ni à la classe bourgeoise dominante d'Occident — bien qu'il y plonge ses racines — ni aux bureaucraties régnantes de l'Est. Une puissance coloniale ou une oligarchie comprador refuse par nature toute forme de dialogue, de négociation avec le colonisé. S'il veut accéder à son identité et assurer sa survie physique, le colonisé n'a d'autre choix que la lutte armée. Le colonisateur ne triomphe que dans la mesure où il réussit à imposer au colonisé la fiction de son propre non-être. Inversement, le colonisé n'accède à l'existence qu'en tuant le colonisateur. Entre l'esclave et le maître, aucun compromis n'est possible. Le maître est la négation de l'esclave et inversement. La lutte des mouvements armés de libération nationale du tiers monde est donc, dès sa venue au monde, la plus radicale qu'on puisse imaginer. Cela est vrai essentiellement pour les luttes de libération en Afrique. Des stratégies plus complexes, plus subtiles, sont de rigueur en Amérique latine, où l'oligarchie comprador contre laquelle se dressent les mouvements de libération nationale est elle aussi détentrice d'un nationalisme. Exemple : au Salvador, aujourd'hui, le chef de l'extrême droite fasciste et actuel (janvier 1983) homme fort du régime, Roberto d'Aubuisson, témoigne d'un nationalisme de droite tel que nous le décrivons p. 22 *sq.* du livre, qui s'oppose au nationalisme révolutionnaire du Front Farabundo Marti de libération nationale. Deuxième distinction : en Amérique latine, la barrière raciale ne joue pas le même rôle qu'en Afrique. Troisième distinction : en Amérique latine, il existe entre l'oligarchie dominante et le peuple dominé de nombreuses classes intermédiaires ; celles-ci permettent aux révolutionnaires latino-américains de conclure d'utiles alliances, qui sont impensables en Afrique.

La deuxième partie de ce livre est consacrée à l'étude d'un

phénomène particulièrement important et qui affecte tous les mouvements armés de libération nationale du tiers monde, mais plus particulièrement ceux d'Afrique : celui de la *transformation des insurrections anticoloniales, anti-impérialistes localisées, éparses, sectorielles, en une guerre révolutionnaire de libération nationale.*

Une remarque d'histoire pour commencer : les sciences humaines ont aujourd'hui coutume d'opposer, dans l'histoire des peuples du tiers monde, et plus particulièrement dans l'histoire de l'Afrique, deux périodes antinomiques[1]. Une première période serait celle de la genèse et de l'épanouissement du système colonial : cette période irait de la découverte européenne des côtes occidentales de l'Afrique et de l'abordage aux Caraïbes jusqu'à la fin de la Seconde Guerre mondiale. La seconde période, dite de la décolonisation, commencerait en 1945 et irait jusqu'à aujourd'hui. *Périodicité inopérante* : le système colonial n'a jamais régné sans partage sur toute l'étendue du monde périphérique. En Asie, en Afrique, aux Amériques — malgré d'horribles massacres —, la résistance populaire n'a jamais cessé. Il est vrai que, aux Amériques, les civilisations indiennes ont été rapidement détruites (dans les Caraïbes et au Brésil, par exemple), ou refoulées vers les hauts plateaux inhospitaliers (au Pérou, en Bolivie, au Chili), ou encore soumises par la terreur (au Guatemala, en Équateur, au Honduras). Mais les *quilombos* au Brésil, les *palenques* dans l'empire espagnol — ces républiques de Nègres esclaves fugitifs, insurgés et livrant sur terre étrangère un combat héroïque contre l'oppresseur — prirent la relève.

En Afrique, la situation est plus complexe encore : la majeure partie du continent, vaste réservoir d'esclaves, d'épices, de bois précieux pour les marchands de Lisbonne, de Bordeaux, de Berlin et de Gênes durant les xvie, xviie et xviiie siècles, n'a été qu'incomplètement occupée par les seigneurs coloniaux. Ce sont avant tout les côtes de l'Afrique, ses îles et les régions situées le long des grands fleuves qui

1. Jean Copans fait une utile critique de ces thèses in *Aux origines de l'anthropologie française,* ouvrage collectif, Le Sycomore, 1978.

subirent leurs ravages. L'intérieur du continent résista longtemps et parfois victorieusement à l'envahisseur. Quelques
exemples : l'armée anglaise n'entra à Kumasi, capitale de
l'empire ashanti, dans la haute forêt du Ghana, qu'en 1921.
En 1896, l'armée royale italienne, à l'époque une des plus
modernes d'Europe, fut vaincue par les guerriers éthiopiens
dans les défilés des crêtes d'Adua. Le 22 janvier 1878, à
Isandhwana (Afrique du Sud), les Impi zoulous[2] massacrèrent les régiments d'élite de la couronne britannique. Lyautey
n'entra à Fez qu'en 1911, à Marrakech qu'en 1912. Les
résistants les plus tenaces de la région nord-est de l'Afrique
furent les Sahraouis (dont les ancêtres avaient, au xe siècle,
conquis Burgos, Cordoue et Grenade). Smara, leur cité
sainte, ne fut conquise par les troupes européennes qu'en
1936[3]. La période dite de la décolonisation est, elle aussi,
bien moins homogène que nous le font croire les manuels
scolaires : du vaste mouvement de la prise de conscience
anticoloniale inaugurée par les débats du *Ve Congrès panafricain* à Manchester et du *Congrès fondateur du Rassemblement
démocratique africain* à Bamako (1946), sont nés, par perversions successives, certains des régimes les plus oppresseurs du
continent africain. Le Parti démocratique guinéen de Sékou
Touré succéda directement à la section guinéenne du RDA.
Joseph Désiré Mobutu érigea au Zaïre un régime de terreur
et de corruption, inégalé en Afrique, Or, au moment de
l'indépendance, en 1960, Mobutu était l'adjoint direct de
Patrice Lumumba. C'est Lumumba, assassiné le 17 janvier
1961 avec la complicité de Mobutu, qui avait confié à ce
dernier le commandement en chef de l'armée nationale
congolaise. Au Malawi sévit depuis plus de vingt ans le
docteur Hastings Banda. Or, Banda avait été, dans les années

2. Les *Impi* sont une troupe d'élite zouloue, extrêmement mobile,
se déplaçant à pied, rapidement, sur de grandes distances, entraînée
par l'empereur Chaka.
3. Ces exemples sont loins d'être exhaustifs. Deux des principaux
sociologues français des sociétés africaines ont consacré leurs thèses
de doctorat à la résistance militaire, politique, culturelle opposée par
des peuples africains à l'envahisseur colonial : Yves Person, *Samori*,
thèse d'État, 2 vol., Paris, 1972 ; Louis-Vincent Thomas, *Les Diolas,*
thèse d'État, 2 vol., Paris, 1959.

cinquante, l'un des dirigeants les plus lucides, les plus courageux — aux côtés de Robert Mugabe et de Kenneth Kaunda — de l'ancien African National Congress. Les exemples peuvent être multipliés. Au travers des multiples bouleversements de la décolonisation et grâce à eux, les métropoles impérialistes ont réussi — dans de nombreuses régions du tiers monde — non seulement à garder le contrôle des nouveaux États formellement « indépendants », mais encore à réorganiser, à rééquilibrer, à rationaliser leur système d'exploitation et de domination des terres et des populations autochtones[4].

Toute insurrection anticoloniale, anti-impérialiste est d'abord une insurrection sectorielle, régionale, n'impliquant qu'une minorité réduite de la population opprimée. Ou plus précisément : une multitude d'insurrections régionales éclatent, qui chacune se nourrit de contradictions sociales, culturelles, économiques, politiques particulières[5].

Dans les terres occupées par les seigneurs coloniaux, directement, comme en Afrique, ou par oligarchie compradore interposée, comme c'est le cas en Amérique centrale, caraïbe et méridionale, la révolte naît *sectoriellement*. La colonisation directe ou indirecte des pays de la périphérie ne crée pas elle-même une identité nationale, homogène, chez les dominés. Cela est vrai même dans le cas où la lutte de

---

4. Cf. notamment Philippe Decraene, *Vieille Afrique, Jeunes Nations*, PUF, 1982, p. 189 *sq.* ; Albert Tevoedjere, *La Pauvreté, Richesse des nations*, Éd. ouvrières, 1978 ; Claude Wauthier et Hervé Bourges, *Les Cinquante Afriques*, 2 vol., Éd. du Seuil, coll. « L'histoire immédiate », 1979 ; Pierre Biarnès, *L'Afrique aux Africains*, Armand Colin, 1980 ; René Dumont et Marie-France Mottin, *L'Afrique étranglée*, Éd. du Seuil, coll. « L'histoire immédiate », 1980 ; Jean-Claude Pomonti, *L'Afrique trahie*, Hachette, 1979 ; Jean Suret-Canale, *Essais d'histoire africaine*, Éd. sociales, 1980.

5. Pour la naissance des principaux mouvements et insurrections anticoloniaux des années cinquante et soixante, cf. Guy de Bosschère, *Les Deux Versants de l'histoire*, 2 vol., notamment le vol. II, *Perspectives de la décolonisation*, Albin Michel, 1969. Cf. aussi Éric Wolf, *Les Guerres paysannes du vingtième siècle*, Maspero, 1974.

libération nationale se développe dans des pays qui sont
formellement indépendants depuis plus de cent cinquante ans
et qui sont gouvernés par des classes compradores, civiles ou
militaires, mises en place par le capital étranger, mais qui
manient un discours nationaliste élitaire de droite (comme au
Salvador, au Guatemala, en Colombie, en Argentine, au
Chili, en Uruguay, au Brésil)[6]. Chaque catégorie d'hommes
vit différemment l'oppression impérialiste ou coloniale. Différences selon les classes sociales, selon l'héritage culturel,
selon les métiers, selon les régions d'habitation, selon la
couleur de la peau. Devant l'oppression, chaque groupe
d'hommes cherche refuge dans une mémoire collective qui lui
est propre, un héritage culturel, symbolique, cosmogonique
qui appartient à son histoire particulière[7]. La résistance est
forte là où le groupe opprimé oppose une mémoire structurée
à l'agression culturelle, politique, économique, militaire
étrangère. Elle est quasi inexistante là où il n'y a aucune
culture de refuge forte, aucune conscience autochtone structurée par les images, les rites, la parole, la musique, la
religion. Dans le premier des deux cas cités, une dialectique
se développe entre la résistance culturelle autochtone et
l'agression étrangère : plus l'humiliation culturelle, la négation par l'étranger des valeurs autochtones sont profondes,
plus intense est l'adhésion à ces valeurs. Certaines cultures
africaines et indiennes en voie d'extinction connaissent
aujourd'hui de formidables renaissances grâce à l'agression
culturelle dont ses membres sont l'objet.

Je le répète : en Afrique, notamment, *les mouvements de
lutte anticoloniale sont, à leur début, des mouvements régio-*

6. Pour la définition du discours nationaliste, élitaire de droite,
voir ci-dessus, p. 22 *sq.*
7. La dialectique entre mémoire ethnique (tribale) et résistance
anticoloniale fait l'objet d'un vaste et important débat que nous ne
pouvons mener ici. Voir notamment Maurice Godelier, « Le concept
de tribu, crise d'un concept ou crise des fondements empiriques de
l'anthropologie », in la revue *Horizon, trajets marxistes en anthropologie*, Maspero, 1973, p. 93 *sq.* Pour comprendre cette problématique, il faut aussi lire Pierre Bourdieu, « Études kabyles », reprises
par l'auteur dans son volume : *Esquisse d'une théorie de la pratique*,
Genève, Droz, 1972.

naux, sectoriels, limités à une ou deux ethnies particulières.
Voici quelques exemples : c'est contre la plantation forcée du
coton, et par conséquent contre le recul des cultures vivrières,
que les paysans du Nord-Angola se révoltèrent en 1961. Les
Mandjaks de Guinée-Bissau s'insurgèrent pour se défendre
contre les marchands-escrocs portugais de l'arachide qui
opéraient avec de fausses balances et sur la base de tarifs
d'achat scandaleux. Dans la région de Cacheu, ils attaquèrent
les navires fluviaux de la société portugaise União Fabril.
Pour se défendre contre les commandos blancs et échapper
aux expéditions punitives, il leur fallait s'armer. Pendant ce
temps, leurs voisins, les Fula, éleveurs et semi-nomades, ne
bougeaient pas. Les Djola, paysans du riz, vivant en circuit
presque fermé (autosuffisance alimentaire), non monétaire,
restaient, eux aussi, passifs durant cete même période (1959-
1963). Autres exemples : les paysans érythréens de la région
de Nakfa prirent les armes en 1963 pour résister aux razzias
des collecteurs d'impôts de l'empereur éthiopien Hailé Sélassié. Les pasteurs dankhali de la côte de la mer Rouge, par
contre, ne rentreront dans le combat contre le même oppresseur amhara — à l'époque l'ethnie dirigeante de l'empire
éthiopien — qu'une dizaine d'années plus tard.

Voyons le Mozambique : jusqu'à la fin de l'année 1973,
l'armée de libération n'était réellement implantée que dans
les provinces au nord du fleuve Zambèze et notamment dans
les provinces de Cabo Delgado et de Tete. Pendant près de
onze ans, c'était avant tout les Makonde qui abritaient,
nourrissaient, accueillaient les combattants du *Frelimo*. Dans
cet immense pays, la majorité des ethnies autochtones — les
Nyassa, les Changana, etc. — se tenaient pratiquement en
marge de la guerre révolutionnaire de libération nationale.
Certains des hommes et femmes issus de ces ethnies rejoignaient le Front en Tanzanie et plus tard les zones libérées du
Nord. Mais aucune insurrection généralisée, aucune action
d'envergure ne put jamais être organisée par le Frelimo au
sud du fleuve Zambèze où pourtant vivaient (et vivent
encore) plus des deux tiers du peuple mozambicain.

Le rôle de l'avant-garde est ici capital : les résistances
régionales, parcellaires, sectorielles ne sont victorieuses que

si — à un certain moment de leurs luttes — elles rejoignent un front commun et se soumettent à un commandement unifié. La constitution de ce front, l'élaboration de sa stratégie incombent à l'avant-garde.

Partout et toujours les hommes se révoltent. Jamais les esclaves ne tolèrent durablement leurs chaînes. Dans des circonstances historiques précises, des avant-gardes surgissent (nous verrons plus loin dans quelle classe celles-ci se recrutent, de quelle façon elles produisent leurs idéologies). Ces avant-gardes formulent des analyses théoriques qui rendent visibles, maîtrisables, les contradictions sociales qu'elles désignent. L'embryon d'une conscience alternative, d'une conscience nationale anti-impérialiste naît. Les opprimés, à quelque région, profession, religion, ethnie qu'ils appartiennent, découvrent que leur propre situation individuelle est la même que celle vécue par une multitude d'autres hommes et que cette situation est commandée par des mécanismes sociaux analysables et qu'il est possible de combattre. A partir de cette évidence, les opprimés se réunissent, s'organisent, s'arment pour le combat autour de leurs avant-gardes.

En d'autres termes : c'est à l'avant-garde que revient la tâche historique d'organiser le passage des luttes anticoloniales parcellaires à la lutte unifiée de libération nationale. C'est à l'analyse de ce « passage » qu'est consacrée la deuxième partie de ce livre. Pour faire cette analyse, je choisis un cas concret, particulièrement riche en enseignements de toutes sortes : celui des luttes anticoloniales puis de la guerre de libération nationale menées par les peuples de Guinée-Bissau et de l'archipel du Cap-Vert, en Afrique occidentale.

2

La longue marche d'Amilcar Cabral[1]

> La nuit et la misère, camarades,
> La misère et l'acceptation animale,
> La nuit bruissante de souffles d'es-
> [claves,
> Dilatant
> Sous les pas christophores la grande
> [mer de misère.
> La grande mer de sang noir,
> La grande houle de cannes à sucre et
> [de dividendes,
> Le grand océan d'horreur et de
> [désolation...
> A la fin, il y a la fin.
>
> Aimé Césaire,
> *Et les chiens se taisaient*

1. *Les fondateurs du PAIGC*[2].

Dans la charte de fondation de l'État de Guinée-Bissau, rédigée de la main d'Amilcar Cabral mais proclamée huit mois après son assassinat, nous lisons :

L'époque actuelle de l'histoire de l'humanité est marquée par la lutte des peuples pour leur totale libération

1. Les œuvres d'Amilcar Cabral ont été publiées chez Maspero, en 1975, en deux volumes, sous le titre *Unité et Lutte ;* la mise au point, la traduction des textes ont été assurées par Mário de Andrade.
2. PAIGC : Parti africain de l'indépendance de la Guinée-Bissau et des îles du Cap-Vert. Une remarque géographique : il existe en Afrique occidentale trois pays distincts qui portent le nom de Guinée. Le premier est la république de Guinée-Conakry (colonie française jusqu'en 1958) ; le second est la Guinée équatoriale (colonie espagnole jusqu'en 1962) ; le troisième est la Guinée-Bissau. C'est de ce troisième territoire qu'il est question dans le présent chapitre.

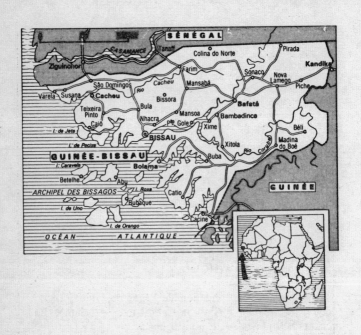

ILES DU CAP VERT

Ribeira Grande
SANTO ANTÃO
Porto-Novo
ILES
Mindelo
St-Pedro Calhau
SÃO VICENTE
Santa Luzia
Ribeira Brava
SÃO NICOLAU
AU
VENT

SAL
Pedra Lume
Palmeira
Santa Maria

Sal Rei
BOA VISTA
Curral Velho

OCÉAN ATLANTIQUE

LE VENT
SOUS
ILES
Tarrafal
Santo Antonio
SÃO TIAGO (SANTIAGO)
MAIO
Maio
Igreja
Porto Rincao
FOGO
Novo Sintra
Sao Filipe
Brava
Cidale Velha
PRAÍA

0   50 km

du colonialisme, de l'impérialisme et de toutes les autres formes de la domination et de l'oppression qui font obstacle à la dignité grandissante, à la grandeur progressive de l'homme[3].

C'est *Amilcar Cabral* et un petit groupe de ses amis qui, dès 1956, réussissaient à réunir dans un *front commun* — qui prit le nom de Parti africain de l'indépendance de la Guinée-Bissau et des îles du Cap-Vert (PAIGC) — la plus grande partie des organisations de résistance populaire en Guinée-Bissau et dans l'archipel du Cap-Vert. C'est Cabral qui organise dans son pays le passage des luttes anticoloniales éparses à la lutte armée de libération nationale.

Dans les pages qui suivent, nous allons examiner la théorie, la pratique du combat mené par Amilcar Cabral et ses partisans : le PAIGC fut fondé par six jeunes gens lors d'une réunion dans la nuit du 19 au 20 septembre 1956, au n° 9C de la rue Guerral-Junqueiro à Bissau. Étaient présents : *Amilcar Cabral,* jeune intellectuel de forte et rayonnante personnalité, ingénieur agronome né en Guinée de parents capverdiens, déjà fiché pour activités antifascistes au Portugal ; son frère *Luiz,* chef comptable de l'entreprise Gouveia à Bissau ; *Élisée Turpin,* employé à la Nouvelle Société Commerciale ; *Aristides Pereira,* employé au télégraphe, fils d'un prêtre catholique de l'île de São Vicente (Cap-Vert) ; *Júlio de Almeida* ; *Fernando Fortes.* Amilcar fut assassiné à Conakry par des agents de la PIDE (police secrète portugaise) ; Élisée Turpin, terrorisé par la perspective d'être arrêté, cessa de lutter ; Almeida réside au Cap-Vert après avoir lutté dans la guérilla ; Luiz Cabral accéda à la présidence du Conseil d'État de Guinée. Il y resta sept ans (1973-1980). Aristides Pereira est encore aujourd'hui président de la République des îles du Cap-Vert[4].

Plusieurs groupements nationalistes existaient à l'époque :

3. Dans le texte original que j'ai consulté, on lit *dignificação* (dignification) et *engrandecimento do homem* (agrandissement de l'homme), deux termes qui, en langue originale, sont bien plus forts, plus parlants qu'en traduction française.

4. Quatre des six fondateurs du PAIGC sont d'origine capverdienne.

le nouveau parti ne prit le nom exact de PAIGC qu'en septembre 1959. De 1956 à 1959, il s'appelait : *Parti africain pour l'Indépendance — Mouvement de libération nationale* (PAI-MLN). Il choisit cette première appellation pour activer, regrouper dans un vaste front pluriclassiste, pluriethnique, plurirégional, l'ensemble des forces nationalistes. Projet réussi, à une seule exception près : le FLING — *Front de libération nationale de Guinée,* basé au Sénégal, refusera toujours de faire cause commune avec le PAIGC. Cependant, le FLING — mouvement groupusculaire — n'eut jamais une réelle importance politique.

Un grand nombre des jeunes nationalistes — employés, comptables, rarement universitaires — qui ont été à l'origine de la fondation du mouvement armé de libération nationale à Bissau sont nés de parents capverdiens. Pourquoi ? Pour plusieurs raisons. La première est d'ordre historique : le Cap-Vert, archipel de douze îles d'inégales dimensions, balayé par les vents incessants, est situé dans l'Atlantique Sud, à environ 500 km des côtes de Dakar. Cet archipel fut pendant plus de quatre cents ans le principal bastion portugais de la région : Mindelo[5] était le port-relais des voiliers qui reliaient la métropole (Lisbonne) à la vice-royauté lusitanienne du Brésil (première capitale : Bahia ; seconde capitale : Rio de Janeiro) et à l'État de Pará (capitale : São Luis do Maranhão). Ensuite, l'île principale, l'île de Santiago (où se situe aujourd'hui la capitale de la République, Praia) a servi de base de départ pour les expéditions esclavagistes portugaises vers le continent. Sur l'île de Santiago, dans une baie superbe, à environ 20 km de Praia, se dresse une ville fantôme : *Cidade Velha.* Sur la crête des falaises, la cathédrale, immense, arrogante. A ses pieds, le marché d'esclaves et le *pelourinho,* ce poteau d'où pendent, aujourd'hui encore, des chaînes rouillées. Au poteau étaient ligotés les esclaves rebelles. Ils étaient fouettés à mort, devant un public attentif, le dimanche après la grand-messe. En amont du vallon, vers l'intérieur des terres où coule un mince filet d'eau, d'autres églises dressent

5. Mindelo est le grand port de l'Atlantique Sud, situé sur l'île de São Vicente.

leurs tours, leurs toitures crevées parmi les palmiers : celle des dominicains, celle de leurs concurrents les jésuites, celles des franciscains. Plus haut encore se trouve le palais de l'évêque. Sur la crête des rochers surplombant la crique de basalte noir, enfin, se dresse la forteresse, aujourd'hui restaurée, avec ses rangées de murailles, ses tours de guet d'où le regard embrasse une des mers les plus belles du monde.

Au pied des falaises : trois rues de maisons de marchands, le palais du gouverneur où courent les serpents. Sur la côte, baignée par les vagues vertes et noires, le port. Jadis, ce port accueillait en une seule semaine plusieurs dizaines de caravelles. Le long des quais s'étirent les vastes dépôts des négociants. Leurs toits sont aujourd'hui crevés. Ici s'amassaient les immenses fortunes des familles de l'oligarchie coloniale. Ces familles seront, trois cents ans plus tard, les fidèles alliés, le soutien le plus sûr des dictateurs fascistes Salazar et Caetano. D'ici aussi partaient, saison sèche après saison sèche, des milliers de travailleurs capverdiens. Le travail forcé était généralisé dans toutes les colonies portugaises jusqu'au début des années soixante. Les travailleurs capverdiens (hommes, adolescents, parfois des enfants) étaient déportés avant tout dans les plantations de coton d'Angola et sur les terres caféières des îles de São Tomé et Príncipe.

La deuxième raison pour laquelle ce sont surtout des Capverdiens qui sont à l'avant-garde, dans les années cinquante, des premières organisations anticoloniales, est d'ordre économique : les terres de l'archipel sont généralement arides. « Des chèvres, des pierres et quelques hommes » peuplent l'île, dit Osvaldo Cruz. Situées en plein océan Atlantique Sud — nous l'avons dit —, les îles sont constamment balayées par les vents. La terre est sèche, pierreuse, craquelée. Les pluies sont irrégulières, violentes, dévastatrices — ou absentes pendant des années (entre 1977 et 1981, il n'y a presque pas plu). L'archipel est donc une terre d'émigration massive. Aujourd'hui encore, les trois quarts des Capverdiens — travailleurs tenaces, inventifs — vivent à l'étranger. 330 000 d'entre eux habitent l'archipel. 850 000 habitent les États-Unis, l'Europe occidentale, le Sénégal, la

Guinée-Bissau, l'Angola. Des milliers d'entre eux sont mate-
lots sur les cargos grecs, libériens, panaméens, ou sur les
chalands allemands, suisses de la flotte du Rhin.

Autre particularité : du temps de la colonie, les Capverdiens, fortement marqués par le métissage culturel — certains
des meilleurs poètes de langue portugaise ont été et sont
capverdiens : *Osvaldo Cruz,* par exemple —, servaient le
colonisateur comme petits fonctionnaires, comptables, douaniers, policiers. Ils étaient ainsi en mesure d'acquérir un
savoir instrumental, une formation intellectuelle et devinrent
familiers de la mentalité et des traditions des Portugais.
Coupés presque totalement des masses guinéennes, angolaises, de celles de São Tomé et du Mozambique qu'ils étaient
censés administrer, les fonctionnaires capverdiens étaient
néanmoins exposés aux influences anticolonialistes : ils
savaient lire et écrire et avaient accès — de façon très
insuffisante, il est vrai — à la presse internationale, aux livres,
aux revues non portugais. Ils pouvaient ainsi suivre l'évolution des événements du monde. Quelques-uns de ces événements marquèrent profondément la conscience de la première
génération de nationalistes capverdiens : l'entrée des révolutionnaires chinois dans Pékin en 1949, la Première Conférence de solidarité afro-asiatique de Bandoeng en 1955 ;
l'insurrection algérienne (1954) ; la victoire des patriotes
vietnamiens sur l'agresseur français à Dien Bien Phu (1954).

J'insiste sur la difficile situation économique et sociale des
îles du Cap-Vert : l'archipel vit en permanence (mais surtout
depuis l'abolition de l'esclavage au Brésil en 1888 et l'introduction du trafic transatlantique des bateaux à vapeur) une
situation dramatique. Quelques grands propriétaires se parta-
geaient (avant 1974) les rares bonnes terres des îles. L'érosion
était, est, un adversaire redoutable pour les petits et moyens
paysans : le vent mange tous les ans des dizaines d'hectares de
terre. Cette situation détermina le destin de la famille
d'Amilcar Cabral : *Juvenal Cabral,* le père d'Amilcar et de
Luiz, comme des milliers d'autres, émigra vers le continent
africain. A l'époque, c'était surtout la mère, *Dona Iva Pinhel
Evora,* qui nourrissait la famille. Juvenal, lui, était instituteur, poète et ne gagnait presque rien. Dona Iva s'épuisa à la

machine à coudre. Plus tard, elle fut ouvrière dans une usine de conserves. Femme prolétaire du tiers monde dont Aimé Césaire célèbre la grandeur :

> Et ma mère dont les jambes pour notre faim inlassable pédalent, pédalent de jour, de nuit, je suis même réveillé la nuit par ses jambes qui pédalent la nuit et la morsure âpre dans la chair molle de la nuit d'une Singer que ma mère pédale, pédale pour notre faim et de jour et de nuit[6].

Dona Iva Pinhel survécut à l'assassinat de son fils : elle mourut en terre libre le 11 août 1977.

Amilcar[7] naquit le 12 septembre 1924 à Bafata. Dès que la situation alimentaire sur les îles s'améliorait un peu, Juvenal et sa famille revenaient. La migration régulière de la famille Cabral est typique du destin de milliers de familles capverdiennes avant 1974. Or, pour beaucoup d'autres n'appartenant pas à la petite bourgeoisie mais au sous-prolétariat des ouvriers agricoles, la migration volontaire n'était pas possible : durant les grandes famines récurrentes, des dizaines de milliers d'enfants, de femmes, d'hommes, d'adolescents mouraient sur place. Conduits par leurs curés, ils se rendaient en d'interminables cortèges à travers les plateaux poussiéreux jusqu'aux bords des falaises qui surplombent l'océan. Ils s'agglutinaient aux extrémités des îles, s'accrochaient aux falaises de basalte noir, priant, hurlant, guettant interminablement l'horizon, attendant les bateaux de Lisbonne qui devaient leur apporter de la nourriture. Espoir presque toujours déçu. Amilcar avait seize ans lors de la grande famine de 1940. Les marchands portugais avaient exporté pratiquement tout le grain, tous les légumes vers le Portugal et vers l'Europe en guerre, qui, pour les produits des tropiques, payait alors des prix élevés. En 1940, l'archipel

---

6. Aimé Césaire, *Cahier d'un retour au pays natal,* Présence africaine, 1971, éd. bilingue français-anglais, p. 53.
7. Juvenal, son père, le nomma Amilcar pour exprimer son admiration pour *Hamilcar Barca* (le père d'Hannibal) de Carthage, considéré comme le premier résistant africain à la colonisation européenne.

comptait 180 000 habitants. En cette seule année, 20 000 moururent de faim dans les rues. Quatre ans plus tard, nouvelle catastrophe. La faible récolte des paysans autochtones fut détruite par la sécheresse. Les grands propriétaires disposant de systèmes d'irrigation, d'eau de source et d'engrais continuaient à exporter leurs produits. La faim, de nouveau, ravagea les îles. Cette fois-ci, 30 000 personnes périrent. Aristides Pereira m'a raconté la famine de 1944. Son père, prêtre de l'Église catholique portugaise du Cap-Vert, où le célibat n'avait guère cours, avait quatorze enfants. Accompagné des trois évêques de l'archipel et de nombre d'autres prêtres, il se rendit au palais du gouverneur à Praia. La délégation demanda l'aide du Portugal. Aide promise par Salazar dans un grand discours à la radio de Lisbonne, retransmis dans l'archipel... Le gouverneur les écouta, puis dit : « *L'aide n'arrivera pas, agrandissez les cimetières.* » En ces années-là, l'horreur de la faim organisée, les hécatombes des mourants, le génocide silencieux dont leur peuple était la victime s'installèrent définitivement dans le cœur des lycéens de Mindelo. Cabral, Pereira, Duarte, Pirés, Araújo, Lopes et tant d'autres jeunes élèves de l'époque deviendront, quinze ans plus tard, les chefs de la guérilla du continent[8]. Le souvenir des horreurs vues, endurées à l'âge de dix, douze ou quinze ans nourrit en eux une haine brûlante du fascisme et du colonialisme. Leur mémoire blessée explique — jusqu'à un certain point — l'extraordinaire endurance et la témérité étonnante dont ils firent preuve au cours de la guerre de libération.

J'ai parlé d'histoire commune, d'influences reçues qui font du groupe fondateur du PAIGC un noyau fraternel, uni dans une commune sensibilité, nourrie par une mémoire commune. Le hasard, parfois, ménage des rencontres qui changent le cours de l'histoire. Le groupe des lycéens de

8. La plupart de ces commandants sont d'anciens élèves du lycée *Infante-Henrique* de Mindelo, *véritable pépinière de révolutionnaires* (mais aussi d'administrateurs coloniaux, au fidèle service des Portugais !).

268   *Libération et révolution socialiste en Afrique*

Mindelo s'était disloqué au début des années cinquante. Certains de ces lycéens trouvèrent un premier emploi à Bissau, capitale administrative de la colonie portugaise de Guinée. Là, ils subirent la fascination, le charme d'une jeune femme remarquable, oubliée aujourd'hui, mais dont le nom mérite d'entrer dans l'histoire : *Dona Sofia Pomba Guerra,* pharmacienne et professeur d'anglais au lycée de Bissau. Dona Sofia était une belle et intelligente femme de quarante ans, communiste, antifasciste convaincue : elle tenta d'organiser des réseaux, échoua, mais accueillit chez elle les jeunes gens et jeunes filles dont elle pressentait l'intelligence en friche, le désir brûlant de dignité. *Osvaldo Vieira,* jeune Guinéen, était son receveur, l'employé de la pharmacie[9].

1954, c'est l'année de Dien Bien Phu. L'année aussi de l'insurrection du peuple d'Algérie. *Fortes* raconte : « Nous avions des contacts de caractère culturel et, secrètement, des contacts politiques. Le camarade Luiz Cabral recevait souvent des journaux et revues français. Ceux-ci arrivaient parfois dans un tel état qu'on ne distinguait plus leur titre ! Ils venaient sous enveloppes et nous nous les passions les uns aux autres dans des livres[10]. » Ces revues et journaux parlaient du monde, de la lutte des peuples, de la justice, de leurs aspirations, de leurs sacrifices inouïs, de leurs défaites, de leurs victoires. Dans les années cinquante, l'univers catholique, colonial, fasciste de Bissau était probablement l'un des milieux les plus abêtissants, les plus étouffants du monde. Dona Sofia vivait avec un officier colonial. La fréquentation de sa bibliothèque par les jeunes nationalistes n'étonnait personne : la PIDE croyait à l'endoctrinement fasciste des jeunes par un couple de Portugais blancs ! L'analyse des événements du monde était au centre des réunions chez Dona Sofia. Mais, en même temps, le petit groupe des employés de commerce qui gravitait autour de cette femme extraordinaire planifiait sa première action politique : la conquête du comité

9. Osvaldo sera le premier commandant du front nord, un guérillero d'exceptionnel courage. Il mourut en 1974.

10. Fernando Fortes, in *No Pincha !* — titre créole, langue vernaculaire du pays, qui veut dire : En avant ! —, journal officiel du gouvernement de Bissau, n° du 19.9.1975.

et de la présidence du syndicat des employés du commerce et de l'industrie. Enjeu risible ? Non. Dans le système corporatiste fasciste de Salazar et Caetano, ces organismes professionnels revêtaient une grande importance symbolique. L'opération réussit : cinq Noirs et métis — Luiz Cabral, Abilio Duarte, João Rosa, Élisée Turpin, Victor Robalo — détrônèrent les bureaucrates blancs et formèrent la majorité du nouveau comité. De ces cinq personnes, deux nous sont déjà connues (Turpin et Cabral), trois restent à identifier : Abilio Duarte est commis aux écritures de la Banque d'outre-mer ; Duarte deviendra un commandant célèbre du front sud ; il est ministre des Affaires étrangères de la république des îles du Cap-Vert dès 1980. Victor Robalo est agriculteur. João Rosa, employé de bureau de la Société Commerciale pour l'Afrique de l'Ouest, fut arrêté par la PIDE et torturé à mort.

Revenons à cette nuit du 19 au 20 septembre 1956 : date de naissance du PAIGC, fondation du parti dont l'action politique, militaire bouleversera bientôt le dernier empire colonial du monde, abattra un régime fasciste vieux de trente-cinq ans, nourrira le Mouvement des forces armées portugaises (MFA) et inspirera la lutte de dizaines d'autres mouvements de libération à travers la terre. Cette réunion ressemble — au premier coup d'œil du moins — à l'assemblée constitutive d'un de ces cercles politiques, humanistes, patriotiques et petits-bourgeois comme il en existait des dizaines à l'époque au Portugal et dans les provinces d'outre-mer. Écoutons le récit qu'en fait l'un des participants, Fernando Fortes :

> ... C'est ainsi que nous arrêtâmes la formation de cette organisation politique et prêtâmes le serment de donner même notre vie, si nécessaire, pour matérialiser les idéaux suprêmes qui étaient les nôtres à ce moment-là : faire tout ce qui était à notre portée pour conquérir l'indépendance de la Guinée et celle des îles du Cap-Vert ; ensuite œuvrer à ce que les deux peuples puissent décider de leur destin dans la réciprocité de leurs intérêts. Mais, au départ, et à travers la clarification, nous devions nous infiltrer progressivement dans certaines organisations existantes. Il y eut même un document, mais j'ai l'impression maintenant qu'il n'existe

plus car il contenait essentiellement le serment... Le camarade Amilcar Cabral esquissa les statuts du parti, mais les circonstances ne permettaient pas de les mettre au propre.

Les mesures de sécurité prises étaient rudimentaires. Fortes poursuit :

> ... La réunion se déroula à la tombée de la nuit, dans la maison dont le propriétaire était un fonctionnaire de la banque et dont les locataires étaient les camarades Aristides Pereira, moi-même et un autre garçon, qui doit être en Argentine aujourd'hui. Nous étions donc trois à habiter cette maison où venaient parfois mon frère et un grand ami du camarade Aristides, du temps de l'école, Jorge de Carvalho, plus tard assassiné par la PIDE. C'étaient tous des gens sûrs et, même dans le voisinage, il y avait toujours une personne pour faire le guet lors de nos réunions. Nous étions convenus d'un coup de sonnette et, quand on sonnait, nous cachions nos livres. Nous disposions aussi d'une sortie derrière la maison, mais, cette nuit-là, il n'y eut aucun problème. Nous avions pris de telles précautions que les gens étaient convaincus qu'il n'y avait personne dans la maison. Même notre hôte, le camarade Arafan Mané, ignorait notre présence.

Quelles ont été les principales décisions prises cette nuit-là ? Fortes répond :

> ... Le premier noyau du parti consacrerait ses efforts à la formation des gens, à travers la lecture en groupe. Nous écouterions les nouvelles internationales et lirions des journaux, nous parvenant par l'intermédiaire de camarades arrivant du Sénégal ou de la république de Guinée (Conakry).

Et plus loin :

> Il y eut une répartition des tâches : le camarade Luiz fut chargé de la section financière, culturelle et estudiantine ; le camarade Aristides des relations extérieures et

moi-même des rapports à établir avec les organisations nationalistes existantes [11].

Au cours de la même nuit, penché sur un coin de la table, Amilcar Cabral rédigea le premier manifeste de la guerre nationale populaire de libération :

> Le moment est venu de préparer notre peuple à assumer une époque décisive de son histoire, celle de la lutte pour la libération nationale ; elle ne sera victorieuse que par la mobilisation de tous les enfants de nos patries sans distinction de sexe, de tribu ou de couleur. Elle sera la lutte de tous les Guinéens et Capverdiens voués à la recherche du bonheur pour tous les enfants de ces deux pays. Mais, pour engager cette lutte, notre peuple a besoin d'une direction. C'est le parti qui doit être organisé d'une manière clandestine afin d'éluder la vigilance policière des colonialistes [12].

Ce texte ne fut jamais diffusé. D'ailleurs à qui aurait-on pu le faire connaître ? Aucune antenne du PAIGC n'existait à l'extérieur. A l'intérieur du pays, les fondateurs ne disposaient pas d'un système clandestin de communication. Le monde et leurs compatriotes n'allaient apprendre l'existence du PAIGC (et donc de la réunion fondatrice) que trois ans plus tard, lorsque — dans la Guinée-Conakry devenue indépendante — Amilcar et Luiz Cabral et Aristides Pereira vinrent installer le secrétariat général de leur mouvement.

J'insiste sur le *caractère dérisoire* de la réunion fondatrice du PAIGC, sur la médiocrité des débats et sur le caractère apparemment falot de certains participants. Mon admiration pour l'œuvre libératrice, la stratégie militaire, la puissance créatrice idéologique, politique du PAIGC est totale, sans limites. Mais il s'agit de mesurer le chemin parcouru. En 1956, ces petits-bourgeois métis ou noir, installés dans leur rôle subalterne d'auxiliaires du colonialisme, vivaient à des années-lumière des soucis quotidiens, des angoisses, des

---

11. Fernando Fortes, in *No Pincha !, op. cit.*
12. Amilcar Cabral, *Unité et Lutte,* vol. II, *op. cit.*

humiliations vécues par les masses rurales[13]. En moins de cinq ans, ces petits-bourgeois devinrent le noyau d'un formidable mouvement révolutionnaire. Personne ne naît révolutionnaire. Quelques hommes, quelques femmes, dans des circonstances tout à fait exceptionnelles, le deviennent. Nous pourrions ajouter avec Lénine : « ... et, s'ils ont beaucoup de chance, ils le resteront ».

« *Un seul héros : le peuple* », lisait-on sur les murs d'Alger lors de la fête de la libération de la ville en juin 1962. Toute entreprise politique est — à ses racines — une entreprise collective. Comme le dit justement Max Horkheimer : l'acte solitaire du héros charismatique est une chimère de l'histoire bourgeoise. Le terme allemand est intraduisible : une chimère de la « burgerliche Geschichtsschreibung[14] » (la façon qu'ont les bourgeois d'écrire l'histoire).

Le rôle joué par Amilcar Cabral dans l'organisation du passage de la lutte anticoloniale à la lutte armée de libération nationale en Guinée *est néanmoins un rôle unique, essentiel, déterminant.*

Je suis frappé par la parenté intellectuelle, psychologique qui existe entre Amilcar Cabral et Mao Zedong. Les deux hommes naissent dans des sociétés colonisées, semi-féodales, essentiellement paysannes. Les deux développent très tôt, à l'opposé de la plupart des autres révolutionnaires de leur génération, une vive sensibilité pour les aspirations, les

13. *Exception faite d'Amilcar Cabral* : ingénieur agronome, il est chargé par le régime colonial de l'établissement du plan de lutte contre l'érosion des terres et du plan phytosanitaire de Guinée ; il parcourt les campagnes pendant des mois. Il acquiert ainsi une connaissance intime, précise, des contradictions, des misères, des espérances vécues par les paysans des différentes ethnies. Cette connaissance, ces réseaux de confiance, d'amitié établis au cours de ses séjours de recherche dans les villages servent, dès 1960, à l'établissement des premières bases de guérilla. L'œuvre scientifique de Cabral — 111 titres inventoriés par Mário de Andrade — est considérable. Cf. Mário de Andrade, *Amilcar Cabral*, Maspero, 1980.

14. Max Horkheimer, *Introduction à la philosophie bourgeoise de l'histoire*, Payot, 1974.

souffrances, les potentialités de révolte des couches paysannes de leurs pays respectifs.

1927 : Mao Zedong, fils de moyen propriétaire terrien,
originaire du Hunan, refuse de rejoindre ceux d'entre les
communistes qui préparent l'insurrection des villes du sud de
la Chine. Il sent que l'entreprise insurrectionnelle urbaine -
conseillée, voulue par les envoyés du Komintern — est vouée
à l'échec. Shanghai se soulève, sous la direction de Zhou
Enlai. Canton suit. Deng Xiaoping est actif dans la Commune
de Canton. Les deux Communes s'effondrent. D'effroyables
massacres déciment les travailleurs, les intellectuels urbains.
Les survivants refluent vers les quelques bases rouges que
Mao Zedong a su conserver dans les campagnes, au sud du
Yan-Zi Jiang. Bientôt, ces bases seront encerclées, attaquées.
Mao Zedong prend la décision d'entreprendre la Longue
Marche vers le nord : l'armée rouge, accompagnée des
femmes, des enfants des combattants, bientôt grossie par les
paysans et leurs familles libérées en cours de route, mettra
huit mois à atteindre les provinces du nord. Cette marche
unifiera la Chine. Amilcar Cabral joue, au sein du mouvement anticolonial guinéen, un rôle semblable à celui joué par
Mao Zedong pour le mouvement révolutionnaire de Chine.
Comme Mao Zedong, Cabral possède une connaissance
directe, profonde des paysans[15] (le premier de par ses
origines paysannes, le second de par sa carrière profession-
nelle). Les deux savent écouter les paysans, traduire en
termes actuels, en organisation de lutte leurs désirs enfouis et
leurs espérances ancestrales. Mao : « Il nous faut enseigner
avec précision aux masses ce que nous recevons d'elles sous
forme confuse[16]. » Comme Mao, enfin, Cabral dispose d'une
très vive intelligence personnelle, d'une extraordinaire faculté

15. Il existe dans la vie militante d'Amilcar Cabral une courte
période — 1956-1959 — où, induit en erreur par ses lectures
marxistes orthodoxes, il privilégie l'action révolutionnaire parmi le
mince prolétariat urbain aux dépens de l'organisation de la résistance
paysanne (voir ci-dessous, p. 277 *sq*). Cette erreur, vite corrigée,
n'infirme pas les lignes que je viens d'écrire.
16. Mao Zedong dans une conversation avec André Malraux, *in*
Malraux, *Antimémoires*, Gallimard, 1967, p. 531.

d'assimilation mentale, d'une rapidité d'esprit, d'une envie permanente de lecture, d'une intuition critique des contradictions et des intentions de l'adversaire. Cabral comme Mao ont assimilé l'instrumentalité conceptuelle, militaire, économique, idéologique occidentale, tout en gardant leur propre identité singulière, nourrie de leur histoire intime.

Mao Zedong — jeune — est un homme d'une importante stature. Il est beau. Il possède un grand don de sympathie, une vive et chaleureuse manière d'entrer en contact avec autrui. Cabral, lui, est moins immédiatement imposant : son visage rond, ses yeux constamment mobiles derrière ses lunettes, son teint mat font d'abord croire à un intellectuel africain, à un poète, habité par la seule passion de parler. Or, Cabral est avant tout un redoutable organisateur, un chef de guerre, un stratège politique, le plus grand, certainement, que l'Afrique contemporaine ait connu.

Je me souviens d'une anecdote : entre 1960 et 1965, *Mehdi Ben Barka* [17] vivait en exil à Genève. Jeune étudiant, fasciné par les révolutionnaires maghrébins, je le voyais souvent. Un soir de printemps 1965, revenant d'Alger, Mehdi me dit avec son air rieur : « Je viens de rencontrer *Lénine ressuscité !* » Je le regarde, incrédule. Mehdi : « Si, si, les camarades soviétiques nous l'avaient caché... il est Noir ! »

Il y avait en Cabral un mélange de dureté, de volonté inébranlable — qui le rendait capable de décisions définitives, rapides — et de bonté sans limites. *Son amour des hommes fit de lui un incomparable pédagogue, sa dureté un chef de guerre sans pareil.* Ces deux natures se combattirent constamment en lui : à Cassaca, il ordonna en une fraction de seconde l'arrestation des commandants refusant d'admettre la stratégie décidée par voie majoritaire. Mais à ceux de ses ennemis

---

17. Rappel : *Mehdi Ben Barka, Amilcar Cabral* et *Che Guevara* étaient les principaux initiateurs de la Conférence tricontinentale qui — en janvier 1966 — devait réunir à La Havane les délégués des principaux mouvements armés de libération d'Asie, d'Afrique, d'Amérique latine. Durant les années 1963-1965, Ben Barka rencontrait souvent Cabral. Mehdi Ben Barka fut enlevé à Paris en octobre 1965 et assassiné par les services secrets du roi du Maroc, Hassan II. Pour le discours d'Amilcar Cabral à La Havane, en janvier 1966, cf. ci-dessous, p. 502 *sq.*

avec qui il avait dialogué et qu'il croyait avoir convertis à ses vues, il faisait une confiance aveugle.

Tout au long de ce chapitre, nous nous référons fréquemment à la pensée, à l'œuvre d'Amilcar Cabral. Or, la « *pensée Cabral* » est une création collective. Exactement comme la « pensée Mao Zedong » est l'œuvre de tout un groupe de révolutionnaires qui, tout au long d'une lutte et dans des circonstances les plus diverses, devaient analyser des situations concrètes, toujours changeantes, conclure des alliances conjoncturelles, définir l'identité de l'ennemi, prendre des décisions, donner des ordres. Chacune de ces activités mentales collectives engageait — à chaque instant — la mort ou la survie du mouvement. La pensée Cabral est la formalisation conceptuelle des exposés oraux, des débats contradictoires, du jeu des questions et réponses qui animaient les séminaires tenus dans les zones libérées, les colloques de l'école de cadres de Conakry, les réunions du Comité exécutif de la lutte. Amilcar Cabral a été, tout au long de sa vie, le moteur de ces débats. Mais il n'a jamais été l'unique sujet parlant. La pensée Cabral est donc l'exact opposé d'une pensée bourgeoise : le penseur bourgeois réfléchit seul, écrit seul, produit à l'écart du monde et des hommes. Le révolutionnaire, par contre, ne crée que dans la confrontation, le dialogue ininterrompu avec ses camarades. Toute individualisation de sa production symbolique est une trahison.

La pensée Cabral est un édifice conceptuel fascinant de subtilité, de richesse symbolique, de précision analytique, de saisie visionnaire d'une lutte et d'une situation politiques infiniment complexes. Elle est puissamment structurée : grâce notamment au patient travail d'exégète, d'interprète, de commentateur effectué par *Mário de Andrade*. La rencontre entre Mário de Andrade et les révolutionnaires guinéens, capverdiens a été un événement important de la guerre de libération de Guinée. Ce que Thucydide (465-395 avant J.-C., historien athénien souvent critique du gouvernement de sa propre cité) fut pour les dirigeants politiques et guerriers grecs, tout au long des guerres du Péloponnèse entre Athéniens et Spartiates au ve siècle avant J.-C., Mário de Andrade l'est pour les Capverdiens, les Guinéens pendant leur guerre contre les Portugais, dans la deuxième moitié du xxe siècle. Il est l'historien ayant la confiance et l'amitié des dirigeants, mais qui, en même temps, oppose à leurs erreurs le regard le plus impitoyable, le plus lucide, le plus irréductiblement critique.

Mário de Andrade, que nous rencontrerons fréquemment plus avant dans ce livre, lorsqu'il sera question de la lutte armée de libération nationale du peuple angolais, est né d'un père lettré, à Golungo-Alto. Il a un frère — Joaquim — qui deviendra, bien que prêtre catholique, l'un des principaux leaders de la résistance. Mário publie, très jeune, des essais remarqués dans la revue *Mensagem*. Première revue nationaliste de Luanda, la publication est rapidement saisie, puis interdite par la PIDE. Mário jouit du statut d' « *assimilado* ». Il fréquente le lycée de Luanda puis reçoit une bourse et part pour Lisbonne. A la Faculté des lettres de cette ville, il sera le premier étudiant africain jamais immatriculé. Rapidement, Mário développe une analyse originale de la lutte antiportugaise. En 1974, il rejoint les dirigeants de Guinée-Bissau. Il y arrive à un moment crucial. Amilcar vient d'être assassiné. Le désarroi dans les maquis est considérable. Mário acquiert rapidement une forte influence sur les cadres et les militants. Étrangement, Mário n'avance que masqué : auteur d'une œuvre d'analyse politique, sociologique, littéraire importante, il présente chacun de ses propres écrits comme une simple interprétation de la pensée Cabral. En 1978, Mário de Andrade assume les fonctions de commissaire (ministre) d'État à la Culture. Très lié personnellement à Luiz Cabral et à la deuxième femme d'Amilcar (Ana-Maria [18]), il condamne

---

18. Amilcar Cabral vécut successivement avec plusieurs femmes remarquables. Parmi elles, il y eut une militante communiste portugaise, *Maria-Helena Vilhena*. Avec elle, Cabral vécut surtout à Rabat (au temps de la fondation du CONCP et de la préparation de l'insurrection armée). Maria-Helena épousa plus tard un dénommé Henrique Cerqueita. Ils eurent un fils : *Humberto*. *Ana-Maria* fut l'épouse et la conseillère du temps de la guerre. Cabral eut trois filles : *Iva* (du nom de sa propre mère), *Ana-Luisa* et *Indira*. Les deux premières sont les filles de Maria-Helena, la troisième est celle d'Ana-Maria.

en tant que méthode politique le coup d'État de novembre 1980. Il se sépare du nouveau président du Conseil d'État, Bernardo Vieira (Comandante Nino).

Jusqu'en 1959, Amilcar Cabral mène une double vie. Le jour, il est l'ingénieur agronome, le cadre moyen de la colonie. La nuit, il devient *Abel Djassi*. Le dernier texte que j'ai trouvé signé de ce nom est la *Charte du Front de libération de la Guinée et du Cap-Vert* (une organisation frontiste dont le PAIGC devait être le noyau et qui disparut rapidement), datée du 19 septembre 1959. Cabral, dès 1959, porte la « sumbia », bonnet de laine multicolore des Fula. Il deviendra le signe distinctif du PAIGC.

Durant cette période de double identité, de double vie, Amilcar Cabral participa — souvent de façon déterminante — à des événements importants hors de Guinée, et notamment en Angola à l'éclosion des mouvements qui furent à l'origine du MPLA. 1958 : Cabral est présent, dans Accra libérée, au Ier Congrès des peuples africains [19]. Il y est pratiquement incognito, ne rencontrant N'Krumah et d'autres dirigeants nationalistes que la nuit. En 1960, Cabral rencontre des militants de la *Fabian Society* à Londres. Il y rédige la brochure qui fera connaître le PAIGC dans les pays de langue anglaise : *Facts about Portugal's African Colonies*. Janvier 1960 : Cabral est à Tunis, au IIe *Congrès des peuples d'Afrique*. Puis, en mai de la même année, il se rend à Conakry où il se fixe désormais.

Cabral était, dans l'univers colonial et fasciste portugais, un *assimilado*. Sa profession d'agronome au service du ministère des Provinces portugaises d'outre-mer, sa qualité d'ancien boursier et d'étudiant à Lisbonne lui donnaient ce privilège rare : voyager sans entraves à l'intérieur de l'empire. Plus, il pouvait camoufler des voyages hors empire en missions d'étude. Sa vie à Bissau, au début des années cinquante, était

19. N'Krumah considérait ce Congrès comme le VIe Congrès panafricain, le premier à avoir lieu sur la terre d'Afrique ; cf. aussi nos pages 254 et 568.

l'illustration de cette relative protection que lui procurait son statut professionnel. Privilège qu'aucun autre chef nationaliste guinéen ou capverdien ne possédait. Après avoir occupé un poste d'assistant à l'institut agronomique de Lisbonne, Cabral fut nommé en 1954 ingénieur pour l'irrigation du gouvernement colonial de Guinée.

A Bissau, il reprit contact avec ses anciens condisciples du lycée de Mindelo en poste en Guinée [20]. La plupart refusèrent de le rencontrer plus d'une ou deux fois : la terreur des interrogatoires de la PIDE les rendait réticents. Seuls Aristides Pereira, Júlio de Almeida, Fernando Fortes répondirent immédiatement à l'appel de Cabral. Avec eux, et des militants anonymes, Cabral tint nombre de réunions clandestines dans les quartiers populaires de la capitale, à *Chão dos Papeis* et à *Pilum*, notamment. Lorsque le gouverneur Serrão regagna Lisbonne pour être remplacé par un certain Gorghulo — un assassin notoire qui avait fait massacrer en 1953, à São Tomé, près de mille paysans, hommes, femmes, enfants —, une réunion se tint à Pilum. Il y fut décidé d'abattre Gorghulo le jour même de son arrivée, sur le quai de débarquement, à sa descente de bateau. C'est Bakar Cassama qui exécuta l'ordre.

La double identité de Cabral — agronome au service de la colonie le jour, agitateur nationaliste la nuit — ne fut pas percée par la PIDE. Des rumeurs, seulement, circulèrent sur son compte dans les milieux du gouvernement, de l'armée et de la police secrète. Un jour, le nouveau gouverneur, le capitaine de frégate *Diego de Melo e Alvim,* le convoqua.

— Alors, Cabral, c'est vous le chef des Mau-Mau de la place ?

— A ma connaissance, il n'y a pas de Mau-Mau ici. Cela se passe au Kenya.

— C'est bien. Écoutez, monsieur l'ingénieur, vivez votre

---

20. Rappel : Amilcar Cabral avait passé son bachot en 1942 au lycée Infante-Henrique de Mindelo. Praia, sur l'île de Santiago, est la capitale gouvernementale, administrative de l'archipel (du temps de la colonie comme depuis l'indépendance) ; Mindelo, sur l'île de São Vicente, est le grand port-escale de la route Lisbonne-Rio de Janeiro et le centre marchand de l'archipel.

temps. Soyez un homme de votre époque, mais ne foutez pas en l'air ma carrière[21] !

Puis le gouverneur signa l'ordre d'expulsion de Guinée de Cabral. Toutefois, il l'autorisa à rentrer au pays une fois par an, pour voir ses parents[22].

2. Les premières erreurs

« *Quand la case brûle, rien ne sert de battre le tam-tam* », dit un proverbe balante. Les premiers noyaux du nouveau parti dans les villes du pays s'étaient formés à Bafata, Bolama, Bissau. Les conjurés du 19 septembre 1956 étaient persuadés que la base sociale de leur lutte se trouvait parmi les travailleurs des villes et des « praças ». On désigne par « praças », dans l'empire africain du Portugal, les centres administratifs, les petits chefs-lieux provinciaux où se concentrent une administration rudimentaire (l'administrateur, le curé, un juge, quelques gendarmes, parfois un infirmier, rarement un instituteur), nombre de commerçants et quelques colons. Originaires du nord ou des montagnes de l'est du Portugal, ces derniers sont généralement presque aussi démunis que les Africains. Ils vont souvent pieds nus et sont presque toujours illettrés. Pourquoi cette définition étroite de la base sociale du PAIGC ? Parce que l'analyse marxiste des classes antagonistes et du rôle privilégié du prolétariat urbain dans le processus du déclenchement d'une insurrection contre le grand capital colonial et son État — la dictature fasciste — constituait pour les jeunes militants nationalistes de la fin des années cinquante un dogme immuable.

Il faut ici élargir un moment le débat : Amilcar Cabral, Vasco Cabral (qui n'est pas parent avec le premier), Agostinho Neto, Mário de Andrade, Marcelino dos Santos et

21. Dialogue raconté par Cabral à Mário de Andrade qui le transcrit dans *Amilcar Cabral, op. cit.*, p. 49.
22. Lors de la réunion fondatrice du PAIGC, dans la nuit du 19 au 20 septembre 1956 (voir ci-dessus, p. 262 *sq.*). Amilcar Cabral était justement de passage à Bissau, prétextant une visite à sa mère.

d'autres jeunes militants des colonies de cette époque avaient subi, à Lisbonne, l'influence directe ou indirecte des cadres communistes portugais et notamment d'*Alvaro Cunhal*. Ces hommes et ces femmes communistes, murés peut-être dans un dogmatisme mortifère, n'en étaient pas moins des résistants admirables à la dictature. Ils se battaient pratiquement seuls — dans les usines, les casernes, sur les grandes propriétés agricoles du Sud — contre les sbires de la police secrète et contre les grands patrons fascistes et colonialistes. Tout au long de trente-cinq ans de dictature, les communistes (et aussi certains socialistes) furent les dépositaires de la dignité du peuple portugais. Dans les cachots et les chambres de torture. ils ne desserraient que rarement les dents. Des centaines d'entre eux moururent assassinés dans la forteresse de Caxias ou dans un des commissariats de la PIDE à Beira, Faro, Lisbonne ou Porto. Le plus grand camp de concentration, le plus effroyable, de la dictature, se trouvait dans l'archipel du Cap-Vert. à l'extrême nord de l'île de Santiago, sur un rocher écrasé de chaleur durant le jour, balayé par les vents glacés la nuit, à Tarafal. Bento Gonçalves, fondateur du Parti communiste portugais, est mort à Tarafal. J'y ai visité, après la libération, les baraquements, les miradors, les murs d'enceinte, les barbelés et la chambre à torture où, suspendus à une barre de fer, des centaines de résistants portugais, de patriotes angolais, indiens (de Goa), mozambicains, guinéens, capverdiens sont morts de faim ou sous les coups administrés avec des verges d'acier aiguisé. D'autres dizaines furent déchiquetés par des chiens spécialement dressés.

La lutte de résistance, l'immense dignité des antifascistes, des communistes portugais marquèrent à jamais l'imaginaire d'Amilcar Cabral, d'Agostinho Neto, de Marcelino dos Santos, de Mário de Andrade, de Vasco Cabral. L'enseignement de ces martyrs communistes exerçait sur l'esprit des jeunes nationalistes d'Afrique lusitanienne une autorité évidente. Il s'y ajoutait que les vainqueurs de Dien Bien Phu (1954) — événement qui en Afrique eut des répercussions qu'un Européen a peine à imaginer — étaient eux aussi des marxistes.

J'insiste sur ce point : le Parti communiste portugais n'a

jamais « contrôlé » les mouvements nationalistes des colonies d'outre-mer. Voici quels ont été, dans les années cinquante, quelques-uns des liens institutionnels entre les nationalistes et le PCP : Vasco Cabral et Agostinho Neto étaient des militants actifs du mouvement portugais pour la paix, dirigé clandestinement par le Parti communiste. Ils s'enfuirent du Portugal — aidés par les réseaux du Parti communiste — sur un voilier en direction du Maroc en 1960. Marcelino dos Santos, Mário de Andrade et un groupe d'autres camarades s'étaient enfuis en 1957 déjà du Portugal grâce également à l'aide d'organisations proches du Parti communiste. Ils étaient allés d'abord à Bonn, puis à Paris.

Voyons maintenant de quelle façon le mouvement de libération anticoloniale des provinces d'outre-mer portugaises définit — en 1957 — sa base de classe. La question est d'importance : l'analyse de la structure de classes et des contradictions habitant la société guinéenne détermine le choix des armes effectué par les nationalistes. Une réunion clandestine se tint à Paris du 15 au 18 novembre 1957, au domicile de Marcelino dos Santos[23]. Cette réunion figure dans les archives du PAIGC sous le titre : *Réunion de consultation et d'étude pour le développement de la lutte contre le colonialisme portugais.* Le procès-verbal mentionne les participants suivants : Viriato da Cruz, poète angolais, co-fondateur en 1956 du Mouvement populaire de libération de l'Angola ; Amilcar Cabral ; Guilherm Espírito Santo ; Mário de Andrade ; Marcelino dos Santos.

Au cours de la séance du 16 novembre, Amilcar Cabral exposa son analyse de la base sociale de la lutte anticoloniale en Guinée. Cet agronome, ce patriote au don de sympathie si évident plein d'humour, vif, agile d'esprit était, dans tout son

---

23. Marcelino dos Santos, fils d'un cheminot du Mozambique, avait été étudiant au Portugal. Il s'était enfui en France pour vivre d'abord à Grenoble, puis à Paris. Résident illégal, il était protégé, comme beaucoup d'autres, par des amis communistes français. L'appartement qu'il habitait et où se tint la réunion était au nom d'un membre du PCP. D'où la légende qui veut que Marcelino, aujourd'hui vice-président du Frelimo, soit en fait un communiste, agent de Moscou.

être, l'exact contraire d'un doctrinaire. Il avait publié sur la réalité de son pays d'admirables études agronomiques et sociales. Et pourtant ! Il présenta une analyse dogmatique de la plus pure essence stalinienne, analyse imitative et selon toute évidence erronée (c'est Cabral lui-même qui admit l'erreur plus tard, en septembre 1959, lors de la dernière réunion de la direction du PAIGC tenue à Bissau). Voici l'analyse de la stratification de la Guinée faite par Cabral en 1957. Cabral identifia les classes sociales suivantes :

1. La paysannerie constituée par les agriculteurs qui exploitent la terre comme une propriété collective.
2. Le prolétariat constitué par les travailleurs des zones urbaines, les employés de commerce, les travailleurs des entreprises agricoles.
3. Les artisans : ils tendent à disparaître, se prolétarisent.
4. La petite bourgeoisie noire et métisse est constituée par les propriétaires ruraux (*ponteiros*), les propriétaires urbains et les petits commerçants, les petits fonctionnaires.
5. La bourgeoisie coloniale blanche est représentée par les détenteurs des grandes entreprises et des plantations.
6. Les monopoles étrangers : la Companhia União Fabril détient le commerce de gros et de détail, l'industrie (riz, arachide, cajou), les transports, l'Ultramarina et le Banco Nacional Ultramarino.

Voici maintenant la répartition ethnique telle que la voit Cabral :

1. 90 % de la population occupée à l'agriculture et à l'élevage est composée de Noirs.
2. Les travailleurs des zones urbaines sont presque totalement noirs, avec une tendance à l'augmentation du nombre des Blancs.
3. Les employés de commerce sont composés de Blancs et de Noirs, avec une tendance à l'augmentation des Blancs.
4. Les fonctionnaires : Blancs, Noirs et métis (Capverdiens et originaires de São Tomé), avec une tendance à l'augmentation du nombre des métis et des Blancs.

5. Les artisans : métis et Noirs.

6. Les propriétaires ruraux, en majorité Capverdiens, se consacrent à l'horticulture, à la culture de la canne à sucre et du riz.

7. Les propriétaires urbains : dans l'immobilier, le nombre des Européens tend à augmenter.

8. Les commerçants, qui possèdent un commerce établi : Européens dans leur majorité, mais aussi des Capverdiens et une minorité de Guinéens.

Du même rapport de Cabral, j'extrais deux citations supplémentaires qui sont particulièrement parlantes :

> C'est au prolétariat de Guinée qu'incombe le rôle de diriger la lutte anticolonialiste. De grandes possibilités existent pour réaliser l'alliance nécessaire entre le prolétariat et la paysannerie. La petite bourgeoisie pourra jouer le rôle de bourgeoisie nationale révolutionnaire. Les travailleurs urbains possèdent les conditions nécessaires pour que le travail de prise de conscience politique soit immédiatement réalisé en leur sein, puisqu'ils ont une vision concrète de l'unité nationale.

La seconde :

> Les travailleurs des colonies portugaises d'Afrique constituent la classe sociale la plus révolutionnaire. C'est au prolétariat que revient le rôle de mobiliser et d'organiser les masses, de diriger la lutte contre le colonialisme.

L'analyse erronée des contradictions principales de la société coloniale guinéenne que présente Cabral n'est d'ailleurs pas isolée : les patriotes angolais commettent, à la même époque, les mêmes erreurs. Fondé en décembre 1956, le MPLA reproduit une analyse analogue de la base sociale angolaise de la lutte anticoloniale. L'avant-garde est le mince prolétariat urbain, la grande oubliée est la masse anonyme des paysans. C'est par une insurrection urbaine, un acte héroïque des militants, travailleurs industriels, ouvriers du port, employés de commerce et intellectuels de la ville que

débute la guerre de libération en Angola. A l'aube du
4 février 1961, les révolutionnaires attaquent la prison centrale de Luanda. Ils sont immédiatement écrasés. Les survivants fuient vers le nord, vers la forêt de Demba.

Même erreur en Guinée. La première action révolutionnaire de masse organisée par le PAIGC est la *grève des
dockers et marins de Pidjiguiti.*

3 août 1959 : les marins, mécaniciens, serveurs, débar-
deurs, employés travaillant sur les bateaux de la flotte côtière
et fluviale de la maison Gouveia refusèrent de se présenter à
l'embauche. Ceux qui avaient un contrat à la semaine
refusèrent le travail. Ils se rassemblèrent tous sur le quai de
Pidjiguiti, au port de Bissau. La Guinée-Bissau possède une
surface aquatique deux fois plus grande que sa surface
territoriale. Au moment du départ des Portugais, il y avait en
Guinée-Bissau 400 km de routes, dont 80 km seulement
étaient asphaltées. L'essentiel du transport — des hommes,
des troupes, du riz, de l'arachide — se faisait à l'époque, et se
fait aujourd'hui encore, par les voies d'eau. D'immenses
fleuves parcourent le pays. Ils descendent du Fouta-Djalon,
vaste ensemble de chaînes verdoyantes dans l'est du pays,
vers la côte marécageuse de l'Atlantique. La marée monte
jusqu'à 100 km vers l'intérieur des terres. Les paysans djola,
admirables cultivateurs de riz, doivent protéger en permanence, — au moyen d'un système extraordinairement élaboré
de petites digues communicantes et de canaux — leurs
champs contre l'eau salée. La grève du personnel navigant et
des dockers de la société Gouveia avait des causes essentiellement économiques : des salaires de famine « honoraient » un
travail extrêmement dur et périlleux. Des militants du
PAIGC, peu nombreux, se trouvaient sur les quais. La grève
intervenant une année après l'indépendance de la Guinée-
Conakry obsédait l'imaginaire du dictateur de Lisbonne. En
plus, elle paralysait pratiquement l'économie — du moins les
circuits de l'économie monétaire et du troc colonial — sur
l'étendue du territoire. Salazar envoya l'armée : celle-ci
encercla le quartier du port, refoula les ouvriers vers les

quais, posta des vedettes de la marine dans leur dos et fit feu. Le chiffre officiel des morts était de cinquante-huit tués [24].

Le massacre de Pidjiguiti fut le tournant de la réflexion et de la stratégie des nationalistes révolutionnaires : la lutte anticoloniale changeait de base sociale. Désormais, c'étaient les masses paysannes, composant plus de 90 % de la population du pays, surexploitées, coupées des villes, vivant enserrées dans des mondes séparés, hermétiques, divisées en ethnies souvent hostiles entre elles, qui, dans l'analyse du PAIGC, devenaient le fer de lance du mouvement armé de libération nationale. La plupart de ces ethnies, chacune dans sa région, opposaient au colonisateur depuis des siècles une résistance sourde, peu organisée, mais tenace et obstinée. Il s'agissait maintenant de les unir, de capter dans un torrent puissant les multiples rivières de la révolte, de transformer en un incendie couvrant le territoire tout entier les feux nombreux et divers allumés par la résistance localisée des différentes ethnies [25].

3. Le déclenchement de la lutte armée du PAIGC

> Une foule de soldats ce n'est rien,
> C'est la Résistance qui est tout.
> Les volontaires portugais ne sont
> [rien,
> c'est la Résistance qui est tout.
> La Résistance de chacun est plus
> [forte,
> l'armée portugaise n'est rien.

24. Amilcar Cabral lui-même apprit la nouvelle du massacre de Pidjiguiti au cours d'un voyage professionnel à Luanda.
25. Pour ma connaissance des paysanneries d'Afrique occidentale, leurs résistances à l'acculturation forcée, je dois des indications pertinentes à deux collègues de l'Université et de l'Institut universitaire d'études du développement, Carlos Lopes et Peter Arnold. Carlos Lopes, étudiant post-gradué à l'Institut, a publié, dans les *Cahiers de l'Institut,* une étude sur « Ethnie, État et rapports de pouvoir en Guinée-Bissau » (IUED, 29, rue Rothschild, Genève, 1982). Peter Arnold est engagé dans la rédaction d'une thèse de doctorat, sous ma direction, sur *Les Planteurs baoulé de Bocanda et Daoukro.*

> Je suis allé dans la zone de Kufar.
> J'ai vu un grand mouvement de
> [troupes,
> mais leur mouvement de troupes
> [n'est rien,
> c'est la Résistance qui est tout.
>
> Les Portugais sont allés à Kufar,
> le camarade Jamba a été informé.
> Les Portugais sont allés à Kufar,
> les camarades ont attaqué.
>
> L'armée portugaise n'est rien,
> c'est la résistance qui est tout.
>
> *La Résistance*[26].

Septembre 1959 : Amilcar Cabral est de retour à Bissau. Pour la dernière fois de sa vie. Il réunit ses camarades : décision est prise de mobiliser en priorité des masses paysannes, ethnie après ethnie, de les instruire, de les armer, de les unifier, de les conduire à la lutte sous un commandement unique, celui du PAIGC. Il est également décidé de transférer le secrétariat du PAIGC à Conakry. Le temps de la clandestinité est terminé : à la radio de Conakry, les hommes de la nuit parlent maintenant au monde, aux Portugais et à leur propre peuple. La surprise, dans le palais gouvernemental de Bissau et parmi les colons, est immense. Dans les *tabanca* — les villages de l'intérieur — aussi. L'activité diplomatique du PAIGC est tout de suite intense : le 18 avril 1961, se constitue à *Casablanca* la *Conférence des organisations nationalistes des colonies portugaises* (CONCP), organisation faîtière, dirigée d'abord par *Marcelino dos Santos* puis par *Mário de Andrade*, enfin par *Aquino de Bragança*. Elle a pour but de coordonner les luttes anticoloniales, bientôt de libération nationale, des nationalistes d'Angola, du Mozambique, de Guinée, du Cap-Vert, de São Tomé, de Goa. Elle

---

26. Traduction Jean Todrani et André Joucla-Ruan, « Chants des maquis de Guinée-Bissau », in Mário de Andrade, *La Poésie africaine d'expression portugaise*, Paris, Éd. Pierre-Jean Oswald, 1969, p. 148.

fournit les armes, marocaines pour la plupart[27]. Celles-ci sont transportées par bateau à Conakry, par camion ensuite jusqu'à la frontière et de là, à dos d'homme, jusqu'aux tabanca choisies de l'intérieur de la Guinée-Bissau. Elles sont distribuées et entreposées dans de nombreuses caches. Elles armeront les premières unités de la guérilla.

Janvier 1963 : les services secrets de l'OTAN qui travaillent en étroite collaboration avec la PIDE avertissent Lisbonne qu'une attaque armée se prépare contre les troupes portugaises en Guinée. Le Portugal attend l'assaut sur la frontière sud. Le PAIGC frappe au centre du pays. *23 janvier 1963* : le soleil du matin se lève sur la *caserne portugaise de Tite* située sur la rive est du fleuve Geba, à quelques kilomètres de Bissau. Un commando de guérilleros PAIGC, le soleil dans le dos, attaque l'enceinte orientale du camp. La guerre de libération du peuple de Guinée contre l'occupant portugais vient de commencer.

Au moment du déclenchement de cette guerre, 93 % des 700 000 habitants de Guinée-Bissau vivaient à la campagne. L'immense majorité d'entre eux étaient illettrés. Presque tous se soumettaient aux règles de conduite, aux images, aux rites et cosmogonies des civilisations traditionnelles qui étaient les leurs. Le christianisme n'avait pratiquement aucune influence dans les campagnes. L'islam en avait un peu plus mais, à part les régions de l'Est, il n'entamait pas véritablement les structures mentales traditionnelles. La présence portugaise était extrêmement réduite à l'intérieur du pays. La Guinée-Bissau n'a jamais été une colonie de peuplement. Elle avait été un réservoir d'esclaves d'abord, un grenier de riz, d'arachide, d'huile de palme ensuite. Le pays était soumis depuis près de cent ans à la rationalité du capital colonial[28].

27. La provenance de ces armes est compliquée : l'armée de libération marocaine qui avait combattu contre les occupants français dans le Rif, puis dans l'extrême sud du pays contre les Espagnols de l'enclave d'Ifni, avait été désarmée par le roi Mohammed V. Ce sont ces armes que le pouvoir chérifien de Rabat rétrocédait à la CONCP.

28. La pénétration des grands monopoles coloniaux commence vers 1890.

Quelques grandes sociétés coloniales : Companhia União
Fabril, sa filiale Gouveia, le Banco Nacional Ultramarino,
etc. géraient le pays. L'administration, au niveau de la
tabanca, n'était qu'indirecte : les Portugais travaillaient avec
les chefs coutumiers. Souvent, aussi, ils nommaient des chefs
fula comme administrateurs dans les régions *Balante, Mandjak, Papel, Djola.* Du temps des Portugais déjà et immédiatement après leur départ, j'avais séjourné à plusieurs reprises à
l'intérieur du pays. L'impression d'immuable permanence, de
minérale immobilité des structures sociales de base des
tabanca s'était imposée à moi.

Pour bien comprendre la situation vécue par les paysans
guinéens dans une région stratégique du pays, je reproduis ici
le récit de mes séjours successifs dans la zone de São
Domingos. São Domingos est une région que j'avais visitée,
comme hôte du commandement du front nord de l'armée de
libération, en janvier 1974. J'y revins en avril 1978 : hôte
cette fois du comité d'État du secteur, présidé par Maurício
Sants. Mon dernier voyage en Guinée remonte à 1980. Ce
sont des notes de ces trois séjours — 1974, 1978, 1980 — que
je reproduis ici.

Avec les unités des FARP — Forças armadas revolucioná-
rias do povo — Maurício avait, de 1965 à 1974, totalement
encerclé la *praça* (bourg colonial) : pendant neuf ans, le fort
portugais de São Domingos, tel un navire à la dérive, fut isolé
du reste du pays (accessible seulement par hélicoptère) et
soumis, selon les périodes, à un harcèlement presque quotidien. Le fort abritait, derrière ses champs de mines, ses
barbelés, ses bunkers, ses tranchées, un bataillon d'élite
blanc, des commandos de mercenaires noirs, des artilleurs,
des chasseurs, des parachutistes. Lors de l'assaut final, fin
mars 1974, presque tous moururent. J'ai visité, en 1978, les
ruines calcinées du fort.

La région compte (en 1980) plus de 15 000 habitants,
essentiellement paysans djola. Dans la Guinée-Bissau indépendante, il existe huit régions administratives. Elles correspondent aux grandes divisions traditionnelles historiques du

pays : Cacheu, Bissau, Oio, Bolama, Tombali, Bafata, Gabu, Buba. La région dont la praça de São Domingos est le chef-lieu possède un territoire de 558 km^2. De magnifiques forêts tropicales alternent avec des clairières. Étincelantes sous le soleil, à cause de l'eau qui affleure partout : les rizières. La région produit aussi plusieurs centaines de tonnes d'arachides par an. Le fleuve São Domingos — vaste plan d'eau qui ressemble à un fjord plus qu'à un fleuve — inonde les terres, alimente les rizières. Quelques kilomètres plus loin, il se rétrécit en un lit rectiligne pour se répandre un peu plus loin, à nouveau, en des milliers de cours d'eau. Ses méandres baignent des maquis impénétrables que forment les racines blanches des arbres à fièvre, où logent les crocodiles. Les habitants de la région tentent de survivre à la période de « jointure » (septembre-octobre, lorsque le riz ancien est consommé et que la nouvelle récolte tarde) grâce à la chasse et à la pêche. Les hommes et les adolescents balante chassent les gazelles, les phacochères, parfois les éléphants qui, venant de la contrée de Boé, s'égarent dans la région.

La présence blanche ? Elle était, avant la libération déjà, réduite à très peu de gens [29]. Elle se composait des personnes suivantes : du gérant du dépôt de la Companhia industrial de cervejas et de sa famille, de la famille propriétaire d'une scierie, de quelques capitaines de la flotte fluviale (de passage quelques jours par mois seulement) et des soldats et officiers portugais du fort, bien sûr. Il y avait aussi les missionnaires, trois prêtres italiens assistés de trois religieuses, prêchant l'Évangile. Le long de l'unique et vaste rue boueuse — plutôt un ravin qu'une rue, qui va du fort au port fluvial et qui traverse toute la praça — s'alignaient les maisons de commerce, les *lojas,* portugaises, communes à tout l'empire lusitanien d'Afrique, d'Amérique et d'Asie. Ces lojas vendaient des lampes à pétrole, des conserves, des sandales de plastique, des allumettes, de l'huile, des tissus, du sucre, du sel, des pâtes, tous les maigres biens dont avaient besoin les Blancs, les chefs tribaux noirs, les quelques métis fonction-

---

29. Après la libération, il ne reste qu'un vieux couple portugais tenant une *loja.*

naires auxiliaires des colonisateurs, pour leur subsistance. Chaque loja appartenait à une famille portugaise, généralement d'origine modeste, mais ayant la conviction indéracinable de sa supériorité raciale face aux Noirs. Ces négociants de brousse étaient les acheteurs intermédiaires de l'arachide, du riz, des grappes de palmistes, pour le compte des agents des grands monopoles résidant à Bissau. Ils truquaient les balances, imposaient leurs prix d'achat dérisoires et étaient protégés contre la révolte des producteurs par l'arrogance des militaires « surveillant » les opérations de pesage bisannuelles.

La Pensão Fulbé, mi-auberge de famille, mi-bodega lusitanienne, réunissait sur sa vaste véranda, à chaque tombée du jour, les Portugais, quelques notables métis, parfois un chef tribal, pour la traditionnelle séance de l'apéritif. Les hommes buvaient du vin de palme, les jours ordinaires ; du « vinho verde » importé des rives du Douro, aux temps du *negócio* (le pesage des récoltes). Les longues files des paysans venus apporter au pesage leur récolte se dispersaient, toujours silencieuses, dans la rue. Pendant que les Portugais buvaient sur la véranda de la Pensão Fulbé, leurs femmes — derrière l'étalage des lojas éclairées à la bougie — vendaient leur pacotille aux chefs taciturnes des familles de cultivateurs.

Au temps de la colonie, il n'y avait pas d'hôpital à São Domingos : pourtant, dans pratiquement chaque famille africaine, il y avait une ou deux personnes, parfois plusieurs, qui souffraient du paludisme, de la tuberculose, de la sousalimentation aiguë, de la lèpre. En 1978, quand, pour la première fois, je pénétrai dans la praça, *Jaime Queda,* jeune infirmier PAIGC, gérant de la pharmacie et qui portait le titre grandiloquent de « *responsable du parti pour les épidémies* », avait à sa charge trente-trois lépreux. Sous le régime colonial, il n'y avait pas d'école non plus à São Domingos. C'est *Zombo Niango,* un ancien guérillero balante amputé d'une jambe, qui, dès la libération, installa dans un hangar la première classe où se retrouvent aujourd'hui les enfants de sept à quinze ans. Sur la paroi de bois, deux photos jaunies sont accrochées : l'une représente Amilcar Cabral avec sa *sumbia,* souriant, le regard intense et qui observe les enfants à travers ses lunettes embuées. L'autre : un visage noir, sympathique, marqué par la souffrance, celui de *Bakeri Mandé*, unique employé du courrier de la praça, arrêté par la PIDE, torturé pendant trois jours puis assassiné. Son corps avait été retrouvé gisant au milieu de la rue centrale.

De São Domingos à Bissau et à la mer, il y a à vol d'oiseau 150 km. Pourtant, le voyage dure une journée. Descendant le fleuve São Domingos, naviguant sur les canaux qui serpentent dans les marais, traversant le chaos originel des broussailles, des racines des arbres de fièvre et des mangroves, le petit vapeur, surchargé de sacs d'arachides, met quatre jours pour parvenir à la côte. A l'endroit où le fleuve São Domingos atteint le système aquatique du rio Cacheu — immense bras de mer pénétrant la terre —, le vapeur jette l'ancre, attendant pendant presque une journée que la marée monte. Une piste, impraticable six mois par an, relie la praça à la frontière du Sénégal et à Ziguinchor, par le nord. La grande route militaire, construite pendant le gouvernorat de Spinola et qui passe dans les forêts du nord, par Farim, est impraticable depuis les batailles de l'hiver 1972-1973.

Avant l'indépendance, le grand et permanent problème des guérilleros était l'emprise mentale, économique exercée sur les familles de cultivateurs par les *prêtres Feloupe*. Les Feloupe sont des fétichistes de l'*iran*. D'origine généralement djola, ces prêtres collaboraient souvent avec les Portugais.

Une lumière merveilleuse, intense, faite des reflets du soleil tropical sur l'eau, qui est partout, baigne en permanence la forêt, les plaines, les clairières, la brousse et les rizières de São Domingos. L'univers immuable de São Domingos est exemplaire pour toute la Guinée dite « de l'intérieur ».

La guerre de libération anticoloniale commencée par l'attaque de la caserne de Tite se répand comme un incendie de forêt. Les troupes portugaises étaient stationnées le long de la frontière avec le Sénégal et avec la Guinée-Conakry. La marine de guerre patrouillait entre l'archipel des Bijagos et la côte. Or, dès septembre 1959, date à laquelle la direction du

PAIGC s'installait sur une presqu'île à Conakry, y ouvrait une école de cadres, battait le rappel de tous les Guinéens et Capverdiens patriotes vivant à l'extérieur, un intense travail clandestin s'effectuait. Les recruteurs du PAIGC — formés à l'école de cadres dirigée personnellement par Amilcar Cabral — entrèrent en Guinée. Au péril de leur vie, ils prirent contact avec les Conseils des anciens dans les tabanca balante, mandjak ; avec les *Regulos* en région fula et mandingue ; avec les chefs de clan, de village dans les contrées des Bijagos, Papel, Djola. Les premiers groupes de guérilleros se formèrent. Ils n'avaient généralement entre eux que peu ou pas de contacts. Portées à dos d'homme — lors de marches forcées de plusieurs jours — les armes (mitrailleuses, fusils, mines, grenades, mortiers) arrivèrent dans le pays. Partout, dans la forêt, dans les savanes, les montagnes, sur les îles, au bord des marais, en amont des fleuves, le long des côtes, des dépôts secrets de vivres, de médicaments, de munitions furent installés.

Amilcar Cabral : « *Notre lutte devra profondément nier et détruire le colonialisme : dans le même mouvement, elle engendrera les conditions futures de la vie en liberté*[30]. »

La première partie de cette phrase correspond à la réalité, la seconde la dément. Dès juin 1963, après six mois de guerre de libération anticoloniale, les résultats militaires de l'offensive de guérilla étaient, en effet, impressionnants. L'attaque de la caserne de Tite et les multiples offensives contre les garnisons dans pratiquement toutes les régions du pays avaient totalement surpris le haut commandement portugais. La stratégie de l'armée de libération conçue et personnellement mise en œuvre par Cabral — qui planifiait lui-même dans les moindres détails les actions d'envergure — était en fait une stratégie double : il s'agissait de battre militairement les Portugais, mais en même temps il fallait détruire l'infrastructure de leur économie. Six mois après le déclenchement de la lutte, l'impôt colonial n'était plus prélevé sur de vastes

30. Amilcar Cabral, « la lutte de libération nationale dans les colonies portugaises », texte écrit pour la conférence de Dar es-Salaam, publié pour la première fois à Alger en 1967 ; reproduit dans les œuvres complètes *Unité et Lutte, op. cit.*

étendues du territoire ; les collecteurs d'impôts — abattus à
vue — n'osaient plus s'aventurer au-delà des principales villes
et praças. Les convoyeurs de fonds sur les fleuves étaient
attaqués, dévalisés, faits prisonniers. Or, l'impôt de case,
l'impôt de transaction étaient les piliers du système colonial :
ils étaient la source principale de revenus du gouvernorat de
Bissau — étant donné que les grands monopoles commerciaux et les colons blancs ne payaient pratiquement aucune
taxe ni sur le revenu, ni sur les transactions, ni sur la fortune
mobilière ou immobilière. Les chalands transportant les
marchandises et qui reliaient entre eux les points d'implantation portugaise — à l'intérieur du pays (missions catholiques,
garnisons militaires, praças) — étaient systématiquement
attaqués par les guérilleros. Des centaines de chalands
brûlèrent, coulèrent, atteints par les tirs de mortier ou les
balles des mitrailleuses lourdes. Les immenses fleuves et voies
d'eau, en Guinée, serpentent entre les forêts et les bois des
marécages : les guérilleros, embusqués dans les marais de
mangroves, tiraient généralement à très courte distance, de
20 à 40 m la plupart du temps, sans être repérés par les
bateaux rapides de la marine fluviale portugaise qui précé-
daient régulièrement les convois de chalands.

J'extrais du rapport annuel 1965 du secrétaire général du
Comité exécutif de la lutte du PAIGC les informations
suivantes qui caractérisent la détérioration de la situation
économique de l'ennemi colonial au cours des années 1963-
1965 :

> Pour avoir une idée de la situation catastrophique de
> l'économie coloniale, il suffit de rappeler que la
> Companhia União Fabril (CUF), principale entreprise
> commerciale en Guinée, vit depuis presque trois ans en
> déficit, ayant dû avoir recours aux réserves pour son
> entretien. Sa présence, limitée aux principaux centres
> urbains et exigée par le gouvernement colonial, n'est
> plus qu'un fait politique. D'autre part, les autorités
> coloniales, dans un pays qui autrefois produisait plus de
> riz que nécessaire à la consommation locale, ont dû
> importer de grandes quantités de ces céréales (10 000 t
> uniquement du Brésil) pour l'alimentation des troupes et

des populations citadines. Les autres activités économiques sont pratiquement paralysées. Exception faite des travaux à caractère militaire, les travaux publics et la construction de bâtiments sont inexistants.

Au Portugal, l'économie est chaque jour davantage la proie des grands monopoles étrangers ; la balance des paiements a présenté en 1965 un déficit de dix milliards d'escudos, soit environ trois millions et demi de dollars, les importations totalisant plus du double des exportations. Les dettes publiques ont atteint le montant de trente et un milliards d'escudos, soit environ dix millions de dollars, doublant en quatre ans. Les dépenses dues à la guerre coloniale correspondent à 42 % du budget portugais, sans compter certaines dépenses à caractère militaire, se plaçant ainsi parmi les plus élevées dans le monde. Si l'on tient compte du fait que le Portugal est un pays sous-développé, le plus arriéré d'Europe, on peut prévoir la catastrophe vers laquelle le gouvernement colonial-fasciste est en train de mener le peuple portugais à cause de la guerre coloniale[31].

A la fin 1963, le ministère portugais de la Défense avouait, pour la première fois, avoir perdu le contrôle d'environ 15 % du territoire de la province d'outre-mer de Guinée. En fait, les *zones d'insécurité* étaient beaucoup plus étendues déjà à cette époque. En plus, pratiquement toutes les régions situées au sud des fleuves Corubal et Geba étaient définitivement libérées. C'est Cabral, dans son rapport annuel de 1963 au Comité exécutif de la lutte (organe exécutif suprême du PAIGC) qui fait la distinction : les zones d'insécurité sont les zones où la guérilla est implantée mais où, en même temps, l'occupant résiste, contre-attaque. La population civile a fui, l'activité économique est arrêtée. Ces zones constamment bombardées, disputées, changeant de maîtres au hasard des combats, sont de vastes *no man's land.* Les *zones définitivement libérées,* par contre, sont des zones où seule l'aviation ennemie agit encore : ici, l'armée de libération, les milices d'autodéfense tiennent le territoire, repoussent les contre-offensives. La population des villages est déplacée dans les

31. Amilcar Cabral, *Unité et Lutte, op. cit.,* p. 220.

clairières des forêts, protégée par des systèmes compliqués de tunnels, de fossés, de tranchées contre l'aviation. Elle cultive ses champs, produit son riz, instruit ses enfants, soigne ses blessés et nourrit l'armée de libération. Une organisation sociale originale, préfigurant l'État et la société indépendante à venir — et dont nous parlerons plus loin —, structure la vie quotidienne dans ces régions. Les cultures vivrières remplacent immédiatement, dans ces régions définitivement libérées, les cultures coloniales imposées par l'União Fabril, Gouveia et les autres sociétés coloniales portugaises.

Cabral :

> Consolider nos positions dans les régions libérées et y développer de nouvelles structures de notre vie économique, politique et sociale, former le plus grand nombre possible de cadres, rechercher les moyens permettant d'accélérer l'amélioration du niveau de vie et la construction du bien-être de notre peuple...[32].

Plus loin :

> Libération nationale, lutte contre le colonialisme, construction de la paix et du progrès, indépendance — tout cela, ce sont des choses vides et sans signification pour le peuple si elles ne se traduisent pas par une amélioration réelle de nos conditions de vie. Il ne sert à rien de libérer une région si son peuple ne peut disposer d'articles de première nécessité pour la vie courante[33].

Encore Cabral :

> — défendre nos régions libérées contre les assauts terroristes de l'ennemi, garantir aux populations la tranquillité indispensable au travail productif ;
> — étudier et trouver les meilleures solutions aux pro-

---

32. Amilcar Cabral, « Le développement de la lutte de libération nationale en Guinée et aux îles du Cap-Vert en 1963 », communiqué du 17 janvier 1964, *in Unité et Lutte*, vol. II, *la Pratique révolutionnaire, op. cit.*
33. *Ibid.*

blèmes économiques, administratifs, sociaux et culturels des régions libérées ; augmenter la production agricole, développer l'artisanat et lancer les bases pour l'installation d'une production industrielle même rudimentaire ; améliorer continuellement l'assistance sanitaire et l'instruction [34].

Cette consolidation des nouvelles structures sociales — magasins du peuple, où le paysan échange son surplus de riz contre du tissu, de l'huile, du sucre ; hôpitaux ; écoles — est une obligation urgente pour le PAIGC. *Car les zones libérées sont constamment bombardées et il faut à tout prix tenter d'y fixer les populations.* Il faut les persuader que, malgré les promesses portugaises, malgré la dureté de leur condition en zone libérée, leur intérêt est de rester sous la protection du PAIGC. Nous ne le dirons jamais assez : *en 1963 encore, les masses paysannes n'avaient aucune conscience politique nationale.* Les chefs de village, les Conseils des anciens prenaient leurs décisions de jour en jour, selon leur propre analyse. Ils allaient — avec leurs clans, leur village — là où était leur intérêt immédiat. Or, la vie était dure en zone libérée. Voici un extrait du rapport sur la situation militaire rédigé pour le Comité exécutif du PAIGC :

> Les bombardements aériens, quotidiens et répétés, au cours desquels l'ennemi a utilisé massivement des bombes à fragmentation, au napalm et, pour la première fois, des bombes au phosphore blanc, ont constitué de loin l'action principale des colonialistes portugais. Visant surtout les populations et les villages des régions libérées, ces bombardements sauvages démontrent l'état de désespoir dans lequel se trouve l'ennemi et confirment *ses intentions de génocide* contre notre peuple. La seule partie littorale de la région de Quitafine, qui ne représente qu'un soixantième des régions libérées, a reçu plus de deux mille bombes de diverses sortes au cours de l'année écoulée et elle continue à être quotidiennement bombardée. S'il est vrai que les bombardements ont détruit quelques dizaines de villages et tué près d'une

---

34. *Ibid.*

centaine de personnes parmi les populations civiles, il n'en reste pas moins que les intentions de l'ennemi visant à forcer les populations à abandonner le pays et à arrêter notre lutte ont été vouées à l'échec. Cela est dû à la conscience politique des populations, aux mesures de sécurité prises et à la résistance opposée aux avions par nos combattants [35].

Cabral et ses camarades étaient obsédés par la nécessité de transformer immédiatement les conditions concrètes de la vie misérable, humiliante, des hommes, des femmes en zone libérée. Dès que, dans une région donnée, le fort portugais était incendié, la garnison tuée ou faite prisonnière, les contre-offensives repoussées, le PAIGC dépêchait ses commissaires politiques afin de mettre en place — avec les autorités traditionnelles (tribales) de la zone — les institutions sociales, les systèmes de production et de distribution nouveaux. Or, durant ces années 1963-1964, la révolution sociale était presque partout un échec. Pour des milliers et des milliers de familles paysannes, l'arrivée dans leur village des guérilleros victorieux ne signifiait que le remplacement d'une oppression par une autre. Fréquemment, la terreur exercée par les commandants du PAIGC était pire que celle des officiers portugais et chefs de poste de l'administration.

35. Amilcar Cabral, *Unité et Lutte, op. cit.*, p. 227.

3

*La transformation
des luttes anticoloniales
en guerre de libération nationale*

1. Qui est l'ennemi ?

En 1963 déjà, le mouvement armé de libération nationale de Guinée contrôlait de vastes zones libérées, abritant des centaines de villages. Or, dans ces territoires, la révolution sociale — appelée de ses vœux par Cabral — était un échec. Dans l'immense majorité des cas, les mots d'ordre ne furent suivis d'aucun effet. La *lutte militaire victorieuse des guérilleros se transforme, pour les populations civiles de certaines régions, en un cauchemar.* Véritables seigneurs de la guerre, nombre de commandants des bases nationales, qui, au combat, témoignaient généralement d'un courage, d'une énergie et d'une intelligence admirables, se conduisaient, face à leurs compatriotes libérés, comme des despotes égoïstes, exploiteurs, souvent cruels. Ils prenaient pour eux les jeunes femmes les plus belles, réquisitionnaient pour eux·et leurs clans les cases qui leur plaisaient, levaient l'impôt pour leur propre compte, assouvissaient leurs haines personnelles et exécutaient sans ordre ni jugement ceux d'entre les paysans — hommes, femmes et adolescents — qui osaient contester leur pouvoir. Pour les paysans, qui n'avaient encore jamais entendu parler du PAIGC ni, à plus forte raison, entendu un mot d'ordre de Cabral, toute résistance aux nouveaux despotes locaux paraissait suicidaire, condamnée d'avance.

Mário de Andrade explique :

> Parmi les tares et failles qui se faisaient jour et qui constituaient les principales conduites déviantes de la ligne du parti, on relève :
> — le militarisme et le commandisme, tendance marquée à privilégier l'action armée, l'aspect instrumental au détriment de la réalité politique ; à rechercher l'obéissance aveugle des combattants ;
> — la « regulundade », l'esprit de chef autour duquel s'organisent des clientèles ;
> — la « catchorindade », c'est-à-dire le servilisme ;
> — la « mandjoandade », esprit de clan, à partir d'un transfert du réseau de solidarité attaché traditionnellement à la classe d'âge.
> Corollaire du militarisme, les pratiques découlant de l'utilisation abusive de l'autorité des responsables armés ; la polygamie et le griotisme puisque le chef doit être chanté et glorifié par le djidiu (le griot). L'explication culturelle de ces déviations réside dans le conflit au niveau des mentalités entre la survivance des anciennes superstructures et les idées modernes.

Cabral lui fait écho :

> Le plus grand danger dans notre lutte ne réside pas dans le fait que les Portugais puissent nous battre, car, si nous le voulons, nous ne nous laisserons pas vaincre. Le plus grand danger consiste à permettre que la lutte nous dépasse, nous étouffe, que nous n'avancions pas avec elle, que nous restions en arrière, attachés aux vieilles habitudes dans le laisser-faire, ne respectant pas, n'accomplissant pas les mots d'ordre du parti.

Cabral se dresse aussi contre la mentalité de paresse dont font preuve tant de chefs qui, une fois leur région d'origine libérée, s'arrêtent de lutter, s'installent dans leur nouvelle position de privilèges et commencent à jouir de la vie de potentat.

Dans un texte intitulé : *Causeries au séminaire des cadres : évolutions et perspectives de la lutte*, Cabral décrit d'abord les effroyables souffrances endurées par les guérilleros dans les marécages, les forêts, les champs de mines entourant les forteresses portugaises invaincues des premiers mois de 1963. Puis il dit :

> Mais, au fur et à mesure que nous avons grandi, les choses se sont améliorées, les gens ont commencé alors à prendre du souffle pour se reposer. On entend dire : « Que d'autres agissent, moi, je ne ferai plus rien. Je chercherai les moyens de tromper mes chefs comme je pourrai. »

Et Cabral continue :

> C'est dommage, car, si nous avions avancé avec la même audace avec laquelle nous l'avions fait aux premiers moments de notre lutte armée, notre lutte serait déjà terminée. Si aujourd'hui, avec l'armement dont nous disposons, canons, mortiers, bazookas, et avec notre expérience, si aujourd'hui les camarades avaient pris la décision de se dire : je ne m'arrêterai pas un jour, je vais m'attaquer aux Portugais tous les jours, la guerre serait déjà finie.

La rupture intellectuelle entre les commandants sur le terrain — récemment promus ou issus de l'école de cadres de Conakry —, d'une part, et les dirigeants issus du noyau fondateur résidant à Conakry ou voyageant dans le pays, d'autre part, apparaît ici dans toute sa clarté. Nourris d'humanisme occidental, de marxisme, de poésie portugaise, ces dirigeants, pour la plupart d'anciens camarades de lycée, opposaient l'incompréhension la plus totale, souvent aussi une réaction d'horreur instinctive, aux conduites déviantes, aux abus des commandants. Les dirigeants de Conakry prirent connaissance de ces crimes lors de leurs déplacements à l'intérieur des zones libérées ou zones de combat, ou lorsqu'un rescapé leur en faisait le récit au quartier général.

Pourquoi, durant ces années 1963-1964 — qui connurent l'avance foudroyante des guérilleros que nous avons évoquée —, assiste-t-on à tant de crimes commis par les guérilleros contre la population autochtone ? Pourquoi ces guérilleros — hommes et adolescents, rarement des femmes —, accueillis dans pratiquement tous les villages, quelle que soit l'ethnie de leurs habitants, comme des libérateurs longtemps et ardemment attendus, se transformèrent-ils, dès leur installation dans les anciennes casemates portugaises, en voleurs de femmes et de riz, en potentats arrogants et exploiteurs ?

Les réponses à cette question cruciale sont nombreuses et multiformes. Rien n'est simple. Dès le premier coup de feu, une digue fut rompue. Tant de sentiments inavoués, de complexes d'infériorité, de souffrances endurées et qui s'étaient, au fil des ans, transformés en volonté aveugle de vengeance, s'étaient brusquement libérés et se déversaient comme un torrent à travers le pays.

Mes propres hypothèses sont les suivantes :

Une rigoureuse clandestinité présidait, durant les années 1959-1963, à l'établissement des bases de la guérilla. Chaque groupe de combattants, infiltré de Guinée-Conakry, passait de longues années dans un isolement affectif, économique et politique relatif. Il recrutait dans sa région d'origine de nouveaux combattants. Les bases forestières étaient éloignées les unes des autres. Les combattants, pendant les trois ans qui séparent leur arrivée au pays ou leur intégration à la base du déclenchement effectif des opérations, vivaient loin des tabanca, des villages. Ils vivaient une vie artificielle, entre hommes, sans famille, sans contacts réguliers avec le monde producteur, le monde porteur de sens, de la civilisation paysanne alentour. Puis vint, enfin, le matin du 23 janvier 1963. L'ordre d'attaque était donné : la guerre commençait. Mais les bases étaient toujours isolées, toujours éloignées les unes des autres. Des messagers circulaient. Mais aucun système radio de communication à distance digne de ce nom n'existait. Les commandants décidaient seuls de leurs opérations. Ils recrutaient de nouveaux maquisards parmi leurs connaissances, parmi les hommes et les femmes de leur clan, de leur ethnie, au fur et à mesure que des armes — transportées à dos d'hommes depuis la Guinée-Conakry ou prises sur les Portugais — arrivaient au camp.

En juin de cette même année 1963, les pluies commencèrent. Cette année-là, elles furent particulièrement abondantes. Le portage à travers les marais devenait pratiquement impossible. L'isolement des bases était maintenant total. Une paranoïa de l'enfermement commençait à se répandre dans de nombreux camps. Les fièvres, les maladies de peau, le paludisme, la tuberculose, la faim firent de terribles ravages. Les médicaments manquaient. Le haut commandement portugais, revenu de sa surprise, importa de la métropole toute une flotte d'avions qui se mirent à bombarder systématiquement les régions de repli de la guérilla. Tout cela créa une situation qui, objectivement et subjectivement, favorisait le ralliement des guérilleros mal instruits autour d'un nombre réduit d'hommes forts, dont le courage individuel, l'exemple de résistance suppléaient au manque de perspective de la lutte politique et militaire.

Une autre cause des désastres politiques, sociaux, psychologiques de cette année de crise me paraît être la distance culturelle qui existait entre le monde agressif des Blancs, de son instrumentalité (reprise par la guérilla) et l'univers mental des Africains de l'intérieur du pays. *Osvaldo Lopes da Silva*, actuel ministre du Commerce extérieur et du Plan de la république du Cap-Vert et qui, en cette période, commandait les premières unités d'artillerie de la région du sud du Corubal, me raconta, lors de ma visite à Praia en 1980, ses expériences de l'époque. Ses soldats avaient fait prisonniers deux parachutistes portugais. Ils les promenaient dans les villages de la région pour montrer aux paysans que les Blancs n'étaient point invincibles et qu'il fallait avoir confiance en l'avenir de la guérilla et dans le programme du PAIGC. Or, nombre des habitants des tabanca traversées n'avaient jamais vu un Blanc de leur vie. Leur réaction, généralement sympathique, était : « Ils sont si blancs, ces hommes-là, les pauvres ! Qu'est-ce qu'ils doivent être malades ! » Quelques mois plus tard, le commandant Lopes da Silva reçut de Guinée-Conakry ses premiers approvisionnements par camions : des bottes de jungle livrées par le Maroc, des munitions, des médicaments, des bazookas. Trois camions camouflés par des branches avançaient en toussotant sur les pistes boueuses. Il fallait souvent ouvrir leur capot, remplir d'eau leur radiateur fumant. Les jeunes villageois assistaient, fascinés, à l'opération. Ils étaient curieux et terrorisés en même temps. Osvaldo me rapporta la réflexion d'un adolescent : « Qu'est-ce qu'ils boivent, ces monstres ! S'ils ont tellement soif, ils doivent aussi avoir une faim terrible ! »

L'adolescent voyait déjà avec crainte les réquisitions de riz qu'Osvaldo allait faire dans son village pour nourrir les trois camions...

J'insiste sur ce point : *Le passage de la lutte anticoloniale à la lutte de libération nationale est en même temps le passage de la pensée magique, religieuse, préconceptuelle à la pensée scientifique, organisatrice, rationnelle de l'univers et de la lutte.* Pour le conflit entre la pensée magique propagée par les féticheurs, les guérisseurs et l'instrumentalité conceptuelle apportée par les militants du PAIGC, il existe des témoignages intéressants [1].

Luiz Cabral :

> Le peuple vivait dans la terreur et notre lutte risquait d'être démantelée au moment même où nous venions de prendre les armes. Nous nous apercevions que des crimes abominables étaient commis en notre nom et que les habitants commençaient à s'enfuir de certaines de nos zones libérées. Les meilleurs s'enfuyaient vers d'autres zones, contrôlées par ceux de nos camarades, comme Nino et certains autres, qui restaient fidèles à l'unité et aux buts de notre parti. Mais ces camarades étaient en danger d'être assassinés par ceux qui commettaient ces crimes.

Francisco Mendes (Chico Té) :

> Ces problèmes devinrent très graves quand nos militants, recevant des armes de l'étranger, commencèrent à

---

1. Ces témoignages ont été recueillis par *Basil Davidson*. Cet historien anglais, héros de la lutte antinazie de la Seconde Guerre mondiale, dont la réputation scientifique comme la profonde sympathie pour la lutte libératrice des peuples d'Afrique me paraissent incontestables, a, à plusieurs reprises, séjourné sur le front sud. Francisco Mendes, Bernardo Vieira, Luiz Cabral lui ont confié avec beaucoup de franchise leurs analyses en ces années de crise 1963-1964.

renforcer les bases de guérilleros pendant la seconde moitié de l'année 1963. Les difficultés étaient encore accrues par la distance entre les bases et le manque de communications. Il était difficile d'exercer un contrôle efficace sur des groupes de combattants plus ou moins autonomes. Et la plupart de nos militants étaient jeunes et manquaient d'expérience.

Et plus loin :

C'est à ce moment-là que beaucoup de guérilleros commencèrent à exploiter leur nouveau pouvoir à des fins personnelles. Ils en arrivèrent à rejeter l'autorité centrale, l'unité du parti et à maltraiter les habitants des zones qu'ils contrôlaient, principalement les femmes. Surtout, ils commencèrent à se *regrouper selon leurs tribus,* à mettre à la base de leur autonomie le clan ou la croyance religieuse commune au clan ; à donner la préférence, pour la distribution des armes, pour le recrutement, aux membres de leur famille, de leur tribu, ou aux chefs de tribus quand ils en avaient.

De nouveau Chico Té :

Ces hommes commencèrent aussi à recourir aux anciennes coutumes, aux croyances de sorcellerie, invoquant les esprits de leurs ancêtres ou les esprits de la forêt (*irans*) avec des talismans et diverses cérémonies, demandant aux devins s'ils auraient du succès dans leurs entreprises. Ils devenaient victimes de ces croyances et amenaient les autres à en être victimes aussi... La foi dans les talismans qui protègent des armes à feu était très répandue (...), la croyance que la mort ou la blessure pendant la bataille de tel ou tel militant était causée par la sorcellerie. Quand les Portugais attaquaient ou bombardaient les bases, ils refusaient les méthodes de défense efficaces, les méthodes réalistes, et soutenaient que des sorciers avaient mangé leurs hommes. On fit la chasse aux sorciers et certains des accusés furent fusillés ou même brûlés vifs.

Enfin, un des témoins les plus intéressants de Davidson pour cette époque cruciale de la lutte — et les problèmes de la magie, du tribalisme, des déviations militaristes de la guérilla qu'avait à affronter la direction du PAIGC — est Bernardo Vieira, nom de guerre : Nino. (Nino allait succéder à Chico Té comme Premier ministre de la république indépendante de Guinée-Bissau, après la mort accidentelle de ce dernier. En novembre 1980, Nino, resté extrêmement populaire au sein de l'armée nationale, prendra la tête du coup d'État qui renversera le président du Conseil d'État Luiz Cabral.) Vieira raconte à Davidson :

> C'était comme ça qu'on pouvait construire l'unité de notre lutte. Nous obtenions un succès progressif, mais les conflits de tribus et de croyances devinrent le plus grand obstacle à l'unité...
> Chaque tribu avait ses propres coutumes, sa façon rituelle de faire des sacrifices ; ses croyances. Nous n'étions pas contre la religion en tant que telle, et par conséquent nous ne voulions pas intervenir. Les gens croyaient profondément en leurs religions, et puis il fallait éviter des conflits inutiles avec les guérisseurs (*feiticeiros*) parce qu'ils avaient beaucoup de prestige local.

Vieira se souvient :

> Par exemple, les gens croyaient les guérisseurs quand ils disaient que, si quelqu'un tombait malade, c'était parce que les vieux voulaient le tuer. Alors les jeunes gens partaient en groupe pour rechercher les coupables. C'est arrivé dans notre zone, quand le conflit armé commençait à peine, avec des conséquences très graves. Je me souviens, une fois, on traversait une rivière, un homme est tombé à l'eau et s'est noyé. Les militants du lieu — pas les guérilleros sous mes ordres, mais les militants du village — sont venus me dire que les vieux étaient responsables. Ils disaient qu'ils ne savaient pas quels vieux et demandaient la permission d'aller tuer les vieux qu'ils pourraient trouver. J'ai refusé de les laisser partir. J'ai refusé. J'ai essayé de leur expliquer que l'homme s'était noyé parce qu'il était tombé dans la rivière sans qu'on puisse le sauver. Ils n'acceptaient pas d'explication. Ils ont même fait une sorte de grève contre nous ; ils

ne voulaient plus porter le matériel. Après, ils ont
écouté, petit à petit.

Cette perte de confiance dans le commandement à cause
des croyances magiques était commune :

> C'est arrivé dans beaucoup d'endroits. Dans notre zone,
> par exemple, il y avait un guérisseur à Dar es-Salaam (un
> passage à gué stratégique entre le continent de l'île de
> Como) qui faisait capturer et battre beaucoup de gens.
> Umaro et moi y sommes allés pour les délivrer. Les
> villageois étaient furieux contre nous, ils disaient qu'on
> ne leur permettait même plus de « nettoyer » leur
> village. Quelquefois, les guérisseurs accusaient une per-
> sonne d'avoir renseigné l'ennemi qui venait alors les
> bombarder. Ils disaient que les sorcières attiraient les
> avions. Les villageois tuaient ces sorcières et quelquefois
> les brûlaient vives. Ou bien, ils saisissaient tous les biens
> d'une accusée.

Toujours Vieira :

> Dans cette situation, on en arriva à une épreuve décisive.
> Je décidai d'arrêter un guérisseur très connu, une femme
> nommée Kubai. Elle allait partout dans notre zone,
> semant la peur. Je l'ai arrêtée et accusée de crimes en lui
> faisant peur. Après un temps, elle a déclaré qu'elle dirait
> la vérité : toutes les accusations qu'elle proférait étaient
> des mensonges, des mensonges que son père lui avait
> appris à dire. J'ai même réussi à lui faire dire le nombre
> de gens dont elle avait causé la mort. Alors, j'ai fait
> appeler les villageois du lieu, et elle a tout répété en
> public, ouvertement, devant tout le monde. J'ai
> demandé aux gens d'autres villages de venir, et elle leur
> a dit la vérité aussi. Alors les gens ont commencé à
> comprendre.

Plus loin :

> Certains de nos commandants se laissaient dominer par
> de telles croyances, même s'ils n'y croyaient pas beau-
> coup. Certains tuaient même les sorcières de leur propre

main. Umaro et moi devions empêcher tout ça. Et c'était difficile de convaincre certains de nos camarades. Le moment arriva où les guérisseurs apprirent les objectifs militaires des commandants et décidèrent des actions à effectuer. Les commandants commencèrent à refuser d'exécuter nos ordres. Un en particulier près de Bedanda (Cubucaré) avait même eu l'intention de me faire tomber dans un piège pour me tuer. Heureusement, les villageois m'ont prévenu à temps. Parmi nos camarades, certains voulaient que je l'attaque...[2].

La définition de l'ennemi est une des tâches les plus urgentes, les plus constantes aussi de tout mouvement armé de libération qui veut dépasser le stade de la simple lutte anticoloniale pour mettre en œuvre une guerre nationale de libération et une construction graduelle, par la révolution sociale dans les zones libérées, d'une nation et d'un État indépendants. Le programme du PAIGC à l'intention des paysans utilise une image saisissante pour expliquer sa ligne : « Nous faisons la distinction entre le colonialisme portugais et les colons portugais de la même façon que nous distinguons entre un véhicule et ses roues. » Face à un adversaire qui ne reconnaissait pas le statut de prisonniers militaires aux guérilleros capturés, qui souvent torturait à mort les prisonniers, qui faisait périr dans les camps de concentration des centaines de militants du PAIGC ou de simples civils sympathisants, le PAIGC observait, sitôt après sa reprise en main par Cabral en 1964, et pendant plus d'une décennie de guerre sans merci, une règle stricte : *ne jamais exécuter un prisonnier, ne jamais assassiner un colon pour la simple raison qu'il est blanc.*

Élargissons — pendant quelques instants — le débat au-delà des frontières étroites de la Guinée-Bissau et des problèmes qu'avaient à affronter — en cette sombre période 1963-1964 — la direction politique et le haut commandement

---

2. L'ensemble des témoignages cités ici sont reproduits dans Basil Davidson, *L'Afrique au xxᵉ siècle, l'Éveil et les Combats du nationalisme africain*, Jeune Afrique, 1979, p. 355 *sq.*

du PAIGC. *Le racisme est un danger mortel, permanent, pour tout mouvement armé de libération du tiers monde.* Dans toute lutte de libération anticoloniale, le racisme est le ferment personnel et collectif potentiellement le plus puissant, le facteur de mobilisation le plus efficace. *Holden Roberto*, dirigeant suprême du Front national de libération de l'Angola (FNLA), l'utilise dès le début des années soixante. *Jonas Savimbi*, chef de l'Union nationale pour l'indépendance totale de l'Angola (UNITA), fait de même. Au Mozambique, à la même époque, *Lazaro Kavandame*, chef des tribus makondé, fait appel à la même stratégie de mobilisation. L'argument est simple : aux paysans, ouvriers, petits employés africains qui souffrent de la négation de leur identité culturelle, de la surexploitation économique, du travail forcé, du pillage de leurs récoltes, de la prostitution de leurs femmes, de la misère physiologique de leurs enfants, du chômage, de la sous-alimentation chronique, les Holden, Savimbi, Kavandame tiennent le langage suivant :

> *Question* : — D'où viennent toutes vos misères, qui en est responsable ?
> *Réponse* : — Les Blancs.
> *Question* : — Que faut-il faire pour abolir la misère ?
> *Réponse* : — Tuer tous les Blancs.

La méthode est infaillible. Elle a pour elle la logique apparente. Elle mobilise d'un seul coup la colère et la rage des opprimés. Elle assigne un but facilement identifiable, un ennemi visible à cette rage, à cette colère. Holden a obtenu dans le nord de l'Angola une mobilisation des paysans bakongo que le MPLA de Neto, de Chipenda, des frères Andrade n'a jamais obtenu dans la même mesure ni avec la même intensité, dans les zones qu'ils contrôlaient (forêt de Demba, Cabinda, régions de l'Est). Savimbi, chef des Ovim-bundu du sud de l'Angola, tient jusqu'à ce jour des maquis alimentés par l'armée blanche sud-africaine. Kavandame, lui, a soulevé le peuple makondé du nord du Mozambique. Longtemps, sa « ligne » semblait devoir triompher sur la ligne de l'intégration nationale, du pluri-ethnicisme proposée par

Marcelino dos Santos, Eduardo Mondlane, de Bragança[3], Samora Machel.

L'histoire des mouvements armés de libération nous démontre que, partout où la lutte anticoloniale a comme unique contenu théorique le messianisme anti-Blanc, le racisme de l'inversion, elle finit dans l'échec et la catastrophe. Après 1975, le FNLA de Holden Roberto devient un simple instrument de la CIA américaine[4]. L'UNITA de Savimbi est aujourd'hui une organisation satellite des services secrets sud-africains. Lazaro Kavandame fit sécession du Frelimo pour rejoindre purement et simplement les troupes d'occupation portugaises au Mozambique.

Comme le racisme, l'utilisation de la magie est, elle aussi, un problème qui dépasse le cadre de la lutte anticoloniale. L'influence, le pouvoir exercés par les féticheurs sur les masses rurales africaines constituent un réel danger pour de nombreux mouvements armés de libération nationale. L'exemple tragique d'une insurrection populaire trahie par le fétichisme de certains de ses dirigeants nous est fourni par la *révolte lumumbiste des années 1964-1965 du Congo-Kinshasa*[5] : Lumumba avait été assassiné par un commandant belge du nom de Weber, le 17 janvier 1961. Weber agissait pour le compte d'une association compliquée d'intérêts où se retrouvaient pêle-mêle : l'Union minière du Haut-Katanga ; les chefs tribaux des ethnies lunda et bayeke (Moïse Tschombé, Godefroid Munongo) ; des militaires congolais liés aux services secrets nord-américains (Joseph Désiré

3. Aquino de Bragança, intellectuel de grande lucidité, militant internationaliste d'origine indienne, a payé par la mutilation de ses yeux son constant attachement à la construction d'une société pluri-ethnique. Le 17 août 1982, il a été grièvement blessé, à l'université Mondlane de Maputo, dans l'attentat à l'explosif qui a coûté la vie à Ruth First ; cf. notre page de dédicace.
4. John Stockwell, *In Search of Enemies*, New York, Norton, 1978. Stockwell fut de 1974 à 1975 le chef des opérations de la CIA pour l'Angola, avec siège à Kinshasa. Il quitta plus tard la CIA, en désaccord avec la politique de Nixon et Kissinger. Cf. p. 401 *sq*.
5. Mobutu, arrivé au pouvoir central à Kinshasa, en 1965, changea la dénomination du pays en 1972 : il lui donna le nom de Zaïre (nom d'origine portugaise).

Mobutu). La mort de Lumumba devait ouvrir la porte à la
recolonisation du Congo. Or, en 1961, l'espoir, la parole, la
dignité incarnés par Lumumba n'étaient pas morts avec lui.
Des millions de Congolais — et non seulement les militants
du MNC (Mouvement national congolais fondé par
Lumumba en 1957) — continuaient à rêver d'un Congo
indépendant, d'une nation unifiée, d'un pays fort, digne et
libre. En 1964, *Pierre Mulele* (ancien ministre de l'Éducation), *Christophe Gbenye, Thomas Kanza, Antoine Gizenga,
Gaston Soumialot* et d'autres compagnons des premières
luttes pour l'indépendance levèrent l'étendard de la révolte.
Ils proclamèrent le gouvernement provisoire à Stanleyville
(Kisangani), fief politique traditionnel du mouvement
lumumbiste. Les insurgés lumumbistes pouvaient compter sur
l'appui logistique, financier, diplomatique des États de l'Afrique révolutionnaire, notamment de l'Algérie et de l'Égypte.
Les présidents Nasser et Ben Bella avaient chargé Mehdi Ben
Barka de coordonner l'opération d'acheminement des armes.
Des mortiers, canons, mines, bazookas, mitrailleuses arri-
vaient par avions gros porteurs à Juba, capitale du sud du
Soudan. Par camions, algériens, égyptiens, sur des pistes de
forêts, ils étaient ensuite acheminés vers Stanleyville.

L'enjeu de la guerre était énorme : il s'agissait du contrôle
de l'Afrique centrale, des régions minières du Katanga et du
glacis stratégique qui — à l'époque — séparait l'Afrique
indépendante des colonies portugaises et anglaises du sud de
l'équateur. En moins de trois mois, les trois quarts de
l'immense bassin congolais furent entre les mains de la
révolte : partout, les paysans, leurs femmes, leurs enfants se
levèrent, chassèrent les colons, les missionnaires et les
mercenaires blancs, affrontant l'armée nationale et procla-
mant leur fidélité au martyr assassiné. Mais, au centre de la
révolte, il n'y avait point de pensée claire, ni de stratégie
cohérente [6]. Chacun des chefs, qui tous, sauf *Kanza, Gizenga,*

6. Ces hommes étaient des bureaucrates accomplis : malgré leur
infirmité théorique, ils fabriquaient des dizaines de milliers de
documents. Dans chacun de leurs bastions abandonnés après la
contre-offensive américano-belge, les insurgés laissaient derrière eux
des montagnes de caisses remplies de rapports de situation, d'ordres

Mulele, étaient de très médiocre qualité intellectuelle et humaine, se repliait sur sa région tribale d'origine et mobilisait ses troupes sur une base avant tout raciale. Une caste de prêtres, les *prêtres du dawa*, jouait, au sein des masses insurgées, un rôle particulier : la religion du *dawa*, très répandue en Afrique orientale et notamment dans les territoires autrefois ravagés par les armées esclavagistes du sultan de Zanzibar (Est congolais, Tanganyka), avait déjà joué un rôle dans la guerre de résistance que les populations du Tanganyka du Sud avaient opposée aux envahisseurs allemands en 1905 et 1908. Le prêtre fait bouillir, devant le peuple assemblé, une mixture d'herbes, de sang, d'eau sacrée et de boue. Le rite est compliqué. Nous ne pouvons que le résumer ici. Une fois le liquide refroidi, le prêtre fait défiler les combattants nus. A chacun, il dessine sur le front un cercle fait de la matière extraite de la marmite. Ce cercle sèche sur la peau. La condition primordiale et obligatoire pour être admis au sein de l'ALP (Armée de libération populaire) était le baptême *simba*[7]. Celui-ci comportait un rituel d'immunisation en plusieurs phases : le baptême proprement dit par aspersion d'eau magique ; les scarifications enduites d'un produit de couleur noirâtre ; la remise d'amulettes. L'ensemble de ces ingrédients et produits portait le nom de *dawa*, mot swahili (d'origine arabe) signifiant aussi bien médicament qu'amulette.

Des docteurs et féticheurs étaient chargés de fournir le dawa. A chaque contingent de guérilleros était rattaché un féticheur. Les féticheurs les plus connus se recrutaient parmi les Balembe, Bakusu et Batetela.

Selon la croyance, le dawa des Simbas avait un effet de protection infaillible : il protégeait contre les armes de l'ennemi. L'eau magique dont on aspergeait les combattants au cours du baptême avait le pouvoir de changer les balles de l'ennemi en eau. C'est pourquoi le cri de guerre des Simbas

---

de mission, d'extraits de comptes, etc. Benoît Verhagen a examiné, analysé un grand nombre de ces documents. Cf. Benoît Verhagen, *Rébellions au Congo*, 2 vol., Bruxelles, CRISP, 1966-1969.
7. *Simba*, en swahili = lion. Nom que se donnaient les guérilleros congolais.

fut : « *May, may, Mulele* » (*may* signifiant eau en swahili,
Mulele étant le nom de leur chef). Le dawa donnait également des forces et des pouvoirs offensifs. Sûrs de leur
immunité physique, les Simbas se jetèrent à corps perdu dans
la bataille, sans jamais reculer devant l'adversaire, ce qui
avait tendance à démoraliser celui-ci. C'est ainsi que l'on vit
souvent des soldats de l'armée nationale congolaise, à la seule
vue des Simbas ou même à l'annonce de leur arrivée, partir en
débandade, en se contentant de tirer en l'air de peur que leurs
propres balles ne leur reviennent propulsées par la puissance
magique de l'eau.

Aux rituels d'immunisation étaient liés une série de pres-
criptions et d'interdits dont les principaux étaient : interdic-
tion absolue d'avoir des relations sexuelles avec une femme ;
de voler ; de toucher un non-Simba ; de se laver ; de manger
des aliments préparés par une femme nubile ; de tourner la
tête au combat. La moindre infraction à une quelconque de
ces règles faisait perdre l'effet de l'immunisation et obligeait
le guérillero à renouveler son baptême. La règle de conti-
nence était, l'on s'en doute, la plus difficile à respecter. Aussi
enrôla-t-on des enfants (dès l'âge de huit ans) dans l'idée que
ceux-ci seraient plus complètement immunisés que les
adultes.

Outre les pratiques magiques, les Simbas se droguaient
avec du chanvre, ce qui les étourdissait et permettait cette
hardiesse inconsciente au combat. Des milliers d'entre eux se
firent ainsi descendre par les balles ennemies. Les survivants
continuèrent d'avancer, animés par la foi absolue en la
puissance de l'eau.

En 1965, je séjournais au Burundi, à Bujumbura. Dans la
plaine de Ruzizi, le long du lac Kivu, dans les faubourgs de
Bukavu et dans les montagnes de Fizzi-Baraka, les mercenaires de Jean Schramme et les unités de l'armée nationale
affrontèrent les Simbas. Le roulement de l'artillerie lourde,
l'écho des fusillades parvenaient parfois jusqu'à Bujumbura.
Certaines nuits, le ciel rougeoyait au-dessus de la plaine. Sur
la route de Bukavu, à Uviri — route partiellement asphaltée
et qui relie le nord au sud, le Kivu au Katanga —, les Simbas,
drogués, le regard fixe, le front marqué du dawa, armés de

machettes, à demi nus, avancèrent sur les barrages des mercenaires. Les soldats de Schramme tirèrent sans arrêt. Une rangée de Simbas tomba après l'autre. Parmi eux se trouvèrent de nombreux enfants. Les blessés se relevèrent sur leurs jambes brisées et continuèrent d'avancer. Spectacle hallucinant : les vivants grimpèrent sur les morts, escaladèrent les monceaux de cadavres. Ils continuèrent d'avancer en direction du barrage. Les mercenaires blancs, horrifiés et bientôt saisis de terreur, abandonnèrent leurs mitrailleuses et se mirent à courir. Et derrière eux — toujours au même rythme, scandant les neuf syllabes incantatoires « May-May-Mulele-Mulele-May » — les Simbas avancèrent.

C'est ainsi qu'en 1964 déjà le Maniéma, le Kivu, la province orientale, en bref pratiquement tout l'est de l'immense Congo, furent entre leurs mains. En novembre 1964, les différentes sociétés multinationales minières, commerciales, financières qui exploitaient les richesses du Congo voyaient leurs intérêts définitivement menacés. Elles réussirent à convaincre les gouvernements de Washington et de Bruxelles de la nécessité d'une intervention militaire. Les parachutistes belges furent lâchés sur Stanleyville (Kisangani) à partir du 24 novembre [8]. La révolte, manquant de stratégie unifiée, d'organisation sociale et d'idéologie transethnique, fut rapidement écrasée. Dans un Congo meurtri, les puissances étrangères installèrent la dictature du général Mobutu. Elle sévit encore aujourd'hui.

2. La confrontation de Cassaca

Défaite de la révolution dans les zones libérées, victoire de l'armée de libération face aux troupes portugaises...

La direction du PAIGC et Cabral comprirent que le mouvement armé de libération était arrivé à un *point de non-retour* : ou bien la lutte anticoloniale d'inspiration purement

---

8. Les États-Unis s'occupèrent de la logistique (transports aériens, communications) et du financement de l'opération de reconquête.

ethnique, raciste et régionaliste continuait de la même façon et les victoires de la guérilla seraient alors de courte durée ; miné par la révolte des paysans spoliés, la dissidence des cadres régionaux, le mouvement allait inéluctablement s'effondrer. Ou bien le mouvement devenait capable d'éliminer de son sein tous les commandants dissidents ; de punir sévèrement toute conduite raciste ; de combattre la pensée magique, d'abattre l'influence des prêtres de l'iran ; de briser la toute-puissance des chefs tribaux et des Conseils des anciens ; d'imposer enfin une stratégie et un commandement unique, une analyse rationnelle, totalisante de la situation et une organisation sociale égalitaire nouvelle, commune à l'ensemble de toutes les zones libérées — et le PAIGC reprenait vie.

L'épreuve de force entre la direction du PAIGC et Cabral, d'une part, les commandants dissidents de la guérilla, d'autre part, devint inévitable. Elle eut lieu dans une clairière des forêts du Sud, près d'un petit village nommé *Cassaca*. *L'avenir de la Guinée et du Cap-Vert, d'une grande partie de l'Afrique mais aussi du Portugal se décidait ici*, dans cette clairière, entre le 13 et le 17 février 1964. Pendant la confrontation de Cassaca, une bataille se déroulait dans une région voisine, celle de l'île de Como. L'écho du tonnerre provoqué par l'artillerie lourde portugaise et les bombes larguées par les Fiat G-91 parvenait parfois jusqu'à Cassaca. Como est une île du sud-ouest du pays. Rappel : le 23 janvier 1963, la caserne de Tite, située sur la rive orientale de la Geba, avait été attaquée par un commando guérillero. En juillet de la même année s'ouvrait le front nord. La région de Como s'était libérée par insurrection spontanée en mars déjà. La contre-offensive du haut commandement portugais choisit comme première cible la région libérée de Como. Pendant trois mois, à partir de fin décembre 1963, les troupes d'assaut blanches, les commandos noirs (mercenaires autochtones recrutés en Guinée, en Angola, à São Tomé), les parachutistes, les fantassins, l'artillerie, les blindés attaquèrent la zone. L'offensive portugaise fut stoppée dès la fin décembre. A la mi-février, l'armée coloniale subit une défaite sanglante dans une bataille de position : près de quatre cents de ses soldats, sous-officiers et officiers furent tués. Pendant ce temps (13-17 février), les dirigeants, cadres civils et militaires de PAIGC se réunissaient à Cassaca dans une relative sécurité. Environ deux cents personnes participaient à la conférence. La plupart des commandants, dirigeants, cadres et militants étaient arrivés après de longues et pénibles marches forcées de plusieurs jours. Cassaca est situé dans la région de Quitafine. C'était, à l'époque, une des rares régions où la guérilla était fortement implantée — garantissant ainsi la sécurité de la conférence —, mais où la terreur des commandants dissidents se faisait moins sentir qu'ailleurs. Trois grands commandants régionaux avaient refusé de se rendre à la convocation transmise depuis le quartier général du PAIGC à Conakry par messagers envoyés dans chacune des zones d'insécurité ou zone libérée. Certains commandants, comme Constantino Texeira, Osvaldo Vieira, Francisco Mendes, Bernardo Vieira, des jeunes gens de vingt ans, totalement dévoués à Cabral qui les avait formés, étaient restés fidèles à la direction du PAIGC. Ils en étaient la minorité. La plupart des commandants se rendaient à la conférence exactement comme des chefs de tribu : avec leurs serviteurs, leurs griots personnels (chargés de chanter leurs louanges), leurs courtisans, leurs femmes, et, évidemment, leurs propres gardes du corps. Comme sur les champs de bataille européens du Moyen Age, les serviteurs de chacun des chefs dressaient les tentes, édifiaient des huttes de branches, installaient les cuisines et creusaient des abris. Autour de chaque campement de chaque chef, une garde patrouillait. La direction du PAIGC et Cabral ne pouvaient guère compter que sur les quelques jeunes commandants loyalistes issus de l'école de cadres de Conakry et sur une compagnie de militants en armes, commandée par Osvaldo Viera (cousin de Bernardo).

Un grand nombre de délégations civiles provenant des différentes zones libérées avaient été conviées à la conférence. Du côté de la mer, on entendait la canonnade de Como. Plusieurs des unités des commandants présents étaient engagées dans cette bataille. *L'issue de la confrontation de Cassaca était, à ses débuts, totalement incertaine.* Un lourd climat de suspicion, d'hostilité mutuelle, de méfiance réciproque régnait dans la clairière. Le ciel était lourd, malgré la saison sèche. De chaque campement, une fumée montait droit dans le ciel. Seuls, deux faits pouvaient donner espoir aux dirigeants du PAIGC : d'une part, la personnalité extraordinaire du fondateur du mouvement, Amilcar Cabral, n'était contestée par personne ; la légitimité de la parole de Cabral était reconnue, même par ceux des commandants qui depuis des mois refusaient d'exécuter les ordres du quartier général ou même de recevoir les messagers venus de Conakry. D'autre part, il y avait la contre-offensive portugaise, la bataille de Como en plus de l'offensive dans le Nord. Tout le monde sentait confusément que l'unité du mouvement était une question de vie ou de mort pour chaque personne présente à Cassaca. Sans unité, la guérilla ne pourrait résister aux tanks, à l'aviation, aux canons, aux troupes venus de Lisbonne.

La mort au combat, l'agonie lente sous la torture, celle du blessé menaçaient tout le monde. Elles devenaient une quasi-certitude pour chacun dans le cas où l'unité du mouvement serait rompue.

La séance décisive n'eut lieu que le 15 février. Elle commença à la tombée de la nuit du 15 et dura jusqu'au lendemain, au lever du soleil. Tout le monde était rassemblé en un vaste cercle, assis par terre ou debout. Dans la première rangée se trouvaient les dirigeants, les commandants militaires ; derrière eux, leurs conseillers, leurs amis, leurs parents ; enfin, debout derrière chaque groupe, les gardes, mitraillettes en travers de la poitrine. Les délégations paysannes des zones libérées — des vieillards balante, des jeunes djola, des femmes mandjak, des chefs fula — entrèrent dans le cercle, l'une après l'autre. Elles débitaient la litanie des horreurs commises contre leur village par telle ou telle unité de guérilla, les viols, les pillages, les exécutions sommaires, les réquisitions sans dédommagement et sans quittance, les cases incendiées, les adolescents abattus. Parfois, un délégué tendait le bras, désignant l'un des commandants présents, l'ayant reconnu comme le pilleur de sa case. L'atmosphère devenait de plus en plus pesante. La honte, la rage, le dégoût se lisaient sur beaucoup de visages. Puis les commandants accusés avaient la parole. La plupart d'entre eux, peu habitués à prendre la parole en public hors de leur étroit cercle clanique ou tribal, ou encore refusant d'entrer en dialogue avec les paysans qu'ils méprisaient, se taisaient obstinément. Amilcar Cabral attendit que tout fût dit. Que tout accusé eût eu l'occasion et le temps de se défendre. Puis il prit la parole. Il parla pendant plus de six heures sans s'arrêter. Il dit qu'il n'avait pas créé le parti pour assurer la victoire d'une tribu sur l'autre, mais pour forger l'instrument d'une lutte commune, capable de vaincre les Tuga (les Blancs). Sans unité, pas de victoire sur les Tuga. Sans parti, pas d'unité. Sans discipline, pas de parti. Ceux qui désobéissaient au parti, qui dressaient tribu contre tribu, qui refusaient d'obéir à un commandant aidaient les Tuga et devaient donc être châtiés comme des traîtres.

Cabral parla aussi des luttes passées, des raisons pour lesquelles elles avaient été des échecs. Et, pendant que résonnait au loin le grondement des canons et des explosions des bombes portugaises sur Como, Cabral parla des parents disparus, des ancêtres et de ceux qui — en ce moment même — étaient en train de mourir pour le peuple. Cabral parla ensuite des prêtres de l'iran, des féticheurs et des sorciers. Il dit que la religion faisait partie de l'héritage africain. Que les prêtres de l'iran, les féticheurs médicaux, les devins étaient utiles au peuple à condition d'obéir à la direction du parti et d'intégrer la lutte. Rien, dit-il, n'existe en dehors de l'homme. Tout doit servir l'homme, sa lutte, sa libération. Un iran qui ne sert pas la lutte contre les Tuga est un iran envoyé par les Tuga. Il doit donc être détruit. Et le prêtre qui parle au nom d'un tel iran ou qui prédit l'oracle en son nom doit être chassé du village.

Tous les témoignages — ceux recueillis par moi-même en 1974, 1978, 1980, ceux recueillis par Davidson — concordent : le moment décisif vint à l'aube du 16 février. Cabral avait presque fini de parler. Au loin, on entendait encore les canons de Como. Dans la clairière, le cercle des combattants, des paysans et de leurs familles écoutait dans un profond silence. Brusquement, au premier rang, l'un des comman-

dants les plus célèbres, les plus craints aussi, du front nord se
dressa :

— Je t'écoute, Amilcar. Tu me crois coupable.

Cabral ne répondit pas.

Le commandant : — Puisque c'est ainsi, désarme-moi !
Ordonne une enquête !

Cabral : — Tu as raison. Je t'ai accusé. J'ordonne que l'on
te désarme et qu'une enquête soit ouverte contre toi.

La foule retenait sa respiration et restait comme figée. Le
commandant fit quelques pas en direction de Cabral, mit la
main à sa ceinture, ouvrit l'étui, tira son pistolet... et le
déposa aux pieds de Cabral.

Cabral dit alors :

— J'ordonne que tous les autres accusés soient désarmés.

Les guérilleros loyalistes gardèrent leurs armes et s'écartè-
rent du cercle, de quelques pas. Les gardes du corps des
commandants dissidents déposèrent les leurs au milieu du
cercle. Puis les combattants loyalistes s'approchèrent des
commandants et leur prirent leurs pistolets, leurs poignards.
Tous les commandants dissidents furent ensuite isolés de leurs
hommes et tenus captifs dans les cases. Osvaldo Vieira et
Constantino Texeira furent chargés des enquêtes. Aucun des
participants à la conférence de Cassaca, même ceux dont les
crimes avaient été dénoncés publiquement par les délégués
paysans et qui étaient coupables au-delà de tout doute
possible, ne fut ni exécuté ni emprisonné. Tous furent
dégradés et envoyés dans les zones d'affectation hors de leur
zone d'origine tribale. Beaucoup d'entre eux moururent au
combat, mais certains se reprirent et furent plus tard honorés
à nouveau du titre et de la charge de commandant.

Quant aux trois commandants de zone ayant refusé de se
rendre à la convocation du PAIGC et de participer à la
conférence, leurs fiefs furent encerclés l'un après l'autre par
les guérilleros fidèles à Cabral. Leurs partisans furent désarmés ou tués. Eux-mêmes furent arrêtés, transférés au siège du
commandement central et interrogés. Deux d'entre eux
furent condamnés à mort et fusillés. Le troisième échappa à
l'encerclement. Survivant avec quelques partisans dans la
forêt, il fut tué plus tard par une bombe portugaise.

A Cassaca, deux décisions importantes, outre l'enquête ouverte contre les dissidents, furent prises : le PAIGC créait dans chaque zone, dans chaque tabanca, un comité populaire de justice, composé de civils habitant les lieux. Ces comités avaient désormais le droit, au nom du PAIGC, de faire arrêter, de juger, de punir ou de soumettre à réparation quiconque — combattant de l'armée de libération, milicien territorial ou personne civile — commettrait un méfait sur leur territoire. La deuxièmee décision était plus importante encore : jusqu'ici, les unités de la guérillera étaient partout recrutées selon un même système : les jeunes recruteurs, formés à l'école de cadres de Conakry (que dirigeait personnellement Amilcar Cabral), pénétraient, après mille difficultés, dans leur zone tribale d'origine.

Ils séjournaient dans leur village de naissance ou — si la surveillance portugaise y était trop étroite — dans un village voisin. Lentement, ils tissaient tout un réseau de contacts ; contacts qui passaient presque toujours par les classes d'âge, par les groupes de jeunes ayant affronté ensemble les épreuves de l'initiation aux lois et coutumes de leur ethnie. Lorsque ses jeunes amis, frères, cousins se déclaraient enfin prêts à adhérer au PAIGC, à entrer dans la guérilla, le recruteur allait rendre visite au Conseil des anciens (en terre balante), au chef du village (en terre mandjak), au Regulo (en terre fula). Les puissants du village donnaient ou refusaient leur autorisation pour le départ des jeunes. Si l'autorisation était accordée, les jeunes rejoignaient une base de guérilla dans la forêt, dans les marais ou dans les collines. Ils étaient approvisionnés en nourriture par les villageois, sur l'ordre des anciens.

Les villageois assuraient également le service de renseignement, surveillant sur les fleuves les mouvements des chalands transporteurs de troupes ou examinant les pistes, le matin, pour y déceler les traces des bottes des troupes spéciales portugaises en patrouille. Les armes de la guérilla venaient à dos d'homme de Conakry, plus tard de Ziguinchor. D'autres mitrailleuses, bazookas, fusils et pistolets étaient pris sur les

Portugais morts. Parfois, aussi, des patriotes jeunes ou plus âgés rejoignaient les camps de regroupement organisés par les Portugais. Dans ces camps — copiés sur les hameaux stratégiques inventés par les Français en Algérie, puis les Américains au Vietnam pour couper la population de la guérilla —, des centaines, des milliers de familles paysannes déportées de force étaient regroupées derrière les barbelés. Or, ces camps étaient toujours situés à proximité immédiate des forteresses et garnisons portugaises. La raison en était double : d'une part, les Portugais pensaient se protéger contre l'attaque surprise des maquisards au moyen d'une ceinture de protection faite de centaines de familles paysannes vivant à la lisière des champs de mines. En second lieu, dans ces camps de regroupement — camps où il n'existait pratiquement pas de travail productif, où les paysans étaient rapidement transformés en assistés minables —, les Portugais recrutaient leurs indicateurs, leurs mercenaires et aussi leurs porteurs, leurs domestiques. Or, l'histoire de la guerre de libération montre de nombreux cas où un patriote, s'étant fait engager comme serviteur d'un officier supérieur, réussit à fabriquer un plan précis des installations de la forteresse, à subtiliser des clés et, dans un cas, à faire vider l'arsenal de la garnison par des guérilleros introduits nuitamment dans la place.

Les méthodes de recrutement — et de mainmise sur les armes portugaises — étaient multiples. Une seule constante, cependant : avant la confrontation de Cassaca, pratiquement tous les combattants étaient recrutés par des hommes appartenant à la même tribu qu'eux. Ils ne combattaient que dans leur région. Leurs commandants et tous leurs camarades d'unité appartenaient à la même ethnie qu'eux. Chaque unité avait donc une forte cohésion psychologique. Les unités opéraient vraiment « comme des poissons dans l'eau » puisque tous les combattants étaient issus de la région même dans laquelle ils combattaient. Ils connaissaient parfaitement les derniers recoins de leur terre d'opération puisque c'était leur terre natale. Ils pouvaient compter sur la solidarité, l'aide inconditionnelle de la population puisqu'elle était composée de leurs parents, frères, sœurs, cousins. Mais cette coexistence de zones de guerre tenues par des unités de guérilleros ethniquement unifiés favorisait justement l'éclosion de la dissidence, de l'autonomie progressive des commandants, de l'indiscipline face au quartier général et, finalement, de l'émergence de véritables seigneurs de la guerre. Car, très rapidement, les jeunes guérilleros et leurs commandants, grisés par leurs victoires et enivrés par les multiples privilèges que confèrent le monopole de la violence, la détention d'une arme, se rendaient indépendants également de l'autorité et du contrôle des chefs et anciens de leur société traditionnelle d'origine. L'éclatement du mouvement armé de libération était devenu réalité.

Cabral et les dirigeants décidèrent — à Cassaca même — de créer, en recrutant des paysans venus en délégation, un premier noyau d'une troupe mobile interethnique d'environ neuf cents hommes. Cette troupe — ancêtre des fameuses troupes d'assaut du PAIGC qui, dès 1965, semèrent la terreur dans les forteresses portugaises et gagnèrent les grandes batailles contre l'aviation (moyennant les fusées Sam) et les blindés (moyennant les mines Glaymore) — était composée d'hommes et d'adolescents venant de toutes les tribus du pays. Au début, au cours des années 1964 à 1968, les désertions dans les rangs des troupes intégrées étaient nombreuses : 40 % en 1965. Mais, peu à peu, ces unités intégrées se généralisèrent. Le recrutement interethnique devint la règle au sein de l'armée de libération. Les troupes recrutées uniquement selon les critères ethniques furent, dès 1968, réduites aux fonctions de protection locale des villages des régions libérées : c'étaient les milices territoriales.

Après Cassaca commença — dans les zones définitivement libérées — la mise en place des institutions qui devaient assurer l'intégration progressive de toutes les ethnies en une « nation » unie et forte. Avant d'analyser rapidement ces institutions — qui sont d'une profonde originalité —, regardons l'idéologie qui leur donne naissance.

Les grandes cultures traditionnelles particulièrement puissantes en Guinée, du fait de la faible pénétration blanche, de la longue présence de la plupart des peuples sur le territoire, agissent comme autant de matrices où va s'enraciner l'idéologie nationaliste. Pour un paysan balante, un éleveur fula, un cultivateur mandjak, un marin-pêcheur bijago de Guinée, aucun problème d'identité ne se pose : Lamine Guey, Lumumba, Mário de Andrade, Amilcar Cabral, Pedro Pirès et des milliers d'intellectuels urbains — noirs ou métis —, nés à la conscience politique au cours des années trente ou quarante de notre siècle, mirent des années, parfois des décennies, à reconstruire leur personnalité détruite, à définir leur identité culturelle, à se constituer en être autonome, spécifique, face à la caricature d'eux-mêmes que leur renvoyait le colonisateur. Rien de tel pour le cultivateur de riz de Cacheu ou le chasseur papel de Biombo : cet homme est un Africain de toute éternité. Il n'est point un Nègre blanc. Sa culture ancestrale le nourrit chaque jour d'enseignements nombreux. Il vit sa culture. Les fêtes reviennent, les rites sont célébrés. La mort succède à la vie et les ancêtres parlent aux vivants. Son univers mental est intact. Il célèbre ses mystères, il connaît son enseignement. L'homme est le remède de l'homme. Vie, mort, résurrection et retour forment un mouvement circulaire jamais interrompu. Cet homme des rizières, des forêts et des fleuves est un homme inentamé. Aucune violence mentale blanche, aucun missionnaire fanatique, aucun marxiste pervertisseur de valeurs ancestrales n'a jamais entamé sa croyance en la toute-puissance et l'indestructible permanence de sa propre cosmogonie.

Amilcar Cabral, qui, pendant des années, a vécu au milieu de ces hommes, sait l'indéracinable force de ces croyances. Il les respecte. Son intelligence créatrice, son humilité devant l'enseignement de l'histoire font ici merveille : au lieu d'affronter ces croyances, il tente de les utiliser, de les réinterpréter, de les épurer, de les réactualiser. Il mobilise, au service de sa lutte, les cosmogonies qui nourrissent l'identité des ethnies et des clans. Cabral distingue entre « faits culturels » et « facteurs de culture ». Le « fait culturel » n'est pas un élément nouveau [9]. Il est le produit de significations, de

9. J'ai, dans un ouvrage précédent, tenté de montrer comment Cabral utilise — pour la construction de la conscience nationale — les

symboles, d'interprétations du monde, d'identités collectives présents avant que naisse le parti ou que commence la lutte armée de libération. Le « facteur de culture », par contre, est nouveau. Il naît de la praxis politique de la lutte de guérilla. Il mobilise, rejette, sélectionne, réinterprète, introduit des segments culturels, des significations qui sont soit anciens, soit apportés de l'extérieur. Il est l'agent de la construction de la conscience collective trans-ethnique.

De l'idéologie nouvelle surgit une organisation sociale nouvelle de la vie. L'existence collective dans les zones libérées évolue en fonction de cette dialectique jamais achevée entre l'élaboration idéologique, symbolique, analytique et la création institutionnelle. Les rapports d'échange sont modifiés, les objets échangés changent de nature. Les rapports de production aussi. La monoculture de l'arachide ou du riz, dans la mesure où elle était destinée à la Companhia União Fabril (CUF), le monopole colonial, privé, diminue. Des réseaux d'échange s'installent entre des économies largement autarciques. L'école, une nouvelle école, fait son apparition dans les campagnes les plus reculées. Le service de la santé du PAIGC institue de nouveaux rapports entre les gens et leur propre corps. L'État national, à partir de ces institutions de base, lentement, se construit de bas en haut. Quelle est la démarche fondatrice de cette progressive modification — économique, sociale, puis politique — des différentes ethnies des zones libérées ? *C'est la réorientation, la réformulation des circuits alimentaires.* Les Fula vivent de leur bétail et de maïs ; les Balante sont des mangeurs de riz ; les Mandjak et les Djola s'alimentent de riz et de manioc. En territoire colonial, des sociétés économiques fermées s'opposaient, les échanges entre elles étaient le plus souvent inexistants. Cabral tente d'abord de modifier les habitudes alimentaires des groupes de guérilla en constante mouvance. Il inaugure ensuite, au fur et à mesure de la libération des zones occupées, des circuits économiques nouveaux, brisant les limites étroites des économies ethnocentriques.

---

matrices ancestrales des sociétés traditionnelles ; cf. *Main basse sur l'Afrique*, Éd. du Seuil, coll. « Points Actuels », 1980, p. 151.

L'institution clé de cette unification, ce sont les *armazéms do povo* (magasins du peuple). Ils contiennent toutes les marchandises nécessaires à la survie de la population et des combattants. Ils fonctionnent selon le système du troc. L'argent ou toute autre valeur d'échange abstraite en est banni. Le paysan échange son riz contre du tissu. Il le porte chez le tailleur du PAIGC qui lui fabrique sa chemise ou le pagne de sa femme. L'étoffe est achetée par l'intendance du PAIGC hors des frontières, au Sénégal ou ailleurs, contre du riz, du mil, du manioc ou du bois précieux. Aucun enrichissement n'est possible pour les individus comme pour les groupes. Il n'existe, au sein des zones libérées, que des hiérarchies fonctionnelles. Tout le monde, tous les habitants du village, de la zone libérée, sont membres d'office du PAIGC. Du moment qu'ils participent à la lutte, qu'ils refusent de rejoindre volontairement les hameaux stratégiques des Portugais ou les zones encore occupées par l'armée coloniale, ils font partie du mouvement de libération nationale.

Cabral définit longuement, avec précision, les conditions et les modalités de l'adhésion au PAIGC. Dans les zones libérées, la carte de membre, le serment, la soumission du rite d'accueil transforment le postulant en adhérent, en membre du PAIGC. Mais — je le répète — l'adhésion implique surtout une conduite : un homme, un enfant, une femme peuvent montrer leur volonté de s'intégrer au PAIGC en portant l'arme d'un guérillero, en le renseignant, en lui donnant le gîte, la nourriture, en veillant sur son sommeil. Il y a mille autres façons de résister au colonisateur, donc d'adhérer au PAIGC. Cabral donne cet exemple : A Bafata, une femme est accroupie près du portail de la caserne portugaise. Devant elle, il y a une calebasse de vin de palme. Un officier sort :

— Combien cette calebasse de vin ?

— Trois escudos.

— C'est trop ! Je te donne cinquante centavos.

Il se baisse pour ramasser la calebasse. La femme l'arrête :

— Non, trois escudos.

— Tu es une voleuse ! Il est interdit de vendre du vin pour plus de cinquante centavos.

— Très bien, dit la femme… et elle verse le vin — qui est pourtant sa seule richesse — dans le ravin.

A l'opposé du MPLA, du Frelimo et de tant d'autres mouvements armés de libération, le PAIGC a toujours refusé de se transformer en parti de cadres. A chaque niveau politique et militaire de la nouvelle société, l'assemblée des militants du PAIGC est souveraine. Aucun grade n'existe dans l'armée ou les milices, les soldats d'une unité identifiant par le titre de « commandant » le chef désigné périodiquement. Un système compliqué de conseils assure la même mobilité au niveau des cadres politiques. L'unité de base, enfin, reste — en conformité absolue avec la volonté première de sauvegarder les civilisations autochtones africaines — la communauté villageoise, véritable cellule de toute la structure politico-militaire du PAIGC. Après les magasins du peuple et les comités de justice, la troisième institution clé des zones libérées et du futur État national à venir est l'école.

L'école — institution radicalement nouvelle pour les civilisations autochtones où le savoir social, cosmogonique se transmet sur le mode initiatique — pose de nombreux problèmes. Leur solution donne lieu aux formules institutionnelles les plus originales et les plus fécondes pour les autres mouvements de libération africains. Les enseignements de Frantz Fanon s'y mêlent à ceux de Samir Amin. Je me souviens de ma visite à l'internat de Campada, dans la zone du Nord. Janvier 1974 : cent vingt-deux gosses, orphelins pour la plupart, âgés de six à quinze ans, étaient répartis en quatre classes. Ils portaient l'habit des « jeunes pionniers » du PAIGC, blouse jaune et pantalon vert, couleurs de la nation nouvelle. Un réseau de tranchées sillonnait le bois dans lequel étaient dispersées les cases des classes, du réfectoire et des dortoirs. L'internat (il en existait deux autres sur les fronts est et sud) était entièrement autogéré. Les élèves les plus âgés portaient des armes.

A l'internat de Campada comme dans toutes les écoles du PAIGC, quatre livres scolaires élaborés par Cabral lui-même et imprimés en Suède formulaient la nouvelle identité de l'Africain libéré.

L'héritage culturel des sociétés précoloniales et l'instrumentalité de la société coloniale se confondaient en une figure mentale unique mais nuancée. La danse balante faisait partie du programme du quatrième cycle (enfants de onze à quatorze ans), tout comme l'économie marxiste. La littérature portugaise, les poèmes épiques du grand Camoens étaient récités avec la même ferveur que les légendes immémoriales et pleines de sagesse des peuples mandingue, fula ou papel. Refus de nier l'héritage traditionnel africain. Refus de toute forme de rupture avec les civilisations ancestrales. Volonté de fondre toutes les ethnies dans un mouvement national, c'est-à-dire le PAIGC. Désir constant de collaboration avec les pouvoirs autochtones. Attention extrême accordée au rythme de l'évolution provoquée : il faut qu'à chaque instant de la transformation de l'univers économique, symbolique des sociétés paysannes, ces sociétés restent « en équilibre », échappent au traumatisme des ruptures brutales, acceptent de plein gré chaque passage à la phase organisationnelle suivante. Le PAIGC ne s'attribue qu'une seule fonction : celle du ferment de ce processus, de l'aiguillon, de l'agent du changement collectif. Jamais le PAIGC ne sera transformé en avant-garde, en parti léniniste de cadres qui sait et agit en lieu et place des paysans, pêcheurs, chasseurs, éleveurs autochtones.

Cette méthode de la pédagogie lente est l'immense force du PAIGC. Elle est en même temps sa mortelle faiblesse.

3. L'assassinat d'Amilcar Cabral

Amilcar Cabral lui-même meurt de cette faiblesse le 20 janvier 1973. La force historique qu'il avait mise au monde, le mouvement national de libération fondé par lui entre en crise sept ans plus tard, le 14 novembre 1980.

20 janvier 1973 : la nuit tombe sur la corniche de Conakry. Dans cette région du monde, et à cette saison, il n'existe pas de crépuscule. Le soleil des tropiques met longtemps à mourir. Il envoie des lueurs rouges sur les palmiers du quai, sur l'hôtel de France et le Palais du peuple. Mais, dès qu'il

s'éteint et disparaît dans l'océan, la nuit tombe en quelques secondes. Dans leurs boubous blancs, les hommes déambulent le long des dépôts. Sur la route qui relie l'île à la terre ferme, le trafic est intense. A pied, en charrette, à vélo, les travailleurs du port gagnent leurs quartiers, Madina, Tombo, Bomfim. Près du chantier du Palais du peuple — où s'affairent encore, sous leurs grands chapeaux coniques, les maçons, ferblantiers, charpentiers et carreleurs venus de Chine populaire —, un marché de pêcheurs. Les barques déchargent merlans, langoustes, pieuvres, calamars, *peche espada*, poissons-scies, petits requins, soles. La prise est abondante. Les marchandes de poissons, de grosses femmes énergiques et riantes (qui jurent avec la minceur élégante des autres femmes de Conakry), vêtues de boubous colorés, régentent bruyamment le flot des acheteurs. Chose unique en Afrique : des files se forment, chacun attend sagement son tour devant la balance.

Le quartier général du PAIGC est situé dans le faubourg dit « la Minière », à environ 6 km du Palais du peuple. Un barrage routier, contrôlé par des soldats de l'armée de libération en uniforme vert et chapeau de brousse, en interdit l'accès. Quelques immeubles sommaires, mais construits en dur, abritent les bureaux ; les dépôts d'armes, de médicaments ; les habitations des dirigeants, de la garde et des combattants du passage.

Vers vingt heures, Amilcar Cabral se rend en ville, accompagné de son garde et de sa femme Ana-Maria. Il conduit lui-même sa Volkswagen verte. Samora Machel est ce soir-là l'invité de Sékou Touré. Après la rencontre avec Samora, Amilcar se rend à une réception à l'ambassade de Pologne. Vers vingt-trois heures, il rentre au quartier général. Il passe le barrage. Les soldats le saluent amicalement. Arrivé devant sa maison, il gare la voiture, ouvre la portière... des hommes armés surgissent de l'ombre, se jettent sur lui. Il découvre sur le perron Aristides Pereira, par terre, mains et pieds ficelés. Ana-Maria est arrêtée et ligotée. Son propre garde du corps s'écarte rapidement. Amilcar se débat. Tous les agresseurs sont des camarades qu'il connaît depuis des années. Il ne comprend pas. Se débat furieusement. Les agresseurs tentent de le ligoter, de le pousser dans la voiture. Amilcar résiste, mais il ne sort pas son pistolet. Alors Inocêncio Kani, un des commandants de navire de la marine du PAIGC, tire son revolver et vise Cabral. Il l'atteint au cou. Cabral s'effondre, mais vit encore. Il se dresse et dit : « S'il y a des problèmes, nous pouvons discuter... » Puis : « Mais qu'est-ce qui se passe ? » Kani prend sa mitraillette et achève l'agonisant.

Entre vingt et vingt-trois heures, les conjurés avaient arrêté, partout dans la ville, les principaux dirigeants et les commandants fidèles à Cabral. La conjuration avait une forte coloration raciste : ce sont avant tout les cadres et combattants capverdiens et métis qui avaient été neutralisés par les conjurés !

Cabral avait dès le début — pour des raisons historiques, politiques, militaires autant qu'économiques — postulé l'étroite union de la lutte entre les peuples du Cap-Vert et de la Guinée. La lutte armée cependant ne se déroulait jamais qu'en Guinée, l'archipel des douze îles étant totalement contrôlé par de fortes garnisons portugaises. L'archipel était la base arrière des corps expéditionnaires d'Angola et du Mozambique. La densité des militaires portugais dans l'archipel était trop forte pour qu'une résistance africaine puisse s'y développer.

Par contre, environ deux cents Capverdiens, hommes et femmes, avaient rejoint la guérilla sur le continent dès 1963. Grâce à leur formation intellectuelle, politique, parfois militaire (certains d'entre eux, comme Pedro Pirès, étaient des officiers déserteurs de l'armée portugaise), plusieurs de ces combattants occupèrent tout de suite des postes clés dans la direction du PAIGC.

Le foyer de la conjuration était constitué par les cadres de la marine de guerre PAIGC. Cette marine — particulièrement bien équipée et entraînée depuis le coup de main des commandos portugais de Spínola sur Conakry en 1970 [10]

10. Le général António de Spínola (il sera, après le 25 avril 1974, le premier président provisoire de la République portugaise) était en 1970 gouverneur général et commandant en chef à Bissau. Avec les

assumait la garde non seulement de la presqu'île où se trouvait le quartier général du PAIGC mais de tout le golfe de Conakry. Elle remplissait aussi d'importantes missions de combat le long des côtes de Guinée-Bissau. Elle était la fierté de Cabral et du PAIGC. Les commandants de cette marine avaient, durant les jours précédant l'attentat, concentré clandestinement plus de soixante de leurs complices dans le port de Conakry. Outre Inocêncio Kani, deux hommes — également noirs — jouaient un rôle crucial dans la conjuration : le commandant Momo et un dirigeant civil, Rafael Barbosa. Ces deux derniers avaient été arrêtés par la PIDE. Sous la torture, ils avaient cédé et accepté de changer de camp. La PIDE les avait remis en liberté en 1971 avec mission d'infiltrer la direction du PAIGC. Cabral réadmit Momo au sein du PAIGC. Il tenait par contre pour un traître Rafael Barbosa. Il refusa de la réadmettre au PAIGC tout en reconnaissant le rôle historique important joué par lui lors du déclenchement de la lutte armée.

La foi de Cabral en la bonté de l'homme était illimitée. Sa volonté de convaincre, de prouver à l'autre son erreur, sa patience et sa passion de pédagogue faisaient l'étonnement de tous ses camarades. Son don de sympathie, son amour tenace des hommes étaient les traits dominants de son caractère complexe.

Le cadavre d'Amilcar Cabral gisait par terre. Visiblement déroutés par le geste imprévu de Kani, les assaillants prirent la fuite. Ils emportèrent avec eux, dans une camionnette, les prisonniers ligotés, dont Ana-Maria et le secrétaire général

---

services secrets français, il conçut le plan de débarquer à Conakry. Il s'agissait d'occuper la ville pendant vingt-quatre heures, d'y installer un gouvernement nouveau formé de Guinéens exilés, favorables à la France. Durant la même opération, il était prévu d'exécuter Sékou Touré, ses ministres et les principaux dirigeants du pays, ainsi qu'Amilcar Cabral et tous les dirigeants et militants du PAIGC présents dans la ville. Le débarquement eut lieu. Les assaillants furent repoussés par les soldats du PAIGC et de l'armée guinéenne après de durs et sanglants combats.

adjoint du parti, Pereira. Malgré la nuit sans lune, leurs vedettes s'éloignèrent rapidement du quai. L'arrestation en ville de vingt dirigeants PAIGC (presque exclusivement d'origine capverdienne) s'était faite sans que les services de sécurité de Sékou Touré s'en aperçoivent. La fusillade du quartier général, par contre, donna l'alerte. Informé peu après minuit et croyant à une nouvelle attaque des Portugais, Sékou Touré donna l'ordre à sa propre marine de rejoindre et d'intercepter les vedettes du PAIGC. Plusieurs de ces vedettes s'étaient perdues dans la nuit sur une mer houleuse. Elles furent arraisonnées, leurs prisonniers libérés, leurs marins arrêtés et transférés à Conakry. Mais Barbosa et plusieurs conjurés réussirent à échapper aux poursuivants. Dès l'aube, les routes menant de Conakry vers l'intérieur du pays furent bloquées par l'armée régulière. Sékou Touré constitua une commission internationale d'enquête, dont faisaient partie les ambassadeurs à Conakry de Cuba, de l'URSS, de l'Algérie et du Nigeria. Mais il fit aussi fermer toutes les frontières avec la Guinée-Bissau. Aucun convoi de munitions ne passa plus vers les fronts du sud et de l'est. Aucun convoi de médicaments, de riz, de vêtements ne parvint plus en zone libérée.

Lors de mon séjour dans l'archipel du Cap-Vert, au printemps 1980, le gouvernement de Praia eut l'amitié de m'assigner comme guide João José da Silva, le légendaire commandant Jota-Jota (Commandant J.-J.) de la bataille de Guiledge, Jota-Jota est un homme trapu, vif, aux yeux mobiles, aux cheveux drus, ressemblant comme un frère au matelot Matuschenko qui, en 1905, organisa le soulèvement en mer Noire du cuirassé *Potemkine*. Jota-Jota avait vingt-trois ans en 1973. Il avait fait ses études à l'académie d'artillerie de Kiev, en Ukraine. Il était un spécialiste de l'artillerie lourde soviétique. Au moment de la mort de Cabral, il était un des commandants de l'artillerie de longue portée, autotractée, sur le front sud. Le commandant Jota-Jota me fit le récit de ces mois terribles : durant tous les mois de février et de mars, la coupure avec le quartier général était totale. Les combattants de l'intérieur étaient sans nouvelles de leurs dirigeants. La radio du PAIGC installée à Conakry n'émettait plus. Écoutant Radio France-international et la BBC, ils savaient seulement que Cabral avait été assassiné et qu'une enquête était en cours.

Tout le monde s'attendait à une offensive d'envergure de la part des Portugais. Car personne ne doutait que c'étaient les commandos portugais de Spínola qui avaient tué Cabral. Or, sur tous les fronts, il régnait un calme absolu. Aucune sortie portugaise n'était signalée dans les camps retranchés, observés en permanence par les guetteurs du PAIGC. Des assemblées populaires se tinrent dans toutes les régions libérées, dans tous les maquis, dans chaque base de l'armée de libération. Le peuple était en plein désarroi. Alors, les commandants de tous les fronts — est, nord, sud — se réunirent. Fous de douleur, décidés, comme tout le peuple, à venger coûte que coûte la mort d'Amilcar, ils décidèrent d'attaquer.

Or, cette attaque sur tous les fronts devait se transformer rapidement en *offensive finale*. Elle était menée dans tous les secteurs avec une telle détermination, une telle fureur que les camps retranchés réputés imprenables tombèrent l'un après l'autre. L'exemple qui frappa le plus l'opinion publique mondiale fut celui du *camp de Guiledge*. C'était la principale base militaire portugaise, dans le Sud. A part la région urbaine de Bissau, ce camp retranché contenait le plus grand nombre de soldats portugais, de commandos africains concentrés dans un périmètre limité de toute la colonie. Deux régiments métropolitains, plusieurs centaines de supplétifs noirs, des unités d'artillerie et de sapeurs étaient concentrés à Guiledge.

Fin février, Bernardo Vieira, commandant suprême sur le front sud, réalisa l'encerclement complet du camp retranché. Pendant ce temps, le PAIGC installait dans la forêt, tout autour du camp, douze canons soviétiques de longue portée, de calibre 96. Ce sont des canons que les Soviétiques utilisent pour la défense côtière mais qui, en Guinée, servaient pour l'attaque terrestre. En un cercle plus rapproché, il disposa dix-huit mortiers de calibre 120 et douze mortiers de calibre 80. Près de huit cents artilleurs et porteurs de munitions servaient ces pièces. Pratiquement toute l'infanterie de l'armée de libération du front sud était concentrée autour du camp retranché. La pose de plusieurs champs successifs de mines, tout autour du camp, prit environ un mois. Le jour du dixième anniversaire de la fondation de l'Organisation de l'unité africaine, le 25 mai, fut choisi comme jour de l'attaque. La veille, à dix-sept heures, une patrouille renforcée de l'armée portugaise, comportant deux pelotons de trente hommes chacun, s'égara dans le champ de mines le plus rapproché. Les soixante Portugais moururent. Dix-huit véhicules blindés qui tentaient de les secourir furent également détruits par les mines antitanks et les bazookas de l'armée de libération. A quatre heures du matin, le 25, le commandant Jota-Jota donna l'ordre d'ouvrir le feu : conformément à l'enseignement du général Giap et des combattants vietnamiens, il laissa une ouverture dans le cercle de feu afin de donner à la garnison une voie de fuite et de ne pas l'acculer à une résistance désespérée. Vers midi, tout était terminé : les Portugais et leurs harkis fuyaient à travers l'unique piste restée ouverte. L'armée de libération traversa les champs de mines, coupa les barbelés, pénétra dans le camp. Dans les abris fumants, elle découvrit cent cinquante morts. Ses propres pertes se chiffraient à un mort et un blessé, victimes de mines mal identifiées. L'aviation portugaise arriva dans l'après-midi. Mais, depuis mars 1973, le PAIGC disposait de fusées Sam. Sa DCA abattit deux appareils ennemis.

C'est après la défaite de Guiledge que Spínola démissionna de son poste de gouverneur de Guinée, à Bissau. C'est aussi à cette date que les jeunes officiers coloniaux d'Angola, du Mozambique et de Guinée — réunis clandestinement au sein du Mouvement des forces armées (MFA) — décidèrent de préparer le coup d'État contre la dictature de Caetano à Lisbonne.

Fin mai, enfin, la commission internationale d'enquête nommée par Sékou Touré termina ses travaux. Les conjurés reconnus coupables furent extraits de leur cellule et conduits par les camions de l'armée régulière de Conakry jusqu'à la frontière de la Guinée-Bissau. Là, ils furent remis aux combattants de l'armée de libération du PAIGC. Dans la zone d'opération du commandant Jota-Jota, dix-huit conjurés furent remis aux maquisards. Ils furent fusillés devant les villageois assemblés.

4. De la proclamation de l'État indépendant en 1973 au coup d'État militaire de 1980

L'État indépendant de Guinée-Bissau fut proclamé dans la zone libérée de Madina de Boé le 24 septembre 1973. Le 25 avril 1974, le Mouvement des forces armées portugaises renversa le régime fasciste à Lisbonne. Sur place, en Guinée-Bissau, l'armistice fut signé entre les officiers de l'armée coloniale et le haut commandement de l'armée de libération. Début mai, les troupes coloniales commencèrent à s'embarquer. Les révolutionnaires entrèrent à Bissau en juin. Au Cap-Vert, les choses se passèrent différemment : en août 1974, trente-trois commandants du PAIGC, originaires du Cap-Vert, débarquèrent sur l'île de Sal. De toutes les îles de l'archipel, des milliers d'hommes, de femmes, d'enfants, d'adolescents vinrent, sur des centaines de bateaux, à la rencontre des libérateurs. Ils firent un accueil de héros aux commandants du continent. Bien qu'aucune action armée n'ait jamais eu lieu dans l'archipel, les Portugais comprirent que leur présence était devenue, ici aussi, impossible. Le 10 décembre, l'accord d'évacuation des troupes coloniales fut signé entre Aristides Pereira, secrétaire général du PAIGC, et Mário Soares, ministre des Affaires étrangères du gouvernement provisoire de Lisbonne. Des élections eurent lieu le 30 juin 1975 [11]. L'indépendance de la république du Cap-Vert fut proclamée le 5 juillet de la même année.

En Guinée-Bissau, notamment, d'innombrables problèmes agressaient le Conseil des commissaires (gouvernement) et le Conseil d'État (présidence collective de l'État) dès leur installation dans la capitale. Certains, d'ordre collectif, relevaient de l'héritage portugais. Vasco Cabral, commissaire au

---

11. Les listes présentées par le PAIGC recueillirent l'immense majorité des suffrages.

Plan, dit : « 400 km de route et une fabrique de bière destinée
à l'armée, voici tout l'héritage de quatre cents ans de mission
civilisatrice de l'Occident. » La facture pétrolière : ni l'Algérie, ni le Nigeria, ni l'Angola ne consentaient une aide. La
Guinée-Bissau doit acheter son pétrole, aujourd'hui encore,
sur le marché libre au prix de 36 dollars le baril (mai 1982). La
guerre avait fortement augmenté la population de Bissau :
110 000 des 780 000 habitants du pays logeaient à Bissau. Le
pays, dévasté par la guerre, devait réinstaller 100 000 réfugiés
revenus du Sénégal, épurer des milliers d'hectares de rizières
recouvertes d'eau de mer et dont les digues protectrices avait
été détruites par l'aviation. Le revenu en devises, provenant
essentiellement de l'exportation d'arachides, était déficient et
ne couvrait même pas la moitié des factures dues à l'importation de biens alimentaires et d'équipement de première
nécessité. Le PAIGC, certains de ses dirigeants, ses cadres et
militants firent un effort surhumain : alphabétisation, électri-
fication des campagnes, développement rapide de la pêche en
haute mer. D'autres commirent aussi de monumentales
erreurs : édification du complexe agro-industriel de Cuméré
(traitement de l'arachide, transformation de végétaux en
énergie) qui ne marcha jamais, mais absorba des millions de
dollars ; construction d'une autoroute de prestige entre la
capitale et l'aéroport, etc.

Malgré la présence au Conseil des commissaires et au
Conseil d'État d'hommes et de femmes de réelle conviction
révolutionnaire et de capacité confirmée — comme Vasco
Cabral, Mário de Andrade, Mário Cabral, Samba Lamine
Mané, Manuel dos Santos, secondés par des progressistes
portugais, brésiliens —, la corruption et l'immobilisme s'installèrent dans certains milieux de Bissau. Autre problème :
les relations constamment conflictuelles entre les deux États
du Cap-Vert et de la Guinée-Bissau.

Une remarque d'histoire : dans un tiers monde et plus
spécifiquement dans une Afrique où les tracés artificiels des
frontières coloniales créent des situations presque inextrica-
bles, où les conflits entre ethnies hostiles, habitant un même
territoire, sont nombreux, la tentative de Cabral d'unir dans
une même nation, un même État, un archipel perdu dans

l'Atlantique Sud et un territoire continental, éloignés l'un de l'autre par plus de 500 km et habités, l'un et l'autre, par des populations totalement différentes, avait quelque chose de grandiose, de visionnaire, de prophétique[12]. Cette vision, d'ailleurs, variait avec les différentes phases du combat : jusqu'en 1963, Cabral parlait du « nationalisme africain ». Il disait : « Je suis africain ». Le discours de La Havane (cité ci-dessous p. 502 *sq.*) disait encore : « Africains, nous revenons sur la trace de nos ancêtres. » Mais, au fur et à mesure que la lutte armée contre les Portugais sur le territoire de la Guinée-Bissau progressait, il fallait assigner aux combattants un objectif précis : Cabral parla donc désormais du nationalisme territorial (« Nous sommes des Guinéens »). Nouveau changement d'analyse à partir de 1970 : puisque l'armée de libération était proche de la victoire, l'horizon idéologique s'élargissait de nouveau. Cabral invoqua alors les peuples de Guinée et du Cap-Vert, liés par un « commun destin »[13].

Institutionnellement, les rapports entre les combattants originaires du Cap-Vert et ceux nés sur le continent connaissaient également des mutations, des conflits nombreux : au IIe Congrès du PAIGC à Boé, en 1973, il fallut remplacer au secrétariat général Amilcar Cabral, assassiné. Aristides Pereira devint son successeur. En même temps fut créé un Conseil national pour le Cap-Vert. Ce conseil qui existait en marge des structures ordinaires des PAIGC devait organiser l'implantation du PAIGC sur l'archipel. Tâche pratiquement impossible : d'une part, pour ainsi dire tous les cadres politiques et militaires d'origine capverdienne se trouvaient, à cette époque encore, dans les maquis de Guinée ; d'autre

12. S'il est vrai qu'un même créole est parlé et qu'une même petite bourgeoisie existe sur le continent comme sur l'archipel, des différences énormes existent néanmoins entre les deux populations. Exemple : 80 % des Capverdiens sont catholiques, 2 % des Guinéens le sont. Entre un métis capverdien, commerçant, pêcheur ou laboureur sur un des grands domaines qui couvrent les îles, d'une part, et un paysan cultivateur de riz djola, vivant en autosubsistance, ou un éleveur semi-nomade fula, d'autre part, la distance culturelle est immense.

13. Amilcar Cabral, *Unité et Lutte, op. cit.*, p. 27 *sq.* ; p. 171 *sq.* ; p. 195 *sq.*

part, le quadrillage de l'archipel par la PIDE et l'armée portugaise était tel qu'aucun travail clandestin efficace n'était possible. Les seuls militants du PAIGC qui se trouvaient au Cap-Vert à cette époque-là étaient ceux détenus au camp de concentration de Tarafal, sur l'île de Santiago.

Le IIIe Congrès de 1977 fut le premier congrès à avoir lieu après l'indépendance tant de la Guinée que du Cap-Vert. Le PAIGC y institua le système des quotas[14]. Un même parti unique donnait désormais les grandes orientations, contrôlait la gestion des deux gouvernements, celui de Praia et celui de Bissau. Ce parti était en plus investi de la tâche de promouvoir la progressive implantation d'une fédération entre les deux États. Selon les statuts du PAIGC, la fédération devait à terme conduire à la fusion des deux États. Pour que la graduelle intégration entre les deux États puisse se préparer dans des conditions psychologiques, politiques acceptables pour toutes les ethnies intéressées, il fallait que la direction du parti soit, à tous les échelons, équitablement composée de cadres originaires des îles et de cadres venant du continent. Mais cette solution apparemment raisonnable, le système des quotas, justement, aboutit rapidement à une situation conflictuelle. Nous l'avons vu : la Guinée-Bissau était ravagée par la guerre. La plupart de ses barrages d'irrigation étaient détruits, les rizières envahies par l'eau salée, les bacs coulés, les fleuves ensablés, les ponts écroulés, des centaines de villages incendiés, des milliers d'habitants déplacés. La Guinée-Bissau avait un besoin urgent de cadres. La PAIGC portait son effort prioritaire sur la reconstruction de la Guinée. On assistait donc à une invasion de la Guinée-Bissau par des cadres capverdiens. Or, nous l'avons également vu, le PAIGC capverdien n'existait pratiquement pas. Ceux qui allaient au sein de la direction du PAIGC de Guinée remplir les places réservées, par quotas, aux cadres capverdiens étaient en général de jeunes étudiants ou employés rentrés de Lisbonne, trotskistes, maoïstes, gauchistes, ou des exilés venus des autres villes d'Europe ou d'Amérique. Pratique-

14. Ce système assurait aux Capverdiens le même nombre de postes dirigeants au sein du parti qu'aux Guinéens.

ment aucun d'entre ces « militants », nouvellement promus à des postes de direction, n'avait participé à la guerre de libération. Or, ces « militants » de l'après-dernière heure allaient maintenant commander dans les tabanca de l'intérieur de la Guinée-Bissau ou dans les ministères de la capitale à des vétérans des maquis et commissaires politiques du temps de la lutte. Les conflits étaient inévitables [15].

La catastrophe fut frôlée en 1979 : cette année-là, le PAIGC décida, pour des raisons qui ont affaire avec l'introduction d'un nouvel armement lourd, la création de grades dans l'armée [16]. Jusqu'ici, seul le grade de commandant existait. Toute hiérarchie n'était que fonctionnelle. Elle était changeante, réversible. Seul avait droit au grade de commandant celui qui l'avait gagné au combat contre les Portugais. De nouveau, le système des quotas fut appliqué : de jeunes Capverdiens, fraîchement rentrés de Lisbonne et qui souvent avaient fait leur service militaire dans l'armée coloniale portugaise, luttant contre leurs frères d'Angola ou du Mozambique, se trouvaient brusquement promus capitaines

---

15. Il faut distinguer deux cas tout à fait différents : je ne parle dans le présent chapitre que des cadres capverdiens, revenus de Lisbonne après la libération, fils et filles de bourgeois urbains ou de grands propriétaires terriens, n'ayant jamais participé à la lutte et ayant parfois même servi dans l'armée coloniale.

Cependant il existait et il existe au sein du gouvernement, de l'administration, de l'armée et du parti en Guinée-Bissau des cadres capverdiens issus de la lutte de libération et qui, de la part des Guinéens, bénéficiaient et bénéficient de la plus haute estime. Je ne donne qu'un exemple : Manuel dos Santos, ancien commandant de l'armée de libération et actuel ministre du gouvernement de Bissau, est natif de l'île de São Vincente, au Cap-Vert.

16. La plupart des mouvements armés de libération nationale affrontent, à un certain moment de leur histoire, ce problème : la transformation de l'armée de libération anticoloniale, anti-impérialiste en armée classique de défense du territoire souverain exige l'introduction d'un armement lourd, d'une aviation, de blindés. Ce nouvel équipement, cette nouvelle instrumentalité créent une division nouvelle du travail, une hiérarchie inévitable des compétences. Il faut y ajouter l'influence qu'exerce l'Union soviétique qui fournit généralement ce nouvel équipement et qui a tout naturellement tendance à imposer aux armées alliées sa propre structure de discipline et de commandement.

ou majors, commandant à des héros de la guérilla de Cacheu, de Boé et de Como.

Il faut enfin se demander pourquoi ce système des quotas, aux conséquences aussi absurdes, put fonctionner de 1977 jusqu'au coup d'État de 1980. Du fait de leur histoire particulière, de leur situation géographique — l'archipel servit pendant des siècles de carrefour au trafic maritime de l'Atlantique Sud —, les Capverdiens sont dans leur grande majorité dépositaires d'une culture fortement métissée où dominent les influences lusitaniennes et d'une raison instrumentale moderne qui font généralement défaut aux cultivateurs, marins-pêcheurs, chasseurs de Guinée-Bissau. Les Capverdiens étaient ainsi dans l'appareil du PAIGC porteurs d'une idéologie de gauche, nourrie aux sources théoriques multiples du mouvement ouvrier international[17]. Ils étaient en contact permanent non seulement avec les Angolais, les Mozambicains, mais aussi avec des communistes portugais et des intellectuels de la gauche socialiste européenne. Or, nous l'avons vu, le PAIGC fut de tout temps un mouvement pluriclassiste où les forces réactionnaires, les forces liées aux différents pouvoirs traditionnels des différentes ethnies étaient puissantes. La gauche du PAIGC de Guinée-Bissau avait besoin de l'alliance avec les Capverdiens pour gagner en Guinée même son combat contre l'aile réactionnaire, tribaliste du mouvement.

A l'aube du 14 novembre 1980, les Forces armées révolutionnaires du peuple (FARP) occupèrent les commissariats d'État, la radio, les principaux carrefours de Bissau. Luiz Cabral et son entourage furent capturés et internés au

---

17. Cette extrême diversité idéologique des Capverdiens pose des problèmes dans l'archipel lui-même : peu après l'indépendance, une crise grave éclata. Une aile gauche, trotskiste, liée aux milieux de la IVᵉ Internationale à Lisbonne, conduite par le ministre de la Santé, Faustino, s'opposa aux chefs historiques du PAIGC. Le groupe d'opposition de gauche fut exclu du PAIGC. Faustino est aujourd'hui attaché de recherche au *Centre d'études afro-asiatiques de l'université Candido-Mendes*, à *Rio de Janeiro*.

quartier général des FARP. Certains commissaires furent également arrêtés. Vasco Cabral fut grièvement blessé par un soldat dans la rue et laissé pour mort. Le coup était dirigé par le Premier ministre Bernardo Vieira (Comandante Nino). Les ennemis de toujours d'Amilcar Cabral — ses assassins —, tel notamment Rafael Barbosa, retournèrent à Bissau. Un *Conseil national de la révolution* fut instauré. La création d'un tel conseil mit dans une situation extrêmement difficile le successeur direct d'Amilcar Cabral, Aristides Pereira. Elle remit aussi en question un des dogmes les plus permanents du PAIGC, celui de la nécessaire unité des peuples du Cap-Vert et de Guinée-Bissau. Dans l'optique d'Amilcar Cabral et de ses successeurs — je le rappelle —, l'unité institutionnelle entre les deux peuples était la condition pour la conquête d'une réelle indépendance politique, économique, militaire du Cap-Vert comme de la Guinée-Bissau.

Les jugements portés sur la signification du coup d'État du 14 novembre 1980 à Bissau sont contradictoires parmi les dirigeants et les militants du PAIGC eux-mêmes. Certains, que je respecte, tel par exemple Vasco Cabral ou Bernardo Vieira, voient dans le coup une nécessaire correction d'une ligne auparavant erronée, le remplacement de certains cadres corrompus par des hommes et des femmes plus intègres. D'autres, comme Pedro Pirès, Aristides Pereira, José Araújo, qui ont un passé tout aussi respectable, jugent ce coup d'État inspiré par des intérêts étroits, égoïstes, claniques. Ils lui dénient toute fonction utile. Quel que soit le jugement qu'on porte sur ce coup d'État, une chose me paraît certaine : tout le combat politique, toute l'œuvre théorique de Cabral montrent son hostilité totale, définitive, à toute action putschiste, à toute forme de coup de force, à tout coup d'État militaire. Et cela quels qu'en soient les auteurs, quelle que soit l'inspiration qui les guide.

Pour comprendre la crise que traversent aujourd'hui l'État et la société de Guinée-Bissau et par contrecoup la société et l'État du Cap-Vert, pour saisir les raisons profondes de l'éclatement du PAIGC d'Amilcar Cabral, il nous faut revenir au début de cette année charnière de 1980.

En janvier 1980, la situation économique de la Guinée-

Bissau était catastrophique. Dans plusieurs quartiers de la capitale, les hommes, les femmes et surtout les enfants avaient faim. La corruption de nombre de dirigeants était ressentie comme une insulte par le peuple. Corruption qui s'exprimait dans la jouissance de voitures neuves, de villas de fonction, d'une alimentation nettement supérieure à celle du peuple. Partout, l'indignation, la contestation montaient. A chaque nouvelle vague de contestation, le président Luiz Cabral réagissait en renforçant l'appareil de répression et de sécurité. Par un étrange phénomène de crainte et de lâcheté mêlées, personne, au sein du Conseil d'État ou du parti, n'osait réellement affronter Luiz Cabral. Même ses compagnons les plus anciens se taisaient la plupart du temps. Bientôt, l'appareil de répression devint tout-puissant, échappant au contrôle du président, dictant sa propre politique et se lançant dans des actions punitives ou provocatrices que le président lui-même réprouvait.

Le chef de la sécurité était un dirigeant du PAIGC qui, au temps de la guerre de libération, avait été chargé des problèmes de l'information : António Buscardini. Il était certainement l'homme le plus haï de toute la Guinée-Bissau. Lors du coup d'État, il résista à son arrestation, se barricada avec deux adjoints dans sa villa où il disposait d'un arsenal d'armes et de munitions. L'armée appela l'artillerie. Celle-ci pulvérisa la maison. Après le décès de Buscardini, des charniers, dont tout le monde avait parlé à voix basse pendant des années, furent ouverts : on y découvrit les cadavres d'environ cinq cents anciens mercenaires noirs des Portugais et les corps de dizaines d'hommes et de femmes appartenant au PAIGC, considérés par Buscardini comme des opposants ou des suspects et exécutés sans jugement.

En janvier 1980, donc, des groupes oppositionnels appartenant tous au PAIGC commençaient à se réunir, à réfléchir à des alternatives à la situation intolérable. Trois tendances s'organisaient : celle des Forces armées révolutionnaires du peuple (FARP) ; celle des nationalistes révolutionnaires ; celle des tribalistes. Ces tendances se réunissaient séparément, en s'ignorant mutuellement, jusqu'en mai 1980. Bernardo Vieira, Premier ministre, conduisait la tendance des

FARP. Victor Saude Maria, ministre des Affaires étrangères, Joseph Turpin, secrétaire d'État à la Pêche, Victor Monteiro, gouverneur de la banque centrale, Cruz Pinto, procureur général, et Avito da Silva dirigeaient la tendance tribaliste, c'est-à-dire la tendance qui essayait de mobiliser contre Luiz Cabral, métis d'origine capverdienne, un bloc oppositionnel de Guinéens noirs sur des bases d'appartenance ethnique. L'État ne fonctionnait pratiquement plus. Il était en tout cas incapable de résoudre les graves problèmes de pénurie des biens de première nécessité, d'approvisionnement, de distribution de la nourriture.

En juillet, se réunit le Comité exécutif de la lutte, l'organe suprême du PAIGC. Le secrétaire général du parti, Aristides Pereira, attaqua violemment la gestion de Luiz Cabral, chef de l'État (président du Conseil d'État) à Bissau et secrétaire général adjoint du PAIGC. Mais cette explication au plus haut niveau ne changea pas le cours des choses : Luiz Cabral, devant une situation de plus en plus chaotique, accéléra sa fuite en avant. La corruption continuait. L'entourage du président, composé de certains marchands libanais et de spéculateurs de toutes sortes, ainsi que de membres de sa propre famille, avides de gains, provoquait par sa conduite arrogante l'exaspération de plus en plus violente de la population. En septembre, Luiz Cabral annonça la révision de la Constitution : le président projetait de conserver entre ses mains tous les principaux pouvoirs de l'État. Il voulait cumuler les fonctions de commandant en chef de l'armée, Premier ministre et chef de l'État.

Une partie du PAIGC — et notamment le commandant Bernardo Vieira, Premier ministre en exercice, dont le poste allait être supprimé — combattait ce projet. En novembre, les menaces formulées par Buscardini contre la vie de Bernardo Vieira se précisèrent. Le 14 novembre, plusieurs dirigeants de l'État et du parti étant en voyage à l'extérieur du pays, Bernardo Vieira déclencha le coup d'État militaire. Le secrétaire général du PAIGC, Aristides Pereira, et le secrétaire exécutif José Araújo, ainsi que bon nombre d'autres dirigeants du parti, condamnèrent immédiatement le coup d'État. De nombreux Capverdiens du parti, officiers capver-

diens et commissaires et hauts fonctionnaires capverdiens
résidant en Guinée-Bissau s'enfuirent à Praia. D'autres,
comme José Araújo, en voyage à l'étranger, refusèrent de
rentrer à Bissau. Le cas de Vasco Cabral, chef des nationalistes révolutionnaires et leader historique prestigieux, né de
parents capverdiens, est particulier : blessé au cours du coup
d'État, il chercha asile à l'ambassade de Suède ; puis il quitta
le pays et fut soigné à Stockholm ; il rentra trois mois plus tard
à Bissau. Bernardo Vieira proposa à Aristides Pereira la
tenue d'un congrès extraordinaire du PAIGC. Pereira, ne
voulant à aucun prix légitimer le coup d'État, refusa. En
janvier 1981, Aristides Pereira convoqua les militants habitant l'archipel (ou repliés sur les îles) pour un congrès qui créa
le PAICV (Parti africain de l'indépendance du Cap-Vert). En
novembre 1981, Bernardo Vieira et ses alliés convoquèrent à
leur tour un congrès du PAIGC. Mais, contrairement à ce
qu'exigeait la tendance tribaliste, le PAIGC de Guinée-
Bissau ne changea pas de sigle. Il maintint la fiction du parti
binational. Il s'en tint d'ailleurs strictement aux statuts : le
secrétaire général en exercice, Aristides Pereira, refusant de
convoquer un congrès ordinaire, un tiers des militants exigè-
rent la convocation d'un congrès extraordinaire. Le congrès
de novembre 1981 à Bissau s'intitula donc 1er Congrès
extraordinaire du PAIGC et non pas IVe Congrès ordinaire
du PAIGC.

Lors de ce congrès de Bissau, Vieira devint le nouveau
secrétaire général ; Vasco Cabral, remportant une première
victoire sur la tendance tribaliste, devint secrétaire permanent
du Comité central, en fait, l'homme clé du PAIGC. Comment
expliquer que le principal théoricien et leader de la gauche du
PAIGC, marxiste, d'origine capverdienne, ami de Luiz
Cabral et lui-même grièvement blessé au cours du putsch, put
devenir en l'espace d'un an la personnalité principale du
nouveau régime ? L'extraordinaire personnalité de Vasco, ses
capacités reconnues comme ministre du Plan, son héroïsme
au temps de la guerre de libération y sont certainement pour
beaucoup. Une raison historique particulière est toutefois à
considérer : le congrès de novembre 1981 à Bissau était un
congrès véritablement populaire. L'ancienne direction ayant

volé en éclats, le vrai pouvoir était, pendant la durée du congrès du moins, entre les mains des trois cent soixante délégués venus de toutes les régions du pays et dont l'âge moyen était de trente et un ans. Ce sont ces délégués, paysans pour la plupart, qui plébiscitèrent la tendance nationaliste révolutionnaire, conduite par Vasco Cabral. La droite tenta d'organiser des blocs de délégués selon leur appartenance ethnique et échoua. Elle resta cependant puissamment présente dans la direction et l'appareil du parti. Bernardo Vieira, chef maquisard populaire, incarnant le peuple noir des campagnes, mais dépourvu de formation idéologique ou politique, fut nommé chef de l'État et secrétaire général du parti.

En mai 1982, nouveau coup de théâtre : la droite tribaliste, appelée par Nino, investit le gouvernement. Victor Saude Maria devint Premier ministre, Victor Monteiro remplaça Vasco Cabral à l'Économie et au Plan[18]. Ce revirement témoigne d'une évidence : le coup d'État du 14 novembre 1980, conduit par Bernardo Vieira, un commandant prestigieux, courageux du temps de la guerre, mais dépourvu de la plus élémentaire formation politique, avait détruit les structures si laborieusement mises en place par Amilcar Cabral pour équilibrer, unir graduellement les influences et les aspirations des divers grands peuples de Guinée-Bissau. Les putschistes du 14 novembre 1980, même s'ils tentèrent par la suite de replâtrer la façade du PAIGC, avaient piétiné l'héritage institutionnel, intellectuel, spirituel d'Amilcar Cabral.

Revenons sur la création du nouveau PAICV par Aristides Pereira en janvier 1981. Refusant la proposition de convoca-

---

18. Ce gouvernement est en contradiction totale avec les décisions du congrès de 1981 que nous avons analysées. Pourquoi ce revirement ? Fin avril 1982, des rumeurs circulaient à Bissau, indiquant qu'un nouveau coup d'État — préparé cette fois-ci par de jeunes officiers balante de gauche, proches du ministre de la Défense, lui-même ami de Vasco Cabral, Daniel Correira — était en préparation. Réalité ? Intoxication ? Je ne sais pas. Le fait est que le chef de l'État, qui venait de rentrer d'un voyage à Cuba, changea brusquement de ligne, trahit les décisions du congrès, s'arrogea lui-même le ministère de la Défense et remit la direction du gouvernement entre les mains de la droite corrompue et réactionnaire.

tion d'un congrès ordinaire faite par les putschistes de Bissau, Pereira évita de couvrir, par son prestige de successeur légitime d'Amilcar Cabral, le coup d'État de novembre 1980. Cependant, les statuts permirent aux auteurs du coup, en recueillant les signatures d'un tiers des militants, de faire convoquer un congrès extraordinaire. Ce qu'ils firent en novembre 1981. Ce congrès extraordinaires ne vit pas, comme Aristides Pereira et la plupart des observateurs le prévoyaient, une victoire de la droite réactionnaire et tribaliste. C'est Vasco Cabral et la tendance nationaliste révolutionnaire qui sortirent victorieux du congrès de Bissau. La stratégie d'Aristides Pereira a-t-elle donc échoué ? Je ne le crois pas. De toute façon, Aristides n'avait pas le choix : 80 % des militants du PAIGC sont des Guinéens. La guerre de libération nationale de douze ans s'étant déroulée en territoire guinéen, c'est en Guinée que le parti est réellement implanté. Les sentiments régionalistes restant puissants en Guinée, le système des quotas, qui était à la base de la composition de la direction du PAIGC avant le coup d'État, était condamné. S'il avait accepté la tenue du congrès ordinaire telle que la proposait Vieira, Aristides aurait de toute façon perdu la partie. Mieux valait dès lors couper les ponts avec Bissau, en se repliant sur la légitimité historique incontestable dont la direction conduite par Aristides était le dépositaire [19].

D'autres facteurs entrent en jeu indiquant le bien-fondé de la stratégie choisie par Aristides Pereira. Le Cap-Vert affronte aujourd'hui une situation sociale et économique

19. Après le Ier Congrès extraordinaire du PAIGC à Bissau, en novembre 1980, la situation devenait néanmoins critique pour la direction historique repliée à Praia : la décision des délégués au congrès de Bissau de garder le sigle PAIGC et donc de revendiquer la représentation des deux peuples, celui de la Guinée et celui du Cap-Vert, provoqua la juste colère du gouvernement et du parti du Cap-Vert. Chose humiliante et absurde pour le successeur d'Amilcar Cabral : pour lutter contre l'usurpation du sigle du PAIGC par les auteurs du coup d'État de 1980, Aristides Pereira dut faire appel à l'opinion publique mondiale. Cf. la *Déclaration de la Commission politique du Conseil national du PAICV* du 21 novembre 1981, diffusée en Europe par les représentations diplomatiques et consulaires du Cap-Vert.

difficile. Plus de la moitié des terres appartenant à l'Église catholique et à quelques grands propriétaires latifundiaires, la réforme agraire devient urgente. Elle ne peut être conduite qu'en alliance avec la petite bourgeoisie métisse, classe très importante dans l'archipel. Or, plusieurs points socialisants du programme du PAIGC effrayaient cette petite bourgeoisie. La constitution d'un parti capverdien et donc la promulgation d'un nouveau programme permettent aujourd'hui le rapprochement des révolutionnaires au pouvoir à Praia avec cette petite bourgeoisie. Autre facteur : l'État de Guinée-Bissau est l'allié de plus en plus marqué de l'Union soviétique, de Cuba, La république du Cap-Vert, par contre, quelles que soient les sympathies personnelles et les convictions marxistes des révolutionnaires qui la dirigent, ne peut vivre sans les transferts massifs en dollars qu'opèrent en sa faveur, mois après mois, les 300 000 Capverdiens émigrés aux États-Unis. Elle a également un besoin vital des droits de passage et taxes d'atterrissage que lui versent les avions sud-africains, utilisant l'aéroport international de l'île de Sal. Une politique étrangère trop nettement orientée vers l'alliance avec l'Union soviétique et le camp communiste mettrait en question, à terme, ces sources de revenu indispensables. Quelle est la situation aujourd'hui ? Luiz Cabral, libéré en janvier 1982, se trouve en exil à Cuba. Quant aux commissaires de son régime et aux cadres et dirigeants du PAIGC éliminés par le coup d'État, nombre d'entre eux sont actuellement au Cap-Vert. Depuis le congrès de novembre 1981, le Mozambique prend fait et cause pour le gouvernement et le parti de Guinée-Bissau [20]. L'Angola, par contre, accorde son soutien au parti et au gouvernement du Cap-Vert [21]. Nous sommes loin du

20. Sol Carvalho, « Do 14 de novembro ás novas perspectivas », in la revue *Tempo* du 16.12.1981, Maputo. Il s'agit de la première prise de position officieuse du Frelimo et du gouvernement mozambicain en faveur du PAIGC de Guinée-Bissau, après le congrès extraordinaire de novembre 1981.

21. Carlos Lopes, « Guiné-Bissau, os equívocos de um golpe de Estado », *Três continentes,* nº 7, Lisbonne, janvier 1981 ; Luis Moita, « O Congresso Extraordinário do PAIGC — algo de novo em Bissau ? », in *Cadernos do Terceiro Mundo,* nº 39, Lisbonne, décembre 1981.

rêve prophétique d'Amilcar Cabral d'un État binational, véritablement indépendant, à égale distance des deux super-puissances, prospère, engagé dans un développement auto-centré. Loin aussi de ce grand parti démocratique qui, sous une direction collective, devait conduire les populations capverdiennes et guinéennes sur le chemin d'une construction nationale intégrée, harmonieuse, paisible et fraternelle.

3

Logique d'État contre logique de classe

Tu vas inventer
le rire sur la dérision de la férule
le courage au bout des bottes du planteur
la force sur les débris des portes éventrées
la fermeté dans le sang rouge de l'arbitraire,
inventer
et garder les yeux secs.

Tu vas inventer
des étoiles sur la pioche de guerre
la paix sur les pleurs des enfants
la paix sur la sueur et les larmes du contrat
la paix sur la haine,
inventer la paix
et garder les yeux secs.

Tu vas inventer
la liberté sur les routes esclaves
les chaînes de l'amour
sur les voies paganisées
les chants de fête sur le balancement des corps
aux simulacres de potences.

Inventer,
Inventer l'amour
et garder les yeux secs.

> Agostinho Neto, *Inventer*
> (traduction Jean Tograni
> et André Joucla-Ruau)

1

La genèse du mouvement armé de libération nationale d'Angola[1]

1. Les « assimilados »

Tout mouvement armé de libération nationale subit des surdéterminations nombreuses : il lutte sur un territoire dont les frontières ont été fixées et dont la configuration a été arrêtée avant la guerre de libération. Il combat un ennemi qu'il n'a pas choisi. Ses avant-gardes s'enracinent dans un champ culturel, naissent d'un processus acculturatif qui sont éminemment contingents, conjoncturels. La troisième partie du livre tente de cerner quelques-unes de ces surdéterminations — idéologiques, sociales, géographiques, historiques, institutionnelles — endurées par le mouvement armé de libération nationale. Pour conduire mon analyse, je choisis un cas concret, celui du *Mouvement populaire de libération de l'Angola* (MPLA).

L'Angola, qui a aujourd'hui près de sept millions d'habitants et un territoire de 1 246 700 km^2, avec une frontière maritime sur l'Atlantique de 1 650 km, a une longue, riche et tumultueuse histoire de résistance populaire à l'envahisseur. Cette résistance s'étend sur une période de plus de quatre cent cinquante ans. Elle est éparse, sectorielle, régionale, limitée à certaines ethnies jusqu'à la naissance du MPLA en

1. Cyrilla Bwakira a réuni, classé, analysé les documents bibliographiques sur l'Angola et effectué les enquêtes empiriques qui sont le fondement du présent chapitre. Cyrilla Bwakira a vécu en Angola, y retourne fréquemment et jouit — grâce à son engagement anticolonial, anti-impérialiste résolu durant la première et la deuxième guerre nationale d'indépendance — de l'amicale confiance de nombreux dirigeants du MPLA-Parti du travail.

1956. La première insurrection populaire généralisée — à Luanda — éclate le 4 février 1961. La première guerre d'indépendance contre l'occupant portugais dure quatorze ans, de février 1961 aux accords d'Alvor, entrés en vigueur le 31 janvier 1975. Immédiatement après, le MPLA doit livrer une deuxième guerre d'indépendance contre le Front national de libération de l'Angola (FNLA), l'Union nationale pour l'indépendance totale de l'Angola (UNITA) et l'Afrique du Sud, soutenus par les États-Unis. La république populaire d'Angola est proclamée le 11 novembre 1975. Aujourd'hui, une troisième guerre ravage le pays. Sur les hauts plateaux fertiles du centre où se concentre la production vivrière, l'UNITA, un mouvement ethnocentrique, composé avant tout de ressortissants du puissant peuple ovimbundu, ravage la région. Armée par l'Afrique du Sud, l'UNITA combat l'autorité de Luanda. Sur territoire angolais, notamment dans les provinces de l'extrême sud, sont stationnés environ cinq mille combattants de la South West African People's Organization (SWAPO) de Namibie. Environ quinze mille soldats cubains épaulent, entraînent les Forças armadas populares de libertação de Angola (FAPLA), l'armée régulière angolaise. La guerre du Sud dure depuis sept ans déjà. Chaque année, des dizaines de jeunes soldats de tous les camps, des centaines de paysans, de femmes, d'enfants meurent sous les bombes, les obus, le napalm. Malgré les accords de 1984, le conflit continue.

La première et la deuxième guerre pour l'indépendance de l'Angola sont présentes comme références récurrentes dans chacune des cinq parties de ce livre. Cette troisième partie — de dimension réduite — n'a donc pour but que de compléter, de systématiser certaines analyses empiriques qui permettent de cerner le problème clé qui nous préoccupera ici : celui de la genèse, du rôle, des contradictions des avant-gardes du mouvement armé de libération nationale dans la guerre de libération nationale et la surdétermination de leur théorie et de leur pratique par la logique de la construction de l'État souverain. Le mouvement armé de libération nationale d'Angola se distingue des autres mouvements africains — notamment du PAIGC guinéen, du Frelimo mozambicain, du

FPLE érythréen — sur un premier point important : le MPLA dispose dès le début de la lutte d'une avant-garde nombreuse, énergique, qui possède une conscience nationale pluri-ethnique, multiraciale, pluriclassiste structurée. Cette avant-garde est formée par une classe sociale qui n'a — dans cette forme et ce nombre — son équivalent nulle part ailleurs en Afrique, la classe des *assimilados*. Les assimilados sont nés du long, douloureux et conflictuel processus d'acculturation de certaines couches africaines avec l'occupant blanc.

Voyons l'histoire de cette acculturation ambivalente, violente, aux contradictions multiples, de certaines couches de la société traditionnelle africaine avec les maîtres portugais.

L'histoire coloniale de l'Angola commence en 1482 lorsque Diego Cão, qui longeait la côte africaine, découvrit l'embouchure du Congo et avec elle le royaume qui portait ce nom. Il venait de mettre pied sur un royaume vieux de près d'un siècle et demi, s'étendant sur le cours inférieur du fleuve Congo[2]. Loin d'être un « territoire sans maître » (pour utiliser la terminologie coloniale de l'époque), ce royaume possédait des structures politiques solides, une monnaie d'échange dont le monopole était détenu par le roi, des institutions civiles, une armée, une cosmogonie subite[3].

Les premières expéditions navales portugaises, et donc celle de Diego Cão, avaient pour principal but l'ouverture de la route vers les Indes et l'établissement de comptoirs. Cependant, l'établissement de comptoirs marchands et de bases navales entraînaient l'arrivée de moines et de prêtres. Ces hommes ne ressemblaient guère aux missionnaires d'aujourd'hui. C'étaient généralement des êtres animés par la volonté aveugle de soumettre au Dieu chrétien, et donc à la monarchie portugaise qui tenait de lui sa légitimité, les populations récemment « découvertes » d'Afrique. Ces prêtres, ces moines devenaient — plus encore que les soldats et les marchands — le véritable fer de lance de la pénétration coloniale. Le baptême catholique était le signe de la soumission à l'ordre « chrétien », donc portugais. Le premier

2. Le territoire occupé en 1482 par l'ancien royaume du Congo est aujourd'hui partagé entre l'Angola, le Zaïre et le Congo-Brazzaville.
3. Georges Balandier, *Anthropologie politique*, PUF, 1978.

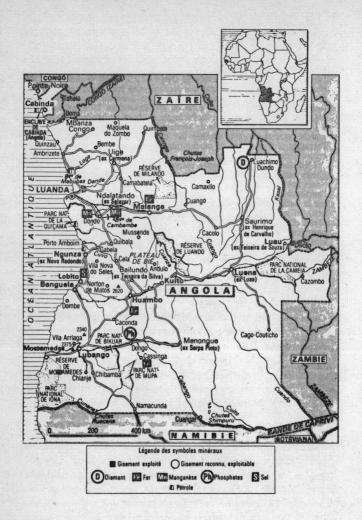

Légende des symboles minéraux

■ Gisement exploité ○ Gisement reconnu, exploitable

Ⓓ Diamant Fe Fer Mn Manganèse Ph Phosphates S Sel

▨ Pétrole

dignitaire important du royaume à subir le baptême fut le chef de la province côtière de Soyo. Les missionnaires, appuyés par les militaires, « convertirent » de force les dirigeants de Soyo deux ans à peine après l'arrivée de la première caravelle de Diego Cão. Le pouvoir central, lui, résista plus longtemps. Pendant une décennie, une lutte sourde parmi les membres de la famille régnante empêcha le royaume de devenir officiellement catholique. Mais, à la mort du roi régnant, en 1506, un de ses fils, Don Alfonso, soutenu par les Portugais qui l'avaient baptisé et éduqué à Lisbonne, gagna la bataille de succession. Ainsi commença la longue marche vers la colonie, scandée par de fréquentes interventions des Portugais dans les luttes de succession, pour imposer un prince chrétien contre d'autres prétendants.

L'établissement de comptoirs portugais sur le territoire du royaume Congo entraîna un développement rapide du trafic des esclaves. En 1475 — sept ans avant que les caravelles de Diego Cão jettent l'ancre devant l'embouchure du Congo —, les premiers colons blancs avaient débarqué sur la petite île de São Tomé, située en face de l'embouchure. C'était essentiellement des Juifs sépharades persécutés, survivants des massacres, fuyant l'Inquisition, et des délinquants, des mendiants, des pauvres portugais déportés de force. En 1483, la culture de la canne à sucre fut introduite à São Tomé. Les colons achetaient désormais massivement des esclaves aux marchands portugais qui, à leur tour, les achetaient au roi et aux dignitaires du royaume Congo (ou du royaume Villi, etc.). Le monopole du commerce des esclaves appartenait au roi du Portugal. Une étrange révolte contre le pouvoir royal portugais eut lieu en 1530 : les colons blancs de São Tomé s'allièrent aux princes du Congo contre le pouvoir royal portugais. Les colons voulaient importer directement, et sans payer les taxes royales, leurs esclaves du continent. Les princes du Congo voyaient dans l'alliance avec les colons insurgés de São Tomé le moyen de se libérer de la tutelle portugaise sur leur territoire.

Dès le milieu du XVIe siècle jusqu'au premier quart du XXe siècle, le Portugal dut faire face à une résistance continuelle, farouche et organisée. En 1556, le royaume N'Dongo

— vassal du roi du Congo à l'est de Luanda[4] — se souleva et donna le signal d'une insurrection généralisée. Le nom de N'Gola Kiluanji, qui organisa autour de 1590 une première coalition contre Dias de Novais, gouverneur de l'Angola depuis 1554, est gravé dans la mémoire collective des Angolais. L'insurrection de N'Gola Kiluanji fut réprimée dans le sang, mais la reine N'Zinga reprit le flambeau de la révolte[5]. Pendant plus de vingt ans, la reine N'Zinga, à la tête de ses guerriers, de ses paysans, mena une guerre de résistance qui obligea les chevaliers portugais à s'enfoncer toujours plus avant à l'intérieur des terres, permettant ainsi l'occupation de Luanda par les Hollandais dont la reine des insurgés se fit des alliés. Les Brésiliens, ne recevant plus d'esclaves, envoyèrent une expédition d'un millier d'hommes qui reprit le port négrier de Luanda.

Cette vaste coalition entre N'Zinga et la Hollande, qui, pour la première fois, s'attaqua aux fondements économiques de la colonisation, un moment victorieux, remit en question toute la présence portugaise en Angola. Réalisant le dépassement des querelles internes entre les princes régnants, N'Zinga symbolise encore aujourd'hui l' « unité nationale »[6].

4. Joseph Ki-Zerbo, *Histoire de l'Afrique noire*, Hatier, 1972, p. 330 et carte p. 327.

5. Pour pouvoir prendre la tête de la révolte, N'Zinga tua son frère, le Ngola (roi) que les Portugais avaient installé au pouvoir.

6. Fait étonnant : la reine N'Zinga est aujourd'hui l'une des principales figures du carnaval de Recife. Elle apparaît généralement en tête du cortège, suivie de ses guerriers. A ses côtés, marche la princesse Isabelle, fille de Dom Pedro, régente du Brésil qui signa le décret de l'abolition de l'esclavage en 1888.

En d'autres termes : pour les descendants des esclaves noirs du Pernambuco, dont le Xangô (le rituel afro-brésilien ancestral) est la matrice culturelle des figures carnavalesques syncrétiques, la reine N'Zinga subit une transformation mythique. Elle n'est pas célébrée en tant que personne historique, ayant lutté contre la pénétration coloniale portugaise en Angola, mais en tant que figure mythique dont l'action — au sein de la diaspora africaine du Brésil — aurait provoqué l'abolition de l'esclavage. Les deux ensembles rituels où la reine N'Zinga joue un rôle central s'appellent dans la diaspora de Pernambuco *Congada* et *Maracatu*. Pour l'importante littérature ethnographique qui s'y rapporte, cf. les indications bibliographiques que je donne dans mon livre *le Pouvoir africain*, *op. cit.*

La fin de cette grande alliance, une dizaine d'années après la mort de la reine N'Zinga (1663), ne signifia pas l'arrêt de toute résistance. Aussi bien à l'est que sur les hauts plateaux et à la frontière du royaume Huila, plus au sud, des attaques localisées continuèrent contre les positions portugaises.

A la Conférence de Berlin convoquée par Bismarck en 1885 pour régler la question du Congo et mettre de l' « ordre » dans la conquête et l'exploitation anarchiques de l'Afrique par les puissances européennes, le sort de l'Angola allait être définitivement fixé [7].

Trois puissances européennes étaient déjà implantées dans la région :
— le roi des Belges, Léopold II ;
— le Portugal ;
— la France qui, grâce à Savorgnan de Brazza, avait signé avec des chefs locaux analphabètes, et qui ne parlaient sûrement pas le français, plus de mille traités.

A qui allaient revenir les bouches du Congo ? La Grande-Bretagne, intéressée avant tout par la liberté du commerce, soutint contre la France son allié et quasi-protectorat, le Portugal. Bismarck, qui ne tenait pas du tout à contribuer à l'élargissement des possessions françaises en Afrique, se rallia à la position britannique.

« *A província de Angola* » recevait ainsi son acte de naissance. La proclamation à Berlin de l'autorité portugaise sur un territoire de plus d'un million de km^2 était assortie d'un ordre d'occupation effective du terrain afin d'éviter toute revendication ultérieure par une autre puissance coloniale [8]. le problème des frontières de l'Angola — comme de celles du Mozambique, d'ailleurs — ne fut pas totalement réglé à Berlin. Un ultimatum anglais força le Portugal à se retirer de la région du Zambèze en 1890. C'est à cette date que les frontières orientales de l'Angola (et occidentales du Mozam-

7. Henri Brunschwig, *Le Partage de l'Afrique noire*, Flammarion, 1970.
8. Commencée vers 1850, la conquête du territoire dura jusqu'en 1922.

bique) avec la Rhodésie du Sud et la Rhodésie du Nord sous domination anglaise furent arrêtées.

La Grande-Bretagne avait aboli l'esclavage en 1830, la France, pour la deuxième fois, en 1848. Mais les principaux clients des marchands portugais de Luanda étaient les planteurs du Brésil. L'esclavage ne fut aboli au Brésil qu'en 1888. La fin de l'esclavage et de la traite des Noirs allait conférer un nouveau statut aux Noirs angolais désormais habitants d'une province du Portugal : *l'esclave devint « contratado »*.

Peter Weiss, qui est mort en Suède en 1982, a écrit sur la vie du contratado une pièce célèbre, jouée régulièrement sur les scènes d'Europe et d'Amérique : *Chant du fantoche lusitanien*. La théorie légitimatrice utilisée par le colonisateur pour justifier l'exploitation du contratado se lit ainsi :

> Une société productive
> se fonde sur un travail rude
> et un esprit de sacrifice total.
> Chacun doit se donner tout entier
> là où sa tâche l'assigne
> en fonction de son niveau moral,
> culturel, financier.
> Une société saine fonctionne
> sur la réciprocité des classes
> et des services qu'elles se rendent.

Au chant du fantoche lusitanien (*id est* : le dictateur Salazar) répond la plainte du contratado :

> Le négrier de jadis avait au moins intérêt
> à veiller sur la santé et la force de ses esclaves
> comme sur celle de son bétail.
> Aujourd'hui qu'il n'achète plus ses nègres,
> puisqu'ils lui sont fournis par le gouvernement,
> s'ils tombent malades ou s'ils crèvent,
> qu'importe : un autre prend sa place[9].

Le contratado est le travailleur sous contrat à vie. Il serait plus juste de parler de travail forcé, car les agents de

9. Peter Weiss, *Chant du fantoche lusitanien*, Éd. du Seuil, 1968, p. 14.

l'administration portugaise étaient habilités à soumettre au
« travail salarié » quiconque était jugé « oisif ». On les
déportait soit vers São Tomé, soit dans les plantations de café
et de coton d'Angola. Ils ne pouvaient pas quitter leur lieu de
travail sans un laissez-passer de l'employeur.

Voici l'historique du travail forcé en Angola : le gouvernement portugais abolit l'esclavage par une loi datée de 1878 ;
celle-ci oblige les affranchis à travailler pendant encore dix
ans pour leurs anciens maîtres. Par la suite, un Code du
travail indigène qui entra en vigueur en 1899 régla définitivement la question. L'article premier de ce code résume
admirablement l'esprit, la portée, la signification du statut du
contratado :

> Tous les indigènes des provinces portugaises d'outre-mer
> sont soumis à l'obligation d'obtenir, par le travail, les
> moyens d'existence qui leur font défaut et d'améliorer
> leur condition sociale. Les indigènes jouissent de toute
> liberté dans le choix des moyens leur permettant de
> s'acquitter de cette obligation ; toutefois, au cas où ils n'y
> satisferaient pas, les autorités publiques peuvent les
> contraindre à remplir cette obligation [10].

Dès la fin du XIXᵉ siècle, les classes dirigeantes portugaises
mettent en place — dans leur colonie d'Angola — une
économie coloniale classique. Ses principales caractéristiques
sont les suivantes : les cultures vivrières, l'économie de
subsistance reculent, et donc l'autonomie, la sécurité économique et le relatif bien-être des familles paysannes angolaises ; une main-d'œuvre surexploitée, peu ou pas rémuné-
rée, produit surtout pour l'exportation ; l'accumulation
interne de capital est quasi inexistante et le Portugal, pays
européen dont l'économie est elle-même peu développée, se
révèle incapable de procéder à des investissements infrastruc-
turels significatifs (cela est vrai pour la période allant jusqu'au
début des années soixante). L'introduction de la culture du
sisal, du coton, du café provoque de vastes migrations forcées
de paysans africains qui sont déportés des régions centre-sud

10. Cf. Groupe « Afrique centrale » du CEDETIM, *Angola, la
lutte continue*, Maspero, 1977, p. 30.

vers le nord du pays, où se situe la majeure partie des grandes
plantations coloniales. Le faible taux d'accumulation interne
de capital et la faiblesse des capitaux que le Portugal investit
dans sa colonie livrent l'économie et le peuple de l'Angola,
pratiquement sans défense, aux caprices, aux manœuvres
spéculatives, aux fluctuations des prix du marché capitaliste
mondial. L'État portugais reste faible à tout point de vue : il
cède des pans entiers de son pouvoir en Angola à de
puissantes sociétés privées portugaises ou étrangères. Exemple : la moitié nord de la province de Lunda est purement et
simplement « concédée » à la Diamang qui, jusqu'en 1975, en
assure l'administration et l'ordre public. Le chemin de fer de
Benguela qui dessert la Copper Belt est l'œuvre de capitaux
belges et anglais qui exploitent respectivement les mines de
cuivre du Katanga (Shaba) et de la Rhodésie du Nord
(Zambie). L'Angola sert également de dépotoir à l'émigration forcée des paysans portugais sous-alimentés, illettrés,
sans terre, sur-exploités, de l'Alentejo et des campagnes de
l'est du Portugal.

Je le répète : pendant toute la durée de la colonie,
l'économie de l'Angola est presque entièrement entre les
mains de quelques grandes sociétés capitalistes privées portugaises ou étrangères qui imposent leur loi au gouvernement.
La dictature fasciste de Lisbonne ne commence à procéder à
des investissements significatifs en Angola qu'après l'insurrection populaire du 4 février 1961.

Malgré le faible développement des forces productives,
l'économie coloniale provoquait néanmoins, au cours des ans,
des modifications significatives de la stratification sociale : la
spoliation des paysans par les grandes sociétés de plantations
faisait naître autour des centres urbains, et notamment à
Luanda, des bidonvilles où venaient s'entasser les anciens
paysans dépossédés devenus prolétaires. Dans les *muceques*
— les bidonvilles de Luanda —, le mouvement armé de
libération nationale trouvera plus tard nombre de ses combattants les plus déterminés. Une autre couche produite par
l'économie et le mode de vie coloniaux exige mention : c'est
la petite bourgeoisie africaine, composée avant tout d'assimilados.

L'assimilado angolais a été créé officiellement par la Constitution de 1933, articles 3 et 133. Les assimilados avaient en principe les mêmes droits et devoirs qu'un citoyen portugais et n'étaient plus soumis aux multiples vexations et discriminations que comporte le statut d' « indigène ». Quelles étaient les conditions à remplir pour « devenir » assimilé à la nation portugaise ?

— Il fallait savoir lire et écrire la langue de Camoens [11].

— Il fallait renoncer au préalable et formellement au « mode de vie tribal ».

— Il fallait payer régulièrement la « captation personnelle » l'impôt, pour se distinguer des « oisifs ».

— Pour le métis, le fait d'être issu d'une union légitime entre un Blanc et une Noire pouvait donner droit au statut d'assimilado à condition de faire preuve de loyauté envers l'État colonial.

Ces assimilés étaient et ne pouvaient être que des marginaux au sens où l'entend Roger Bastide : « L'homme marginal est celui qui participe à deux cultures différentes qui se battent au-dedans de lui, et qui, par conséquent, se sent divisé : il peut être un métis, mais il existe une hybridation indépendante de la miscégénation [12].

Outre leur marginalisation culturelle, les assimilados servaient souvent de tampon entre le peuple conquis et les conquérants, exerçant les métiers de petits fonctionnaires, d'auxiliaires du colonisateur. Ils servaient enfin d'intermédiaires, d'exemples à suivre dans l'appropriation (propagation, diffusion) des valeurs occidentales. Produits à la fois matériels et symboliques du colonialisme, ils constituaient des relais naturels de transmission dans le processus acculturatif.

Le fait de ne savoir lire et écrire que le portugais faisait qu'à la longue les fils d'assimilés nés dans les centres villes ne parlaient plus que le portugais, donc se trouvaient incapables de communiquer avec leurs oncles ou cousins restés au village ou habitant tout simplement les bidonvilles. La pratique

11. Luis de Camoens, poète portugais qui fut au xvie siècle le chantre de l'épopée coloniale.
12. Roger Bastide, *Anthropologie appliquée*, « Petite Bibliothèque Payot », 1971, p. 107.

assimilationniste était porteuse de racisme. Si la femme de
Sambizanga [13] pouvait essayer de parler portugais, de s'habil-
ler dans la mesure de ses moyens comme la Blanche ou
l'assimilée, l'assimilée, par contre, n'avait pas le droit de
porter des pagnes africains. Donc, si l'assimilé est le produit
du contact entre deux cultures, l'une d'elles réalisait en lui
une plus-value qui se payait par la perte nette de l'autre.

Sans pour autant constituer une classe à part, les assimilados formaient cependant un groupe distinct. Du fait de
l'exigence de formation qui était à l'origine de leur naissance,
ils devenaient des cadres petits et moyens. Leurs enfants
accédaient à l'école secondaire et peut-être même à l'enseignement supérieur. Ainsi, la politique d'assimilation entraînait des effets de discrimination « dynamique » dans tous les
domaines.

Cette politique portait en elle-même ses propres limites, ses
contradictions et sa condamnation. Comme le dit Mário de
Andrade : « Même si, sur le plan formel, sur le plan des
principes, l'assimilation portugaise est une idée " généreuse ", sur le plan de la pratique, elle ne peut jamais être
poursuivie jusqu'au bout [14]. »

Plus formés que les autres Africains, les assimilados,
avaient l'esprit généralement plus aiguisé et plus critique.
Leur double identité se manifestait souvent dans des actions
fluctuantes et contradictoires ainsi que dans des attitudes
ambivalentes. Il était courant d'observer des réactions de
compensation par lesquelles les assimilés essayaient de sur-
monter leurs conflits intérieurs : complexe d'infériorité face à
l'homme blanc ; complexe de supériorité face à l'homme
noir ; hypersensibilité quant à la couleur de leur propre peau,
les uns rejetant le père blanc, les autres usant leur mémoire
pour se trouver à tout prix un ancêtre de telle ou telle couleur.

La confusion à ce niveau était telle que le colonisateur
devait établir une typologie pour distinguer les résultats des
mélanges Blanc-Noir. Blanc et Noir donnait un *mestiço* ;

13. Bidonville de Luanda, célèbre pour sa participation à la lutte
de libération nationale.
14. Mário de Andrade, dans la revue *Tricontinental* (publiée par
les éditions Maspero), n° 3, 1969, p. 82.

mestiço et Blanc donnait un *cabrito*, mestiço et Noir donnait un *cafuso* [15].

Le conflit des deux cultures (l'une ambiante, présente, visible et l'autre intériorisée) ne pouvait se poursuivre impunément. L'exceptionnelle qualité intellectuelle et humaine de plusieurs dirigeants du mouvement armé de libération nationale d'origine assimilado ne doit pas nous voiler cette évidence : le désajustement de nombreux assimilados rejetés par les deux sociétés auxquelles ils appartiennent simultanément, ne pouvant s'intégrer tout à fait à aucune, finit toujours par en faire des névrosés. Mário de Andrade a raison : la plupart des assimilados vivaient dramatiquement les limites de leur « émancipation ».

Le déchirement intérieur, l'existence douloureuse de tant d'assimilados produisirent une poésie et une littérature attachantes, émouvantes. La langue portugaise devint leur patrie.

Ils vont dès lors plier cette langue portugaise à leurs propres exigences, en user pour dire à leurs semblables et au monde entier leurs souffrances et leurs rêves particuliers. L'assimilado dit dans une très belle langue portugaise sa situation de « *negro ferido na sua cor* » (nègre blessé dans sa couleur). Pendant la période où règne — dans l'empire portugais — une relative liberté d'expression, c'est-à-dire durant l'époque 1880-1920, paraît un hebdomadaire, *O Futuro de Angola,* publié à Luanda par José Fontes Pereira, un assimilé qui dénonça la domination portugaise et son obscurantisme. Un autre acte de rébellion est à noter à cette époque : c'est la tentative de conservation du kimbundu dans un dictionnaire compilé par Joaquim Dias Cordeiro da Mata.

La littérature, la poésie, des assimilados angolais est pleine d'œuvres attachantes, riches et parfois puissantes. C'est une littérature marquée par la douleur, l'ironie, constamment axée sur l'auto-analyse du sujet parlant. Des formes d'expression très particulières se développent : les « *gritos* » et les « *delírios* » [16]. Les « gritos » sont des pamphlets contre ceux

---

15. Manuel Pedro Pacaviro, *Gente do Mato,* Luanda, União dos escritores angolanos, 1981, p. 13.
16. *Grito* = cri ; *delírio* = délire.

qui méprisent l'assimilado lettré alors que plus de 40 % du peuple colonisateur est analphabète. Le « delírio » est un poème d'évasion, d'images lyriques et fortes, où l'assimilado rêve, divague, voyage loin des réalités blessantes de sa vie quotidienne. « Delírios » et « gritos » sont les premières manifestations d'un nationalisme culturel où prendra racine l'idéologie anticoloniale, anti-impérialiste du MPLA.

Il faut citer ici d'autres manifestations importantes de ce nationalisme culturel naissant : un groupe de journalistes assimilados publiait en 1901 une série d'articles sous le titre *Voz de Angola — clamando no deserto*. Dans ces textes particulièrement intéressants, ils s'en prenaient violemment au régime colonial, allant jusqu'à récuser les fondements philosophiques du Code du travail de l'indigénat ; ils réhabilitaient ainsi les « oisifs », c'est-à-dire le mode de vie et de production des colonisés qui refusaient l'économie monétaire et le travail forcé.

Le mouvement de prise de conscience des assimilados culmina avec la proclamation de la République au Portugal en 1911. Cette couche petite-bourgeoise, lettrée, qui vivait douloureusement sa marginalité, produisit tout au long des générations nombre de poètes, de romanciers, de critiques littéraires, de professeurs de l'enseignement secondaire de grande créativité [17]. Cette période de relative liberté d'expression, d'effervescence intellectuelle, de débats libres et passionnés s'interrompit brusquement en 1926 : la grave crise économique, sociale qui ravageait le Portugal depuis 1916 favorisa l'accès au pouvoir d'État des forces fascistes, corporatistes, ultra-catholiques et intégristes. António Salazar, théoricien du fascisme portugais, fut nommé ministre de l'Économie. Il devint Premier ministre peu après. La longue nuit de l'obscurantisme, du mensonge, de la tyrannie descendit sur le Portugal et sur ses « provinces d'outre-mer ».

17. Pour une somme de cette production, cf. Mário de Andrade, *Antologia temática da poesia africana*, Lisbonne, Éd. Sá da Costa, 1975.

2. La révolte

Le Mouvement populaire pour la libération de l'Angola naît d'une dialectique complexe dont les termes sont constitués par deux mouvements radicalement opposés : les aspirations des paysans, ouvriers, chômeurs, marginalisés, prolétarisés, néantisés par l'oppression coloniale, d'une part, et celles des assimilados, d'autre part. Parmi les premiers, beaucoup habitent les muceques, les bidonvilles qui ceinturent comme un étau de désespoir et de misère la brillante capitale de la colonie où logent les colons et les assimilados. Dans un premier temps, que nous avons vu, les assimilados s'opposent à leur peuple. Les prolétaires noirs, à leur tour, leur vouent une haine solide, mêlée de crainte et de mépris. mais les poèmes, pamphlets, romans, « delírios » et « gritos » des assimilados ne sont pas, je le répète, de maladroites tentatives d'imitation de la culture dominante. Elles sont l'expression d'une conscience déchirée, habitée par un projet précis, celui de la recherche d'une identité propre.

Sociologiquement, les assimilados ne sont pas des assimilés. Ils produisent un univers qui est le leur. Ils vouent aux Portugais, qui les méprisent, les discriminent et les privent d'identité, une haine la plupart du temps inavouée, refoulée mais brûlante. L'univers de l'assimilado est sous-tendu de haine : haine du Portugais, mépris, incompréhension vis-à-vis de son compatriote noir. Cet univers est complexe, traversé de contradictions, difficile à cerner en quelques mots : l'instrumentalité technologique, la raison analytique de la culture occidentale séduit les assimilados. Ils sont fascinés par la maîtrise du réel que procure le maniement de l'instrumentalité occidentale. Confusément, ils adhèrent aux « valeurs universelles » que charrie cette culture. Ils refoulent en eux-mêmes les valeurs africaines dont pourtant leur affectivité leur suggère l'indéracinable validité.

Tantôt lyriques, tantôt désespérés, frustrés, résignés, humiliés, révoltés, les assimilados parlent tous des drames de l'acculturation, mais donnent l'impression qu'implicitement ils admettent ou plutôt constatent la supériorité de la culture occidentale. Comme un virus, elle est là ; comme une malédiction, elle les poursuit. Ils doivent vivre avec elle comme avec une infirmité. L'assimilado chante pour exorciser ce destin, ce sort maléfique. Il chante la maman noire, « *mãe negra* », symbole d'un rêve vivant, certitude d'une identité, espérance d'exister en elle et par elle. Il chante la terre qui a vu naître ses ancêtres, les a nourris et reçoit leurs restes. Mais cette terre a aussi vu arriver l'homme blanc. L'assimilado a assisté impuissant à la déportation de ses meilleurs fils. L'assimilado chante l'esclave et le contratado pour trouver dans leurs blessures, leur humiliation, l'argument tangible qui justifie sa propre haine de l'oppresseur blanc.

En fait, les prolétaires noirs des muceques et les assimilados vivent au début des années cinquante un processus historique universellement connu sous la dénomination de *lutte des consciences de soi opposées* et que Friedrich Wilhelm Hegel analyse dans *la Phénoménologie de l'esprit*.

Hegel :

> D'abord, la conscience de soi est être-pour-soi, simple égal à soi-même en excluant de soi tout ce qui est autre ; son essence et son objet absolu lui sont le Moi ; et, dans cette immédiateté ou dans cet être de son être-pour-soi, elle est quelque chose de singulier. Ce qui est autre pour elle est objet comme objet inessentiel, marqué du caractère du négatif. Mais l'autre est aussi une conscience de soi. Un individu surgit face à face avec un autre individu. Surgissant aussi immédiatement, ils sont l'un pour l'autre à la manière des objets quelconques ; ils sont des figures indépendantes et, parce que l'objet étant s'est ici déterminé comme vie, ils sont des consciences enfoncées dans l'être de la vie, des consciences qui n'ont pas encore accompli l'une pour l'autre le mouvement de l'abstraction absolue, mouvement qui consiste à extirper de soi tout être immédiat, et à être seulement le pur être négatif de la conscience égale-à-soi-même.

Encore Hegel :

> En d'autres termes, ces consciences ne se sont pas encore présentées réciproquement chacune comme pur être-

pour-soi, c'est-à-dire comme conscience de soi. Chacune est bien certaine de soi-même mais non de l'autre ; et ainsi sa propre certitude de soi n'a encore aucune vérité ; car sa vérité consisterait seulement en ce que son propre être-pour-soi ne serait présenté à elle comme objet indépendant, ou, ce qui est la même chose, en ce que l'objet ne serait présenté comme cette pure certitude de soi-même. Mais, selon le concept de la reconnaissance, cela n'est possible que si l'autre objet accomplit en soi-même pour le premier, comme le premier pour l'autre, cette pure abstraction de l'être-pour-soi, chacun l'accomplissant par sa propre opération et à nouveau par l'opération de l'autre [18].

Comment saisir la lutte des consciences de soi opposées, cette dialectique complexe de l'inversion, du dépassement, de l'unité enfin et de la reconnaissance mutuelle qui se développe dès le début des années cinquante entre les prolétaires des muceques et les petits-bourgeois métis, les assimilados habitant le centre de la capitale ? Quelles circonstances objectives, quels bouleversements économiques, sociaux déclenchent ce processus ?

Le Portugal fasciste, ses colonies d'Afrique avaient connu une ère de prospérité sans précédent durant les années sanglantes de la Seconde Guerre mondiale : les provinces d'outre-mer alimentaient les marchés des belligérants. L'Europe était ravagée, l'Amérique du Nord tout entière absorbée par son effort de guerre. L'Angola y exportait du riz, du coton, du café, des légumes, des fruits à des prix jamais atteints auparavant. Les Nègres angolais, mozambicains, guinéens nourrissaient les armées ennemies des Blancs. Mais l'armistice, puis la reprise des activités productrices dans les pays vainqueurs, provoqua l'effondrement des économies du Mozambique, de São Tomé, d'Angola, de Guinée-Bissau. Les exportations et les prix de vente étaient en chute libre. La faim, la misère, le chômage, le désespoir ravageaient plus encore que par le passé les muceques mais aussi — pour la

---

18. Friedrich Wilhelm Hegel, *La Phénoménologie de l'esprit*, vol. I, trad. fr. Jean Hyppolite, Aubier-Montaigne, 1946, p. 158 *sq.*

première fois — les quartiers métis de Luanda, de Lourenço Marques, de Beira, de Lobito. Deux facteurs symboliques s'ajoutent à l'effondrement des économies coloniales et aux souffrances physiques qu'il provoquait : le Portugal, dictature fasciste, se retrouvait en 1945, et pendant toutes les années de la reconstruction institutionnelle de la communauté internationale, dans le camp des vaincus. La dictature de Lisbonne, comme celle de Madrid, survécut au cataclysme. Mais l'exemplarité de la destruction des fascismes allemands, italiens, japonais n'échappait à personne. La tyrannie n'était ni éternelle ni toute-puissante. Elle était — dans certaines conditions historiques et confrontée à une résistance déterminée — faillible, faible, susceptible d'être détruite et vaincue. Dans ces années de l'immédiat après-guerre, au-delà des mers, en Indonésie, au Vietnam, en Inde, en Chine, des peuples étaient en train, justement, de blesser, d'attaquer, de tuer, de chasser hors de chez eux les oppresseurs séculaires.

Sur quels thèmes, selon quelles modalités se développe la lutte des consciences de soi opposées, le processus de la reconnaissance mutuelle et conflictuelle entre les prolétaires noirs et les assimilados en quête d'identité ? Pour les ouvriers des muceques, les contratados des plantations de coton du Nord, les cheminots sous-payés du chemin de fer de Benguela, les marins-pêcheurs de Lobito, aucun problème ! Ils vivent leur révolte dans l'immédiateté. Ils subissent le racisme portugais dans toute sa brutalité. Ils souffrent, ils résistent, ils plient, ils se redressent, ils tentent de survivre. Une brèche s'ouvre-t-elle dans le mur de l'oppression ? Ils s'y engouffrent. Le maître hésite, montre une défaillance, trébuche ? Ils le frappent. Les prolétaires noirs n'ont ni névroses coloniales ni problèmes d'identité. Ils se savent esclaves, Noirs et exploités. Ils haïssent le maître. Et le maître le leur rend bien. Aucun sentiment compliqué d'amour-haine envers un père blanc longtemps désiré mais qui ne cesse de se dérober à l'affection du fils africain ne les paralyse.

La situation intellectuelle, affective, culturelle, psychologique des assimilados est infiniment plus compliquée. Pour de nombreuses raisons qui sont matérielles autant que culturelles, les assimilados sont en premier lieu les auxiliaires de l'oppresseur. Petits fonctionnaires dans la capitale, administrateurs dans la brousse, instituteurs, infirmiers, étudiants, boursiers dans les lycées et universités de Lisbonne, leur révolte met d'abord en question leurs privilèges matériels. Elle menace leur mode de vie, leur sécurité matérielle. La rupture radicale avec l'idéologie coloniale détruit le confort d'un discours culturel, qui — même s'il est générateur de complexes, de névroses, de souffrances psychologiques — confère néanmoins un statut et des avantages. On comprend dès lors que la démarche des assimilados reste longtemps hésitante. Elle n'a, à aucun moment — avant 1961 —, la radicalité de la révolte des muceques.

Mário de Andrade est le premier étudiant africain à la Faculté des lettres de l'université de Lisbonne. Avec Amilcar Cabral, Agostinho Neto, Lúcio, Lara, Francisco José Terneiro, Marcelino dos Santos, il fréquente la *Casa dos estudantes do Império* à Lisbonne. Amilcar Cabral, parlant, vingt ans plus tard, aux jeunes commandants de l'armée de libération du PAIGC, de cette époque du début des années cinquante à Lisbonne, dit ceci :

> ... Un groupe d'étudiants des colonies portugaises avait commencé à chercher comment redevenir des Africains, car l'astuce de toujours du colonisateur consistait à ne pas nous permettre de l'être pour faire de nous des Portugais de deuxième classe. Celui qui avait eu la chance de fréquenter l'école, les Portugais l'utilisaient comme agent, comme un individu qui allait renier l'Afrique pour servir la colonie. Notre travail consistait donc à rechercher de nouveau nos racines africaines. Et cela a été si merveilleux, si utile et lourd de conséquences qu'aujourd'hui les fondateurs de ce groupe sont tous dirigeants des mouvements de libération dans les colonies portugaises [19].

Pendant de longues générations, l'assimilado avait été pareil à cet homme fou de Corinthe dont parle Platon et qui

---

19. Causeries au séminaire des cadres à Conakry, 1969, cité par Mário de Andrade in *Amilcar Cabral*, *op. cit.*, p. 36.

était persuadé que le soleil ne brillait au zénith que pour
l'éclairer, lui. Cet homme isolé, dressé sur son rocher, les
yeux tournés vers ce soleil unique, avec une conscience de soi
éclatée, malheureuse. L'assimilado lui ressemble. Comment
s'opérera la guérison ? Elle sera longue et douloureuse. Dès
la fin de la Seconde Guerre mondiale, les petits-bourgeois et
cadres métis et assimilados commencent à regarder les
bidonvilles indigènes avec une envie, une émotion confuses,
car ils commencent à comprendre que, entre eux et leurs
frères — cousins, oncles, sœurs —, une barrière a été
articiellement érigée par le colonisateur. Ils réalisent petit à
petit qu'il ne suffit pas d'écrire des « gritos », des « deli-
rios », pour retrouver, construire, mobiliser l'identité africaine perdue. Cependant, la conscience éclatée, déchirée,
malheureuse de l'assimilado ne sera définitivement guérie
que par la lutte armée de libération nationale menée aux
côtés du prolétaire. Ce sera la confrontation à vie, à mort
avec l'oppresseur qui rendra à l'assimilado aliéné son être
d'homme libre et conscient de sa liberté.

3. *Fondation du mouvement armé de libération nationale*

Le MPLA fut fondé dans la clandestinité d'un faubourg de
Luanda, le 10 décembre 1956. A l'opposé de l'UNITA et du
FNLA, il fut, dès son premier jour, un mouvement pluriclassiste et pluri-ethnique qui faisait de la lutte contre le racisme
un de ses principes d'action les plus fondamentaux et les plus
rigoureusement observés.

Voici les principaux extraits du Manifeste de fondation :

> La chute du colonialisme portugais ne sera pas possible
> sans lutte. Il n'existe donc qu'un moyen qui permette au
> peuple angolais de se libérer : la lutte révolutionnaire.
> Cette lutte n'aboutira cependant à la victoire qu'au
> moyen d'un front unifié de toutes les forces anti-
> impérialistes d'Angola, sans distinction des couleurs
> politiques, de la situation sociale des individus, de leurs
> croyances religieuses et de leurs tendances philosophi-

que, au moyen par conséquent du plus large Mouvement populaire de libération de l'Angola.

Et plus loin :

> Les peuples coloniaux opprimés et les masses laborieuses et exploitées sont des alliés naturels dans la lutte contre ceux qui les exploitent. Que le drapeau de la solidarité internationale des travailleurs de tous les pays soit hissé ! Que notre juste et indestructible front mondial contre les exploiteurs des métropoles et des colonies, nos ennemis communs, soit vivifié et fortifié ! Luttons pour la coexistence et la collaboration pacifique des peuples [20].

John Marcum, qui consacre à la fondation du MPLA, à ses premiers manifestes et à ses premiers réseaux logistiques clandestins un ouvrage remarquable, dénombre plus de vingt organisations culturelles, associations de quartiers, groupements corporatistes ou cellules syndicales qui, en 1956, se fondirent dans le MPLA. Certaines de ces organisations s'étaient développées en dehors des frontières de la colonie, notamment dans les Casas dos estudantes do Império de Lisbonne et de Coimbra. C'étaient les fameux cercles d'études africains qui surgissaient — dès 1946 — un peu partout où se retrouvaient des étudiants africains de l'empire lusitanien. D'autres organisations ou groupuscules étaient nés à Luanda même. Parmi ceux-ci, le groupe le plus vif, le plus stimulant, était certainement celui qui gravitait autour de la revue *Mensagem,* fondée en 1948 par Viriato da Cruz.

Une résistance obscure, constante, patiente, obstinée, organisée par des travailleurs, des militaires et des intellectuels blancs s'opposait à la dictature fasciste au Portugal comme dans les colonies. Tant au Portugal qu'à Luanda, les fondateurs du MPLA réussirent très vite à tisser des liens solides, permanents, d'une extraordinaire utilité logistique et tactique, avec ces antifascistes et anticolonialistes blancs. La

---

20. Cité in John Marcum, *The Angolan Revolution,* vol. I, *The Anatomy of an Explosion,* Massachusetts Institute of Technology Press, 1969, p. 33 *sq.*

plupart d'entre ceux-ci étaient des communistes, des socialistes, mais aussi des catholiques progressistes. Grâce à leur apport idéologique, leur expérience et leur culture politiques notamment, le MPLA prit rapidement la configuration d'un mouvement largement ouvert au monde, susceptible de pratiquer la critique et l'autocritique et disposant d'une charpente théorique solide.

Le MPLA n'était donc nullement une organisation homogène : l'ouverture au dialogue, la multiplicité des tendances, le goût prononcé de l'autocritique et de la critique, la volonté de régler par le débat — et donc souvent aussi de masquer — les multiples conflits structurels, politiques, idéologiques qui l'assaillent dès les premiers jours de son existence restent les principales caractéristiques de l'organisation jusqu'en 1975. Cependant, malgré la diversité extrême des groupes et des hommes qui concourent à la fondation du MPLA, quatre personnes jouent dans sa création en 1956 un rôle particulièrement important.

1. Le premier est le docteur *António Agostinho Neto*, né le 17 septembre 1922 dans le village de Kaxikane, dans la région de Icolo e Bengo, à une soixantaine de kilomètres de Luanda. Fils d'un pasteur méthodiste qui, ainsi que sa mère, était « professor », il fut un des rares Africains de sa génération à pouvoir terminer ses études au célèbre lycée Salvador-Correia de Luanda. Il travailla ensuite pendant trois ans au service de la Santé publique de la capitale. En 1947, il partit pour Coimbra où il entreprit des études de médecine. Deux ans après son arrivée, les méthodistes américains lui donnèrent une bourse d'études. Militant politique actif, malgré son caractère plutôt calme, il devint membre du Comité central du MUD (Movimento de unidade democrátia-juvenil) antisalazariste en tant que représentant des jeunesses coloniales. En 1951, il essaya de réunir des signatures pour l'appel de la Conférence mondiale de la paix de Stockholm. Il fut arrêté par la PIDE. Libéré au bout de cinq semaines, il reprit ses activités au sein du MUD. La PIDE l'arrêta une deuxième fois lors d'une réunion publique du MUD à laquelle assistaient aussi des ouvriers et des paysans. En février 1955, Neto

était à nouveau incarcéré. Neto n'était donc pas physiquement présent lors de la réunion de la fondation du MPLA le 10 décembre 1956 à Luanda. Mais, grâce notamment au Parti communiste portugais clandestin — dont les réseaux pénétraient même dans les prisons et les camps de concentration de la dictature —, le contact entre les révolutionnaires de Luanda et leurs camarades incarcérés ne fut jamais rompu.

Une campagne internationale fut organisée en faveur de sa libération, appuyée par Jean-Paul Sartre, André Malraux, Louis Aragon, Simone de Beauvoir, etc. Il fut élu prisonnier de l'année 1957 par Amnesty International. En juin 1957, Salazar dut libérer Neto. En 1958, Neto épousa une jeune femme portugaise, Maria Eugénia. Il passa son diplôme de médecin à Lisbonne. En 1959, naquit leur premier fils.

En 1959, Neto quitte légalement le Portugal et rentre avec sa famille à Luanda où il arrive le 30 décembre. Il ouvre un cabinet de médecin généraliste. Le père d'Agostinho est noir. Sa mère aussi. Mais les deux parents jouissent — comme leur fils — du statut d'assimilado. Le père est un homme de prestige qui jouit, parmi la population, d'une grande autorité puisqu'il défend avec efficacité les colonisés contre l'administration. Agostinho, médecin des pauvres dans les bidonvilles, poursuit cette tradition familiale. Le 8 juin 1960, la PIDE envahit le cabinet de Neto où attendent les longues files de malades, de quémandeurs. C'est le directeur de la police secrète d'État qui — en personne — vient arrêter le médecin. Devant sa famille réunie, ses voisins et ses parents, Neto est giflé, battu par les agents de la police secrète, jeté à terre, humilié. Il est transféré à Lisbonne, à la forteresse maritime de Caxias où, dans les cachots souterrains envahis par l'eau puante à chaque marée montante, les prisonniers antifascistes, anticoloniaux les plus dangereux pour la dictature sont enfermés. Alvaro Cunhal est également détenu à Caxias.

Juillet 1962 : les réseaux clandestins de la résistance font évader un certain nombre de prisonniers. Sur un voilier de plaisance, Neto, en compagnie d'autres révolutionnaires africains, notamment du Guinéen Vasco Cabral, parvient à gagner les côtes du Maroc. Du Maroc, il part pour Kinshasa. La période de sa vie clandestine est terminée : en décembre

1962, il est élu président du MPLA et conduira la lutte jusqu'à l'indépendance, le 11 novembre 1975. Premier président de la république populaire d'Angola et, en 1977, du MPLA, devenu MPLA-Parti du travail, António Agostinho Neto meurt d'un cancer dans un hôpital de Moscou. Il reçoit des funérailles nationales à Luanda le 17 septembre 1979 [21].

António Agostinho Neto est un poète attachant. Introverti, renfermé même, déterminé, brillant, intelligent, il porte toutes les blessures de l'assimilado. Il les dépasse, les guérit dans la poésie. Neto est le Nazim Hikmet africain : le lyrisme le plus intense, le plus coloré, le plus intimiste se mêle dans ses poèmes aux appels à la révolte, aux analyses politiques, à l'invocation de la puissance du rêve, à l'espoir de l'homme qui lutte. La place me manque pour de longues citations qui pourtant seraient nécessaires pour saisir la beauté, la puissance lyrique de la poésie de Neto. Je renvoie le lecteur au volume *Sagrada Esperança* (l'espérance sacrée), et plus particulièrement aux poèmes « *Um aniversário* », « *Adeus á hora da Largada* » et « *Para além da poesia* » où la révolte contre l'oppression est célébrée par des fusillés grecs, par des combattants coréens, par un jeune médecin de Luanda et par une mère noire qui pleure son fils [22].

2. Un autre homme clé du groupe fondateur du MPLA est *Mário de Andrade,* intellectuel et écrivain de réputation internationale. Mário Pinto de Andrade est né au Golungo-Alto dans la région de Cuanza-Noste, le 21 août 1928. D'après l'absurde classification raciale portugaise, il est métis. Pourtant, il est l'un des rares assimilés à parler et écrire couramment le kimbundu. Après des études secondaires à Luanda, il part à l'âge de vingt ans pour Lisbonne où il étudie la philologie. Il quitte Lisbonne pour Paris en 1954, où il fait

21. Je signale l'oraison funèbre de Lúcio Lara, qui vaut celle d'Engels sur la tombe de Marx, du 17 mars 1883. Cf. Lúcio Lara, *O nosso juramento não será em vão in Sagrada Esperança*, Luanda et Lisbonne, Editora Sá da Costa, 1979, p. 7 *sq.* Un mausolée a été construit par la suite, semblable à ceux de Lénine et de Mao Zedong.
22. Agostinho Neto, *Sagrada Esperança, poemas,* Luanda et Lisbonne, Editora Sá da Costa, 1979.

des études de sociologie à la Sorbonne. C'est en fréquentant l'École pratique des hautes études qu'il rencontre Roger Bastide, à l'époque l'un des critiques les plus acerbes de la politique africaine portugaise. Andrade est déjà à cette époque l'un des principaux théoriciens de la lutte de libération nationale. Ses articles, essais, publiés dans *Démocratie nouvelle, Tricontinental, Présence africaine*, font autorité. Il écrit avec un égal bonheur de style en français, en portugais.

Entre Neto et Andrade, les différences de caractère sont frappantes : Neto est un poète sensible qui se mue graduellement en homme d'action, en chef de guerre, en tribun politique, en organisateur, puis en chef d'État, il peut être d'une dureté sans faille, sans pitié : au MPLA, les scissions, les dissidences sont nombreuses. Neto n'hésite pas, quand il le juge nécessaire pour le maintien de l'unité du mouvement, à exclure, à faire juger ses adversaires et rivaux. Andrade fait le chemin inverse : deuxième président du MPLA après Ilídio Machado, combattant clandestin d'un rare courage, il se retire graduellement de la scène politique pour devenir le principal historien du nationalisme dans les pays de l'Afrique lusitanienne. Vivant aujourd'hui en semi-exil, refusant toute charge ministérielle, il jouit d'un très grand prestige moral·et intellectuel tant auprès de ses anciens compagnons de lutte qu'auprès des jeunes générations angolaise, guinéenne, mozambicaine, capverdienne.

3. *Viriato Francisco Clemente da Cruz,* lui, s'est formé sur le terrain de la lutte politique clandestine de Luanda. Né le 25 mars 1928 à Kivuvu près de Porto Amboim, il n'a fait que des études secondaires au lycée de Luanda. Il travaille au ministère de l'Éducation d'où il est chassé en 1952. Il est le fondateur de la revue *Mensagem.* Il est ensuite employé de librairie. Recherché par la PIDE, il s'enfuit, passant par Lisbonne, à Paris où il rejoint Mário de Andrade.

4. *Ilídio Tomé Alves Machado* est né en 1915 à Luanda. Sa mère est une ancienne esclave : il ne possède qu'un certificat d'études secondaires. Employé des PTT, il fait ses armes politiques au sein de la *Liga Africana,* l'un des groupes qui se fondra dans le MPLA. C'est cet homme que le MPLA élit

comme premier président en décembre 1956. La PIDE met
fin à sa présidence : elle l'arrête en mai 1959. C'est Mário de
Andrade qui, de Paris, ensuite de Conakry et Kinshasa, va
assumer la présidence du MPLA jusqu'à l'élection de Neto en
décembre 1962.

Je n'ai cité nommément ici qu'une minorité des premiers
combattants du MPLA. D'autres hommes ont joué dès les
débuts du mouvement un rôle historique irremplaçable par
leur courage personnel, leur abnégation, leur sacrifice, la
lucidité de leurs analyses, la patience et la détermination de
leurs engagements. L'un de ceux-ci est *Lúcio Lara*, jeune
intellectuel assimilado du sud du pays. Son père, Sousa Lara,
est un important propriétaire de plantations. Lúcio étudie à
Lisbonne. En 1959, il rejoint Andrade et Viriato da Cruz à
Paris. Les trois hommes forment le noyau actif du MPLA en
exil jusqu'en 1962. Ils tissent d'innombrables liens avec les
organisations progressistes d'Europe, les États socialistes et
préparent — militairement, idéologiquement, diplomatiquement — la lutte armée à venir.

Entre 1957 et 1961, une sorte de guerre de l'ombre oppose
les combattants du MPLA, de ses organisations associées, aux
forces de la répression coloniale. La dictature de Lisbonne
sait qu'un mouvement armé de libération nationale vient
d'être formé. Elle installe à Luanda un centre d'investigation,
de torture, d'enquête de la PIDE. Les forces armées d'occupation sont renforcées. Mais la dictature est mal informée.
Elle n'arrive pas à apprécier la stratégie, l'implantation
réelles du mouvement. La PIDE pendant plusieurs années
(1957-1959) frappe un peu au hasard. Elle parvient à infiltrer
certaines cellules du MPLA, d'autres restent dans l'ombre.

A Pâques, le 29 mars 1959, première vague d'arrestations
massives : en plus des nationalistes noirs et métis, la PIDE
arrête des libéraux et des marxistes européens opérant sous le
couvert d'une organisation culturelle, la *Sociedade cultural de
Angola*, fondée en 1943, et d'une revue, *Cultura*[23], créée en

23. La revue *Cultura* travaille en liaison étroite avec la revue
Mensagem qu'elle finance.

1957. Ces arrestations, suivies par d'autres en juillet de la même année, conduiront au célèbre *Procès des Cinquante* de 1960, premier grand procès politique contre les nationalistes révolutionnaires d'Angola[24].

Parmi les personnes arrêtées, il faut signaler Ilídio Tomé Machado, président du MPLA, Carlos Aniceto Vieira Dias, fondateur du groupe de danse Ngola-Ritmo, Mendes de Carvalho, actuel ministre de la Santé, Floréncio Gamal el Caspar ainsi que le père de celui-ci, l'actuel ministre du Commerce intérieur António Jacinto, célèbre poète, auteur de *Momangambée*. Mário de Andrade et Viriato da Cruz, tous deux accusés, sont jugés *in absentia*. Le père Joaquim Pinto de Andrade, frère de Mário, et Agostinho Neto ne sont arrêtés qu'en juin 1960.

Dans cette atmosphère explosive, l'armée portugaise ne cesse de renforcer ses effectifs ; en plus d'une unité de l'armée de l'air récemment installée à Luanda, une garnison de la marine surveille en permanence les côtes angolaises. Ces arrestations sont des coups terribles portés au mouvement armé de libération nationale. Son infrastructure — faible, incertaine en ces années 1957-1959 — est presque entièrement anéantie. L'implantation dans les muceques, pour ne pas parler des régions rurales, est quasi inexistante. Le MPLA se révèle incapable de réagir aux coups portés par la PIDE et la police de l'armée. Ce n'est qu'en février 1960 que le MPLA réussit à installer un vrai quartier général à Conakry et à entamer en direction de l'opinion publique internationale un travail d'explication sérieux.

Pour les mouvements armés de libération nationale, la violence n'est pas une option ontologique. Les dirigeants de ces mouvements ne recourent à la violence qu'après mille hésitations, à contrecœur, forcés par le refus qu'oppose le colonisateur à toutes les tentatives de dialogue. Cabral a tenté pendant trois ans (1956-1959) d'ouvrir un dialogue raisonnable avec Lisbonne. Eduardo Chivambo Mondlane a essayé pendant des années de négocier avec le Portugal. Le déclen-

24. Pour une liste exhaustive des personnes arrêtées, cf. John Marcum, *The Angolan Revolution, op. cit.,* vol. I, p. 33 *sq.*

chement de la lutte armée est l'ultime recours des nationalistes révolutionnaires. Dans certains cas, il ressemble à un acte de désespoir [25].

Le MPLA ne fait pas exception à la règle : dès son installation à Conakry, il tente de convaincre le gouvernement raciste de Lisbonne de la nécessité de l'ouverture de négociations et de la transformation du statut juridique de la « province d'outre-mer d'Angola ». Le Portugal répond par un non sans appel à une proposition de négociation venue des dirigeants du MPLA en février 1960. Je passe sur les multiples interventions du MPLA auprès de l'ONU, qui auront finalement comme résultat le rejet par l'ONU de la thèse officielle portugaise de l'intégration des provinces d'outre-mer. L'ONU qualifiera ces provinces de « *non-self-governing territories* [26] ». Pendant le deuxième semestre de 1960, une véritable guerre des communiqués est engagée par le MPLA, mettant en garde le gouvernement contre une éventuelle révolte à Luanda. Visiblement, ce dernier prend cet avertissement pour du bluff. Enfin, il faut rappeler, pour comprendre la situation sociale explosive de 1960, que le mécontentement de la région du coton tout autour de Malange a atteint son point culminant en 1959-1960. Le prix du coton chute. Il passe de vingt dollars à cinq dollars le sac. Des mouvements messianiques puissants, confus mais violents se lèvent dans cette région : il s'agit notamment des mouvements du Baha et du Moïse noir, mouvements syncrétiques proches des kimbanguistes et du groupe Mazewa dans les deux Congos.

La désagrégation de la société traditionnelle qui s'est

25. Je tente d'apporter les éléments d'une théorie de la fonction de la violence dans la lutte de libération et dans la construction nationale dans les quatrième et cinquième parties du livre, p. 474 *sq.* et p. 559 *sq.*

26. Pour le point de vue portugais, cf. le livre de cinq cent dix pages publié par le ministère portugais des Affaires étrangères en 1970, *Le Portugal répond aux Nations unies,* qui est en fait dans une large mesure un recueil des discours et lettres adressés à l'Assemblée générale et au Conseil de sécurité. Le Portugal soutient jusqu'au bout sa thèse et refuse de reconnaître la compétence de l'ONU à s'occuper de l'Angola. Selon la thèse de Lisbonne, une intervention de l'ONU toucherait à la structure constitutionnelle de la nation portugaise.

accélérée à partir de la fin de la Seconde guerre mondiale explique partiellement l'état d'esprit des habitants des muceques. L'extension de la mainmise sur les campagnes par les colons portugais poussait vers les villes une population miséreuse sans espoir d'une vie convenable[27]. Contrairement à la colonisation française, anglaise ou belge, la colonisation portugaise n'offrait que peu ou pas de chance de promotion économique aux autochtones. Dans le Nord où pousse le café et dans le Centre où s'étendent les plantations de coton, les petits paysans sont dépossédés et n'ont plus qu'à choisir entre l'esclavage déguisé en travail forcé et l'émigration soit vers le Congo voisin, soit vers les villes angolaises. Dépossédés, déracinés, détribalisés, ces Angolais cherchaient désespérément le moyen de se libérer d'une existence intolérable.

Au sein de la masse désespérée des prolétaires, les agitateurs du MPLA agissaient comme le levain dans la pâte. L'explosion eut lieu les 4, 5 et 6 février 1961. A l'aube du 4 février 1961, une centaine d'Angolais sortant des muceques attaquent successivement la prison militaire « da Reclusão », puis celle de São Paulo, avec comme objectif de libérer les prisonniers nationalistes. L'armée riposte immédiatement. Les insurgés avancent, armés de leurs seules *catana* (les machettes tranchantes des paysans Kimbundu). Des centaines, des milliers de morts du côté des Angolais ? On ne le saura jamais. Pourquoi cette révolte sans plan, pratiquement sans armes ? Un moment de déraison dû au désespoir ? Une manœuvre préméditée, une provocation de la PIDE ? La réalité est plus complexe : en février 1961, le peuple affamé des muceques était à bout. La révolte spontanée pouvait éclater d'une heure à l'autre. Les réseaux du MPLA de l'intérieur, sans contact régulier avec le quartier général de Conakry (qui venait d'être installé, mais qui était tenu par des

27. Le peuplement blanc de l'Angola s'est fait en grande partie d' « immigrants de la misère ». La province recevait de la métropole certains artisans et ouvriers qualifiés, mais surtout des manœuvres, des terrassiers, des paysans sans terre, analphabètes. Ces Portugais et leurs familles, déportés de la misère, étaient en fait des victimes du régime fasciste de Lisbonne au même titre que les Angolais. Or, entre eux, ils se haïssaient.

exilés MPLA venus de Lisbonne et de France), décidèrent de prendre la tête du mouvement. Un fait extérieur à la situation angolaise l'y détermina : un groupe oppositionnel antifasciste portugais avait détourné — à Noël 1960 — en plein Atlantique Sud, le paquebot portugais *Santa Maria*.

Le paquebot errait de port en port. Sa venue à Luanda était annoncée pour le début de février. Un héros légendaire, le capitaine Henrique Galvão, commandait les « pirates patriotes ». A Luanda affluaient les dizaines de journalistes de la presse internationale, des équipes de télévision et de radio d'Europe et des États-Unis. Le MPLA de l'intérieur voulut profiter de cette présence internationale pour déclencher une action d'envergure. A la même époque, les paysans journaliers, les travailleurs forcés de certaines plantations du nord du pays — notamment ceux de la célèbre plantation de coton Flores — se levèrent, massacrèrent leurs gardiens, brûlèrent les plantations et se répandirent dans les campagnes. Cette révolte était animée par les militants du FNLA.

La riposte portugaise fut terrible. Une véritable chasse à l' « Angolais instruit » était lancée. Les assimilados étaient tenus pour collectivement responsables de l'insurrection.

Les rescapés des massacres dans la région du Nord s'enfuyaient vers le Congo tandis que ceux de Luanda allaient se réfugier dans la forêt de Dembo, à 250 km de Luanda, constituant ainsi le noyau de la « première région politico-militaire » du MPLA. Les événements de 1961 mirent fin au mythe de l'harmonie raciale, sérieusement endommagé par les attaques au napalm menées contre les populations noires sans défense.

La première et la deuxième guerre d'indépendance[1]

Va dire aux Portugais
qu'ils finissent de faire peur dans la
[brousse.
Va dire aux Portugais
qu'ils en finissent.

Car il y a des hommes neufs
qui épaulent le fusil,
car il y a du sang jeune
pour défendre la patrie.

On t'a dit de t'en aller
Aïe Portugais !
On t'a dit de t'en aller.

Mais tu n'as pas voulu écouter
Aïe Portugais !
tu n'as pas voulu écouter.

Seulement le feu te fera partir
Aïe Portugais !
Seulement le feu du fusil,
seulement le doigt sur la gâchette
te fera partir.

Aux Portugais
(chant du maquis, anonyme[2])

Tout mouvement armé de libération nationale du tiers monde connaît un moment de crise dangereuse qui met en

---

1. Rappel : dans la terminologie du MPLA, la première guerre d'indépendance contre les Portugais s'étend du 4 février 1961 au 31 janvier 1975 ; la deuxième, contre l'Afrique du Sud, le FNLA et l'UNITA, commence en février 1975.
2. Traduction Jean Todrani et André Joucla-Ruau, in Mário de Andrade, *La Poésie africaine d'expression portugaise, op. cit.*, p. 147-148.

question sa survie : lorsque les premières zones libérées sont
conquises, lorsque, dans ces zones, de nouveaux rapports de
production doivent être définis, le front pluriclassiste éclate et
une guerre de classes s'installe à l'intérieur du front. Eh bien,
à cette loi de l'histoire des mouvements armés de libération
nationale du tiers monde, l'Angola fait exception ! En
Angola, la guerre de classes, la guerre civile africaine, la
guerre entre une avant-garde multiraciale, pluri-ethnique,
nationale et les organisations ethnocentriques, régionalistes,
débute dès les premiers jours de la guerre contre l'occupant.

Deux organisations tribalistes puissantes s'opposent tout au
long de la première et de la deuxième guerre d'indépendance
au MPLA. La première d'entre elles est le *Front national de
libération de l'Angola* (FNLA), la seconde l'*Union nationale
pour l'indépendance totale de l'Angola* (UNITA).

1. Examinons d'abord la genèse historique, la structure
sociale, la stratégie politique du FNLA.

Le FNLA a une longue et passionnante histoire : en 1878,
la Société baptiste missionnaire de Londres (Baptist Missio-
nary Society, BMS) était reçue à São Salvador, la capitale
ancestrale du royaume Congo, par le roi régnant des
Bakongo, Dom Pedro V. En Angola portugais comme au
Congo belge, l'Église catholique était un agent agressif des
intérêts coloniaux. Elle contrôlait les écoles, la plupart des
hôpitaux, des terres immenses, des maisons de commerce.
Face au peuple asservi, elle constituait une puissance alié-
nante et apparemment invincible. N'importe quelle Église ou
secte protestante jouissait donc chez les Africains d'un vif
prestige. Pour la simple raison qu'elles étaient opposées à la
bureaucratie cléricale catholique et généralement persécutées
par celle-ci. A-t-on remarqué que pratiquement tous les plus
importants dirigeants des mouvements nationalistes d'Afrique centrale et australe sont de formation protestante ?
Lumumba avait été baptisé par les missionnaires méthodistes
de la station de Wyembo-Nyamba, province du Kasaï, en
1937. Agostinho Neto était le fils d'un prédicateur et professeur méthodiste. Holden Roberto avait été élevé par les

baptistes. Jonas Savimbi avait été boursier de la United Church of Christ.

La doctrine coloniale des Églises et sectes protestantes n'était guère moins absurde que l'idéologie du catholicisme colonial. La conduite — face aux Africains — de la plupart des missionnaires protestants ne valait guère mieux que celle des pères flamands ou portugais. L'arrogance, le paternalisme stupide étaient les mêmes chez la plupart des missionnaires, à quelque confession qu'ils aient appartenu [3].

Mais — je le répète — les Églises et sectes protestantes possédaient — aux yeux des colonisés — l'inestimable mérite de s'opposer à la haute hiérarchie catholique et aux curés qui sévissaient dans les campagnes.

Les baptistes anglais attirèrent donc d'emblée dans leurs écoles les jeunes bakongo les plus révoltés, les plus déterminés à se battre contre l'oppression. En 1908, Miguel Necaça, un interprète attaché à la station missionnaire de São Salvador, fonda un premier mouvement anticolonial. Ce mouvement, composé essentiellement de jeunes, luttait en priorité contre les chefs et notables de la société traditionnelle mukongo [4] à qui il reprochait leur collaboration avec l'occupant étranger. Bataille perdue : le colonisateur appuyant les chefs archaïques, les jeunes baptistes nationalistes noirs furent durement persécutés. Ils furent dénoncés par la cour royale et les notables à la police portugaise. Les survivants traversèrent la frontière et se réfugièrent au Congo belge. En 1942, le fils de Miguel Necaça, Manuel Barros Necaça, reconstitua le mouvement à Matadi. Des milliers de jeunes bakongo — provenant d'Angola, mais aussi du Congo belge, du Congo-Brazzaville — se joignirent à Manuel Barros Necaça.

En 1958, l'UPA (União das populações de Angola), mouvement structuré, doté d'une milice, vit le jour. Le

3. Je ne mets pas en doute ici l'admirable conduite *individuelle*, l'esprit de sacrifice, d'abnégation, d'amour réel des hommes, dont faisaient preuve, tout au long de la colonisation, un grand nombre de missionnaires, prêtres, religieux et religieuses européens et américains.

4. Mukongo est le singulier de bakongo.

Congo belge devint indépendant le 30 juin 1960. Joseph Kasavubu, un mukongo, devint le premier président de la République. Patrice Lumumba, dirigeant anti-impérialiste, violemment opposé à l'occupation portugaise d'Angola, exerça les fonctions de Premier ministre. L'UPA, disposant maintenant de bases sûres, put enfin se préparer à la guerre[5].

Mars 1961 : les combattants de l'UPA lancèrent leur première offensive, en attaquant trois petites garnisons portugaises à quelques kilomètres de la frontière angolo-congolaise. Mais la haine, la frustration des paysans bakongo spoliés, misérables, affamés, privés d'espoir étaient telles que, à la première nouvelle des attaques de l'UPA, toute la région, tout l'immense nord de l'Angola s'enflamma. Une opération militaire limitée, modeste, se transforma en moins de vingt-quatre heures en un incendie, un soulèvement populaire, une tempête de révolte qui submergea les plantations, engloutit les petites villes et centres administratifs et ôta la vie à de nombreux colons, missionnaires et soldats blancs. La riposte du quartier général portugais de Luanda fut sans pitié : des centaines de villages bakongo, souvent avec une partie de leurs habitants — ceux qui n'avaient pas réussi à fuir à temps —, disparurent dans les flammes du napalm ou furent encerclés par les commandos parachutistes et mitraillés.

Le FNLA ne réussit jamais à se transformer en mouvement armé de libération nationale. Tout au long de la guerre, il constitua une force militaire considérable, une organisation de renaissance culturelle, un appareil politique qui recueillait l'adhésion de dizaines de milliers de Bakongo, mais il ne réussit jamais à transgresser les étroites limites de l'ethnie et à s'ouvrir à des idées, à des hommes, des femmes venus des autres ethnies d'Angola. La déchéance était dès lors inévitable. Il s'y ajoutait un fait capital : les dirigeants du FNLA de la génération suivant celle de Manuel Necaça étaient presque tous d'une affligeante médiocrité. En 1959, la présidence de l'UPA revint à Holden Carson Graham Roberto. Holden

5. C'est à Accra que Frantz Fanon, N'Krumah, Nasser convainquirent Holden de donner à son mouvement régionaliste une dimension nationale et de changer son nom d'UPA en FNLA, afin d'en faciliter la reconnaissance internationale.

était né le 12 janvier 1923 à São Salvador. Sa mère était la fille aînée du patriarche de la révolution mukongo, Miguel Necaça. Roberto grandit au Congo belge. Adulte, il fut petit fonctionnaire dans l'administration coloniale belge. L'UPA le délégua en 1958 à la VIe Conférence panafricaine d'Accra où — sans mérites particuliers de sa part — il fut fêté comme le héros de la résistance antiportugaise par des hommes aussi considérables que Kwame N'Krumah, Patrice Lumumba, Tom Mboya, Frantz Fanon. Mais Holden Roberto ne possédait pas les qualités personnelles requises pour tenir le rôle que l'histoire lui proposait. Roberto, qui vit aujourd'hui en exil, en Europe, porte en permanence des lunettes foncées. Arrogant, inculte, aimant l'argent, ne s'engageant jamais personnellement dans les combats, il apparaît comme une victime de ce milieu veule et corrompu de Kinshasa où l'argent volé au peuple circule facilement, où la bière coule, où les services secrets les plus divers s'agitent[6]. Profondément aliéné, coupé de ses racines, ne disposant d'aucune théorie politique claire, Roberto inspire aux jeunes bakongo d'aujourd'hui plus de mépris et de pitié que de respect et d'affection.

2. Analysons maintenant l'histoire, les structures sociales et idéologiques, la stratégie politique et militaire de l'UNITA.

Les Ovimbundu avaient été le dernier des grands peuples d'Angola asservi par les Portugais. En 1902 encore, le roi Mutu Kwelu lança une insurrection généralisée et résista pendant deux ans — avec son armée de paysans — au puissant corps expéditionnaire portugais. Les Ovimbundu restaient durant toute la période coloniale relativement isolés du fait de l'éloignement et de l'isolement géographique de leur territoire au centre des plateaux angolais. Peu de jeunes

6. En quatorze ans de guerre, le FNLA a été soutenu en armes, en experts, en argent, successivement ou d'une façon synchronique, par les États-Unis, la Chine de Pékin, la Roumanie, la Corée du Nord, la France, Israël, la République fédérale d'Allemagne, le Sénégal, l'Ouganda, le Congo (Zaïre), la Zambie, l'Afrique du Sud.

Ovimbundu avaient accès aux écoles secondaires en Angola, moins encore aux universités européennes.

Jonas Malheiro Savimbi naquit le 3 avril 1934 à Muhango, près de Luso. Sa famille comptait dans ses rangs une longue lignée de chefs ovimbundu. Lot Malheiro Savimbi, le père de Jonas, était un homme obstiné : chef de gare du chemin de fer de l'Est angolais, il avait été converti au protestantisme par une mission évangélique nord-américaine. Il créa une école et une église à Muhango. L'Église catholique portugaise intervint et le fit chasser de Muhango. Transféré à une autre gare, il récidiva aussitôt. Déplacé plusieurs fois encore au cours de sa carrière d'une gare à l'autre, Lot fonda à chaque fois une école et une église protestantes. A chaque fois, l'évêque ou le curé local demandèrent son déplacement. Résultats : les gares du chemin de fer de l'Est sont aujourd'hui jalonnées de petites écoles et d'églises protestantes. Jonas Savimbi fut envoyé par la United Church of Christ à la faculté de médecine de Lisbonne, après avoir terminé son baccalauréat avec des notes exceptionnelles au lycée de Sa da Bandeira. A Lisbonne il connut des résistants antifascistes, fut arrêté par la PIDE, libéré, et s'enfuit du pays. Il se réfugia en Suisse et fit une licence en sciences politiques à l'université de Fribourg. En 1961, il rejoignit l'UPA à Kinshasa. Mais Holden Roberto — nous l'avons vu — est exactement le contraire de Jonas Savimbi : ce dernier est un tribun d'exceptionnel talent. Il est grand, fort, muni d'une barbe noire, doué d'un caractère ferme et d'une personnalité qui rayonne d'intelligence et d'autorité. Les Ovimbundu le vénèrent. Son courage et son intelligence sont légendaires. Savimbi est profondément enraciné dans son peuple, Roberto s'en est éloigné depuis longtemps. Savimbi avait horreur de l'atmosphère de corruption, de délation, de veulerie qui régnait à Kinshasa après l'assassinat de Lumumba. Il s'éloigna de Roberto et rejoignit la Zambie. De là, il traversa la frontière et pendant cinq ans il parcourut — accompagné d'une petite troupe d'amis — les immenses plateaux d'Angola central.

Jonas Savimbi créa des dépôts d'armes, des camps dans la forêt, des caches de vivres. L'UNITA naquit en 1966. La guerre contre les Portugais se développa d'une façon contradictoire[7]. Cette guerre ne transgressa pratiquement jamais les frontières du pays ovimbundu. Or, ce pays abrita une ligne de communication essentielle pour le pouvoir colonial : le chemin de fer du Benguela, appartenant au capital anglais. Ce chemin de fer évacuait le cuivre de Zambie, le manganèse, l'uranium et le cuivre du Shaba vers l'Atlantique. Il constituait une source de devises importante pour le gouvernement de Lisbonne. Le 11 novembre 1975, Savimbi proclama l'indépendance de l'Angola — au nom du FNLA, avec qui il avait renoué après le 25 avril 1974, et de l'UNITA réunis — à Huambo (ex-Nova Lisboa).

En 1975, Jonas Savimbi, héros du peuple ovimbundu, dirigeant anticolonial respecté par la plupart des pays africains et la majorité tiers-mondiste de l'ONU, perdit toute crédibilité en quelques jours. Aveuglé par sa haine du mouvement armé de libération nationale transtribal, transrégional, le MPLA, et de la volonté de celui-ci de créer un État unitaire, national, Savimbi s'était lié à l'Afrique du Sud. Décision aberrante et suicidaire. Le 22 novembre 1975, *Ken Bridgefields* publia dans le *New York Times* un reportage précis sur la présence des troupes sud-africaines sur le territoire angolais. Le Nigeria, principale puissance politique d'Afrique noire et fournisseur de pétrole des États-Unis, changea de camp, rejeta l'UNITA et concéda un crédit immédiat de vingt millions de dollars au gouvernement d'Agostinho Neto.

Durant les années 1961-1975, époque dite « de la première guerre d'indépendance », le MPLA est donc engagé dans un double combat : contre les forces d'occupation portugaises d'une part, contre les troupes du FNLA et de l'UNITA d'autre part. Dès l'écrasement de la révolte de février, les survivants du MPLA passent à l'offensive sur deux fronts. Sur le front diplomatique d'abord : certains des principaux dirigeants, nous l'avons vu, sont en exil, d'autres sont en prison à

---

7. Les choses sont compliquées : le haut commandement de l'armée portugaise conclut à plusieurs reprises des trêves, des alliances même, avec Savimbi. L'UNITA combattait alors (1969-1970 ; 1972-1973) avec les Portugais contre le MPLA, et chassa le MPLA des plateaux centraux.

Lisbonne au moment où meurent, devant la prison de São Paulo à Luanda et sur les routes menant à la forêt de Dembo, les cadres militaires et civils du MPLA. La répression du régime fasciste contre les prolétaires des muceques, les paysans et les journaliers agricoles du Nord est terrible. Les propriétaires portugais, anglais, libanais, grecs des *fazendas* et des *roças* et leurs milices privées se joignent aux parachutistes portugais et aux commandos de tueurs de la PIDE. L'opinion publique mondiale est révoltée[8]. Les dirigeants de l'extérieur parcourent l'Europe, les États-Unis. Andrade se rend en Union soviétique. Des comités de soutien — dont le rôle sera crucial tout au long de la guerre — naissent en Suède, en Norvège, dans les deux Allemagnes, en Italie, en France, en Suisse, en Hollande et, dans une plus faible mesure, aux États-Unis. La majeure partie des membres de l'Assemblée générale des Nations unies appuient le MPLA contre le Portugal. Nikita Khrouchtchev proclame son soutien aux révolutionnaires angolais. La riposte des gouvernements de l'OTAN, « informés » par le régime fasciste de Lisbonne, est sans nuance : les révolutionnaires angolais sont des agitateurs communistes, téléguidés par Moscou. Le document déjà cité du gouvernement portugais fabrique des biographies imaginaires, largement diffusées en Europe et aux États-Unis, aux « agents communistes Andrade, Cruz, Lara »[9].

Le général de Gaulle joue dans la campagne de diffamation internationale contre le MPLA un rôle indirect, mais important : la Guinée de Sékou Touré, ayant opté en 1958 pour une rupture totale et immédiate avec le colonisateur français, est vouée par de Gaulle aux gémonies. La Guinée est qualifiée par Paris — contre toute évidence — de bastion de l'Union soviétique en Afrique. Andrade et ses compagnons décident de quitter Conakry et d'installer le quartier général du MPLA au 51, avenue Tombeur-de-Tabora, à Kinshasa. Le Congo-Kinshasa possède 1 500 km de frontière commune avec

---

8. Pour un récit plus détaillé des atrocités commises par les Portugais, voir Robert Davezies, *Les Angolais,* Éd. de Minuit, 1965.
9. Cf. *Le Portugal répond aux Nations unies, op. cit.,* p. 179 *sq.*

l'Angola. Décision difficile, dangereuse, lourde de conséquences néfastes : Lumumba vient d'être assassiné le 17 janvier 1961. Le Congo-Kinshasa est alors administré par un
gouvernement néo-colonial présidé par Cyrille Adoula, un
syndicaliste sans envergure qui suit les directives des gouvernements de l'OTAN et notamment du gouvernement de John
Kennedy. Adoula appuie le mouvement raciste, ethnocentrique, compradore du FNLA que commande Holden Roberto.
Cet homme se fait passer pour la réincarnation du Mwami
(roi) des Bakongo [10].

Le jugement, entièrement négatif, que je porte ici sur le
rôle historique joué par le FNLA dans le processus de
libération et de construction nationales de l'Angola doit être
nuancé : des milliers d'hommes et de femmes angolais,
d'origine essentiellement mukongo, sont morts en combattant
avec courage et détermination l'armée portugaise. Ces martyrs méritent notre respect au même titre que les combattants
du MPLA.

Le premier front politico-militaire du MPLA — il restera le
seul pendant près de deux ans — est établi par les survivants
des massacres du printemps 1961 dans la forêt de Dembo, au
sud de la frontière angolo-congolaise et au nord (à 250 km) de
Luanda. Pour rejoindre ces maquis, les combattants et
porteurs du MPLA doivent traverser le fief de Holden, à
savoir le Bas-Congo où se trouvent les bases arrière du FNLA
et les zones frontalières tenues par cette même organisation.
Les colonnes qui transportent des munitions, des médicaments du quartier général du MPLA de Kinshasa vers Dembo
sont régulièrement attaquées, décimées, parfois anéanties par
les guérilleros du FNLA. Ces derniers sont appuyés par
l'armée congolaise, que commande Joseph Désiré Mobutu.
Pire encore : des agents de Mobutu et de Holden apportent
aux maquis de Dembo des ordres suicidaires, apparemment
signés par Andrade, de fait rédigés par Holden. L'hôpital du
MPLA à Kinshasa est fermé par le gouvernement congolais

---

10. Le FNLA, à cette époque-là, porte encore le titre d'*Union des
populations angolaises* (UPA). Pour plus de clarté, j'utilise pour
désigner ce mouvement un seul sigle, celui de FNLA, en vigueur dès
mars 1962.

en octobre 1962. A la même date, une colonne de vingt et un combattants, conduits par le dirigeant Tomas Ferreiro, est arrêtée par les maquisards du FNLA, ses membres sont assassinés.

La réorganisation totale du MPLA devenait impérative. Neto convoqua la *Ire Conférence nationale* qui se tint à Kinshasa au début décembre. Y participèrent soixante-dix délégués mandatés qui, par un vote de trente-neuf contre trente et un, élirent un nouveau comité exécutif de dix membres. Neto fut investi de la présidence, Andrade passa aux relations extérieures, Lucio Lara à l'organisation et aux cadres ; Anibal de Melo (ex-FNLA) fut nommé à l'information et Iko Carreira à la sécurité. Viriato da Cruz, qui était jusque-là secrétaire général du MPLA, fut écarté de la direction « pour indiscipline ». La nouvelle direction reçut pour mandat de réorganiser le mouvement sur tous les plans pour mieux l'adapter aux exigences et aux conditions de la lutte. Le nouveau programme insista sur le rôle déterminant de la paysannerie, qu'il définit comme étant la « classe la plus exploitée » et « la plus nombreuse ». Une « *escola de quadros* » fut mise sur pied pour former des commissaires politiques, chargés d'attaquer à la base le difficile problème de l'intégration pluri-ethnique des unités combattantes [11].

Cette Ire Conférence inaugura le redressement du MPLA. Un événement extérieur, totalement imprévu, aida à cette tâche : les 13, 14 et 15 août 1963, le peuple de Brazzaville, sous la conduite de militants syndicalistes, se souleva et renversa le régime néo-colonial de l'abbé Fulbert Youlou. Le 19 décembre de la même année, un des organisateurs du soulèvement, Massemba-Debat, fut élu président de la République [12]. Agostinho Neto et toute la direction du MPLA déménagèrent à Brazzaville. Cette capitale sera désormais le quartier général du MPLA jusqu'à la libération de l'Angola. Un bureau de liaison était maintenu à Kinshasa. En 1964 et

11. Pour les textes adoptés à cette Ire Conférence du MPLA, cf. John Marcum, *The Angolan Revolution*, vol. I, *op. cit.*, p. 300 *sq.*
12. Massemba-Debat sera arrêté par le général Yhombi en 1979, « jugé » et exécuté.

1965, deux bureaux furent ouverts à Dar es-Salaam et à Lusaka.

A partir du Congo-Brazzaville, le MPLA pouvait enfin commencer à établir une stratégie militaire cohérente. La guerre qui se menait jusque-là dans la première région échappait pratiquement au contrôle de la direction. Le MPLA ouvrit un deuxième front à Cabinda [13], en 1963. Cette seconde région politico-militaire offrait deux grands avantages : d'un côté la communication avec l'extérieur, et de l'autre la célèbre forêt de Mayombe. Cette forêt procurait une protection naturelle contre les troupes portugaises et les mercenaires blancs de la Cabinda Gulf Oil Company. Les combattants qui ouvriront le front de l'Est en 1966 étaient entraînés et formés à Cabinda. Ce front de Cabinda, étroitement contrôlé depuis la ville de Brazzaville toute proche, permettait aussi d'affronter et d'analyser dans la pratique les problèmes de la mobilisation populaire autour d'un noyau de guérilleros. Dès son ouverture en 1966 par les combattants partis du deuxième front (Cabinda), le front de l'Est, où s'étendent d'immenses régions de savanes sous-peuplées, infligeait de lourdes pertes à l'armée coloniale. De dures batailles eurent lieu, notamment dans les régions de Moxico et de Cuando-Cubango.

En 1968, un quatrième front fut créé, celui de Lunda, qui avait pour objectif d'étendre et de soutenir la première région politico-militaire de Dembo. En 1969, ce fut la zone de Bié qui devint la cinquième région politico-militaire de la guerre de libération nationale conduite par le MPLA.

Je ne sais pas si le lecteur mesure les extraordinaires trésors d'imagination, d'organisation, d'intuition, d'énergie, de savoir-faire militaire et politique nécessaires pour soumettre à une stratégie unique cinq fronts distants les uns des autres de centaines de kilomètres et se déployant dans un pays presque trois fois plus grand que la France. Les communications avec le quartier général de Brazzaville étaient en outre rendues

13. Cabinda est une enclave appartenant à l'Angola, enserrée entre les territoires du Congo-Brazzaville, du Congo-Kinshasa et l'Atlantique. Elle comprend d'importants gisements de pétrole offshore.

difficiles, souvent impraticables, à cause de la guerre civile, ouverte ou latente selon les périodes, qui opposait le MPLA aux deux mouvements rivaux, le FNLA et l'UNITA. Dans l'Est et le Sud, les combattants du MPLA devaient se défendre autant contre les embuscades et les mines des maquisards ovimbundu de Jonas Savimbi que contre les commandos noirs, les parachutistes et l'infanterie de marine portugais. En ce qui concerne les fronts de Dembo et de Luanda, les lignes de communications avec le quartier général sur les rives orientales du fleuve Congo passaient nécessairement par les territoires tenus par les troupes du FNLA. Je fais ici l'économie de toutes les tentatives faites par la direction nationale du MPLA pour créer un front unique avec deux autres mouvements ou, au moins, obtenir un armistice permanent avec l'un ou l'autre de ses ennemis angolais. Le gouvernement angolais en exil — appelé GRAE (Gouvernement révolutionnaire angolais en exil) — connut une éphémère existence. Les accords avec le FNLA étaient innombrables et toujours rompus (généralement par le FNLA). Quant aux négociations avec l'UNITA, elles n'ont jamais cessé. Neto se rendit même dans le fief personnel de Savimbi, à Luso, en décembre 1974 [14].

Je signale ici une autre particularité du MPLA : malgré l'héroïsme des combattants, les victoires répétées remportées dans les batailles de guérilla contre des forces portugaises largement supérieures, malgré l'adhésion politique, idéologique que lui témoignaient des centaines de milliers d'Angolais, le MPLA ne réussit à aucun moment à établir des zones libérées au sens propre du terme [15]. Son implantation popu-

---

14. Pendant toute la durée de la première guerre d'indépendance, le MPLA maintint sa prétention à la représentativité exclusive du peuple angolais. Mais cette revendication n'empêchait pas qu'il était — selon les périodes historiques, les conjonctures militaires, diplomatiques — forcé de chercher des alliances tactiques avec ses ennemis de l'intérieur. Neto fit sienne la maxime de Mao Zedong : « Il faut battre ses ennemis les uns après les autres. »

15. Il s'agit ici d'un problème géographique et de rapport de forces militaires, non d'une quelconque incapacité du MPLA à organiser la population. A Cabinda, à Moxico, il existait quelques hôpitaux et écoles, organisés, construits par le MPLA. Cependant le MPLA n'a

laire était forte dans les muceques des grandes villes. Son
berceau et son bastion étaient l'immense bidonville de
Sambizanga, à Luanda. A Sambizanga, dotée de réseaux de
communications, de tunnels et de caches, même la police
portugaise n'osait s'aventurer la nuit[16]. Mais l'armée coloniale occupait les villes et, si les commissaires politiques, les
guérilleros en mission de renseignement circulaient assez
facilement dans les dédales des muceques, aucune zone
libérée ne pouvait y être établie. Dans les campagnes, le
problème était différent : d'abord, les deux fronts les plus
actifs — celui de Cabinda, celui de Dembo — étaient des
fronts forestiers. C'était dans la magnifique forêt vierge et
tropicale de Mayombe que les unités de l'armée de libération
livraient leurs combats les plus meurtriers contre l'occupant.
C'est dans le massif boisé de Dembo que se réfugiaient les
jeunes Noirs des muceques pour recevoir leur entraînement
militaire et partir ensuite vers d'autres fronts. A Cabinda, le
MPLA ne pouvait sortir de la forêt : le front de mer et la ville
de Cabinda étaient tenus par la marine et l'armée portugaises,
soutenues par les mercenaires engagés par les sociétés pétrolières occidentales. Cabinda, en plus, est une enclave : à la
lisière de la forêt de Mayombe était postée l'armée zaïroise de
Mobutu faisant la chasse aux guérilleros égarés. Le territoire
souverain de la république du Congo-Brazzaville borde les
lisières septentrionales de la grande forêt. Restait Dembo : le
massif est situé à mi-chemin entre Luanda et Carmona. Or,
toute la région de Carmona, la région frontalière du nord de
l'Angola, était parcourue par les unités du FNLA. Ces unités,
nous l'avons vu, livraient, selon les époques, une guerre
fratricide, impitoyable, aux guérilleros du MPLA, aux
commissaires politiques, aux colonnes de porteurs. Le gros de

---

jamais durablement contrôlé des territoires étendus, peuplés d'une
population importante, qui lui auraient permis d'ériger graduellement une contre-société et un contre-État comme l'ont fait le PAIGC
en Guinée et le Frelimo au nord et au nord-ouest du Mozambique.
16. Il existe, sur la vie et la lutte du peuple de Sambizanga, un film
remarquable, tourné par Sara Maldoror, *Sambizanga*, qui fit beaucoup pour faire connaître à l'opinion internationale, notamment
européenne, la cruauté de la répression portugaise et l'endurance, la
résistance des habitants du bidonville.

l'armée portugaise était concentré au nord, le long des
1 500 km des frontières angolo-zaïroises. Elle était efficacement soutenue par les milices privées, les gardes civiques des
fazendeiros, des planteurs blancs de la région. Les fronts
quatre et cinq — Luanda et Bié — n'avaient pas la même
signification militaire. Restait le front trois : partant de
Zambie, les colonnes du MPLA conquièrent dans l'est du
pays d'immenses territoires. Mais l'Est est une région de
savane semi-désertique où la densité de la population est
l'une des plus faibles de toute l'Afrique australe. En plus, il
s'agit d'une région ouverte, peu ou pas boisée, où les
bombardements portugais faisaient de terribles ravages. La
population fuyait. Le MPLA ne réussit ni à protéger efficacement ni, à plus forte raison, à regrouper et à fixer les
populations. Seul dans la région de Moxico le MPLA réussit à
créer un embryon d'administration alternative, une sorte de
proto-zone libérée.

Du fait de l'absence des zones libérées, aucune démocratie
de base ne pouvait naître au sein du MPLA. Les débats
théoriques se déroulaient soit au niveau de la direction
nationale   petit groupe de personnes, souvent d'exceptionnelle intelligence, de grand courage et de profonde culture
politique, mais isolées des paysans, des combattants —, soit
au niveau de l'appareil militaire. Lorsque la démocratie de
base est absente, lorsque le peuple n'a pas la parole, toute
lutte entre tendances se transforme nécessairement en un
combat de chefs. Les questions théoriques deviennent des
questions de loyauté envers tel ou tel dirigeant. Le débat se
pervertit, meurt. Friedrich Wilhelm Hegel : « La raison est
esprit quand sa certitude d'être toute réalité est élevée à la
vérité, et qu'elle se sait consciente de soi-même comme de
son monde, et du monde comme de soi-même [17]. » Au sein du
MPLA, la preuve de vérité s'administrait par la violence, par
l'exclusion du sujet contestataire. L'argument d'autorité se
substituait à l'argument de vérité.

Examinons de plus près les conséquences que provoque

---

17. Friedrich Wilhelm Hegel, *La Phénoménologie de l'esprit, op.
cit.,* vol. II, p. 9.

l'absence de démocratie de base pour le devenir du MPLA durant la première guerre d'indépendance, 1961-1975.

1. La première : l'organisation est privée de ces formidables laboratoires sociaux que constituent les zones libérées pour pratiquement tous les autres mouvements armés de libération nationale d'Afrique. C'est dans ces zones que s'élabore la contre-société révolutionnaire, que se mettent en place les structures égalitaires qui, par extension progressive, créent l'identité sociale, idéologique du peuple en voie de libération. C'est dans ces zones enfin que les théoriciens des différentes tendances du mouvement sont confrontés aux problèmes réels de la construction nationale. Basil Davidson a forgé, pour ce processus, cette dialectique entre théorie et pratique, si caractéristique de pratiquement tous les autres mouvements armés de libération nationale d'Afrique, un terme significatif : le mouvement se construit, s'unifie, s'épure, s'étend par « *trial and error* » (littéralement : épreuve et erreur) [18]. Les villageois des zones libérées constituent les juges de la justesse ou de l'erreur des théories sociales proposées par les commissaires politiques. Les avant-gardes apportent de l'extérieur des interprétations de la vie, des désirs et des aspirations des paysans qui, confrontées à la parole des autochtones, se révèlent généralement erronées. Je le répète : du fait de l'absence de zones libérées au sens propre du terme, le système d'auto-interprétation du MPLA n'a jamais été soumis à la critique du vécu paysan. Le MPLA entra à Luanda en 1975 sans avoir expérimenté auparavant ses propres thèses sur la construction nationale dans des zones d'administration alternative. C'est pour cette raison également que le MPLA n'a jamais réussi, du moins avant le Congrès de 1977, à poser vraiment les questions fondamentales de ses propres options économiques, politiques, sociales. Pendant toute la guerre de libération,

18. Je signale ici le livre de Basil Davidson, *In the Eye of the Storm, Angola's People,* Londres, Longman, 1re éd. 1972. L'auteur a fait de longs séjours dans la région de Moxico. Ce livre comporte sur le problème qui nous préoccupe ici des dialogues intéressants entre Agostinho Neto et Davidson.

les tendances cohabitaient malaisément au sein du MPLA.

Quel type d'État, quelle économie, quels rapports de production, quelle nation s'agira-t-il de construire après la libération ? Aucune discussion sur ces questions n'a jamais eu lieu durant la guerre. Suis-je trop peu nuancé ? Je sais bien que certains dirigeants tentèrent, à un moment ou à un autre, de provoquer cette discussion sur le fond. Il y eut par exemple le mouvement dit de la *Révolte active*, inspiré par Mário de Andrade et par son frère Joaquim. Des débats intenses eurent lieu d'abord parmi les unités du front de l'Est, à partir d'août 1972, puis dès décembre 1973 dans les maquis du front nord. Ces discussions donnèrent lieu à de violentes critiques contre la direction nationale et à des autocritiques des chefs de la guérilla sur les fronts est et nord.

En ces années 1972-1973, il devenait évident qu'il n'existait pas de réelle insertion de la direction dans les masses, en raison notamment de l'exil de la direction, en raison aussi des différences culturelles entre assimilés et indigènes, raciales entre métis et Noirs, enfin géographiques et sociales entre une petite bourgeoisie sur-représentée au sein de la direction nationale d'origine urbaine et les paysans qui constituaient l'essentiel des combattants. La Révolte active se plaça d'emblée au niveau du débat politique, contesta l'absence de démocratie et mit en cause la direction d'un seul homme, en l'occurrence Neto. Présidée par Joaquim et Mário de Andrade, elle comptait dans ses rangs des dirigeants aussi prestigieux que Gentil Viana, Floribert Monimambu, Domingos da Silva (vice-président du MPLA), Hugo de Menezes, João Vieira Lopez et Eduardo Santos. Les deux manifestes de Révolte active étaient également signés par des étudiants résidant en Europe, ce qui tendait à renforcer le caractère intellectualiste et élitiste de cette fraction. Elle se réclamait de la gauche et était composée en grande partie d'intellectuels métis [19]. Dans un premier temps, Neto refusa le débat. Les « centres d'instruction révolutionnaire » (CIR) dans les zones de combat, l'école de cadres à Brazzaville, contrôlés par lui,

---

19. Pour le texte des manifestes de Révolte active, cf. John Marcum, *The Angolan Revolution*, vol. II, *op. cit.*, p. 430.

refusèrent le dialogue. Il y eut bien des conférences régionales, mais Neto considérait qu'aborder les problèmes de fond signifierait mettre en danger l'unité pluriraciale, pluriclassiste fragile du MPLA. Tout au long de la guerre — et après la victoire —, Neto n'hésita jamais à écarter brutalement des hommes, des femmes qu'il considérait comme dangereux pour l'unité du MPLA.

Mais Révolte active n'était pas une simple dissidence. C'était un mouvement profond, qui formulait des exigences de démocratie, de clarification de ligne que personne ne pouvait récuser. Neto dut transiger. Le 3 septembre 1974, un compromis fut signé entre la direction nationale et Révolte active [20]. Révolte active, mouvement d'intellectuels, ne trouvant que peu d'écho auprès des paysans, se désintégra et ses militants rejoignirent individuellement des unités de guérilla. Ils renoncèrent définitivement à exposer publiquement leurs griefs à l'égard de la direction nationale du MPLA. La discipline l'emporta sur le débat [21].

Une conférence interrégionale fut organisée dans le district de Moxico du 12 au 20 septembre 1974. Elle élut un nouveau Comité central et un nouveau Bureau politique en excluant tous les dirigeants de Révolte active. Ainsi, Neto triomphait une fois de plus et reprenait l'appareil du MPLA en main. Cependant, la crise interne, même si elle n'avait pas vraiment touché les militants de base, n'était pas résolue. Elle éclatera de nouveau — mais cette fois d'une manière violente — dans Luanda libérée en 1977 [22].

2. L'absence de zones libérées a une deuxième conséquence, qui est d'essence presque exclusivement militaire : au fur et à mesure que la combativité du MPLA progresse, que l'armée portugaise recule, les tensions à l'intérieur du MPLA augmentent. Chaque nouvelle victoire est porteuse de dangers nouveaux pour la direction nationale. Nous avons vu les extrêmes difficultés de communication et de logistique qu'af-

---

20. Texte de l'accord publié par la revue *Libération-Afrique*, n° 11, 1974.
21. Mário de Andrade rejoignit le PAIGC en Guinée-Bissau.
22. Cf. ci-dessous, p. 422 *sq*.

fronte le quartier général de Brazzaville. Il nous reste à prendre conscience de l'héroïsme, du courage, des pertes terribles, des souffrances et des sacrifices qu'endurent les combattants isolés dans les plaines de l'Est, dans les forêts du Centre, dans les bidonvilles de Luanda.

A l'est, notamment, le napalm et les bombes antipersonnelles de l'OTAN, déversés par des avions portugais sur les colonnes de guérilla et les villages acquis aux révolutionnaires, firent des ravages atroces. Différents chefs de guerre acquirent — presque malgré eux — une autonomie rendue inévitable par les conditions concrètes du combat. Ils étaient ainsi de moins en moins enclins à recevoir des ordres d'un lointain quartier général qui — à leurs yeux — ne comprenait qu'imparfaitement leur situation particulière et les conditions inhumaines de la lutte contre un ennemi qui pratiquait la stratégie du génocide et de la terre brûlée. L'armée portugaise, conseillée par des experts nord-américains, reprenait en Angola les mêmes techniques de destruction massive de la végétation, des animaux et des hommes que le corps expéditionnaire des États-Unis au Vietnam. Les armes chimiques utilisées par le Portugal provoquèrent des épidémies, des cancers et surtout instaurèrent la famine dans la population. Certains des commandants — parmi les plus prestigieux — s'arrogeaient une autonomie d'action, d'analyse, qui les rendait pratiquement indépendants de la direction nationale. L'absence de démocratie de base ne permettait pas de résorber ces phénomènes de « caudillisme » africain.

Amilcar Cabral et son PAIGC avaient réussi à briser les seigneurs de la guerre lors de la conférence de Cassaca[23]. Réunie en zone libérée, cette conférence tenue sous la direction de tous les chefs historiques du PAIGC confrontait les seigneurs de la guerre avec leurs victimes : les paysans spoliés, les femmes violées, les combattants mutilés, injustement punis. Ce n'était pas Cabral, mais les victimes civiles (et militaires) des seigneurs de la guerre qui, à Cassaca, assumaient le rôle de procureurs, d'accusateurs. La direction du PAIGC et les troupes restées fidèles à Cabral ne firent ensuite

23. Cf. ci-dessus, p. 211 *sq.*

qu'exécuter les sentences démocratiquement prononcées par l'assemblée des paysans et de leurs femmes.

Je le répète : la situation était totalement différente dans les cinq régions politico-militaires du MPLA. Je n'en donne qu'un seul exemple : celui de la *révolte du front de l'Est* en 1974. A l'époque, ce front était commandé par Daniel Chipenda, un chef militaire de grande capacité, militant de la première heure du MPLA. Son arrière-base se trouvait en Zambie. L'armée de l'Est comportait en 1974 plus de cinq mille hommes de troupes d'assaut, équipés d'armes modernes, et de miliciens. Elle disposait en plus d'un puissant réseau logistique. Daniel Chipenda et son état-major s'étaient rendus indépendants de la direction nationale depuis long-temps déjà. En août 1974, Chipenda contesta ouvertement l'autorité de la direction nationale. Il entraîna dans sa dissidence la plupart des cadres militaires de son armée de l'Est et environ trois mille combattants. Il rejoignit le FNLA et tourna ses armes contre ses propres camarades. Il vit aujourd'hui en exil en Europe. Comment apprécier l'action de Chipenda ? L'homme était-il un agent manipulé, payé par la CIA, ou simplement un tribaliste préoccupé par ses ambitions personnelles comme l'avait laissé entendre Lúcio Lara en novembre 1981, lors d'un entretien avec Cyrilla Bwakira ? L'intégration ultérieure de Chipenda au FNLA tend à confirmer les deux hypothèses.

Résumons : la détermination, la ténacité, le sens du compromis, l'impitoyable volonté de sauvegarder à presque n'importe quel prix l'unité du MPLA — dont faisait preuve Agostinho Neto — joints à l'héroïsme de l'armée de libéra-tion et des hommes, femmes, enfants qui la soutinrent pendant quatorze ans permirent au peuple angolais non seulement de remporter la victoire dans sa guerre contre l'occupant étranger, mais encore de mettre en échec, au moment du départ du colonisateur, les tentatives d'installa-tion d'un régime néo-colonial dont les agents les plus évidents étaient le FNLA et l'UNITA. Cependant, le génie personnel de Neto, son obstination, sa lucidité de révolutionnaire ne pouvaient suppléer à l'absence de démocratie au sein du mouvement armé de libération nationale. L'avant-garde angolaise entreprit, dès le 11 novembre 1975, la difficile tâche de construction d'un État souverain, sans avoir au préalable résolu des questions théoriques et pratiques concernant la nature des rapports de production, le type d'administration, le rapport entre les régions, le modèle de développement économique qu'il s'agissait d'instaurer dans le pays libéré.

3

Les contradictions de la construction de l'État

> Tout pouvoir vient du peuple,
> Mais où va-t-il?
> Oui, où diable peut-il aller?
> Il va pourtant bien quelque part!
>
> Bertolt Brecht [1]

Le régime fasciste portugais expira le 25 avril 1974. Sur le terrain, en Angola, des trêves multiples entre les différents commandants de l'armée d'occupation et ceux de la guérilla se négociaient région par région. Après quatre siècles de splendeur, toute relative, l'empire portugais se disloquait. La République populaire d'Angola naquit dans une situation historique complexe. De nombreuses variables déterminent cette situation :

1. En août 1974, le premier gouvernement provisoire de la République portugaise négociait à Alger avec le PAIGC la reconnaissance *de jure* par le Portugal de l'État de Guinée-Bissau et du Cap-Vert. Cette reconnaissance fut accordée le 10 septembre 1974.

2. En septembre 1974 eurent lieu à Lusaka les négociations entre le Frelimo et le Portugal. Le 7 de ce mois, le Portugal reconnut le droit à l'indépendance du Mozambique. Le 25 septembre 1975, le Frelimo proclama à Maputo l'indépendance de l'État mozambicain.

3. Pour l'Angola, le processus d'accession à la souveraineté internationale s'annonçait beaucoup plus compliqué. Premier élément de complication : Les jeunes officiers révolutionnaires du Mouvement des forces armées du Portugal qui avaient renversé le régime fasciste à Lisbonne avaient choisi

---

1. *Poèmes 1930-1933*, Éd. de l'Arche.

comme premier président provisoire de la République un
ancien général fasciste, ancien gouverneur de Guinée-Bissau,
ancien combattant du corps expéditionnaire portugais à
Stalingrad, António de Spínola[2]. Or, Spínola tentait de créer
une fédération néo-coloniale entre le Portugal et ses
anciennes colonies d'outre-mer. Il fit appel à Mobutu. Une
rencontre entre Spínola et Mobutu eut lieu le 15 septembre
1974 à l'île de Sal, archipel du Cap-Vert. Mobutu appuyait le
projet de fédération néo-coloniale. Pour prix de son soutien,
il exigea l'élimination du MPLA des négociations futures et
l'appui portugais inconditionnel au FNLA. Deuxième élément de complication : Mário Soares, ferme partisan d'une
décolonisation totale et rapide, ministre des Affaires étrangères du premier gouvernement provisoire, tenta de trouver
un compromis. Il rencontra le 22 novembre à Kinshasa Jonas
Savimbi, Holden Roberto, Daniel Chipenda. Troisième élément de complication : le président français Giscard d'Estaing prit fait et cause pour le projet de Mobutu. Les services
secrets français élaborèrent sur sa demande un plan pour
détacher l'enclave pétrolière de Cabinda de l'Angola.

En 1974, Cabinda, deuxième région politico-militaire du
MPLA depuis 1963, voyait apparaître brusquement un mouvement qui réclamait l'indépendance séparée de l'enclave.
Au Congrès de l'Unité, tenu à Pointe-Noire le 30 juin 1974,
plusieurs groupes, dont un dirigé par Augustin Thioufou,
s'étaient regroupés sous le drapeau d'un *Front de libération de
l'enclave de Cabinda* (FLEC). Son président était Louis

---

2. Pourquoi ce choix ? Je vois deux raisons : 1. Spínola, après son
échec comme gouverneur général de la Guinée-Bissau, avait publié
un livre critiquant la politique coloniale du gouvernement Caetano ;
les jeunes militaires conjurés virent donc — à tort — en Spínola un
partisan résolu de la décolonisation. 2. Les officiers conjurés,
politiquement souvent peu formés, imbibés de « culture » militaire et
de respect de la hiérarchie, cherchaient d'instinct, pour présider leur
premier gouvernement, un officier de rang élevé. Or, aussi surpre-
nant que cela puisse paraître, parmi tous les chefs de l'armée
portugaise de l'époque, Spínola était le plus évolué.
Le choix de Spínola dénote la limite objective de la conscience
politique des dirigeants du MFA, la faiblesse aussi de ce « populisme
militaire » qu'analyse Alain Touraine. Cf. Alain Touraine, « Portugal, la révolution difficile », in la revue *Faire*, n° 1, 1975, p. 5 *sq.*

Rauque Franque. Organisation fantoche, créée de toutes pièces par les services secrets français en collaboration avec la CIA, le FLEC ne tarda pas à se scinder en deux branches rivales, financées chacune par une des deux grandes sociétés pétrolières présentes dans l'enclave : un FLEC Gulf Oil dirigé depuis Kinshasa par Louis Rauque Franque, avec une représentation à Libreville, et un FLEC Elf-Congo dont le siège était à Paris. La direction du FLEC Elf-Congo était assurée par Augustin Thioufou, ex-employé de la société pétrolière Elf-Congo.

L'ensemble des stratégies française, portugaise, zaïroise, celles, enfin, des sociétés pétrolières de Cabinda sont admirablement décrites par John Stockwell : Stockwell, fils d'un employé d'une mission presbytérienne américaine de l'est du Congo-Kinshasa, était, en 1975, avec le grade de colonel (G-14), chef de l'*Angolan task force* de la CIA. Il quitta la CIA le 10 avril 1977. Stockwell ressemble comme un frère à Philip Agee (auteur de *CIA Diary — Inside the Company*[3] qui quitta la CIA pour les mêmes raisons de conscience). John Stockwell décrit minutieusement les efforts des États-Unis et de la France pour empêcher par tous les moyens — y compris l'assassinat de dirigeants, la manipulation de l'opinion internationale, la corruption de chefs d'État africains — la prise de pouvoir par le MPLA à Luanda[4].

La ligne du MPLA n'avait jamais varié depuis 1961 : « un seul peuple, une seule nation ». Durant toute la première guerre d'indépendance qui avait duré quatorze ans, le MPLA devait à la fois mener la lutte de libération nationale contre le Portugal soutenu par l'OTAN et repousser les attaques incessantes de deux mouvements tribalistes, l'UNITA et le FNLA. Pourtant, en janvier 1979, le MPLA, sous la pression devenue irrésistible de la majorité pro-occidentale de l'OUA,

---

3. Paru en français sous le titre *Journal d'un agent secret,* Éd. du Seuil, Coll. « Combats », 1976.
4. John Stockwell publia en 1978 un livre documenté, qui est autant le « mea culpa » d'un citoyen américain abusé par son employeur de douze ans, la CIA, qu'une mine de renseignements sur les événements des années 1974-1976 en Angola. Cf. John Stockwell, *In Search of Enemies. A CIA Story*, New York, Norton.

dut accepter de conclure un accord avec ses ennemis de l'intérieur. Le 6 janvier, il signa à Mombassa (Kenya) un accord avec l'UNITA et le FNLA qui obligea les trois organisations à négocier sur un pied d'égalité l'indépendance de l'Angola avec les Portugais. le 9 du même mois, l'OUA accorda à l'UNITA sa reconnaissance comme mouvement armé de libération nationale. Le FNLA et, bien sûr, le MPLA étaient déjà reconnus par l'OUA. Le 15 janvier 1975, dans un hôtel désert sur la côte de l'Alentejo, dans la station balnéaire d'Alvor, Agostinho Neto, Jonas Savimbi, Holden Roberto signaient avec Melo Antunes, nouveau ministre des Affaires étrangères du deuxième gouvernement provisoire portugais, un accord sur l'indépendance de l'Angola.

Melo Antunes est un intellectuel au regard perçant, derrière des lunettes sans monture. Il est extraordinairement cultivé et intelligent. Il avait servi de longues années dans l'armée d'occupation en Angola. Il savait parfaitement que seul Neto représentait véritablement le peuple angolais et ses intérêts nationaux[5].

Voici les principales décisions d'Alvor :

— Le gouvernement portugais représenté par Melo Antunes et les trois mouvements angolais (MPLA, FNLA et UNITA) représentés par leurs présidents respectifs fixent l'indépendance de l'Angola au 11 novembre 1975.

— Un gouvernement de transition angolo-portugais entre en fonction le 31 janvier. Il est présidé par un collège de quatre membres : Lopo de Nascimento pour le MPLA, Johnny Eduardo Pinock pour le FNLA, José N'Dele pour l'UNITA et un haut-commissaire portugais qui représente la République portugaise. Ce commissaire est le brigadier général Silva Cardoso ; il remplaça l'amiral Rosa Coutinho qui avait quitté Luanda à la demande du FNLA[6].

5. Je dois à Melo Antunes une vive gratitude pour l'analyse précise, lucide et informée qu'il m'a faite, lors de deux discussions tenues à Cavtat (Yougoslavie) en 1979 et à Genève en 1980, des négociations d'Alvor.

6. Les ministères sont répartis comme suit :

MPLA		
	Manuel Rui Monteiro	Information.
	Saydi Mingas	Économie et Finances.
	Diogenes Boavida	Justice.

— Une commission nationale de défense composée du collège présidentiel et d'un état-major unifié, comprenant les trois commandants des forces armées des mouvements et trois commandants portugais, est créée. Elle commande les forces de sécurité, à savoir : vingt-quatre mille soldats portugais et vingt-quatre mille combattants angolais (huit mille Angolais pour chacun des trois mouvements).

Les décisions du gouvernement provisoire sont adoptées à la majorité des deux tiers et le Conseil des ministres est présidé à tour de rôle par chacun des trois membres angolais du collège présidentiel.

Les accords d'Alvor paraissaient sceller le sort du mouvement armé de libération nationale de l'Angola. Le MPLA semblait épuisé, décimé, soumis à des pressions irrésistibles, cassé. Tout au long d'une guerre sanglante de quatorze ans, le MPLA avait toujours maintenu sa revendication à la représentation exclusive du peuple angolais. Or, après Alvor, il se trouvait pris dans l'étau d'un « gouvernement de transition d'union nationale », où la majorité des deux tiers appartenait à ses ennemis. Son armée de libération était réduite à huit mille hommes qui se fondaient dans les forces armées du gouvernement de transition où coexistaient vingt-quatre mille soldats portugais, huit mille soldats FNLA, huit mille combattants UNITA. Cependant, tels étaient l'intelligence politique, la rapidité de décision, la capacité analytique, l'intuition, l'audace, le sens de l'histoire et la détermination de la direction nationale du MPLA qu'en moins de trois mois elle réussit à inverser complètement la situation.

Trois circonstances objectives l'y aidaient :

FNLA	Ngola Kabangu	Intérieur.
	Samuel Abrigada	Affaires sociales et Santé.
	Mateus Neto	Agriculture.
UNITA	Jerónimo Elavoco Wango	Éducation et Culture.
	António Dembo	Travail et Sécurité sociale.
	Jeremias K. Chitundo	Ressources naturelles.
PORTUGAL	Vasco Vieira de Almeida	Affaires économiques.
	Manuel Resende de Oliveira	Travaux publics et Urbanisme.
	Joaquim Antunes de Cunha	Transports et Communications.

1. Le deuxième gouvernement provisoire de la République portugaise et notamment le président provisoire de cette République, António de Spínola, d'une part, et les officiers et soldats portugais en Angola, d'autre part, n'étaient pas d'accord entre eux. L'armée d'occupation en Angola était l'un des berceaux du MFA portugais. Melo Antunes, le principal théoricien et l'un des plus importants dirigeants du mouvement antifasciste des officiers, avait passé de longues années dans les garnisons du nord et du centre de l'Angola. L'amiral Rosa Coutinho, premier gouverneur d'Angola après la chute du régime Caetano à Lisbonne, était, lui aussi, acquis aux thèses du MPLA[7]. Au moment de la signature des accords d'Alvor, l'armée portugaise en Angola connut des dissidences : les officiers fascistes, hostiles au MFA, rejoignirent le FNLA, puis l'UNITA, pour continuer la guerre contre le « communisme » en Afrique[8]. Comme toute guerre coloniale, la guerre d'Angola avait donné naissance chez les oppresseurs aux perversions les plus variées : tel colonel portugais régnait en maître quasi autonome sur sa région, transformée en véritable féodalité. D'autres officiers rejoignaient les sinistres « commandos africains », des bandes de tueurs noirs recrutés parmi les criminels de droit commun et lâchés périodiquement sur les villages « suspects ». La PIDE maintenait tout un réseau de tortionnaires, d'indicateurs, d'assassins professionnels. Enfin, il y avait les milices des colons. Tous ces gens — spécialistes de la terreur d'État, naufragés du rêve colonial — n'acceptèrent pas les accords d'Alvor. Rejoignant le FNLA et l'UNITA ou agissant pour leur propre compte, ils continuèrent la guerre contre le

---

7. Cyrilla Bwakira, qui assista au retour de l'amiral à Luanda en 1977, me fit le récit suivant : Rosa Coutinho fut l'une des rares personnes à être invitées au Congrès du MPLA en 1977 à Luanda à titre personnel. Débarrassé de l'habit du militaire colonial, il put approcher et embrasser les gens des muceques qui reconnaissaient en lui l'officier qui avait refusé que ses hommes tirent sur eux lors des manifestations.

8. Ce sont les termes utilisés par le colonel Santos Castro devant John Stockwell ; cf. John Stockwell, *In Search of Enemies*, *op. cit.*, p. 118 *sq.*

MPLA et, surtout, ils tournèrent leurs armes contre les officiers et soldats portugais fidèles au gouvernement provisoire de Lisbonne et aux engagements pris par celui-ci. Exemple : le colonel des troupes d'élite Santos Castro était un Angolais blanc de la troisième génération. Comme gouverneur de la province d'Uige (Nord-Angola), il avait été, en 1967-1969, le principal responsable des massacres des familles bakongo suspectées d'être liées aux guérilleros du FNLA dans sa région. En 1974, il changea brusquement de camp et s'installa avec une partie de ses troupes restées fidèles à sa personne dans le port septentrional d'Ambriz. Allié au FNLA, il devint le véritable chef d'état-major de l'armée de Holden. La désertion des officiers, soldats, policiers et auxiliaires africains provoqua par contrecoup un resserrement des liens des officiers progressistes portugais avec les commandants MPLA. Il n'était pas rare que des officiers portugais, avant de s'embarquer avec leurs unités pour Lisbonne, remettent la clé de l'arsenal de leur caserne à des émissaires du MPLA.

2. L'Afrique du Sud, craignant pour la survie de sa colonie de Namibie, ne voulait à aucun prix que le MPLA s'installe à Luanda. Elle mobilisa ses troupes tout en continuant à renforcer, à financer, à armer l'UNITA. Un regard sur le Mozambique est ici indispensable : en avril 1974, au moment où tombait le régime fasciste à Lisbonne, où s'établissaient sur le terrain des armistices sectoriels entre les guérilleros du Frelimo et les unités de l'armée d'occupation, plus de 200 000 Européens, essentiellement des Portugais, habitaient le Mozambique. Ils craignaient pour leurs privilèges, leurs biens, certains pour leur vie. Un banquier, grand propriétaire terrien du lieu, Jorge Jardim, organisa le soulèvement des Blancs à Maputo (alors appelé Lourenço Marques), mit en arrestation les autorités coloniales et fit appel à l'Afrique du Sud. L'armée de libération du Frelimo se trouvait alors à plusieurs centaines de kilomètres au nord. Le gros de ses troupes n'avait pas encore franchi le Zambèze et était cantonné en pays makondé, en pays tete à l'est et au nord de Beira. Or, les principaux commandants d'unité de l'armée

portugaise, acquis aux idées du MFA de Lisbonne, mataient le soulèvement blanc[9].

L'échec du coup contre-révolutionnaire de Maputo de 1974

9. Il faut s'arrêter un instant à ce putsch contre-révolutionnaire blanc dont l'inspirateur et l'organisateur était *Jorge Jardim*. Aujourd'hui âgé de soixante-deux ans, Jardim appartient à une race heureusement en voie d'extinction : celle des Cecil Rhodes, Leander Starr Jameson, William Walker, Henry Morton Stanley, Harry Oppenheimer, entrepreneurs coloniaux doués d'une vive intelligence politique et animés de la folle obsession de créer un empire personnel. Leur folie marque, comme une traînée de sang, l'histoire des peuples du tiers monde.

D'origine portugaise, Jardim construit du temps de Salazar un immense empire industriel, bancaire, agricole, maritime en Afrique australe. Le centre de commandement de l'empire se trouve alors à Chimoio (Mozambique). Protégé de Salazar, puis de Caeteno, Jardim fuit le Portugal au moment du coup d'État du MFA, le 25 avril 1974. A Maputo, il tente d'organiser le putsch contre-révolutionnaire dont nous venons de parler. Après l'échec du putsch, Jardim se réfugie au Malawi voisin. Il y devient l'éminence grise du président Hastings Banda. En association avec Ken Flower, chef de la Central Intelligence Organization rhodésienne (les services secrets du régime Ian Smith), il crée en 1976 l'organisation contre-révolutionnaire mozambicaine *Mouvement national de résistance* (MNR). Le MNR recrute d'anciens agents de la PIDE portugaise, d'anciens soldats des *flechas* (unités coloniales portugaises d'élite) et des officiers fascistes portugais en rupture avec Lisbonne. Le MNR mène une guerre de sabotage, d'infiltration, d'assassinat et de destruction contre la république du Mozambique. Après l'indépendance du Zimbabwe, le MNR passe sous le contrôle de l'armée sud-africaine. Mais Jardim ne désarme pas : une crise éclate au sein du MNR. Après la mort au combat du chef militaire de l'organisation, André Matsangaiza, les officiers fascistes portugais liés au président du MNR, l'avocat Domingos Arouca qui réside à Lisbonne, tentent de gagner une certaine autonomie. Or, les tuteurs sud-africains imposent comme nouveau chef militaire un agent noir, formé par leurs soins, Afonso Dhlakama. Le MNR risque l'éclatement. Dans cette situation, Jorge Jardim apparaît comme un recours. Jardim s'était en effet retiré d'Afrique australe en 1979 pour se fixer en Afrique de l'Ouest, au Gabon. C'est à partir d'une de ses banques, l'*Interbanque* à Libreville, qu'il gouverne aujourd'hui son empire. Jardim réussit à reprendre en main le MNR. Ce sont ses deux associés les plus proches, les Portugais Orlando Cristina et Evo Fernandes, qui planifient, orientent — avec le soutien logistique de l'Afrique du Sud — l'actuelle campagne de destruction menée par les maquisards du MNR dans les provinces occidentales et centrales du Mozambique.

eut sur l'avenir de la stratégie sud-africaine dans la région —
et notamment sur la stratégie sud-africaine en Angola — une
influence directe et déterminante. L'Afrique du Sud ayant
hésité pendant quelques jours à répondre à l'appel de Jardim
ne put plus intervenir sans livrer bataille à l'armée portugaise.
Un débat intense se développait au sein du régime sud-
africain. Le gouvernement de Pretoria subit le feu roulant de
la critique de la part de l'aile droite du Parti national et de la
hiérarchie militaire. Lorsque approcha l'indépendance angolaise, le gouvernement sud-africain n'hésita pas : ce qu'il avait
raté à Maputo en 1974, il voulut le réussir en 1975 à Luanda, à
savoir : empêcher par tous les moyens — même au prix d'une
invasion ouverte — la prise du pouvoir d'État par le
mouvement armé de libération nationale.

L'UNITA fit cause commune avec l'Afrique du Sud. Elle
était d'autre part l'alliée du FNLA. Un Européen a de la
peine à ressentir ce que l'Afrique du Sud représente dans
l'imaginaire des Africains : les racistes de Pretoria suscitent
chez les hommes noirs une haine, une angoisse au moins aussi
puissantes que les nazis chez les populations juives, russes,
tziganes de l'Europe de l'Est lors de la Seconde Guerre
mondiale. Quiconque collabore avec l'Afrique du Sud est
immédiatement détesté par les Africains. En Angola, l'invasion sud-africaine agit comme un révélateur : le MPLA devint
du jour au lendemain pour des millions d'Angolais de toutes
les ethnies, de toutes les convictions politiques, l'incarnation
de la dignité africaine, le dépositaire de la légitimité populaire, le défenseur de l'indépendance contre l'envahisseur
raciste.

3. Le peuple de Luanda en armes était mobilisé en faveur
du MPLA. Les combattants de la première région politico-
militaire du MPLA furent les premiers à rentrer à Luanda.
Ces mêmes combattants n'avaient jamais perdu le contact
avec les muceques. Au contraire, ils avaient survécu dans la
forêt de Dembo grâce notamment aux « *mamas dos bairros
populares* » qui leur faisaient parvenir, par leurs enfants, le
poisson frit, le poisson salé ou séché nécessaires à leur survie.
L'autodéfense des muceques était une constante de la

résistance angolaise qui, en réponse à la violence matérielle et symbolique du colonisateur, organisait sa propre contre-violence : un monde de refus s'opposait à la ville blanche. Dans les muceques vivaient les masses travailleuses non spécialisées, aux salaires de misère, les domestiques pour Blancs, les chômeurs victimes de l'expropriation des terres et de la répression de l'armée portugaise, des marginaux d'un monde déjà marginalisé. C'est dans ces quartiers qu'on trouvait et qu'on trouve aujourd'hui encore les gens les plus politiquement informés, motivés et conscients.

Ils avaient depuis longtemps appris à s'organiser pour survivre ; pour faire fuir ceux qui étaient prêts à rejoindre les fronts ; pour ravitailler ceux qui vivaient dans la clandestinité. Après le soulèvement du 4 février 1961, les muceques avaient subi une répression féroce. Une sorte de contre-terrorisme défensif était né. Même la police n'osait plus pénétrer dans ces quartiers la nuit. Ils s'étaient transformés en quelque sorte en une zone de demi-liberté. Peu après le coup d'État au Portugal, les Blancs d'Angola, effrayés par l'échéance de l'indépendance, formèrent des groupes paramilitaires et ter-roristes, dont le plus connu était le FRAP (*Frente para uma Angola portuguesa*), qui s'attaquèrent aux muceques. Dès lors, la nécessité d'une autodéfense systématique s'imposa : des milices des bidonvilles se formèrent, recrutant pour l'essentiel parmi les jeunes, les femmes, les adolescents. En plus, les départs massifs des Portugais désorganisaient la vie économique et notamment le ravitaillement. C'est pour répondre à tous ces besoins urgents que se constituèrent alors des comités de quartier chargés d'assurer l'ordre et le ravitaillement. Les assemblées de quartier commencèrent à se réunir régulièrement. En marge des grandes négociations, le peuple s'organisait. Lorsque Neto rentra à Luanda le 4 février 1975, il fut accueilli par une foule organisée de 400 000 personnes.

Revenons un instant en arrière : la première guerre d'indé-pendance dura de 1961 à 1975, de l'insurrection du peuple d'Angola, le 4 février 1961, aux accords d'Alvor du 31 janvier 1975. Cette guerre se termina par la victoire des forces anticoloniales. Le Mouvement des forces armées portugaises

(MFA), qui renversa le 24 avril 1974 le régime colonialiste et fasciste de Lisbonne, le gouvernement provisoire de la République portugaise, patronné par le MFA et composé des partis de la gauche portugaise, le FNLA, l'UNITA et le MPLA se mirent d'accord à Alvor le 31 janvier 1975 sur la constitution d'un gouvernement quadripartite de transition et sur l'accession de l'Angola à la souveraineté internationale. Mais rien n'était décidé quant à la configuration future de l'État et de la nation angolais. Des trois mouvements anticoloniaux présents sur le terrain, seul le MPLA était un véritable mouvement armé de libération nationale. Au sein du MPLA étaient regroupés de longue date les nationalistes révolutionnaires du pays. Le FNLA, l'UNITA — aussi héroïque qu'ait été à certains moments leur résistance aux Portugais — n'étaient que des mouvements régionaux, restauratifs, tribalistes. Ils étaient de toute évidence incapables de concevoir la construction d'une nation pluri-ethnique, transrégionale, pluriclassiste, souveraine. A plus forte raison, ni le FNLA ni l'UNITA ne pouvaient répondre aux aspirations profondes du peuple angolais qui voulait une transformation révolutionnaire, radicale, définitive de la société inégalitaire, fractionnée, injuste, laissée par le colonisateur.

De janvier 1975 à mars 1976, les États-Unis menèrent en Angola une guerre secrète. L'évacuation précipitée de Saigon avait eu lieu en mars 1975. Le Sénat et le Congrès avaient chacun voté une loi interdisant au président d'engager les États-Unis dans une guerre, même limitée, localisée, sans leur approbation formelle. Or, le choc provoqué dans l'opinion publique par la défaite américaine au Vietnam et par la révélation par la presse des nombreux crimes commis dans ce pays et au Cambodge par l'aviation et l'armée américaines rendaient l'acceptation parlementaire d'un engagement américain en Angola hautement improbable. Kissinger dut donc agir dans le plus grand secret et par la violation évidente de la loi. Le 26 janvier — cinq jours avant les accords d'Alvor —, Henry Kissinger donna l'ordre au Conseil national de sécurité, au Comité des Quarante [10] et à la CIA de prendre les mesures politiques, financières, militaires nécessaires afin d'empêcher une victoire du MPLA. A ce moment, le MPLA contrôlait totalement ou en partie douze des quinze provinces de l'Angola et était solidement installé à Luanda. L'*Angolan Task Force* fut créée par la CIA. Kissinger était décidé à empêcher l'accession au pouvoir du MPLA à Luanda. En violation de l'amendement Church, il demanda à la CIA de recruter des mercenaires, en France et en Angleterre notamment, d'armer le FNLA, de libérer des fonds, de créer un organe de liaison avec les troupes sud-africaines, d'organiser une campagne internationale de désinformation afin de justifier devant l'opinion internationale une future guerre généralisée en Angola, devant aboutir à la destruction totale du MPLA [11].

La deuxième guerre pour l'indépendance commença en février 1975. J'utilise ici la terminologie employée par le MPLA. Je ne trouve pas cette terminologie heureuse. Elle évoque certes un problème réel : la victoire du MPLA signifie une indépendance véritable pour l'Angola. Sa défaite aurait, avec certitude, provoqué l'installation à Luanda d'un régime néo-colonial du type Mobutu. Mais il y a plus : le MPLA était, est, porteur de l'espérance révolutionnaire du peuple angolais. Ce que ce peuple souhaitait, souhaite, dépasse de très loin l'instauration de l'État souverain : le peuple angolais veut la révolution. L'État souverain est certes une condition pour que puisse naître une société civile égalitaire, fraternelle, juste et libre. Mais il n'en est qu'une condition. La guerre qui s'engagea dès le début de l'année 1975 était donc

10. Le Comité des Quarante est une instance de coordination, composée de représentants du département d'État, de la CIA, du cabinet du président, du Conseil national de sécurité, du Pentagone. Pour son fonctionnement, cf. le rapport d'enquête sur la CIA de la commission présidée par le sénateur Church, vol. I, publié à Washington en 1976. Le président Ford réorganisa ce comité en mars 1976. Il s'appelle aujourd'hui : *The Operations Advisory Group*.
11. Les détails de cette stratégie chez John Stockwell, premier chef de l'Angolan Task Force de la CIA, démissionnaire de l'Agence le 10 avril 1977. John Stockwell, *In Search of Enemies, op. cit.*

une guerre révolutionnaire populaire, une guerre de classes tout autant qu'une nouvelle guerre d'indépendance.

Le gouvernement de transition devait en principe exercer le pouvoir du 31 janvier au 11 novembre 1975. En fait, cette année 1975 fut l'année de la guerre civile généralisée, larvée d'abord, ouverte dès l'été. Les permanences du MPLA étaient attaquées par le FNLA, dynamitées, brûlées partout dans le pays et jusque dans la capitale. Le Sud était ravagé par les raids sud-africains, les exactions des guérilleros de l'UNITA. Tout l'immense Nord était le fief des officiers fascistes portugais, des mercenaires européens recrutés, dirigés par la CIA, et du FNLA. Le MPLA, dont les combattants étaient concentrés surtout en pays mbundu (Luanda, Malenge, centre et centre-oriental d'Angola) et à Cabinda, tentait péniblement de rendre coup sur coup à ses ennemis. Dès les premiers jours du mois d'octobre la bataille finale s'engagea : conduites par des officiers blancs, les colonnes du FNLA, appuyées par les blindés et les auto-mitrailleuses de l'armée de Mobutu, convergèrent sur Luanda. Franchissant le fleuve Cunene, traversant la région de Moçamedes, le corps expéditionnaire sud-africain, précédé d'une colonne blindée et doté d'armes lourdes, avança sur Luanda. Les combats firent rage dans les muceques : dans les quartiers périphériques de la capitale où étaient installées — conformément aux accords d'Alvor — les permanences du MPLA, du FNLA, de l'UNITA, les milices des bidonvilles attaquaient les soldats du FNLA et de l'UNITA.

Examinons de plus près certains des épisodes militaires de la deuxième guerre d'indépendance, de la guerre civile révolutionnaire.

1. A l'aube du 11 novembre 1975 une force d'attaque de mille cinq cents hommes — des soldats du FNLA, le 7e et le 4e bataillon parachutiste zaïrois, accompagnés d'environ une centaine de mercenaires portugais d'origine angolaise —, précédée de douze voitures blindées et suivie de deux canons nord-coréens de 130 mm et de quatre pièces d'artillerie sud-africaines autotractées, pénétrait dans la vallée de Quifangondo, à 20 km au nord de Luanda. Postés sur une colline, les

conseillers de la CIA observaient leur progression. Au même moment à Langley, Virginie, le quartier général de la CIA, l'Angolan Task Force et la Division Afrique fêtaient la chute du MPLA par une « *office party* » typiquement américaine : bière, rires, décorations de papier mâché au mur, fromage et vin californien servi dans des gobelets en carton.

Célébration prématurée : au moment où la colonne franchissait les dernières crêtes et se répandait dans la vaste cuvette qui s'étend jusqu'à la mer, les orgues de Staline de l'armée cubaine ouvrirent le feu. Montées sur des camions, les râteliers de fusées envoyèrent, par paquets de vingt, salve après salve sur les agresseurs qui — terrorisés — couraient sans couverture dans la plaine. Les survivants de la colonne nommèrent plus tard cette vallée « Nashila wa Lufu », la plaine de la mort [12].

2. A la même époque, trois colonnes sud-africaines renforcées par les troupes de l'UNITA avancèrent du Centre et du Sud : celle du Centre suivit les rails du chemin de fer de l'Est, celles du Sud se déployaient dans la province de Moçamedes et de Cunene. Le 14 novembre, les Sud-Africains prirent Porto Amboim, à 160 km au sud de Luanda. L'autre colonne venant du Sud bifurqua sur Malange. Elle fut bloquée le 17 décembre par les blindés de fabrication soviétique T-54 et les fusées 122 mm de l'armée régulière cubaine. Les combattants du MPLA et les soldats cubains eurent des centaines de morts. Mais la progression du corps expéditionnaire sud-africain était brisée. Il quitta l'Angola en mars 1976.

La défaite des forces FNLA et zaïroises dans la vallée de Quifangondo eut des conséquences inattendues : les para-commandos zaïrois, troupes d'élite de l'armée de Mobutu, dépités, se répandirent dans les campagnes du Nord-Angola, pillant, violant, tuant les paysans bakongo, pourtant fidèles

12. Le 11 novembre, il y avait deux mille huit cents soldats cubains en Angola. L'opération « Carlotta », amenant quinze mille combattants à travers l'Atlantique, ne débuta qu'en février 1976. Carlotta est le nom du chef noir de l'insurrection des esclaves à Matanzas en 1843. Cf. p. 451 *sq*.

au FNLA et farouchement opposés au MPLA. John Stockwell note mélancoliquement dans son Journal : « Lorsque les combattants du MPLA et les Cubains arrivèrent finalement dans le Nord, même les villageois bakongo les saluaient comme des libérateurs [13]. »

3. Après la défaite de Quifangondo, Henry Kissinger ordonna à l'Angolan Task Force de la CIA d'intensifier le recrutement de mercenaires européens, africains et sud-africains. Trois programmes de recrutement étaient en cours qui connurent des destins différents. Le premier groupe des mercenaires — environ une centaine — contracté par la CIA était assemblé par le colonel Santos Castro. C'étaient les commandos noirs, métis et blancs des troupes spéciales portugaises, déserteurs de l'armée de la République, repliés provisoirement en Afrique du Sud. Parmi eux, il y eut aussi quelques Brésiliens, sous contrat avec la CIA, des Sud-Africains et des Rhodésiens. La majorité d'entre eux étaient des Blancs nés en Angola, qui, pour tous les Africains — ceux du FNLA, de l'UNITA ou du MPLA —, nourrissaient le mépris le plus total. Dans les villages qu'ils « libéraient », ces vaillants guerriers pratiquaient couramment les exécutions sommaires, le pillage, les viols. Leur conduite posait de sérieux problèmes à la CIA.

Pour recruter le second groupe, la CIA s'était adressée au SDECE français. Le SDECE a une longue expérience dans la manipulation des mercenaires et jouit dans ce domaine d'un prestige mérité. Passant par le SDECE, qui prélevait au passage une commission de recruteur, la CIA espérait éviter l'arrivée au front de nouveaux psychopathes et de sadiques. Le SDECE à son tour s'adressa à Bob Denard. Mais Denard, trompé par deux fois déjà par Mobutu qui au lieu de payer ses mercenaires avait empoché l'argent versé par la CIA, exigea cette fois-ci d'être payé à l'avance. Denard promit l'arrivée à Kinshasa de cent hommes parfaitement entraînés. La station de la CIA à Berne versa sur divers comptes numérotés dans les habituelles banques genevoises 500 000 dollars à

---

13. John Stockwell, *In Search of Enemies*, *op. cit.*, p. 215.

Denard[14]. Celui-ci finit par envoyer quinze mercenaires à Kinshasa. Aucun d'entre eux n'avait un entraînement militaire suffisant pour manier les armes nouvelles et sophistiquées (fusées, etc.) fournies par la CIA.

Le troisième groupe de mercenaires était probablement le plus pittoresque : il s'agissait de cent cinquante hommes recrutés à Londres. Le contribuable américain — qui finance le budget de la CIA — n'avait pas lésiné sur les frais : les deux agents recruteurs britanniques reçurent un acompte de 1,5 million de dollars. En moins de trois semaines, ils réussirent à rassembler leur « armée anticommuniste internationale ». Hélas, ces guerriers venus de Londres n'étaient guère pour la plupart préparés à l'épreuve du feu. Exemple : deux d'entre eux étaient des employés de la voirie de Londres, des balayeurs municipaux, recrutés sur le trottoir de la City et amenés directement à l'aéroport. L'Angolan Task Force dut dissoudre après les premiers engagements et renvoyer à Londres cette vaillante bande de loufoques. Pourtant, au sein du contingent britannique, il existait un petit noyau de soldats professionnels conduits par George Cullen, ancien sergent parachutiste de l'armée britannique, mercenaire contracté par le sultan Qabous d'Oman. Pendant plusieurs semaines, le petit groupe de Cullen dressa des embuscades meurtrières aux combattants du MPLA et aux soldats cubains dans la région de São Salvador. Mais Cullen avait un défaut : il ne tuait pas seulement les Noirs et les Cubains, mais aussi ses propres compagnons d'armes britanniques, sud-africains et portugais. Après une bagarre de bistrot à São Salvador le 3 février 1976, Cullen et ses amis forcèrent quatorze mercenaires blancs désarmés à s'aligner devant un mur. Puis ils les abattirent. Cullen et deux de ses compagnons furent faits prisonniers par le MPLA en mai 1976, incarcérés à Luanda, jugés publiquement et exécutés.

14. La banque privée genevoise qui administre habituellement les fonds du SDECE destinés aux mercenaires de Denard est la *Banque Bordier*, rue de Hollande, Genève. Cf. dossier n° 470 de la Commission des finances de l'Assemblée nationale française, rendu public par le secrétariat de la commission le 15 octobre 1981.

Le 11 novembre à zéro heure, sur la place du 1er-Mai, alors que les incendies de la bataille illuminent l'horizon et que les balles traçantes éclairent la nuit, Agostinho Neto proclame l'indépendance de la *république populaire d'Angola*. Les troupes du FNLA et l'armée zaïroise sont à 20 km au nord de la ville, les blindés et camions sud-africains à moins de 160 km au sud. A la même heure, à Huambo (ex-Nova Lisboa), sous la protection des canons sud-africains, Jonas Savimbi proclame lui aussi l' « indépendance » de l'Angola au nom du FNLA et de l'UNITA.

Luanda en novembre 1975, c'est Madrid en août 1936. Mais cette fois-ci l'histoire bascule : les révolutionnaires l'emportent sur la réaction. Grâce à l'héroïsme et aux sacrifices inouïs des enfants, adolescents, femmes et hommes des muceques, les combattants du FNLA, de l'UNITA sont chassés de la capitale. Les troupes d'assaut du MPLA, renforcées par les premières unités cubaines, qui viennent de débarquer, stabilisent le front nord et arrêtent les Sud-Africains au sud, à Lobito. Bientôt la présence cubaine se renforce. Le pont aérien organisé par les gros porteurs soviétiques amène de nouvelles unités, de l'artillerie, des blindés à Luanda. Les armées du FNLA et du Zaïre sont refoulées vers Ambriz et Carmona. Le corps expéditionnaire sud-africain subit une défaite sanglante et doit se replier en Namibie. L'OUA se réunit les 10 et 11 janvier 1976 à Addis-Abeba. Au nom des vingt et un pays africains qui ont reconnu la république populaire d'Angola, Samora Machel demande la reconnaissance par l'OUA du gouvernement de Luanda. Les gouvernements néo-coloniaux, notamment ceux de l'Afrique francophone, fortement influencés par le gouvernement Giscard d'Estaing, dont les émissaires circulent en nombre dans les couloirs de l'Africa-Hall, empêchent qu'une majorité ne se forme : l'OUA refuse de reconnaître le gouvernement Neto[15]. Le 27 février, le Portugal reconnaît la république populaire d'Angola.

15. Le vote donnait vingt et un contre vingt et un.

Au printemps 1976, le MPLA avait gagné non seulement la deuxième guerre pour l'indépendance sur le terrain, mais aussi et surtout la bataille pour la reconnaissance internationale de sa République. Il était solidement installé au pouvoir, les forces sud-africaines étaient battues, le FNLA était virtuellement détruit, l'UNITA contenue dans les limites du pays ovimbundu sur les plateaux centraux. En Afrique, seuls quelques pays de moyenne importance, comme par exemple le Sénégal, refusèrent encore de reconnaître la République populaire. Partout ailleurs, dans le tiers monde, mais aussi en Europe, en Union soviétique, au Canada, le prestige du MPLA était immense. Sa légitimité comme seul représentant du peuple angolais ne faisait plus de doute. Mais, comme Robespierre après Valmy, Neto pouvait dire : « Nous avons vaincu... enfin les difficultés commencent ! »

Ces difficultés se révélèrent tout de suite démesurées. Voici le fait déterminant : contrairement au PAIGC en Guinée-Bissau, ou au Frelimo au Mozambique, *le MPLA n'a jamais construit d'État*. Il a hérité de celui créé, laissé sur place, par les Portugais. L'affirmation peut paraître exagérée. Elle insiste sur le fait suivant : face à l'État colonial de Guinée, du Mozambique, le PAIGC, le Frelimo ont, par l'organisation et l'extension progressives de leurs zones libérées, construit pas à pas un contre-État, une contre-société révolutionnaires, qui, le jour de l'indépendance venu, occupaient l'espace juridique, social, laissé vacant par l'État colonial. Rien de tel pour le MPLA. Pour les raisons que nous avons vues, le MPLA n'avait conquis en quatorze ans de lutte aucune zone libérée au sens précis du terme. Ses dirigeants n'avaient donc jamais eu à prendre de décisions concrètes sur l'organisation des rapports nouveaux de production qu'ils souhaitaient voir naître dans une Angola indépendante. Au moment de la proclamation de l'indépendance, aucune contre-société révolutionnaire — embryon d'une société nationale nouvelle à naître — n'existait sur une quelconque partie du territoire.

L'État est un sujet collectif quasi autonome, doté d'une raison et d'une instrumentalité propres. Le MPLA n'était pas en mesure de maîtriser — ou du moins de maîtriser totalement — la machine d'État héritée du colonisateur. Cela pour plusieurs raisons : comme le MPLA n'avait jamais fait de choix théoriques clairs quant à la société qu'il entendait construire, ses projets économiques, sociaux étaient d'un flou dangereux. Le MPLA était un mouvement ultra-jacobin, restreint, fonctionnant par discipline, par contrainte. En 1976, après plus de quatre siècles de « mission portugaise civilisatrice et chrétienne », 96 % des Angolais étaient analphabètes. Il existait un médecin pour 163 000 personnes. Les cadres manquaient dans tous les secteurs de la vie. Le MPLA lui-même était un mouvement politico-militaire disposant sur ses différents fronts militaires d'excellents combattants et, dans son quartier général et ses bureaux de liaison à l'extérieur, d'un nombre impressionnant d'intellectuels de qualité. Mais d'administrateurs, de gestionnaires, point !

Or, la machine d'État dont le MPLA héritait et qu'il s'agissait de gérer était une machine considérable. Je donne ici quelques chiffres pour montrer les dimensions du problème : Au cours de l'année 1979, la république populaire d'Angola a importé des marchandises pour un montant total de 28 092 969 milliers de kwanzas [16], se décomposant comme suit : produits alimentaires : 7 326 455 milliers de kwanzas ; textiles et chaussures : 2 341 390 ; équipements : 11 015 906 ; produits de consommation : 1 292 622 ; produits chimiques : 800 674 ; matières premières : 3 050 948 ; outils : 1 191 079 ; médicaments et installations médicales : 715 979 ; et autres, pour un montant de 357 916 milliers de kwanzas. L'année précédente, cependant, le montant global des importations avait atteint 19 122 914 milliers de kwanzas, distribués comme suit : 5 382 673 milliers de kwanzas pour les produits alimentaires ; 1 446 989 pour les textiles et les chaussures ; 3 904 191 pour l'équipement ; 2 209 168 pour les produits de consommation ; 562 987 pour les produits chimiques ; 4 098 656 pour les matières premières ; 478 366 pour les outils ; et 1 039 884 milliers de kwanzas pour les médicaments et installations médicales.

16. Le taux de change du kwanza varie fortement. Il était de 100 kwanzas pour 5,75 francs suisses (cotation Union de banques suisses) le 22.12.1982 à Genève.

En 1979, les exportations angolaises atteignirent le chiffre de 39 530 786 milliers de kwanzas, correspondant aux produits suivants : pétrole brut : 26 745 944 milliers de kwanzas ; dérivés du pétrole : 2 497 916 ; café : 5 699 943 ; diamants : 4 218 973 ; ciment : 59 120 ; sisal : 164 603 ; farine de poisson : 39 650 ; et autres pour un montant de 104 637 milliers de kwanzas. Cependant, l'année précédente, le montant des exportations s'élevait à 27 739 086 milliers de kwanzas, dont 16 507 114 milliers de kwanzas pour ce qui concerne le pétrole brut : 1 102 715 pour les dérivés du pétrole ; 6 732 105 pour le café ; 2 996 560 pour les diamants ; 89 722 pour le ciment ; 82 398 pour le sisal ; 59 619 pour la farine de poisson, 469 pour le bois brut ; 605 pour le maïs ; et d'autres pour un montant de 167 779 milliers de kwanzas [17].

Qui peut maîtriser la machine d'État ? Les intellectuels assimilados, poètes combattants, lettrés kimbundu ? Les commandants guérilleros sortant après quatorze ans de sacrifice et de lutte de la forêt de Dembo, des bois de Mayombe, des savanes de Moxico ? Évidemment non. Ceux qui, très rapidement, prirent place dans les bureaux des immeubles surplombant le port, abandonnés par les Portugais, furent les ressortissants de la petite bourgeoisie métisse. Nombre d'entre ces fonctionnaires petits-bourgeois n'avaient d'ailleurs jamais quitté ces bureaux : auxiliaires dociles des Portugais, prudemment apolitiques, souvent même carrément hostiles aux nationalistes révolutionnaires du MPLA, ces fonctionnaires se contentèrent de changer de chaise, de monter d'un étage et de s'installer à la place des chefs qui s'étaient enfuis au Portugal. Il est vrai que les théoriciens de MPLA établirent de multiples distinctions : « D'un côté, il y a la classe ouvrière qui se bat pour accéder au pouvoir, et de

---

17. *Angola, reconstrução nacional*, édition française chez Deppi/ Delroisse, Paris, 1980. Les chiffres de 1979 sont les derniers à être relativement significatifs : à la fin de cette année commençaient les incursions répétées, les occupations temporaires, les raids d'extermination de l'aviation, de l'armée sud-africaines dans les provinces de Moçamedes, Cunene, Cuando-Cubango : depuis 1979, l'Angola affronte une guerre qui introduit des distorsions dans l'analyse statistique.

l'autre la petite bourgeoisie qui fait tout pour l'en empêcher. Il y a une petite bourgeoisie qui a hérité de la mentalité coloniale. Mais il existe des éléments de la petite bourgeoisie qui, bien qu'ils n'aient pas renié leur origine de classe ni renoncé à leurs positions, travaillent en fait de manière progressiste et mettent leur expérience politique, scientifique et technique au service de la reconstruction d'un système réellement socialiste [18]. »

Cependant, ces subtiles distinctions opérées par les théoriciens du MPLA n'arrivent pas à masquer ce fait crucial : c'était la petite bourgeoisie des fonctionnaires métis, ayant pour la plupart servi jusqu'au dernier jour et avec conscience le colonisateur, qui contrôlait maintenant la machine de l'État. Lorsqu'en 1977 le mouvement armé de libération nationale se saborda pour se transformer en parti unique, parti d'État marxiste-léniniste de type soviétique, ces mêmes petits-bourgeois bureaucrates, n'ayant jamais participé à la lutte, devinrent d'excellents apparatchiks et prirent en main le parti. La machine d'État se remit en marche dès 1976. Elle reproduisit infailliblement sa propre logique : la logique d'État, justement. La bureaucratisation du pouvoir, la pléthore du personnel d'État, le parasitisme du fonctionnariat, l'esprit de hiérarchie, d'obéissance, de soumission se répandirent comme la peste dans la ville. La logique des choses mortes est irrésistible. Le MPLA peignait sur les murs ses mots d'ordre de mobilisation. Les FAPLA (Forças armadas populares de libertação de Angola) continuèrent à mourir dans le Sud. Dans la capitale, les bureaucrates géraient l'État.

Vers le début de l'année 1977 la situation devint explosive : la population, surtout les classes les plus pauvres, était profondément attachée au MPLA. Le mouvement armé de libération nationale incarnait leurs aspirations les plus intimes, leur dignité. Mais le MPLA — pour de multiples raisons : manque cruel de cadres, nécessité de donner une priorité absolue à la reconstruction d'un pays détruit — se confondit de plus en plus avec l'État. Et donc avec sa

18. Revue *Afrique-Asie* du 14 mai 1979, p. 17.

bureaucratie petite-bourgeoise et arrogante[19]. Dans les bidonvilles, les gens durent se poser la question que Bertolt Brecht met dans la bouche du récitant de la ville de Mahagony : « Tout pouvoir vient du peuple. Mais où va-t-il ? Oui, où diable peut-il aller ? Il va pourtant bien quelque part ! » Dans les muceques, il existait des comités de quartier, des assemblées populaires, des comités de ravitaillement, des milices d'autodéfense. Les « mamas dos bairros populares » qui avaient, par leurs réseaux clandestins et compliqués, assuré l'approvisionnement des combattants de la forêt de Dembo étaient toujours là. Les clubs sportifs réunissaient des centaines de jeunes pour l'entraînement au football. Durant la guerre, ces clubs avaient été des organisations de camouflage pour les réseaux de contre-terrorisme urbains. Les assemblées populaires de muceques se réunissaient régulièrement, car les problèmes — la malnutrition, le chômage chronique, l'absence d'hôpitaux, l'habitat insalubre, les rats, les immondices, etc. — qu'affrontaient les hommes, les femmes des bidonvilles étaient plus terribles que jamais. Et surtout, les masses noires des prolétaires des quartiers périphériques de Luanda témoignaient aux petits-bourgeois métis installés dans les palais du pouvoir la haine de toujours. Ils voyaient en eux les ennemis du peuple.

Au sein de la direction nationale du MPLA, un homme comprit plus profondément et plus rapidement que ses camarades les contradictions nouvelles qui déchiraient la société nationale enfin indépendante, la révolte latente des prolétaires déçus, le danger mortel que constituait pour la révolution le développement cancéreux du fonctionnariat et du bureaucratisme parasitaires. Cet homme s'appelait *Nito Alves*. Il n'était ni assimilado, ni métis, ni intellectuel. Il avait été, en 1961, l'un des milliers de gosses miséreux, téméraires, révoltés, ayant assisté à l'humiliation de leurs parents, au

19. Malgré tout, le petit peuple des muceques gardait, pour Agostinho Neto et certains rares dirigeants, une affection profonde, fidèle, presque filiale.

désespoir, à la faim, à la mort de leurs frères plus âgés. Lors des massacres de février, il rejoignit la lutte. Il devint l'un des commandants les plus prestigieux de toute l'armée de libération. Jamais il n'avait accepté de s'installer à Brazzaville. La forêt était sa patrie. Il n'en sortit qu'en mai 1974 pour organiser, coordonner, renforcer les réseaux d'autodéfense, le dédale des tunnels, les positions des milices, les abris et les bunkers des muceques de Luanda. Lorsque Neto rentra dans Luanda le 4 février 1975, ce fut Nito qui l'accueillit, lui et 400 000 hommes, femmes, enfants, vieillards en délire. Et lorsque, quatre mois plus tard, le FNLA mitrailla les cliniques du MPLA, incendia les permanences du MPLA, Nito commandait les groupes d'autodéfense qui prirent d'assaut de quartier en quartier, l'une après l'autre, les permanences du FNLA transformées en forteresses.

Nito Alves se fit le théoricien du « *poder popular* », du pouvoir populaire. Il favorisa le développement des organismes d'auto-administration des quartiers, des villages. Les assemblées populaires devaient, selon lui, se transformer graduellement en institutions de base de la République. Nito Alves jouissait, dans les muceques, d'une admiration et d'une affection passionnées. Ancien dirigeant de la première région politico-militaire dont il était originaire, il fut élu membre du Comité central du MPLA lors de la Conférence interrégionale des militants réunie à Moxico du 12 au 21 septembre 1974. Au sein du premier gouvernement de la République populaire, il devint ministre de l'Intérieur. Cette position lui permit de peser d'un grand poids sur l'application des directives centrales du gouvernement ainsi que sur la mise en place des structures destinées à implanter le MPLA sur tout le territoire national. Il utilisa ses fonctions pour « légaliser » les comités de quartier, les réseaux de distribution directe des produits apportés par les paysans, les marchés populaires, etc. Sous son impulsion et avec l'appui de Neto, les « commissions de quartier » (anciennement comités), les nouvelles organisations de masses — notamment les Juventudes MPLA (JMPLA), la Orgànisação das mulheres angolanas (OMA) — prirent un essor important. Mais Nito Alves fut écarté du gouvernement en novembre 1976. Pourquoi ? Les raisons en

sont certainement nombreuses, différentes et même contradictoires. La première est certainement l'une des plus impé-
rieuses : la dénonciation infatigable que Nito fit de la montée
de la petite bourgeoisie, de la prolifération du parasitisme
bureaucratique. Sa défense et sa promotion des institutions
du pouvoir populaire heurtaient de front le pouvoir des
fonctionnaires d'État dont beaucoup n'avaient rien perdu de
leur mentalité coloniale ni de leur mépris des masses noires,
analphabètes et pauvres. Une autre raison est la suivante :
Nito Alves avait été, en 1972 et 1973, l'un des adversaires les
plus féroces — au sein des maquis et de l'appareil politique du
MPLA — des militants de Révolte active qu'il dénonçait
comme des intellectuels apatrides, des théoriciens méprisants
et ignorants des vrais problèmes du peuple. Bref, auprès des
nombreux assimilados, Nito apparaissait comme un Noir
raciste, démagogue et ambitieux. De toute façon, l'ultime
phase du déroulement du conflit est difficile à cerner : après
qu'il fut chassé du ministère de l'Intérieur, Nito Alves et ses
amis plongèrent dans la clandestinité.

A l'aube du 27 mai 1977, les habitants de Luanda furent
réveillés par des tirs d'armes lourdes. Venant de Sambizanga,
un interminable cortège d'hommes, d'enfants, de femmes
s'engouffra dans l'avenue centrale, se dirigea vers la prison.
Le premier acte de l'immense manifestation populaire convoquée par Nito Alves fut la libération des prisonniers —
hommes et femmes — convaincus ou suspectés de « fraction-
nisme » par la direction nationale du MPLA. Puis la marée
humaine se dirigea vers l'immeuble de la radio, puis bifurqua
vers le palais présidentiel. Des unités de l'armée, mobilisées
par Agostinho Neto, qui n'avait jamais été fait prisonnier et
pouvait donc agir librement tout au long de la crise, sortirent
dans la rue, tirant en l'air pour intimider la foule, brisant
l'élan du mouvement. Nito Alves et ses camarades s'enfuirent, rejoignant — selon la version officielle — la forêt de
Dembo où ils furent découverts quelque temps plus tard par
des paysans et livrés aux soldats des FAPLA [20]. Je ne dispose,

20. Une rumeur insistante court dans Sambizanga : Nito serait
encore en vie ! Seule certitude : la télévision angolaise montrait Nito

concernant les événements du 27 mai 1977, que des interprétations du gouvernement de la République populaire. Les documents officiels parlent de « coup d'État manqué » dont les idées inspiratrices seraient d'origine étrangère. Des communistes et gauchistes portugais, engagés dans les écoles du pays, occupant des positions dans les organisations de masse du MPLA, auraient fourni aux dirigeants fractionnistes des analyses erronées, dogmatiques de la situation politique et sociale du moment. Ces dirigeants — Nito Alves, Balakof, Minerva, Zé van Dunem, etc. — sont, dans leur majorité, dépeints comme des démagogues racistes, c'est-à-dire des Noirs anti-métis. Agostinho Neto fit lui-même l'analyse publique du conflit dans un discours pédagogique le 12 juin 1977. Ce discours ainsi qu'une série de documents furent publiés en volume par le MPLA[21]. Neto reprocha d'abord à Nito de n'avoir jamais essayé de faire prévaloir son point de vue par une résolution au sein du Comité central. Neto dit ensuite que Nito et les fractionnistes avaient infiltré les structures du MPLA, sans respecter les décisions prises par l'organisation sous le système du « centralisme démocratique ». Et enfin, le reproche le plus grave : Nito avait bénéficié d'appuis extérieurs. Ces appuis n'étaient pas nommés clairement, mais tout le monde comprenait que Neto désignait le Parti communiste portugais. Certains crurent comprendre que l'accusation s'étendait à l'Union soviétique et à l'Allemagne de l'Est. L'adjoint direct de Nito Alves était Zé van Dunem. La compagne de Nito et probablement l'un des cerveaux du groupe était Sita Valès, une militante communiste portugaise qui occupait, au sein du département Organisations de masse du secrétariat du MPLA, une position importante.

---

le 7 juillet 1977, dans son village de Piri (Dembo) où il avait été arrêté. Sur la séquence, les soldats poussent Nito dans un camion. La TV le filme encore une fois — vivant — à la descente du camion, dans la cour du ministère de la Justice. Depuis lors personne que je connaisse ne l'a revu.

21. *Informação do bureau político sobre a tentativa de golpe de Estado de 27 de Maio de 1977*, publié par le MPLA en juillet 1977.

Il est évident que les choses sont infiniment plus compliquées : la crise de mai 1977 est l'expression de contradictions sociales, politiques réelles. Aucun procès public contre les fractionnistes n'ayant eu lieu, ils ne purent donc présenter leur version des faits avant de mourir[22].

Depuis l'échec du mouvement populaire de revendication, en mai 1977, aucun des problèmes structurels de l'État, de la société civile et du parti unique, parti marxiste-léniniste, MPLA-Parti du travail, fondé en 1977, n'a été résolu. Pire : la plupart des problèmes administratifs, politiques, économiques, d'approvisionnement notamment, se sont aggravés. L'unité du MPLA-Parti du travail a fait place à la guerre sourde des clans. L'incessante campagne de sabotage des maquisards de l'UNITA et les ravages causés dans les provinces méridionales par les troupes d'invasion sud-africaines ont empêché la reconstruction du pays après quinze ans de guerre de libération nationale et de guerre civile. Dans cette situation, la mort, en 1979, d'Agostinho Neto prit les dimensions d'une catastrophe : le 6 août, le chef de l'État fut transporté dans un hôpital de Moscou. Totalement épuisé par trente ans de lutte, le corps martyrisé par le cancer, Neto y mourut à l'âge de cinquante-sept ans, au matin du 10 septembre. Les funérailles nationales célébrées par une foule immense le 17 du même mois à Luanda furent la dernière grande manifestation d'unité entre le MPLA-Parti du travail et la population.

En Angola aujourd'hui, le cancer de la corruption ravage l'administration. L'État a beaucoup de peine à imposer son autorité à la société civile. Le peuple est totalement désespéré. La nouvelle classe pléthorique s'enrichit sans vergogne. D'immenses fortunes s'accumulent dans les banques étrangères. Peu de contrats d'État sont conclus sans que le partenaire étranger soit contraint de verser sa « commission » particulière aux hauts fonctionnaires angolais impliqués. Dans les muceques, des hommes, des femmes et des enfants

---

22. Malgré les réserves formulées à la p. 422, je crois, comme la plupart des observateurs, que Nito, Zé van Dunem et leurs alliés ont été secrètement exécutés entre 1977 et 1979. J'insiste : il s'agit d'une supposition personnelle.

meurent de faim tous les jours. Les transports ne fonctionnent pratiquement plus. Les campagnes sont retournées à une
économie d'autosuffisance. Dans le port de Luanda, totalement désorganisé, des bateaux transatlantiques attendent
jusqu'à trois mois pour être déchargés. Des marchandises,
des aliments importés et payés des millions de dollars grâce
aux devises du pétrole périssent inutilisés. Les guérilleros et
les commandos de sabotage de l'UNITA agissent jusque dans
la province de Malange. A Cabinda, le FLEC se réveille.
Seule organisation sociale qui fonctionne : les FAPLA,
l'armée. Les jeunes officiers qui luttent avec un héroïsme peu
commun et dans des conditions difficiles contre les troupes
d'invasion de l'Afrique du Sud et la guérilla de l'UNITA
envoient rapport sur rapport au Comité central du MPLA-
Parti du travail. Dans la direction du MPLA, quelques figures
solitaires, parfaitement incorruptibles, prestigieuses — Lúcio
Lara, Paulo Jorge, Eduardo Santos, Luis Almeida et quelques autres — émergent comme des rochers dans cette mer de
décadence.

José Marti, contemplant les déchirements des forces nationalistes anti-impérialistes d'Amérique latine, durant le dernier tiers du XIXᵉ siècle, écrit : « *Es la hora de los hornos y no
se ha de ver mas que la luz* [23] » (c'est l'heure des brasiers et il
ne faut regarder que vers la lumière). Aujourd'hui, les forces
de l'Afrique du Sud mènent, contre les bases arrière de la
SWAPO, contre les camps de réfugiés namibiens, contre les
villes, les villages angolais des provinces de Cunene, Moçamedes et Cuando-Cubango, une guerre d'extermination et de
génocide. Les révolutionnaires angolais, les soldats cubains,
solidaires des guérilleros namibiens et fidèles aux principes
des Nations unies, défendent le droit à l'autodétermination
du peuple namibien. Ils luttent et meurent pour protéger les
réfugiés namibiens et les citoyens et citoyennes angolais, et
leurs familles, des provinces méridionales. Lors du raid sud-
africain sur le camp de réfugiés de Casinga, en 1979, 743

23. José Marti, *Obras*, *op. cit.*, vol VIII, p. 21.

enfants, femmes et vieillards noirs furent brûlés vifs par le napalm, déchiquetés par les bombes. Depuis lors, la litanie de l'horreur continue, jour après jour, mois après mois, dans l'indifférence quasi totale de l'opinion publique mondiale. Au nom de la supériorité d'une race sur une autre, les Sud-Africains blancs rééditent aujourd'hui dans le Sud-Angola les crimes commis par les nazis en Europe de l'Est durant les années 1942-1945 : l'extermination systématique des populations « ennemies », l'incendie des villes et des villages, la destruction prioritaire des hôpitaux et des écoles ; l'empoisonnement des puits ; l'anéantissement des troupeaux et des récoltes ; la torture scientifique suivie de l'assassinat des prisonniers. Les Sud-Africains blancs qui sévissent en Angola sont les ennemis de l'humanité. Les combattants des Forces armées populaires de libération d'Angola et les soldats cubains défendent aujourd'hui non seulement la souveraineté de l'Angola, le droit à l'autodétermination et à l'intégrité de l'homme noir, mais l'espoir de justice, de liberté, de dignité de tous les hommes.

4

Trois études :
les alliances avec l'étranger
le fusil et la terre
construction nationale et
cultures traditionnelles

Cet ordre dont tu me parlais un jour, cet ordre à vous, de banques, d'intérêts, qui devrait soi-disant faire progresser le monde d'un millénaire, est baigné de sang à ses fondements tout comme l'ordre barbare d'antan, comme l'ordre esclavagiste, comme l'ordre actuel des princes et des seigneurs, à cette différence près que ce sang coule dans des comptes, dans des chiffres. Tu m'entends, dans des chiffres ! Vos comptes sont des plaies terribles en regard desquelles les entailles causées par les lances et les haches font figure d'écorchures d'enfants. Malheureux est le monde qui vous a engendrés !

> Ismaïl Kadaré, *Le Pont aux Trois arches*
> (pensées d'un moine albanais adressées à un
> constructeur de ponts étrangers, au XIVe siècle)

Ils supportent si mal la moindre domination que, tels des tigres, ils s'en prennent aux nuages qui passent au-dessus de leurs têtes, et bondissent pour les déchirer.

> Ismaïl Kadaré, *Les Tambours de la pluie*

1

Introduction

Les trois études regroupées dans cette quatrième partie traitent de trois problèmes sous-jacents à la lutte de tous les mouvements armés de libération nationale du tiers monde : le problème des alliances avec des États ou partis étrangers que le mouvement conclut pour mener sa guerre, puis construire son État ; le rôle joué par la violence dans l'édification du mouvement, puis de l'État ; la fonction des cultures autochtones dans la construction nationale. Ces trois aspects de la lutte armée de libération nationale sont aussi les plus sujets à contestation, à discussion :

— soit qu'on accuse les mouvements armés de libération nationale du tiers monde de « mauvaises » alliances, car on les voudrait autonomes, sans soupçon de commerce avec l'étranger ;

— soit qu'on accuse les mouvements de faits de guerre, car on les voudrait non violents, purs et angéliques ;

— soit qu'on les accuse d'immoler les cultures indigènes originelles sur l'autel de la construction socialiste.

2

Les alliances avec l'étranger

1. L'ennemi des peuples est divisé

Le présent chapitre traite d'une question parcellaire, mais dont l'intelligence est essentielle pour comprendre la genèse, le développement, les échecs, les victoires des mouvements armés de libération nationale d'Asie, d'Afrique, d'Amérique latine : celle de la surdétermination de la stratégie et de la tactique militaires, politiques, diplomatiques du mouvement par les alliances étrangères qu'il est forcé de conclure. Pour remporter une victoire définitive sur l'occupant étranger, tout mouvement armé de libération nationale doit conclure des alliances avec des États, des partis capables de lui fournir des armes, parfois de l'argent, des moyens logistiques, un soutien diplomatique. Or, ces alliances, revendiquées, à ciel ouvert, ou abritées par le secret, structurent, de façon souvent extrêmement compliquée, tout un champ international dans lequel s'insère la guerre de libération menée par un mouvement déterminé [1].

Il y a cent ans encore, les peuples asservis affrontaient un ennemi uni, homogène. Le monde colonial était un monde sans faille. Au désir de liberté des hommes, il opposait un refus sans nuances, une violence sans relâche. Les grandes et moyennes puissances coloniales disposaient de l'Afrique, de

---

1. Edmond Jouve anime à l'université de Paris I une équipe de recherche qui formule — sur les politiques d'alliance des États et des formations sociales du tiers monde — des hypothèses intéressantes. Cf. notamment Edmond Jouve, *Relations internationales du tiers monde : le tiers monde en lutte*, Berger-Levrault, 1976.

l'Amérique latine, de l'Asie à leur guise. Elles dépeçaient ces continents, y découpaient des possessions, écartelant des peuples, détruisant des systèmes culturels, pillant, brûlant, volant des richesses du sol, de la forêt et des hommes, au gré de leurs intérêts les plus égoïstes. La convocation de la Conférence coloniale par le chancelier allemand Bismarck à Berlin, en 1885, marque l'apogée de ce processus[2].

Cette conférence devait donner à l'ordre colonial mondial, et notamment africain, sa légitimité et sa légalité : mettre fin aux occupations « sauvages » en instituant des règles visant à déterminer entre États européens concurrents le droit de la première occupation ; ouvrir à la navigation internationale les grands systèmes aquatiques ; contrôler la traite des esclaves et plus généralement le traitement de la main-d'œuvre autochtone. La liste des délégations présentes à l'ouverture du Congrès du 26 février 1885 donne une idée de la quasi-toute-puissance de ce cartel des seigneurs coloniaux qui regroupait en son sein pratiquement toutes les grandes et moyennes puissances militaires, économiques, financières de l'époque :

> Au nom de Dieu Tout-puissant,
> S.M. l'Empereur d'Allemagne, Roi de Prusse ; S.M. l'Empereur d'Autriche, Roi de Bohème, etc. et Roi apostolique de Hongrie ; S.M. le Roi des Belges, S.M. le Roi de Danemark ; S.M. le Roi d'Espagne ; le Président des États-Unis d'Amérique ; le Président de la République Française ; S.M. la reine du Royaume-Uni de la Grande-Bretagne et d'Irlande, Impératrice des Indes, S.M. le Roi d'Italie ; S.M. le Roi des Pays-Bas, Grand-Duc de Luxembourg, etc ; et S.M. le Roi de Portugal et des Algarves, etc. ; S.M. l'Empereur de toutes les Russies ; S.M. le Roi de Suède et Norvège, etc. ; et S.M. l'Empereur des Ottomans.
> Voulant régler, dans un esprit de bonne entente mutuelle, les conditions les plus favorables au développement du commerce et de la civilisation dans certaines

2. Pour les conséquences actuelles dans le découpage des territoires économiques et ensembles culturels de l'Afrique noire de
l'Acte de Berlin, cf. Pierre Biarnès, *L'Afrique aux Africains*, Armand
Colin, 1980.

régions de l'Afrique, et assurer à tous les peuples les
avantages de la libre navigation sur les deux principaux
fleuves africains qui se déversent dans l'océan Atlantique : désireux, d'autre part, de prévenir les malentendus
et les contestations que pourraient soulever à l'avenir les
prises de possession nouvelles sur les côtes d'Afrique, et
préoccupés en même temps des moyens d'accroître le
bien-être moral et matériel des populations indigènes,
ont résolu, sur l'invitation qui leur a été adressée par le
Gouvernement Impérial d'Allemagne, d'accord avec le
Gouvernement de la République Française, de réunir à
cette fin une Conférence à Berlin, et ont nommé pour
leurs Plénipotentiaires, savoir... [3].

Voici maintenant l'énoncé des principaux actes négociés et
signés à Berlin :

lesquels, munis de pleins pouvoirs, qui ont été trouvés en
bonne et due forme, ont successivement discuté et
adopté :
1. Une discussion relative à la liberté du commerce dans
le bassin du Congo, ses embouchures et pays circonvoi-
sins, avec certaines dispositions connexes ;
2. Une déclaration concernant la traite des esclaves et
les opérations qui, sur terre ou sur mer, fournissent des
esclaves à la traite ;
3. Une déclaration relative à la neutralité des territoires
compris dans le bassin conventionnel du Congo ;
4. Un Acte de navigation du Congo, qui, en tenant
compte des circonstances locales, étend à ce fleuve, à ses
affluents et aux eaux qui leur sont assimilées, les
principes généraux énoncés dans les articles 108 à 116 de
l'Acte final du Congrès de Vienne et destinés à régler,
entre les Puissances signataires de cet Acte, la libre
navigation des cours d'eau navigables qui séparent ou
traversent plusieurs États, principes conventionnelle-
ment appliqués depuis à des fleuves de l'Europe et de
l'Amérique, et notamment au Danube, avec les modifications prévues par les traités de Paris de 1856, de Berlin
de 1878, et de Londres de 1871 et de 1883 ;

3. Annexe documentaire in Henri Brunschwig, *Le Partage de
l'Afrique*, Flammarion, coll. « Questions d'histoire », 1971, p. 112 *sq.*

5. Un Acte de navigation du Niger qui, en tenant également compte des circonstances locales, étend à ce fleuve et à ses affluents les mêmes principes inscrits dans les articles 108 à 116 de l'Acte final du Congrès de Vienne ;

6. Une déclaration introduisant dans les rapports internationaux des règles uniformes relatives aux occupations qui pourront avoir lieu à l'avenir sur les côtes du continent africain[4].

Le monde, aujourd'hui, n'est plus le même que celui de 1885. Le cartel des seigneurs coloniaux a éclaté. L'ennemi des peuples n'est plus un, il est pluriel. Les impérialismes sont multiples. Ils se combattent entre eux.

Un mouvement de libération peut donc jouer sur leurs contradictions. Il peut dresser un oppresseur potentiel contre un oppresseur actuel.

En ce dernier quart du xxe siècle, une part de la victoire ou de l'échec d'un mouvement de libération dépend de la capacité de celui-ci de nouer des alliances utiles, mais aussi de les limiter, de les rompre le moment venu[5].

Il est pratiquement impossible de décrire en quelques mots toutes les situations internationales, tous les champs de réalités — d'une complexité qui parfois défie l'analyse — qui naissent de la politique d'alliance que mettent en œuvre les

4. *Ibid.*
5. Je ne parle ici que des alliances conclues par le mouvement avec des États, des partis étrangers. En fait, les choses sont plus compliquées : la capacité de construire des réseaux de comités privés de soutien à l'extérieur de ses frontières contribue à déterminer la victoire (ou l'échec) de la guerre nationale révolutionnaire de libération. Exemple : les gouvernements Nixon et Carter ont été hostiles au Front sandiniste de libération nationale. Mais, dans les grandes villes des États-Unis, des comités de soutien à la lutte du FSLN étaient actifs et fournissaient à l'insurrection un appui décisif. La guerre de résistance des patriotes vietnamiens contre le corps expéditionnaire américain fut en partie gagnée grâce à la mobilisation de l'opinion américaine contre les stratégies agressives de Johnson, de Nixon. L'intervention américaine au Salvador, en 1982, a été empêchée — en grande partie — grâce à l'opposition d'une partie de la presse, du Congrès et de centaines de comités de soutien aux États-Unis.

mouvements armés de libération du tiers monde avec les grandes ou moyennes puissances d'Orient ou d'Occident, du Sud ou du Nord.

Examinons un premier exemple, celui du mouvement armé de libération nationale du peuple sahraoui : depuis novembre 1975, le front Polisario mène une guerre de libération contre les forces d'invasion marocaines dans les déserts et les montagnes du Sahara occidental[6]. Le Polisario prend la majeure partie de ses armes à l'adversaire. En même temps, il est puissamment armé par l'Algérie et la Libye. Ces deux pays lui fournissent des armes anti-aériennes modernes, des véhicules, du matériel de communication. L'Algérie et la Libye achètent l'essentiel de leur armement en Union soviétique et auprès des principaux fabricants d'armement d'Europe de l'Est. Ce sont les armes soviétiques qui contribuent à assurer les impressionnantes victoires des combattants sahraouis. Or, l'effort de guerre marocain, extrêmement coûteux en hommes, en matériel, en argent, est financé, pour la majeure partie, par les devises gagnées grâce à l'exportation de phosphates dont le Maroc est le premier producteur mondial. C'est l'Union soviétique qui est le principal client pour les phosphates marocains en 1983. Les alliés privilégiés du front Polisario, l'Algérie et la Libye, vendent une grande partie de leur pétrole aux États-Unis (pour la Libye, cette proportion dépasse les 50 %). Or, ce sont les États-Unis et ses principaux associés sur le continent, notamment l'Afrique du Sud, qui équipent l'armée marocaine.

Autre exemple : celui de la Libye, justement. Je le cite, bien que les officiers libres libyens ne constituent pas un mouvement de libération proprement dit : ils sont au pouvoir d'État depuis le 1er septembre 1969. Le cas de la Libye est intéressant : à cause de son contenu réduit en soufre, le pétrole libyen est pratiquement le seul qui puisse être utilisé dans des régions industrielles denses, à population élevée (comme par exemple la région de Pittsburgh, Philadelphie, Baltimore aux États-Unis). En 1980, la Libye a gagné vingt-

---

6. Pour l'historique du conflit (avant 1975), cf. notamment Maurice Barbier, *Le Conflit du Sahara occidental*, L'Harmattan, 1981.

trois milliards de dollars grâce à l'exportation de ce pétrole, notamment vers les États-Unis. Et cela malgré l'antagonisme politique qui existe entre les gouvernements libyen et américain. Le pétrole libyen couvre environ 12 % (1980) des besoins américains. Depuis l'avènement de l'administration Reagan à Washington (janvier 1981), les officiers libres libyens font presque quotidiennement l'objet de violentes attaques verbales, mais aussi militaires[7], de la part des États-Unis. Or, sur le marché mondial, la Libye exerce une fonction particulière : elle vend son pétrole aux États-Unis (et aux autres puissances occidentales) contre des dollars. Avec ces dollars, elle achète chaque année des quantités élevées d'armes de guerre à l'Union soviétique. Une grande masse de ces armes rouillent tranquillement sur les quais et dans des dépôts. D'autres sont rétrocédées — gratuitement — au Polisario, au Front sandiniste ou à d'autres mouvements de libération. Ces armes, la Libye les paie en dollars. Grâce à ces dollars libyens, l'Union soviétique peut acheter des millions de tonnes de grains, de soja aux États-Unis pour couvrir son déficit alimentaire. Conclusion : grâce au pétrole libyen, les États-Unis peuvent écouler leur surplus agricole et maintenir à l'intérieur de leurs frontières des prix agricoles stables[8].

L'histoire des alliances entre mouvements armés de libération du tiers monde et puissances étrangères est souvent une histoire de trahison, de mensonge, de double jeu, d'abandon. J'analyse ici un exemple particulièrement éloquent : les alliances intercontinentales et régionales qui surdéterminent la lutte, l'existence du mouvement armé de libération nationale du peuple érythréen, durant le période 1962-1982. Ce peuple, porteur d'une riche et ancienne culture, est aujourd'hui composé d'un peu plus de trois millions de personnes

7. En août 1981, l'aviation de la VIe Flotte américaine a abattu dans le golfe de Syrte deux chasseurs libyens.
8. L'exemple a cours jusqu'en mars 1982. A cette date, le président Reagan décréta l'embargo sur le pétrole libyen. Le pétrole libyen, pourtant, continue d'arriver aux États-Unis, notamment par le biais du *spot-market*, du marché libre de Rotterdam.

dans la partie nord-orientale de l'Afrique, appartenant à huit ethnies différentes [9].

Le peuple érythréen lutte depuis 1962, sans relâche, contre l'occupation de son territoire par les forces coloniales éthiopiennes. La résistance érythréenne est la plus ancienne de toutes les résistances populaires d'Afrique. De 1962 à 1976, elle était appuyée en armes, en conseillers, en argent notamment, par Cuba et plus tard par le Sud-Yémen et les Palestiniens. De 1962 à 1974, année du renversement du Négus, elle luttait contre l'armée impériale. Depuis 1974 et jusqu'à ce jour, elle résiste aux milices et à l'armée de l'Éthiopie socialiste. Nombre de dépôts de sorgho des Érythréens, leurs hôpitaux pour blessés graves, leurs camps de réfugiés se trouvent en territoire soudanais. C'est par Port-Soudan (et Khartoum) qu'arrivent les munitions, les approvisionnements de toutes sortes. Mais dès 1981 le Soudan est lui-même dans une situation difficile ; son armée et son gouvernement ne fonctionnent que grâce à la présence en leur sein de nombreux officiers et experts égyptiens. L'armée égyptienne est elle-même soutenue à bout de bras par les États-Unis. L'Arabie séoudite finance aussi une partie du budget de fonctionnement de l'État soudanais et pratiquement tout son budget d'équipement. Le Soudan est engagé dans une guerre non déclarée contre la Libye, alliée de l'URSS, guerre des services secrets, guerre des frontières. Le gouvernement de Khartoum soutient les troupes tchadiennes du chef toubou Hissène Habré, qui luttent contre les soldats de Goukouni Oueddeï, fils du Derdeï (chef religieux suprême) des Toubous [10]. Les troupes libyennes, armées par les Soviétiques, soutiennent Goukouni [11].

Le Soudan fait partie de la zone d'influence des États-Unis.

9. Sur l'historique du conflit, cf. notamment : G. N. Trevaski, *Erytrea, a Colony in Transition*, Oxford University Press, 1964 ; Richard Pankhurst, *The Ethiopian Royal Chronicles*, Oxford University Press, 1965 ; H. G. Marcus, *The Life and Time of Menelik II*, Oxford, Clarendon Press, 1975.

10. Les Toubous sont le grand peuple nomade du Tibesti (nord du Tchad).

11. Bernard Lanne, *Tchad-Libye, la Querelle des frontières*, Karthala, 1982.

Il s'oppose donc « tout naturellement » à l'Éthiopie, qui jouit d'une alliance privilégiée avec l'Union soviétique, le Sud-Yémen et Cuba. L'Éthiopie, l'Union soviétique (mais pas Cuba : il n'y a pas de troupes cubaines en Érythrée) mènent contre le peuple de l'Érythrée une guerre dont l'enjeu est le contrôle des côtes occidentales de la mer Rouge. En face des côtes africaines, l'URSS est également implantée : le Sud-Yémen est aujourd'hui un des puissants bastions soviétiques dans la région. Si l'URSS pouvait contrôler l'Érythrée, elle contrôlerait du même coup tout le détroit d'Aden. En octobre 1981, la résistance érythréenne subit un attentat dangereux de la part de son (ancien) allié, le Soudan : le colonel Mengistu, président éthiopien, obtient du maréchal Numeiry, président du Soudan, la fermeture des frontières soudano-érythréennes, le désarmement et l'arrestation des combattants du Front populaire de libération de l'Érythrée.

Comment comprendre ce coup? Ici, une contradiction régionale surdétermine exceptionnellement la contradiction entre les deux superpuissances. Depuis 1955, une révolte sanglante ravage le Sud tropical du Soudan. Le Soudan, comptant plus de 2,5 millions de km^2, est le plus grand pays d'Afrique. Il possède un Nord nubien et arabo-musulman qui gouverne, administre, domine l'État et l'économie depuis l'indépendance en 1955 et un Sud tropical, africain, chrétien ou animiste où habitent les Dinkas, les Shilouks, les Nuers. Ces peuples noirs de la forêt équatoriale sont farouchement opposés à la domination du Nord. L'histoire explique cette antinomie : les Arabes musulmans au pouvoir à Khartoum sont les descendants des marchands d'esclaves qui, durant des siècles, ont ravagé les régions forestières du haut Nil et des forêts équatoriales du Sud (région au sud de Juba où le Nil disparaît dans d'immenses marais). De 1955 à 1970, une guerre sanglante opposait le Nord au Sud : jusqu'en 1955, le Soudan avait été un condominium anglo-égyptien. L'avènement de Nasser au pouvoir au Caire en 1952 forçait les Anglais à consentir à la libération — exigée par Le Caire — du Soudan. Or, les Anglais entretenaient au Soudan une troupe coloniale autochtone, le fameux *Aequatoria-Corps*, chargé de surveiller le haut cours du Nil. Cette troupe d'élite

était presque exclusivement composée d'hommes du Sud.
Avec la complicité des officiers anglais, ce corps se révolta en
1955 et déclara la sécession des provinces méridionales du
Soudan. De l'insurrection naissait une organisation politico-
militaire du nom d'Ana-Nya, nom d'un serpent venimeux de
la forêt d'Equatoria. Une trêve précaire entre les Ana-Nya et
le gouvernement de Khartoum et un accord d'autonomie
interne des provinces du Sud furent conclus en 1970.

L'URSS et Mengistu commencèrent, dès le début de
l'année 1981, à armer les rebelles du Sud [12]. Numeiry, se
souvenant de la longue guerre des Ana-Nya (le mouvement
des insurgés sudistes), accepta donc le marché de Mengistu :
l'Éthiopie, l'URSS allaient trahir les Nuers, les Dinkas, les
Shilouks du Sud-Soudan contre la trahison par Numeiry du
peuple insurgé de l'Érythrée.

2. *L'Union soviétique et les mouvements armés de libération nationale*

a. *Questions d'histoire.*

La principale, la plus fidèle, la plus efficace puissance alliée
des mouvements armés de libération nationale du tiers monde
est l'Union soviétique. Il n'existe — du moins en Afrique —
aucun mouvement anticolonial, anti-impérialiste qui ait remporté la victoire sur l'ennemi sans l'aide massive en armes, en
argent, sans le soutien diplomatique de l'Union soviétique.

Pourquoi l'Union soviétique conclut-elle des alliances coûteuses avec des mouvements insurrectionnels agissant dans
des contrées lointaines et qui — de très rares cas mis à part —

---

12. Pour légitimer son soutien aux Ana-Nya, Mengistu fit état de
sa qualité de « chef d'État chrétien ». L'Éthiopie est la plus grande
puissance chrétienne du continent. Les Dinkas, les Shilouks, les
Nuers sont en partie chrétiens et, en presque totalité, farouchement
anti-islamiques, ayant souffert — je le répète —. surtout au XIXᵉ siècle, de la déportation esclavagiste de la part des seigneurs de la guerre
arabo-islamiques du nord du Soudan, mais également de la part des
chasseurs d'esclaves du sultan de Zanzibar.

ne sont dirigés ni par des chefs issus du prolétariat ni par des communistes affiliés à un parti reconnu par Moscou, mais par des nationalistes d'origine petite-bourgeoise ou paysanne dont la formation intellectuelle, la vision du monde ne doivent souvent que peu de chose au matérialisme dialectique ? La politique d'alliance menée par l'URSS dans les pays du tiers monde obéit à des causalités complexes[13]. La problématique des rapports entre les communistes soviétiques et les mouvements armés de libération nationale des territoires coloniaux ou ex-coloniaux a une longue histoire.

En 1917, pratiquement tous les dirigeants du parti bolchevique — Lénine, Kamenev, Zinoviev, Trotski, Boukharine, etc. — étaient fermement persuadés que la révolution victorieuse de Saint-Pétersbourg n'était que le signal pour une série de révolutions qui devaient se déclencher sans tarder partout en Europe. C'est notamment la révolution en Allemagne — le pays industrialisé le plus puissant de l'époque, où existait le mouvement ouvrier de loin le mieux organisé, le plus nombreux — qui était attendue avec une particulière impatience par les bolcheviques. Or, les insurrections de Leipzig, Munich, Berlin furent écrasées. A Vienne, à Budapest, les communes ouvrières furent noyées dans le sang. Aucune république de type soviétique ne parvint à se

13. Nous ne pouvons ici qu'indiquer l'existence d'un vaste et compliqué débat : le problème des rapports de l'URSS avec les mouvements anticoloniaux est en fait lié à un problème plus brûlant encore, celui qui concerne le statut, à l'intérieur de l'URSS, des peuples non russes et notamment des peuples musulmans. A ce sujet voir notamment :
- Demetrio Boersner, *The Bolcheviks and the National and Colonial Question*, Genève, Droz, 1957.
- Alexander Benningsen et S. Enders Winbush, *Muslim National Communism in the Soviet Union, a Revolutionary Strategy for the Colonial World*, The University of Chicago Press, 1979.
- Vincent Monteil, *Les Musulmans soviétiques*, Éd. du Seuil, nov. 1981.
  Voir aussi :
- Madeleine Rebérioux, *La IIIᵉ Internationale et l'Orient*, Cujas, 1967.
- Alexander Benningsen, *Les Musulmans oubliés : l'Islam en URSS aujourd'hui*, Maspero, 1981.
- Hélène Carrère d'Encausse, *L'Empire éclaté*, Flammarion, 1978.

maintenir pendant plus de quelques semaines en Occident[14]. Lénine, alors, changea de stratégie : il chercha l'alliance avec les mouvements pluriclassistes armés de libération anticoloniale du tiers monde. Changement de stratégie et d'analyse fondamental pour un bolchevique : car tous ces mouvements étaient à l'époque dirigés soit par des chefs féodaux, soit par des bourgeois nationaux, mais rarement par des prolétaires. Lénine conçut une stratégie inédite : puisque les révolutions prolétariennes dans les centres du capitalisme monopolistique multinational d'Europe ne se matérialisaient pas, il fallait procéder à l'encerclement, à l'étouffement progressifs de ces centres. Les bastions capitalistes d'Europe dépendaient de leurs colonies outre-mer pour leur approvisionnement en matières premières, pour l'écoulement de leurs marchandises produites en surnombre, etc.

J'insiste sur ce changement : avant 1920, Lénine avait témoigné face au problème colonial de l'attitude marxiste classique, celle apprise de Plekhanov, notamment : le problème colonial était un problème secondaire, épiphénoménal. La révolution prolétaire victorieuse dans les métropoles des différents empires coloniaux allait le résoudre comme par nécessité. La destruction des gouvernements du capital financier à Londres, Paris, Berlin, La Haye, Madrid, Lisbonne, Rome allait provoquer l'écroulement — tel celui de châteaux de cartes — des empires coloniaux européens.

Retournons à la situation de 1920 : la révolution en Occident ne se produisant pas, il fallait changer d'analyse et de politique ; maintenant, Lénine visait à l'asphyxie des métropoles capitalistes. En s'alliant aux mouvements armés anticoloniaux dans les territoires d'outre-mer exploités par l'Europe, il mit en œuvre une stratégie qui ressemble à celle que Mao Zedong inventera dès 1936 : comme les forces révolutionnaires de la campagne encerclent, enferment, asphyxient graduellement les villes tenues par l'ennemi, les peuples coloniaux en armes allaient progressivement couper

14. Il existe des exceptions en terre africaine : le soviet d'Alexandrie résista pendant deux mois, celui de Tripoli (Libye) pendant plus de quatre.

de leurs voies d'approvisionnement les métropoles impérialistes d'Europe.

En 1920, Lénine convoqua à *Bakou* (Azerbaïdjan) la conférence mondiale des mouvements armés de lutte anticoloniale [15].

Mille huit cent quatre-vingt-onze délégués, dont cinquante-cinq femmes, se rendirent à la convocation. Les mouvements, partis et organisations les plus divers répondirent à l'appel des bolcheviques : le *Congress Party* indien du Mahatma Gandhi, l'organisation nationaliste des *Patriotes afghans,* les seigneurs féodaux — les *Khans* — du nord de l'*Iran*, les princes des tribus arabes du *Hedjaz*, les notables de *Mésopotamie* furent présents à Bakou. Les *républicains chinois* y côtoyèrent les délégués noirs sud-africains de l'*Industrial and Commercial Workers Union* de Kadalie et de la *League of African Rights* de Bunting.

En 1920, les bolcheviques étaient mal connus des autres peuples du monde et surtout des peuples coloniaux. Leur État, l'URSS, n'avait ni réseau mondial d'ambassades ni système planétaire de communications. L'URSS était un immense territoire assiégé, économiquement peu développé, ravagé par la guerre civile, isolé du monde extérieur [16].

D'où vient donc cette extraordinaire crédibilité, cette formidable espérance que provoque l'appel de Lénine aux mouvements anticoloniaux ? Une affaire particulière joue un grand rôle en 1920 : c'est l'affaire dite « des papiers du Foreign Office ». Les puissances de l'Entente — les puissances luttant contre l'Allemagne impériale, l'empire austro-

---

15. Cf. *Le Premier Congrès des peuples de l'Orient, Bakou, 1-8 septembre 1920*, compte rendu sténographique, réédition en fac-similé, Maspero, 1971. Ici aussi un débat beaucoup plus vaste n'est qu'effleuré : la stratégie développée à Bakou fait partie intégrante d'une politique plus globale encore, celle conçue par la *Troisième Internationale* à partir de 1920. Cf. Pierre Frank, *Histoire de l'Internationale, 1919-1943*, La Brèche, 1979, vol. I, chap. « Nationalités et peuples colonisés », p. 99 *sq.* La politique inaugurée à Bakou reste également incompréhensible sans la référence à la théorie des nationalités telle que Lénine la développe à l'adresse des nationalités réunies, brimées sur le territoire de l'empire tsariste.

16. Formellement, l'URSS ne fut fondée que le 30 décembre 1922.

hongrois et l'empire ottoman — avaient développé dès le début de la Première Guerre mondiale une stratégie d'insurrection anticoloniale dans les territoires africains, moyen-orientaux, asiatiques contrôlés par leurs ennemis. La France et l'Angleterre notamment finançaient les mouvements anti-coloniaux dans les territoires ottomans de Syrie, de la péninsule arabe, de Mésopotamie, de Palestine ainsi que dans les territoires allemands d'Afrique orientale, occidentale et australe. Un autre exemple : la colonie allemande de Shan-tung (Chine) était puissamment défendue par une flotte de guerre allemande et des troupes de garnisons retranchées dans des forteresses. Les troupes allemandes avaient pendant des semaines résisté aux bombardements britanniques. Elles furent finalement vaincues par l'insurrection des nationalistes chinois — financés, armés par l'Angleterre — qui s'était développée dans l'arrière-pays. Durant toute la Première Guerre mondiale, donc, les puissances de l'Entente furent capables de mobiliser, dans les territoires coloniaux de leurs adversaires, les mouvements insurrectionnels les plus divers. L'aventure du sergent anglais Thomas Edward Lawrence, agent de l'Intelligence Service, devenu écrivain connu sous le nom de « Lawrence d'Arabie », est à ce titre exemplaire : à la tête des tribus nomades insurgées, Lawrence parcourt le désert de la péninsule arabique, soulève Hussein[17] contre les Turcs, prend Médine ; il atteint le chemin de fer du Hedjaz, prend Bagdad et Jérusalem, puis entre à Damas[18].

L'Angleterre, la France et la Russie tsariste ne pouvaient réussir cette politique d'alliance avec les mouvements anticoloniaux des territoires allemands et ottomans qu'en promettant aux chefs de ces mouvements l'indépendance de leur pays dès la victoire militaire acquise en Europe par l'Entente.

17. La famille des Hachémites, dont Hussein est le chef, s'allie durablement aux Anglais. Le fils d'Hussein, Abdallah, sera roi de Damas, puis de Transjordanie. Il sera assassiné. Son petit-fils Hussein (au pouvoir aujourd'hui) lui succédera. Le frère d'Abdallah, Feiçal, sera roi d'Irak. Il mourra assassiné en 1958.

18. Thomas Edward Lawrence, *The Seven Pillars of Wisdom* ; paru en français sous le titre : *Les Sept Piliers de la sagesse*, trad. fr. de Charles Mauron, Payot, 11ᵉ éd., 1958.

Or, toute cette politique était basée sur un mensonge : en 1914, la France, la Russie tsariste, l'Angleterre avaient signé, en grand secret, un ensemble de protocoles qui réglaient d'avance la distribution entre eux des territoires coloniaux — africains, asiatiques, moyen-orientaux — conquis sur l'adversaire. En 1917, les révolutionnaires bolcheviques entrèrent dans les bureaux du ministère des Affaires étrangères du gouvernement Kerensky. Ils y découvrirent les copies des accords secrets entre les puissances de l'Entente. Lénine décida de les rendre publics : il fit porter par des messagers les documents de la trahison aux principaux dirigeants des principaux mouvements anticoloniaux, alliés aux puissances de l'Entente. Le prestige des bolcheviques parmi ces combattants anticoloniaux, trompés par les puissances capitalistes de l'Entente, devint dès lors immense.

La politique soviétique de l'alliance avec les mouvements armés de libération anticoloniaux connut après Bakou un développement foudroyant. Cette politique était cependant affligée de nombreuses contradictions. Elle connut de multiples échecs. Le parti bolchevique témoignait souvent d'une arrogance naïve face aux mouvements de libération nationale du monde colonial : il revendiquait une autorité que lui conférait — à ses propres yeux — le fait d'avoir organisé la première révolution victorieuse des ouvriers et paysans de l'histoire. En Chine, par exemple, les envoyés de Staline — Borodine, Neumann — méconnaissant totalement les analyses de Mao Zedong, ordonnaient (en 1927 notamment) une stratégie désastreuse pour les communistes chinois et retardaient, du fait de leur perception erronée de la réalité locale, la libération de la Chine. D'une façon générale, le parti bolchevique, la Troisième Internationale et, dans une moindre mesure, l'URSS se mirent à développer une politique offensive d'appui aux révolutionnaires locaux, notamment en Chine, en Inde, en Afghanistan et en Iran.

En Chine, la Troisième Internationale s'engagea militairement, financièrement, politiquement aux côtés du Kuomintang (KMT), le mouvement bourgeois nationaliste antiféodal qui en 1911 avait provoqué la chute du dernier empereur de Pékin. En Inde, c'est Gandhi et son parti du Congrès qui bénéficièrent du soutien de Lénine et de ses camarades. En Afghanistan, des unités de l'armée rouge luttèrent aux côtés des chefs féodaux baloutches contre le corps expéditionnaire britannique. La situation en Iran était la plus compliquée : dès 1920, Lénine rétrocéda au shah de Téhéran les droits régaliens qu'avait possédés le tsar en Iran, notamment les droits sur les chemins de fer et le monopole du télégraphe et des postes. L'Angleterre envahit l'Iran. Au nord du pays, un chef féodal aux idées progressistes, Kutchuk-Khan, mobilisa la résistance populaire. Lénine dépêcha une armée, commandée par Rashannikov, pour secourir Kutchuk-Khan. L'alliance entre les communistes soviétiques et les forces de la résistance iranienne se brisa en 1921 : pour obtenir les crédits britanniques nécessaires au lancement de sa nouvelle politique économique. Lénine dut renoncer à son alliance avec les patriotes d'Iran. Il conclut l'accord de 1921 qui stipule un droit pour l'URSS d'occuper le nord de l'Iran en cas de pénétration d'une armée étrangère. Cette disposition redeviendra d'actualité lors de la Seconde Guerre mondiale : l'URSS occupera le Nord iranien jusqu'en 1947. Elle sera d'actualité une deuxième fois en 1980 : les États-Unis, malgré la grave crise qui les oppose au régime Khomeiny, renoncent à envahir l'Iran afin de ne pas donner prétexte à l'URSS de faire usage du traité de 1921.

Lénine subit sa première attaque d'hémiplégie le 16 mai 1922. Deux autres devaient suivre. Il mourut à l'âge de cinquante-quatre ans, le 21 janvier 1924. Sa disparition, les luttes de clans qui déchirèrent la direction de la Troisième Internationale, de l'État et du parti soviétiques pendant plusieurs années mirent pratiquement fin à la poursuite de cette politique d'alliance stratégique entre l'URSS et les mouvements nationaux de libération anticoloniale du tiers monde. Elle ne reprit qu'en 1957 avec le voyage de Nikita Khrouchtchev en Égypte. Mais, depuis le séjour de Khrouchtchev au Caire, la politique des alliances soviétiques avec des peuples du tiers monde a pris des dimensions véritablement planétaires : l'organisation économique mondiale des pays communistes — le COMECON — étend aujourd'hui ses bras jusqu'aux Amériques, en Asie du Sud-

Est, en Afrique australe, pour embrasser des pays aussi divers que Cuba, le Vietnam, le Mozambique, l'Angola et l'Éthiopie[19]. J'insiste sur ce point : ces alliances s'enracinent dans une histoire. Elles obéissent à une stratégie mondiale de lutte contre les puissances capitalistes et impérialistes. Dans cette stratégie se mêlent une histoire nationale, l'héritage idéologique du marxisme-léninisme et les exigences conjoncturelles, contingentes de la raison d'État soviétique.

b. La mutilation du mouvement de libération nationale : sa transformation en parti marxiste-léniniste de type soviétique.

Friedrich Wilhelm Hegel, assistant à l'entrée victorieuse de Napoléon dans sa ville d'Iéna, écrit avec ironie : « J'ai vu la révolution passer dans la rue, assise sur un cheval blanc. » Faut-il dire que les auto-mitrailleuses soviétiques fournies aux armées de libération nationale du tiers monde transportent dans leurs tourelles le modèle répressif de l'organisation soviétique des rapports politiques entre les hommes ? Les choses, évidemment, sont plus compliquées. Dès le départ du colonisateur, dès l'instauration d'un État indépendant, national et souverain, l'alliance avec l'Union soviétique se transforme. Dans la plupart des cas, elle devient une tutelle pesante.

Il n'y a pas de commune mesure entre une alliance qui lie entre eux deux pays industriels d'Europe occidentale, par exemple, et l'alliance que conclut avec une superpuissance un petit ou moyen pays pauvre de la périphérie du monde capitaliste. L'alliance du pays peu développé du tiers monde, ruiné par la guerre, dépourvu d'État fort, avec une superpuissance ne crée généralement pas de liens de réciprocité, de complémentarité, mais de tutelle et de dépendance. Pourtant, l'alliance est inéluctable. Jusqu'à récemment il n'existait

19. Le Mozambique, l'Angola et l'Éthiopie ne sont en 1984 encore qu' « observateurs » et non membres du COMECON. Sur les difficiles relations de ces pays avec le COMECON, cf. François Soudan, « L'empire assiégé », in *Jeune Afrique*, n° 1124, 1982, p. 86 *sq.*

pratiquement pas d'autre choix pour les pays du tiers monde[20].

La destruction militaire du colonisateur, l'entrée dans la capitale de l'armée de libération, la proclamation d'un État indépendant ne changent rien au fait que le peuple libéré reste prisonnier de la division internationale du travail, subit les taux inégaux de l'échange international, bref, reste un peuple exploité, dénué de moyens, dépendant et soumis aux structures inégalitaires du marché capitaliste mondial. Pour se sortir du sous-développement structurel, pour développer ses propres forces productrices, pour créer une infrastructure industrielle, de communication, de transport capable de lui assurer la satisfaction minimale de ses besoins, l'État nouvellement créé a besoin de technologie, de crédits, de cadres. Il se tourne tout naturellement vers son allié du temps de la guerre, c'est-à-dire, dans la majorité des cas, vers l'Union soviétique.

Dans l'importante littérature scientifique qui existe aujourd'hui sur les différents aspects de la politique d'alliance que mène l'Union soviétique avec les pays d'Amérique latine, d'Afrique et d'Asie, deux opinions s'affrontent :

1. La littérature scientifique d'origine nord-américaine reproduit une thèse dominante en Occident aujourd'hui. Elle est le plus explicitement formulée par le classique ouvrage de Levgold[21] : l'Union soviétique est une superpuissance, désireuse de dominer le monde ; elle est à la recherche incessante d'alliances nouvelles, de préférence avec des partenaires situés dans des régions stratégiques de la planète ; ces alliances, elle tente constamment de les transformer en des pouvoirs de tutelle au détriment de l'allié et au profit de la superpuissance. Je ne partage pas cette thèse. Il est, à mon avis, tout à fait erroné de penser que l'Union soviétique est

20. Une alternative est fournie depuis le 10 mai 1981 par la France socialiste, cf. ci-dessous, p. 468 *sq.*

21. R. Levgold, *Soviet Policy in West Africa*, Cambridge (Mss), Harvard University Press, 1970.

aux aguets, tel un loup, pour happer les pays du tiers monde, pour leur imposer son alliance, pour les séduire et les soumettre à son empire. Ou inversement : l'image du gouvernement du tiers monde, Petit Chaperon rouge, qui se promène dans la forêt en quête de secours et qui — hélas — tombe la plupart du temps entre les griffes du loup soviétique, déguisé en paisible grand-mère internationaliste, est une image de pacotille.

2. A cette image produite par Levgold et un grand nombre d'autres auteurs occidentaux répond la version, au moins tout aussi dogmatique, fabriquée par les institutions de recherche d'Union soviétique et d'Europe de l'Est[22].

Des auteurs aussi prestigieux que Walter Markov, Klaus Ernst, Christian Mährdel, de l'Institut d'études africaines de l'université Karl-Marx de Leipzig, ou Gregory Kim du Centre d'études du Comité central du Parti communiste de l'URSS affirment que, en accordant son soutien massif aux combattants de la liberté d'Afrique, d'Asie ou d'Amérique latine, l'Union soviétique ne fait qu'exécuter une des maximes permanentes de sa politique étrangère : celle de l'internationalisme prolétarien, c'est-à-dire la pratique de la solidarité agissante entre tous les travailleurs de la terre. Il est évident que ce type de réponse relève du dogmatisme. Cependant, malgré cette déficience théorique, les travaux empiriques produits par les chercheurs de l'Est européen sont généralement d'une grande richesse et donnent accès à des dates, des chiffres, dont ne disposent pas facilement les chercheurs occidentaux. C'est surtout la littérature scientifique produite par les instituts et centres de recherche de la République démocratique allemande qui est particulièrement vaste et intéressante. Elle tente de saisir empiriquement les multiples relations — synchroniques, diachroniques — du mouvement ouvrier international d'expression communiste avec les

22. Gregory Kim résume la position officielle des chercheurs marxistes de l'Est européen ; cf. Gregory Kim, « The Socialist World and the National Liberation Movements », étude présentée au congrès organisé par la Ligue des communistes yougoslaves à Cavtat, septembre 1978, publiée en 1979 par la revue *le Socialisme dans le monde*, Belgrade.

mouvements armés de libération nationale du tiers monde [23].

Je le répète : Levgold et Markov ont également tort.
L'Union soviétique n'est ni un ogre assoiffé de pouvoir et de
domination, désireux de soumettre le plus grand nombre de
peuples possible, ni la lumineuse patrie d'un internationalisme altruiste, qui ne penserait qu'à aider à se libérer du joug
colonial ou impérialiste les peuples du tiers monde. La réalité
est infiniment plus complexe. Plusieurs perspectives sont à
considérer.

Première perspective : L'Union soviétique est elle-même un
des plus grands pays en voie de développement. Une partie
de son territoire est pratiquement inexploré. Certains de ses
territoires nationaux situés à l'est des montagnes de l'Oural

---

23. Walter Markov, professeur à l'université Karl-Marx de
Leipzig, est directeur de l'Institut d'études africaines de cette
université. A ce titre, il a pris la lointaine succession d'une institution
qui, au début de ce siècle, fut le haut lieu de la sociologie africaine en
Europe : l'Institut fuer Voelkerkunde de Leipzig. Après la guerre, à
sa sortie du camp nazi, Markov publie « Afrika im Jahre Zehn »,
dans la revue *Horizont*, n° 36, 1970 ; « Zur universal-geschichtlichen
Einordnung des Afrikanischen Befreiungskampfes » in *Geschichte
und Geschichtsbild Afrikas*, ouvrage collectif, Leipzig, 1970 ; *Arbeiterklasse und Bourgeoisie im antikolonialen Befreiungs-Kampf*,
Leipzig, 1961 ; « Fragen der Genesis und Bedeutung der vorimperialistischen Kolonialsysteme », in *Wissenschaftliche Zeitschrift der
Karl-Marx Universitaet*, 1/2, Leipzig, 1954-1955. Enfin, l'institut
dirigé par Markov publie un annuaire où sont rassemblées les études
collectives sur les différents mouvements de libération nationale
d'Afrique ainsi que d'Amérique latine et d'Asie : *Studien zur
Kolonialgeschichte und zur Geschichte der kolonialen und nationalen
Befreiungsbewegungen*. Parmi les monographies des collaborateurs
immédiats de Markov, cf. notamment K. Ernst, *Tradition und
Fortschritt im Afrikanischen Dorf*, Akademie-Verlag, 1973 ;
Ch. Mahrdel, *Afrikanische Parteien im revolutionaeren
Befreiungskampf*, Berlin, Staatsverlag, 1977. Du 20 au 24 octobre
1980, une conférence scientifique internationale réunit à Berlin les
représentants de quatre-vingt-trois mouvements de libération et
partis communistes d'Afrique, d'Asie, d'Amérique latine et les
principaux chercheurs des États communistes d'Europe pour une
confrontation de leurs positions respectives. Les Actes de cette
conférence ont été publiés sous le titre : *La lutte commune du
mouvement ouvrier et du mouvement de libération nationale contre
l'impérialisme et pour le progrès social*, 2 vol., Dresde, Verlag Zeit im
Bild, 1981, en français.

appartiennent au tiers monde peu développé. Ils recèlent d'énormes richesses minérales. L'Union soviétique est forcée de chercher à l'extérieur de ses frontières la technologie, les capitaux nécessaires pour la mise à jour graduelle de ces richesses, l'industrialisation, le développement de ces régions. Dans cette première perspective, l'Union soviétique agit exactement de la même façon et pour les mêmes motifs qu'une puissance capitaliste européenne du XIXe siècle qui cherchait au-delà des océans les matières premières bon marché, les marchés d'écoulement de ses produits, bref : les moyens de la maximalisation du profit et de l'accumulation rapide du capital nécessaire à son propre développement national.

J'insiste sur cette situation : l'Union soviétique affronte les puissances impérialistes — militairement, diplomatiquement — sur de nombreux fronts dans le tiers monde. Mais, en même temps, elle reproduit, elle aussi, la loi inégalitaire du marché capitaliste mondial. Elle est partiellement intégrée à ce marché pour des secteurs vitaux de son approvisionnement alimentaire et de son industrialisation et elle y occupe dans certains cas une position dépendante[24]. Sa politique de commerce extérieur, sa politique étrangère sont partiellement surdéterminées par lui. L'URSS entretient des rapports marchands avec un grand nombre des pays les plus pauvres. Rapports qui ne sont souvent pas fondamentalement différents de ceux qu'imposent à ces pays les sociétés multinationales industrielles, commerciales, financières d'Occident. Les armes livrées à l'Angola sont, depuis 1975, payées en pétrole, en diamants, en café, à des prix d'achat qui s'apparentent à ceux du marché capitaliste mondial.

Des contrats de pêche cèdent à l'URSS des zones entières des eaux territoriales de Guinée-Bissau, du Mozambique, d'Angola : les bateaux-usines soviétiques ravagent ces eaux,

---

24. Je ne fais ici qu'effleurer une problématique compliquée : celle des échanges marchands entre les États-Unis et l'URSS. André Fontaine en fait l'analyse (notamment en ce qui concerne les céréales livrées par les États-Unis à l'Union soviétique) dans *Histoire de la « détente », 1962-1981*, Éd. du Seuil, coll. « Points Histoire », 1984, notamment chap. x, p. 229 *sq.*

utilisant des filets extrêmement fins, conditionnant le poisson à même le navire, ramenant en URSS des conserves, des farines et des produits surgelés. Pendant ce temps, le long de l'océan Indien et de l'Atlantique, des communautés séculaires de pêcheurs africains se disloquent. Des milliers de familles perdent leur gagne-pain, des civilisations entières disparaissent — aux Bijagos, à São Vicente, au sud de l'embouchure du Zambèze, dans le golfe de Lobito —, du fait du pillage pratiqué par les bateaux-usines soviétiques. La Guinée-Bissau est l'un des pays qui possèdent les eaux les plus poisonneuses du monde. Or, l'*armazém do povo* de Bissau, situé à trois pas du port, vend des boîtes de conserves soviétiques de poisson, de crevette, de thon mais le poisson frais est quasi introuvable dans la ville.

Deuxième perspective : L'Union soviétique, qui constitue dans ses frontières nationales un empire pluri-ethnique et autocentré, n'est pas « naturellement » portée vers l'expansion coloniale. L'idéologie et l'histoire particulière du parti au pouvoir s'y opposent. La reproduction de ce qu'on a appelé au XIXe siècle l' « aventure coloniale » n'est pas possible. L'Union soviétique ne s'engage dans une alliance coûteuse avec un État d'Afrique, d'Asie, d'Amérique latine qu'après mille hésitations. Pour qu'elle le fasse, il faut que cet État soit situé dans une région stratégique du globe, qu'il soit lié à l'Union soviétique par des liens historiques anciens ou qu'il soit dépositaire de considérables richesses minérales ou agricoles. Il va de soi que les pays riverains de l'Union soviétique d'Europe et d'Asie échappent à ces réserves, ayant constitué de tout temps le glacis territorial de l'empire russe, donc une zone d'expansion traditionnelle. C'est le cas, par exemple, de l'Afghanistan [25].

Les Russes, qui tiennent majoritairement le pouvoir en

25. Le maintien, l'extension de ce glacis s'expliquent par la traumatique expérience de l'Union soviétique durant la Seconde Guerre mondiale ; l'agresseur nazi avait, en moins de quatre ans, détruit soixante-dix mille villages soviétiques, mille sept cent dix villes, quarante-sept millions de maisons, tué vingt millions d'hommes, de femmes et d'enfants. Cf. Daniel Yergin, *Shattered Peace*, Boston, Éd. Houghton Mifflin, 1977, p. 64.

Union soviétique, ne sont pas portés à la familiarité avec des sociétés africaines, extrême-orientales ou américaines. Ils sont le produit d'une vieille, riche et admirable culture close, marquée par un constant refus de la tentation « cosmopolite ». Ces dispositions culturelles forment des freins à la compréhension des sociétés du tiers monde avec lesquelles les Russes entretiennent des échanges, et les rendent apparemment inaptes à s'y implanter durablement.

Cette remarque n'épuise pas l'analyse des conditions d'exploitation des pays du tiers monde de la part de l'Union soviétique en cette fin du xxe siècle où les agents de l'exploitation sont avant tout les technostructures des sociétés multinationales capitalistes ou entreprises d'État soviétiques.

Troisième perspective : il existe des cas où l'Union soviétique est entraînée par l'un de ses alliés, conduite comme malgré elle, à s'engager militairement, économiquement, politiquement aux côtés d'un État, d'un peuple du tiers monde. C'est notamment Cuba qui mène, pour des raisons que nous verrons, une politique systématique de soutien aux luttes armées de libération nationale sur les trois continents et qui, de ce fait, oblige l'Union soviétique à s'engager, souvent contre sa propre volonté initiale, notamment en Afrique.

L'exemple angolais est particulièrement parlant : en novembre 1975, les forces du MPLA sont assiégées dans Luanda. La bataille fait rage dans les muceques, les banlieues noires de la capitale. Les troupes du FNLA menacent au nord. Le corps expéditionnaire sud-africain approche du sud. La situation des révolutionnaires est désespérée. Agostinho Neto parvient à joindre Fidel Castro au téléphone. Castro réunit le Bureau politique du Parti communiste cubain dans la nuit même. Celui-ci décide l'envoi immédiat de trois cents combattants, parmi eux plusieurs dizaines des commandants les plus prestigieux de Cuba. L'opération « Carlotta » est lancée. Des avions cubains transportent les combattants sur une route compliquée qui passe par les Bahamas, Terre-Neuve, Bissau et Brazzaville en dix-huit heures de vol jusqu'à Luanda. Les Cubains rejoignent le front dès leur descente d'avion. Une fois les troupes cubaines engagées dans les combats, Castro avertit Moscou. Son propos est simple : si l'artillerie, les blindés n'arrivent pas à Luanda dans les jours qui suivent, l'élite de l'armée cubaine va être massacrée par les Sud-Africains. Or, seuls les gros porteurs soviétiques, les Antonov, peuvent amener à 20 000 km de distance les tanks et les canons indispensables à la défense de Luanda. L'Union soviétique, mise devant le fait accompli, accepte [26]. Je suis persuadé que Cuba, aujourd'hui, est la caution révolutionnaire du camp communiste. En Europe orientale, en URSS, la révolution est morte. La raison d'État triomphe partout. A Cuba, non ! Qui a rendu possible la victoire du peuple angolais sur l'envahisseur sud-africain en novembre 1975 ? Les soldats cubains. Qui a instruit, aidé les révolutionnaires sandinistes du Nicaragua ? Cuba. Qui aide les guérilleros de la SWAPO à résister à l'extermination par les armes de l'OTAN ? Cuba. L'URSS ne s'est souvent engagée dans des luttes de libération que forcée, entraînée, par Cuba.

Le cauchemar de tous les révolutionnaires cubains — y compris de Fidel Castro —, c'est le téléphone rouge. En 1962, Khrouchtchev avait promis la livraison de fusées à tête nucléaire à Cuba, c'était la garantie définitive contre l'invasion américaine ; certaines de ces fusées étaient déjà installées au moment où s'ouvrit la crise. D'autres étaient en voie d'acheminement. Devant l'ultimatum de Kennedy, Khrouchtchev fit faire demi-tour à ses navires, sans même informer, ni à plus forte raison consulter, les Cubains. Tchernenko ou son successeur, demain, peut faire la même chose : reconnaître implicitement que la région caraïbe appartient à la zone d'influence nord-américaine. Pour conjurer ce cauchemar, les dirigeants cubains — qui sont des gens d'une vive intelligence politique — tentent de « coller » le plus près possible à l'URSS, épousant le plus près possible chacune des initiatives — même les plus scandaleuses (Tché-

---

26. La version cubaine « autorisée » sur ces événements est contenue dans un seul texte : celui écrit par Gabriel Garcia Marquez, publié après un entretien avec Fidel Castro, dans la revue *Bohemia*, La Havane, 1977, reprise et traduite par *Le Nouvel Observateur*. Cependant, les combattants ayant participé à l'opération « Carlotta » parlent librement : j'en ai rencontré plusieurs lors de mes divers séjours à Cuba.

coslovaquie 1968, par exemple) — de sa politique étrangère.

Résumons provisoirement : L'Union soviétique conclut une alliance avec un État (ou un mouvement) du tiers monde uniquement lorsqu'elle y est contrainte par une situation internationale, ou qu'il y va de son prestige ou de ses propres intérêts stratégiques et économiques. L'Union soviétique procède dans chaque cas avec une extraordinaire prudence. Les raisons pour lesquelles elle refuse des alliances sont nombreuses et variées. Elle a refusé son aide au Chili de Salvador Allende et s'est tenue à l'écart de la révolution nationale démocratique de Jacobo Arbenz au Guatemala parce qu'elle considérait que le Chili et le Guatemala appartenaient trop solidement à la sphère de domination américaine. Pour les mêmes raisons, elle n'assiste aujourd'hui que très parcimonieusement le Nicaragua et refuse son aide au Front Farabundo Marti de libération nationale du Salvador. Pour des raisons compliquées, que nous expliquerons p. 466 *sq.*, l'Union soviétique ne soutient que faiblement l'African National Congress sud-africain (ANC). Fortement liée au Maroc, comme principal client des phosphates chérifiens, l'Union soviétique ne répond pas du tout aux sollicitations du front Polisario du Sahara occidental.

Du fait du développement partiellement insuffisant de ses propres forces de production, les moyens d'intervention financiers, économiques de l'Union soviétique sont extrêmement limités. L'Union soviétique ne peut prendre en charge qu'exceptionnellement un pays du tiers monde. Et lorsqu'elle le fait, comme dans les cas de Cuba, de l'Angola, de l'Éthiopie, du Vietnam et, sous réserve, du Mozambique, elle le fait après mille hésitations et avec d'exceptionnelles précautions.

Avant de s'engager, à coups de milliards de roubles, d'accords diplomatiques et d'envois d'experts militaires, aux côtés d'un nouvel État né de la lutte anti-impérialiste, anticoloniale, l'Union soviétique demande des garanties sérieuses.

La principale et la première garantie qu'elle exige est la disparition du front pluriclassiste et la création d'un parti marxiste-léniniste de type soviétique, parti unique, parti d'État. Un tel parti, rigide, bureaucratique, minéral, exclut les débats passionnés, les renversements d'alliances internes et externes, les expérimentations intellectuelles qui sont si caractéristiques des mouvements armés de libération nationale. Les fonctionnaires de parti ont horreur de l'effervescence démocratique. L'imprévisible et très nocive vie démocratique qui est la réalité du front meurt sous la poigne de fer des apparatchiks. Le parti d'État sert dès lors de courroie de transmission entre la bureaucratie soviétique et l'État et le parti alliés[27].

Tentons de cerner d'une façon plus précise les contradictions nouvelles que provoque, dans la construction nationale de certains pays du tiers monde, l'adoption du modèle marxiste-léniniste du parti unique, parti d'État.

Première contradiction : La plupart des pays du tiers monde abritent des sociétés pluri-ethniques. Pratiquement chacune de ces ethnies est l'héritière d'une mémoire collective, de cosmogonies, de traditions orales, bref, de systèmes symboliques et rituels d'une extrême complexité et d'une grande richesse existentielle. Quelles sont les mutations politiques, sociales, symboliques qu'entraîne l'imposition forcée d'un modèle de société étranger, en l'occurrence le modèle soviétique, sur les sociétés semi-industrielles ou paysannes, héritières d'immenses et souvent très vivaces cultures précapitalistes du tiers monde ?

L'acculturation forcée produit des conséquences désastreuses pour les sociétés et cultures traditionnelles : les marxistes-léninistes s'inspirent d'une des théories les plus rigides de l'évolutionnisme européo-centriste du XIXe et du XXe siècle : celle que Marx a formulée dans les *Grundrisse* et

27. Il s'agit ici d'un processus compliqué que je ne peux analyser dans toute sa complexité. Je me contente d'une approche purement phénoménologique. L'actuel Parti communiste cubain fut fondé en 1965 (voir p. 507 *sq.*), le Parti du travail angolais et le Frelimo-parti marxiste-léniniste, en 1977.

que Plekhanov a affinée en 1897[28]. La rationalité du parti
marxiste-léniniste tend à occulter et à nier les identités
symboliques, les richesses culturelles spécifiques des peuples
ancestraux qui coexistent dans les frontières du nouvel
État. Les manifestations des cultures africaines ou
indiennes sont renvoyées dans les ténèbres extérieures des
modes d'être précognitifs, totémiques ou mythiques. L'arrogance de la rationalité conceptuelle s'abat avec toute son
imbécile brutalité sur les subtils édifices des communautés
initiatiques et des cosmogonies des sociétés autochtones,
traditionnelles, précapitalistes. Les grands souvenirs font
les grandes espérances. En niant l'identité spécifique, la
richesse irrépressible de chacune des grandes cultes précoloniales qui existent sur le territoire du nouvel État, le parti
unique et sa rationalité uniforme stérilisent la société civile,
étouffent les minorités, occultent l'histoire et paralysent
l'espérance[29].

Deuxième contradiction : Le passage de la société ouverte,
pluraliste, foisonnante telle que l'incarne le mouvement armé
de libération nationale à la société idéologiquement unifiée,
rigide, dotée d'une organisation efficace, hiérarchisée,
contraignante telle que l'impose le parti-État marxiste-léniniste n'est pas un passage graduel. Le passage de l'une à
l'autre des deux formes de société se fait par rupture,
imposition brutale, par contrainte et par discipline. La
décision est prise au sommet, dans la solitude, par un groupe
restreint de dirigeants. Ces dirigeants agissent en fonction
d'une situation géopolitique précise. Ils analysent les menaces
qui pèsent sur leur révolution, sur leur pays. En fonction de
cette analyse, ils choisissent le degré d'intégration, de soumission à la rationalité, aux modes d'organisation politique,
sociale, idéologique du camp « ami ». L'observation de la

28. Une exception est à signaler, celle du rapport ambivalent qui
s'installe entre le Parti communiste cubain et les communautés
initiatiques d'origine yoruba, dans l'île, dès la deuxième moitié des
années soixante-dix. Cf. à ce sujet p. 502 *sq.*

29. Georges Plekhanov, *Œuvres philosophiques*, trad. Lucia et
Jean Cathala, Éditions en langues étrangères, Moscou, 1957, notamment vol. I, p. 511 *sq.*

réalité contemporaine offre ici une multitude de variations[30].
La greffe ne prend presque jamais spontanément. Pour éviter
le rejet, les bureaucrates du nouveau parti appliquent la
contrainte. La structure ultra-hiérarchisée du parti rend
difficile la mobilisation effective des masses. Cette mobilisation est pourtant indispensable pour la construction
nationale. Or, il n'y a de mobilisation effective que dans la
liberté.

Troisième contradiction : Le parti marxiste-léniniste, parti
unique, parti d'État, exclut le droit de tendance et donc la
multiplicité des foyers de pensée et la critique des dirigeants.
L'absorption graduelle, la mise sous tutelle, la stérilisation de
la société civile par l'État en sont le résultat. Dès que le parti
marxiste-léniniste se constitue, dès que son appareil se met en
place — avec l'aide matérielle et sous la direction occulte des
conseillers soviétiques ou est-allemands, dans la majorité des
cas —, les multiples pouvoirs alternatifs qui foisonnent au
sein du mouvement de libération sont détruits les uns après
les autres. L'espace social non soumis à l'action directe,
tentaculaire, de l'État et du parti, où l'individu autrefois
pouvait se réfugier et s'abriter, se réduit rapidement[31]. Ce
mouvement de réduction entame même l'espace géographique : dans les quartiers des villes, des *Comités de défense de la
révolution* fonctionnent par dizaines. Composés des habitants
les plus militants des quartiers, ils contrôlent les mouvements
de tous les résidents. Il est interdit de recevoir un étranger

30. On peut observer des récurrences, des régularités : là où la
menace impérialiste est la plus imminente, la plus violente, la plus
immédiatement dangereuse, l'intégration dans le camp soviétique est
la plus poussée ; le modèle du parti soviétique de l'État soviétique est
alors repris, presque inchangé, par l'appareil d'État, l'armée, l'intelligentsia, les cadres politiques du pays du tiers monde. Là où la menace
impérialiste est moins violente, urgente et immédiatement dangereuse, le pays du tiers monde allié à l'Union soviétique parvient
généralement à ruser, à résister au processus d'imitation et de
soumission au modèle soviétique.
31. Cette organisation d'un espace social particulier par le parti
marxiste-léniniste de ce type soviétique est décrite avec une particulière précision par Edgar Morin, dans *Autocritique*, Éd. du Seuil,
coll. « Points », 1975, notamment au chapitre « L'exclusion », p. 162
sq.

chez soi. Il n'est pas bien vu qu'un habitant découche ou s'absente trop souvent, sans autorisation du comité.

Tout individu se constitue un monde affectif à lui, par affinités psychologiques, par choix conjoncturels, au moyen de liens tissés en fonction d'intérêts intellectuels, artistiques, communs ou de situations existentielles partagées. Dans l'État totalitaire de type soviétique, ces alliances personnelles, ces « milieux » disparaissent. Les liens personnels, affectifs, que l'individu noue sont désormais surdéterminés, canalisés par son insertion dans l'organisation politique. En bref, l'individu a le sentiment d'être « livré » — sans défense parce que sans alliance avec de possibles contre-pouvoirs, dans la solitude parce que sans espace de repli—, dans une totale impuissance, à la volonté collective, omniprésente, toute-puissante et omnisciente du parti et de l'État.

c. *Études de cas.*

Lorsqu'il est question de la tutelle que l'Union soviétique exerce sur tel ou tel État du tiers monde, il convient de distinguer deux cas radicalement différents : dans le cas où un nouveau pouvoir naît d'un putsch militaire, la tutelle de l'Union soviétique sera puissante. Dans le cas, par contre, où le nouveau pouvoir s'enracine dans une longue guerre populaire, est le produit d'une longue lutte pratique et théorique conduite par un front pluriclassiste de libération nationale, l'alliance avec l'Union soviétique ne conduit pas à l'établissement d'une tutelle, mais à l'instauration d'une dialectique subtile, constamment réversible, entre les deux partenaires.

1. Examinons l'un après l'autre ces deux cas. Analysons d'abord le cas où l'alliance avec Moscou aboutit à la satellisation du pouvoir autochtone par le pouvoir soviétique. Prenons l'exemple de l'Éthiopie. Le dictateur militaire actuel de l'Éthiopie, le colonel Mengistu Hailé Mariam, n'est comparable ni à Gamal Abdel Nasser, ni à Muammar Kadhafi, ni à Jerry Rawlings, ni à aucun des officiers nationalistes qui par leur action ont marqué l'époque de la décolonisation en Afrique depuis le début des années cinquante.

Lorsque, à l'aube du 23 juillet 1952, le jeune commandant Nasser entra au palais du gouvernement au Caire entouré des officiers libres, il avait derrière lui quatorze ans de travail clandestin, d'organisation de cellules révolutionnaires, de formation intellectuelle et spirituelle intense. La révolution nationaliste, populiste, appuyée sur la petite bourgeoisie urbaine et la bureaucratie militaire qu'il instaurait ne devait rien, ni dans sa conception ni dans son exécution, à une quelconque puissance tutellaire étrangère. La même chose est vraie pour Muammar Kadhafi : ce fervent disciple de Nasser avait vingt-sept ans le 1er septembre 1969, lorsque, à la tête des officiers libres libyens, il chassa de la citadelle de Tripoli le vieux roi senoussi, Idris II. L'action publique et l'idéologie de Kadhafi et de ses camarades plongeaient et plongent des racines profondes dans la multiple et humiliante histoire coloniale de la Libye. Le cas du lieutenant d'aviation Jerry Rawlings, métis de père écossais et de mère ghanéenne, est semblable à ceux de Kadhafi et de Nasser. Rawlings renversa par un coup d'État le régime corrompu néo-colonial d'Accra, en 1981. Comme Nasser et Kadhafi, Rawlings possède un long et douloureux passé de révolutionnaire anti-impérialiste, anticolonial. La personnalité et la biographie du nouveau Bonaparte éthiopien, Mengistu Hailé Mariam sont tout autres. Mengistu est né en pays Oromo en 1945. Les peuples oromo forment la majorité d'entre les trente millions d'Éthiopiens. Ils ont été pendant des siècles les vassaux, les serfs des Amhara, dont est issu le Négus. Mengistu est un conspirateur-né, très intelligent, obstiné, rusé, brutal, efficace, et un redoutable meneur d'hommes. Mengistu fut d'abord un jeune officier de l'armée impériale de Hailé Sélassié. Il fit ses classes au Staff College de Washington. *Mengistu resta parfaitement fidèle à l'empereur jusqu'à ce que celui-ci fût renversé en septembre 1974 par le peuple insurgé.*

L'insurrection qui mit fin à l'empire était une insurrection authentiquement populaire et spontanée. L'événement conjoncturel qui la déclencha fut la grève des chauffeurs de taxi d'Addis-Abeba. Dans une société ultra-hiérarchisée, policière, répressive, figée comme l'était celle de l'empire, il n'existait pratiquement aucune organisation de résistance ou

organisation de masse capable de recueillir la révolte spontanée du peuple exploité, humilié, à bout de patience. Principales structures politiques alternatives existantes : les deux
petits partis marxistes, le Me'ison[32] et le PRPE, Parti
révolutionnaire du peuple éthiopien. Ces deux partis étaient
nés en Europe au sein des communautés d'étudiants amhara
émigrés en France, en Allemagne, en Suisse et en Belgique.

Après la chute de Hailé Sélassié, des dizaines de milliers de
« comités » naquirent partout dans le pays : la réforme
agraire fut réalisée en un temps record. Partout, les villageois,
les habitants des quartiers urbains, les ouvriers des usines, les
employés des maisons de commerce et des banques prirent en
main leurs propres affaires, organisant eux-mêmes la production, la gestion, la distribution des marchandises. La
Commune éthiopienne prit corps, se développa et fit se lever
un espoir immense. L'Éthiopie est composée de multiples
civilisations et ethnies. Du temps de la féodalité, l'ethnie
amhara régnait par la discrimination sur tous les autres
peuples. Or, dès 1974, les rapports conflictuels entre les
Amhara, ancienne ethnie dirigeante, mais minoritaire, les
Tigréens, les Oromo, les Somalis, les Érythréens commencèrent à être discutés ouvertement. Des tentatives de création
d'une société égalitaire, pluri-ethnique, non discriminatoire
furent ébauchées.

Au fur et à mesure que se développait l'affrontement entre
le peule révolté et le pouvoir féodal — ou ce qui en restait[33]
— le rôle de l'armée, seule institution sociale à être restée
intacte dans la tempête, grandissait. Les différentes unités de

32. Me'ison est une abréviation des termes amhariques qui signifient : Mouvement socialiste panéthiopien.
33. Ce pouvoir avait principalement trois pôles (entre lesquels
existaient des tensions) : la famille impériale et les secteurs politiques, militaires, économiques qu'elle contrôlait ; l'aristocratie
des grands propriétaires dans les provinces de l'empire ; l'Église orthodoxe éthiopienne. Sur la structure sociale et la stratégie politique de
l'autocratie éthiopienne, cf. Richard Greenfields, *Ethiopia. A New
Political History*, Londres, Pall Mall Press, 1965 ; Marina et David
Ottaway, *Ethiopia, Empire in Revolution*, New York, Africana
publishing Company, 1978 ; cf. aussi Richard Pankhurst, *State and
Land in Ethiopia*, Addis-Abeba, Ethiopian University Press, 1965.

l'armée, tous grades confondus, avaient créé un organe de coordination de leurs activités et revendications, qui d'abord étaient purement professionnelles ; c'était le *Conseil militaire administratif provisoire*, dont l'abréviation en amharique est DERG. Mengistu siégeait au DERG comme l'un des délégués de la troisième division, stationnée au Harrar. Dans les campagnes, les villes, les usines, les écoles, partout les conflits, les revendications, les projets révolutionnaires, les réalisations concrètes de réorganisation autogestionnaire des rapports de production se multipliaient. Dans cette situation, le pouvoir occulte du DERG — qui n'était contrôlé par aucune instance populaire — devint rapidement démesuré. En 1975 le Me'ison se rapproche du DERG. Le PRPE s'en éloigne. Le Me'ison, proche des officiers nationalistes du DERG, disposait de la majorité au sein du gouvernement révolutionnaire. Le PRPE engagea contre ce gouvernement, et plus nettement encore contre le DERG, accusé de « trahison », une guerre de guérilla urbaine. Dans cette guerre, menée des deux côtés avec une sanglante brutalité, le PRPE fut pratiquement anéanti.

Durant cette période 1975-1976 où le Me'ison se rapprochait de plus en plus des militaires, eut lieu l'amorce du renversement des alliances extérieures sans qu'il soit possible — dans l'état actuel de la documentation — de déterminer avec précision les responsabilités exactes et les étapes de ce renversement. Au temps de l'empire, les alliés privilégiés de l'Éthiopie avaient été les États-Unis, qui entretenaient à Asmara leur plus grande base de communication spatiale et militaire sur le continent africain, et certains pays associés à Washington, comme par exemple Israël qui entraînait les troupes d'élite de Hailé Sélassié. Les conseillers soviétiques s'installaient en force à Addis-Abeba à partir du début de l'année 1977.

Revenons un instant en arrière : la révolution de 1974 bouleversa jusque dans ses ultimes fondements l'ancienne société éthiopienne[34]. En l'espace de quelques mois, des

---

34. Pour la connaissance de la très complexe révolution éthiopienne, je dois beaucoup à mes discussions avec Muse Tegegne,

transformations inimaginables avant septembre 1974 furent accomplies. L'ordre féodal fut détruit dans les campagnes. En ville, les banques, les sociétés d'assurances, les principales industries furent nationalisées. L'aristocratie amhara fut soit exécutée, soit chassée du pays. La puissance de la très réactionnaire Église orthodoxe, principal propriétaire terrien du pays après la famille impériale, fut réduite. Partout, les conseils ouvriers, les conseils de paysans se substituèrent aux pouvoirs défaillants de l'État. La liberté s'engouffra telle une tempête dans les recoins les plus reculés de l'immense territoire. Partout, les hommes, les femmes prirent en main leurs propres affaires de quartier, de village, d'usine, de bureau. Les esprits et les corps, partout, se libérèrent. Au sein de l'armée, de la troisième division du Harrar notamment, de jeunes officiers s'inquiétèrent de cette démocratisation « exagérée » du processus révolutionnaire. Ils prirent au sein du DERG des positions de plus en plus « étatistes ». Leur souci principal n'était pas l'éclosion de la démocratie pluraliste, riche de mille idées neuves, foisonnantes et novatrices, mais la restauration d'un État et d'une armée forts.

Les officiers jacobins du DERG exécutèrent un coup d'État militaire en 1976, qui balaya le gouvernement révolutionnaire né de l'insurrection de 1974. Cependant, à l'intérieur du DERG, les tensions restaient vives. Les contradictions ethniques, politiques, de classes s'intensifièrent. En 1977, Mengistu réussit, en concluant à l'intérieur du DERG une série d'alliances successives, à faire un coup de force lui assurant la majorité du Conseil[35]. Il renforça l'alliance

---

ressortissant de la petite minorité israélite du pays, le groupe des Falough, étudiant post-gradué à l'Institut universitaire d'études de développement et qui prépare une thèse de doctorat à l'université de Genève. L'IUED a publié en un volume unique les conclusions de trois de ses travaux de recherche : *Ethiopia, Her People* ; *Eritrea, the Right to Selfdetermination* ; *Ethiopia, Agrarian socialists*, in *Cahiers de l'IUED*, 24, rue Rothschild, Genève, 1982.

35. Le bonapartisme éthiopien est analysé par les chercheurs de l'université d'Essex et du Transnational Institute ; cf. Fred Halliday et Maxime Molyneux, *The Ethiopian Revolution*, Londres, Verso Edition, 1981. Pour les récents travaux français, cf. notamment René Lefort, *Éthiopie, la Révolution hérétique*, Maspero, 1981 ; Raul

prioritaire avec l'URSS et procéda ensuite à des purges successives, à l'élimination physique de ses alliés de la veille. Il réussit ainsi à détourner à son profit la révolution populaire. Rapidement Mengistu, excellent orateur, se créa une image de tribun. Les Kerbeles, comités de quartier, nés du désir d'autogestion de la vie quotidienne par la population insurgée, furent pris en main par les partisans de Mengistu. Celui-ci rompit également avec ses conseillers du Me'ison. Ils avaient été ses amis, ses éducateurs ; il leur devait tout. Analphabète politique, Mengistu avait tout appris d'eux, y compris le marxisme. Son principal conseiller et dirigeant du Me'ison, Neguede Gobézié, réussit à fuir à l'étranger [36]. Mais tous les ministres du gouvernement appartenant au Me'ison furent assassinés. Des dizaines de milliers de militants, de sympathisants du Me'ison furent arrêtés par les services est-allemands et soviétiques qui forment l'infrastructure policière du régime Mengistu. Des milliers de ces jeunes gens et jeunes filles furent massacrés dans les prisons ou moururent après d'atroces tortures. En septembre 1984, l'instauration d'un parti unique marxiste-léniniste, parti d'État de type soviétique, fut proclamé.

Pour l'URSS, l'Éthiopie, avec ses 30 millions d'habitants et son 1,2 million de km^2 de territoire, est un enjeu formidable. L'URSS contrôle le Sud-Yémen. Son implantation des deux côtés du détroit d'Aden lui assure la domination de l'entrée méridionale de la mer Rouge, de l'accès sud au canal de Suez

---

Valdes Vivo, *Éthiopie, la Révolution méconnue*, version française revue par l'auteur lui-même, La Havane, Éd. des Sciences sociales, 1978. Valdes Vivo, premier ambassadeur cubain auprès du gouvernement Mengistu, ne présente certes pas un récit impartial : mais, observateur privilégié, Valdes produit un livre qui revêt un intérêt évident. Pour l'élaboration de ce chapitre, j'ai également pu consulter le manuscrit d'un livre à paraître, rédigé par Neguede Gobézié.

36. Un curieux épisode eut lieu en 1977 : Neguede, au nom du Me'ison, avait repris contact avec Mengistu. Une rencontre fut fixée à Addis-Abeba. Neguede y revint clandestinement. Il y fut intercepté par les services secrets soviétiques. Il réussit à s'enfuir et à fausser compagnie aux agents soviétiques. Traqué dans la ville, il fut recueilli par l'ambassade de Cuba qui, par la suite, organisa son départ du pays (sans que Neguede ait pu rencontrer Mengistu).

et donc de la route qu'empruntent la plupart des bateaux qui amènent d'Arabie en Occident le pétrole nécessaire au fonctionnement des industries européennes. En septembre 1978, l'état-major soviétique accrédité auprès de l'armée éthiopienne prit directement en main l'organisation et la réalisation de l'offensive contre le *Front populaire de libération de l'Érythrée* (FPLE)[37]. Or, depuis plus de vingt ans, le peuple érythréen est en lutte pour sa libération et pour la construction d'une nation. Il y a douze ans, son avant-garde avait rompu avec le mouvement initial, le FLE (Front de libération de l'Érythrée), pour créer une organisation nouvelle, largement majoritaire aujourd'hui et qui mène sur pratiquement tout le territoire (119 000 km^2) de l'Érythrée une guerre populaire prolongée. C'est contre ces forces authentiquement socialistes, et qui, dans les zones libérées, ont réalisé des réformes sociales profondes, que les généraux soviétiques, leurs tankistes, leurs pilotes mènent une guerre d'extermination. En mai 1982, la sixième offensive soviéto-éthiopienne fut déclenchée. Pour la première fois, cette offensive était menée au moyen de gaz innervants et asphyxiants contre lesquels les combattants — mais surtourt les femmes, enfants, vieillards des zones libérées — étaient sans défense[38].

37. Le FPLE produit une littérature intéressante qui analyse, justifie, son propre combat. Le Front publie notamment une revue bimensuelle théorique : *Libération* (P. O. Box 14, Beyrouth 5058), et entretien à Londres un *Centre de recherches*, qui est soutenu, animé, par des universitaires européens et américains sympathisants de la cause du FPLE. Parmi les livres publiés, cf. notamment *Behind the War in Eritrea*, ouvrage collectif (Basil Davidson, Gérard Chaliand, Richard Greenfields, Lars Bondestam, François Houtard, Mary Dines, Bereket Hailé Sélassié), Éd. Spokeman, 1980.

38. Je signale ici la position particulièrement respectable de Cuba. Cuba a formé un nombre important de combattants de la guérilla érythréenne. Les portraits du Che, de Fidel sont encore aujourd'hui accrochés dans de nombreux cases et postes de commandement des zones libérées d'Érythrée. Jusqu'à ce jour (janvier 1983), Cuba a toujours refusé de participer à une campagne militaire contre l'Érythrée. Cuba est l'avocat infatigable d'une solution négociable de la guerre. Son gouvernement et son parti reconnaissent officiellement le droit à l'autodétermination et à l'existence nationale du peuple

2. Voici, maintenant le cas d'une alliance conflictuelle
entre l'URSS et un mouvement armé de libération nationale
du tiers monde : celui du Mozambique.

La révolution mozambicaine est dirigée — en grande partie
par des marxistes, mais des marxistes qui sont farouchement patriotes, indépendantistes, et qui gardent — face à
l'actuelle direction de l'URSS et à sa politique planétaire —
une distance critique.

Je me souviens d'un soir de septembre 1980 à Maputo.
Marcelino dos Santos, le visage marqué par trente ans de
combats — dans la clandestinité des villes d'Europe pendant
les années cinquante, dans les forêts d'Afrique australe
durant les années 1960-1974 —, compte parmi les meilleurs
poètes de la langue portugaise. Il est aussi un des principaux
dirigeants du *Frelimo* (Front de libération du Mozambique).
Ses grands yeux noirs sont extraordinairement mobiles : ils
sourient, scrutent l'interlocuteur, deviennent soudainement
graves, perçants ; l'instant d'après, l'ironie y jette des éclairs.
Nous sommes assis, José Cabaço, Mota Lopes, Régis Debray
et moi, sur les canapés du *salão nobre* (le salon de réception)
du bâtiment central du Frelimo-parti marxiste-léniniste. Au-
dehors, à la hauteur de la fenêtre, le vent de l'océan tout
proche fait se balancer les feuilles des palmiers de Cachú. La
lumière intense du soleil de septembre inonde la pièce
blanche. Sur la table, le *gravador*, l'enregistreur — naturellement ! —, est tombé en panne. Je passerai la nuit à transcrire
de mémoire les paroles de Marcelino. Marcelino dos Santos :

> Le mouvement révolutionnaire mondial est le grand
> arbre né de la souffrance des peuples. Les larmes, le sang
> arrosent ses racines. Chaque révolution pousse ses
> racines propres. Mais ses branches se mêlent à celles de
> l'arbre. Nos souffrances, nos victoires et nos défaites ont
> donné des racines nouvelles à l'arbre ; elles renforcent
> l'arbre, le rendent plus résistant aux tempêtes, aux
> bûcherons... L'impérialisme est le bûcheron. Il ne

érythréen. En 1978, Cuba avait présidé à Berlin-Est une conférence
de réconciliation entre révolutionnaires érythréens et éthiopiens.
Conférence qui s'était terminée par un échec.

désarme jamais... Certaines racines se dessèchent, meurent. Des branches craquent, tombent. L'histoire de l'humanité est l'histoire d'hommes révoltés. Ils gagnent, ils meurent...

Le fait essentiel est celui-ci : les hommes se révoltent. Partout. Toujours. Jamais les hommes ne se soumettent durablement. On peut briser n'importe quelle oppression. Il suffit de le vouloir, d'analyser correctement ses propres forces, ses propres faiblesses, celles de l'ennemi, puis d'organiser le combat... Non, Ziegler, il ne faut pas mourir pour la révolution ! Il faut tuer pour elle ! Il faut que le révolutionnaire vive... A chaque instant du processus révolutionnaire, l'homme doit rester en équilibre...

Marcelino :

Il n'existe pas de Vatican au sein du mouvement révolutionnaire mondial... Nous ne discutons qu'avec nos amis, nos ennemis, nous les combattons. Nos amis nous critiquent ? Très bien ! Nous aussi, nous les critiquons ! Nos erreurs ? Nous devons essayer de les comprendre. C'est vital. Autrement, comment pourrions-nous les éliminer ?... Il n'y a pas de voie mozambicaine vers le socialisme. Il n'existe aucun modèle mozambicain. Mais il y a des révolutionnaires mozambicains — Blancs, Noirs, métis, Indiens — qui combattent, travaillent, se trompent, se corrigent, luttent et luttent encore pour que naisse ici, sur les rives de cet océan, une société enfin humaine...

Le Mozambique doit à l'Union soviétique une réelle gratitude pour son appui militaire, financier, diplomatique constant et indispensable. Mais les dirigeants mozambicains — patriotes et nationalistes — ne baissent jamais leur garde et maintiennent, à l'égard de leur allié privilégié, une attitude critique, lucide et vigilante. Voici des exemples de cette attitude si particulière aux Mozambicains : durant la période 1974-1980, lorsque les forces colonialistes de Ian Smith tentèrent — sous prétexte de « suivre » sur territoire mozambicain les guérilleros de la ZANU-Mugabe — d'abattre la jeune République du Frelimo, elles avaient été tenues en

échec puis détruites par des combattants mozambicains
maniant des fusées Sam, livrées par l'Union soviétique. Mais
les Mozambicains connaissaient les risques inhérents aux
livraisons massives d'armes soviétiques : ils n'envoyaient en
Union soviétique pour des stages d'apprentissage, d'instruction et d'entraînement que des guérilleros parmi les plus
anciens, les mieux formés politiquement, les plus convaincus
idéologiquement. Ils évitaient ainsi ce qui fut le destin
malheureux des révolutionnaires éthiopiens de 1974, par
exemple : la formation d'une élite de jeunes technocrates
militaires, politiquement inexpérimentés et donc facilement
maniables par les services secrets soviétiques[39]. Le combat
contre l'emprise soviétique croissante n'est pas pour autant
gagné par le Mozambique. Exemple : avant janvier 1981, le
Mozambique avait toujours refusé que des flottes de guerre
étrangères mouillent dans ses ports de l'océan Indien (Beira,
Maputo). Or, en janvier 1981, les commandos sud-africains
attaquèrent la banlieue sud de Maputo et assassinèrent treize
dirigeants de l'ANC sud-africaine qui y résidaient. L'armée
mozambicaine s'étant révélée incapable d'empêcher le raid,
le gouvernement de Samora Machel fut forcé d'envisager une
réorganisation de l'armement. Seule l'Union soviétique était
prête et capable de livrer les armes désirées. Elle exigea et
obtint en contrepartie l'ouverture des ports de Beira et de
Maputo à sa flotte de guerre de l'océan Indien. Des sources
proches du gouvernement de Maputo donnent cette version :
l'Union soviétique et l'Afrique du Sud maintiennent des
contacts réguliers en Bulgarie, notamment pour surveiller
l'évolution du prix de l'or sur le marché mondial, les deux
pays étant les principaux producteurs mondiaux de ce métal.
Selon toute vraisemblance, l'URSS avait été informée par
Pretoria du raid contre Maputo. Elle n'avait pas averti le
gouvernement mozambicain.

39. L'instrument parfois crée la motivation. Une rationalité nouvelle naît de l'armement électronique moderne. Dans plusieurs pays
du tiers monde, la jeune technocratie militaire — née des stages
prolongés en URSS — constitue pour la direction politique dès
aujourd'hui un problème sérieux, problème avoué ou non. L'Algérie,
la Libye, l'Angola, par exemple, connaissent ce problème.

Le Mozambique a toujours refusé de saborder le Front pluriclassiste de libération nationale. En même temps, il a tenté de créer un parti marxiste-léniniste. Tentative originale. Le produit final est aujourd'hui une organisation politique qui porte le curieux nom de : Frelimo-parti marxiste-léniniste. Elle fait figure de parti unique. S'il est vrai que le IIe Congrès du Frelimo (1977) a décidé la transformation du mouvement de libération nationale en un parti unique à structure organisationnelle et à inspiration idéologique marxiste-léniniste, il n'en reste pas moins que ce nouveau parti se distingue du modèle soviétique sur nombre de points. La différence probablement la plus fondamentale entre le parti soviétique et le parti mozambicain est celle-ci : de 1977 à 1980, le parti mozambicain a tenté de construire un parti d'État conforme au modèle léniniste. Le parti commandait à l'État, les mêmes dirigeants occupaient — en union personnelle et dans la confusion la plus totale des rôles sociaux et politiques — les postes clés tant de l'État que de l'appareil du parti. Mais, en 1980, un changement brutal, un éveil salutaire se produisit. Marcelino dos Santos, cofondateur du Frelimo, numéro deux du régime, responsable suprême de l'Économie, qui, au sein de l'État mozambicain, occupait une position clé, quitta son ministère et toutes ses fonctions dans l'État. Il fut suivi par nombre d'autres dirigeants historiques (José Rebelo, ministre de l'Information, etc.). Marcelino devint secrétaire national du Frelimo pour l'Économie. Les autres démissionnaires du gouvernement prirent, eux, d'autres places clés dans l'appareil du parti. L'expérience est trop nouvelle pour être jugée, mais cette tentative de réforme entreprise pour régénérer un État paralysé, arrêter l'évolution cancéreuse d'un fonctionnariat souvent irresponsable et parasitaire, mérite attention. Le parti unique et l'État sont donc nettement séparés aujourd'hui. Deux instances d'égale compétence, d'égale stature, mais investies de fonctions différentes, se font face : le gouvernement, sa bureaucratie, son armée d'une part, le parti, ses comités de défense de la révolution, ses assemblées du pouvoir populaire d'autre part. La critique mutuelle des deux instances est quasi quotidienne. Elle s'exprime librement dans les assemblées, dans la presse. Cette critique mutuelle, ce contrôle réciproque sont la condition pour que se maintienne et se développe au Mozambique une société plus humaine, plus libre, plus juste [40].

3. La France contre l'Afrique [41]

Préfaçant l'ouvrage collectif *le Tiers Monde et la Gauche* [42], Jean Daniel résume la longue histoire des rapports des socialistes français avec l'Afrique par cette formule : « Que de rendez-vous manqués ! » Le rendez-vous pris avec l'histoire, le 10 mai 1981, par le peuple français et les peuples du tiers monde souffrira-t-il de la même malédiction ? Le soir de son élection, François Mitterrand a pris un engagement envers ces peuples qui « échangent leurs richesses et leur travail contre la misère et le chômage ». Dans *l'Abeille et l'Architecte* [43], Mitterrand écrit : « Les cortèges des suppliciés ont rythmé ma vie [44]. » Lisez son récit détaillé de ses discussions avec Sadate, Ismaël Sabri, Heikal dans *la Paille et le Grain* [45], ou sa réaction à l'assassinat d'Amilcar Cabral, dont il rend compte dans le même livre [46]. François Mitterrand a, face aux phénomènes impérialiste et colonial, une attitude semblable à celle de Léon Blum : pour lui, la domination coloniale qu'un peuple exerce sur un autre est d'abord une insulte à la *raison,* une blessure infligée à la

40. Nous reviendrons sur la construction nationale du Mozambique, aux p. 480 *sq.*

41. Je m'inspire ici du titre d'un ouvrage collectif auquel j'ai collaboré et qui a paru aux éditions Maspero en 1981. Cf. *La France contre l'Afrique,* numéro spécial de la revue *Tricontinental,* nouvelle série, n° 1, 1981.

42. Jean Daniel, *Le Tiers Monde et la Gauche,* Éd. du Seuil, 1979.

43. François Mitterrand, *L'Abeille et l'Architecte,* Flammarion, 1978.

44. *Ibid.,* p. 379.

45. François Mitterrand, *La Paille et le Grain,* Flammarion, 1975, p. 254 *sq.*

46. *Ibid.,* p. 168-169.

dignité de l'Humanité tout entière. François Mitterrand est un idéaliste, pas un matérialiste[47].

La plate-forme intitulée *le Parti socialiste et l'Afrique subsaharienne,* élaborée par les spécialistes du PS des questions africaines (Raisons, Curial, Chenal, Farine e.a.) en janvier 1981 et intégrée au programme électoral de François Mitterrand, propose un certain nombre de démarches utiles immédiatement réalisables, comme par exemple la mise en quarantaine de régimes particulièrement corrompus et meurtriers comme celui du général Mobutu au Zaïre ; l'arrêt des exportations d'armes vers l'Afrique du Sud ; un meilleur contrôle des sociétés multinationales françaises, nées de sociétés coloniales opérant en Afrique ; la reconnaissance du droit à l'autodétermination des peuples d'Érythrée et du Sahara occidental.

Plusieurs des recommandations de la plate-forme furent réalisées par le gouvernement Mauroy : les exportations d'armes vers l'Afrique du Sud furent interrompues. Seule la collaboration nucléaire civile continue, en 1984. La courageuse prise de position du Comité exécutif du Parti socialiste, en pleine offensive éthiopienne contre Nakfa, en faveur de la

---

47. Cette conception particulière de l'anticolonialisme, qui est aussi celle d'autres dirigeants ayant écrit à ce propos — tels Michel Rocard, Gilles Martinet, Jean-Pierre Cot, Claude Cheysson, Stéphane Hessel, etc. —, ne doit rien à l'analyse matérialiste-dialectique, plus précisément : à l'analyse léniniste, du phénomène impérialiste. Elle est l'héritière, en droite ligne, de l'idéalisme universaliste, de l'humanisme bourgeois des révolutionnaires français de 1792. *Elle en a les faiblesses.*

Pour les anti-impérialistes marxistes, le capital monopolistique multinational tire sa principale force de l'exploitation des ressources naturelles, de la force de travail des pays du tiers monde. Pour abattre le régime capitaliste dans les pays industriels avancés du centre, il faut donc — comme dit Lukàcs — couper « le monstre de ses racines », c'est-à-dire, par l'organisation d'un front de solidarité actif entre les travailleurs du centre et les mouvements de libération de la périphérie. L'humanisme universaliste de François Mitterrand, par contre, mise avant tout sur une hypothétique évolution morale des actuelles classes dominantes du tiers monde.

Pour une intéressante épistémologie de la conception idéaliste et humaniste, cf. Edgard Pisani, *Socialisme de raison, Étude et Engagement,* Flammarion, 1978.

reconnaissance du droit à l'autodétermination du peuple érythréen provoqua, en février 1982, l'expulsion de huit diplomates français d'Addis-Abeba.

Mais la plupart des recommandations ne furent par contre suivies d'aucun effet, du moins jusqu'à aujourd'hui : les officiers français continuent à régler les tirs des canons marocains contre les colonnes des combattants sahraouis, à partir des positions marocaines, derrière le mur de protection du « triangle utile » (El-Aïoun, Bou-Craa, Smara) au Sahara occidental. Des dictateurs, parmi les plus corrompus et répressifs d'Afrique, tels Omar Bongo du Gabon, Joseph Désiré Mobutu du Zaïre, le roi Hassan II du Maroc continuent à être reçus à l'Élysée.

Une *contradiction apparemment insurmontable* afflige la politique africaine du nouveau président. Elle semble devoir mettre en échec nombre de ses plus ardentes ambitions. François Mitterrand et son gouvernement héritent, par la force de l'histoire, d'un immense empire néo-colonial qu'il est impossible de démanteler en l'espace d'un instant. Les gouvernements néo-coloniaux de Libreville, Bamako, Bangui, Lomé ou Niamey n'ont aujourd'hui que l'existence que Paris veut bien leur conférer : le déficit chronique de leur balance des paiements est, pour une large part, couvert par les aides budgétaires versées par la France ; leur défense militaire dépend principalement des accords d'entraide et de l'armement français ; leur commerce extérieur (exportation de matières premières et importation de biens d'équipement et de consommation) fait une place prépondérante aux échanges avec la France. En bref, la plupart des territoires des anciennes Afrique-Équatoriale et Afrique-Occidentale française, ayant accédé à une fragile existence étatique dès 1962, vivent aujourd'hui encore sous la protection militaire, la tutelle économique et la surveillance politique de la France.

Les mouvements nationalistes révolutionnaires ont été détruits, massacrés partout, à quelques rares exceptions près [48]. La plupart des États africains nés du processus

48. Une exception : au Zaïre, par exemple, la seule opposition sérieuse à la tyrannie de Mobutu est le maquis dirigé par Laurent

constitutionnel mis en mouvement par le général de Gaulle dès 1958 sont aujourd'hui encore gouvernés par une bourgeoisie compradore, une bourgeoisie d'État, pratiquant un capitalisme imitatif et ne représentant en rien l'aspiration de justice sociale, d'équité politique, de promotion économique de leurs populations. Le Rassemblement démocratique africain, fondé à Bamako en 1945, a été démantelé. Le seul mouvement armé de libération nationale de l'Afrique noire sous domination française qui avait une chance de victoire, l'*Union des populations du Cameroun* (UPC), fut écrasé avec l'aide de l'armée française. Le référendum de septembre 1958 proposé aux peuples coloniaux par le général de Gaulle réalisait un double but : il coupait court aux revendications nationalistes du Sahara et rendait permanent un découpage territorial qui empêche — probablement pour des générations à venir — la reconstitution d'ensembles territoriaux d'envergure, économiquement viables et politiquement puissants.

Les avantages que tire la France des structures de l'échange inégal avec l'Afrique sont considérables. Ces avantages ne concernent pas seulement quelques multinationales du commerce et de l'industrie et quelques banquiers qui spéculent sur le prix des matières premières. Le minerai de Zouérate (Mauritanie) alimente les aciéries de Fos et de Dunkerque à des prix imbattables. La consommation énergétique française a triplé entre 1950 et 1978 : de nombreuses centrales nucléaires ont été construites durant cette période. Le besoin en uranium de la France était de 3 000 t en 1979. Il passera, selon les prévisions d'EDF (Électricité de France) à 7 000 t en 1990. Le Niger a exporté en 1980 4 100 t d'uranium en France à des prix fixés par une convention bilatérale. L'uranium, comme la plupart des autres matières premières africaines, est livré à la France à des tarifs souvent préférentiels. Il existe cependant des exceptions conjoncturelles. Voici un exemple : il arrive exceptionnellement que le cours du marché mondial s'effondre et que le cours contractuel, payé

Kabila, dans les montagnes de Fizzi-Baraka. Or, les guérilleros de Kabila ne contrôlent que 11 000 km^2 à la périphérie orientale du Zaïre, dans un pays de 2,3 millions de km^2. Sur les maquis de Kabila, cf. p. 569.

par la France, se situe, pour une année ou deux, au-dessus du cours mondial. En 1979, le prix mondial du kilo d'uranate était de 23 500 F CFA. En 1980, ce taux chutait de 40 % : le Canada, l'Australie avaient rouvert leurs anciennes mines, les programmes nucléaires aux États-Unis — à cause de l'accident de Three Miles Island — et en République fédérale allemande — à cause des mouvements antinucléaires — étaient ralentis. 1982 : la France achetait 2 000 t d'uranate au Niger cette année-là. Elle payait le kilo 24 000 F CFA soit 7 000 de plus que le prix mondial.

Les actuels régimes compradores d'origine militaire, mis en place et contrôlés par la France — au Niger, en Mauritanie —, garantissent, avec les réserves impliquées, le maintien de l'échange inégal et la permanence de l'approvisionnement.

Ces exemples des distorsions que provoque dans les économies africaines le maintien des échanges de type néo-colonial avec la France peuvent être multipliés presque à l'infini : l'Afrique tropicale était pratiquement autosuffisante en matière alimentaire en 1950. Elle importait deux millions de tonnes de céréales en 1960. En 1980, pour maintenir en survie une population souvent famélique, elle en importait quatorze millions de tonnes. Mais en même temps les cultures « coloniales » destinées à l'exportation, principalement vers la France, progressent partout. Les sols s'épuisent. Les paysans souffrent de malnutrition chronique. En France, les consommateurs s'habituent aux cultures de « contre-saison ». La progression est spectaculaire pour les principaux pays exportateurs. Pour les seules exportations de fruits et légumes

	Sénégal	Mali	Niger	Haute-Volta	Côte-d'Ivoire
Cinq premiers mois de 1980	2 430	1 272	552	1 026	530 *
Prévisions sur douze mois	6 000	2 600	—	2 085	1 320 *

* Ces chiffres ne comprennent pas l'ananas.

par avion, les premières statistiques de 1980 donnent la mesure de cet accroissement (de janvier à mai, en tonnes [49] .

La France subit — comme tous les pays industrialisés d'Europe — une crise économique violente. Le moment est apparemment mal choisi pour parler de renégociation d'accords commerciaux avec les pays fournisseurs de matières premières, de création d'industries de transformation en Afrique, d'édification prioritaire de réseaux d'échange interafricains. Et pourtant ! Nombre de grands principes évoqués par François Mitterrand, nombre d'espérances inouïes, nées un peu partout dans le monde de la victoire socialiste à Paris, ne deviendront réalité que grâce à ces réformes de structure-là. Comment les réaliser ?

Les décrets gouvernementaux à eux seuls n'imposeront pas ces changements. Une action pédagogique vigoureuse — conduite de préférence par les organisations syndicales — est urgente et indispensable pour faire admettre aux travailleurs et consommateurs de France que le démantèlement de l'empire néo-colonial d'Afrique implique nécessairement certains bouleversements économiques en France et notamment une augmentation des prix de nombre de produits de consommation courante.

Je le répète avec force : le gouvernement de gauche est déjà puissamment engagé dans la lutte contre le gaspillage, dans le combat contre les marges bénéficiaires exorbitantes, dans la recherche d'énergie et plus généralement de modes de vie alternatifs. Mais tout cela ne suffira pas. Il faut que les travailleurs de France comprennent et consentent à payer le prix de la lutte contre un ordre mondial fondamentalement injuste, un ordre qui fait mourir tous les jours plus de 40 000 personnes de faim.

49. Sophie Bessis, in *La France contre l'Afrique*, Maspero, 1980.

3

Le fusil et la terre

Perfides, vous criez qu'il faut éviter
la guerre civile, qu'il ne faut point
jeter parmi le peuple de brandons de
discorde. Et quelle guerre civile est
plus révoltante que celle qui fait voir
tous les assassins d'une part et toutes
les victimes sans défense d'une
autre !
Que le combat s'engage sur le
fameux chapitre de l'égalité et de la
propriété !
Que le peuple renverse toutes les
anciennes institutions barbares. Que
la guerre du riche contre le pauvre
cesse d'avoir ce caractère de toute
audace d'un côté et de toute lâcheté
de l'autre. Oui, je le répète, tous les
maux sont à leur comble, ils ne
peuvent plus empirer. Ils ne peuvent
se réparer que par un bouleversement total.
Voyons le but de la société, voyons
le bonheur commun, et venons
après mille ans changer ces lois gros-
sières.

> Gracchus Babeuf,
> après la fusillade
> du Champs-de-Mars,
> le 17 juillet 1791.

1. La fonction de la violence dans le processus de libération nationale

Mère
j'ai un fusil de fer,
moi ton fils

celui que tu as vu un jour
sous les chaînes.

Et tu as pleuré
comme si mes chaînes attachaient
et blessaient
tes mains et tes pieds.
Libre ton fils l'est déjà
ton fils a un fusil de fer

...

Il y a un message de justice
dans chaque balle que je tire,
des rêves anciens qui s'éveillent tels
des oiseaux.

Aux heures de combat, sur le front
de bataille
ton image m'envahit.
Je me bats pour toi, Mère
Pour que les larmes ne baignent plus
tes yeux.

Jorge Rebelo, *Poème*[1]

Il existe aujourd'hui sur terre africaine des *protonations* et des *nations*. Les protonations sont le produit du transfert pacifique de la souveraineté d'État entre l'ancienne métropole et les classes compradores autochtones, créées par celle-ci. Les nations par contre naissent de la guerre de libération, et plus particulièrement de la guerre populaire prolongée menée contre l'occupant par le mouvement armé de libération nationale[2].

La *protonation*[3] n'a rien à voir avec une nation authentique. C'est une société hétérogène. Le pouvoir politique y fait l'objet de luttes, de négociations, de transactions permanentes. La protonation opère, au niveau de la conscience

---

1. Traduction Jean Todrani et André Joucla-Ruau, in Mário de Andrade, *La Poésie africaine d'expression portugaise, op. cit.*
2. J'utilise ici des concepts élaborés dans mon livre précédent, *Main basse sur l'Afrique, op. cit.*, auquel je renvoie pour une analyse plus affinée de la protonation et de la nation.
3. Du grec *protos*, qui signifie « rudimentaire », « primitif ».

collective, une sorte de consensus. Ce consensus est extrêmement fragile, mais il existe.

La protonation possède une identité collective. Celle-ci n'a
rien à voir avec une conscience nationale. Elle n'est pas une
conscience alternative, rompant le système de violence symbolique du capital financier multinational. Au contraire, la
conscience protonationale comporte une forte tendance à
l'imitation, à la reproduction des habitudes de consommation, des schémas de pensée étrangers. Mais, quoique la
protonation soit intégrée dans le système impérialiste mondial, consentant à l'exploitation financière et économique
dont elle est l'objet, des dirigeants cherchent à se définir dans
le tissu impérialiste de façon particulière. Les théories les plus
troubles, les plus confuses, fournissent à l'élaboration de cette
autoreprésentation ses outils symboliques[4].

La protonation est le produit d'une conjoncture particulière du devenir de l'impérialisme : elle est engendrée par la
réorientation, le redéploiement, le rééquilibrage du système
impérialiste apparu au sortir de la Seconde Guerre mondiale
et que nous avons déjà examiné[5]. L'impérialisme décide
d'opérer un transfert formel de pouvoirs aux classes « autochtones » qu'il a lui-même créées et qu'il continue de dominer
par la violence symbolique et le capital financier[6].

La *nation* par contre naît de l'effort catégorique, issu de
l'instinct de justice, d'une avant-garde décidée à briser la
domination impérialiste d'un peuple. Sa construction est
achevée lorsque la société politique, l'État qu'elle engendre
ont rompu avec les déterminismes du marché capitaliste
mondial ; ou, en d'autres termes, lorsqu'elle est la seule

4. La protonation produit les idéologies les plus diverses : elles
vont de la théorie — fascinante — de la négritude de Senghor aux
discours — lamentables — de Mobutu sur l' « authenticité » ou de
Bokassa sur l' « empire ».

5. Dans *Main basse sur l'Afrique, op. cit.*

6. Yves Person, dans *État et Nation en Afrique noire*, texte
polycopié, démontre que certains des principaux dirigeants de
l'Afrique francophone avaient — jusqu'à la veille de l' « indépendance » octroyée par de Gaulle — revendiqué l'intégration, l'assimilation. Exemple : en 1960 encore, Léon M'Ba réclamait « désespérément » le statut de département français pour le Gabon.

source de ses décisions, de ses choix, de son destin, et que le capital financier multinational n'a plus prise sur elle[7].

Dans *les Damnés de la terre*[8], Frantz Fanon fait la théorie de la fonction *thérapeutique* et de la fonction *cognitive* de la violence révolutionnaire.

La fonction thérapeutique : la résistance active à la violence de l'oppresseur donne confiance au colonisé, lui procure la conscience de sa propre force et de sa propre existence. et prépare le chemin pour la reconquête de son identité niée. L'exercice de la violence est donc d'abord une thérapie permettant au colonisé de se libérer de son complexe d'infériorité, de sa paralysie devant l'oppresseur, de son défaitisme et de son « désir morbide » de soumission. Frantz Fanon, médecin psychiatre à Paris, puis dans un hôpital colonial de Blida (Algérie), savait que le fusil pouvait guérir — au sens clinique du terme — l'opprimé qui le manie[9].

La fonction cognitive de la violence consiste en un fait simple : l'utilisation de la violence par l'opprimé rompt radicalement avec son ancien mode d'être, avec ses anciennes réactions psychologiques, avec ses anciennes conditions matérielles d'existence. Pour lui, une nouvelle socialisation, une nouvelle perception, une nouvelle appropriation de la réalité — bref, une nouvelle adolescence — commencent.

Nous allons examiner les fonctions thérapeutique et cognitive de la violence au moyen de deux cas antithétiques : celui des États d'Afrique francophone, nés du référendum organisé par le général de Gaulle en septembre 1958, celui de la république populaire du Mozambique, mise au monde par une guerre de libération de douze ans (1962-1974) conduite par le Frelimo.

Voyons l'un après l'autre ces deux cas. D'abord la naissance des États protonationaux de l'Afrique francophone, puis celle de l'État et de la nation du Mozambique.

---

7. Nous reviendrons sur le concept de nation, p. 573 *sq.*
8. Frantz Fanon, *Les Damnés de la terre*, Maspero, 1961.
9. Fanon décrit empiriquement les cas cliniques dans un autre de ses livres : *Peau noire, Masques blancs*, Éd. du Seuil, coll. « Points », 1971.

1. Le 15 janvier 1970, sur la place centrale de Bafoussan, les soldats du peloton d'exécution de l'armée camerounaise s'alignent en une longue rangée, le dos tourné vers le soleil levant. Un groupe d'officiers français en uniforme, quelques Européens en civil — chemise blanche et pantalon de toile — surveillent la scène. Les paysans bamiléké, leurs femmes, leurs enfants emplissent silencieusement les abords de la place. Une colonne de camions fermés et de voitures amène d'autres soldats, le procureur, les juges militaires, le médecin légiste, enfin, le condamné. De lourds nuages traînent sur la ville. Le matin pourtant est lumineux : quelques rayons d'intense lumière percent les nuages, inondent la place. Ernest Ouandié, cinquante ans, le visage marqué par les interrogatoires, la fatigue, les coups, descend d'un camion, poussé par les gendarmes. Vieilli avant l'âge, il a les cheveux gris. Il est très maigre. Son regard est las. Menottes aux mains, il est poussé vers le poteau. A l'instant où crépite la salve, Ouandié crie : « Vive le Cameroun ! » puis tombe face contre terre. Du groupe des spectateurs, un officier européen se détache, s'approche de l'agonisant, porte sa main à son étui de revolver, se penche et tire deux coups dans la tempe d'Ouandié. Le principal chef du seul mouvement de libération armé que l'Afrique noire — sous domination française — ait connu est mort [10].

L'Union des populations du Cameroun (UPC) existe

10. L'UPC est restée le seul mouvement de libération armé ayant livré un combat prolongé contre la domination coloniale française de l'Afrique noire. Par contre, de nombreuses insurrections populaires ont eu lieu tout au long de cette domination : je ne cite ici que l'exemple de l'insurrection de Madagascar (1947), qui a coûté la vie à plus de quatre-vingt mille Malgaches. Contre le système néo-colonial français également, les peuples de tout temps se sont insurgés. Exemple : l'insurrection populaire de Brazzaville (les « Trois Glorieuses ») du 13 au 16 août 1963. Ensuite, puisque mon texte fait fréquemment référence à l'Afrique francophone, il faut citer l'insurrection lumumbiste conduite par Pierre Mulele et ses compagnons contre la dictature de Tschombé en 1964, la guerre de guérilla conduite de 1978 à nos jours par les maquisards de Laurent Kabila (dans l'est du Zaïre) contre la dictature de Mobutu.

Sur la mort d'Ernest Ouandié, voir Mongo Beti, *Main basse sur le Cameroun*, Maspero, 1972.

encore en exil et dans la clandestinité[11]. Mais, depuis l'exécution de Ouandié, ses maquis sont détruits. La dictature camerounaise, mise en place par le gouvernement et les grandes sociétés coloniales françaises, est aujourd'hui plus solide que jamais. Les services secrets français ont assassiné l'un après l'autre tous les dirigeants de l'UPC : Ruben Um Nyobé, fondateur du mouvement, et qui, fin mai 1955, avait déclenché l'insurrection, a été assassiné. Ses adjoints Nyobe Pandjok, David Mitton, Tankeu Noé ont également été tués.

Le 14 octobre 1960, c'était le tour de Félix-Roland Moumié. Le chef de l'UPC était venu à Genève pour essayer de trouver des armes. Un « journaliste » français accrédité auprès des Nations unies l'invita à déjeuner à l'hôtel des Bergues. Le soir même, Moumié ressentit d'intenses douleurs à l'estomac. Transporté à l'hôpital cantonal du boulevard de la Cluse, il y mourut durant la nuit. Le « journaliste » fut rapidement identifié : il s'agissait d'un nommé William Bechtel, officier du SDECE. Bechtel s'enfuit de Suisse. Un mandat international fut lancé contre lui. Vingt ans plus tard, le 8 décembre 1980, la chambre d'accusation de Genève prononce un non-lieu en faveur de Bechtel[12]. La justice genevoise est une institution pittoresque : son verdict intervient une semaine après la publication à Paris des Mémoires du colonel Le Roy-Finville. Ce dernier était en 1960 le patron de Bechtel. Et il décrit par le détail l'assassinat de Moumié par le résident du SDECE à Genève[13].

Plus tard encore, en 1966, Osende Afana, jeune écono-

11. L'UPC en exil édite une documentation intéressante ; cf. notamment les numéros spéciaux de *La Voix du Cameroun* consacrés à Um Nyobé, Ouandié, Moumié (à commander chez le délégué de l'UPC, Michel Ndoh, Entrebois 17, 1018 Lausanne, Suisse).

12. Les raisons du verdict : « La chambre d'accusation estime que le procureur n'a pas apporté la preuve que la France avait un intérêt à la disparition de Félix Moumié et que le mobile de l'assassinat fait donc défaut » (cf. compte rendu d'audience dans le journal *24 heures* du 11.12.1980, Lausanne).

13. Philippe Bernert, *SDECE, Service 7, l'Extraordinaire histoire du colonel Le Roy-Finville et de ses clandestins*, Presses de la Cité, 1980, p. 207. Voir aussi Jean-François Held, *L'Affaire Moumié*, Maspero, 1962.

miste de formation française, a été traqué dans la forêt
équatoriale, puis abattu près de la frontière entre le Congo, le
Gabon et le Cameroun [14].

L'homogénéité du destin de l'Afrique francophone est
surprenante : ce complexe territorial s'étend sur plus de
10 millions de km^2 ; il est habité par plus de 85 millions
d'hommes. Dix-sept États le composent. Sur cette terre dix-
huit fois plus grande que la France, des peuples multiples, à
l'histoire, aux cosmogonies, aux cultures, aux modes de
production les plus divers, cohabitent parfois depuis plus d'un
millénaire. Or, leur destin commun, celui du passage de la
colonie à la protonation, s'est accompli en moins de quatre
ans. Le référendum pour l'indépendance, le statu quo ou
l'autonomie a lieu en septembre 1958. Les derniers territoires
francophones à recouvrer une indépendance formelle, le
Burundi et le Rwanda, ont hissé leur drapeau en juillet 1962.
A l'exception du Niger et de la Guinée-Conakry, le gouvernement français a partout remis le « pouvoir » à des groupements, partis ou clans d'hommes formés, financés, conseillés
et mis en place par lui-même. Dans aucun des États francophones nés de l'ancien empire, à l'exception du Cameroun, le
pouvoir colonial ou ses nouveaux satrapes locaux n'ont eu à
affronter un mouvement de libération nationale armé. La
plupart du temps, le transfert de souveraineté a relevé de
l'acte régalien, de la gracieuseté, de la faveur que le maître
accorde aux anciens serfs.

2. Voici maintenant l'exemple de la naissance d'une
nation, celle du Mozambique.

« Salazar était notre allié providentiel et indispensable. »
Samora Machel, quarante-six ans, fils d'un petit paysan
changana, ancien infirmier et actuel président du Mozambique éclate de rire [15]. Il s'amuse de ma surprise tout autant que

14. Voir notamment *Tricontinental — édition française*, n° 2, 1970,
« Osende Afana, martyr de la révolution africaine », par Guy Clair,
suivi de textes d'Osende Afana sur les problèmes du tribalisme et de
la réforme agraire.
15. Je fais référence à une discussion de septembre 1980, à
Maputo.

de sa propre boutade. Vêtu de son éternel uniforme vert olive, il est assis sous un jacaranda, un de ces arbres rouges qui fleurissent à Maputo. Nous sommes réunis dans un ancien club portugais qui sert maintenant de résidence présidentielle. Devant nous, la baie de Maputo et l'immensité de l'océan Indien. Derrière nous, une colline plantée de palmiers. A mi-pente, à moitié enterrés, des canons DCA pointent leurs fûts noirs vers le ciel. Ce sont ceux de l'unité chargée de la protection du président et de ses camarades.

La plupart des peuples d'Afrique noire francophone n'ont pas eu la « chance » — si j'ose dire — des Mozambicains : ils ont manqué d'alliés. La proposition de référendum de Charles de Gaulle en septembre 1958 a été — vue sous l'angle de la stratégie néo-coloniale — un coup de maître. Il a désagrégé les mouvements nationalistes naissants, brisé la dynamique du Rassemblement démocratique africain (RDA) et coupé de leurs bases populaires les militants révolutionnaires. Samora Machel a raison : si en 1962 Salazar avait accepté le dialogue proposé par Mondlane, si en 1950 il avait accordé un statut d'interlocuteur valable aux jeunes intellectuels métis du Luanda cherchant leur identité, s'il avait écouté Amilcar Cabral et les revendications salariales des dockers et marins de Pidjiguiti en 1959, il n'aurait probablement jamais existé ni Frelimo, ni MPLA, ni PAIGC.

2. *La guerre populaire prolongée* [16]

Dans chaque mouvement de libération nationale en guerre contre l'oppresseur, le moment le plus critique n'est pas celui du déclenchement de l'insurrection, mais celui où, dans des zones libérées, débarrassées de la présence de l'occupant, se pose le problème des nouveaux rapports de forces entre classes autochtones. Chacun des mouvements de libération

16. Je reprends ici certaines analyses développées dans mon étude « Le fusil ou le parchemin », dans la revue *Tricontinental*, nouvelle série, n° 1, 1981.

d'Afrique qui a développé une force et une dynamique
suffisante pour chasser l'oppresseur colonial d'une partie de
son territoire a eu à affronter ce problème. Moment de choix
décisif : il n'affecte pas seulement la tactique et la stratégie
politiques, militaires du mouvement, mais il détermine par
anticipation la nature de classe, la structure sociale et
l'identité idéologique de la société libre à venir. En effet,
chaque mouvement de libération réunit en son sein les classes
les plus diverses, et potentiellement les plus antagonistes, de
la société africaine. Au début de la lutte, ces classes ne sont
unies que par leur commune volonté de mettre fin à l'occupation étrangère de leur pays.

Deux voies, en effet, sont ouvertes. Ou bien le mouvement
se « contente » de poursuivre la lutte armée, d'élargir sans
cesse les zones libérées et — dans une phase ultime —
d'obtenir le départ de l'occupant et la reconnaissance du
gouvernement autochtone. Dans ce cas, le mouvement de
libération laisse intacts la structure de classes, les rapports de
production économiques créés par le colonisateur[17]. Ou bien
le mouvement choisit un chemin différent : il accorde une
priorité absolue à l'organisation de l'autogestion et de l'auto-
propriété des moyens de production par les producteurs des
zones libérées. Il tente en priorité de combattre le racisme, de
détruire les cloisonnements ethniques, religieux, alimentaires, cosmogoniques qui séparent, opposent les différents
segments de la population libérée. La zone libérée, aussi
réduite qu'elle soit à ses débuts, deviendra ainsi une *contre-
société*. En d'autres termes : la formation sociale qui, incarnant les valeurs, les conquêtes organisationnelles, symboliques et matérielles du mouvement révolutionnaire, préfigure
la société nationale à venir. Dans ce second cas, une guerre
civile, une guerre des classes, s'installe à l'intérieur de la

---

17. Ce premier chemin a été suivi, par exemple, par Simon Bolivar
dans sa lutte de libération contre l'occupant espagnol en Amérique
latine à l'aube du XIXᵉ siècle ; la « déclaration solennelle » en 1821
donnant naissance à la Grande Colombie est une figure idéologique
définissant d'une manière explicite la nature apparemment transclassiste, en réalité bourgeoise, du mouvement anticolonial anti-espagnol
conduit par Bolivar et les bourgeoisies créoles.

guerre de libération. L'armée de la guérilla devient un mouvement d' « instituteurs armés ». Elle ne passe pas dans les villages comme une armée conquérante. Elle ne pousse plus loin la ligne du front que si, dans son arrière-base, dans la zone déjà libérée, la contre-société a pris racine, vit d'une vie autonome, s'épanouit.

Nous allons examiner le passage de la guerre de libération à la guerre populaire prolongée à l'aide de l'exemple du Frelimo mozambicain.

Une remarque d'histoire pour commencer : habité par plus de 12 millions d'hommes, de femmes et d'enfants, le Mozambique a été longtemps dominé — du moins dans ses provinces côtières — par les sultans et émirs arabes qui régnaient sur les deux rives de l'océan Indien. Coupé en son milieu par le Zambèze, le pays s'étire en effet sur 2 500 km, le long du littoral. Il tient son nom d'un de ces roitelets esclavagistes de la côte : Moussa Ben Ikh, seigneur d'une petite île située en face de Mossuril. Moussa fut l'un des premiers interlocuteurs des navigateurs portugais du XVIe siècle. Dans les livres de bord des voiliers d'Europe, l'île de Moussa Ben Ikh devint l'île du Mozambique. Bientôt, ce terme désigna toute la côte située entre le fleuve Rovuma (au nord) et la baie de Lourenço Marques (au sud). Ce sont d'ailleurs des pilotes changana de la baie de Lourenço Marques — extraordinaire port naturel, comparable par sa configuration et l'étendue de ses abris naturels à la baie de Guanabara et à celle, plus vaste, de Bahia-de-tous-les-saints au Brésil — qui ont conduit les navires portugais à travers le périlleux détroit vers la haute mer et les côtes de l'Inde. La colonisation portugaise du Mozambique, vieille de plus de trois siècles, n'est comparable ni à celle de l'Angola ni à celle des territoires d'Afrique occidentale (Guinée-Bissau et Cap-Vert) : très éloigné de Lisbonne, le Mozambique a subi très tôt la loi des dominateurs de l'Afrique du Sud et de la Rhodésie, des Anglais d'abord, des Boers ensuite. Ses principales infrastructures ferroviaires, routières et portuaires notamment sont orientées en fonction des pôles de colonisation blanche de la haute vallée du Zambèze (Rhodésie, Zambie) d'une part, du Swaziland et du Transvaal d'autre part. Aujourd'hui encore,

aucune route ne relie les provinces du Nord — Cabo
Delgado, berceau de la lutte de libération — à la lointaine
capitale du Sud, Maputo. Tous les grands axes routiers, par
contre, desservent le trafic est-ouest ou est-sud-ouest. Le
capitalisme sauvage (portugais, sud-africain, rhodésien en
particulier) ravagea le pays : de véritables seigneurs de
guerre, tel Jorge Jardim, propriétaires de terres, de mines, de
bétail et de commerces, entretenaient des commandos noirs
(milices privées de paysans, chômeurs, sous-prolétaires
autochtones abusés). Dans les années soixante, Jardim faisait
et défaisait la loi et les gouverneurs dans la colonie [18].

Le Frelimo (Front de libération du Mozambique) a été
fondé en 1962 par Eduardo Mondlane, homme à la personnalité et au destin étonnants [19]. André Clerc, missionnaire
suisse, futur père adoptif d'Eduardo, vit un matin venir vers
lui un jeune garçon, un balluchon sur l'épaule, le visage et le
corps marqués par la malnutrition. Il était pieds nus. André
Clerc le recueillit, assura sa subsistance et lui donna une
formation scolaire. Eduardo, exceptionnellement doué,
continua ses études au Transvaal, à Witwatersstrandt. 1948 :
le Parti national afrikaaner prend le pouvoir, les étudiants
noirs sont expulsés. Eduardo, grâce à André Clerc, part pour
les États-Unis. A l'université noire de Syracuse (État de New
York), il acquiert un doctorat en sociologie. Aux Nations
unies, au Comité de décolonisation, il occupe rapidement un
poste important. Marié à une Américaine progressiste, père
de famille, il voyage, puis revient à Lourenço Marques.
Aucun dialogue n'est possible avec le pouvoir colonial. Il
s'installe à Dar es-Salaam, fédère les organisations et groupuscules nationalistes hétéroclites et fonde le Frelimo. Le
3 février 1969, Eduardo Mondlane meurt dans un attentat au
quartier général du Frelimo à Dar es-Salaam : il reçoit un

18. Sur Jorge Jardim, cf. p. 406 *sq.*
19. On pourra se reporter à l'autobiographie d'Edwards Mondlane, *The Struggle for Mozambique*, traduite en français sous le titre
Mozambique : de la colonisation portugaise à la libération nationale.
L'Harmattan, 1979.

paquet qui a passé les contrôles de sécurité du Frelimo. Il
l'ouvre. Le paquet contient un livre de Plekhanov. Mondlane
ouvre le livre. La bombe lui explose au visage.

Jusqu'à l'assassinat de Mondlane, le Frelimo a été marqué
par l'influence humaniste d'essence chrétienne de son fondateur. Le grand tournant est amorcé en 1969 : crise de
succession d'abord, crise de définition de la ligne politique du
mouvement de libération ensuite [20].

Au début de l'année 1969, la gauche révolutionnaire était
minoritaire au sein du Comité central du Frelimo. Pourtant,
dès avant la mort de Mondlane, elle formulera des revendications programmatiques précises : le prêt sur gage et l'usure
devaient être abolis, le stockage des aliments dans des
magasins interdit. Un système de troc sous la surveillance de
la guérilla remplacerait les réseaux commerciaux portugais.
L'administration des villages se ferait par le truchement
d'assemblées régulières réunissant tous les habitants adultes.
La propriété mobilière et immobilière devait être limitée.
Une sécurité sociale minimale alimentaire serait instaurée par
des prélèvements de maïs (ou de riz, selon les régions) sur les
provisions privées des gros producteurs. Les transports ainsi
que l'eau seraient soumis au contrôle collectif.

« *A bala que traça justiça* » (la balle qui apporte la justice).
Le document de la minorité résume ainsi son projet de 1969.
Désormais, chaque balle qui frapperait un adversaire serait
une balle qui créerait la justice. Il ne suffisait plus désormais
de chasser l'occupant, il fallait encore transformer la guerre
de libération en une guerre de classes, autrement dit en une
guerre populaire prolongée, destinée à entraîner la disparition aussi complète que possible des structures d'exploitation
et de domination érigées tant par la société traditionnelle
africaine que par la société coloniale blanche. Il n'était pas
suffisant que l'adversaire meure. Il fallait que là où il tombe
une société nouvelle naisse.

Mais les conflits entre les deux lignes — entre la majorité

---

20. L'évolution du Frelimo dans cette période est retracée dans le
premier chapitre du *Rapport du Comité central au II*e *Congrès (3-
7 février 1977)*, publié en français par l'Harmattan, 1977.

conservatrice, procapitaliste du Comité central et l'opposition de gauche, partisane d'une guerre populaire prolongée — étaient nombreux et violents[21].

Des assassinats eurent lieu sur le front même ; exemple de Felipe Samuel Magaia, un des commandants les plus courageux du front nord, jeune paysan autodidacte, très aimé par la population. Magaia montait sur une colline à la tête d'une colonne de maquisards. A mi-pente, l'embuscade éclata : les commandos portugais attendaient le Frelimo. Magaia tomba, tué par une balle dans le dos. Immédiatement, les maquisards se replièrent. L'unité décida alors d'examiner chaque arme, chaque étui de munitions. Un jeune soldat s'effondra : il avoua avoir assassiné Magaia sur l'ordre des cadres qui avaient menacé sa famille de mort.

La première série d'événements significative pour la mutation du Frelimo est celle qui aboutit à l'assassinat de Mondlane[22]. La PIDE avait préparé la bombe, mais c'étaient des membres du Comité central du Frelimo qui l'avaient mise dans le sac du courrier destiné aux dirigeants et délivré par les postes tanzaniennes au quartier général des guérilleros. Comme la mort d'Amilcar Cabral au quartier général du PAIGC à Conakry dans la soirée du 20 janvier 1973, la mort de Mondlane est à la fois un épisode de la lutte anticoloniale et de la lutte de classes. Du 11 au 21 avril 1969, le Comité central du front siège sans interruption pour analyser, discuter et essayer d'établir les responsabilités dans la mort du

21. Une commission d'enquête présidée par Samora Machel et Marcelino dos Santos avait circulé fin 1968 dans les zones libérées afin de déterminer les pratiques commerciales (trafics de denrées de première nécessité, d'armes, de faveurs administratives) de certains commandants de la guérilla et de notables locaux liés à eux.

22. Le Frelimo est l'un des rares mouvements de libération qui, dès sa fondation, a toujours tenu des archives : il a accordé à leur conservation, à leur mise à jour continuelle, le soin le plus attentif. La période dont il est question ici a fait l'objet d'une publication analytique parue le 3 février 1977 et intitulée *Documents sur les grands événements entre 1966 et 1968 et les divergences au sein du Frelimo*. Il m'est impossible, pour des raisons de place mais aussi de sources, de faire ici l'analyse claire et complète de l'ensemble des chaînes événementielles qui ont abouti au changement de ligne de 1969.

fondateur. Le Frelimo avait connu, comme tout autre mouvement anti-impérialiste, des infiltrations d'agents à la solde du colonisateur. La plus dangereuse avait été celle d'un prêtre catholique mozambicain, le père Matteus Pinho Gwenjere, agent de la PIDE, démasqué en 1967. Il y avait eu également Léo Milas, un Noir nord-américain agent de la CIA qui, de 1962 à 1963, avait été l'adjoint officiel de Mondlane à la direction du front.

En 1969, les adversaires du président mort étaient des hommes qui — au sein du front — défendaient une ligne populiste et raciste, largement implantée parmi les militants et sympathisants de l'organisation. La droite conservatrice avait, en fait, la majorité au sein du Comité central. Entre 1967 et 1969, par exemple, pratiquement tous les militants blancs du Frelimo avaient été chassés de l'organisation[23]. Pourtant, les antifascistes et anticolonialistes de souche européenne étaient des cadres précieux pour la guérilla et ses réseaux urbains. Les adversaires du président mort prônaient une stratégie simple : « Chassez tous les Blancs et vos souffrances seront terminées ! » Ceux-là mêmes parmi les dirigeants du Frelimo qui défendaient la transformation de la guerre de libération en guerre raciale étaient aussi ceux qui détenaient majoritairement le pouvoir dans les zones libérées : anciens grands notables des sociétés traditionnelles makondé, nyassa, etc., grands commerçants, chefs dévoyés de la guérilla. S'opposant effectivement à toute réforme des structures sociales, ils reprenaient à leur compte les réseaux commerciaux évacués par les Portugais. Les paysans, petits artisans et ouvriers des zones libérées ne faisaient ainsi que changer d'exploiteurs.

Deux hommes dirigeaient la ligne raciste majoritaire au sein du Comité central : Lazaro Kavandame et Uria Simango. Simango était vice-président du Frelimo, Kavandame secrétaire provincial de Cabo Delgado. Au moment de l'assassinat de Mondlane, seuls deux dirigeants historiques se trouvaient

23. Il existait avant 1974 une population blanche au Mozambique d'environ 250 000 personnes. Parmi elle, les antifascistes, anticolonialistes d'origine chrétienne, socialiste ou communiste, étaient relativement nombreux.

au quartier général de Dar es-Salaam : Simango et Chissano
(actuel ministre des Affaires étrangères). Simango, préten-
dant qu'il existait une succession automatique, voulut le jour
même de l'assassinat se faire proclamer président du Frelimo.
Chissano et un groupe de guérilleros présents réussirent à
imposer un délai et l'idée de la convocation d'un congrès. Ce
délai permit aux principaux dirigeants, notamment à Samora
Machel, chef du département de la Défense, au combat sur le
front nord, et à Marcelino dos Santos, chargé des Relations
extérieures, de rallier le quartier général. Un compromis fut
trouvé : un triumvirat guiderait le Front jusqu'au congrès. Il
était composé de Simango, Machel et dos Santos. Simango
chercha rapidement l'appui de l'étranger : il fit appel à
Nyerere, puis à Kenyatta, enfin à Nasser. Sa position
s'affaiblit rapidement [24]. Le destin de Lazaro Kavandame est
plus explicite encore : Kavandame, grand notable makondé,
commerçant averti, patriote sincère, ne put supporter l'idée
de perdre ses privilèges de classe dans une province libérée
aux trois quarts, mais où — avant les revendications formulées par l'opposition de gauche au sein du Frelimo — il
régnait en maître. Lorsqu'il vit, après la session du Comité
central en avril 1969, que son jeu le menait à l'échec, il se rendit aux forces d'occupation portugaises avec un certain nombre de combattants, qui lui étaient personnellement attachés.

Une deuxième série d'événements est à considérer : durant
la période 1962-1969, les principaux camps d'entraînement du
Frelimo étaient situés en territoire tanzanien, proches généralement de la frontière nord du Mozambique. Ces camps —
dont les plus importants étaient ceux de Kongwe et
Nachingwea — étaient de véritables laboratoires sociaux,
d'extraordinaires écoles de formation politique où enseignaient des instructeurs chinois, des commissaires de l'ANC
(African National Congress) [25] et également des combattants

---

24. Revenu au pays en 1974, Simango fut arrêté et mis en
résidence surveillée.
25. Exemple : un important responsable actuel du département
des Relations extérieures de l'ANC, Joël Jêle, était commissaire
politique du Frelimo à Conghue. Je l'ai rencontré en 1980 à Lusaka et
lui dois des informations précises sur la période analysée ici.

expérimentés de l'intérieur. Fernando Honwana, vingt-neuf ans, conseiller actuel du président Machel, me dit lors de la conférence sur la Namibie à Genève le 7 janvier 1981 : « Mes instructeurs étaient souvent illettrés, mais j'ai presque tout appris d'eux. » Cette armée de libération, qui n'a jamais été très importante numériquement (trois mille hommes et femmes en armes seulement ont franchi le Zambèze à l'automne 1974), était composée de ressortissants de pratiquement tous les groupes ethniques habitant le Mozambique. Cette armée a vécu les privations des camps d'entraînement, l'infiltration clandestine à travers les frontières nord et nord-est, l'existence précaire enfin parmi les paysans de l'intérieur. Elle était presque spontanément du côté des couches prolétaires de la société mozambicaine. Elle rejetait également — conséquence d'un long processus d'intégration des unités combattantes, de discussions entre soldats et cadres, d'expériences de solidarité concrète au combat — toute forme de racisme ou d'antagonisme ethnique. Devant elle, la ligne Simango-Kavandame était condamnée à l'échec.

Une troisième série d'événements aide à expliquer la transformation de la guerre de libération en une guerre populaire prolongée : elle a affaire avec une particularité historique remontant au moment du déclenchement de la lutte. Les intellectuels marxistes, les jeunes Mozambicains antifascistes, formés aux universités du Portugal, furent de tout temps peu nombreux au sein du Frelimo, cela pour la bonne raison que le Mozambique fut avec la Guinée-Bissau la plus délaissée des colonies portugaises d'Afrique. Le nombre des Noirs mozambicains, par exemple, accédant au statut d'assimilés — et donc susceptibles d'obtenir une bourse d'études — était infiniment plus faible au Mozambique qu'en Angola.

Maints observateurs ont parlé du « pragmatisme » du Frelimo. Le terme ne me paraît pas adéquat. Au PAIGC, un groupe fondateur de six hommes, fortement marqués par les expériences et les enseignements de la résistance portugaise clandestine marxiste et antifasciste, mettait en œuvre dès 1959 une stratégie copiée sur celle du mouvement révolutionnaire européen, privilégiant l'action insurrectionnelle ouvrière[26]. Le Frelimo, par contre, a dès le début cherché à définir son chemin par référence presque exclusive à la propre réalité sociale. Il est néanmoins vrai que les grands textes de la guérilla vietnamienne, les récits de la guerre algérienne, les études produites par la guérilla chinoise circulaient dans les camps et dans les maquis. Samora Machel fit partie du deuxième groupe, en 1963, d'une cinquantaine de jeunes recrues envoyées en Algérie pour leur formation politico-militaire. Une anecdote à ce propos : l'immense majorité des combattants de la guérilla n'étaient pas seulement analpha-bètes, mais ne connaissaient pas la langue portugaise. Dans la période 1962-1969, c'est le *Petit Livre rouge* de Mao qui a servi de véhicule pédagogique. C'est grâce à l'édition portu-gaise de ce livre que les guérilleros shona, makondé, songa, changana, makoa, maraves apprirent la langue de l'oppres-seur et donc la *lingua franca* de la guérilla.

La première action armée de la guerre de libération eut lieu le 25 septembre 1964 : l'attaque menée par un groupe conduit par Alberto Chipande contre le centre administratif de Chaï (province de Cabo Delgado). Or, le plan de l'insurrection avait été tout autre : le Frelimo, suivant en cela les exemples algérien et vietnamien, avait planifié une insurrection géné-rale dans de nombreux points du territoire. L'insurrection devait se déclencher en même temps à Tete, Nyassa, Maputo, au sud, et à 2 000 km plus au nord, sur les hauts plateaux de Cabo Delgado. La PIDE infiltra le réseau urbain de Maputo (à l'époque Lourenço Marques). Ses deux principaux diri-geant furent torturés à mort : ils moururent après seize jours d'agonie, enchaînés à même le sol, le visage à moins de trente centimètres d'un bol d'eau. A Tete et à Nyassa, des pro-blèmes logistiques insurmontables empêchèrent en dernière minute le déclenchement de la lutte. Le Frelimo ordonna le

---

26. Amilcar Cabral et ses compagnons sont revenus sur leur erreur après le massacre des dockers et marins grévistes de Pidjiguiti (1959) par la PIDE et l'armée portugaise ; cf. ci-dessus, p. 279 *sq.*

repli. La guerre fut finalement déclenchée par de rares actions isolées, notamment à Cabo Delgado. Cette province devint rapidement le champ de bataille principal de ces années 1964-1969. Pour plusieurs raisons : le peuple maconde qui habite ces vastes plateaux ne connaît pratiquement aucune hiérarchie traditionnelle. Sa société d'origine est une société segmentaire (fédération de villages, gouvernés chacun par un conseil) à pouvoir diffus. Ensuite, ces lointaines régions au-delà du Zambèze, loin du Mozambique « utile » (c'est-à-dire les régions du sud de Beira où vivent 70 % de la population), n'étaient que faiblement occupées par l'administration, l'armée, les commerçants portugais. Enfin, Cabo Delgado est cette immense province du nord qui jouxte la Tanzanie, indépendante depuis 1962 et hôte — dès la fondation du Frelimo — des principaux camps de base et d'entraînement du mouvement. Mais surtout, dans le long martyrologe des peuples mozambicains, la province joue un rôle particulier. La dernière grande bataille contre la pénétration coloniale avait eu lieu en 1896 au sud du pays, dans la province de Gaza. Le chef Gungunhana, à la tête de ses guerriers nguni, livra aux colonnes portugaises et boers la dernière bataille de la longue guerre de résistance. Arrêté, déporté aux Açores, Gungunhana mourut en exil. La première insurrection — annonçant la guerre de libération à venir, mais se situant avant la fondation du Frelimo — eut lieu cette fois dans le Nord, à Mueda. Le 16 juin 1960, les habitants de Mueda, écrasés d'impôts, souffrant des prix ridiculement bas que le colonisateur imposait à la vente de leurs produits (coton notamment) se réunirent pacifiquement devant le siège du gouvernement local. L'armée portugaise les encercla, leur fit lever les mains, puis tira dans la foule.

C'est ainsi à Cabo Delgado que naquirent les premières zones libérées, c'est là aussi qu'auront lieu les combats les plus acharnés des années 1964 à 1969. Or, les magasins du peuple, les limitations à la propriété urbaine et rurale, la socialisation des réseaux de distribution et le système d'auto-administration des unités combattantes imposés par les chefs de la guérilla du front contre les dirigeants comme Kavandame trouvèrent dans la population makondé un écho très

favorable. Elle avait souffert des usuriers privés portugais et
des impôts du colonisateur, elle n'était pas prête à se plier aux
exigences des nouveaux notables nés de la guérilla. Au
moment donc où, après la session de « clarification » (le
Frelimo n'ose pas encore arrêter et juger ceux des membres
du Comité qui sont complices de l'assassinat de Mondlane,
cela afin de préserver la façade d'unité du mouvement), la
ligne de classe triomphe, Kavandame est révoqué de son
poste de secrétaire provincial. A sa place, le Comité central
nomme Raimundo Pachinuapa, maconde lui aussi, survivant
du massacre de Mueda, guérillero sorti du rang. La population lui fait un accueil triomphal.

Une dernière remarque sur la guerre populaire prolongée :
menée autant contre la discrimination raciale pratiquée par
l'occupant étranger que contre le racisme latent qui sévit dans
les zones libérées et au sein de l'armée de libération, cette
guerre aboutit à l'instauration d'une société pluri-ethnique,
relativement égalitaire.

Le panorama ethnique du Mozambique est extrêmement
riche et varié. Environ 50 % de la population est constituée par
les hommes issus du peuple macua. Une société segmentaire à
pouvoir diffus, c'est-à-dire une société où une multitude de
conseils gouvernent une foule de villages dispersés — la
société maconde —, se déploie dans le nord du Mozambique,
notamment dans la province de Cabo Delgado. Au sud
(provinces de Gaza, de Maputo entre autres), habitent les
Changana et les Venda. Dans la province de Nyassa, où
habitent un grand nombre de Yao, s'est développée par
contre une structure paraféodale, avec un pouvoir royal
centralisateur. Ce pouvoir avait été brisé par le colonisateur,
mais il connut une tentative de renaissance après la victoire de
1974. D'autres communautés importantes habitent aujour-
d'hui le Mozambique : il y a la communauté européenne ; elle
est constituée essentiellement de Portugais progressistes, nés
dans le pays, et qui ont refusé de suivre le mouvement massif
de fuite qui s'est manifesté dans les années 1974-1976. Durant

cette période, dans un climat de panique et contre la volonté expresse du Frelimo, environ 200 000 Blancs ont quitté le pays (sur un total de 250 000 au moment de la Conférence de Lusaka en 1974). Ensuite, il existe une intéressante communauté indienne, constituée en majeure partie par des personnes originaires de l'ancienne colonie portugaise de Goa et d'autres régions du sous-continent indien.

« *E preciso matar o jacaré quando é pequeno* » (il faut tuer le crocodile lorsqu'il est petit), dit Samora Machel. L'Angola n'a pas encore su maîtriser totalement le problème de l'opposition entre métis et Noirs. La Guinée-Bissau souffre de la contradiction entre militants originaires du Cap-Vert (au teint généralement clair) et militants issus de la république continentale. Au Mozambique, par contre, le précepte énoncé devant nous par Samora Machel lui-même, fils de petits paysans changana, né en 1934, a été appliqué dès les premières heures de la lutte : le Frelimo s'est efforcé de construire — dans les bases de la guérilla en Tanzanie d'abord, dans les zones libérées ensuite, dans le pays indépendant enfin — une *société contre-raciale*. Toute évocation publique du problème ethnique est interdite. Face au visiteur étranger, les dirigeants insistent sur le fait que « le problème racial n'existe pas au Mozambique ». C'est évidemment une contre-vérité : le problème existe, mais il a été maîtrisé par une politique rigoureuse d'intégration des différentes communautés. Le Mozambique présente aujourd'hui ce cas singulier en Afrique : un gouvernement national et une direction de parti unique où siègent côte à côte des Noirs des différentes ethnies, des métis, des Blancs, des Indiens. D'importantes positions — comme par exemple celles de ministre de l'Information (José Luis Cabaço), de directeur national de l'information (Mota Lopes) — sont occupées en 1982 par des militants blancs, ayant lutté et risqué leur vie dans les réseaux urbains du Frelimo. Le ministre d'État à la Présidence, Oscar Monteiro, est originaire de Goa, et Marcelino dos Santos, un homme d'État à la stature internationale, secrétaire du parti à la politique économique et cofondateur du Frelimo, est né d'un père cheminot métis.

Opérant une négation de la négation telle que la manie

Theodor Adorno dans la « dialectique négative[27] », nous
pourrions dire qu'aucune révolution socialiste et de classe ne
réussit si elle est menée indépendamment de la lutte pour
l'égalité raciale. Ou avec plus de précision : pour qu'une
révolution socialiste soit victorieuse, il faut que la classe qui la
conduit incarne, aux yeux de toute les classes, la revendication à l'identité particulière, à la dignité de chacune des
communautés ethniques qui composent la nation naissante.

3. La genèse et la fonction des zones libérées

Dans le devenir théorique et pratique du mouvement armé
de libération nationale d'Afrique, le rôle joué par ces
véritables laboratoires politiques, économiques, idéologiques
que sont les zones libérées est crucial[28]. Pour la lutte de
libération nationale, la zone libérée possède une fonction
essentielle : au sein de l'État et de la société ennemis, elle
abrite la contre-société qui préfigure la société nouvelle à
venir. Ici, les nouvelles relations entre les classes autochtones
s'élaborent. Les structures d'échange nouvelles, les nouveaux

27. T. W. Adorno, *Negative Dialektik*, Verlag Suhrkamp, 1970.
28. Les théoriciens des luttes de libération en Amérique latine
d'aujourd'hui parlent fréquemment de « territoires sociaux libérés ».
Ils indiquent par là des zones d'influence — secteur de l'éducation,
par exemple, ou secteur syndical — que les forces révolutionnaires
conquièrent et contrôlent. Ces zones d'influence, ces « territoires
sociaux libérés » sont arrachés à l'ennemi. Mais ils se situent à
l'intérieur d'un territoire national qui — géographiquement, physiquement — est occupé par l'adversaire. Par contre, je parle ici, dans
le cadre de l'analyse des mouvements armés de libération nationale
d'Afrique, de zones ou de territoires libérés, je parle de régions
géographiques effectivement débarrassées de la présence de l'occupant ennemi et soumises, du moins pendant des périodes de temps
récurrentes (exemple : de la tombée du jour au lever du soleil), au
contrôle total des maquisards et de leurs commissaires politiques.
Je rappelle également la distinction introduite p. 112 *sq.* entre la
zona guerrillera de Sandino durant la guerre civile révolutionnaire du
Nicaragua (1926-1933) et la *zone libérée* africaine.

modes de production, le nouveau régime de la propriété des terres, la nouvelle organisation des pouvoirs, les rapports nouveaux entre hommes et femmes, jeunes et vieux, militaires et civils, producteurs et consommateurs s'élaborent dans les zones libérées. Les conflits, bien sûr, sont fréquents. Ils sont souvent violents, parfois sanglants. Entre les ethnies, les chocs sont rudes. Le racisme des uns et des autres est un problème permanent, le plus dangereux, peut-être, qu'une direction ait à vaincre. Il faut lutter contre la bureaucratie naissante, contre le culte des chefs, l'arbitraire des commandants de la guérilla, la revendication des notables tribaux qui — avec une facilité déconcertante — substituent leur pouvoir propre à celui des oppresseurs de la veille. Les privilèges naissent du fusil ! Il faut, dès leur naissance, les arracher, les détruire comme des herbes folles qui repoussent constamment parmi les fleurs.

Les zones libérées sont destinées à se multiplier, à s'étendre sans cesse. Si elles ne le font pas, le mouvement meurt. De la mosaïque des zones libérées, lentement, douloureusement, naît la société nouvelle, l'embryon d'un État et d'une nation destinés à mettre en œuvre les valeurs forgées par le mouvement, tout au long de sa lutte.

Je rappelle ici une distinction déjà évoquée dans un autre contexte [29] : il existe une différence essentielle entre la lutte armée de libération nationale en Afrique et en Amérique latine. En Afrique, l'État, la nation naissent du combat contre le colonisateur. Exemples : la *République arabe sahraouie démocratique,* proclamée en zone libérée le 27 février 1976 et reconnue aujourd'hui par vingt-six États souverains d'Afrique, surgit du combat contre les occupants marocain et mauritanien ; le *front Polisario,* créé le 10 mai 1973, fournit l'armature de cet État sahraoui. Autre exemple : l'*État de Guinée-Bissau* a été fondé par le PAIGC dans la zone libérée de Madina da Boe, le 24 septembre 1973. La situation est radicalement différente en Amérique latine : le *Front Farabundo Marti de libération nationale du Salvador* ou l'*Armée de la guérilla des pauvres au Guatemala* combattent

29. Cf. p. 114 *sq.*

aujourd'hui dans des conditions similaires à celles qu'ont connues durant les années 1941-1944 les résistants français luttant contre l'occupant nazi. Le Salvador, le Guatemala sont des États qui existent depuis plus de cent cinquante ans déjà. Les nationalistes révolutionnaires d'Amérique latine luttent contre un occupant étranger, le capital financier multinational d'origine nord-américaine et européenne, allié à une autocratie compradore locale. En ce sens, le présent régime du Salvador est comparable au gouvernement de Vichy. Pour les résistants français comme pour les nationalistes révolutionnaires du Salvador, il s'agit de libérer un État existant, de le rendre à son histoire, à sa liberté, à sa souveraineté. Pour les révolutionnaires africains, par contre, la tâche est différente : ils doivent faire naître sur des territoires ravagés, artificiellement rassemblés par le colonisateur, un État, une nation intégrés, structurés, souverains et qui n'existaient pas auparavant. En ce sens, les nationalistes révolutionnaires africains ne sont pas des libérateurs, mais des créateurs d'États et de nations.

Les révolutionnaires d'Afrique lusitanienne poussèrent jusqu'à son extrême conséquence la logique inhérente à la construction et à la fonction des zones libérées.

Lors de la Conférence de Lusaka (septembre 1974) qui devait fixer les modalités de la transmission de souveraineté du pouvoir d'État au Mozambique, un incident significatif eut lieu : trois délégations se trouvèrent face à face. Il y avait la délégation du premier gouvernement provisoire de la République portugaise née de la révolte des Œillets d'avril 1974. Elle était dirigée par le ministre des Affaires étrangères et secrétaire général du Parti socialiste : *Mário Soares.* Il y avait la délégation du *Mouvement des forces armées portugaises* (MFA), conduite par le commandant *Otelo de Carvalho,* et il y avait, bien sûr, la délégation du Frelimo.

La révolte du 25 avril avait été l'œuvre du MFA et non des partis portugais, aussi héroïque qu'ait été la résistance au fascisme de certains de leurs militants. En septembre, encore, une certaine méfiance existait entre les officiers, auteurs du coup d'État, et les responsables des partis, rentrés de l'exil ou sortis des prisons : *António de Spínola,* président de la

République, porté au pouvoir par les jeunes militaires, résolut de « doubler » la délégation portugaise. Il demanda au commandant *Otelo de Carvalho,* originaire du Mozambique, qui, avec *Melo Antunes,* était le principal artisan du coup d'État, de faire le voyage de Lusaka. Spínola, homme profondément réactionnaire, se méfiait de son ministre des Affaires étrangères. Celui-ci était en effet connu pour ses convictions rigoureusement anticolonialistes. Spínola craignait que Soares n'allât « brader » trop facilement la lointaine colonie du Mozambique, où vivaient environ 250 000 Portugais. Otelo avait mission de surveiller Soares [30].

Or, les choses — pour Spínola — se passèrent très mal. La délégation du Frelimo refusait tout transfert de souveraineté. Sa théorie — je le répète — était la suivante : avant l'arrivée de l'armée de libération à Maputo, il n'existait pas d'État mozambicain, mais bien une province d'outre-mer du Portugal : c'est le Frelimo, c'est-à-dire le peuple mozambicain en lutte, qui avait donné, par extension progressive des zones libérées, naissance à un État mozambicain. Tout ce qui était maintenant demandé aux forces portugaises, c'était de sauvegarder le reste du territoire encore occupé par eux (essentiellement la poche de Beira et les provinces du Sud) afin d'empêcher un coup de force sud-africain. A part cela, toute négociation sur une indépendance « accordée » ou « refusée » et sur les conditions du transfert d'une quelconque souveraineté était sans objet. La Conférence de Lusaka demeurait totalement bloquée jusqu'au jour où un incident se produisit : *Samora Machel,* chef de la délégation du Frelimo, venait d'exposer pour la centième fois la position des révolutionnaires africains quand, brusquement, Otelo de Carvalho, en uniforme d'officier portugais, se leva et dit : « Samora a parfaitement raison. Je suis d'accord avec lui. Je suis mozambicain comme lui ! » Samora, heureux, lui répondit : « Viens donc t'asseoir avec nous ! Change de siège ! » Otelo ne changea pas de place, mais le désarroi — chez les émissaires portugais — fut total. Suspension de la conférence. Reprise. Les négociateurs portugais étaient toujours divisés.

30. Rappel : Spinola était ennemi d'une décolonisation complète. Il voulait créer une fédération néo-coloniale lusitano-africaine.

Soares dit : « Je représente le gouvernement de la République et j'ai mission d'organiser le transfert de souveraineté dans notre colonie du Mozambique. » Otelo : « Votre gouvernement a été mis en place par nous, le Mouvement des forces armées. Or, c'est moi qui représente le MFA. C'est moi, Mozambicain, qui parle au nom du pouvoir légitime de Lisbonne. »

Les révolutionnaires africains — d'hilares qu'ils avaient été un instant   devinrent graves. La conférence fut interrompue. Chacun rentra chez soi. Les chefs de la guérilla dans leurs bases, les Portugais à Lisbonne. Le Frelimo réunit son conseil et décida d'envoyer *Aquino de Bragança*, ancien haut fonctionnaire colonial portugais originaire de Goa devenu au cours de la lutte un des principaux théoriciens des mouvements de libération afro-lusitaniens, en mission à Lisbonne. Aquino devait faire une enquête en Europe pour comprendre qui — réellement — exerçait le pouvoir au Portugal. Aquino partit, enquêta et comprit : c'était Otelo qui, en cet automne 1974, parlait au nom du Portugal.

A partir de ce moment-là, l'alliance entre le Frelimo et le MFA s'organisa : la théorie de la naissance de l'État mozambicain par l'action exclusive du Frelimo s'imposa graduellement. Le 25 juin 1975, Samora Machel, premier président de la République populaire, annonça devant la foule immense de ses compatriotes noirs, blancs, indiens, métis rassemblés à Maputo la naissance de l'État du Mozambique.

Otelo de Carvalho, bien que continuant à jouer un rôle au sein de la gauche portugaise d'aujourd'hui (rôle minoritaire mais essentiel pour l'avenir), est resté « Mozambicain d'honneur » : il fêtait le 7 septembre 1980 son quarante-quatrième anniversaire dans la grande salle de l'hôtel Polana de Maputo. Vers deux heures du matin, nous tenant par les mains, nous chantions la chanson qui, le 25 avril 1974 au matin, avait annoncé le déclenchement du coup d'État contre le régime fasciste de Lisbonne : *Grandola vila morena*[31].

---

31. Une remarque d'histoire : le Parti communiste portugais — qui dans la résistance contre le fascisme a témoigné pendant plus de trente ans d'un esprit d'abnégation, de sacrifice admirable et qui,

Je rappelle en conclusion la citation d'Amilcar Cabral :
« L'époque actuelle de l'histoire de l'humanité est marquée
par la lutte des peuples pour leur totale libération du
colonialisme, de l'impérialisme et de toutes les autres formes
de la domination et de l'oppression qui font obstacle à la
dignité grandissante, à la grandeur progressive de
l'homme [32]. »

La grande majorité des 85 millions d'hommes et de femmes
qui vivent aujourd'hui sous la férule du système néo-colonial
français ne participent pas à ce combat. Ils ne peuvent
objectivement le faire : s'ils sont paysans, ouvriers, petits
employés, ils sont généralement écrasés par la malnutrition,
l'arbitraire policier, la misère, le sous-emploi, l'angoisse
constante et le désespoir du lendemain. En milieu urbain,
leurs familles se désintègrent faute d'un revenu suffisant du
père. Leur existence est un long martyre. Une bureaucratie
parasitaire fait écran entre eux et les bourgeoisies d'État qui
les gouvernent. Elle prélève la plus-value de leur travail,
s'engraisse de leur sueur. Les lois économiques de leurs pays
sont généralement dictées par les raisons du capital multinational étranger. S'ils sont étudiants, lycéens, ils ont tout
intérêt à se taire. S'ils sont militaires et s'ils cherchent à
rendre à leur peuple un autre gouvernement que celui qui est
instauré, soutenu par l'ancienne métropole ou des groupes

dans les prisons, sous la torture, a perdu des centaines de militants —
s'opposa avec virulence à la revendication du Frelimo. La théorie du
PCP : les mouvements de libération doivent subordonner leurs
propres revendications à l'avènement d'un gouvernement communiste au Portugal. L'instauration d'un pouvoir communiste à Lisbonne est la tâche prioritaire pour toutes les forces révolutionnaires
européennes comme africaines. En revendiquant l'indépendance
immédiate, le Frelimo mobilise — au Portugal — les réflexes
coloniaux qui toujours profitent aux partis de droite et d'extrême
droite. Le Frelimo met donc en danger l'avènement du pouvoir
communiste au Portugal. Alvaro Cunhal, secrétaire général du PCP,
lui-même héros de la résistance à Salazar/Caetano, exprimait ce
point de vue dans une longue lettre transmise à Samora Machel à
Lusaka.

32. Amilcar Cabral, *Unité et Lutte, op. cit.*

financiers multinationaux, ils sont fusillés. S'ils sont révolutionnaires, ils sont déjà morts en prison ou enfouis dans une
clandestinité solitaire [33].

Je ne dis pas que partout dans le monde et toujours tout
transfert pacifique de souveraineté — le transfert par parchemin — aboutit nécessairement à une fausse indépendance, à
une simple reformulation des liens de dépendance et d'exploitation du peuple africain avec l'ancien maître colonial ou le
nouveau maître impérialiste. Mais il me paraît évident que,
en Afrique en cette fin du XXe siècle, seule la guerre populaire
prolongée fait naître les questions et permet d'élaborer les
réponses qui, si elles sont correctement mises en œuvre,
conduisent à la construction d'un État capable de choisir ses
alliés et d'entreprendre, à l'intérieur de ses frontières, l'édification d'une société plus libre, plus humaine, plus juste [34].

33. Toutes les protonations ne connaissent pas le même degré
d'aliénation. Le Sénégal, exception solitaire parmi les États d'Afrique francophone, est un authentique État de droit.
34. Je n'affirme pas non plus que les nations nées du feu, de la
guerre prolongée et du processus révolutionnaire continu sont des
nations ayant vaincu toutes les difficultés. En juin, juillet, août 1980,
encore près de deux millions de paysans étaient au bord de la famine
dans le Sud mozambicain (provinces de Gaza, Maputo, Manica). En
Angola, le parti unique — Parti du travail, né du MPLA — est
déchiré par des conflits de tendances et des inimitiés personnelles
incessantes. En Guinée-Bissau, un coup d'État, déclenché par une
fraction des compagnons d'Amilcar Cabral contre d'autres de ses
compagnons, a eu lieu en novembre 1980. Cependant ces États ont
atteint un stade de développement — idéologique, politique —
infiniment plus avancé que les protonations. Ils sont engagés dans
une véritable, une irréversible entreprise de construction *nationale*.

Construction nationale et cultures traditionnelles : les Africains dans la révolution cubaine [1]

Notre voix s'est levée, consciente et
[barbare
Sur le blanc égoïsme des hommes,
Sur le froid criminel de tous.
Notre voix ruisselante des rosées de
[la brousse

Notre voix ardente, soleil de
[Malangas
notre voix tam-tam qui appelle,
notre voix, lance de Maguiguana [2],
notre voix, frère,
s'est réveillée, *cyclone de connais-*
[sances.

Et allume des remords aux yeux
[jaunes-hyène
et brûle des lueurs d'espérance
dans les âmes sombres des déses-
[pérés,
notre voix, frère,
notre voix, tam-tam qui t'appelle.

Notre voix pleine lune dans la nuit
[du désespoir
notre voix phare des nuits de
[tempête
notre voix qui lime les séculaires
[barreaux,

1. Ce chapitre a été relu par *Orlando Blanco* et par *Frieda Luscher* qui, tous deux, à des titres différents, sont intimement familiers de la réalité cubaine. Leurs critiques et observations m'ont été précieuses.
2. Chef guerrier pendant la résistance du peuple du Mozambique à la fin du XIXe siècle.

notre voix, frère, notre voix des
[milliers
notre voix des millions de voix
[d'alarme !

Noemia de Souza, *Notre voix* [3]

1. Introduction

En reprenant le chemin, autrefois douloureux et tragique, de nos ancêtres de Guinée et d'Angola qui ont été transplantés à Cuba comme esclaves, nous venons aujourd'hui en hommes libres, en travailleurs conscients et en patriotes, pour exercer une activité productive dans une société nouvelle, juste et multiraciale, pour aider et défendre avec notre sang les conquêtes du peuple de Cuba. Nous venons également renforcer tant de liens historiques — de sang et de culture — unissant nos peuples au peuple cubain. Cette décontraction, cette joie profonde, ce rythme contagieux qui caractérisent la construction du socialisme à Cuba, nous les ressentons comme un événement unique et insolite.

Amilcar Cabral [4]

Les grandes cosmogonies traditionnelles nées de la praxis et de la théorie des sociétés autochtones précoloniales jouent dans la constitution de l'imaginaire collectif des classes opprimées du tiers monde un rôle déterminant : elles sont les matrices sur lesquelles se greffe la conscience anti-impérialiste, la conscience trans-ethnique, nationale, naissante. Il est devenu banal de dire que la sociologie matérialiste et

3. Traduction Jean Todrani et André Joucla-Ruau, in Mário de Andrade, *La Poésie africaine d'expression portugaise, op. cit.*, p. 141-142.

4. Intervention d'Amilcar Cabral à la *Première Conférence de solidarité des peuples d'Afrique, d'Asie et d'Amérique latine*, 3-12 janvier 1966, à La Havane ; texte in Amilcar Cabral, *Unité et Lutte, op. cit.*, p. 150.

dialectique d'inspiration marxiste a jusqu'ici gravement sous-estimé le rôle joué par les systèmes symboliques, les subjecti-vités collectives d'expressions messianique, divinatoire, cos-mogonique dans la lutte armée de libération des peuples de la périphérie. Il s'agit ici d'une discussion vaste et importante. La présente étude ne prétend évidemment pas trancher ce débat. Elle ne constitue qu'une contribution à ce débat sur un problème qui ne cessera de préoccuper, j'en suis certain, dans les années à venir, les auteurs et les militants engagés dans le combat anti-impérialiste. L'exemple choisi est celui de *Cuba*. C'est un des grands pays de la diaspora africaine des Amériques. Le nombre des habitants de l'île qui sont d'origine africaine est estimé à plus de 65 % de la population globale (10 millions). De très puissants et nombreux *Cabildo* battent le tambour depuis plus de quatre siècles dans toutes les vingt-trois provinces du pays. Certains auteurs, comme Carlos Moore, universitaire afro-cubain, estiment que, compte tenu du départ — depuis 1959 — d'environ un million de Blancs, la proportion des Cubains d'origine africaine sur l'île se monte aujourd'hui à 75 ou même à 80 %[5]. Le gouvernement lui-même ne donne aucun chiffre. En réaction à la politique de discrimination raciale du régime de Batista, il interdit toute mention — sur des documents officiels — de l'origine ethnique de ses citoyens. Le dernier recensement qui opère un décompte de la population selon des critères ethniques est celui (royal, espagnol) de 1820. Il donne les chiffres suivants : 393 000 Noirs, 311 000 métis et Blancs. Je le répète avec force : du point de vue de son héritage culturel,

---

5. Je signale ici l'œuvre intéressante de Carlos Moore, afro-cubain lui-même, qui, de cette problématique, fait une analyse différente de la mienne. Il s'agit d'une thèse de doctorat d'État, présentée à l'université Paris VII (en trois volumes et non encore publiée), UER Anthropologie, Ethnologie, Science des religions, sous la direction de Robert Jaulin.
L'ouvrage de Moore demanderait un débat que nous ne pouvons, faute de place, mener ici. Cf. Carlos Moore, *Cuba castriste et l'Afrique noire, 1959-1979, les Fondements ethnostratégiques d'une politique étrangère interventionniste ;* notamment vol. I, *Le Castrisme et l'Afrique intérieure : calculs ethniques et visées stratégiques dans la projection africaine du régime révolutionnaire cubain (1959-1963).*

du point de vue ethnique, Cuba est aujourd'hui une nation plus africaine qu'européenne ou indienne. La révolution cubaine est profondément marquée par cet héritage. Cela, personne ne l'a mieux compris qu'*Amilcar Cabral*, dans le texte cité en exergue de ce chapitre.

Pour les lecteurs plus particulièrement intéressés par la théorie sociologique, je signale que l'évolution des rapports entre les communautés initiatiques et le Parti communiste à Cuba fournit une illustration extraordinairement intéressante de la théorie de l'acculturation ambivalente de Roger Bastide[6]. Comme Roger Bastide et Fernando Ortiz, j'utilise, moi aussi, le terme de *diaspora* pour désigner les sociétés afro-américaines nées de la déportation et de l'esclavage. Pourtant, lors d'une conférence que je fis en janvier 1982 à l'Institut afro-asiatique de l'université Candido-Mendes à Rio de Janeiro, je fus violemment contesté par des militants du *Movimento negro unificado* (Mouvement noir unifié), qui récusent désormais le terme de diaspora. Leur argumentation : diaspora désigne les hommes, les femmes déportés, qui ne sont pas chez eux là où ils sont et qui veulent retourner d'où ils viennent. Tel n'est plus le cas aujourd'hui des jeunes Noirs du Brésil, par exemple. Ils se veulent propriétaires du Brésil. Dans leur nouvelle interprétation de l'histoire, ce sont les esclaves noirs qui, les premiers, ont résisté aux colonisateurs portugais. Ce sont eux, et donc ni Dom Pedro, ni Rui Barbosa, ni personne d'autre (mis à part les Indiens tupi), qui sont les véritables héros de l'indépendance, les pères de la nation. Les Blancs européens sont soit des traîtres, des collaborateurs du colonisateur, soit des tard-venus. Le Brésil est aux Noirs, aux descendants des esclaves, aux fils et filles de ceux qui, par leur souffrance et leur sang, ont défriché la forêt, planté la canne, creusé les mines, en un mot, construit le pays. J'ai rencontré une même argumentation, quoique exprimée de façon moins nette qu'au Brésil, chez nombre de mes interlocuteurs afro-cubains.

D'où vient ce terme de *Cabildo* ? Dans l'empire espagnol

---

6. Roger Bastide, *Anthropologie appliquée*, « Petite Bibliothèque Payot », 1971.

des Amériques, *cabildo* désigne l'assemblée des citoyens d'une *aldeia*, d'une ville, d'un village dont l'existence juridique est reconnue par la charte royale. *Cabildo* veut dire *assemblée municipale*. Les esclaves en étaient tout naturellement exclus. Sauf un jour par an : tous les 6 janvier, le jour des rois mages, jour de l'Épiphanie, de la Nueva Granada au vice-royaume du Pérou, de Cartagena de las Indias à La Havane, de Santa Fe de Bogotá à la vallée des Canelles, dans tous les grands centres esclavagistes de l'empire des Amériques, les esclaves se réunissaient en *cabildo abierto*, en assemblée ouverte. A Cuba, le terme de *Cabildo* désigne aujourd'hui — comme celui de *Candomblé* au Brésil — à la fois le lieu du culte (le *terreiro*, la *casa*) ; la communauté des hommes et femmes qui le célèbrent ; la hiérarchie sacerdotale et divinatoire compliquée qui le gouverne ; le système des rapports économiques et parentaux ; un ensemble de rites et de figures mythiques.

Les Afro-Cubains sont certainement parmi ceux d'entre les citoyens qui ont le plus profité, jusqu'ici, des réalisations sociales de la révolution : services de santé de qualité, gratuits ; instruction publique généralisée ; promotion alimentaire ; logements ruraux rénovés, etc. [7]. Or, dans les instances dirigeantes de l'État et du parti, les Afro-Cubains n'ont pas encore trouvé les postes de responsabilité qui, du fait de leur capacité et de leur nombre, devraient légitimement leur revenir. Un indicateur [8] : la représentation des Afro-Cubains dans la direction de l'État et du parti est extrêmement faible. En 1979, sur les cent douze membres du Comité central du PC, douze seulement sont d'origine africaine. Parmi les treize membres du Bureau politique du PC, on ne compte que deux

7. Avant la révolution, la grande majorité des Afro-Cubains appartenaient à ce « lumpenproletariat » si caractéristique pour la plupart des sociétés latino-américaines et dont Alain Touraine a fait la théorie. Cf. Alain Touraine, *Les Sociétés dépendantes*, Éd. Duculot, 1976, notamment le chapitre sur « La marginalité », p. 113 *sq.*

8. Il ne s'agit que d'un indicateur relativement faible : tout Cubain d'origine africaine ne fait évidemment pas partie d'une communauté initiatique. Or, il n'est question, dans notre chapitre, que du rapport entre Cabildo et Parti communiste.

Noirs, Juan Almeida et Sergio del Valle. Le Conseil des
ministres de vingt-trois membres ne comporte, quant à lui,
que quatre ministres noirs : Sergio del Valle (Intérieur),
Rafael Francia Mestre (Agriculture), Nora Frometa (Industries légères) et Armando Torres Santaryl (Justice). Quant au
Conseil d'État de trente et un membres, il ne compte qu'un
Noir, Juan Almeida, tandis qu'un seul Noir, Hector Rodriguez Liompart, se retrouve parmi les dix responsables des
Comités d'État (superministères). C'est-à-dire que, dans les
instances suprêmes de direction de la révolution (Bureau
politique, Comité central, Conseil d'État, Conseil des ministres et Comités d'État), la proportion de dirigeants d'origine
africaine ne dépasse pas 8 %. Les 28 et 29 décembre 1981,
l'Assemblée nationale du pouvoir populaire a élu le nouveau
Conseil d'État et désigné les nouveaux ministres. Le Conseil
d'État est la présidence collective de la République. Plusieurs
de ses membres sont en même temps chargés d'un ministère.
La composition actuelle de la présidence et du gouvernement
de Cuba est publiée dans *Granma* du 10 janvier 1982. Or, les
désignations de décembre 1981 n'ont pas sensiblement amé-
lioré la représentation des Afro-Cubains [9].

Quelles sont les contradictions qui opposent les marxistes
cubains aux communautés initiatiques du Cabildo ? Comment
s'expriment-elles ? Au moyen de quels conflits ponctuels ?
Comment évoluent ces contradictions ? Peuvent-elles un jour
prochain être dépassées dans une société de plus en plus
égalitaire ? Ou la contradiction ethnique restera-t-elle pour
longtemps encore irréductible parce que enracinée dans un
champ de réalité plus ancien, plus archaïque que l'opposition
entre les classes sociales ?

Nous examinons ces contradictions sur une période de

9. Dans le domaine de la domination symbolique un autre fait est à
relever : Cuba a accordé le titre de « Commandant de la révolution »
à quatre personnes. Ces personnes « symbolisent » les racines
sociales de la révolution. Il s'agit de :
- Guillermo Garcia, ancien paysan.
- Ramiro Valdés, ancien ouvrier.
- Raul Castro, ancien étudiant.
- Juan Almeida, ancien laveur de voitures.
  Parmi ces quatre, seul Almeida est noir.

vingt-six ans : le mouvement armé de libération nationale de Cuba a commencé son combat en 1956. Il a remporté la victoire sur l'ennemi local, la dictature de Batista, en 1959. Il s'est transformé en parti communiste en 1965. Les principaux dirigeants du mouvement armé de libération nationale sont au pouvoir jusqu'à aujourd'hui. Pour les besoins de l'analyse, il convient de distinguer deux niveaux de réalité : celui de la politique que mènent les marxistes cubains à l'égard des communautés du Cabildo ; celui ensuite de la résistance, puis de l'adaptation graduelle des dirigeants du Cabildo à cette politique.

Au cours des dernières années, les dirigeants du PCC ont opéré, face au Cabildo, une révolution de conduite, de perception, étonnante. Mais les fidèles des communautés initiatiques afro-cubaines ont, eux aussi, beaucoup changé : ils se sont adaptés, avec intelligence et ruse, aux mutations successives de la politique du parti à leur égard. Entre les deux camps, une dialectique subtile, complexe, constamment réversible, se développe.

Je vais tenter de la cerner en isolant provisoirement ces deux termes opposés.

2. *Le Parti communiste cubain face aux communautés initiatiques afro-cubaines*

Examinons d'abord les changements successifs intervenus dans la perception du phénomène afro-cubain par les dirigeants, cadres et militants du Parti communiste. Deux phases sont à distinguer.

1. L'actuel *Parti communiste cubain*, parti unique de l'île depuis 1965, et qui tint son Deuxième Congrès en décembre 1980, est né de la fusion d'une multitude de mouvements, de partis et de groupuscules. Cette fusion est le produit d'un lent processus d'intégration.

Il commence en 1961. En avril de cette année, la jeune révolution cubaine subit l'agression ouverte des États-Unis et d'une coalition de forces réactionnaires où se retrouvent les

différents partis de droite et d'extrême droite cubains en exil,
les dictatures militaires du Guatemala, du Honduras, la
tyrannie des Somoza du Nicaragua et des forces mercenaires
diverses. Les envahisseurs débarquent à l'aube du 17 avril
dans la baie des Cochons (province de Matanzas) [10]. Auparavant, des groupes de guérilla contre-révolutionnaires avaient
été infiltrés dans les montagnes qui surplombent la côte et la
ville de Trinidad. La Havane était bombardée par les B-52
nord-américains. L'invasion de Playa Girón (baie des
Cochons) fut rapidement vaincue. Mais, dans l'esprit des
révolutionnaires cubains, elle provoqua une mutation décisive : ils comprirent — comme Muammar Kadhafi et les
révolutionnaires libyens après l'attaque du golfe du Syrte le
19 août 1981 — que leur pays ne pouvait survivre sans une
alliance militaire, économique avec l'Union soviétique. Cette
alliance, qui se mettait en place progressivement, présuppo-
sait la mise en œuvre, au sein de la société cubaine, de
mutations idéologiques et sociales profondes. La construction
d'un parti marxiste-léniniste, d'un parti-État, fut décidée.
Construction difficile, conflictuelle : le premier secrétaire
général de l'*Organisation révolutionnaire intégrée* (ORI, première organisation faîtière des diverses organisations de
gauche), Annibal Escalante, se heurtait au groupe dirigeant
des révolutionnaires de la Sierra Maestra. Ce fut la crise dite
« du sectarisme » (1962). Escalante dut s'exiler en Union
soviétique. En 1965, le Parti communiste cubain vit le jour.
   Voici les principales organisations qui se fondent dans le
PCC [11].

   — Le *Parti socialiste populaire* (communiste), hostile à la
lutte armée, pratiquement absent de la lutte de libération
contre Batista, était déconsidéré dans l'opinion cubaine ;

10. Sur la signification exemplaire pour les peuples du tiers monde
de la résistance cubaine au blocus économique et aux agressions
militaires soutenues par les États-Unis, cf. Claude Julien, *L'Empire
américain*, Grasset, 1968.
   11. Le problème est plus compliqué : l'ORI naît en 1961. 1962 :
c'est la crise du sectarisme et la réorganisation de l'ORI. L'ORI
devient le *Parti unique de la révolution socialiste de Cuba* (PURSC).
En 1965, le PURSC devient le PCC. Les trois organisations se
fondent donc d'abord dans le PURSC, puis dans le PCC.

— le *Mouvement du 26 Juillet,* fondé par les frères Castro, Camilo Cienfuegos et d'autres chefs guérilleros, tenait son nom de l'attaque contre la caserne de la Moncada, conduite par Fidel le 26 juillet 1953 : c'était un mouvement prestigieux mais mal organisé ;

— enfin, les étudiants révolutionnaires et les combattants des réseaux de la guérilla urbaine avaient constitué, au temps de la clandestinité et de la lutte contre la dictature, le *Directorio revolucionario 13 de Marzo*[12].

Dans une première phase de leur révolution, les communistes cubains reproduisent l'interprétation léniniste de l'évolution des sociétés humaines : la scolarisation progressive des sous-prolétaires noirs, la transformation fondamentale des rapports de production, la redistribution des richesses nationales — bref, l'instauration d'une société socialiste — devaient nécessairement faire reculer les manifestations de l'irrationalité religieuse, culturelle, mythique, parmi les anciennes classes exploitées[13]. La fonction consolatrice de la religion perdant sa raison d'être, les communautés culturelles (non seulement celles du Cabildo d'ailleurs, mais aussi celles des fidèles catholiques, presbytériens, etc.) se dissoudraient naturellement. En plus quelques secrétaires de province particulièrement zélés du Parti communiste tentèrent d'accélérer ce processus en organisant dans leur territoire de véritables campagnes d'athéisme militant, d'anticléricalisme agressif et de répression contre les Cabildo. Or, durant les vingt-trois dernières années, les masses autrefois exploitées, humiliées, des travailleurs africains de Cuba ont vécu la transformation totale de leur condition économique, sociale ; pratiquement tous leurs enfants vont à l'école pendant neuf ans, beaucoup d'entre eux accèdent à l'Université. Ils bénéficient de soins sanitaires poussés et totalement gratuits, de

12. Le 13 mars est le jour anniversaire de l'attaque du palais présidentiel de La Havane.
13. Le Cabildo fait partie de ces « langages perdus » et réactualisés dans certaines situations historiques particulières, qu'analysent avec précision et pour des continents différents Jacques Berque (*Dépossession du monde,* Éd. du Seuil, 1964) et Jean Duvignaud (*Le Langage perdu,* PUF, 1973).

logements dignes, d'une alimentation suffisante. La discrimination raciale a disparu à Cuba. Mais, malgré la transformation fondamentale des conditions concrètes d'existence des
Noirs, le Cabildo n'a pas disparu. Au contraire : il est en plein
essor. Il se développe comme jamais auparavant dans l'histoire du pays.

Je le répète : dans la première phase de leur révolution, les
dirigeants, cadres et militants du Parti communiste cubain
reproduisent les dogmes dominants du marxisme-léninisme.
Ces dogmes ne prédisposent pas à la compréhension du
Cabildo. La culture africaine, ses manifestations rituelles, sa
cosmogonie, ses mythes fondateurs sont renvoyés par les
marxistes au domaine de l'irrationnel, de l'archaïque — bref,
du non-contrôlable. Or, une révolution socialiste, la construction d'un État socialiste exigent de leurs partisans l'adhésion à
une commune rationalité. Ceux qui — comme les Africains —
participent avec leur corps au cosmos des dieux n'y trouvaient
évidemment pas leur compte.

Il faut ajouter un fait : la révolution cubaine est née de la
guérilla de la Sierra Maestra. C'est au sein de cette guérilla
que furent élaborés les premiers programmes, opérées les
premières redistributions de terres, mis en œuvre les rapports
nouveaux de production économique et de vie sociale. Or, à
une seule exception près — celle de Juan Almeida, commandant noir du front de Santiago —, tous les dirigeants de cette
guérilla étaient des Blancs, d'origine grande ou petite-
bourgeoise. Quelques exemples : Fidel et Raul Castro,
anciens étudiants en droit, étaient les fils d'un grand propriétaire de plantation, d'origine (première génération) galicienne. Ernesto Che Guevara était un médecin argentin, fils
d'un grand architecte de son pays. Camilo Cienfuegos était
employé de banque, d'origine urbaine et petite-bourgeoise.
Celia Sanchez était fille d'un médecin de l'Oriente. Haydée
Santamaria et Melba Hernandez étaient étudiantes, blanches,
d'origine citadine et bourgeoise. Or, toutes ces femmes, tous
ces hommes portaient en eux l'idéologie de leur classe
d'origine : dans leur inconscient collectif, le Noir — de par

son histoire, de par sa naissance — était nécessairement inférieur au Blanc ; la voie de la promotion du Noir était celle de l'assimilation progressive, de l'éducation, bref, de l'intégration à l'univers conceptuel des Blancs. Ils ne mettaient pas en doute la valeur universelle de la raison occidentale. Ils n'étaient point capables de reconnaître à la culture africaine, à son savoir initiatique et infraconceptuel, son irréductible spécificité et sa richesse. Une réserve pourtant : Fidel avait suivi l'enseignement à l'université de La Havane — à côté de ceux de professeurs marxistes qui l'avaient profondément marqué, Carlos Rafael Rodriguez pour l'économie, Raul Roa pour l'histoire — d'un enseignant de réputation mondiale. Celui-ci lui avait donné accès au monde si secret des Afro-Cubains. Cet enseignant (vivant en marge de l'université officielle, donnant ses cours le soir, chez lui, dans sa maison de Vedado) était Fernando Ortiz [14].

2. La deuxième phase de l'évolution des mentalités des communistes cubains commence en 1966. Dès ses débuts, la révolution cubaine, nourrie des enseignements de Marti, Cespedés, Bolivar et San Martin, fut une révolution internationaliste. Le 26 janvier 1966 s'ouvrit à La Havane la *Première Conférence de solidarité entre les peuples d'Asie, d'Afrique et d'Amérique latine*. Des trois organisateurs initiaux de la *Tricontinentale* — Cabral, Ben Barka, Guevara —, seul le premier put assister à la conférence ; le second avait été enlevé (et probablement assassiné) à Paris, quatre mois auparavant ; le troisième combattait dans un maquis en Afrique. La présence de Cabral, comme de nombre d'autres dirigeants, théoriciens ou hommes d'État africains, eut sur l'évolution des mentalités des dirigeants cubains une influence décisive : tentant d'organiser concrètement le front

14. Selon la belle expression de Juan Marinello (rappelée par José Antonio Portuondo, in *Granma,* 23.8.1981, éd. française), Don Fernando — comme l'appellent familièrement les Cubains — est *le troisième découvreur de Cuba*. Christophe Colomb a découvert l'identité géographique de l'île, Alexandre von Humboldt son être socio-économique et Don Fernando l'origine syncrétique de sa culture.

tricontinental de la lutte anti-impérialiste, les dirigeants
cubains durent s'ouvrir aux arguments des dirigeants africains ; ils durent écouter leurs analyses, tenter de comprendre
les situations particulières de chaque peuple, se familiariser
avec l'héritage culturel, cosmogonique, symbolique des différentes nations d'Afrique. La simpliste vision léniniste du
monde et des hommes qui les habitait se révélait graduellement insuffisante pour saisir la complexe réalité tricontinentale. C'est grâce à Agostinho Neto, Marcelino dos Santos,
Mário de Andrade, Amilcar Cabral, Gamal Nasser, Joseph
Ki-Zerbo et aux débats quasi permanents avec eux qui
s'instaurent dès 1966 que le statut culturel des Nègres
changeait à Cuba. Progressivement les dirigeants du PCC
prenaient conscience du rôle particulier joué par les civilisations noires dans l'histoire universelle des hommes. Les
interventions cubaines en Afrique ont encore accéléré le
processus. Au Comité central du parti, un important centre
d'études africaines est aujourd'hui en voie de création.
L'Académie des sciences comporte une intéressante section
africaine. A l'Université, l'histoire afro-cubaine, l'histoire de
l'esclavage et — bien sûr — la sociologie, l'histoire et
l'économie africaines sont enseignées. En juillet 1981, le
centième anniversaire de la naissance de Fernando Ortiz fut
fêté par un acte solennel à l'Académie (alors que les rapports
entre Ortiz — savant sceptique et voltairien — et la révolution cubaine avaient été des rapports conflictuels ; Ortiz est
mort en 1969).

J'insiste sur cette dialectique perceptible dès 1966 entre la
pratique internationaliste de la révolution et l'émergence
graduelle d'une perception nouvelle de l'histoire, de l'identité
de la communauté noire à Cuba. Aujourd'hui, les Africains
de Cuba se voient réinvestis dans leur personnalité particulière. L'État reconnaît leur singularité culturelle. Le parti
accepte de reconnaître comme éléments d'une culture spécifique et authentique les aspects irrationnels du Cabildo.

Les dirigeants marxistes ne croient évidemment pas aux
cosmogonies, valeurs universelles, interprétations du monde,
codes de conduite reproduits par le Cabildo. Du Cabildo, ils
ne favorisent que *les manifestations dérivées*. Prenons des

exemples : Cuba compte trois ballets nationaux d'exceptionnelle qualité — le ballet classique, le ballet moderne et le
ballet *folklórico*. Ce dernier est un ballet presque exclusivement africain. Ses productions chorégraphiques, la qualité de
ses danseurs peuvent rivaliser avec n'importe quelle grande
troupe nationale d'Afrique noire (ballet national de Guinée,
ballet du Sénégal, etc.). La *salsa* — musique « nationale »
cubaine née de l'invocation des Orixa — est enseignée dans
les conservatoires de musique. Il existe sur l'île des milliers
d'orchestres de salsa. La majeure partie d'entre eux bénéficient de subventions gouvernementales, syndicales, etc. Ces
orchestres sont présents dans pratiquement toutes les cérémonies officielles (sauf celles, d'une rigidité toute soviétique,
organisées par l'armée). Dans la plupart des grandes villes, il
existe une institution singulière : c'est la *casa de la trova*
(traduction approximative : la maison des troubadours). Ici,
les anciens, les maîtres écoutent gravement les jeunes batteurs de tambours, les jeunes chanteurs qui présentent leurs
créations ou leur interprétation des chants anciens. A Santiago, où officie la plus ancienne, la plus prestigieuse des casas
de la trova, toute la rue centrale de la vieille ville est barrée au
trafic chaque samedi soir : une foule énorme se presse devant
l'entrée. A l'intérieur de la maison, les vieux maîtres noirs
sont assis sur une estrade. Leur décision est sans appel.
Personne ne devient « maître du tambour » sans leur approbation. Les casas de la trova dépendent du ministère de la
Culture et sont financées par lui. Autre exemple de faveurs
administratives, gouvernementales, accordées aux communautés initiatiques afro-cubaines : du fait du blocus américain,
Cuba vit aujourd'hui encore sous un régime de coupons de
rationnement pour nombre de biens de consommation : les
Babalorixa, dirigeants d'un Cabildo, reçoivent des coupons
supplémentaires pour leurs achats de vêtements liturgiques et
de nourriture de fêtes. Dernier exemple : les grands tambours
des principaux Cabildo, qui appellent les Orixa au moment
des rites d'initiation. Ce sont les *Tambores de fundamento*. Ils
ne peuvent quitter Cuba [15]. Or, nombreux sont les *Santeros*

---

15. Une loi spéciale les déclare « patrimoine national ».

(nom générique pour prêtre du Cabildo) qui, au cours des
ans, ont quitté l'île et qui traînent aujourd'hui leur misère à
Miami, à New York, à Chicago. Périodiquement, chaque
Santero, chaque Yawo doit renouveler son initiation. Il doit
le faire auprès de son tambour d'origine, c'est-à-dire qu'il doit
revenir à Cuba. Toute mère, tout père d'Orixa — même les
plus puissants — doivent en effet périodiquement « réaffir-
mer leur saint », sinon leur pouvoir initiatique, leur savoir
toxologique, leur force vitale, leur capacité divinatoire se
perdent [16].

Résumons l'attitude actuelle que les communistes cubains
adoptent face aux communautés initiatiques afro-cubaines :
malgré les mutations décisives intervenues à partir de 1966, il
serait naïf de prétendre que les actuels dirigeants cubains
admirent, aiment ou même comprennent le Cabildo [17]. Le
sens profond de ses mystères échappe à la plupart d'entre
eux. Les dirigeants révolutionnaires sont, en leur grande
majorité, des marxistes d'une rigoureuse orthodoxie : les
Orixa Lucumi, leur fonction sociale, leur pouvoir symbolique
ne doivent pas les préoccuper outre mesure. Mais en même
temps ces dirigeants possèdent une conscience aiguë des
multiples sources de la très attachante et très complexe
culture cubaine contemporaine. Culture syncrétique d'une
grande puissance de signification. Culture nourrie — entre
autres sources — de multiples traditions africaines : les
Yoruba et les Ewe, les Fons, les Bakango, les Calabar, les
Ibos et les Ga, les Balante et les Mandingues ont alimenté
dans leur exil la culture syncrétique de l'île. Au Bureau
politique du Parti communiste cubain, au ministère de la
Culture, tout le monde en est aujourd'hui convaincu.

Tapant sur la veine de son avant-bras, José Monteiro, chef
du département des Relations extérieures du Parti communiste cubain et membre suppléant de son Bureau politique,

16. Pour les exigences cognitives et rituelles de l'initiation dans les
cultes Yoruba, cf. Jean Ziegler, *Le Pouvoir africain, op. cit.*, p. 150
sq.

17. La même réserve se manifeste face au Carnaval : aucun sujet
politique n'est traité par aucune *comparsa*. Aucun dirigeant, cadre
important ou intellectuel du parti n'assiste aux cortèges.

me dit : « Il n'y a personne ici, à Cuba, tu entends, personne, qui n'ait là-dedans quelques gouttes de sang nègre. » Ou encore ce proverbe populaire : « *Aquí quien no tiene de Congo, tiene de Carabalí!* » (Ici, celui qui n'a pas dans ses veines du sang congo a du sang carabali !).

3. *Les fidèles du Cabildo face à la politique du Parti communiste*

Examinons maintenant l'évolution parcourue par les dirigeants, les fidèles des communautés initiatiques afro-cubaines depuis le triomphe de la révolution en 1959 et jusqu'à nos jours. J'évoque d'abord un problème de terminologie : le terme de Cabildo désigne une communauté noire généralement d'origine yoruba (appelé lucumi à Cuba), kongo, fa, ga ou ewe, qui pratique le culte des Orixa [18]. Dans le langage courant de la diaspora africaine de Cuba, les communautés rituelles lucumi, kongo, fa, ewe, etc., sont désignées — selon les régions où elles sont implantées — par d'autres noms encore. Du temps de l'esclavage, les grands Cabildo étaient appelés. *naciones* (nations). Ce nom survit aujourd'hui dans l'Oriente, dans les six provinces de l'est de l'île. D'autres noms, utilisés dans la Sierra de Escambray, à Trinidad et à Santa Clara notamment, sont ceux de *potencia*, *partido*, ou plus rarement *juego* [19].

Parallèlement ou complémentairement · à la mutation décrite plus haut de la perception du phénomène noir par les dirigeants cubains, les différentes communautés du Cabildo se sont elles-mêmes transformées. Durant tout le temps de la colonie et de la « République médiatisée », le Cabildo était

18. L'autre grande diaspora yoruba sur terre américaine se trouve au Brésil du Nord. J'emprunte ici des éléments d'analyse à mon livre *Les Vivants et la Mort*, Éd. du Seuil, coll. « Points », 1980.

19. Cf. Lydia Cabrera, *Anaforuna, ritual y símbolos de la iniciación en la sociedad secreta abakua*, Madrid, Éd. Librería Orbe, 1975. Cf. aussi Rogelio Martinez Fure, « Littérature sacrée à Cuba », in *Présence africaine*, n° 77, 1971, p. 267 *sq.*

essentiellement une culture de résistance. Il était le refuge de
l'identité noire. En ce sens, la culture « archaïque », culture
de combat et de refuge des communautés noires, jouait, pour
le mouvement révolutionnaire cubain, dès le milieu du
XIXe siècle, le rôle de *matrice de culture alternative*. Le terme
est d'Amilcar Cabral. Dans la mesure où les hommes,
femmes, enfants noirs déportés à Cuba restaient fidèles à leur
culture ancestrale, ils échappaient à l'assimilation, à la
soumission, à l'intériorisation de la culture des dominateurs.
Ni le catholicisme colonial ibérique ni les idéologies successives des bourgeoisies créoles, des occupants nord-américains
ou encore de l'oligarchie compradore représentée par le
dictateur Batista n'eurent jamais réellement prise sur eux. Au
moment où se déclenchait en 1868 la lutte pour l'indépendance, le mouvement de libération nationale — qui
commence avec Cespedés et triomphe définitivement avec les
guérilleros de la Sierra Maestra — disposait d'une « matrice »
pour une culture alternative, désaliénée, anti-impérialiste,
anticoloniale. A chaque phase de cette guerre de près de cent
ans, l'apport des combattants noirs a, pour cette raison, été
décisif. Je le répète : la résistance des esclaves d'abord, des
sous-prolétaires noirs ensuite, n'a jamais cessé tout au long de
l'occupation coloniale, puis de la République médiatisée.
Résistance tenace, téméraire, souvent sanglante — les insurrections d'esclaves jalonnent l'histoire coloniale de l'île —,
qui s'est alimentée tout au long des combats à la source des
enseignements, rites, possessions, divinations et transes du
Cabildo[20]. Le Cabildo a été le lieu où, périodiquement,
l'Africain communiait avec son être le plus profond. Cependant, au fur et à mesure que la fonction sociale du Cabildo
était reconnue par les dirigeants blancs, cette fonction elle-
même changeait de « nature ». Aujourd'hui, le Noir cubain a
retrouvé sa pleine dignité, sa reconnaissance sociale, culturelle, d'homme singulier. Le Cabildo n'est plus ce lieu
clandestin où, il y a quelques années encore, l'Africain venait
chercher réconfort face à la discrimination subtile instaurée

---

20. C'est Fidel Castro lui-même qui déclara l'année 1968 « année
des cent ans de guerre pour l'indépendance ».

par les Blancs. Le Cabildo est une institution honorée, reconnue, de la culture nationale cubaine.

En fait, les choses sont aujourd'hui encore bien plus compliquées que ne pourraient le laisser supposer les remarques qui précèdent : entre les dirigeants révolutionnaires et les dirigeants du Cabildo se déroule un jeu serré, subtil. Les fidèles du Cabildo — les Yalorixa, les Yawo, les Babalao — continuent de se méfier des militants marxistes. Mais ils composent avec eux et utilisent au maximum les institutions officielles. Je reviens à un exemple déjà cité, celui du ballet *folklórico* ; le numéro le plus spectaculaire de ce ballet — et qui, de Paris à Rome, de Moscou à Londres, récolte régulièrement des tonnerres d'applaudissements — est l'*abakua*, la danse sacrale de la confrérie du même nom. Cette confrérie secrète regroupe les fonctionnaires de la mort chez les Noirs de Calabar (Nigeria du Sud). Elle enterre les cadavres, défend les vivants contre les revenants, parle aux morts, les apaise, communique avec eux et recueille leurs conseils. Elle est — au Nigeria septentrional et chez les originaires de cette région, à Cuba — l'équivalent de ce que sont des sociétés d'Egun chez les Yoruba [21]. Mais il y a plus : Carlos Alcama, Babalao du Cabildo de Doña Hortensia, est le chef de percussion du ballet national folklorique.

Une ligne de séparation invisible divise le monde de l'afrocubanisme officiel du Cabildo. Devant Armando Jaime, directeur du ballet national folklorique et dignitaire du Cabildo, j'eus la maladresse de confesser mon admiration pour la musique de Mongo Santamaria et de Ray Barretto [22]. Armando, d'ordinaire si paisible, me foudroya du regard : « Ces types battent pour le dollar. » Traduction : Mongo et Ray — comme tant d'autres — battent le tambour non pour servir les Orixa, mais pour gagner les dollars. La participation à un Cabildo, à une fête des Orixa Lucumi, est quasi

---

21. *Egun* : mort-revenant en langue yoruba. Pour le Candomblé d'Egun, cf. Jean Ziegler, *Les Vivants et la Mort, op. cit.*, p. 18-55.
   Pour l'abākua, voir Lydia Cabrera, *Anaforuna..., op. cit.*

22. Mongo Santamaria et Ray Barretto sont deux des plus célèbres interprètes de la salsa afro-cubaine : ils participent régulièrement aux grands festivals internationaux de musique contemporaine.

impossible pour un non-initié. Alors qu'à Bahia, à São Luis
ou à Teresina au Brésil, il suffit de quelques contacts
amicaux, de quelques jours de présence dans la ville, pour
s'informer du calendrier liturgique, du cycle des fêtes, des
lieux de célébration, des tarifs de la divination ou des adresses
des grandes Yawalorixa ou des grands Babalao, il faut à Cuba
des circonstances tout à fait exceptionnelles pour entrer en
contact avec le Cabildo. Ces circonstances se produisirent
pour moi en juillet 1981 : l'académie des sciences de Cuba
fêtait le centième anniversaire de la naissance de Fernando
Ortiz. Ortiz était le premier savant cubain, de réputation
mondiale, à avoir étudié le Cabildo et à lui assurer une place
dans l'histoire des cultures. Ce que Roger Bastide fit pour la
Candomblé de Bahia, Ortiz le réalisa pour le Cabildo
Lucumi. Ortiz a laissé des disciples : Julio Le Riverend,
Armando Entralgo, José Garcia Lara, Rafael Lopez Valdez,
Lisandro Otero. Ces hommes constituent le fragile pont entre
la révolution cubaine et les communautés cultuelles africaines. Invité au colloque de l'Académie, j'ai emprunté ce
pont.

4. *Le Carnaval dans la culture afro-cubaine*

Comme dans presque toutes les sociétés de la diaspora
africaine des Amériques, le Carnaval est l'occasion — pour
les Africains — de manifester leur vitalité et celle de leurs
cultures. Le Carnaval est d'origine ibérique. Dans les sociétés
coloniales effroyablement répressives du Brésil et des différentes vice-royautés d'Espagne, il joue un rôle important de
soupape psychologique, de compensation récurrente et libératrice. Très rapidement les « comparsas » des terres coloniales espagnoles, les « écoles » de la vice-royauté portugaise
de Bahia et de l'État du Pará sont investies, prises en main et
façonnées par les communautés culturelles noires. Les costumes, les musiques, la chorégraphie des cortèges du Carnaval sont façonnés par l'Afrique : la *salsa* anime le Carnaval
caraïbe, la *samba-enredo* les cortèges brésiliens ; à La

Havane, ce sont les Cabildo qui fournissent aux comparsas leurs batteurs les plus remarquables ; à Rio de Janeiro, ce sont les écoles de Mangueira, Portela, Império Serrano, Unidos de Jacarezinho qui inventent, année après année, les chorégraphies les plus éblouissantes. Les Blancs graduellement abandonnent le Carnaval — du moins le Carnaval des rues — aux descendants des Africains déportés. Cuba n'y fait pas exception, le Carnaval de 1981 en porte témoignage.

Samedi 18 juillet, à La Havane : le ciel d'été est lourd de pluie. Sur le Malecon [23], les chars colorés du Carnaval défilent interminablement. La foule — joyeuse, bruyante, d'une densité incroyable — se déverse sur les quais, dévale les collines, se rue vers les barrières. Comme une mer houleuse, les danseurs inondent les places. Ils dansent au son de la salsa que des dizaines d'orchestres, postés à intervalles réguliers tout au long des 6 km de quais, commandent de leurs rythmes.

Les chars dans la marée humaine se fraient un chemin : chacun est l'œuvre d'une comparsa, d'une compagnie de carnaval. Autrefois, c'étaient des mécènes privés qui finançaient les comparsas. Aujourd'hui, leurs membres sont des travailleurs des différents syndicats qui, tout au long de l'année, se cotisent pour la fête. Le Carnaval dure six jours pleins. Pour ne pas paralyser la production, ces six jours sont répartis sur trois week-ends successifs. La plupart des chars ont trois ou quatre étages. Ils croulent sous les fleurs. Sur chaque char, il y a un orchestre. Au dernier étage, des femmes superbes, généralement mulâtres, balancent leurs corps au son de la salsa. Les costumes sont somptueux : toute l'histoire de Cuba défile ici. Impossible d'énumérer, de décrire tant de tableaux colorés ; les rouges cavaliers de Camaguay de la guerre de 1875 défilent au galop ; viennent ensuite les pirates de Drake attaquant La Havane espagnole ; ensuite des conquistadores ; les imbéciles barons du sucre singeant les manières pincées de la cour de Versailles ; les esclaves nègres de Carlotta se rendant au marché, puis se

---

23. Le Malecon est la magnifique avenue côtière qui longe — au bas de la ville — sur plus de 6 km la mer des Caraïbes.

révoltant brusquement[24]. D'autres tableaux encore tiennent
de la légende : un sultan des mille et une nuits entouré de son
harem, un cuisinier chinois et, ployées sous des plateaux de
fruits, majestueuses et émouvantes, les servantes innombrables d'une reine africaine qui avance sous son baldaquin...
Étrangement, il n'y a, dans l'interminable cortège, aucun
tableau parlant de la Sierra, de Playa Girón, du Che ou de
Fidel. La révolution est absente du Carnaval. Même ses
ennemis n'y paraissent pas.

Le défilé en fait est un immense concours : comme pour les
écoles de samba défilant sur l'avenida Rio-Branco à Rio de
Janeiro en février de chaque année, ici aussi les comparsas
s'affrontent pour des prix somptueux et des diplômes de
prestige. Les créations musicales, florales, chorégraphiques
du Carnaval font chaque année l'objet d'âpres disputes. Les
décisions de la *Comisión carnavalesca* sont contestées, rejetées, approuvées. La télévision, la grande presse s'en mêlent.
Pendant des semaines après chaque carnaval, l'opinion publique est occupée à départager les comparsas, à vanter les
mérites de l'une, critiquer les défauts de l'autre. 1981 ne fit
pas exception à cette règle[25].

Contrairement à ce qui se passe au Brésil, ce ne sont pas ici
des barrios, des quartiers, mais bien des syndicats, des
coopératives qui entrent en compétition. Puisque ce sont les
caisses syndicales, coopératives qui financent ces splendeurs.
Une réserve pourtant : la plupart des comparsas sont très
anciennes, leur histoire s'enracine souvent dans les temps se
situant avant l'abolition de l'esclavage. Même si elles ne sont
plus financées aujourd'hui par les sacrifices quotidiens,
l'épargne des sous-prolétaires noirs d'un quartier déterminé,
certaines des plus prestigieuses comparsas restent néanmoins
fortement liées à leur quartier d'origine. Ainsi, la comparsa
La Sultana est liée au *barrio de Colón*, elle y a ses dépôts, ses
locaux de répétition, y recrute ses meilleurs musiciens,

24. Rappel : Carlotta est le nom du chef noir de l'insurrection des
esclaves de Matanzas (1843), c'est également le nom de code choisi
par le haut commandement cubain pour le débarquement à Luanda
en 1975-1976.

25. Cf. Ilse Bulit, « Y vino la Conga ! », in *Bohemia*, n° 30, 1981.

danseurs et danseuses. La compagnie *Los Marqueses* est de *Guanabacoa*.

Durant six jours, le Carnaval a lieu dans toutes les villes de Cuba, à Trinidad, à Pinar del Rio, à Guantanamo, à Santiago, etc. Seul changement introduit par la révolution : de février, le Carnaval a été déplacé en juillet, c'est-à-dire immédiatement après la « Zafra », la récolte de la canne à sucre. Ce qui est désormais fêté, ce n'est pas l'exorcisme des péchés de l'homme mortifié mais bien la force, la vie, la récolte, la victoire de la raison et du travail sur les intempéries et la nature aveugle. Pratiquement tous les membres de toutes les grandes comparsas sont Noirs ou mulâtres.

Les directeurs des grandes comparsas sont des personnages considérables, connus de tous. Ce sont parfois des créateurs puissants, de véritables metteurs en scène ! Leur compagnie est recherchée par les sculpteurs, les chorégraphes, les peintres, les poètes, les compositeurs. Un exemple : Oscar Rivero, directeur de la prestigieuse comparsa La Sultana, est une des principales figures de la vie culturelle cubaine. Il a obtenu de nombreux prix pour ses créations. Or, dans la hiérarchie des valeurs symboliques du peuple cubain d'aujourd'hui, le premier prix de la *Comisión carnavalesca* vient tout de suite après l'ordre de Lénine.

5. *Le Cabildo de San Miguel del Padron*

Nous sommes le dimanche 19 juillet : cet après-midi, notre bus ne prend pas la route vers le Malecon. Il prend le chemin inverse, se frayant péniblement, à grands coups de klaxon, un passage dans la foule. Le bus longe l'université, son escalier monumental et les statues de savants solennels, il passe devant l'hôpital Calixto-Garcia. La place de la Révolution, la Bibliothèque nationale, les bâtiments du Comité central, le ministère de la Guerre défilent à toute vitesse. Puis Diosdado, gros Noir rieur et sympathique qui nous sert de chauffeur, bifurque vers le Capitol (aujourd'hui : Académie des sciences), longe la vieille ville et prend la route du port.

Hector Tamayo, autre chauffeur, m'explique l'itinéraire
(Hector et Diosdado ont tous les deux combattu en Angola.
Novembre 1975-octobre 1977 : deux ans sans permission ; des
combats nombreux des faubourgs de Luanda jusqu'au sud de
Huambo). Nous nous dirigeons maintenant vers les quartiers
de l'est de l'immense ville. Rapidement les imposants immeubles des commerçants espagnols, créoles, du xixᵉ et du début
du xxᵉ siècle font place à des maisons d'habitation plus
basses, puis progressivement à de la verdure. Derrière les
bananiers et les palmiers à huile, je devine, à un rythme de
plus en plus espacé, des cabanons en bois, des huttes mal
taillées, des dépôts délabrés. Nous traversons les rails rouillés
d'un petit chemin de fer, destiné au transport de la canne dans
la raffinerie de sucre proche. Le voyage devient cahotant. Le
bus, propriété du ministère de la Culture, doit bien avoir ses
vingt ans sonnés. Il n'a plus d'amortisseurs depuis longtemps.
Mais Diosdado le soigne comme si c'était sa Rolls Royce
personnelle. Un dernier virage à droite : nous entrons dans le
barrio de San Miguel del Padron. Nous retraversons des rails.
Devant nous, légèrement en pente, un chemin de terre.
Comme le visage d'un vieillard, il est creusé en tous sens. Les
orages sont violents et quasi quotidiens en cette saison. Le
chemin ressemble à un ravin. Il porte le nom pompeux et
magnifique de Avenida de los Artistas. Dans une maisonnette
basse, à un étage, blanche et pourvue d'une petite véranda
constellée de fleurs, Doña Hortensia Cervantes nous attend.
Doña Hortensia — une digne dame noire toute desséchée de
cent deux ans, portant des lunettes, un turban blanc et une
longue robe blanche — a ce regard, doux, lointain, scrutateur
et profondément intelligent qui vous déroute, vous désécurise
et vous met à l'aise tout à la fois. Ce regard est comme un
seuil. Quiconque l'affronte sait d'instinct qu'il entre dans un
univers nouveau : celui des Orixa, des forces, des mystères
insondables du Cabildo [26].

Nous l'avons dit : *Cabildo* est le terme générique qui — à
Cuba — désigne la communauté des descendants d'esclaves

---

26. Mon principal informateur en ce jour du 19 juillet à San Miguel
del Padron était le *Babalao Pedro Salvedra.*

africains qui célèbrent à dates récurrentes les mystères des Orixa Yoruba, des Legbas Fons, du collier d'Iffa et des divinations par cauris. Il est l'équivalent des termes brésiliens de *Candomblé* (communautés initiatiques de la région de Bahia, du Maranhão, du Piaui, du Pará) et de *Xangô* (région de Pernambuco, Alagoas, Sergipe). Le terme désigne à la fois le *terreiro*, c'est-à-dire l'ensemble de cases où se déroulent les cérémonies et où habitent les Yawo, les initiés et les rites et musiques qui s'y célèbrent. Cabildo, dans l'ancien empire colonial espagnol des Amériques, voulait dire : assemblée municipale. Les esclaves noirs ou métis, comme les enfants du ventre libre, mais de couleur noire, en étaient évidemment exclus. Cependant, une fois par an, Cuba — comme pratiquement toutes les sociétés esclavagistes[27] connaissait une curieuse « inversion » de la société : durant un jour et une nuit, les esclaves devenaient les rois, et les planteurs blancs, les seigneurs de la canne, leurs serviteurs. Les Noirs envahissaient les rues, les places et les fontaines. Les seigneurs de la canne se terraient prudemment dans leurs palais, observant avec inquiétude, à travers les volets mi-clos, le spectacle inusité de la rue. A Cuba, ce jour-là était le *6 janvier*, jour des rois mages, jour de l'Épiphanie. Se tenait alors à La Havane, à Trinidad, à Santiago et jusqu'aux dernières plantations de Camaguey, de l'Oriente et de l'île des Pins, les *cabildos abiertos*, les assemblées ouvertes (ouvertes aux sous-hommes). Les Xangôs descendaient dans la rue, les tambours remplissaient le ciel de leur tumulte et une foule immense — noire, brune, basanée — envahissait jusqu'aux quartiers les plus somptueux, les plus protégés, des cités coloniales. De l'aurore jusqu'au crépuscule, à chaque Épiphanie et pendant plus de trois siècles, les bêtes de somme de la canne à sucre, les portefaix des places publiques, les domestiques des palais devenaient ainsi les seigneurs de l'île. La guerre d'indépendance contre la couronne d'Espagne fut en même temps la guerre de libération des esclaves : Carlos Manuel de Cespedés, grand propriétaire de l'Oriente, attaquait la garnison de

27. Cf. l'inventaire de ces « sociétés à inversion » dressé par Roger Caillois, in *L'Homme et le Sacré*, Gallimard, coll. « Idées », 1963.

Santiago à la tête de ses esclaves fraîchement libérés. De 1868
à 1898, les combats ne cessèrent jamais : des milliers de
soldats et miliciens noirs — hommes, adolescents et femmes
— tombèrent sous la mitraille espagnole. Après les accords de
Paris et l'intervention américaine, une *Republica mediatizada*
(République médiatisée) s'installait à Cuba : l'oligarchie du
sucre, du tabac et du café, les seigneurs du nickel et les
commerçants des villes firent alliance avec la puissance nord-
américaine. D'élections truquées en coups d'État militaires,
les espérances nées des proclamations de Marti, de Maceo[28],
de Cespedés s'évaporèrent comme sang au soleil. Les
communautés africaines, leurs prêtres, leurs initiés, leurs
batteurs de tambour furent durement persécutés par la police
du nouveau régime.

La situation ne changea qu'avec la victoire, en 1959, des
guérilleros de la Sierra Maestra. Ceux-ci entrèrent à La
Havane — quelle coïncidence ! — le 6 janvier.

Avenida de los Artistas, numéro 11 644, San Miguel del
Padron : la maisonnette possède, caché sous les bananiers, un
vaste hangar en ciment, doublé d'une chambre et d'une sorte
de corridor. Dans la chambre sont entassées — devant le pégi
— les offrandes (sucreries, bols de sang, de boue, étoffes,
cierges, bijoux de pacotille, etc.) destinées à Xangô. Dans le
corridor, sur un banc de bois brut, le long du mur de chaux
blanc, veillent des femmes sans âge, amies et coadjutrices de
la *dueña de la casa*. Un Babalao va et vient. Luisants de
sueur, les serviteurs des trois tambours, du Seserigo, des
Ekuis, viennent se reposer de temps à autre sur le banc. Une
Yawo, tout de blanc vêtue, sortant péniblement de sa transe,
se réveille tout au fond du corridor. Elle pousse des petits
gémissements. Les femmes accourent, lui épongent le front,
la bercent doucement. Dans la salle, les tambours battent.
Leurs battements, d'une sonorité profonde, tumultueuse,
s'accélèrent. Les danseurs ont maintenant fermé la ronde.
Entourés d'une foule dense de spectateurs, d'amis, de fidèles,
de parents, ils tournent sous l'immense ventilateur. Au mur,

28. Antonio Maceo était un des plus célèbres des généraux de la
guerre d'indépendance : il était noir.

au-dessus des servants des tambours, un autel : saint Georges à cheval (image syncrétique de Xangô), une Yemanja (image syncrétique de la Vierge), un Christ, des coquilles, des cierges.

Contrairement à ce qui se passe au Candomblé brésilien, l'égalité entre hommes et femmes semble presque parfaite au sein du Cabildo cubain : à Bahia, les grands terreiros sont dirigés par des femmes ; en plus de celle de Yawalorixa — prêtresse mère —, pratiquement toutes les charges importantes (exception faite de celle d'Oba et des serveurs de tambours) sont tenues par des femmes. Tel n'est pas le cas à Cuba : hommes et femmes — d'un âge généralement avancé — se partagent les charges. Trois réserves pourtant :

1. Les Cabildo existent dans tous les quartiers périphériques de La Havane, immense ville de plus de deux millions d'habitants. Mais le tambour bat aussi dans la Sierra, sur la plage et dans les plaines de Matanzas. Chaque ville, chaque province connaît une multitude de Cabildo : les Yalosha officient, les dieux descendent, les transes éclatent à Santa Clara, à Trinidad, à Pinar del Rio, à Guantanamo et — bien sûr — dans la « capitale » du monde afro-cubain, où se mélangent les immigrés de Haïti et les Cubains noirs, à Santiago[29]. Comme au Brésil, comme en Colombie caraïbe, comme à Haïti, à la Jamaïque et en Guyane, il existe une hiérarchie secrète et mal connue des différents terreiros : les disputes liturgiques, les problèmes insolubles de la divination, les luttes de succession pour la direction des maisons sont généralement tranchés en dernière instance par une personne qui est particulièrement savante et dont le prestige rayonne à travers tout le pays. Cette personne, d'autorité incontestée et de savoir indiscutable, est presque toujours une femme. A Cuba, c'était pendant près d'un demi-siècle la Yalosha Felicia, du terreiro de Carraeuao (La Havane) qui assumait

29. L'Oriente cubain a accueilli après l'insurrection des esclaves de Haïti en 1803 des milliers d'esclaves noirs : les grands planteurs créoles francophones ont traversé le *paso de los Vientos* (le détroit des Vents qui sépare l'île de Cuba de celle de Santo Domingo) pour s'installer au pied de la Sierra Maestra. Ils ont amené avec eux leurs esclaves.

cette fonction. Felicia est morte en 1980. Je ne sais si sa
succession est déjà réglée.

2. Autre réserve : la séparation des sexes existe du sud du
continent — les faubourgs de Porto Alegre — jusqu'au nord
à Pinar del Rio — par rapport aux fonctions incompatibles
de Mère (ou Père) des Saints, c'est-à-dire de ceux qui dirigent
la transe, qui font descendre les Orixa, gouvernent les
maisons, d'une part, et des Babalaos, prêtres de la divination,
de l'autre. Les cauris brésiliens sont à Cuba appelés ekuele.
C'est Maximiliano Odda, de son nom africain *Baba Siku*, qui,
à Cuba, est aujourd'hui le Babalao le plus puissant. La langue
rituelle unifiée à Cuba est le *lucumi*, dérivée du yoruba.
Lucumi est un terme générique. Il ne désigne pas un peuple
spécifique. Lucumi est un port du Nigeria occidental, d'où ont
été exportés, dès le début du xvie siècle et jusqu'au milieu du
xixe, des dizaines de milliers d'hommes, de femmes et
d'enfants. La Havane avait été durant tout ce temps, avec
New Orleans et Olinda, le principal marché d'esclaves
africains du monde occidental.

3. Enfin, dernière entorse à l'égalité des sexes au sein du
Cabildo cubain : seuls les hommes peuvent parler aux morts.
Comme le Candomblé d'Egun, au Brésil, l'Abakua à Cuba
est dirigé exclusivement par des hommes. Le principal prêtre
d'Egun au Brésil — celui des Eguns d'Itaparica (Bahia) —
s'appelle Deosceredes dos Santos, familièrement appelé
« Didi » ; celui de l'Abakua calabar de La Havane : Carlos
Aldamea. En fait, les choses sont encore plus compliquées :
un grand prêtre des Egun est presque toujours le fils de sang
d'une grande prêtresse des Orixa. Exemple : Didi est le fils de
Mae Senhora du Candomblé Apo Afonja de Bahia.

Les Orixa qui descendent dans la maison de l'avenida de los
Artistas du barrio de San Miguel del Padron à La Havane
sont au nombre de six : Xangô, Xemanja, Oxun, Elegun,
Ogun et Iansan. Cette dernière pose un problème : Iansan —
déesse du fer, de la foudre, de la violence — n'est en fait
jamais apparue chez Doña Hortensia. Mais « nous l'atten-
dons », dit la Yalosha. Cela veut dire : les tambours l'appellent, les filles et fils de saints initiés à son nom l'invoquent
patiemment à chaque fête. A chaque fois qu'une transe

sauvage [30] éclate dans l'assistance, la Yalosha fait redoubler
d'intensité le tambour, espérant que sa complainte provo-
quera la venue de Iansan. Huit Yawos — femmes initiées,
subissant régulièrement la transe — font partie de la maison.
Elles y habitent (ou habitent le voisinage immédiat). Ce
19 juillet, plus d'une centaine de personnes se pressent dans
la maison. La chaleur est étouffante : le ventilateur tourne,
tourne en grinçant. Les tambours battent à des rythmes de
plus en plus effrénés. Les pieds martèlent le sol. La sueur
coule des visages, inonde les yeux, trempe les chemises et les
robes. Une première transe éclate : c'est Xangô qui arrive. Il
s'empare d'une femme. Celle-ci tourne, tombe, se redresse et
retombe par terre. Les Yawos l'emportent dans l'espace
contigu. Quelques minutes plus tard, elle revient parée de la
hache à double tranchant du Dieu-roi. Un immense turban
blanc encadre un visage magnifique de femme de cinquante
ans, aux yeux mi-clos. Ses pas maintenant sont réguliers. Elle
est de forte stature. L'assistance s'écarte respectueusement.
Une impression de paix profonde, de puissance cachée, se
dégage de cette femme qui exécute — les bras tendus, le
visage ruisselant de sueur — les formes compliquées de la
danse de Xangô. Elle s'avance jusqu'au seuil de la porte,
comme effrayée. Un servant chasse bruyamment les enfants.
La grappe humaine, collée à la porte, se disperse en hurlant.
Personne ne doit toucher — sous peine de maladie grave,
parfois de mort — Xangô en transe. Une contradiction
apparente semble ici habiter notre texte : il est dangereux de
toucher Xangô lorsqu'il danse. Mais lorsque c'est Xangô lui-
même qui s'avance vers les hommes, les salue, les embrasse,
son contact est bénéfique. La hache est rouge. Des bouts

30. La *transe sauvage* est la transe qui éclate au-delà de la ronde
dans l'assistance générale de la fête. C'est un non-initié qui en tombe
victime. Autrement dit : un Orixa se saisit d'un homme, d'une
femme, rarement d'un enfant, n'ayant pas subi les longues épreuves,
les rites de l'initiation. Le possédé est alors rapidement isolé. La
Yalosha, les Babalaos tentent de savoir qui est l'Orixa qui se
manifeste. Que veut-il ? Si l'Orixa est rapidement identifié (ce qui
arrive parfois), le tambour lui parle, la ronde l'intègre, les chants
glorifient son nom. Plus tard, le possédé sauvage subit les rites
d'initiation et est éventuellement intégré à la maison.

d'étoffe rouge sont agrafés à la robe blanche de la Yawo. Sur
son dos, une effigie d'un Christ, dans la plus pure tradition
saint-sulpicienne, est accrochée.

L'un après l'autre, les assistants s'avancent : chacun agrafe
rapidement un billet d'un peso au turban de la possédée.
Xangô salue son peuple. Il embrasse l'un, attire — par un
mouvement rapide des bras — l'autre contre ses épaules.
Chacun reçoit deux tapes amicales — frappées par le plat de
la hache — dans le dos. Xangô danse, danse, pousse des hauts
cris stridents, gémit, tourne, met sa hache sur sa tête.
Miracle : malgré la ronde, la hache reste en équilibre sur la
tête de la possédée. La hache jette, en tournoyant, des éclairs
rouges. La Yawo s'approche des invités : Jean Suret-Canale,
James Mitchell, Georges Wald et moi-même. Elle prend la
hache, nous touche le front. Georges Wald, soixante-huit ans,
est prix Nobel de chimie. Avec sa femme, il a passé sa vie à
étudier la composition chimique de la rétine de l'œil humain.
Wald respire la sympathie, l'amour des hommes. Mais
quarante ans passés entre les murs du laboratoire de biologie
de l'université Harvard ne l'ont pas préparé à la rencontre
avec les Orixa Lucumi. Il est muet d'émotion. Ses mains
tremblent d'inquiétude, d'effroi peut-être.

Autour de nous, l'assistance est silencieuse, fermée, presque hostile. Aucun des signes de la fête communautaire
bruyante, joyeuse — qui marque chaque acte liturgique au
Candomblé de Bahia — n'est ici perceptible. Cérémonie
semi-clandestine, fermée. Le recueillement, la gravité président à la fête. La chaleur devient insupportable. Le soleil de
l'après-midi perce les nuages blancs et gris, frappe de plein
fouet la façade de la maison, chauffe le toit et pénètre par les
fentes de la charpente. J'étouffe. Je sors.

Dehors, au-delà du seuil, dans la rue, un gardien sans âge
veille.

Il chasse continuellement les enfants et les curieux du
voisinage. A quelques mètres de la maison, j'aperçois un
rassemblement d'adolescents et de gosses sous l'ombre d'un
figuier. Au milieu des enfants : Dominique, mon fils de dix
ans. Les enfants cubains l'interrogent avec passion. Lui, ne
connaissant pas l'espagnol, répond par gestes, roule les yeux,

rit, fait de grands mouvements des bras. L'assemblée éclate de bonheur. Les vieillards du barrio veillent sur les gosses, à quelque distance, avec une infinie douceur et une attention vigilante. Je me crois brusquement transplanté dans n'importe quel village de brousse du pays changana (Mozambique), du pays ewe, de la côte du Ghana, ou à Poto-Poto, à Brazzaville (Congo). Une paix, une joie intense réunissent, dans une communion de gestes, de rires, les vieillards et les enfants. Un vieillard un peu fou, mais visiblement connu de tous, arrive. Il tient dans ses bras trois canards qui piaillent. Les enfants l'accueillent et l'intègrent dans la ronde. Mais lorsque l'homme — c'est un illuminé — commence à exécuter, en les imitant d'une façon étonnante, les pas de la possédée — qu'on aperçoit de temps à autre derrière la porte ouverte du terreiro —, les vieillards fendent la foule et le chassent. Il ne faut point imiter Dieu. Je m'approche et je traduis : les questions des enfants sont typiques ; elles ne pourraient surgir nulle part ailleurs dans le tiers monde qu'à Cuba : « *en qué grado estás ?* » (dans quelle classe de ton école es-tu ?). Aucun enfant cubain ne peut douter du fait que le petit étranger, qui débarque dans leur quartier, va à l'école. Dans l'esprit d'un petit Cubain, tous les enfants de tous les pays du monde vont à l'école, sont nourris, vivent dans des maisons propres, ont auprès d'eux leur père, leur mère. Je me rappelle le Brésil : à Rio, à São Paulo, à Fortaleza, combien de fois il m'est arrivé de discuter dans les faubourgs pauvres avec une ribambelle de gosses ! On me montrait alors fièrement l'un ou l'autre des enfants dont les copains disaient : « Celui-ci, il va (ou il a été) à l'école. » Exception inouïe, providence inexplicable du ciel : ses parents possédaient les quelques cruzeiros nécessaires pour payer la chemise blanche, le pantalon bleu et les sandales qui autorisent l'enfant à franchir le seuil d'une salle de classe.

Dans le ciel, les nuages sont maintenant comme des montagnes mues par le vent. Les palmiers, les figuiers, quelques hibiscus aux magnifiques fleurs bleues bordent le ravin. Je fais quelques pas, sous l'œil attentif des vieillards. Des petites maisons blanches et bleues apparaissent derrière des haies, des cabanons, des huttes en planches. A côté de

presque chaque portail, de presque chacune de ces demeures
de travailleurs, je découvre une petite niche où est posée une
statue de la Vierge, de saint Georges, de saint Joseph ou
l'image d'un saint catholique quelconque. Vingt-trois ans de
révolution n'ont point entamé les superstitions les plus
archaïques : *ces saints doivent « protéger »* les maisons. Le
ravin — pardon, l'avenida ! — descend doucement vers un
vallon.

Le soleil, lentement, descend vers l'horizon. C'est
dimanche. Le soir vient. Sous les porches de la plupart des
maisons, des familles prennent le frais. Les hommes me
saluent avec un imperceptible mouvement de la tête. Il me
semble qu'il règne à mon égard une grande méfiance.
Diosdado la perçoit. Il m'avait rejoint quelques instants
auparavant. Maintenant, il marche à mes côtés. Tout là-haut,
dans le ciel, le vent agite la couronne des cocotiers. Les
figuiers, d'un vert foncé, aux feuilles larges, se balancent au
gré de la brise. Diosdado interpelle une famille, puis un jeune
Noir, puis un groupe d'hommes d'âge plus avancé. « *Compa-
ñeros* », dit-il. Il surprend mon regard interrogateur. « Des
camarades d'Angola... la bataille des Muceques, Huambo,
Lobito... » Tout à l'heure, en cheminant silencieusement, au
milieu du ravin, mes pensées étaient retournées sept ans en
arrière. Je cheminais alors le long de la *Travessa de Fe em
Deus*, dans un faubourg de São Luis (État du Maranhão,
Brésil), à la recherche du Candomblé abassa de Yemanja. Il
devait y avoir, ce jour-là, un *Tambor de Choro*, un « tambour
des pleurs », cérémonie d'adieu d'une Yawalorixa morte. La
Travessa de Fe em Deus est pareille à un ravin. Les eaux du
ciel la creusent un peu plus à chaque saison des pluies. Les
masures qui la bordent sont les mêmes. Les images de saints
coloriés ornant les portails des jardins sont les mêmes. Les
visages noirs, mulâtres, caboclos qui scrutent le visiteur sont
les mêmes. Communauté immémoriale des destins des peuples noirs déportés aux Amériques ? Identité des existences
contemporaines des descendants d'esclaves vivant aujour-
d'hui dans la diaspora ? Non. Les apparences trompent.
Cuba, de toutes les terres de la diaspora africaine des
Amériques, tient une place à part.

Diosdado évoque ses souvenirs de la guerre d'Angola. Brusquement je me souviens : un mythe indéracinable a animé pendant des siècles l'espérance des Bakongo. Lors de la dernière bataille que la dernière reine des Bakongo (des *Angolares* en termes d'esclavage), la reine amazone N'Zinga, au xvie siècle, et ses guerriers avaient livrée aux troupes d'invasion de Dom João IV du Portugal, les Africains avaient été écrasés. La sainte ville de São Salvador, capitale du royaume, avait été brûlée, ses murs rasés, ses habitants réduits en esclavage et déportés outre-Atlantique. Mais personne n'avait jamais revu ni la reine, ni sa garde, ni d'ailleurs leurs cadavres. La légende veut qu'ils aient disparu dans la mer, avec leurs lances, leurs arcs, leurs glaives à la main, invaincus et invincibles. La légende dit : ils reviendront de l'autre côté de la mer et ils libéreront les plaines, les montagnes, les savanes et les fleuves de notre pays[31]. Je marche à côté de Diosdado qui interpelle ses camarades. En novembre 1975, les régiments cubains — composés aux trois quarts de soldats noirs — sont revenus de l'autre côté de la mer : ils ont débarqué dans le port de Luanda, ont repoussé les envahisseurs des faubourgs ; à Porto Amboim, sur le fleuve Cuvo, à une journée de camion au sud de Luanda, les Noirs cubains ont barré la route aux blindés, aux parachutistes sud-africains blancs. Ils ont détruit, secondés par les guérilleros survivants du MPLA, une des armées les plus puissantes de la planète. Ils ont assuré le triomphe de la révolution angolaise, l'avenir libre d'un pays ressuscité. Après le débarquement des Cubains, la république populaire d'Angola a été proclamée.

Du Cabildo, on m'appelle. La lumière baisse. Le soleil disparaît derrière la couronne des palmiers. Un arc-en-ciel éblouissant, fait de couleurs vertes, roses, blanches, va du

31. La reine Ghinga (nom donné dans la diaspora à la reine N'Zinga, voir p. 354 *sq.*) est une des figures centrales du Carnaval de Recife (Pernambouco, Brésil) ; elle y est souvent représentée sous les traits de la princesse Isabelle, dernière fille du dernier empereur du Brésil qui signa l'acte d'abolition de l'esclavage en 1888. Isabelle est considérée par les terreiros de Recife comme une réincarnation de Ghinga.

Cabildo jusqu'à la mer. Arc immense qui apparaît comme le
signe de l'immémoriale protection que les Orixa accordent
aux hommes de ce barrio. Dans le terreiro, une nouvelle
transe a éclaté en notre absence. Yemanja, tout de bleu
vêtue, le turban plein de billets de pesos, tourbillonne devant
les tambours. Elle sort de l'espace sacré, entre dans la petite
chambre annexe, contemple les ossements de moutons, de
boucs ; les coqs égorgés ; le sang séché ; les poules, les oies
mortes ; les colombes inanimées ; les gâteaux, tous les restes
du sacrifice. La possédée est une jeune fille, aux traits fins, au
corps superbe. Elle balance lentement la tête, de droite à
gauche, de gauche à droite. Ses yeux se révulsent brusquement. Elle rejoint Yemanja, dans une transe calme, paisible,
aux mouvements rythmés par les Seserigo.

La nuit est tombée depuis un long moment déjà. Je profite
d'un arrêt des tambours pour prendre discrètement congé de
Doña Hortensia : je fuis d'un pas rapide, sans me retourner.
Avec cette conviction intime qui est la mienne à chaque fois
que je quitte un terreiro en fête : si à cet instant précis les
tambours reprenaient, toute fuite deviendrait impossible. Je
ne pourrais plus jamais quitter les Orixa.

Le bus qui croise des rails traverse en cahotant le barrio de
San Miguel. A côté de moi, mon fils pleure doucement : il
refuse de quitter ses copains du barrio. Comme tous les pères
du monde, je mens lâchement : « Nous reviendrons bientôt.
Dès la prochaine fête. » Rien n'y fait. Ni les gâteaux
dégoulinant de crème et de sucre que la Yalosha lui a — en
partant — collés dans les mains ni mes promesses fallacieuses.
Dominique, avec son intuition de gosse de dix ans, refuse de
quitter ce lieu de bonheur mystérieux. Les enfants, par
dizaines, courent derrière le bus, tendent leurs bras vers la
vitre. Diosdado accélère, aborde la grande route, bifurque
sur le port, entre dans la vieille ville.

Il est une heure du matin lorsque nous descendons la
colline vers l'hôtel Nacional. Sur mes genoux, Dominique
s'est endormi. Le long du Malecon, le Carnaval bat son plein.
Dans la nuit, à quelques centaines de mètres de la rive,
immobiles sur les flots sombres des Caraïbes, des navires de la
garde côtière envoient au ciel d'éclatants feux d'artifice.

6. *La religion afro-cubaine comme arme de la lutte de classes*

Dans son ouvrage *les Religions afro-brésiliennes*, Roger Bastide fait une relecture intéressante de *l'Idéologie allemande* de Marx. Bastide :

> Marx a hésité entre deux conceptions différentes de l'idéologie. Tantôt, il lui donne le sens le plus général possible et l'identifie à toutes les suprastructures, à toutes les « œuvres culturelles », chaque système de production se traduisant dans la conscience par un système de concepts qui n'en est que l'expression psychique. Tantôt, l'idéologie n'apparaît vraiment qu'avec la lutte des classes ; elle est bien cet appareil conceptuel dont nous venons de parler, mais pris dans des conflits d'intérêts, devenant des armes de combat en un monde déchiré, et dans un climat d'hostilités réciproques. L'idéologie est alors mise en rapport avec la théorie de la « mauvaise conscience » ou avec celle de l' « aliénation » et de la « mystification ».

Et plus loin :

> Dans le premier cas, nous nous trouvons en présence du matérialisme historique : la religion est l'expression d'un certain état économique et social. Dans le second cas, la religion, tout en étant toujours un reflet des infrastructures, flotte au-dessus des réalités objectives bien plus qu'elle ne les exprime ; elle finit par former comme une espèce d'excroissance pathologique, utilisée par une classe pour mieux assurer sa domination, ou traduisant sous une forme illusoire la conscience blessée du prolétariat qui fuit les réalités douloureuses dans un monde imaginaire. C'est dans ce second sens seulement que nous voulons prendre le terme maintenant, puisqu'il nous est apparu, au cours de notre étude sur les métamorphoses des sectes africaines, que la religion à un moment donné se transformait en idéologie. Il faut nous demander ce qui distingue la religion comme manipulation du sacré de l'idéologie comme expression de la lutte

des classes et voir ensuite comment peut s'opérer la distorsion du sacré en idéologie [32].

Les sous-prolétaires noirs des campagnes cubaines, les ouvriers, employés, chômeurs noirs des villes n'ont participé à la guerre nationale de libération (1956-1959) qu'en faible nombre. Les combats essentiels de la révolution cubaine ont été jusqu'en 1959 des combats organisés, mis en œuvre, conduits par de jeunes intellectuels, employés et ouvriers blancs. Le mouvement insurrectionnel conduit par Fidel Castro et qui, le 26 juillet 1953 au matin, attaqua le complexe militaire de Santiago est un mouvement composé essentiellement d'étudiants, de jeunes employés, de membres des professions libérales, d'artisans blancs. L'insurrection de Santiago, organisée par Frank Pais et Celia Sanchez en novembre-décembre 1956, est dirigée par des femmes et des hommes issus des mêmes classes moyennes et petites-bourgeoises blanches. Des quatre-vingt-un guérilleros embarqués sur le *Granma*, seuls quatre sont des Afro-Cubains. La guerre de libération, dans la phase organisée, débute par les combats autour de la ferme d'Epifanio Diaz (Sierra Maestra) en janvier 1957. Depuis les échelons inférieurs, elle est commandée par des hommes et des femmes qui tous et toutes viennent des classes déjà mentionnées. Même composition ethnique, sociale, en ce qui concerne les quatre colonnes guérilleras qui partent de la Sierra (août 1958) pour occuper des positions stratégiques, livrer bataille dans le centre et l'ouest du pays : toutes, sauf une, sont commandées par des Blancs. Depuis 1959, ces révolutionnaires sont au pouvoir.

Voici la contradiction : malgré le fait que la majorité de la population cubaine est d'origine africaine, les Afro-Cubains n'occupent qu'exceptionnellement des postes de commandement dans l'administration, la diplomatie, l'armée permanente, le Conseil d'État ou les instances du parti. Carlos Moore rend responsable de cet état de fait un inconscient racisme, discriminatoire et antinègre qui serait propre à

32. Roger Bastide, *Les Religions afro-brésiliennes,* PUF, 1960, p. 554 *sq.*

toutes les élites dirigeantes créoles d'Amérique latine [33]. Nous serions, selon Moore, en présence d'une sorte de « non-dit » de la politique cubaine, d'un héritage de sang qui proviendrait des ancêtres galiciens, castillans, catalans des actuels dirigeants [34].

Malgré l'influence qu'elle exerce actuellement sur les milieux intellectuels français et les cautions universitaires (Robert Jaulin) qu'elle reçoit, je ne crois pas à la pertinence de la thèse de Moore. Les raisons de l'apparente indifférence, surtout durant les années 1953 à 1966, des révolutionnaires cubains face au problème noir sont à mon avis à la fois plus complexes et plus simples. Elles sont de deux ordres.

1. L'ordre complexe d'abord : les jeunes révolutionnaires de la Moncada (1953) étaient avant tout des humanistes, des nationalistes, des démocrates qui voulaient mettre fin à l'insupportable tyrannie de Batista, à la colonisation de leur patrie par l'État et les sociétés financières nord-américains. Nombre de textes de Fidel Castro et d'Abel Santamaria, datant de l'époque 1953, témoignent de l'inspiration démocratique, patriotique, humaniste des jeunes révolutionnaires. C'est la pratique du commandement de la guerre nationale révolutionnaire durant les années 1956-1958, mais surtout l'exercice du pouvoir d'État dans un pays assiégé, constamment agressé par son puissant voisin du nord à partir de 1959 et plus encore à partir de 1961 (débarquement des mercenaires à Playa Girón, bombardement de La Havane par les B-52 américains), qui ont poussé plus loin leurs réflexions et ont transformé les révolutionnaires idéalistes et humanistes en des marxistes informés, conséquents, convaincus [35]. Or, nous l'avons vu, la question ethnique — c'est-à-dire : la question des apports au processus révolutionnaire des grandes cosmo-

---

33. Carlos Moore, *Cuba castriste et l'Afrique noire,* 1959-1979. *Fondements ethnostratégiques d'une politique étrangère interventionniste*, Thèse d'État, université Paris VII, *op. cit.*

34. Fidel et Raul Castro sont nés d'un père émigré de Galice.

35. Deux textes de Che Guevara témoignent de façon particulièrement éloquente de cette évolution. Cf. Che Guevara, « Conseils pratiques aux combattants » et « Le Plan et les Hommes », dans la revue *Tricontinental*, Maspero, ancienne série, n° 4, 1970, et nouvelle série n° 1, 1971.

gonies des sociétés traditionnelles africaines — appartient à
ce que Régis Debray appelle : l'*impensé* du marxisme[36]. Du
moins jusqu'en 1966, les dirigeants révolutionnaires cubains
n'ont tout simplement pas perçu les spécificités syncrétiques
de leur culture nationale. Ils ont opéré à partir d'hypothèses
et au moyen de schémas analytiques conformes à la plus pure
orthodoxie marxiste-léniniste, mais incapables de rendre
compte des réalités culturelles multiformes, de la généalogie
sociale, intellectuelle, cosmogonique des groupes ethniques
hétérogènes qui composent leur peuple. La tardive réhabilita-
tion de Fernando Ortiz et de son école en est l'illustration[37].

2. L'autre raison de la relative absence des Afro-Cubains
dans les instances dirigeantes de l'administration et de
l'armée permanente (pas des milices), ainsi que dans le
Bureau politique et le Comité central du parti, me paraît être
d'un ordre plus « simple », plus banal : la révolution cubaine
est une des rares révolutions du monde et de l'histoire qui n'a
connu, jusqu'ici du moins, aucune épuration massive, aucune
élimination sanglante de cadres historiques. Sur ce point du
moins, la révolution cubaine n'a rien à voir ni avec la
Révolution française de 1792 ni avec celle, bolchevique, de
1917. Les hommes et les femmes qui ont déclenché la guerre
révolutionnaire de libération nationale (1956) sont — à
quelques rares exceptions près — les mêmes qui entrèrent
victorieux à La Havane (1959) et qui, depuis lors, exercent le
pouvoir dans le parti, dans l'État[38]. Permanence extraordi-

36. Cf. Régis Debray, *Critique de la raison politique*, Gallimard,
1981.
37. Les choses sont toutefois plus compliquées encore : la révolution cubaine était, dès sa prise du pouvoir d'État, engagée (elle l'est
encore) dans une guerre idéologique violente contre ses adversaires.
Dans cette guerre, certains des disciples les plus prestigieux d'Ortiz
— comme par exemple Lydia Cabrera, réfugiée à New York — ont
utilisé constamment l'argument « raciste » contre les dirigeants de La
Havane. Une minorité de disciples d'Ortiz — exemple Julio Le
Riverend, organisateur et directeur de la remarquable bibliothèque
nationale de Cuba — ont pris fait et cause pour la révolution.
38. Les exceptions les plus notables : Camilo Cienfuegos, disparu
dans un accident d'avion en 1959 ; Che Guevara, assassiné en Bolivie
en 1967 ; Celia Sanchez, morte de maladie en 1979 ; Haydée
Santamaria, décédée. Par contre, aux groupes dirigeants s'étaient

naire, cohésion étonnante du groupe dirigeant. Fidélité affective, quasi obsessionnelle de Fidel aux amitiés liées durant les heures sombres de la clandestinité. Fidélité excessive parfois, puisque, selon l'avis de plusieurs observateurs, il existe aujourd'hui à des postes clés de l'État et du parti des responsables qui ne remplissent qu'imparfaitement leur mandat. Or, aux débuts de la révolution, les Afro-Cubains, à quelques rares exceptions près, étaient socialement tellement discriminés que très peu d'entre eux étaient en état de rejoindre les cellules clandestines du Mouvement du 26 Juillet. Il n'a jamais existé à Cuba — comme c'est le cas par exemple aux États-Unis ou en Afrique du Sud aujourd'hui — de moyenne ou petite-bourgeoisie noire capable d'envoyer ses enfants dans les lycées, à l'Université. A cette lointaine époque, les Noirs menaient, dans leur immense majorité, une existence douloureuse, disséminée, de travailleurs agricoles (du sucre, du tabac, du café) migratoires, de domestiques urbains, toute proche de celle que Marx assigne au *Lumpenproletariat* européen de la fin du XIXᵉ siècle. Aucune conscience politique révolutionnaire ne pouvait naître spontanément parmi eux.

La fidélité aux anciennes amitiés nouées dans la clandestinité et durant la guerre révolutionnaire nationale, la permanence déjà signalée du groupe dirigeant sont aujourd'hui en évidente contradiction avec la promotion sociale, économique, intellectuelle généralisée des anciens sous-prolétaires noirs. Du fait de leur ancienne condition de sous-prolétaires, ce sont sans aucun doute les Afro-Cubains qui ont le plus profité, jusqu'ici, des réalisations sociales (service de santé de qualité gratuit, instruction publique généralisée, promotion alimentaire, logements ruraux, etc.) de la révolution. Or — nous l'avons vu — dans les instances dirigeantes de l'État, du parti, les Afro-Cubains ainsi promus n'ont pas encore trouvé les postes de responsabilité qui, du fait de leur capacité et de leur nombre, devraient légitimement leur revenir.

joints, après le déclenchement de la guérilla dans la Sierra de l'Oriente, les professeurs Raul Roa et Carlos Rafael Rodriguez, les deux principaux théoriciens marxistes de l'université de La Havane durant les années quarante et cinquante (Raul Roa est mort en 1982).

La lutte des classes continue à Cuba comme sous tout autre régime révolutionnaire. Elle s'est peut-être même accentuée avec les conquêtes sociales progressives que réalisent les anciennes classes opprimées au fur et à mesure qu'entrent en vigueur les différents plans triennaux et quinquennaux de développement économique et social. *Le Cabildo de Cuba joue aujourd'hui le rôle d'une idéologie de classe.* Le Cabildo exprime une revendication fondamentale des Afro-Cubains : celle d'être reconnus dans leur identité irréductible et dans leur ambition politique légitime, au sein d'une nation dont les racines culturelles s'ancrent dans trois continents à la fois.

5

*Le désir de liberté
est une loi de l'histoire*

Le soleil brillera de nouveau sur ta gorge,
Sur ta poitrine, sur ton front,
Avant que la nuit des nuits ne descende
Sur ta race, sur tes villages,
Et comme tout sera humain ! Le cri, le bond,
Le rêve, l'amour, le repas.

Miguel Angel Asturias, *Sagesse indienne.*

1

Les cadavres au bord de la route

Les mouvements armés de libération nationale du tiers monde, formations sociales radicalement nouvelles, pratiquement inconnues des Occidentaux, souvent décriées et profondément incomprises par les mass media, produisent des systèmes d'auto-interprétation, des idéologies, des littératures, des musiques, des théories politiques. Elles sont créatrices de cultures nouvelles. Elles tracent des frontières, édictent des lois, bouleversent des systèmes économiques. Elles donnent la dignité à des millions d'hommes et mettent au monde des stratégies de lutte, des forces d'organisation politique inédites. Elles édifient des nations, des États. Elles portent sur leur propre praxis une réflexion permanente, originale, souvent lucide.

Ces mouvements sont écrasés ou victorieux. Certains d'entre eux ne font que passer au firmament de l'espérance comme une comète vite éteinte, laissant au ciel une traînée de lumière. D'autres creusent profondément le sol. Ils labourent la terre. Le sang, partout, se mêle à l'herbe. Mais, vivants ou morts, défaits ou triomphants, ces centaines de milliers de combattants qui les composent marquent durablement l'histoire de tous les hommes. Aucun d'eux n'expire en vain. Chacun, par son sacrifice, devient l'ancêtre d'un monde plus juste, plus libre, plus humain, à venir. José Marti écrit en 1895 :

> *La verdad una vez despierta*
> *No vuelve a dormirse*
> *Jamás* [1]

1. « La vérité une fois réveillée
    ne retourne jamais au sommeil »
(José Marti, *Obras completas*, vol. XIX, La Havane, Instituto cubano del libro, 1980 ; trad. J. Z.).

La route de la libération est jalonnée de cadavres. Il arrive
que des survivants, parfois, entrent dans une capitale libérée,
mais ceux qui découvrent l'aube puis le jour sont infiniment
moins nombreux que ceux qui ne connaissent, leur vie durant,
que la souffrance et la nuit. En ce sens, une profonde injustice
régit ce livre : nous n'avons parlé, tout au long de ces pages,
que des femmes et des hommes qui ont gagné ou sont en train
de gagner leurs batailles. Si nous avons parlé d'un mort,
c'était d'un mort triomphant, glorifié, d'un martyr « officiel » : Fonseca, Guevara, Cabral, El Ouali, Mondlane,
Neto, Farabundo Marti. Pour nourrir l'espérance des vivants,
les mouvements armés de libération ont besoin de héros
exemplaires. Ce n'est pourtant pas de cette positivité des
morts, de cette mobilisation des martyrs, de cette pratique
courante et nécessaire, pour tous les mouvements, d'affichage
des morts, qu'il s'agit ici. Je dis simplement que dans une
analyse comme la nôtre, à part les héros victorieux et les
martyrs officiels, personne n'a la parole. Brecht dit bien ce
manque :

> Die Einen sind im Shatten,
> Die Andern sind im Licht,
> Und man siehet die im Lichte,
> Die im Schatten sieht man nicht [2]

J'aurais voulu qu'il fût possible — à la fin de ce livre —
d'obtenir une minute de silence, en demandant au lecteur de
se souvenir de centaines de milliers d'enfants, d'hommes et de
femmes de toutes les couleurs, de toutes les nations, de toutes
les religions, habitant les masures isolées, les villes, les
déserts, les forêts, les rives des fleuves, et qui, au cours de ce
siècle, rêvèrent la liberté. Ils furent déchiquetés par les
bombes, arrêtés, torturés, ou « disparurent » un matin,
assassinés. C'est leur sang qui nourrit les fragiles victoires
d'aujourd'hui et qui donne à notre espoir sa force.

2. « Les uns sont dans la lumière
      Les autres dans la nuit
      Et l'on voit ceux dans la lumière
      Et pas ceux dans la nuit »
(Bertolt Brecht, *Gedichte,* in *Gesammelte Werke,* Suhrkamp Verlag,
1981, trad. J. Z.).

2

La raison d'État
et la raison des hommes

Vale pero millones de veces más
La vida de un solo ser humano
Que todas las propriedades
Del hombre más rico de la tierra [1].

Che Guevara

Pouvons-nous au terme de cet ouvrage formuler des lois qui se dégagent des théories et des pratiques des mouvements armés de libération nationale du tiers monde ?

Ce qu'il est réaliste et utile d'entreprendre aujourd'hui, c'est de formuler une sorte de *propos d'étape*, de faire une pause au bord de la route, d'inventorier les invariants que nous décelons dans chacun des mouvements analysés. Chaque mouvement s'enracine dans une terre, une culture, une histoire. Les uns luttent dans les déserts du Sahara occidental, les autres dans les jungles tropicales du Guatemala. D'autres encore résistent dans les dédales des villes du Chili, de Colombie, du Salvador. Il y a ceux qui mènent, dans les vastes savanes de Namibie et de l'Angola méridional, une guerre « classique » contre l'envahisseur étranger et ceux qui, dans les montagnes du Timor, armés de quelques fusils de chasse, tentent de protéger leurs familles contre les commandos de l'armée indonésienne. D'un côté les héritiers d'une antique civilisation nomade, de l'autre les membres de sociétés sédentaires compliquées. Les soldats du Frelimo mozambicain sont majoritairement des paysans. Un grand nombre des guérilleros de l'ORPA guatémaltèque sont au

---

1. « La vie d'un seul être humain vaut des millions de fois plus que toutes les propriétés de l'homme le plus riche de la terre » (texte affiché sur la façade de l'hôpital Calixto-Garcia à La Havane).

contraire d'anciens étudiants et étudiantes[2]. Tous ces mouvements vivent des déchirements et des conflits qui s'expliquent par des situations sociales, économiques et historiques contingentes. Or, malgré les origines sociales, les matrices culturelles, les lieux d'insertion géographique d'une extrême et complexe diversité, les histoires particulières de tous ces mouvements révèlent des régularités. Des conduites récurrentes se produisent. Des questions identiques surgissent — avec une obsédante régularité — dans les phases précises de chacune des guerres menées par chacun de ces mouvements. L'histoire produit des *invariants*. Tous les mouvements de libération nationale, anticoloniale et anti-impérialiste de ce dernier quart de siècle révèlent certaines caractéristiques communes. Je vais évoquer les principales.

I. *Aucune révolution n'est victorieuse si elle n'est conçue, mise en œuvre, par un mouvement qui non seulement mène une guerre de classes mais qui de plus, est porteur de l'aspiration à la libération nationale de tout un peuple.*

La *révolution bolchevique*, événement d'abord localisé, limité aux centres urbains de la Russie européenne, s'est transformée en mouvement de libération nationale au moment de la guerre civile et de la lutte menée par l'armée rouge contre les armées d'intervention anglaise et française. La milice ouvrière des usines de Saint-Pétersbourg et des dockers, ouvriers et marins de la base navale de Kronstadt[3], noyau premier de l'armée soviétique, avait arraché la victoire aux occupants du Palais d'hiver. Mais ce sont les centaines de milliers de paysans en armes, ralliés à la révolution par la réforme agraire, ainsi que les armées mongole, tcherkesse,

2. Il faut nuancer : malgré son origine citadine, intellectuelle, l'ORPA est l'organisation guérillera américaine qui la première réussit, grâce à un travail d'implantation, d'entraide, d'étude des langues autochtones, à constituer des unités composées exclusivement de paysans indiens. Cf. à ce sujet l'étude de Marta Harnecker dans la revue *Punto Final,* n° 198, décembre 1981, Mexico, p. 26 *sq.*

3. Ces derniers se révoltèrent contre le pouvoir bolchevique quatre ans plus tard, en 1921, et furent massacrés par les troupes commandées par Trotski.

turkmène, etc., mobilisées par Lénine grâce à l'habile promesse du droit à l'autodétermination des nationalités, qui ont assuré aux bolcheviques la victoire sur leurs adversaires et ouvert la voie à la transformation révolutionnaire de la société civile et de l'État.

La *Commune de Paris*, première révolution socialiste victorieuse de l'histoire, s'est d'abord constituée contre l'agresseur prussien. C'est parce que les Communards — patriotes refusant la défaite — se sont dressés contre l'occupant étranger et contre la capitulation bourgeoise qu'ils ont réussi à soulever le peuple de la capitale. La Commune de Paris fut dès lors le refuge de la dignité nationale, la vivante incarnation de la volonté de liberté de la France. La thèse que je viens d'évoquer a pu être aisément démontrée à l'aide d'un grand nombre d'exemples rencontrés tout au long de ce livre : les mouvements armés de libération guinéen, capverdien, angolais, mozambicain, sahraoui ne rencontrent, pour la transformation socialiste de la société, l'adhésion et le soutien de leurs peuples respectifs que parce qu'ils sont en même temps le fer de lance du combat contre l'occupant étranger.

De même, en Amérique caraïbe et centrale : le nationalisme révolutionnaire de Salvador Cayetano Carpio (FPL-Front Farabundo Marti de libération nationale du Salvador), Daniel Ortega (Front sandiniste du Nicaragua), Fidel Castro (Parti communiste cubain), Jim Bishop (New Jewel Party, Grenade) et de tant d'autres chefs révolutionnaires de cette zone de tempête ne résiste à l'anéantissement par le géant nord-américain que parce que — au-delà du projet socialiste dont il est porteur — il incarne la dignité collective et la volonté d'indépendance de tout un peuple.

II. A la différence des partis communistes africains[4], latino-américains et asiatiques, les mouvements de libération

4. Pour les relations complexes existant en Afrique entre partis communistes et mouvements de libération nationale, il faut signaler un cas particulier : le puissant Parti communiste sud-africain a été interdit en 1950. L'ANC en 1960. Les deux organisations désormais clandestines ont conclu une alliance. A titre individuel, certains

nationale sont, à leurs origines, des mouvements *pluriclassistes,* soit des mouvements qui tentent de réunir en leur sein le plus grand nombre possible de classes opprimées de la société coloniale ou néo-coloniale. L'unité des mouvements est d'abord une unité imposée de l'extérieur. C'est le commun ennemi qui la forge. En Afrique, l'ennemi le plus répandu, le plus efficacement unificateur est l'occupant colonial. En Amérique centrale, caraïbe et méridionale, ce sont les tyrannies autochtones, mises en place, soutenues par la métropole impérialiste nord-américaine et ses alliés européens. Sociologiquement, le mouvement de libération nationale est un *front de classes.* Toutes les classes opprimées n'entrent dans la lutte ni au même moment ni pour les mêmes motifs.

Prenons l'exemple de la bourgeoisie nationale : elle a de solides raisons d'affronter les sociétés multinationales, le capital étranger et les couches compradores. La bourgeoisie nationale vit d'abord une contradiction objective : elle se trouve en situation concurrentielle sur le marché intérieur avec le capital étranger. Ces sociétés étrangères et les intermédiaires locaux qui les servent réduisent ses propres profits. Il y a ensuite les contradictions subjectives : la bourgeoisie est porteuse de valeurs nationales, d'une identité historique autochtone. Elle subit une agression culturelle violente de la part de l'occupant étranger ou du tyran local. « *Somoza es un gringo* », me disait l'avocat nicaraguayen cité p. 164. En effet, Anastasio Somoza Garcia parlait l'espagnol avec un fort accent américain. Il incarnait, aux yeux de tous, et surtout des bourgeois autochtones héritiers des traditions de 1821, l'aliénation culturelle, l'antination, l'imitation abjecte de l'étranger, le colonisé soumis aux modes de vie de l'occupant. La même chose est vraie pour Fulgencio Batista à Cuba, pour Leonidas Trujillo en République dominicaine,

---

dirigeants et cadres communistes ont rejoint l'ANC. Le comité révolutionnaire de l'ANC — qui dirige la lutte armée — compte dix-huit membres dont sept sont des communistes, parmi lesquels des hommes aussi considérables que Joe Slovo (Slovo est un ancien grand avocat juif de Johannesburg, époux de Ruth First, assassinée le 17 août 1982 à Maputo).

pour Alfredo Stroessner au Paraguay, pour Jean-Claude Duvalier en Haïti, pour Marcos aux Philippines.

A quelques rares exceptions, la bourgeoisie nationale ne rejoint que tardivement le mouvement de libération anticoloniale ou anti-impérialiste. Elle tente souvent d'en prendre la direction. En Algérie, la première direction du FLN (celle née du Congrès de la Souma en 1956), puis plus nettement encore le gouvernement provisoire de 1961 ont été dominés par les nationalistes bourgeois. Ferhat Abbas, premier président du GPRA, a été pharmacien à Sétif ; Mohammed Lebjaoui, premier dirigeant de la Fédération de France, propriétaire de magasins au bazar d'Alger. Mais ce sont en majorité des paysans, ouvriers et prolétaires qui mènent au sein de l'armée de libération et de groupes d'actions urbains le combat contre les tortionnaires et les soldats de l'ennemi. Au Nicaragua, la bourgeoisie n'a intégré le Front sandiniste de libération nationale qu'après l'assassinat de son chef de file Pedro Joaquim Chamorro par les tueurs de Somoza, le 10 janvier 1978. Cette remarque n'enlève rien au courage physique, à la clairvoyance intellectuelle et à l'engagement anticolonial, anti-impérialiste, des nationalistes bourgeois.

Les plus lucides d'entre les bourgeois nationaux savent peut-être qu'à un stade ultérieur de la lutte la transformation du mouvement pluriclassiste en organisation de classes deviendra inévitable. Mais la plupart rejoignent le front en ignorant qu'une victoire de la lutte armée de libération risque de signifier — voire, signifie nécessairement — leur suppression en tant que classe privilégiée.

Les couches prolétaires — journaliers agricoles, ouvriers de l'industrie, etc. —, qui fournissent les troupes les plus nombreuses, entrent dans ce front pour d'autres raisons : elles se dressent contre la faim, la misère physique, l'exploitation de leur force de travail. Elles se révoltent contre les blessures, le désespoir, les humiliation personnelles directes dont elles souffrent, elles et leurs familles, jour après jour.

III. *Tout front de libération nationale est créé, conduit, par une avant-garde.* Comment définir cette avant-garde ? Ou plus concrètement : Qui donne naissance au front de classes ? Qui, le premier, prend l'initiative de la lutte armée ? Qui stimule, provoque, organise la révolte des masses, la canalise dans un courant structuré ? Qui compose l'avant-garde du mouvement armé de libération nationale ? En Amérique centrale, caraïbe et méridionale, il convient de distinguer deux périodes chronologiques.

Nous avons appelé « nationalistes révolutionnaires » la génération des jeunes combattants centraméricains qui est arrivée à la vie politique consciente au début des années soixante et qui a donné naissance aux principales organisations révolutionnaires du Guatemala, du Nicaragua, du Salvador. Les plus prestigieux d'entre leurs chefs sont des communistes convaincus, nationalistes intransigeants, disposant d'une solide formation marxiste, mais refusant toute subordination de leur combat de libération nationale, de révolution socialiste, à une quelconque rationalité globale du mouvement communiste international ou encore à une géo-stratégie — quelle qu'elle soit — formulée, mise en œuvre, par la Chine ou l'Union soviétique. Rappelons les exemples déjà cités de Carlos Fonseca, premier commandant en chef du Front sandiniste, mort au combat en 1976, qui avait été, avant 1961, un membre influent du Parti communiste du Nicaragua ; de Salvador Cayetano qui fut secrétaire à l'organisation du Parti communiste du Salvador jusqu'en 1970 et qui, en désaccord avec la majorité des militants de son parti, fit scission et fonda le Front de libération Farabundo Marti, ouvrant avec dix de ses camarades le premier front de guérilla dans les montagnes de Chalatenango[5].

Examinons maintenant la période précédente, celle qui va de la fin de la Seconde Guerre mondiale à 1960 : la génération des révolutionnaires latino-américains des années

5. Nous pourrions multiplier les exemples : Carlos Marighela, principal chef de la résistance armée contre la dictature des généraux brésiliens, assassiné par Sergio Fleury le 4 novembre 1969 à São Paulo, fut, avant sa dissidence, l'un des principaux dirigeants du Parti communiste brésilien.

cinquante est composée essentiellement de fils et filles de la bourgeoisie ayant rompu avec leur classe d'origine. Ce sont eux qui ont constitué les premiers réseaux de guérilla urbaine et les premiers maquis dans la montagne : au Guatemala en 1954, au Venezuela en 1957, à Cuba en 1956. Les débuts de la révolution cubaine fournissent à cet égard des enseignements instructifs : les organisateurs de l'attaque contre le complexe militaire de la Moncada à Santiago le 26 juillet 1953 — Fidel Castro Ruiz, Raul Castro Ruiz, Haydé et Abel Santamaria, Melba Hernandez, Celia Sanchez, Frank Pais — sont tous et toutes nés de la haute et moyenne bourgeoisie terrienne ou urbaine. Rappel : les frères Castro sont les fils d'un grand propriétaire terrien d'origine galicienne, planteur de canne à sucre de la province de l'Oriente. Celia Sanchez est née d'un père médecin ; Frank Pais est le fils d'un pasteur protestant, étudiant en théologie lui-même. Mais ils ne sont pas, à leur origine du moins, des communistes patriotes, des marxistes nationalistes comme leurs frères d'armes de la génération des années 1960-1980. Ils sont des idéalistes, des humanistes, se réclamant avant tout de José Marti, de Manuel Cespédès, non de Lénine ou de Marx. Révoltés par la souffrance, l'exploitation, la misère des masses populaires, ils s'identifient spontanément et de façon définitive à la cause des plus pauvres d'entre leurs compatriotes. Les écrits de Che Guevara, notamment, révèlent maints témoignages de cet *humanisme radical* qui est la motivation première, chronologiquement parlant, de ces jeunes bourgeois en rupture de classe. Exemple : à une citoyenne espagnole du nom de Guevara qui lui écrivait, après la chute de Batista en 1959, pour lui demander si elle n'était pas parente avec la famille Guevara de Rosario (Argentine), le Che répondit :

> Je ne sais pas si nous sommes parents. Mais si vous sentez comme moi une indignation irrépressible chaque fois que vous apprenez qu'un homme souffre, dans n'importe quelle région du monde, vous êtes comme moi : une révolutionnaire, et c'est beaucoup mieux !

Encore le Che :

> *Sentir cualquier injusticia cometida contra cualquiera en*
> *cualquier parte del mundo es la cualidad más belle de un*
> *revolucionario* [6].

En Afrique noire, la situation est différente à un double
titre : les avant-gardes des mouvements de libération africains
ont une origine de classe différente de celle des nationalistes
révolutionnaires d'Amérique méridionale, centrale et
caraïbe ; elles produisent une autre raison analytique que les
mouvements latino-américains. Analysons l'une après l'autre
ces deux différences.

1. L'origine de classe d'abord : en Angola, en Guinée-
Bissau, au Cap-Vert, au Mozambique, en Namibie, au
Zimbabwe, ce sont des hommes et (rarement) des femmes
issus de la toute petite bourgeoisie, née de l'acculturation
coloniale, qui les premiers se dressent contre l'occupant.
Cette classe intermédiaire n'existe qu'en Afrique, elle est
inconnue en Amérique latine. Son fonctionnement exige une
explication plus détaillée [7]. Une remarque d'histoire d'abord :
en Afrique noire, le système colonial crée lui-même la classe
des hommes et des femmes qui vont l'abattre. Pour régner,
l'oppresseur a besoin d'auxiliaires. Amilcar Cabral, fondateur
du PAIGC, écrit :

> Dès que la colonisation dure plus de deux ou trois
> générations, une nouvelle strate se forme dans la société
> dominée, c'est la strate des employés gouvernementaux,
> des employés du secteur privé (notamment du
> commerce), des membres des professions libérales, et
> d'un petit nombre de propriétaires terriens qui habitent

6. « Éprouver dans sa propre chair l'injustice commise contre
quiconque dans le monde est la plus belle qualité d'un révolutionnaire », in *Che Guevara*, textes réunis par Andrew Sinclair, Londres,
1970. Cf. aussi *Tiempo de Che, primer ensayo de cronologia*,
Barcelone, Cuadernos Anagrama, 1976.
7. J'ai tenté d'élaborer une analyse plus complète de ce processus
dans *Main basse sur l'Afrique, op. cit.*

la ville (*id est* : des agriculteurs vivant en milieu urbain).
Cette classe moyenne est créée par l'occupation étrangère. Elle est indispensable à l'occupant. Elle se situe
entre la grande masse anonyme des travailleurs de la
campagne et des villes, d'une part, et les quelques
représentants locaux de la classe dominante du centre,
de l'autre.

Cette classe est coupée du peuple dont elle est issue, sans
pour autant jouir du statut du maître [8]. Elle forme une
« classe moyenne inférieure africaine ». Séparée de l'ensemble des classes africaines, cette classe intermédiaire, mis à
part une infime minorité, est également rejetée par les
représentants des classes dominantes du centre vivant en
territoire colonial. Elle n'a pas, par elle-même, d'autre projet
collectif que celui de son ascension refusée. Bloquée, elle
« tourne sur elle-même » et « rumine » son échec. Deux
issues s'offrent à ceux qui en font partie : ils peuvent soit
rompre avec le système, soit devenir des « salauds » (se
joindre à l'occupant, épouser son projet et participer activement à la répression de leur propre peuple). Dans ce second
cas, les hommes et les femmes de la classe intermédiaire
deviennent des harkis, des agents, des provocateurs, des
indicateurs de police, ou, plus modestement, des « *désorienteurs* ». Comme policiers, soldats ou simples « désorienteurs », ils sont également utiles au colonisateur. Voici
comment un autre théoricien africain de la lutte armée —
Frantz Fanon — décrit la fonction, indispensable au régime
colonial, des « désorienteurs » :

> Dans les sociétés de type capitaliste, l'enseignement
> religieux ou laïc, la formation de réflexes moraux
> transmissibles de père en fils, l'honnêteté exemplaire
> d'ouvriers décorés après cinquante années de bons et
> loyaux services, l'amour encouragé de l'harmonie et de
> la sagesse, ces formes esthétiques de l'ordre établi créent

8. Au moment du déclenchement de la lutte armée (1963), 0,3 %
seulement de la population bénéficiait du statut d'assimilado, c'est-à-
dire d'une égalité de droits toute relative avec le colonisateur, en
Guinée-Bissau.

autour de l'exploité une atmosphère de soumission et
d'inhibition qui allège considérablement la tâche des
forces de l'ordre : dans les pays capitalistes, entre
l'exploité et le pouvoir s'interposent une multitude de
professeurs de morale, de conseillers, de désorienteurs [9].

Mais, mystère de la liberté humaine, au sein de cette toute
petite classe moyenne inférieure africaine, produite de toutes
pièces par l'impérialisme lui-même, un groupe se détache qui
refuse à la fois le projet de la mobilité verticale, de l'assimilation, et celui — né du dépit — de devenir un auxiliaire
conscient de la répression. Ce groupe quitte sa classe d'origine. La rupture est paradoxalement facilitée par une qualité
que ce groupe partage avec l'ensemble de sa classe : la
conscience de son propre pouvoir.

Ce pouvoir demande à être cerné. Il ne s'agit pas, en
premier lieu, d'un pouvoir de critique radicale. Ce n'est pas
parce qu'il prive l'oppresseur de quelques employés de
commerce ou de quelques ingénieurs agronomes (métier
d'origine d'Amilcar Cabral, par exemple), voire de quelques
policiers, que ce groupe affaiblit le régime. Son pouvoir est
autre : seule parmi toutes les classes autochtones, la classe
intermédiaire est en possession de l'instrumentalité technique, militaire, symbolique de l'occupant. Ses membres savent
analyser une situation économique globale, manier un fusil-
mitrailleur, lire une carte d'état-major, entrer en contact avec
des États étrangers, mobiliser le soutien international, se
servir des communications modernes et organiser un système
complexe de logistique. Ce pouvoir est donc avant tout celui
qui confère la maîtrise de l'instrumentalité occidentale. Mais,
quand je parle d'instrumentalité, je ne parle pas uniquement
de savoir technologique. L'instrumentalité acquise par ces
hommes et ces femmes ne se limite pas à un quelconque sous-
produit du machinisme ou à une simple scolastique de l'outil.

9. Frantz Fanon, *Les Damnés de la terre, op. cit.*, p. 31. Fanon est
un médecin martiniquais qui rejoignit le Front de libération nationale
d'Algérie. Il mourut en 1961 dans une clinique de Washington. Son
corps fut transféré en Afrique et enterré dans une zone libérée de
l'Est algérien.

Plus importantes encore sont la rupture épistémologique avec le système idéologique de l'oppresseur que cette avant-garde opère, les analyses inédites qu'elle seule est capable de formuler dans chaque séquence des rapports dialectiques, où les contradictions se creusent entre la répression de l'ennemi et les actes de résistance du mouvement de libération.

2. Il faut signaler ici une autre différence de situation radicale entre les avant-gardes latino-américaines contemporaines et l'avant-garde africaine : le *racisme* dont ils sont l'objet de la part des oppresseurs blancs joue un rôle capital pour les Africains. Le racisme joue par contre peu ou pas de rôle dans la motivation des révolutionnaires latino-américains. J'insiste : Amilcar Cabral, Aristides Pereira, Abilio Duarte sont, au début des combats, de jeunes intellectuels nourris de civilisation lusitanienne, habités par le refus de la discrimination raciale et possédant pour seul bagage politique une vague culture christiano-humaniste, glanée dans les revues françaises ou les cercles d'études semi-clandestins de Lisbonne. En Angola, la situation des jeunes poètes-combattants, regroupés autour de la revue *Mensagem,* qui fondent en décembre 1956 à Luanda le MPLA est identique à celle des fondateurs du PAIGC à Bissau : Mário de Andrade, Lúcio Lara, Vieira da Cruz, Agostinho Neto sont d'abord — on serait tenté de dire exclusivement — de jeunes Africains, métis ou noirs, habités par le désir brûlant de conquérir une identité, de se définir face aux Blancs. Ils ne supportent plus ni leurs propres contradictions, constamment masquées, ni leurs conflits d'assimilados, ni encore les mensonges et les masques qui sont la réalité quotidienne de leur vie de colonisés. Situation similaire au Mozambique : Samora Machel, paysan changana, n'admet pas que les pillards portugais — impunément et sous l'œil de l'armée — volent les vaches de son père. Il se révolte contre le racisme des marchands de grains libanais, indiens, portugais, grecs, rhodésiens qui truquent les balances, affament les villageois et maltraitent — avec l'aide du commissaire blanc de la police locale — quiconque ose protester contre leurs pratiques. Il rejoint les camps d'entraînement de Tanzanie, part pour

l'école militaire d'Alger, lutte, souffre pour conquérir son identité, sa dignité d'homme noir. Je le répète avec force : la lutte pour la conquête d'une identité propre, la revendication de l'être africain sont des moteurs puissants de tous les mouvements armés de libération nationale de la zone occidentale ou septentrionale du continent. On m'objectera que je néglige — en ce qui concerne les mouvements africains — par trop l'aspect proprement idéologique, l'aspect de classe. Une remarque : lors du II⁰ Congrès du Frelimo en 1977, Samora Machel revêt l'uniforme clinquant de maréchal, copié sur celui des maréchaux soviétiques, et proclame son adhésion indéfectible au marxisme-léninisme. Conversion miraculeuse d'un nationaliste mozambicain, profondément ancré dans les traditions culturelles de son peuple, en un marxiste-léniniste convaincu ? Nullement. C'est la politique d'alliance de son mouvement avec l'Union soviétique — alliance imposée par des circonstances contraignantes — qui est responsable de l'adoption du modèle soviétique du parti unique, du parti d'État et de son idéologie, de ses rites, par le Frelimo.

Regardons le Zimbabwe : Robert Mugabe a suivi un chemin voisin de celui de Samora. Instituteur shona, brimé, emprisonné, puis exilé au Ghana, revenu au pays et de nouveau emprisonné, Mugabe rejoint les camps des réfugiés rhodésiens du Mozambique. C'est un homme à la personnalité complexe, au caractère bien trempé et à l'intelligence aiguë qui arrive au centre d'accueil du Haut Commissariat des Nations unies pour les réfugiés à Gaza, au sud du Mozambique. De savants commentateurs ont longuement glosé sur le type original de « marxisme » professé par Mugabe, sur les choix douloureux qu'il aurait faits face au schisme du monde communiste [10]. Mugabe s'est allié aux Chinois. C'est vrai. Ses guérilleros ont été formés par des instructeurs venus de Pékin. Les officiers de son armée — la ZIPRA — ont en majorité été entraînés à l'académie militaire de Nankin. Est-ce parce que le « marxiste » Mugabe avait fait une analyse

---

10. Cf. notamment David Smith, Colin Simpson, Ivan Davies, *Mugabe*, Londres, Ed. Sphere Books Ltd, 1981.

« maoïste » et non point « social-réformiste » de la situation de son pays qu'il s'est rapproché des Chinois ? La raison pourrait être plus simple : induits en erreur par le travail de recherche et de conseil notoirement insuffisant fourni par l'Institut d'études africaines de leur Comité central, les communistes soviétiques avaient choisi de fournir des armes lourdes, leur appui diplomatique et beaucoup d'argent au chef de l'ethnie matabele, *Josué Nkomo*. Or, les Matabele — ayant régné pendant des siècles et jusqu'en 1923 sur les plateaux et les plaines de l'actuel Zimbabwe et de toutes les terres qui vont des rives sud du Zambèze jusqu'aux hauts plateaux du Transvaal — étaient les oppresseurs impitoyables, les ennemis ancestraux des Mashona[11]. Les Impi matabele — guerriers professionnels au service des chefs claniques, exerçant la toute-puissance sur les hommes, les bêtes, les plantes — sont aujourd'hui encore la terreur des rêves d'enfants mashona. Le « marxisme prochinois » de Mugabe ? Un habillage verbal d'une conviction patriotique, elle-même profondément ancrée dans l'identité shona, qui, pour se réaliser face aux Blancs, avait besoin de l'appui solide de la seule puissance capable de le fournir : la Chine.

IV. Les fronts pluriclassistes génèrent, du fait même de leur composition sociale hétéroclite, dès leurs origines, de nombreux et dangereux conflits. Je ne rappelle ici qu'un seul : celui qui opposait les dirigeants du PAIGC de Guinée-Bissau à nombre de commandants militaires lors du Congrès de Cassaca du 13 au 17 février 1964. Des commandants d'unités de la guérilla d'origine balante avaient lâché des porcs dans les mosquées des villages fula pour ridiculiser les croyances musulmanes. Ces villages fula étaient pourtant acquis au PAIGC. Mais les commandants balante étaient animistes. Et leurs parents, cousins, frères avaient souffert des administrateurs musulmans nommés par les Portugais. Autre exemple : à Cassaca furent arrêtés et jugés des combattants qui avaient prôné et mis en œuvre une violence

---

11. Mashona est le pluriel de Shona.

élémentaire. Ils avaient dit aux paysans : « Toutes nos
souffrances viennent des Blancs... Pour nous en libérer, une
seule solution : tuons tous les Blancs ! » Ces commandants
avaient torturé puis assassiné des prisonniers blancs qui leur
avaient été confiés par le PAIGC et des commerçants
européens qu'ils avaient arrêtés de leur propre chef. Autre
exemple encore : à côté des commandants racistes d'unités de
guérilla — hommes souvent courageux et habiles au combat
—, certains commandants étaient marqués par la superstition
religieuse. Ceux-ci se promenaient chargés d'amulettes. Au
lieu d'obéir aux ordres de la direction du PAIGC et des
organes investis par le Congrès, ils orientaient leurs décisions
stratégiques et tactiques selon les mystères divinatoires
qu'exécutaient, à leur demande, les prêtres de l'iran. Ils
passaient à l'attaque d'un poste portugais, dressaient une
embuscade ou déplaçaient leur troupe selon les indications
des prêtres et non selon les ordres donnés par la direction du
PAIGC.

Les conflits qui naissent du caractère *pluriclassiste* du front
de libération sont communs, récurrents, pratiquement pour
tous les mouvements que nous avons analysés au cours de ce
livre. Pour autant que la guerre dure, que le mouvement
résiste, s'amplifie et progresse, les débats entre classes qui le
composent s'intensifient. Des scissions ont lieu. La guerre de
libération se transforme en guerre de classes. Ce processus
peut être long : au Mozambique, par exemple, au sein des
zones libérées, l'affrontement des classes autochtones
commença en 1968. Mais ce ne fut que le IIe Congrès du parti
en 1977 qui formalisa la victoire de la ligne dite « de gauche ».
Parfois même, comme ce fut le cas en Angola et en Érythrée,
une guerre civile s'installe au sein même de la guerre de
résistance nationale contre l'occupant. Autre invariant :
quelle que soit l'intensité des contradictions de classe qui
habitent le mouvement de libération, la lutte des classes ne
commence en son sein qu'à un stade avancé de la guerre et
plus particulièrement au moment où se pose le problème des
rapports nouveaux entre classes *autochtones* dans les zones
libérées.

Nous l'avons vu : en Europe, une guerre de libération

nationale a pu être victorieuse sans qu'une révolution socialiste s'ensuivît : la résistance nationale française contre l'occupant nazi fut victorieuse, l'indépendance de l'État et de la nation français fut restaurée par de Gaulle et les résistants en août 1944, mais la révolution tant attendue par de nombreux combattants (FFI comme FTP) n'eut pas lieu. La situation est différente en Amérique latine, en Asie, en Afrique : un mouvement armé de libération nationale qui n'opère pas, à un stade déterminé de son histoire, la transmutation de la guerre nationale en une guerre populaire prolongée, qui refuse d'organiser en son sein de nouvelles relations entre classes, de nouveaux rapports de production, de nouvelles structures de propriété (de la terre, des moyens de production) va invariablement vers sa propre défaite. De son combat naîtra non pas une nation indépendante, souveraine et libre, mais une *protonation,* un État néo-colonial, une économie compradore qui ne pourront s'opposer efficacement ni au retour offensif de l'ancienne puissance coloniale ni à l'agression par une quelconque autre puissance impérialiste qui rôde dans le tiers monde.

V. *La victoire du mouvement armé de libération nationale naît d'un soulèvement.* Qu'est-ce qu'un soulèvement ? A quel moment se produit-il ? Quelles sont les contradictions qu'il charrie ? De quelles circonstances, de quels conflits naît-il ? Le soulèvement populaire est le moment aigu de la lutte de classes. Il détruit tous les liens sociaux antérieurs. Les révoltés quittent le terrain commun du raisonnement, du conflit et de sa gestion. L'édifice social vole en éclats, comme soulevé par un coup de grisou aux mille énergies enfin libérées. Tout accord pratique entre classes est rompu. Mais attention ! Les chefs du soulèvement, les acteurs ont chacun une histoire : ils sont d'un parti, d'un syndicat, d'une Église, d'un cercle politique, etc. Leurs univers respectifs contiennent chacun une vision pratique et théorique de la révolution. Chaque acteur possède d'abord une vision spécifique. Il formule des plans d'action, tente d'imposer une direction au mouvement, l'investit d'espérances, de calculs, d'intimes convictions, de

projets multiples. Or, le soulèvement populaire fond, liqué-
fie, brasse et mélange l'ensemble de ces projets, de ces
volontés parcellaires. Le soulèvement est comme un torrent
qui traverse la ville et détruit les fondements des immeubles
apparemment les plus solides. Il impose à tous une vision
nouvelle. Le soulèvement populaire fait naître, à sa source, ce
qui est son secret le plus intime : *la libération de la créativité
collective des masses.* La première spécificité du soulèvement
comme mouvement social *sui generis* est sa *radicalité.* Ce
soulèvement populaire ne se termine que de deux façons
possibles : par l'écrasement des insurgés ou par celui de leurs
ennemis. Aucune négociation n'a jamais terminé un soulèvement. Les avant-gardes elles-mêmes qui ont pris l'initiative
d'organiser la lutte sont emportées dans le torrent et doivent,
pour conserver les postes de commandement, continuellement adapter leurs analyses en prenant à leur compte les
exigences formulées par les masses, quitte à les freiner, à les
canaliser dans des stratégies possibles. François Mitterrand :
« Quand les inégalités, les injustices, les retards d'une société
dépassent la mesure, il n'y a pas d'ordre établi, pour répressif
qu'il soit, qui puisse résister au *soulèvement de la vie*[12]. » Il est
difficile de donner du « soulèvement de la vie » une définition
conceptuelle précise. Son essence, je le répète, est l'imprévisible créativité des masses, l'infinie variété des actes indivi-
duels et collectifs qui s'inventent au fur et à mesure que le
mouvement vient au monde. En d'autres termes : un soulèvement ne se définit qu'historiquement.

De Spartacus au Ier siècle avant notre ère à Thomas Münzer
au XVIe siècle, des Hussites tchèques du XVe siècle aux paysans
bernois du XVIIe, l'histoire porte témoignage de ces irruptions
imprévues, volcaniques — jamais totalement maîtrisées par la
pensée analytique des acteurs —, des soulèvements populaires dans la trame ordinaire de la lutte progressive des
classes. L'histoire des hommes est jalonnée de soulèvements
écrasés, dont les fossés noirs défigurent le paysage de
plusieurs continents. Si le soulèvement échappe au raisonne-

---

12. François Mitterrand, *Discours au monument aux morts de la
révolution mexicaine,* 20 octobre 1981, *op. cit.,* p. 22.

ment prospectif des révolutionnaires, il résiste également à la conceptualisation après coup, tentée par les historiens et les sociologues. La théorie que Marx formule par rapport aux « jacqueries » paysannes de l'Europe germanique du xvie siècle reste profondément insatisfaisante et ne rend vraiment compte ni de leur radicale originalité historique ni de leurs multiples significations. A mon avis, il en va de même du maître livre d'Ernst Bloch [13] consacré à Thomas Münzer et au soulèvement de Westphalie, et, plus proche de nous, du livre d'Eric Wolf consacré aux soulèvements des paysans du Mexique, de la Russie, de la Chine, d'Algérie et du Vietnam [14].

VI. Oliver Cromwell, le chef de la révolution bourgeoise et républicaine anglaise du xviie siècle, dit ceci : « Que m'importe que, de dix citoyens, neuf me détestent, si le dixième m'aime et qu'il est armé ! » Le cynisme de Cromwell est à mille lieues de la vision du monde de révolutionnaires comme Marcelino dos Santos, Amilcar Cabral ou Tomas Borge.

La lutte armée est le moteur de tout mouvement de libération nationale. Mais, pour les nationalistes révolutionnaires du tiers monde, la violence n'est pas ce qu'on pourrait appeler une « option ontologique ». Pratiquement tous les mouvements connaissent, à leurs débuts, une phase où leurs dirigeants, souvent désespérément — nous l'avons vu notamment avec l'exemple d'Eduardo Mondlane et du Frelimo —, cherchent le dialogue avec le colonisateur et retardent jusqu'à l'extrême limite le déclenchement de la guerre. Ils ne se résignent généralement qu'après de longues hésitations à soumettre leur peuple à l'épreuve du feu. Qu'on me comprenne bien : c'est grâce à et à travers la lutte armée que surgissent à la conscience du peuple les questions fondamentales que pose la domination coloniale ou impérialiste. Ces

13. Ernst Bloch, *Thomas Münzer, Théologien de la révolution,* traduit de l'allemand par Maurice Gandillac, Julliard, 1975 ; cf. aussi : Joël Lefebvre, *Écrits théologiques et politiques de Thomas Münzer,* Presses universitaires de Lyon, 1982.
14. Eric Wolf, *Les Guerres paysannes du xxe siècle, op. cit.*

questions, les réponses qui leur sont apportées façonnent le visage du mouvement, lui impriment ses traits distinctifs, indélébiles. Mais les nationalistes révolutionnaires du tiers monde ne sont les disciples ni d'Oliver Cromwell, ni de Friedrich Nietzsche, ni d'Ernst Jünger : ils ne glorifient pas la violence virile ou l'affirmation de soi par le fusil. Ils redoutent au contraire la violence et les forces incontrôlées qu'elle libère. Ils ont horreur de toute déviation militariste. Chacun des mouvements armés de libération nationale analysés dans ce livre investit une bonne partie de son énergie à assurer le contrôle des unités militaires par les commissaires politiques. Le rôle des commissaires politiques est capital au Frelimo, au MPLA, au PAIGC. Ils accompagnent, contrôlent chaque unité de guérilla. Toujours et partout, la parole tente de commander aux fusils, les civils aux militaires. La prééminence des congrès démocratiques et des instances politiques qui y puisent leur légitimité sur la hiérarchie militaire de l'armée de libération est affirmée avec force et constance par tous les mouvements armés de libération nationale du tiers monde. Les déviations militaristes sont d'ailleurs rares. Lorsqu'elles se produisent, comme pour le FLNC (Front de libération nationale du Congo) de Nathanaël M'Bumba en 1979, par exemple, elles signifient généralement la fin du mouvement et la défaite de son projet.

Pour les nationalistes révolutionnaires du tiers monde, la violence dont ils sont forcés d'user — comme malgré eux — est d'abord une *violence d'autodéfense*. Elle s'oppose à la violence d'agression, à la violence structurelle du colonisateur, de l'oppresseur impérialiste ou de ses satrapes locaux. Les combattants de la guérilla sont avant tout des « *instituteurs armés* » (Amilcar Cabral). Ils portent *une arme à contrecœur,* par mesure défensive d'abord. Leur but premier, c'est-à-dire le but assigné à la première phase de leur lutte, n'est pas de tuer l'adversaire. Leur but premier est d'instruire les colonisés, d'unir les ethnies, de forger une conscience nouvelle, trans-ethnique, transrégionale, potentiellement nationale et qui, dans une deuxième phase de la lutte, permettra la mobilisation aussi large, aussi profonde que possible de tout le peuple. Dans un même ordre d'idées, la guérilla s'assigne le but de la « *récupération* » *du soldat ennemi*, de sa rééducation, de sa conversion aux valeurs nouvelles de fraternité, de liberté nationale. Pratiquement tous les mouvements de libération d'Afrique (mais aussi d'Amérique latine) appliquent une consigne impérative : désarmer si possible le soldat ennemi, lui donner une instruction politique et l'intégrer ensuite dans la lutte du peuple. Cette attitude peut aller très loin. Je rappelle un exemple [15] : après la victoire du Front sandiniste de libération nationale (FSLN), un des hommes les plus torturés de tout le Nicaragua, le commandant Tomas Borge, fut appelé à décider du sort de l'homme qui l'avait mutilé. Borge refusa de le condamner à mort. Motif : « Notre vengeance est le pardon. »

La violence de l'armée nationale de libération est donc d'abord et avant tout une violence d'autodéfense, de riposte organisée contre l'agression ouverte ou latente du colonisateur ou du tyran local au service de l'étranger.

Pour les mouvements de libération du tiers monde, la violence possède une autre fonction encore : *le fusil sépare et intègre à la fois.* « *A bala traça justiça* » (la balle apporte la justice), dit un mot d'ordre du Frelimo. La violence fixe les contours du mouvement. Elle sanctionne la violence des principes qui sont au fondement du mouvement, élimine les traîtres, prévient l'infiltration et impose un ordre aux populations repliées dans les zones libérées.

A partir d'une certaine phase avancée de la guerre de libération, la population opprimée se scinde en deux camps : il y a les femmes, les hommes, les adolescents qui soutiennent la lutte armée des maquis, les réseaux urbains de guérilla, le combat civil des organisations de masses : ce sont les nationalistes révolutionnaires, les patriotes. Et puis il y a tous les autres, ceux qui hésitent, qui doutent, qui nient l'efficacité du combat. Ennemis, eux aussi, de l'ordre établi, ils se cantonnent dans une opposition purement verbale. Peu importe, dans ce second cas, la violence de leurs discours anticoloniaux, anti-impérialistes. Peu importe la vigueur de leur

15. Cf. p. 147.

profession de foi « révolutionnaire ». Ils sont de l'autre côté, ils aident l'ennemi. Volontairement ou non, ils deviennent les agents des oppresseurs. Rappelons un exemple : celui du Parti communiste bolivien et de son refus d'appuyer la guérilla de Che Guevara. Durant les années 1966-1967, la direction prosoviétique du parti installée à La Praz couvrait d'affiches les murs de la ville. Elle soumettait la dictature militaire du général Barrientos à une critique impitoyable. A cette époque, toute résistance civile, syndicale, parlementaire, journalistique était devenue impossible en Bolivie. Malgré cela, le Parti communiste bolivien refusait obstinément la seule critique qui, dans cette situation bloquée, eût été réellement efficace : celle qu'exprimaient les armes. Par sa trahison, il vouait littéralement à la mort Che Guevara et les combattants luttant dans la région de Camiri[16].

Autres exemples : au Nicaragua, le Parti communiste n'a jamais rejoint la lutte armée des sandinistes. Au Salvador, la lutte armée, commencée en 1970, ne bénéficie de l'appui du Parti communiste que depuis 1980. Une situation plus équivoque prévaut aujourd'hui au Guatemala : certains des militants du Parti guatémaltèque du travail (PGT) agissent dans la « légalité », d'autres animent un maquis PGT dans le nord-est du pays.

VII. *Tout mouvement armé de libération nationale est porteur d'une espérance qui dépasse les revendications précises, conjoncturelles, contingentes donc « nationales », formulées par un peuple déterminé.*

Isaïah Berlin, parlant des Polonais insurgés au XVIIIe siècle contre la tyrannie tsariste, écrit :

> Rousseau — la voix la plus convaincante de la révolte générale — disait aux Polonais de résister aux Russes en

16. A cause, notamment, de la trahison du Parti communiste bolivien, la guérilla, encerclée, privée du soutien urbain, souffrit la défaite. Le Che, gravement blessé, fut assassiné par un officier bolivien dans la salle de l'école du village d'Higueras, le 8 octobre 1967.

restant fidèles à leurs coutumes, en refusant de se
conformer aux façons de l'ennemi et de se laisser
assimiler par lui. Leur revendication à *l'humanité universelle* était, en ce temps-là, incarnée dans leur résistance.
Il y avait quelque chose d'identique dans le comportement des populistes russes du XIXᵉ siècle. On retrouve la
même conduite chez les opprimés des colonies, ces
groupes ethniques qui se sentent humiliés et pour qui le
nationalisme représente le moyen d'un retour à la
liberté, le moyen de redresser enfin la tête, *leur revanche
d'hommes insultés* [17].

Le Russe Nikolaï Tcherychevski publiait en 1861, dans le
périodique clandestin *Velikoruss*, un programme révolutionnaire qui associait l'abolition du servage en Russie à la
libération nationale de la Pologne et à la promulgation d'une
Constitution russe. Il ne pouvait selon lui se produire de
rupture partielle du despotisme.

Déjà, en 1831, les patriotes polonais insurgés proclamaient
à l'adresse du peuple russe le slogan célèbre : « Pour notre et
votre liberté [18]. »

Chaque lutte victorieuse contre le colonialisme et l'impérialisme revêt une fonction, assume une signification qui dépassent le champ géographique, historique « national », dans
lequel elle s'enracine. Elle déborde ce champ de deux façons,
diachroniquement et *synchroniquement*. Examinons d'abord
la dimension diachronique : le triomphe d'un seul mouvement résume tous les combats précédents, venge tous les
martyrs tombés et transforme en victoires toutes les batailles
perdues.

Fidel Castro, à l'aube de la guerre révolutionnaire de 1956 :

> *Hemos de pensar que no estamos*
> *Defendiendo aquello*
> *Por lo cual*
> *Cayeron miles de nuestros compañeros,*

17. Isaïah Berlin, « The Bent Twig. A Note on Nationalism »,
dans la revue *Foreign Affairs*, vol. I, n° 1, p. 29 *sq.*
18. Cité par Claudio-Sergio Ingerflom, « La vitalité de l'histoire
immobile », in *Le Monde* du 16.4.1982.

> *Sino aquello por cual cayeron*
> *Cientos de miles de Cubanos*
> *A lo largo de cien años* [19].

Quant aux révolutionnaires du Nicaragua, pourtant profondément patriotes, ils aiment à citer ce poème de Neruda :

> *El combatiente*
> *No tiene patria*
> *Porque es hijo*
> *De la piedra* [20].

Voici maintenant la dimension synchronique : la victoire sur l'ennemi remportée dans un seul pays, sur un seul front, affaiblit cet ennemi sur tous les fronts, dans tous les pays. Rien n'est plus violent que l'espérance. Et la victoire d'un unique peuple sur son oppresseur fait se lever dans tous les peuples opprimés une immense espérance. Lorsqu'un seul esclave se dresse, lutte, vainc ou meurt, tous les esclaves sentent grandir leur force. Comme le dit Nazim Hikmet : « Tous alors se mettent à marcher dans leur tête. » Leur résistance augmente, leur force croît, les ruisseaux deviennent un torrent et le torrent se transforme en fleuve. Les Nicaraguayens héritent du Vietnam et les combattants du Salvador s'inspirent de la victoire des sandinistes. Si demain le peuple insurgé du Salvador triomphait de ses oppresseurs

---

19. « Nous devons penser
  Que nous ne défendons pas aujourd'hui ce pourquoi
  Sont morts des milliers de nos camarades,
  Mais ce pourquoi sont morts
  Des centaines de milliers de Cubains
  Tout au long des cent ans passés »
(texte d'une affiche apposée au musée de la Granja-Siboney, à Santiago ; trad. J. Z.).

20. « Le combattant
  N'a pas de patrie,
  Il est fils
  De la pierre »
(Pablo Neruda, *Canto general, op. cit.*).
Dans le *Canto general*, la pierre symbolise l'élément le plus *permament*, le plus *commun* de toutes les terres, îles et montagnes de l'Amérique latine.

(armés, financés par les États-Unis), les résistants du Guatemala, qui luttent contre les mêmes ennemis, verraient leur horizon s'éclaircir, leur espérance croître et leur volonté de lutte décupler.

Au-delà des conséquences psychologiques que nous venons d'évoquer, la victoire des nationalistes révolutionnaires dans un seul pays produit d'autres conséquences, plus contingentes, dans les pays opprimés d'une même région. L'État-nation indépendant créé par des insurgés victorieux devient une arrière-base militaire, sanitaire, logistique, diplomatique indispensable pour les armées de libération et les maquis des pays alentour. L'existence ou l'inexistence de telles bases peut décider de la vie ou de la mort d'un mouvement armé de libération nationale. Je cite deux exemples antinomiques : le Fretilin de Timor-Oriental est en train d'être massacré par l'armée indonésienne ; le front ne dispose pas d'arrière-bases ni de bases de repli. Timor-Oriental est une presqu'île aux dimensions réduites. Timor-Occidental et la mer, qui entoure tout l'archipel, se trouvent sous la domination exclusive de l'Indonésie[21]. L'armée nationale de libération de l'Algérie

21. Le Fretilin (Front de Timor-Est pour la libération nationale), dont il n'a pas encore été question jusqu'ici dans ce livre, est le principal mouvement armé de libération nationale de Timor-Oriental. Timor-Oriental est un territoire d'une superficie totale d'environ 19 000 km^2 situé à l'extrémité orientale de l'archipel. Sa population, d'environ 700 000 personnes, appartient majoritairement aux ethnies mélanésiennes et malaises avec une forte minorité chinoise. Les Portugais débarquèrent sur le territoire en 1515. En 1640, le territoire devint colonie lusitanienne. En 1859, la Hollande, qui dominait la partie occidentale de l'archipel, signa un accord avec Lisbonne pour fixer les frontières terrestres entre Timor-Oriental, portugais, et Timor-Occidental, hollandais. En 1952, l'Indonésie, ex-colonie hollandaise, dont faisait partie Timor-Occidental, devint indépendante. En 1959, une insurrection populaire armée à Timor-Oriental fut noyée dans le sang : des centaines de survivants furent fusillés par les soldats portugais, d'autres milliers furent déportés vers les colonies portugaises d'Angola, du Mozambique et de Guinée-Bissau. 25 avril 1974 : le régime fasciste est renversé à Lisbonne. Le nouveau gouvernement reconnaît le droit à l'indépendance de Timor-Oriental. Le 28 novembre 1975, le Fretilin proclame la république démocratique de Timor-Est. Celle-ci est immédiatement reconnue par quatorze États dont la Chine, le Mozambique, l'Angola, la Corée du Nord. Le

(ANL), par contre, disposait de 1954 à 1962 de bases arrière au Maroc et en Tunisie. Cette armée fut victorieuse.

Autres conséquences : la guerre populaire victorieuse d'un seul mouvement produit des connaissances stratégiques, tactiques, diplomatiques, politiques essentielles pour tous les autres mouvements de lutte. Ces connaissances se diffusent par l'engagement concret et successif dans plusieurs luttes de combattants internationalistes. Exemple : après la victoire acquise à Managua, plusieurs guérilleros sandinistes sont partis, à titre personnel, continuer la lutte dans d'autres pays d'Amérique centrale. Autre exemple : douze des plus importants commandants de la révolution cubaine ont combattu et sont morts avec le Che en Bolivie entre 1966 et 1967. Leurs noms sont gravés sur le monument des combattants internationalistes à Trinidad (Cuba).

VIII. Le but du mouvement armé de libération nationale du tiers monde est la création d'une nation indépendante, forte et durable. Isaïah Berlin utilise, pour caractériser les combattants des mouvements armés de libération nationale, une surprenante formule : il dit d'eux qu'ils sont des « *kantiens armés* [22] ». Les combattants sont habités par un *impératif catégorique*. Autrement dit : la nation nouvelle naît de l'*effort catégorique*, de l'exigence de justice que met en œuvre une avant-garde décidée à venger l'humiliation, à briser la domination dont est victime son peuple. La construction nationale

---

7 décembre, les troupes indonésiennes débarquent et prennent la capitale Dili. Lisbonne rompt ses relations avec Djakarta. L'armée indonésienne pratique le génocide : devant la résistance de la population, elle met le blocus maritime et terrestre autour du territoire. Environ 140 000 personnes meurent de faim. Aujourd'hui, les guérilleros du Fretilin continuent — de façon sporadique — leur lutte de résistance dans les montagnes du centre de Timor-Oriental. Le dossier le plus complet établi sur la guerre de libération nationale du peuple de Timor-Oriental et le génocide dont est victime ce peuple fut établi par la session du Tribunal permanent des peuples, Lisbonne, 19-21 juin 1981, et publié par la revue *Três continentes,* n° 12, Lisbonne, 1981.

22. Isaïah Berlin, « The Bent Twig... », art. cité.

s'ouvre sur un horizon lointain. Étant donné l'ordre du monde actuel, elle sera achevée lorsque la société civile, l'État qu'elle génère auront rompu complètement avec les déterminismes du marché capitaliste mondial. Ou, en d'autres termes, la nation existera le jour où le peuple qu'elle incarne sera l'unique source de sa propre souveraineté, le maître de ses choix : économiques, politiques, idéologiques.

Le concept d'*impératif catégorique* a été forgé par Emmanuel Kant au XVIIIe siècle. Ce concept revêt une signification précise : *catégorique* s'oppose à l'adjectif *hypothétique*. Un acte catégorique est un acte qui ne souffre aucune contestation, aucune discussion, aucune interrogation. Une affirmation catégorique ne permet pas de doute : elle est inconditionnelle. Elle est inspirée par une conviction intime, indiscutable, absolue[23].

Je ne fais ici qu'effleurer le vaste et complexe débat que suscite l'action de l'*impératif catégorique* tel qu'il est défini par Kant. Utilisé dans le contexte d'une analyse des mouvements armés de libération nationale du tiers monde, ce concept kantien exigerait une critique approfondie. Je ne peux pas l'entreprendre ici. Pour la critique nuancée du concept kantien, je renvoie à Régis Debray[24].

Un fait d'histoire : pratiquement tous les mouvements armés de libération nationale du tiers monde refusent la création de fronts régionaux ou continentaux. Les résolutions de la Conférence tricontinentale de solidarité entre les peuples d'Afrique, d'Asie, d'Amérique latine (La Havane, janvier 1966) sont restées lettre morte. Les actions de combattants internationalistes comme celles de Che Guevara, de Victor Tirado, de Farabundo Marti constituent des exceptions qui confirment la règle. L'attitude « nationaliste » de la plupart des dirigeants des mouvements armés de libération de la périphérie est dictée par le réalisme et par l'exacte connaissance des forces limitées de leurs peuples respectifs. Il serait absurde d'accuser de « chauvinisme » des révolution-

23. Emmanuel Kant, *Kritik der reinen Vernunft*, Berlin, Verlag Gruyter, 1973.
24. Régis Debray, *Critique de la raison politique*, Gallimard, « Bibliothèque des Idées », 1981, p. 176 *sq.*

naires profondément solidaires de tous les combats anti-impérialistes de tous les peuples du monde tels Béchir Sayed El Ouali, Amilcar Cabral, Aristides Pereira, Agostinho Neto, Marcelino dos Santos, Tomas Borge ou Aquino de Bragança. Je le répète : leur attitude est dictée par le réalisme et non par une quelconque étroitesse d'esprit ou un improbable chauvinisme petit-bourgeois [25].

De violents débats ont eu lieu à ce sujet au sein de nombreux mouvements révolutionnaires. Je n'en cite que deux.

En 1958 eut lieu à Accra la VIe Conférence panafricaine. C'était la première conférence panafricaine à se tenir sur le continent et dans un pays noir libéré (indépendance du Ghana : 1957). Pratiquement tous les mouvements en lutte contre l'oppression coloniale y étaient représentés. Kwame N'Krumah, initiateur et président de la conférence, exigea la constitution immédiate d'un front de lutte continental, d'un commandement unique et l'élaboration d'une stratégie militaire commune à l'ensemble des mouvements armés. Marcelino dos Santos, Amilcar Cabral, Aquino de Bragança affrontèrent N'Krumah. Ils refusèrent pour leurs organisations respectives une quelconque soumission à un commandement continental et à une stratégie intégrée [26].

---

25. Ce respect des frontières coloniales par les mouvements armés de libération va parfois très loin. Rappelons l'exemple cité p. 434 *sq.* des Sahraouis. Une insurrection populaire eut lieu en 1958 dans les territoires sahariens colonisés par l'Espagne (Seguiet El-Hamra, Rio de Oro). L'armée française, mobilisée contre l'insurrection populaire en Algérie voisine, vint en aide à l'Espagne. Les résistants sahraouis furent écrasés par les bombardiers français. Le général Franco, chef d'État espagnol, céda la portion septentrionale de sa colonie saharienne au Maroc (allié à la France) en guise de reconnaissance. Dès le départ de l'Espagne et dès l'invasion marocaine du territoire sahraoui, le mouvement armé de libération, le Polisario, commença sa guerre de résistance. Or, jusqu'à ce jour (1984), le Polisario ne revendique comme territoire d'État que le territoire sous contrôle espagnol en 1975 (accord de Madrid). Il renonce à revendiquer la partie nord de son pays.

26. Une exception cependant : la constitution du CONCP (Conférence des organisations nationalistes des colonies portugaises), le 18 avril 1961 à Casablanca. Les révolutionnaires africains, indiens,

L'autre exemple : dans la deuxième moitié de 1964, Che Guevara se rendit à Dar es-Salaam. Il y rencontra les principaux cadres du Frelimo. Guevara était en train d'établir, aidé d'environ deux cents combattants cubains et maquisards lumumbistes, une base de guérilla dans les montagnes de Fizzi-Baraka[27], à l'est du lac Tanganyka, au Nord-Katanga. Ce front de la guérilla était destiné à barrer la route aux mercenaires européens et américains, à l'armée nationale congolaise et aux anciens gendarmes katangais qui se trouvaient tous alors sous le commandement du Premier ministre du gouvernement central, Moïse Tschombé[28]. Après l'assassinat de Lumumba le 17 janvier 1961 et l'échec du gouverne-

etc., originaires des territoires dominés par le Portugal se regroupaient en une organisation faîtière chargée de coordonner la préparation de leur lutte diplomatique et de leur combat armé. Le premier secrétaire général en fut Marcelino dos Santos, auquel succéda à Alger, en 1962, Aquino de Bragança. Le CONCP fut d'abord soutenu, en argent et en armes, par Mohammed V, roi du Maroc, puis, dès 1962, par le gouvernement Ben Bella.

27. Le choix de la région de Fizzi-Baraka témoigne de la justesse objective des analyses stratégiques de Guevara. Depuis 1965, tous les mouvements armés de résistance contre la dictature de Mobutu avaient été écrasés. Seul a survécu le maquis du *Parti de la révolution populaire* (PRP), dirigé par *Laurent Kabila*. Une société paysanne égalitaire, organisée en coopératives et comportant plusieurs milliers de familles, a été érigée dans cette zone. Elle est protégée par une armée de guérilla où se retrouvent de jeunes combattants baluba, originaires du Nord-Katanga, et des vétérans de l'insurrection de 1964-1965 originaires de toutes les régions du Zaïre. Kabila lui-même avait commandé en 1964-1965 les insurgés sur le front du Katanga. Or, la zone libérée tenue par le PRP et couvrant plus de 11 000 km² est pratiquement la même que celle qu'avait choisie Guevara pour y ériger sa base de guérilla.

28. Moïse Tschombé a une longue histoire de trahisons : élu chef du gouvernement de la province du Katanga le 30 juin 1960, il était l'ennemi juré de Lumumba, à l'époque Premier ministre du Congo indépendant. Il proclama la sécession du Katanga le 12 juillet de la même année. Soutenu par l'Union minière du Haut-Katanga, des officiers belges et des mercenaires blancs, Tschombé défia les troupes des Nations Unies. La guerre de sécession prit fin avec l'entrée des Gurkhas indiens, soutenus par des unités éthiopienne et ghanéenne, à Lubumbashi et la fuite en Espagne de Tschombé, d'où il fut rappelé par la coalition des puissances occidentales pour prendre la direction du gouvernement central du Congo.

ment Adoula, Tschombé avait été lui-même placé à la tête du gouvernement central par une coalition de puissances composée des États-Unis, de la France et de la Belgique[29]. L'insurrection lumumbiste de l'est et du centre du Congo de 1964-1965 était soutenue en armes, argent et experts militaires par plusieurs puissances progressistes du continent et notamment par l'Égypte de Nasser et l'Algérie de Ben Bella. Guevara concevait la base de Fizzi-Baraka comme une base de départ pour une future guerre continentale de libération, dirigée contre les colonies portugaises (Angola, Mozambique), anglaise (Rhodésie du Sud) et plus tard l'Afrique du Sud. Il demanda donc aux dirigeants du Frelimo de se joindre à lui et de dépêcher dans les montagnes du Nord-Katanga des unités de l'armée de libération du Mozambique. Malgré l'admiration et l'affection que les militants mozambicains portaient (et portent encore) à la personne du Che, ils refusèrent, au cours de débats orageux, l'envoi de combattants du Congo.

IX. Nous sommes ici confrontés à un paradoxe : tout mouvement armé de libération nationale porte en lui une signification universelle, une dimension matérielle et symbolique qui dépassent de très loin le destin « national » d'un peuple particulier. La lutte augmente la justice universelle exigible et transforme les consciences de tous[30]. Chaque coup

---

29. Je dois, sur la seconde révolte lumumbiste (1964-1965), des informations et analyses intéressantes à Lakhtar Brahimi qui avait été, en tant qu'ambassadeur algérien au Caire, l'un des principaux artisans du système logistique international des insurgés. Lakhtar Brahimi est en 1983 conseiller à la présidence de la République, à Alger. Je lui dois une vive reconnaissance.

30. La lutte d'un peuple du tiers monde transforme les consciences non seulement dans le tiers monde mais également en Europe, aux États-Unis et dans les autres centres industriels. De nombreux comités de soutien, de nombreuses associations d'amitié avec tel ou tel mouvement armé de libération nationale du tiers monde existant en Europe occidentale ou aux États-Unis jouent pour les luttes anticoloniales, anti-impérialistes, de la périphérie un rôle historique capital. La victoire du peuple vietnamien sur le corps expéditionnaire américain et le régime comprador de Saigon était aidée par l'insurrection des consciences aux États-Unis. C'est en grande partie

porté à une puissance impérialiste, ennemie des droits de l'homme, affaiblit tous les impérialismes et améliore les conditions des combats présents et futurs. Mais en même temps, et quelques exceptions mises à part, les combattants de la guerre anti-impérialiste, anticoloniale, choisissent, pour mener leur lutte, un territoire aux frontières étroites et jamais transgressées. Au moment du déclenchement de la lutte, pendant toute la durée de celle-ci et durant une longue période de construction nationale suivant la victoire sur l'occupant, tous ces hommes « limitent » leur combat à ce territoire. Ils refusent les fronts continentaux.

J'ajoute une remarque d'ordre historique : les mouvements armés de libération nationale du tiers monde rompent radicalement avec l'idéologie et la pratique internationalistes telles qu'elles ont été appliquées, pendant des générations, par le mouvement ouvrier international d'expression socialiste ou communiste. Pendant toute la période allant de la fondation de la *Première Internationale ouvrière* par Marx en 1864 au *Congrès colonial de la Deuxième Internationale à Stuttgart*, en 1907, le mouvement ouvrier international prônait son hostilité à l'État-nation, sa volonté d'abolir les frontières, sa détermination de créer un front de classe anti-impérialiste, anticapitaliste transnational de tous les travailleurs. Pendant toute cette époque, qui a correspondu d'ailleurs à la période de la plus forte expansion du colonialisme européen en Afrique, en Asie, en Amérique latine, le mouvement ouvrier international s'est assigné comme fondamentale tâche historique le dépassement des nationalismes. Ceux-ci étaient considérés par lui comme des chimères nées des idéologies bourgeoises, destinées à diviser les travailleurs, à les détourner de leur vraie tâche : l'instauration de la « République mondiale des Égaux ».

---

l'action des comités de soutien prosandinistes aux États-Unis qui, au printemps 1979, força le président Carter à renoncer à son projet d'envoyer au Nicaragua une force d'intervention interaméricaine. Aujourd'hui, la prise de conscience anti-impérialiste de vastes secteurs des opinions publiques américaine et européenne semble essentielle pour la possible victoire du Front Farabundo Marti du Salvador.

Mais les fondateurs de la Première Internationale ouvrière, comme ceux de la Deuxième, *ne parlaient pas de la même nation* que Samora Machel, Tomas Borge, Salvador Cayetano, Mário de Andrade ou Nelson Mandela. Ou plutôt, ils n'avaient pas la même expérience de la nation qu'eux. Dans la France de 1789, l'abolition des droits et des privilèges féodaux et l'exigence de plus de justice et de liberté, la volonté de construire une nation d'hommes égaux et libres avaient fait surgir dans toutes les classes la volonté de lutter. Mais l'affirmation commune des principes révolutionnaires d'égalité, de liberté, de fraternité fut contredite par l'appropriation bourgeoise de la révolution. La classe bourgeoise confisqua en effet le processus révolutionnaire à son profit, tout en consolidant la nation qu'elle dirigea désormais. Elle réussit à opérer un amalgame entre sa propre idéologie de classe et l'idéologie nationale. Elle intégra à sa propre idéologie bourgeoise les valeurs de solidarité, d'égalité, de partage, de réciprocité qui étaient à l'origine de la nation et qui étaient perçues comme des valeurs par toutes les classes. La bourgeoisie en fit l'ornement formel de l'exercice autocratique de son pouvoir.

L'incompréhension opposée par les internationalistes du mouvement ouvrier des pays industrialisés à la volonté de construction nationale, d'indépendance et de souveraineté étatiques des nationalistes révolutionnaires du tiers monde — pire : la fréquente assimilation de ces désirs à des tentatives réactionnaires d'instauration d'États xénophobes, ethnocentristes — provoque dans l'histoire des peuples colonisés des conséquences dramatiques : le mouvement ouvrier mondial, dans sa majorité, reste incapable d'apprécier la dimension réelle des luttes anticoloniales, anti-impérialistes du tiers monde qu'il prive ainsi de son soutien et de sa solidarité.

« *Les intérêts des peuples ne peuvent s'opposer* », dit Elias Farah [31]. Aristides Pereira, actuel président de la république

---

31. Elias Farah, *La Patrie arabe,* Bagdad, Éditions en langues étrangères, 1979. Elias Farah est, avec Michel Aflak, le fondateur du *Parti de l'unité arabe,* parti Baas.

des îles du Cap-Vert, lui fait écho. Je me souviens de notre dernière discussion au palais du gouvernement bâti sur un rocher de basalte noir, surplombant une baie aux eaux tumultueuses d'un vert profond et sombre. En nous raccompagnant à la porte, les yeux souriants sous une couronne de cheveux blancs, Aristides dit : « N'oubliez jamais ! La meilleure contribution que nous pourrons fournir à la lutte des peuples du tiers monde contre l'impérialisme et au combat de libération des travailleurs européens, c'est de construire ici, chez nous, une nation indépendante, forte et libre. »

Face à la violence de la structure devenue universelle du marché capitaliste mondial, face à la monopolisation rapidement croissante du capital financier entre les mains d'une oligarchie transnationale toujours plus puissante, face enfin à l'incessante extension de l'empire des sociétés multinationales bancaires, commerciales, industrielles, la *multiplication des états nationaux* constitue pour les peuples de la périphérie — mais aussi pour les travailleurs du centre — une ultime chance de dignité et de liberté. Seules des nations réellement souveraines, représentant les aspirations, les rêves, les besoins des classes autrefois les plus humiliées du peuple, sont aujourd'hui capables de résister à l'agression idéologique, matérielle, des sociétés industrielles, financières, multinationales et des raisons d'État qui les servent. Elles seules peuvent empêcher sur leur territoire la confiscation de la force de travail et des richesses du sol par le capital étranger. Ces nations constituent aujourd'hui des bastions d'indépendance, de liberté, de résistance contre l'asservissement des hommes, leur aliénation, leur réduction à la pure fonctionnalité productiviste par la rationalité universellement triomphante de la marchandise.

Dans des circonstances historiques où l'ennemi des peuples paraît plus puissant que jamais auparavant, les avant-gardes des mouvements armés de libération nationale du tiers monde et les nations nées de leurs luttes tentent de mettre en œuvre les principes de liberté, d'égalité, d'autosuffisance et d'autonomie qui accompagnent, tel un désir toujours brimé, toute l'histoire sanglante du monde. Mesure-t-on ici, en Europe, le courage qu'il faut à une paysanne maya pour rejoindre une communauté chrétienne de base ou un syndicat agricole, aujourd'hui, au Guatemala[32]. Apprécie-t-on la force de caractère requise, pour des nationalistes révolutionnaires du Salvador tombés entre les mains de l'organisation Orden, pour résister à la torture scientifique, appliquée par des spécialistes venus de Buenos Aires ou de Washington? La volonté de sacrifice et la résistance dont témoignent les prisonniers du pénitencier La Libertad à Montevideo et les internes des camps en Syrie, en Israël, en Argentine, au Zaïre, en Indonésie, en Afghanistan sont autant de preuves de l'invincibilité de l'esprit humain.

Comme le dit Ernst Bloch : tout homme qui se sacrifie pour un autre, qui donne sa vie pour une cause qui le dépasse et qui vise à la libération de tous les hommes produit une « théorie ». Ce terme est ici pris dans le sens étymologique que lui donne Bloch : du grec *theorama,* vision de la totalité, vision de Dieu. Les exigences de dignité, de liberté et de justice qui sont au fondement de toute l'histoire des hommes — de leurs combats, de leurs victoires, de leurs défaites — s'incarnent aujourd'hui d'une façon particulièrement évidente dans les luttes des nationalistes révolutionnaires du tiers monde.

Leurs sacrifices sont une manifestation de ce « *désir du tout autre* », de cet homme total à venir dont parle Bloch[33]. En cette fin du xxᵉ siècle, les mouvements armés de libération nationale du tiers monde et les nations souveraines qui naissent de leurs combats incarnent le désir de liberté, de bonheur de l'humanité tout entière.

Otto René Castillo, poète guatémaltèque arrêté en 1967, torturé puis assassiné, dit cet espoir :

> Comprenez, alors, la pauvreté de
> mon pays,
> et ma douleur et l'angoisse de tous.
> Quand je dis : Pain !

32. Je signale le récit de la paysanne guatémaltèque *Rigoberta Menchu,* recueilli par Elisabeth Burgos, traduit par Sylvia Roubaud et publié par *Le Nouvel Observateur,* nº 911, 1982, p. 58 *sq.*
33. Ernst Bloch, *Der Geist der Utopie,* Berlin, Cassierer Verlag, 1923, p. 335 *sq.*

ils me disent :
Tais-toi !
et quand je dis : Liberté !
ils me disent :
Meurs !

Mais je ne me tais pas et je ne
meurs pas, je vis
et
je lutte. Et cela rend fous tous
ceux qui dirigent
dans mon pays.
Parce que je vis,
je lutte,
et si je lutte,
je contribue à l'aurore
d'un nouveau jour.

Et de cette manière naît
la victoire même au creux.
des heures les plus amères[34].

34. Traduction et publication faites par le bulletin du Comité
Alberto Fuentes Mohr pour la défense des droits de l'homme au
Guatemala, case postale 290, Genève, 13.

Questions de bibliographie
et de sources

1. Introduction [1]

> Savoir c'est souffrir. Et nous sûmes :
> chaque nouvelle sortie de l'ombre
> nous donna la souffrance néces-
> [saire :
> cette rumeur en vérités se trans-
> [forma,
> la lumière envahit la porte obscure,
> et les douleurs se modifièrent.
> La vérité devint la vie dans cette
> [mort.
> Le sac du silence était lourd.

1. Les mouvements armés de libération nationale, leurs victoires, leurs défaites, les États qu'ils créent ne font l'objet que d'un nombre très restreint d'enquêtes et d'analyses.

Pourquoi ? Plusieurs raisons expliquent cette carence. La première : un nombre relativement grand de mouvements armés de libération du tiers monde s'enracinent dans des sociétés ancestrales à tradition orale ; créateurs de systèmes symboliques puissants et profondément originaux, ils déposent peu ou ne laissent pas de traces écrites ; tel est notamment le cas du Polisario des Sahraouis du Sahara occidental, mais aussi de la ZANU, organisation combattante du peuple shona du Zimbabwe.

La seconde : d'autres mouvements insurrectionnels populaires d'Amérique latine et d'Afrique sont dirigés par des ressortissants des couches autochtones acculturées. Ces dirigeants produisent une littérature souvent brillante mais qui tient compte essentiellement des impératifs de la lutte : je veux dire qu'elle sert avant tout à la mobilisation des combattants et du peuple qui les soutient, à l'explication vers l'extérieur des raisons du combat. Elle est faite d'appels et de manifestes, de procès-verbaux de conférences et de réunions, d'ordres du jour, de discours de dirigeants — rarement de grandes analyses totalisantes, destinées à prendre place dans les bibliographies sociologiques internationales.

On saignait à se soulever :
les pierres du passé y étaient si
[nombreuses.

Pourtant le jour fut lumineux,
avec un couteau d'or il ouvrit
[l'ombre,
la discussion entra, elle roula
comme une roue sur la lumière resti-
[tuée
jusqu'au pôle du territoire.

Et les épis ont couronné
la magnitude du soleil, son énergie :
et de nouveau le camarade a
[répondu
à la question du camarade.
Et ce chemin qui durement se four-
[voyait
avec la vérité redevint le chemin[2].

Dans deux discours célèbres prononcés en 1919 devant les étudiants de Heidelberg pris dans la tourmente de l'effondrement du régime impérial allemand (publiés en France dans une traduction de Julien Freund, préfacés par Raymond Aron, sous le titre *Le Savant et le Politique,* Plon, 1953 ; UGE, coll. « 10/18 », dernière éd., 1982), *Max Weber* institue la distinction, généralement admise par la sociologie contemporaine, entre la pensée *idéologique* et la pensée *scientifique.* L'idéologie requiert une adhésion par conviction et discipline ; elle obéit à une morale de l'efficacité. La création scientifique, par contre, s'inspire d'une morale de l'objectivité. Elle s'impose par l'évidence. Pour Weber, seule la pensée scientifique crée l'adéquation maximale du concept à l'objet. Elle seule produit une connaissance objective du monde, bref : la « vérité ». Je récuse cette distinction radicale pour les raisons que j'ai exposées dans un ouvrage précédent, *Retournez les fusils ! Manuel de sociologie d'opposition* (Éd. du Seuil, coll. « Points Politique », 1981, p. 67). Le producteur de science comme celui d'idéologie est un être social, habité par des idées, qui n'a quelque chance de penser correctement son objet qu'en saisissant en même temps les conditions sociales et idéologiques dans lesquelles il le pense.

La présente bibliographie privilégie la parole des combattants. Les hommes et les femmes en lutte n'ont guère le loisir de mener de

2. Pablo Neruda, *Mémorial de l'île noire, op. cit.*

longues enquêtes scientifiques, de se retirer temporairement de la guerre, de mettre une distance entre leur pensée et leur action, bref, d'objectiver leur pratique. Lorsqu'ils écrivent, ils le font pour mobiliser un village, corriger par un ordre du jour des pratiques néfastes de telle ou telle unité de guérilla, répondre enfin, devant l'opinion publique mondiale, à tel ou tel mensonge de l'ennemi. Dans l'optique wébérienne, leur parole est donc une parole avant tout « idéologique ». Or, leurs textes ont une qualité que ne possède aucun des ouvrages scientifiques produits par des universitaires : leur justesse ou leur erreur se vérifient dans et par la lutte ; si l'analyse de la situation, l'ordre de mission, l'appel à la mobilisation rédigés par l'insurgé partent de présupposés empiriques erronés, l'insurrection échoue. Le critère de vérité est ici la victoire ou la défaite du mouvement. L'auteur du tiers monde paie de sa mort — et de celle de ses compagnons — l'erreur d'analyse qu'il commet, un risque rarement encouru par le sociologue universitaire d'Europe des années quatre-vingt auquel ne s'impose aucun souci de rentabilité sociale et que n'affecte aucune sanction.

De plus, les textes produits par les auteurs combattants du tiers monde révèlent une beauté poétique, une richesse d'interprétations symboliques que seuls sont capables de créer des hommes, des femmes qui risquent leur vie pour que naisse une société plus libre, plus humaine, plus juste.

Les révolutionnaires de l'ORPA (Organisation révolutionnaire du peuple en armes) du Guatemala aiment citer ce vers de Machado :

> *Caminante, no hay camino,*
> *El camino se hace al andar* [3]

Le monde se découvre dans et par la lutte. Tout savoir véritable est un *savoir « initiatique »*, un savoir de la pratique.

Il me faut dire un mot sur la place que prennent, dans mon livre, les documents écrits. Ou plus précisément : sur les conditions matérielles concrètes qui ont présidé à l'élaboration de mon livre. Je rappelle cette remarque de l'avant-propos : la grande majorité des nouveaux États et la quasi-totalité des mouvements armés de libération nationale du tiers monde ne possèdent pas — comme c'est le cas pour les États industriels d'Europe ou d'Amérique septentrionale, par exemple — d'archives qui renseignent sur leur genèse, leur devenir

---

3. « Homme qui marche, tu ne connais pas le chemin ; ce chemin, tu le découvriras en marchant. »

ou les multiples problèmes qui déterminent leur lutte. Le contact personnel avec les hommes, les femmes, qui sont (étaient) les dirigeants, les acteurs de la guerre nationale révolutionnaire, les longs entretiens avec eux, la visite sur place des régions où cette guerre s'était déroulée (ou se déroule encore) ont été pour moi d'une importance décisive.

Ce livre n'aurait donc pas pu être écrit sans l'aide amicale, constante, généreuse, la disponibilité, l'hospitalité de nombre de gouvernements du tiers monde et de dirigeants actuels ou anciens de mouvements armés de libération nationale. Les sources qui nourrissent mon livre sont ainsi avant tout des sources orales, l'étude des documents écrits ne jouant qu'un rôle relativement mineur.

Les indications bibliographiques qui vont suivre ne sont pas exhaustives. Elles n'énumèrent pas non plus tous les documents — livres, articles, appels, ordres du jour, procès-verbaux de réunion, etc. — cités dans le livre. Il existe des bibliographies remarquables et des anthologies. A titre d'exemple, je n'en cite que trois :

Georges Abi Saab, dans son cours prononcé en 1979 à l'Académie de Droit international de La Haye, intitulé *Wars of National Liberation in the Geneva Conventions and Protocols* (publié dans le recueil des cours, vol. 165, disponible chez Martinus Nijoff Publishers, La Haye), donne une bibliographie excellente qui tient surtout compte du statut juridique international des mouvements armés de libération nationale du tiers monde.

Victor Isac, collaborateur de *Curt Gasteyger*, au *programme d'études stratégiques et de sécurité internationale* à l'*Institut universitaire des hautes études internationales de Genève*, établit une bibliographie étendue dressant l'inventaire des principaux ouvrages anglo-saxons disponibles à l'IUHEI.

Gérard Chaliand publie, sous le titre : *Stratégies de la guérilla, une anthologie historique, 1930-1975*, une collection de programmes, d'appels, d'analyses issus de ou portant sur des mouvements armés de libération nationale (Éd. Mazarine, 1979).

Les indications bibliographiques données ci-après ont un double but :

1. Tout ouvrage scientifique — donc aussi le mien — véhicule des références théoriques, méthodologiques *implicites*. Je veux en indiquer les principales.

2. Je tire des enquêtes que je mène des conclusions théoriques qui me sont propres et que je crois utiles à l'intelligence du monde, à la conduite de la lutte. Je n'ai pas l'arrogance de croire que mes

conclusions théoriques sont nécessairement partagées par le lecteur. Les indications bibliographiques doivent lui permettre de contester, de dépasser ces conclusions par une lecture complémentaire critique.

2. *Éléments de lecture dans le domaine théorique*

Toute vision du monde procède de présupposés axiomatiques irréductibles qui se fondent dans une subjectivité qui, elle-même, se nourrit d'évidences empiriques, d'intuitions, de sensations, bref, de toute une vie contingente, conjoncturelle, personnelle. Dans l'arbitraire division occidentale du savoir conceptuel, ma vision du monde se rapproche de celle des auteurs de l'école matérialiste et dialectique. Voici quelques-uns de ces auteurs :

Adorno (Theodor), *Negative Dialektik*, Suhrkamp, Verlag, 1970.
Bloch (Ernst), *Geist der Utopie*, Berlin, Cassierer, Verlag, 1923.
— *Le Principe espérance*, vol. I et II, trad. fr. Françoise Wuilmart, Gallimard, « Bibliothèque de philosophie », 1976 et 1982.
Bourdieu (Pierre), *Esquisse d'une théorie de la pratique*, Droz, 1972.
Debray (Régis), *Critique de la raison politique*, Gallimard, « Bibliothèque de philosophie », 1981.
Feuerbach (Ludwig), *Manifestes philosophiques, textes 1839-1845*, trad. fr. Louis Althusser, PUF, 2ᵉ éd., 1973.
Horkheimer (Max), Adorno (Theodor), *La Dialectique de la raison*, Gallimard, « Bibliothèque des idées », 1974.
Lukàcs (Georg), *Histoire et Conscience de classe*. Éd. de Minuit, 1960.
Sartre (Jean-Paul), *Critique de la raison dialectique*, Gallimard, « Bibliothèque des idées », 1960.
Schroyer (Trent), *Critique de la domination, Origines et Développement de la théorie critique*, trad. fr. Jacques Debouzy, Payot, 1980.

3. *Éléments de lecture sur les mouvements armés de libération nationale d'Amérique latine*

Lorsque dans ce livre nous parlons des révolutionnaires nationalistes d'Amérique latine, nous privilégions l'analyse de la théorie et de la pratique des combattants salvadoriens, guatémaltèques, sandinistes et, dans une moindre mesure, cubains. Depuis la victoire du 12 juillet 1979, le Front sandiniste de libération nationale, plus précisément son département d'Orientation nationale, édite ou réédite systématiquement tous les textes importants nés de la première et de la deuxième guerre de libération. Deux revues documentaires, *Patria libre* et *Nicaragua* (publiées par le ministère de la Culture), animent le débat théorique. Les révolutionnaires salvadoriens, dont l'organisation faîtière est le Front démocratique révolutionnaire-Front de libération nationale Farabundo Marti, produisent, eux aussi, une littérature relativement abondante. Le FDR-FLNFM entretient en Europe et en Amérique un réseau de représentants qui mettent à la disposition des personnes intéressées des analyses de situation ; les recherches sur la nouvelle société naissante et les zones libérées ; des textes militaires et des ouvrages historiques. La situation bibliographique est plus compliquée au Guatemala qui, pourtant, abrite le mouvement armé de libération nationale le plus ancien du continent (la lutte s'y poursuit sans interruption depuis 1954). L'UNRG (Union nationale révolutionnaire guatémaltèque), organisation faîtière des quatre principaux mouvements de guérilla, ne date que de 1982. Elle est chargée de la publication, de la diffusion des documents de la révolution. Plusieurs très bonnes revues existent, dont, notamment, la revue théorique *Coyuntura* (apartado 174, Montes de Oca 2070, San José, Costa Rica).

Toute révolution, aussi éloignée qu'elle soit des centres de culture occidentale, trouve dans ces centres ses défenseurs, ses exégètes. Ce que *Gabriel Garcia Marquez* et *Julio Cortazar* furent pour la révolution du *Nicaragua, Régis Debray* pour la révolution *cubaine, Marta Harnecker* l'est aujourd'hui pour celle du *Guatemala*. Marta Harnecker, philosophe formée à l'école de *Louis Althusser*, chilienne d'origine, mariée à un responsable cubain, est particulièrement proche de l'UNRG.

Une majorité des révolutionnaires nationalistes d'Amérique latine — de l'Argentine jusqu'au Guatemala — entretiennent des rapports intellectuels intenses avec la révolution cubaine. Or, après vingt-quatre ans de pouvoir révolutionnaire, *Cuba* possède un système universitaire puissant, coiffé par *l'Académie des sciences* ; un réseau étendu de centres de recherche, liés soit au Comité central du Parti communiste, soit à l'Académie des sciences ; des dizaines de maisons d'édition dont la très vivante *Casa de las Américas*, des revues théoriques où les nationalistes révolutionnaires latino-américains s'expriment fréquemment, s'affrontent, mènent leurs débats. Il faut enfin citer — dans la région centraméricaine — une institution particulière : l'*Université d'Amérique centrale de San José de Costa Rica*, dont la maison d'édition (les *éditions Educa*) ont publié, diffusé, fait connaître au cours des vingt dernières années à des générations de jeunes combattants les textes fondamentaux d'*Augusto Cesar Sandino, Lazaro Cardenas, Farabundo Marti, Jacobo Arbenz* ou *Ernesto Cardenal.*

Voici quelques éléments bibliographiques sur la lutte armée de libération nationale en Amérique latine et les sociétés autochtones qui sont les matrices de ces luttes :

Acosta (José de), *Histoire naturelle et morale des Indes occidentales,* Payot, 1979.

Amnesty International, *Les « Disparus »*, *Rapport sur une nouvelle technique de répression,* Éd. du Seuil, coll. « Points Politique », 1981.
— *Guatemala, un programme gouvernemental d'assassinats politiques,* Éd. francophones d'Amnesty International, février 1981.
— *Guatemala, Massive Extrajudicial Executions in Rural Areas under the Government of General Efrain Rios Montt,* Londres, juillet 1982.

Asturias (Miguel Angel), *Monsieur le Président,* trad. fr. Georges Pillement et Dorita Nouhaud, Albin Michel, 1976.

Aujar (L.) *et al., Dal critianismo sociale al cristianismo rivoluzionario,* Milan, Feltrinelli, 1972.

Bandeira (Moniz), *Brizola e o trabalhismo,* Rio de Janeiro, Ed. Civilização brasileira, 1979.

Barnet (Miguel), *Esclave à Cuba, Bibliographie d'un cimarron, du colonialisme à l'indépendance,* trad. fr. Claude Couffon, Gallimard, coll. « Témoins », 1967.

Barreto (Pablo Emilio), *El Repliegue de Managua a Masaya,* Mexico, Editorial Cartago, coll. « Testimonios », 1980.

Bastide (Roger), *Les Religions afro-brésiliennes,* PUF, 1960.
— *Les Amériques noires, les Civilisations africaines dans le Nouveau Monde,* « Petite Bibliothèque Payot », 1967.

Bodra (Marco Aurelio), *Cabo Anselmo, a luta armada ferida por dentro,* São Paulo, Global Editora, coll. « Passado e Presente », 1981.

Buarque (Sergio C.), *Diálogo ou confronto, América latina e a nova ordem económica internacional, debate de Canela sobre o relatório Brandt,* Rio de Janeiro, Ed. Paz e Terra, 1980.

Buhrer (Jean-Claude) et Levenson (C.), *Le Guatemala et ses Populations,* Bruxelles, Éd. Complexes, 1980.

Cabrera (Lydia), *Anaforuana, ritual y símbolos de la iniciación en la sociedad secreta Abakua,* Madrid, Ed. Librería Orbe, 1975.

— *Abakua*, Madrid, Ed. Librería Orbe, 1976.

Caillois (Roger), *L'Homme et le Sacré*, Gallimard, coll. « Idées », 1963.

Cardenal (Ernesto), *Psaumes*, trad. fr. Bessière-Sacchi, Éd. du Cerf, 1970.

Cardoso (Miriam Limoeiro), *La ideología dominante*, Mexico, Ed. Siglo xxi, coll. « Brasil-América », 1975.

Caroit (Jean-Michel) et Soulé (Véronique), *Le Nicaragua, le Modèle sandiniste*, Éd. du Sycomore, 1981.

Castro (Fidel), *L'histoire m'absoudra*. La Havane, Éd. des Sciences sociales, 1975 (version française).

— *Rapport du Comité central du Parti communiste de Cuba au Premier Congrès*, présenté par le Premier secrétaire du Parti communiste de Cuba, édité par le département d'Orientation révolutionnaire du Comité central du Parti communiste de Cuba, La Havane, 1977, version française.

Dallas (E. C.), *Historia de los cimarrones*, La Havane, Casa de las Américas, coll. « Nuestros paises », série « Estudios », 1980.

Debray (Régis), *Révolution dans la révolution, Lutte armée et Lutte politique en Amérique latine*, Maspero, 1963.

— *La Critique des armes*, Vol. I et II, Éd du Seuil, coll. « L'histoire immédiate », 1974.

— *Journal d'un petit-bourgeois entre deux feux et quatre murs*, Éd. du Seuil, 1976.

Dumont (René) et Mottin (Marie-France), *Le Mal-développement en Amérique latine*, Éd. du Seuil, coll. « L'histoire immédiate », 1980.

Erdozain (Placidio) et Barth (Maurice), *Salvador*, Khartala, 1982.

Escobar (José Benito), *Ideario sandinista*, série « Pensamiento sandinista », éditée par le secrétariat de propagande et d'éducation politique du FSLN, Managua, 1980.

Fon (António Carlos), *Tortura, a história da repressão política no Brasil*, São Paulo, Global Editora, 1979.

Formiconi (S.), *Nicaragua, la speranza nuova*, Assisi, Ed. Citadella, 1980.

Galeano (Eduardo), *Les Veines ouvertes de l'Amérique latine*, Plon, coll. « Terre humaine », 1981.

Garcia Marquez (Gabriel), *Los Sandinistas*, Bogotá, Ed. La Oveja Negra, 1979.

Gomara (Francisco Lopez de), *Cortes, The Life of the Conqueror by His Secretary*, Lesley Byrd Simpson, Ed. University of California Press, San Francisco, 1965.

Guevara (Che), *Écrits I, Souvenirs de la guerre révolutionnaire*, avant-propos de Robert Merle, Maspero, coll. « Cahiers libres », 1967.

— *Journal de Bolivie*, introduction de Fidel Castro, Maspero, coll. « Cahiers libres », 1968.

Herbert (Jean-Loup), Blocker (Carlos), Quan (Julio), *Indianité et Lutte de classe*, trad. fr. Carmen Elianne Benbanaste, UGE, coll. « 10/18 », 1977.

Herbert (Jean-Loup) et Blocker (Carlos), *Guatemala, una interpretación historico-social*, Mexico, Ed. Siglo XXI, 1970.

Institute for policy studies, Resource, *Background Information on El Salvador and US Military to Central America*, préparé par Cynthia Arnson, 1982 (1901, Que Street, N. W. Washington, DC).

Instituto latino-americano de desenvolvimento económico e social, *Dívida externa e estratégia brasileira de desenvolvimento*, Rio de Janeiro, coll. « ILDES », 1980.

Jacques (André) *et al.*, *Nicaragua, la Victoire d'un peuple*. L'Harmattan, 1979.

Jaulin (Robert), *La Paix blanche*, Éd. du Seuil, coll. « Combats », 1970.

Kotscho (Ricardo), *O Massacre dos posseiros, conflito de terras no Araguaia-Tocantins*, Brasilia, Editora brasiliense, 1981.

Lacoste (Yves), *Unité et Diversité du tiers monde*, Maspero, 1980 : vol. I, *Des représentations planétaires aux stratégies sur le terrain ;* vol. II, *Vallées désertes, Deltas surpeuplés et Asie tropicale ;* vol. III, *Foyers révolutionnaires dans les montagnes d'Amérique latine et d'Afrique du Nord.*

Le Riverend (Julio), *Ferando Ortiz*, La Havane, coll. « Orbita », 1973.

— *La República*, La Havane, Éd. des Sciences sociales, 1975.

Macaulay (Neil), *A Coluna Prestes*, Rio de Janeiro, Éd. Difel, 1977.

Marti (José), *Obras completas*, 19 vol., La Havane, Instituta cubano del libro, 1980.

Martinez (Ana Guadalupe), *El Salvador : une femme du front de libération parle*, Éd. des femmes, 1981.

Martins (Edilson), *Nós do Araguaia*, Rio de Janeiro, Ed. Graal, 1979.

Mencia (Mario), *La Prisión fecunda*, La Havane, Editoria politica, 1980.

Menezes (Clarice Melamed), Sarti (Ingrid), *Conclat 1981, a melhor expressão do movimento sindical brasileiro*, Rio de Janeiro, coll, « ILDES », 1981.

Milett (Richard), *Guardianes de la dinastía, historia de la guardia* nacional de Nicaragua creada por los Estados-Unidos y de la familia Somoza, San José de Costa Rica, Educa, coll. « Seis », 1979.

Miranda (Oldack) et José (Emiliano), *Lamarca, o capitão da guerrilha*, São Paulo, Global Editora, coll. « Passado e Presente », 7ᵉ éd., 1980.

Mirow (Kurt Rudolf), *Condenados ao sub-desenvolvimento, a ditadura dos cartéis*, vol. II, Rio de Janeiro, Ed. Civilização brasileir, 3ᵉ éd., 1978.

Moore (Carlos), *Cuba castriste et l'Afrique noire, 1959-1979, les Fondements ethno-stratégiques d'une politique étrangère interventionniste*, 2 vol. ; notamment vol. 1 : *Le castrisme et l'Afrique intérieure : calculs ethniques et visées stratégiques dans la projection africaine du régime révolutionnaire cubain (1959-1963)*, thèse de doctorat d'État sous la direction de Robert Jaulin, polycopiée, université de Paris VII.

Nunez (Jorge), *Walker, les États-Unis contre l'Amérique centrale*, édité par l'Université centrale de l'Équateur et l'Association des historiens latino-américains et caraïbes, Quito, 1982. Édité en français.

Nunez (Orlando), Lopez (Julio), Chamorro (Fernando) *et al.*, *La caida del somozismo y la lucha sandinista*, San José de Costa Rica, Educa, 1979.

Ortega (Humberto), *Cincuenta años de lucha sandinista*, Managua, Secrétariat national de propagande et d'éducation politique du FSLN, dernière éd., 1981.

Ortiz (Fernando), *Nuevo catauro du cubanismo*, La Havane, Éd. des Sciences sociales, coll. « Pensamiento cubano », 1974.

— *El engaño de las razas*, La Havane, Éd. des Sciences sociales, coll. « Pensamiento cubano », 1975.

— *Historia de una pelea cubana contra los demonios*, La Havane, Éd. des Sciences sociales, coll. « Pensamiento cubano », 1975.

— *Los bailes y el teatro de los negros en el folklore de Cuba*, La Havane, Ed. Letras cubanas, 1981.

Pichardo (Hortensia), *Documentos para la historia de Cuba*, La Havane, Éd. des Sciences sociales, 1977.

Pisani (Francis), *Muchachos, Nicaragua, Journal d'un témoin de la révolution sandiniste*, Encre, 1980.

Portela (Fernando), *Guerra de guerrilhas no Brasil, informações novas, documentos ineditos*, São Paulo, Global Editora, coll. « Passado e Presente », 1979.

Rama (Carlos M.), *Los Afro-Uruguayos*, Montevideo, El Siglo ilustrado, coll. « Passado e Presente », 1967.

Ribeiro Martins (Roberto), *Liberdade para os Brasileiros, amnistia ontem e hoje*, Rio de Janeiro, Ed. Civilização brasileira, 1978.

Rodriguez (Carlos Rafael), *Lenin y la cuestión colonial*, La Havane, Éd. du Comité central du PCC, dernière édition, 1978.

— *Cuba en el transito al socialismo 1959-1963*, La Havane, Editora política, 1979.

Rojas (Marta), Isidron del Valle (Aldo), Mencia (Mario), Garcia (Julio), Arias (Santiago Cardosa), *Antes del asalto al Moncada*, La Havane, Union des écrivains et des artistes de Cuba, 1979.

Romero (Vicente), « En el nombre de la revolución », dans la revue *América latina y Africa, hoy,* n° 8, Madrid, 1982.

Rouquié (Alain), *L'État militaire en Amérique latine*, Éd. du Seuil, 1982.

Rudel (Christian), *Guatemala, terrorisme d'État*, Khartala, 1981.

Sanchez (Mayo Antonio), *El Pensamiento vivo de Sandino*, San José de Costa Rica, Educa, 1974.

— *Nicaragua año Cero*, Mexico, Editora Diana, 1979.

Schori (Pierre), *El desafío europeo en Centroamérica*, San José de Costa Rica, Educa, 1982.

Thomas (Hugh), *Cuba or the Pursuit of Freedom*, Londres, Ed. Eyre and Spottiswoode, 1971.

Touraine (Alain), *Vie et Mort du Chili populaire, juillet/septembre 1973. Journal sociologique*, Éd. du Seuil, coll. « L'histoire immédiate », 1973.

Université d'Amérique centrale (ouvrage collectif), *La Guerra de Nicaragua*, San José de Costa Rica, Educa, 1979.

Weber (Henri), *Nicaragua, la Révolution sandiniste*, Maspero, 1981.

Wheelock (Jaime), in *Nicaragua : revolución, relatos de combatientes del Frente sandinista*, Mexico, Ed. Siglo xxi, 1980.

Articles de revues

Boletín de prensa del FSLN, Saludo al primer aniversario de nuestra revolución popular sandinista del 19 de Julio, 1980, Managua.

Borge (Tomas), « La solidaridad de los pueblos del mundo », dans le journal *Barricada* du 30.1.1981, Managua.

Bulit (Ilse), « Y vino la Conga ! » dans la revue *Bohemia* n° 30, 1981.

Castro (Fidel), « " Primero de enero " 23° aniversario del triunfo de la revolución cubana », dans le supplément spécial de *Granma* du 3.1.1982, n° XVII, 1, La Havane.

Cross (David), « Babies set alight in Guatemalan massacre », in *The Times* du 7.10.1982, Londres.

Debray (Régis), « Le Nicaragua, une modération radicale », in *Le Monde diplomatique,* septembre 1979.

Galeano (Eduardo), « La boca y las voces » (portrait de Tomas Borge), dans le numéro spécial de la revue mensuelle *América latina y Africa, hoy,* 1982, Madrid.

Guevara (Che), « Conseils pratiques aux combattants. Le plan et les hommes », dans la revue *Tricontinental,* Maspero, ancienne série, n° 4, 1970, et nouvelle série, n° 1, 1971.

— « Lumières sur l'impérialisme », dans la revue *Tricontinental,* Maspero, ancienne série, n° 1, 1971.

Harnecker (Marta), « L'Orpa », dans la revue *Punto final,* n° 198, décembre 1981, Mexico.

« Marcial » (Commandant), « Relato de guerra » [« Marcial » est le nom de guerre du commandant en chef du Front Farabundo Marti, Cayetano Carpio], dans la revue *Cuestión,* éditée par un groupe d'exilés latino-américains, janvier 1982, Malmö, Suède.

Martinez Fure (Rogelio), « Patakin, littérature sacrée de Cuba », dans la revue *Présence africaine,* n° 77, 1979.

Miguez-Bonino (J.), « La pietà popolare in America latina », dans la revue *Concilium,* n° 6, 1974.

Monterrey (Carlos Eddie), Récit de l'assassinat de Sandino par l'un de ses exécutants, *América latina y Africa, hoy,* mars 1982, Madrid.

Nunes Pereira (José Maria), « Colonialismo, racismo, descolonização », in *Estudos Afro-asiáticos, 2.,* 1981, Rio de Janeiro, Editora Faculdade Cándido Mendes de Almeida.

Perez (Rigoberto), Texte complet de la lettre de Rigoberto Perez à Soledad, in *Rigoberto Perez, el principio del fin de la tiranía,* numéro spécial de la revue *Patria libre,* n° 7, septembre 1980, Managua.

Petitdemane (Guy), « Droits de l'homme, évolution et utopie », Centre de recherche sur l'Amérique latine et le tiers monde, dans la revue *Amérique latine,* n° 2, avril-juin 1980, Paris.

Portela (Fernando), « Puerto Rico en la encrucijada », dans la revue *Casa de las Américas,* n° 123, 1980, La Havane.

Robelo (Alfonso), « Nicaragua, se hace el camino al andar », numéro spécial de la revue *Cuadernos de Marcha,,* janvier-février 1980, Mexico.

Rodriguez (Carlos Rafael), « José Martí, guía y compañero », in *Cuadernos de estudios martianos,* La Havane, Editoria política, 1979.

Russel (George), « Nicaragua, arming for trouble », dans la revue *Time* du 18.1.1982, New York.

Sandino (Augusto Cesar), « Notas », dans la revue *Patria libre,* juillet 1979, Managua.

Sendic (Raul), « Notas », dans la revue *Cuestión,* février 1982, Malmö, Suède.

4. Éléments de lecture sur les mouvements armés de libération nationale d'Afrique et du Proche-Orient

En Afrique, les grandes et puissantes sociétés à tradition orale ont souvent le mieux résisté à l'aliénation coloniale. Ce sont donc fréquemment ces sociétés-là, et non pas les sociétés à écriture, qui sont devenues les principales matrices des mouvements armés de libération nationale. C'est-à-dire que les révolutions africaines ne donnent que rarement lieu — les exceptions les plus notables : le Mozambique, la Guinée-Bissau — à une œuvre écrite puissante.

Dans notre livre consacré à l'analyse de la pratique et de la théorie des mouvements armés de libération nationale contemporains, nous privilégions les mouvements d'Angola, du Mozambique, de Guinée/ Cap-Vert, du Sahara occidental et d'Érythrée.

Dans l'imaginaire des révolutionnaires africains, l'Algérie joue un rôle comparable à celui occupé par Cuba dans l'imaginaire des insurgés latino-américains : la révolution algérienne est la référence historique, la source d'espoir, l'archive d'informations des révolutionnaires contemporains d'Arique noire ou saharienne. Mais, contrairement à ce qui se passe en Amérique latine où, à part les Indiens du Peten (Guatemala) et des hauts plateaux andins (Pérou, Bolivie, Équateur), tous les insurgés parlent une langue ibérique, le morcellement linguistique d'Afrique fait qu'aucune capitale singulière — soit-elle la gardienne de la plus admirable des révolutions — ne peut rayonner sur tous les maquis du continent.

Deux mouvements armés de libération nationale d'Afrique noire ont réussi à mettre sur pied des centres de documentation et de recherche de qualité. C'est d'abord le *Front populaire de libération de l'Érythrée* qui anime le *Research and Information Center of Eritrea ;* grâce à l'aide de la *Fondation Lelio Basso,* ce centre entretient une succursale à Rome (5, via della Dogana Vecchia, Rome 00186). Mais le plus important centre de recherche créé par un mouvement armé de libération nationale d'Afrique est certainement le *Centre d'études africaines* créé par le *Frelimo* au sein de l'*université Eduardo-Mondlane de Maputo.* Ce centre, dirigé par *Aquino de Bragança,* bénéficie de la collaboration permanente de nombre des meilleurs chercheurs sud-africains exilés, nord-américains, portugais, anglais, mozambicains, zimbabwéens. C'est à *Ruth First,* tuée (et à ses trois collègues grièvement blessés) par l'explosion d'un paquet piégé dans la salle principale de ce centre, le 18 août 1982, qu'est dédié mon livre.

Voici quelques éléments de lecture sur l'Afrique noire, saharienne, maghrébine, et sur le Proche-Orient :

Amin (Samir), *La Nation arabe. Nationalisme et luttes de classes*, Éd. de Minuit, 1976.

Andrade (Mário de), *La Poésie africaine d'expression portugaise*, Éd. Pierre-Jean Oswald, 1969.

— *Amilcar Cabral*, Maspero, 1980.

Balandier (Georges), *Anthropologie politique*, PUF, 1978.

Bastide (Roger), *Anthropologie appliquée*, « Petite Bibliothèque Payot », 1971.

Ben Barka (Mehdi), *Écrits politiques*, Maspero, coll. « Cahiers libres », 1966.

Benot (Yves), *Idéologies des indépendances africaines*, Maspero, 1969 et 1972.

Berque (Jacques), *Dépossession du monde*, Éd. du Seuil, 1964.

Beti (Mongo), *Main basse sur le Cameroun, Autopsie d'une décolonisation*, Maspero, 1972.

Biarnès (Pierre), *L'Afrique aux Africains, Vingt Ans d'indépendance en Afrique noire francophone*, Armand Colin, 1980.

Bley (Helmut), Tetzslaff (Rainer), *Africa und Bonn, Versäumnisse und Zwänge deutscher Afrika-Politik*, Hambourg, Rowohlt Taschenbuch Verlag, 1978.

Bosschère (Guy de), *Perspectives de la décolonisation*, Albin Michel, 1969.

— *Clés pour le tiers monde*, Seghers, 1975.

Bourdieu (Pierre), Sayad (Abdelmalek), *Le Déracinement, la Crise de l'agriculture traditionnelle en Algérie*, Éd. de Minuit, 1964.

Bourges (Hervé), Wauthier (Claude), *Les Cinquante Afriques*, vol. I et II, postface de Samir Amin, Éd. du Seuil, 1979.

Brunschwig (Henri), *Le Partage de l'Afrique noire*, Flammarion, 1971.

Cabral (Amilcar), *Unité et Lutte*, œuvres complètes, éditées par Mário de Andrade, 2 vol., Maspero, 1975.

Cabral (Luiz), *Guiné-Bissau, o estado da nação*, Bissau, Ed. No Pincha, 1978.

Cabral (Nelson Enrico), *Le Moulin et le Pilon, les Iles du Cap-Vert*, L'Harmattan, 1980.

Casteran (Christian), Langellier (Jean-Pierre), *L'Afrique déboussolée*, Plon, 1978.

Cedetim (groupe Afrique centrale), *Angola, la lutte continue*, Maspero, 1977.

Césaire (Aimé), *Cahier d'un retour au pays natal*, Présence africaine, 1971.

Chaliand (Gérard), *Mythes révolutionnaires du tiers monde*, Éd. du Seuil, coll. « Points Politique », 1979.

Copans (Jean) *et al.*, *Aux origines de l'anthropologie française*, Le Sycomore, 1978.

Coquery-Vidovitch (Catherine), *La Découverte de l'Afrique*, Julliard, 1965.

Corbier (Maurice), *Le Conflit du Sahara occidental*, L'Harmattan, 1981.

Daniel (Jean) *et al.*, *Le Tiers Monde et la Gauche*, Éd. du Seuil, 1979.

Darwan (Samir), *Agrarian Reform and Rural Poverty, Egypt 1952-1975*, Genève, ILOBIT, 1977.

Davezies (Robert), *Les Angolais*, Éd. de Minuit, 1965.

Davidson (Basil), *In the Eye of the Storm, Angola's People*, Londres, Longman, 1972.
— *L'Afrique au xxᵉ siècle, l'Éveil et les Combats du nationalisme africain*, Éd. Jeune Afrique, 1979.

Davidson (Basil), Cliffe (Lionel) et Berekett (Hailé Sélassié), *Behind the War in Eritrea*, Nottingham, Ed. Spokeman, 1980.

Decraene (Philippe), *Vieille Afrique, Jeunes Nations*, PUF, coll. « Perspectives internationales », 1982.

Decret (François), Fantar (Mohammed), *L'Afrique du Nord dans l'Antiquité, des origines au vᵉ siècle*, Payot, 1981.

Denoyan (Gilbert), *El Fath parle*, Albin Michel, 1970.

Dieng (A. A.), *Hegel, Marx, Engels et les Problèmes de l'Afrique noire*, Dakar, Sankaré, 1978.

Doresse (Jean), *Histoire sommaire de la corne orientale de l'Afrique*, Paul Geuthner éd., Paris, 1971.

Dumont (René), Mottin (Marie-France), *L'Afrique étranglée*, Éd. du Seuil, coll. « Points Politique », 1982.

Duvignaud (Jean), *Le Langage perdu*, PUF, 1973.

Ernst (Klaus), *Tradition und Fortschrift im Afrikanischen Dorf*, Berlin, Akademie Verlag, 1973.
— *Entwicklungslaender : Sozialoekonomische Prozesse und Klassen*, Berlin, Staatsverlag, 1981.

Étienne (Bruno), *L'Algérie, Cultures et Révolution*, Éd. du Seuil, 1977.

Eyinga (Abel), *Introduction à la politique camerounaise*, Anthropos, 1978.

— *Mandat d'arrêt pour cause d'élections ; de la démocratie au Cameroun 1970-1978*, L'Harmattan, 1978.

Fanon (Frantz), *Peau noire, Masques blancs*, Éd. du Seuil, 1952.

— *Les Damnés de la terre*, Maspero, 1960.

Farah (Elias), *La Patrie arabe après la Seconde Guerre mondiale*, version française revue par l'auteur, Bagdad, Éd. de langues étrangères, 1979.

Favrod (Charles-Henri), *L'Afrique seule*, Éd. du Seuil, 1961.

Frelimo (Comité central), *Frelimo, tercero congresso*, Maputo, Institut national du livre, 1978.

Front culturel sénégalais, *Lamine Senghor, Vie et Œuvre, 1869-1927*, ouvrage polycopié, Dakar, 1979 (je l'indique parce qu'il s'agit du seul choix de textes disponible du dirigeant du bureau nègre du Komintern, député communiste, romancier et théoricien marxiste d'origine sénégalaise).

Gaudio (Attilio), *Les Civilisations du Sahara, dix millénaires d'histoire de culture et de grand commerce*, Éd. Gérard & Cie, coll. « Marabout Université », 1967.

Glayman (Claude), *Notre part de siècle*, Stock, 1979.

Godelier (Maurice), *Sur les sociétés précapitalistes*, Éd. sociales, 1973.

Greenfields (Richard), *Ethiopia, a New Political History*, Londres, Pall Mall Press, 1965.

Groupe de recherche et d'appui pour l'autopromotion paysanne, *Paroles de brousse, des villageois africains racontent*, Khartala, 1982.

Halliday (Fred), Molyneux (Maxime), *The Ethiopian Revolution*, Londres, Verso, 1981.

Hampaté Bâ (Amadou), *Vie et Enseignement de Tierno Bokar, le sage de Bandiagara*, Éd. du Seuil, coll. « Points Sagesses », 1980.

Harbi (Mohammed), *Aux origines du FLN, Contribution à l'étude du populisme révolutionnaire*, Christian Bourgois, 1975.

— *Archives de la révolution algérienne*, Éd. Jeune Afrique, 1980.

— *Le FLN — Mirage et Réalité*, Éd. Jeune Afrique, 1980.

Held (Jean-François), *L'Affaire Moumié*, Maspero, 1962.

Heusch (Luc de), *Rois nés d'un cœur de vache*, Gallimard, coll. « Essais », 1982.

Ki-Zerbo (Joseph), *Histoire de l'Afrique noire*, Hatier, 1972.

Lââbi (Abdellatif), *Chronique de la citadelle d'exil*, Barbare, hors série, 1975.

Lacharte (Brigitte), *Luttes ouvrières et Libération en Afrique du Sud*, Syros, 1977.

Lacouture (Simonne et Jean), *L'Égypte en mouvement*, Éd. du Seuil, 1956.

Lanne (Bernard), *Tchad-Libye, la Querelle des frontières*, Khartala, 1982.

Lara (Lúcio), *O nosso juramento não será em vão*, in *Sagrada Esperança*, Lisbonne et Luanda, Ed. Sa da Costa, 1979.

Lebjaouï (Mohammed), *Vérités sur la révolution algérienne*, Gallimard, 1970.

Lefort (René), *Éthiopie, la Révolution hérétique*, Maspero, 1981.

Levgold (R.), *Soviet Policy in West Africa*, Cambridge (Mass.), Harvard University Press, 1970.

Lumumba (Patrice), *La Pensée politique de Patrice Lumumba*, préface de Jean-Paul Sartre, textes recueillis par J. van Lierde, Éd. Présence africaine, 1963.
— *Lumumba vivant*, Choix de textes, Bruxelles, Éd. La Taupe, 1970. Lumumba-Sando (C.K.), *Zaïre, quel changement pour quelles structures ? Misère de l'opposition et Faillite de l'État, la Mémoire historique d'un peuple*, préface de Jean Ziegler, Bruxelles, Africa, 1980.

Mac Every (Colin), *African History*, Penguin Books, 1980.

Machel (Samora), *Le Processus de la révolution démocratique populaire au Mozambique*, L'Harmattan, 1977.

Maehrdel (Christian), *Afrikanische Parteien im revolutionaeren Befreiungskampf*, Berlin, Staatsverlag, 1977.

Marcum (John), *The Angolan Revolution*, vol. I et II, Massachusetts Institute of Technology Press, 1969.

Marcus (H.G.), *The Life and Time of Menelik II*, Oxford, Clarendon Press, 1975.

Markov (Walter), *Frage der Genesis und Bedeutung der vorimperialistischen Kolonialsysteme in Wissenschaftliche Zeitschrift der Karl-Marx Universitaet*, Leipzig, Université Karl-Marx, 1954-1955.
— *Arbeiterklasse und Bourgeoisie im antikolonialen Befreiungskampf*, Leipzig, Université Karl-Marx, 1961.
— *Studien zur Kolonialgeschichte und zur Geschichte der kolonialen und nationalen Befreiungsbewegungen*, Leipzig, Université Karl-Marx, 1969.
— *Zur universal-geschichtlichen Einordnung des afrikanischen Befreiungskampfes*, in *Geschichte und GeschichtbildAfrikas*, ouvrage collectif, Leipzig, Université Karl-Marx, 1970.

Marton (Imre), *Contribution à une critique des interprétations des spécificités du tiers monde*, version française revue par l'auteur, Budapest, Académie des Sciences, Institut d'économie mondiale, 1978.

Melchers (Konrad), *Die sowjetische Afrikapolitik, von Chrutchov bis Breschnev*, Oberbaumskript, 1980.

Mendes de Almeida (Candido) Domenach (Jean-Marie), *Le Mythe du développement*, Éd. du Seuil, 1977.

Miské (Ahmed Baba), *Le Front Polisario, l'Ame d'un peuple*, Éd. Ruptures, 1978.

Mondlane (Eduardo C.), *Frelimo, the Struggle for Independence in Mozambique*, in *Southern Africa in Transition*, ouvrage collectif édité par J. Davis et J.K. Baker, New York, 1966.

— *The Struggle for Mozambique*, traduit en français sous le titre *Mozambique : de la colonisation portugaise à la libération nationale*, L'Harmattan, 1979.

Monteiro Jr. (Júlio), *Os Rebelados da Ilha de Santiago, de Cabo Verde*, Praia, Centro de estudos de Cabo Verde, 1974.

Mühlmann (Wilhelm), *Messianismes révolutionnaires du tiers monde*, trad. fr., Jean Beaudrillard, Gallimard, « Bibliothèque des sciences humaines », 1968.

Neto (Agostinho), *Sagrada Esperança, poemas*, Lisbonne et Luanda, Ed. Sa da Costa, 1979.

— *Discursos*, Luanda, Departamento de educação política idéológica, propaganda e informação, 1980.

N'Krumah (Kwame), *Ghana, Autobiography*, Londres, Nelson, 1957 ; en français aux Éd. Présence africaine.

— *Towards Colonial Freedom : Africa in the Struggle against World Imperialism*, Londres, Heinemann, 1962.

— *Neocolonialism, the Last Stage of Imperialism*, Londres, Nelson, 1965.

Nyerere (Julius), *Freedom and Unity*, Oxford University Press, 1967.

— *Freedom and Socialism*, Oxford University Press, 1968 (partiellement traduit aux Éd. La Clé, Yaoundé, 1972).

— *Ujama, Essays on Socialism*, Oxford University Press, 1970.

Ottaway (Marina et David), *Ethiopia, Empire in Revolution*, New York, Africana publishing company, 1978.

Pacaviro (Manuel Pedro), *Gentes do Mato*, Luanda, Ed. Unidos escritores angolanos, 1981.

Padmore (George), *Panafricanisme ou communisme ?*, Éd. Présence africaine, 1960.

Person (Yves), *Samori, une révolution diula 1968-1970*, 2. vol., thèse de lettres, Paris, 1972.

— *État et Nation en Afrique noire*, polycopié, textes d'études africaines, Université Paris-Sorbonne, 1978.

Preiswerk (Roy), Perrot (Dominique), *Ethnocentrisme et Histoire*, Anthropos, 1975.

Ribas (Oscar), *Misoso, littérature traditionnelle angolaise*, vol. I, Salvador de Bahia, Centro de estudios orientais da universidade de Bahia, 1979.

Senghor (Léopold Sédar), *Pour une relecture africaine de Marx et Engels*, Dakar, Nouvelles Éditions africaines, 1976.

Shermann (Richard), *Eritrea, the Unfinished Revolution*, New York, Praeger Publishers, 1980.

Shoukri (Gaali), *Égypte, la Contre-révolution*, Éd. du Sycomore, 1979.

Smith (David), Simpson (Colin), Davies (Ivan), *Mugabe*, Londres, Sphere Books, 1981.

Stavenhagen (Rodolpho), *Les Classes sociales dans les sociétés agraires*, Anthropos, 1969.

Stockwell (John), *In Search of Enemies. A CIA Story*, New York, Norton, 1978.

Strahm (Rodolphe A.), *Pays industrialisés-Pays sous-développés*, Neuchâtel, Éd. de la Baconnière, 1981.

Suret-Canale (Jean), *Essais d'histoire africaine, de la traite des Noirs au néocolonialisme*, Éd. sociales, coll. « Problèmes », 1980.

Tenaille (Frank), *Les Cinquante-six Afriques, guide politique*, 2 vol., Maspero, 1979.

Tevoedjere (Albert), *La Pauvreté, Richesse des nations*, Éd. ouvrières, 1978.

Thomas (L. V.), *La Mort africaine, Idéologie funéraire en Afrique noire*, Payot, 1982.

Touraine (Alain), *Les Sociétés dépendantes*, Bruxelles, Duculot, 1976.

Traore (Sekou), *Afrique socialiste*, Anthropos, 1979.

Trevaski (G. N.), *Eritrea, a Colony in Transition*, Oxford University Press, 1964.

Trincaz (Jacqueline), *Colonisations et Religions en Afrique noire : l'exemple de Ziguinchor*, préface de L. V. Thomas, L'Harmattan, 1981.

Valdes Vivo (Raul), *Éthiopie, la Révolution méconnue*, version française revue par l'auteur, La Havane, Éd. des Sciences sociales, 1978.

Verhagen (Benoît), *Rébellions au Congo*, 2 vol., Bruxelles, Ed. Crisp, 1966, 1969.

Wauthier (Claude), *L'Afrique des Africains*, Éd. du Seuil, 1977.

Whiteaker (Jennifer Seymour) et al., Les États-Unis et l'Afrique, les Intérêts en jeu, trad. fr. (assurée et préfacée par Zaki Laïdi, chez L'Harmattan, 1981) des textes originaux publiés en 1978 par le Council on Foreign Affairs, New York.

Wolf (Eric), *Les Guerres paysannes du vingtième siècle,* trad. fr. M.-
C. Giraud, Maspero, 1974.

Yaari (Ariel), *Le Défi national, les Théories marxistes sur la question
nationale à l'épreuve,* Anthropos, 1978.

Articles de revues

Albuquerque Mourão (Fernando Augusto), « A sociedade angolana,
através da literatura », dans la revue *Ensaios,* n° 38, São Paulo,
Editora Atica, 1978.

Banjeglav (Mirko), « Les pays en voie de développement et le défi à
la théorie marxiste », dans la revue multilingue *Le Socialisme dans
le monde,* n° 7-8, juillet-août 1979, Belgrade.

Braeckman (Colette), « L'Éthiopie ou le socialisme impérial »,
dossier in *Le Monde diplomatique,* octobre 1982.

Carvalho (Sol), « Do 14 de novembro ás novas perspectivas », dans
la revue *Tempo* du 16.12.1981, Maputo.

Chesnaux (Jean), « Le processus de formation des nations en Afrique
et en Asie », dans la revue *La Pensée* d'avril 1965.

Clair (Guy), « Osende Afana, martyr de la révolution africaine »,
dans la revue *Tricontinental,* Maspero, n° 2, 1970.

Coulon (Christian), « Centuriones y grupos étnicos », dans la revue
América latina y Africa, hoy, n° 8, Madrid, 1982.

First (Ruth), « El golpismo en Africa, instrumento de movilidad
social », dans la revue *América latina y Africa, hoy,* n° 8, Madrid,
1982.

Godelier (Maurice), « Le concept de tribu, crise d'un concept ou
crise des fondements empiriques de l'anthropologie », dans la
revue *Horizon, Trajets marxistes en anthropologie,* Maspero, 1973.

Kim (Gregory), « The Socialist World and the National Liberation
Movements », dans la revue multilingue *Le Socialisme dans le
monde,* Belgrade, 1979.

Lavroff (Dimitri), « Militares y políticos », dans la revue *América
latina y Africa, hoy,* n° 8, Madrid, 1982.

Lopes (Carlos), « Guiné-Bissau, os equívocos de um golpe de
Estado », dans la revue *Três continentes* du 7.1.1981, Lisbonne.
— « Ethnie, État et rapports de pouvoir en Guinée-Bissau »,
Cahiers de l'IUED, Genève, Institut universitaire d'études du
développement, 1982.

Mandela (N.), « Plaidoirie du 20 avril 1964 devant le tribunal de
Johannesburg, lors du procès dit de Revonia », éditée par la revue
Christian Action, Londres, 1964.

Markov (Walter), « Afrika im Jahre Zehn », dans la revue *Horizon,* n° 36, Leipzig, Université Karl-Marx, 1970.

Moita (Luis), « O congresso extraordinario do PAIGC, algo de novo em Bissau ? », dans la revue *Cadernos do terceiro mundo,* n° 39, Lisbonne, 1981.

Person (Yves), « Idéologie et histoire sud-africaine », in *Revue française d'études politiques africaines,* n° 144, 1977.

Piacentini (Pablo), « Angola special », dans la revue *Cadernos do terceiro mundo,* n° 39, Lisbonne, 1981.

Sabelli (Fabrizio), « Le rite d'institution, résistance et domination dans la société Dagari, Ghana », in *Actes de la recherche en sciences sociales,* n° 43, 1982.

Sabelli (Fabrizio), Berthoud (Gérald), « L'ambivalence de la production ; logique communautaire, logique capitaliste », in *Cahiers de l'IUED,* Institut universitaire d'études du développement, Genève, 1976.

Senghor (Léopold Sédar), « Pour une philosophie négro-africaine et moderne », dans la revue *Éthiopiques,* Dakar, 1980.

Tegegne (Muse), « Ethiopa, her people », in *Cahiers de l'IUED,* Institut universitaire d'études du développement, Genève, 1982.

— « Eritrea, the right to self determination », in *Cahiers de l'IUED,* Institut universitaire d'études du développement, Genève, 1982.

— « Ethiopia, agrarian socialists », in *Cahiers de l'IUED,* Institut universitaire d'études du développement, Genève, 1982.

Annexe : notre livre contient des références à la lutte de libération du Fretilin de Timor-Est. Voici une référence bibliographique :

Tribunal permanent des peuples, *Dossier sur la guerre de libération nationale du peuple de Timor Oriental et le génocide dont il est victime,* session du tribunal du 19 au 21 juin 1981 à Lisbonne, procès-verbaux dans la revue *Três continentes,* n° 12, Lisbonne, 1981.

Table

Avant-propos : « *Pour votre et notre liberté* »   9

I. Guerre de libération nationale et guerre de classes en Amérique centrale et Caraïbe   43

1. Introduction   45

2. La conquête de l'Amérique centrale par les États-Unis   82

3. Augusto Cesar Sandino, général des hommes libres   100

4. Le général de la mort   136

5. La résurrection de l'espérance   142

6. Les contradictions à l'intérieur du mouvement armé de libération nationale   160

7. L'Évangile, les révolutionnaires et les bourgeois   181

8. La lutte finale   202

9. L'avenir de l'Amérique centrale   231

II. Des luttes anticoloniales à la guerre de libération nationale et à la révolution socialiste en Afrique   249

1. Introduction   251

2. La longue marche d'Amilcar Cabral   259

3. La transformation des luttes anticoloniales en guerre de libération nationale   298

III. Logique d'État contre logique de classe 347

   1. La genèse du mouvement armé de libération nationale d'Angola 349

   2. La première et la deuxième guerre d'indépendance 379

   3. Les contradictions de la construction de l'État 399

IV. Trois études 427

   1. Introduction 429

   2. Les alliances avec l'étranger 430

   3. Le fusil et la terre 474

   4. Construction nationale et cultures traditionnelles : les Africains dans la révolution cubaine 501

V. Le désir de liberté est une loi de l'histoire 539

   1. Les cadavres au bord de la route 541

   2. La raison d'État et la raison des hommes 543

Questions de bibliographie et de sources 577

IMP. BUSSIÈRE SAINT-AMAND (CHER)
D.L. JANVIER 1985. N° 8614 (2548)

Collection Points

SÉRIE POLITIQUE

1. La Démocratie, *par Georges Burdeau*
2. L'Afrique noire est mal partie, *par René Dumont*
3. Communisme, Anarchie et Personnalisme
   par Emmanuel Mounier
4. Que faire ?, *par Lénine*
5. Machiavel, *par Georges Mounin* (épuisé)
6. Dans trente ans la Chine, *par Robert Guillain* (épuisé)
7. Citations du président Mao Tsé-toung
8. Pour une réforme de l'entreprise, *par François Bloch-Lainé* (épuisé)
9. Les Socialistes, *par André Philip* (épuisé)
10. Hô Chi-minh, *par Jean Lacouture* (épuisé)
11. Histoire de la Révolution russe, 1. Février, *par Trotsky*
12. Histoire de la Révolution russe, 2. Octobre, *par Trotsky*
13. Réflexions sur l'histoire d'aujourd'hui, *par Tibor Mende* (épuisé)
14. Histoire du syndicalisme britannique, *par Henry Pelling* (épuisé)
15. Trois Encycliques sociales, *de Jean XXIII et Paul VI* (épuisé)
16. Bilan de l'URSS, 1917-1967, *par J.-P. Nettl* (épuisé)
17. Mahomet, *par Maxime Rodinson*
18. Citations du président de Gaulle, *par Jean Lacouture* (épuisé)
20. Les libertés à l'abandon, *par Roger Errera* (épuisé)
21. Qu'est-ce que la politique ?, *par Julien Freund*
22. Citations de Fidel Castro
    par Henri de la Vega et Raphaël Sorin
23. Les lycéens gardent la parole, *par les CAL* (épuisé)
24. Les Communistes français, *par Annie Kriegel* (épuisé)
25. La CGT, *par André Barjonet* (épuisé)
26. Les 20 Amériques latines, t. 1, *par Marcel Niedergang*
27. Les 20 Amériques latines, t. 2, *par Marcel Niedergang*
28. Les 20 Amériques latines, t. 3, *par Marcel Niedergang*
29. Introduction à une politique de l'homme, *par Edgar Morin*
30. Le Nouveau Christianisme, *par H. de Saint-Simon*
31. Le PSU, *par Michel Rocard* (épuisé)
32. La Nouvelle Classe ouvrière, *par Serge Mallet* (épuisé)
33. Réforme et Révolution, *par André Gorz* (épuisé)
34. L'Etat SS, *par Eugen Kogon*
35. L'État, *par Georges Burdeau*
36. Cuba est-il socialiste ?, *par René Dumont* (épuisé)
37. Les Paysans dans la lutte des classes
    par Bernard Lambert (épuisé)
38. La Pensée de Karl Marx, *par Jean-Yves Calvez*
39. La Pensée politique arabe contemporaine
    par Anouar Abdel-Malek
40. Pour le nouveau parti socialiste, *par Alain Savary*
41. Autogestion, *par Daniel Chauvey*

42. Un socialisme du possible, *par François Mitterrand* (épuisé)
43. La CFDT, *ouvrage collectif* (épuisé)
44. Paris libre 1871, *par Jacques Rougerie*
45. Les Nouveaux Intellectuels
   par Frédéric Bon et Michel-Antoine Burnier (épuisé)
46. Les Origines du gauchisme, *par Richard Gombin*
47. La Société bloquée, *par Michel Crozier*
48. Classe ouvrière et Révolution
   par Frédéric Bon et Michel-Antoine Burnier
49. Histoire des démocraties populaires
   1. L'ère de Staline, *par François Fejtö*
50. Histoire des démocraties populaires
   2. Après Staline, *par François Fejtö*
51. La Faute à Voltaire, *par Nelcya Delanoë*
52. Géographie de la faim, *par Josué de Castro*
53. Le Système totalitaire, *par Hannah Arendt*
   Les origines du totalitarisme, 3
54. Le Communisme utopique, *par Alain Touraine*
55. Japon, troisième grand, *par Robert Guillain*
56. Les Partis politiques dans la France d'aujourd'hui
   par François Borella
57. Pour un nouveau contrat social, *par Edgar Faure*
58. Le Marché commun contre l'Europe
   par Bernard Jaumont, Daniel Lenègre et Michel Rocard (épuisé)
59. Le Métier de militant, *par Daniel Mothé*
60. Chine-URSS, *par François Fejtö*
61. Critique de la division du travail, *par André Gorz*
62. La Civilisation au carrefour, *par Radovan Richta*
63. Les Cinq Communismes, *par Gilles Martinet*
64. Bilan et Perspectives, *par Léon Trotsky*
65. Pour une sociologie politique, t. 1
   par Jean-Pierre Cot et Jean-Pierre Mounier
66. Pour une sociologie politique, t. 2
   par Jean-Pierre Cot et Jean-Pierre Mounier
67. L'Utopie ou la Mort, *par René Dumont*
68. Fascisme et Dictature, *par Nicos Poulantzas*
69. Mao Tsé-toung et la Construction du socialisme
   textes inédits traduits et présentés par Hu Chi-hsi
70. Autocritique, *par Edgar Morin*
71. Nouveau Guide du militant, *par Denis Langlois* (épuisé)
72. Les Syndicats en France, t. 1, *par Jean-Daniel Reynaud*
73. Les Syndicats en France, t. 2. Textes et documents
   par Jean-Daniel Reynaud
74. Force ouvrière, *par Alain Bergounioux*
75. De l'aide à la recolonisation, *par Tibor Mende*
76. Le Patronat, histoire, structure, stratégie du CNPF
   par Bernard Brizay
77. Lettres à une étudiante, *par Alain Touraine*
78. Sur la France, *par Stanley Hoffmann*

79. La Cuisinière et le Mangeur d'hommes, *par André Glucksmann*
80. L'Age de l'autogestion, *par Pierre Rosanvallon*
81. Les Classes sociales dans le capitalisme aujourd'hui
    par Nicos Poulantzas
82. Regards froids sur la Chine, *ouvrage collectif*
83. Théorie politique, *par Saint-Just*
84. La Crise des dictatures, *par Nicos Poulantzas*
85. Les Dégâts du progrès, *par la CFDT*
86. Les Sommets de l'Etat, *par Pierre Birnbaum*
87. Du contrat social, *par Jean-Jacques Rousseau*
88. L'Enfant et la Raison d'État, *par Philippe Meyer*
89. Écologie et Politique, *par A. Gorz/M. Bosquet*
90. Les Racines du libéralisme, *par Pierre-François Moreau*
91. Syndicat libre en URSS, *par le Comité international
    contre la répression*
92. L'Informatisation de la société, *par Simon Nora et Alain Minc*
93. Manuel de l'animateur social, *par Saul Alinsky*
94. Mémoires d'un révolutionnaire, *par Victor Serge*
95. Les Partis politiques en Europe
    par François Borella
96. Le Libéralisme, *par Georges Burdeau*
97. Parler vrai, *par Michel Rocard*
98. Mythes révolutionnaires du tiers monde, *par Gérard Chaliand*
99. Qu'est-ce que la social-démocratie ?, *par la revue « Faire »*
100. La Démocratie et les Partis politiques, *par Moisei Ostrogorsky*
101. Crise et Avenir de la classe ouvrière
    par la revue « Faire » (épuisé)
102. Le Socialisme des intellectuels, *par Jan Waclav Makhaïski*
103. Reconstruire l'espoir, *par Edmond Maire*
104. Le Tertiaire éclaté, *par la CFDT*
105. Le Reflux américain. Décadence ou renouveau des États-Unis ?
    par la revue « Faire »
106. Les Pollueurs, *par Anne Guérin-Henni*
107. Qui a peur du tiers monde ?
    par Jean-Yves Carfantan et Charles Condamines
108. La Croissance... de la famine, *par René Dumont*
109. Stratégie de l'action non-violente, *par Jean-Marie Muller*
110. Retournez les fusils !, *par Jean Ziegler*
111. L'Acteur et le Système
    par Michel Crozier et Erhard Friedberg
112. Adieux au prolétariat, *par André Gorz*
113. Nos droits face à l'État, *par Gérard Soulier*
114. Les Partis politiques, *par Maurice Duverger*
115. Les « Disparus », *par Amnesty International*
116. L'Afrique étranglée
    par René Dumont et Marie-France Mottin
117. La CGT, *par René Mouriaux*
118. Le Mal-développement en Amérique latine
    par René Dumont et Marie-France Mottin

119. Les Assassinats politiques, *par Amnesty International*
120. Vaincre la faim, c'est possible
     par Jean-Yves Carfantan et Charles Condamines
121. La Crise de l'État-providence, *par Pierre Rosanvallon*
122. La Deuxième Gauche, *par Hervé Hamon et Patrick Rotman*
123. Sur l'antisémitisme, *par Hannah Arendt*
     Les origines du totalitarisme, 1
124. La Torture, *par Amnesty International*
125. L'Impérialisme, *par Hannah Arendt*
     Les origines du totalitarisme, 2
126. Les Rebelles, *par Jean Ziegler*